D1720243

Konrad Adenauer – Der Vater, die Macht und das Erbe

Das Tagebuch des Monsignore Paul Adenauer 1961–1966

Veröffentlichung der
Stiftung Bundeskanzler-Adenauer-Haus
und der
Konrad-Adenauer-Stiftung e.V.

# Konrad Adenauer –

# Der Vater, die Macht und das Erbe

Das Tagebuch des Monsignore
Paul Adenauer 1961–1966

Herausgegeben und bearbeitet
von Hanns Jürgen Küsters

2., durchgesehene Auflage

Ferdinand Schöningh

Umschlagabbildung:
Konrad Adenauer und Paul Adenauer auf der Terrasse des Wohnhauses
in Rhöndorf. Foto: Georg Munker, ohne Jahr

Bibliografische Information der Deutschen Nationalbibliothek

Die Deutsche Nationalbibliothek verzeichnet diese Publikation in der
Deutschen Nationalbibliografie; detaillierte bibliografische Daten sind im
Internet über http://dnb.d-nb.de abrufbar.

2., durchgesehene Auflage
© 2017 Verlag Ferdinand Schöningh, ein Imprint der Brill-Gruppe
(Koninklijke Brill NV, Leiden, Niederlande; Brill USA Inc., Boston MA, USA;
Brill Asia Pte Ltd, Singapore; Brill Deutschland GmbH, Paderborn, Deutschland)

Internet: www.schoeningh.de

Einbandgestaltung: Nora Krull, Bielefeld
Printed in Germany
Herstellung: Brill Deutschland GmbH, Paderborn

ISBN 978-3-506-78853-5

# Inhalt

# Vorwort

Manchmal gleicht es einem Wunder, wenn knapp 50 Jahre nach dem Tode Konrad Adenauers immer noch unbekannte Quellen auftauchen. Das Tagebuch meines Onkels Paul Adenauer ist eine solche Entdeckung. Es handelt sich sowohl um eine Chronik, in der er seine eigene Arbeit darstellt, als auch um eine Aufzeichung von Äußerungen, Erlebnissen und Begebenheiten des noch aktiven, später dann des zurückgetretenen Bundeskanzlers. Außerdem hat Paul Adenauer, der in der ersten Hälfte der 1960er Jahre im Elternhaus in Rhöndorf lebte, Gespräche mit seinem Vater über innen- und außenpolitische Fragen, Parteifreunde und Zeitgenossen festgehalten. Sie ergänzen die bereits in der »Rhöndorfer Ausgabe« aus dieser Zeit publizierten Quellen und die schon vor Jahrzehnten veröffentlichten Erinnerungen Konrad Adenauers und von Anneliese Poppinga, der Mitarbeiterin meines Großvaters.

Das Tagebuch kam im Sommer 2015 auf recht abenteuerliche Weise in meine Hände. In unserer Familie verbreitete sich die Kunde von einer Versteigerung von Objekten aus dem Nachlass meines Onkels Paul durch ein Saarbrücker Auktionshaus. Darunter befanden sich viele Fotos, ein paar Briefe und eine Chronik. Da diese Dinge nicht in fremde Hände gehören, erwarb ich sie. Als ich mir die Chronik genauer ansah, faszinierte mich das Manuskript schon nach dem ersten Aufblättern und der Durchsicht der folgenden 250 Seiten.

Das Wort »Chronik« hat Paul Adenauer selbst mit der Hand auf die Mappe und die erste Seite geschrieben, erst später ist im Text von »Tagebuch« die Rede. Möglicherweise verdanken wir dieser harmlosen neutral klingenden Bezeichnung »Chronik«, dass dieses Dokument lange Jahre nach seinem Tod 2007 unentdeckt aufbewahrt blieb und nun der Text erstmals präsentiert werden kann. Nicht nur Bücher haben ihre Schicksale, sondern auch Manuskripte! Hier konnte durch glückliche Umstände ein Schatz gehoben werden, von dessen Existenz kein Familienangehöriger und auch sonst niemand ahnte. Warum Paul Adenauer seine Aufzeichnungen nicht zu seinen Lebzeiten einem Archiv und damit der Wissenschaft zur Auswertung übergeben oder zumindest über sie gesprochen hat, bleibt sein Geheimnis. Vielleicht sollten sie ja nie das Licht der Öffentlichkeit erblicken.

Für die Familie Konrad Adenauers und den Konrad-Adenauer-Freundeskreis (Köln) möchte ich der Stiftung Bundeskanzler-Adenauer-Haus (Bad Honnef-Rhöndorf) und der Konrad-Adenauer-Stiftung (Berlin/Sankt Augustin) für das Entstehen dieses Buches herzlich danken. Dieser Dank schließt vor allem auch das Archiv der Rhöndorfer Stiftung und das Archiv für Christlich-Demokratische Politik der Konrad-Adenauer-Stiftung mit ein. Alle Kräfte haben hier in ausgezeichneter Harmonie und mit voller Synergie zusammengearbeitet. Mein besonderer Dank gilt Herrn Professor Dr. Hanns Jürgen Küsters. Als vielfach ausgewiesener Adenauer-Kenner und langjähriges Mitglied im Beirat der Stiftung Bundeskanzler-Adenauer-Haus sorgte er für die vorzügliche wissenschaftliche Bearbeitung und die umsichtige Herausgeberschaft des vorliegenden Tagebuchs.

Dem geneigten Leser wünsche ich, auch im Namen der beiden Stiftungen, eine fesselnde, anregende sowie anrührende Lektüre. Sie wird ihn Konrad Adenauer anders sehen lassen als zuvor.

Konrad Adenauer

# Einführung

Das Tagebuch von Monsignore Paul Adenauer ist in den Jahren 1961 bis 1966 entstanden. Bei genauer Betrachtung seiner Gewohnheit verwundert dies nicht. Schon seit frühester Kindheit pflegt er eifrigen Briefkontakt mit den Eltern, wenn sie abwesend sind. Vater und Sohn stehen seit den 1930er Jahren in Korrespondenz. Als Jugendlicher sendet Paul von seinen langen Radtouren im Sommer fast täglich Postkarten nach Hause, hält das Erlebte in Bildern, mit dem Kauf von Ansichtskarten und durch Begleittexte in Fotoalben fest. Briefe werden ausgetauscht, als sich Konrad Adenauer in Maria Laach aufhält, in den Kriegsjahren, als Paul den Reichsarbeitsdienst 1941/42 absolviert, im Studium, auf Reisen wie 1958 in die Vereinigten Staaten, wenn der Vater als Bundeskanzler unterwegs ist oder Urlaub in der Schweiz und in den 1960er Jahren in Cadenabbia am Comer See macht. Immer wieder fordert der Vater den Sohn geradezu auf, genau zu berichten,[1] so auch über Pauls Teilnahme an der Weihe des neuen Bischofs von Münster, Joseph Höffner. »Ich wäre Dir dankbar, wenn Du mir ein Kalendarium Deiner Reise schicken würdest.«[2]

Dennoch lassen sich über die Motive und das Zustandekommen der Aufzeichnungen des Tagebuchs derzeit keine genaueren Hinweise finden. Die Quelle selbst erlaubt jedoch einige Rückschlüsse. Dass die handschriftlichen Notizen im September 1961, zunächst »Chronik« genannt, einsetzen, ist wohl zwei besonderen Umständen geschuldet. Zum einen wohnt Sohn Paul, damals Subsidiar in Unkel, wieder im elterlichen Haus in Rhöndorf, erlebt also den Vater jeden Tag, frühstückt mit ihm, isst gewöhnlich mit ihm zu Abend, auch wenn dieser spät abends heimkehrt. Somit erfährt und beobachtet der Sohn den Vater mit all seinen Sorgen, Nöten, Überlegungen und Absichten, die ihn umtreiben. Das eröffnet nochmals eine doch neue Perspektive auf die Denkhaltung, den Gemütszustand, gesundheitliche Höhen und Tiefen, aber auch das, was sich privat und politisch im Adenauer-Haus, jenseits der Bonner Bühne und des Kanzleramtes, abspielt. Zum anderen ist es kein Zufall, dass Paul Adenauer spürt, eine innen- wie außenpolitisch besonders ereignisreiche Zeit hautnah mitzuerleben

---

[1]  Schreiben Konrad Adenauer an Paul Adenauer, 7.8.1940, in: ACDP, NL Paul Adenauer 01–1000–013/4; Faskimile S. 33 f.

[2]  Schreiben Konrad Adenauer an Paul Adenauer, 17.9.1962, ebd., 01–1000–001/1.

und festhalten zu müssen, von der er meint, es sei die bitterste Phase der Kanzlerschaft seines Vaters.

Die Folgen des Mauerbaus am 13. August 1961 in Berlin, der Verlust der absoluten Mehrheit von CDU und CSU bei der Bundestagswahl am 17. September, der Diadochenkampf um die neue Regierungskoalition mit der FDP, Machtrankünen in den eigenen Reihen der Union, die seinen Vater nach zwölf Jahren Regierungszeit baldmöglichst durch Wirtschaftsminister Ludwig Erhard ersetzen wollen – alles das zusammen sind plausible Gründe genug, die Ereignisse zumindest stichwortartig aufzuschreiben. Dass Paul meistens sonntags, und wenn er gerade Zeit findet, dazu kommt und zwischendurch einige Monate mal aussetzt, hängt wohl auch damit zusammen, dass er in seiner seelsorgerischen Arbeit voll eingespannt ist und dazu noch in der zweiten Jahreshälfte 1962 mit der Aufgabe des Direktors des Katholischen Zentralinstituts für Ehe- und Familienfragen e. V. in Köln betraut wird.

In seinem politischen Interesse und Engagement kommt Paul Adenauer ganz auf den Vater. Er sieht, wie ihm die Situation zusetzt und wie ihn der zunehmende Machtverlust als Kanzler und dann als Parteivorsitzender schmerzt. Gleichzeitig bemitleidet sich Konrad Adenauer selbst, bis wieder Kampfesmut aus ihm herausbricht und er sich freut, es allen Widersachern doch noch einmal gezeigt zu haben. So wechseln Zeiten der Resignation und der Besorgnis um Deutschlands Zukunft in Europa mit Phasen der Selbstermunterung, die Dinge nicht treiben zu lassen, solange er Einfluss geltend machen kann. Dabei verbindet Vater und Sohn die Sorge um die Christliche Demokratie, die CDU eben, die ihrer Meinung nach angesichts wachsender gesellschaftlicher Säkularisierungstendenzen und materialistischen Denkens ihre Wurzeln zu verlieren droht.

Die Jahre bis zum Tod Konrad Adenauers sind gekennzeichnet vom Kampf um seine Nachfolge und das politische Erbe. Allenthalben überwiegt eine pessimistische Grundstimmung in seinen Einschätzungen. Den Fortgang der europäischen Einigung und das gerade im Deutsch-französischen Vertrag besiegelte Sonderverhältnis sieht er gefährdet. Er malt die Zukunft in dunkelsten Farben, tut alles, um Erhard als seinen zweifachen Nachfolger auf dem Kanzlerstuhl und als CDU-Vorsitzenden zu verhindern. Nachdem Bundeskanzler Erhard im Dezember 1966 gescheitert ist, hat der alte Herr mit seinen Warnungen schließlich Recht behalten. Konrad Adenauers politisches Erbe ist nicht, wie von ihm befürchtet, verspielt, aber seine Kraft schwindet.

Der 90. Geburtstag gibt Anlass zur Reminiszenz, lässt Details aus dem Leben aufblitzen, die nachhaltig in seinem Gedächtnis verankert sind: die Vorgänge 1923, die zweifache Vertreibung aus dem Amt des Oberbürgermeisters 1933 und 1945, der Verlust beider Frauen 1916 und 1948, aber auch der nochmalige politische Aufstieg nach dem Zweiten Weltkrieg.

Alles hat seinen gesundheitlichen Preis. Ohne ständige Einnahme von Tabletten ist das Übermaß an Belastungen für Konrad Adenauer nicht erträglich. Hinzu kommen die alltäglichen Dinge des Lebens, der Umgang mit der Haushälterin Frau Schlief. Einerseits schätzt er ihre kecke Art und Widerworte, andererseits beklagt er ihr mangelndes Einfühlungsvermögen.

Das Tagebuch bietet in vielen Facetten eine Sicht auf das Leben Konrad Adenauers durch die Augen seines Sohnes Paul, wie sie bisher nur fragmentarisch in Quellen überliefert ist.

Natürlich besteht die Gefahr, diese Beziehung als etwas Besonderes im Vergleich zu der zu den anderen sechs Kindern von Konrad Adenauer und seinen beiden Ehefrauen Emma und Gussie anzusehen. Denn bisher ist trotz zahlreicher biografischer Studien über den Kölner Oberbürgermeister und Gründungskanzler der Bundesrepublik Deutschland recht wenig aufgrund von Quellen darüber bekannt, welches Verhältnis Konrad Adenauer zu seinen Kindern pflegte. Das Bild des strengen, auf Disziplin, Gehorsam und Bescheidenheit bedachten, aber auch gütigen, für den Nachwuchs sorgenden Familienvaters und Patriarchen wurde in verschiedensten Fernsehinterviews und öffentlichen Stellungnahmen von den Kindern selbst geprägt. Inwieweit er mit ihnen jedoch Fragen seiner Politik diskutiert hat, ob sie in dieser Hinsicht gar Einfluss auf ihn genommen haben, ist immer noch weitgehend im Dunkeln.

*Quellenüberlieferung und Edition*

Im Zuge der Recherchen für die Veröffentlichung dieses Tagebuchs gelang es dem Herausgeber, wichtige Teile des Nachlasses von Paul Adenauer wieder zusammenzuführen. Das Tagebuch und einige persönliche Schriftstücke hat Notar Konrad Adenauer, Enkel Konrad Adenauers und Neffe von Paul Adenauer, erworben und der Stiftung Bundeskanzler-Adenauer-Haus übereignet. Nachforschungen nach dem Verbleib der übrigen Unterlagen kamen Anfang des Jahres 2016 zustande, knapp anderthalb Jahre nach dem Tod von Renate Ballat am 13. September 2014, die bis dahin im Haus in Herkenrath wohnte. Durch den Verkauf des Hauses an Frau Ulrike Dreekmann konnten dort noch weitere, bislang unentdeckte Unterlagen von Paul Adenauer sichergestellt und in das Archiv für Christlich-Demokratische Politik der Konrad-Adenauer-Stiftung übernommen werden. Klaus Felder, der Paul Adenauer zu Beginn seiner Tätigkeit als Pfarrer in Schildgen kennenlernte und zu ihm bald 40 Jahre lang ein enges, freundschaftliches Verhältnis pflegte, ist es ganz maßgeblich zu verdanken, dass wichtige Unterlagen Paul Adenauers gesichert und ebenfalls dem Archiv für Christlich-Demokratische Politik übergeben wurden. Somit konnte der gesamte bisher bekannte Nachlass für diese Publikation erstmals ausgewertet werden.

Genaugenommen setzt sich das Tagebuch aus 13 handschriftlich angefertigten Manuskriptseiten auf fünf DIN-A3-Papierbögen, auf der ersten Seite mit »Chronik« überschrieben, und 235 durchnummerierten maschinenschriftlichen Seiten, auf der ersten Seite als »Tagebuch« ausgewiesen, zusammen. Da sich bis auf die stichwortartig niedergeschriebenen Notizen der »Chronik« und die ausformulierten Sätze des Textes keine markanten inhaltlichen Unterschiede erkennen lassen und die Aufzeichnungen zeitlich aufeinander folgen, werden diese insgesamt als »Tagebuch« bezeichnet.

Die Motive für die Entstehung der handschriftlichen Notizen und des von Paul Adenauer sogenannten »Tagebuchs« liegen weitestgehend im Dunkeln. Einiges sprach anhand des maschinenschriftlich überlieferten Textes allerdings von Beginn an dafür, dass Ereignisse von Paul Adenauer in unregelmäßigen Abständen auf einem Diktiergerät festgehalten und zu einem späteren Zeitpunkt transkribiert wurden. Als Konrad Adenauer sich am 27. Dezember 1963 dazu aufraffen kann, am Manuskript des ersten Bandes der »Erinnerungen« zu arbeiten, führt ihm Paul sein Diktiergerät vor, wohl in der Hoffnung, dass der Vater Text auf Tonband spricht. Dass Paul Adenauer auch seine Erlebnisse auf diese Weise aufgezeichnet hat, liegt nahe, zumal er sich selbst in der Aufzeichnung unter dem Datum des 19. September 1965 als »Sprecher« bezeichnet. Darauf deuten auch einige offensichtlich falsche Angaben in der Manuskriptvorlage hin, die offensichtlich aufgrund von Hörfehlern bei der Transkription entstanden sind. So berichtet Paul Adenauer von einem Gespräch mit seinem Vater über den Ausbau des »Niederhafen« in Köln, den es nicht gibt. Gesagt hat er wohl »Niehler Hafen«. Ebenso steht im Text »Beska (?)«, womit – aus dem Sachzusammenhang zu erschließen – die Abkürzung »PSK« für »Politisch-Soziale Korrespondenz« gemeint ist.

Bis zum Februar 2017 war nicht bekannt, wer die Niederschrift besorgte. Nach dem Erscheinen der ersten Besprechung dieses Bandes in den Printmedien wandte sich Ulrich Kemp, Sohn von Alois Kemp, der mit Paul Adenauer gemeinsam zur Schule ging und lange Jahre befreundet war, an den Autor und teilte wichtige Erkenntnisse zur Entstehung des Manuskripts mit. Seine Mutter, Lottelore Kemp, habe nach dem Tod ihres Mannes im November 1961 auf Paul Adenauers Bitte hin von 1962 an die Transkription der Tonbandaufzeichnungen besorgt. Zwischen ihnen habe ein besonderes Vertrauensverhältnis bestanden. Das veranlasste wohl Paul Adenauer, ihr in gewissen zeitlichen Abständen den sensiblen Inhalt der Tonbandaufzeichnungen zur Abschrift zu übergeben. Das Manuskript sowie das jeweilige Tonband nahm er wieder an sich. Allerdings sind Tonbänder im derzeit bekannten Nachlass von Paul Adenauer nicht überliefert. Nach Auskunft von Ulrich Kemp befinden sich auch solche Tonbänder nicht im Nachlass seiner Mutter, die 2003 verstarb.

Welche Personen von der Quellenüberlieferung der Tagebuchaufzeichnungen überhaupt Kenntnis erhielt, ist nicht bekannt. Naheliegend wäre, dass Renate Ballat davon wusste. Ob Anneliese Poppinga, die frühere Kanzlersekretärin und anschließende Mitarbeiterin Konrad Adenauers bei der Anfertigung der „Erinnerungen" das Tagebuch kannte, bleibt ungewiss. Beide hegten ebenfalls ein großes Vertrauen, das in verschiedenen Textpassagen zum Ausdruck kommt.

Zeitliche Lücken im Manuskript kamen wohl durch Abwesenheiten von Paul Adenauer aufgrund beruflicher Beanspruchung zustande. Teilnahme an Konferenzen, Seminaren und Reisen ließen kaum Zeit für umfangreiche Einlassungen. Wiederum ist erstaunlich, dass eine Reihe von Vorgängen aus jener Zeit ausgespart blieben, unter anderem die letzten Monate vor dem Rücktritt als Bundeskanzler am 15. Oktober 1963.

Dieser Publikation liegt das von Notar Konrad Adenauer dem Bearbeiter zur Verfügung gestellte Original der handschriftlichen und maschinenschriftlich überlieferten Aufzeichnungen Paul Adenauers aus der Zeit vom 29. September 1961 bis 4. Dezember 1966 zugrunde.

Die aus der Zeit vom 29. September 1961 bis 15. April 1962 vorliegenden 13 handschriftlich verfassten Aufzeichnungen sind auf den Seiten 1, 5, 9 und 11 nummeriert. Auf der Seite 1 ist links herausgehoben vermerkt: »*Chronik*«. Für die Zeit von Pfingstsonntag, dem 10. Juni 1962, bis zum 4. Dezember 1966 existiert ein 235 Seiten umfassendes maschinenschriftliches Manuskript, das auf der ersten Seite vor der ersten Datumsnennung mit der Bezeichnung »Tagebuch« beginnt.

Auffällig sind in dem maschinenschriftlich überlieferten Manuskript die teils in gleicher Schrifttype aufgeführten, teils handschriftlich ergänzten Seitenzahlen sowie die unterschiedlich intensive Gelbfärbung des Papiers der Originalschrift. Sie können daher rühren, dass das Manuskript zu unterschiedlichen Zeiten erstellt wurde. Denkbar ist auch, dass Passagen aus schon maschinenschriftlich angefertigten Teilen eliminiert und die verbliebenen Seiten der Zählung den übrigen Manuskriptseiten angepasst wurden. Somit ergibt sich die folgende Zählung in der maschinenschriftlichen Textvorlage.

Auf den ersten sieben Seiten erscheint die jeweilige Seitenzahl handschriftlich oben rechts. Sie umfassen die Einträge zwischen dem 10. und 16. Juni 1962. Auf den Seiten 8 bis 137, betreffend die Zeit vom 19. Juni 1962 bis 24. März 1965, wurden die Seitenzahlen maschinenschriftlich oben zentriert angegeben. Die Seitenzahlen auf den Seiten 138 bis 142 aus dem Zeitraum vom 16. bis 18. Mai 1965 erscheinen handschriftlich. Wiederum maschinenschriftlich eingefügte Seitenzahlen weisen die Seiten 143 bis 159 mit den Einträgen vom 23. Mai bis 2. Juli 1965 auf. Handschriftliche Seitenzahlen tragen die Seiten 160 bis 183 aus der Zeit vom 17. Juli bis 25. November 1965. Auf den Seiten 184 bis 190 für die Zeit vom 25. November bis 20. Dezember 1965 ist wiederum die Seitenzahl maschinenschriftlich angegeben, außerdem auf Seite 184 neben dem Datum maschinenschriftlich vermerkt: »(Fortsetzung)«. Die Seitenzahlen 191 bis 200 mit Aufzeichnungen aus der Zeit vom 23. Dezember 1965 bis 4. Januar 1966 sind handschriftlich eingesetzt. Auf Seite 191 ist das maschinenschriftlich vermerkte Datum »25.11.65« korrigiert worden in »23.12.65«. Die Seitenzahlen auf den Seiten 201 bis 235 sind maschinenschriftlich aufgeführt. Auf Seite 230 erscheint ein handschriftlicher Vermerk »ca. 26.11.66«, der aufgrund des inhaltlichen Bezugs nicht korrekt ist. Die darunter im Folgenden erwähnte Ernennung Konrad Adenauers zum Ehrenbürger von Trier fand am 30. Juni 1966 statt.

Die unter dem jeweiligen Datum erfolgten Einträge beziehen sich häufig nicht allein auf den angegebenen Tag, sondern schließen Vorgänge der zurückliegenden Woche oder Wochen mit ein. Sie zeichnen somit chronikartig die Ereignisse nach und geben Vorgänge bis zu oder an dem genannten Tag wieder. An einigen Stellen lässt sich aus dem Dargelegten und den Angaben wie »heute« mit entsprechender Datumsangabe der Entstehungstag der Aufzeichnung erschließen. In diesen eindeutigen Fällen hat der Bearbeiter den Wochentag und das Datum eingefügt und an den jeweiligen Stellen vermerkt.

Unterschiedliche Schreibweisen wurden generell für die Veröffentlichung vereinheitlicht. Das gilt insbesondere für Datumsangaben, die in dem handschriftlichen wie maschinenschriftlichen Original ausgeschrieben, abgekürzt, nur in Ziffern oder in Kombination aus beiden erscheinen. So tauchen Tages- und Monatsangaben, volle Datumsangaben mit und ohne Jahreszahl oder nur besondere Feier- und Festtage wie Neujahr, Ostern, Pfingsten und Silvesterabend ohne weitere Datumsangabe auf. Die Angaben wurden im Text beibehalten und ohne besondere Kennzeichnung um das konkrete Datum ergänzt sowie mit der Nennung des Wochentages, des ausgeschriebenen Monatsnamens, der Jahreszahl und bei angegebenen Tageszeiten gegebenenfalls durch Hinzufügung des Wortes »Uhr« standardisiert.

Eine intensive textkritische Bearbeitung war vor allem bei den meist nur stichwortartig handschriftlich angefertigten Aufzeichnungen erforderlich. Hier wurden Kürzel, Abkürzungen und Wortbestandteile stillschweigend und ohne Kenntlichmachung im Einzelnen der besseren Lesbarkeit wegen ergänzt und vollständig ausgeschrieben, wenn der Sinn eindeutig war. Dies betraf sowohl gängige und spezielle Abkürzungen, wie zum Beispiel »V.« für »Vater«, also Konrad Adenauer, Namen von Politikern wie »Erh.« für Erhard oder »d. G.« für »de Gaulle«, als auch allgemein verständliche Abkürzungen wie »f. d.« im Sinne von »für die« oder »für den« sowie das Pluszeichen »+« und »u.« für »und« sowie »h« für »Uhr«, die bei handgeschriebenen Notizen häufig verwandt werden. Solche Ergänzungen erfolgten auch bei unvollständigen Datumsangaben, wenn diese nur als Ordnungszahl erscheinen, zum Beispiel »25.«. Hier wurde stillschweigend die Monatsangabe hinzugefügt. Die Schreibweise der Zahlenangaben richtet sich nach der üblicherweise ausgeschriebenen Form unter 12 und darüber mit Ziffern angepasst. In eckigen Klammern sind Ergänzungen des Bearbeiters markiert, die zum Verständnis des Satzes unverzichtbar schienen.

Bei allzu langen Textpassagen war es erforderlich, sinngemäß Absätze einzufügen. Die unterschiedliche Rechtschreibung der handschriftlich und maschinenschriftlich überlieferten Manuskriptteile ist der heute gültigen Schreibweise angepasst worden. Texteingriffe ohne weitere Hinweise erfolgten auch bei offensichtlich wörtlicher Wiedergabe von Äußerungen Konrad Adenauers, die unterschiedlich mal mit, mal ohne An- und Abführungszeichen in der Textvorlage versehen waren. Diese wurden dann in den Text eingeführt, wenn sie in der Vorlage unvollständig angegeben sind oder sich sinngemäß aus der in Ich-Form wiedergegebenen Formulierung ergeben. Dabei versteht es sich, dass damit keinerlei Gewähr gegeben ist, dass Konrad Adenauer den zitierten Satz auch so wortwörtlich geäußert hat, zumal Paul Adenauer das Gesagte seines Vaters aus der Erinnerung festhielt. Unterstreichungen im Text sind kursiv wiedergegeben. Die Korrektur offensichtlich falsch geschriebener und die Vervollständigung nur teilweise wiedergegebener Namen von Personen blieben in eindeutigen Fällen ohne Erwähnung.

Genannte Tageszeitungen, Wochenzeitungen sowie Zeitschriften und Magazine wurden grundsätzlich mit An- und Abführungszeichen versehen. Der besseren Lesbarkeit wegen wurden längere Sätze an wenigen Textstellen sinngemäß in zwei Sätze getrennt. Kleinere sprachliche Ungenauigkeiten wurden, ohne die anzumerken, korrigiert. Ebenso waren einige sprachliche Glättungen und Worterergänzungen dem Sinn entsprechend erforderlich, insbesondere an den Textstellen, wo nur stichwortartig Sätze verfasst wurden. Alle anderen Eingriffe in den Text sind durch eckige Klammern oder in Anmerkungen kenntlich gemacht.

Biographische Angaben im Kommentar beziehen sich vornehmlich auf die Funktionen der erwähnten Personen in dem Zeitraum von 1961 bis 1966 und nur in Ausnahmefällen auf Tätigkeiten in früheren oder späteren Jahren. Auf die Nennung von einschlägiger Memoiren- oder biographischer Literatur zu den Personen wurde weitgehend verzichtet, da sie ansonsten den Kommentar überfrachtet hätte. Derlei Angaben sind weitestgehend schon in den vorliegenden Bänden der »Rhöndorfer Ausgabe« aufgeführt.

## Dank

Die Veröffentlichung dieses Tagebuchs wäre dem Herausgeber in der kurzen Zeit von einem guten Jahr ohne Unterstützung nicht möglich gewesen. Notar Konrad Adenauer hat dazu dankenswerterweise viele Hinweise und Anregungen beigesteuert.

Besonderer Dank gilt einer Reihe von Mitarbeiterinnen und Mitarbeitern des Archivs für Christlich-Demokratische Politik der Konrad-Adenauer-Stiftung. Kerstin Klenovsky hat in bewährt schneller und zuverlässiger Manier den Text im Dateiformat erfasst und sich an der Recherche nach einigen Personenangaben beteiligt. In kürzester Zeit arbeitete Peter Crämer die Teile des Nachlasses von Paul Adenauer archivfachlich auf, so dass sie für die Auswertung genutzt werden konnten. Weitere Mitarbeiter suchten Dokumente aus den übrigen Archivbeständen zu Paul Adenauer heraus. Ulrich Sturm führte umfangreiche Recherchen nach den erwähnten Presseartikeln durch und wirkte an der Erstellung der Register mit. Helmut Lenz schaffte benötigte Literatur herbei, und Markus Lingen gab wichtige Hinweise auf ganz spezielle theologische Literatur. Marie-Lisa Noltenius digitalisierte Bilder, Sabine Widmaier klärte Bildrechte. Edwina Kinderknecht unterzog sich teilweise der Mühe, das Manuskript sorgfältig mit kritischen Augen wiederholt gegenzulesen. Hier und da gab Dr. Wolfgang Tischner wertvolle Anregungen.

Ein großer Dank gebührt ebenso in der Stiftung Bundeskanzler-Adenauer-Haus Dr. Corinna Franz für ihre ständige Unterstützung der Arbeiten. Melanie Eckert überprüfte zahlreiche Angaben aus dem Nachlass Konrad Adenauers, ordnete den dortigen Teil des Nachlasses Paul Adenauer, sodass die Benutzung zügig erfolgen konnte, und stellte Material, das in die Bildauswahl einfloss und als Faksimile verwandt wurde, zusammen. Zudem arbeitete sie an den Registern mit.

Ganz besonders ist dem Historischen Archiv des Erzbistums Köln zu danken. Archivdirektor Dr. Ulrich Helbach und Dipl.-Archivarin Lena Wormans haben sich sehr für die Möglichkeit der Einsichtnahme in die Akten zu Paul Adenauer und den Bestand aus seiner Tätigkeit als Leiter des Katholischen Zentralinstituts für Ehe- und Familienfragen eingesetzt. Dem Bundesarchiv, dem Archiv des Liberalismus sowie der Ludwig-Erhard-Stiftung sei für einzelne Recherchen gedankt.

Zum Gelingen trugen auch all jene bei, die dem Herausgeber durch mündliche und schriftliche Auskünfte halfen, das Bild von Paul Adenauers Leben und die Beziehung zu seinem Vater weiter zu vertiefen und letztlich abzurunden. Im Besonderen gilt dies für Klaus Felder, der für lange Gespräche zur Verfügung stand, die weitere Einblicke in die Persönlichkeit, das Denken und Wirken Paul Adenauers als Pfarrer in Schildgen und in späteren Jahren vermittelten.

Allen sei für ihre Mühen herzlich gedankt.

Dass allein der Herausgeber und Bearbeiter die wissenschaftliche Verantwortung für das hier Veröffentliche trägt, versteht sich von selbst.

Ohne die unendliche Geduld und Rücksichtnahme meiner Frau, Karin Elsner-Küsters, die mir an vielen Abenden und Wochenenden Zeit zur Bearbeitung gab, wäre es nicht gelungen, den Band zum 50. Todestag von Konrad Adenauer fertigzustellen.

Windhagen-Rederscheid im Januar 2017          Hanns Jürgen Küsters

# Konrad Adenauer und Paul Adenauer

## Hanns Jürgen Küsters

Sie haben es meist schwerer als andere Nachkommen, die Kinder großer Persönlichkeiten. Öffentliche Reputation des Namens und das Geleistete des Vaters oder der Mutter belasten oftmals ihr eigenes Leben. Nur selten besteht die Möglichkeit, Einblicke in diese persönlichen Beziehungsgeflechte zu gewinnen, sind diese doch nie frei von einer Art Voyeurismus. Das Lesen des für sich selbst Festgehaltenen, meist nie zur Veröffentlichung bestimmt, macht den Reiz von Tagebüchern aus. Sie lassen in die Seele der Person schauen, je nachdem, wieweit sie sich geöffnet hat. Eigentlich möchte niemand diese zutiefst private Sphäre durchbrochen wissen. Wenn es dennoch geschieht, dann nur, weil es sich um herausragende Figuren des öffentlichen Lebens, der Literatur, der Geschichte oder der Zeitgeschichte und ihrer Kinder handelt. Konrad Adenauer gehört zweifellos zu dieser besonderen Spezie.

Sein Wirken als Politiker und Staatsmann lässt sich nicht von der Privatperson und dem Familienvater trennen. »Aus der Politik kommt man ja in meiner Stellung überhaupt nicht heraus«, beklagt er in einem Schreiben an seinen Sohn Paul.[1] Beide Welten sind in Wirklichkeit stets eng miteinander verschränkt. Politisches Verantwortungsbewusstsein eines Bundeskanzlers währt immer ebenso wie die Verantwortung von Eltern für ihre Kinder, die sich mit zunehmendem Alter umkehrt.

Bisher hat die Adenauer-Forschung nur durch die Quellenedition der »Briefe« und »Teegespräche« oder in Publikationen von Äußerungen der Kinder Konrad Adenauers in Interviews etwas über das Verhältnis zu ihren Eltern und dem Vater im Besonderen dokumentieren können. Dass Sohn Paul Adenauer neben zahlreicher familiärer Korrespondenz auch Aufzeichnungen in Form eines Tagebuchs hinterlassen hat, von deren Existenz selbst Geschwister und Angehörige der Familie erst jüngst erfahren haben, bietet einen bisher einzigartigen Zugang zu diesem Verhältnis von Vater und Sohn.

Richtig zu verstehen und einzuordnen sind die Aufzeichnungen nur im Lichte der Vater-Sohn-Beziehung, gemeinsamer Lebenserfahrungen

---

[1] Schreiben Konrad Adenauer an Paul Adenauer, 3.9.1958, in: ACDP, NL Paul Adenauer 01–1000–001/1.

sowie der familiären Situation, wie sie sich bis zum Jahre 1961, also über fast vier Jahrzehnte hinweg, entwickelt haben.

## Erste politische und religiöse Erfahrungen Paul Adenauers

Unter den acht Kindern aus der ersten und der zweiten Ehe Konrad Adenauers besteht ein erheblicher Altersunterschied. Bei der Heirat mit Konrad Adenauer am 25. September 1919 übernimmt drei Jahre nach dem Tod der ersten Frau Emma 1916 die 23 Jahre alte Gussie Zinsser die Rolle der Stiefmutter für die drei Kinder, den 13-jährigen ältesten Sohn Konrad, den neunjährigen Sohn Max und die siebenjährige Tochter Ria. Schon ein Jahr später ereilt das frischvermählte Ehepaar, dessen Altersunterschied immerhin 19 Jahre beträgt, ein Schicksalsschlag. Der am 4. Juni 1920 geborene Sohn Ferdinand, das erste Kind Gussies, stirbt bereits nach vier Tagen.[2]

Als Paul am 18. Januar 1923 in Köln-Lindenthal das Licht der Welt erblickt, wird der weithin bekannte Oberbürgermeister zum fünften Mal Vater. Für Gussie ist es das zweite gemeinsame Kind. Beide sind wohl überglücklich, obgleich die politischen Ereignisse jener Tage für die Stadt, das Rheinland und die Reichsregierung turbulent sind. Gerade erst eine Woche ist es her, dass französische und belgische Truppen in das Ruhrgebiet einmarschiert sind. Mit der Besetzung wollen ihre Regierungen das Deutsche Reich zwingen, der Reparationsverpflichtung, vor allem den Kohlenlieferungen, verstärkt nachzukommen. Reichskanzler Wilhelm Cuno, parteilos, kündigt im Reichstag »passiven Widerstand« an.

An Pauls Geburtstag beschlagnahmt die Rheinlandkommission, genauer der Interalliierte Hohe Ausschuss für die Rheinlande, die Kohlensteuer und Zölle in den besetzten Rheingebieten. Daraufhin weist Reichsfinanzminister Andreas Hermes die Beamten der deutschen Finanzverwaltung an, den Anordnungen der französischen Besatzungsmacht nicht nachzukommen. Die Regierung in Paris lässt mit Bochum, Witten und Recklinghausen weitere Städte im Ruhrgebiet besetzen. Die erst vier Jahre alte Weimarer Republik steht vor einer inneren Zerreißprobe, an die sich auch Konrad Adenauer noch in den 1960er Jahren erinnern wird.

Putschversuch der Schwarzen Reichswehr, Kommunistenaufstand, Hitlers Marsch auf die Feldherrnhalle in München, galoppierende Inflation sowie Separatisten, die im Rheinland allerorten eine Rheinische Republik ausrufen, erschüttern das Reich. Angesichts der explo-

---

[2]   Vgl. Weymar, Adenauer, S. 89 f.

siven Lage stürzt Reichskanzler Stresemann, nachdem die SPD aus der Regierung austritt. Adenauer wird zum Vorsitzenden eines Verhandlungsausschusses des besetzten Gebietes gewählt und gehört damit in die Riege der wichtigsten Persönlichkeiten der Reichspolitik. Er will die Abtrennung des Rheinlands aus dem Reichsverbund verhindern und gerät mit seinem Kurs zwischen alle Fronten.

Für die Familie bleibt da naturgemäß wenig Zeit. Paul wächst in gutbürgerlichen Verhältnissen auf. In der Wohnung der Adenauers in der Kölner Max-Bruch-Straße 6 fehlt es an nichts. Paul bekommt mit den Schwestern Lotte (geb. 1925), Libet (geb. 1928) und dem Bruder Georg (geb. 1931) noch drei weitere Geschwister. Die Kindererziehung obliegt, angesichts der Belastungen des politischen Amts des Vaters, hauptsächlich der Mutter. Mit ihrer sanften Wesensart erhalten die Kinder von ihr, die allseits als freundlich, warmherzig, mitfühlend beschrieben wird, viel Liebe und Zuneigung, die Paul für die Entwicklung seines Selbstbewusstseins auch braucht. Das Menschliche, soziales Empfinden, Hilfsbereitschaft, Einfühlsamkeit hat er, so seine Selbsteinschätzung, als er schon 44 Jahre alt ist, von ihr vererbt bekommen.[3] Für sein Empfinden hat er den Vater in der ersten Lebensdekade zu wenig für sich gehabt.[4] Umso mehr genießt er die gemeinsame Zeit, besonders wenn die ganze Familie nach Chandolin reist und Urlaub in den Schweizer Bergen macht.

Bei den Adenauers werden die Kinder zur Genügsamkeit und Sparsamkeit erzogen, erzählt Paul Adenauer Daniela Krein, die in ihrer Darstellung, 1955 veröffentlicht, erstmals das Familienleben beschreibt und dabei auch auf Äußerungen von Paul und den anderen Kindern zurückgreifen kann.[5] Dass dies mit aller Akribie geschehen ist, versteht sich. »Die von mir zensierten ›Skizzen‹ der Schwester Krein sind z. T. schon verwertet und finden ein für mich selbst erstaunliches Echo«, berichtet Paul 1953 dem Vater.[6]

Der Junge gehört zu der Generation, die in der Schule sowohl die lateinische als auch die Sütterlin-Schrift beigebracht bekommt. Seine Handschrift ist ordentlich, und er lernt wohl tüchtig.[7] Zum Muttertag

---

3 Vgl. Tagebuch, 4.12.1966.
4 Vgl. Äußerung Paul Adenauer in: Krein, Konrad Adenauer und seine Familie, S. 29 f.
5 Vgl. ebd., S. 28.
6 Schreiben Paul Adenauer an Konrad Adenauer, 13.7.1953, in: ACDP, NL Paul Adenauer 01–1000–001/1.
7 Diktatheft Paul Adenauer sowie Schreiben Paul Adenauer an die Eltern, 22.4.1933, mit Notiz von Luise Raskin an Gussie Adenauer, in: ACDP, NL Paul Adenauer 01–1000–013/1.

schreibt er der Mutter ein kleines Gedicht[8] und sendet Briefe an die Eltern, wenn er entfernt von daheim weilt, so im Sommer 1931 von der Insel Baltrum.[9]

Wie es sich für gute Katholiken gehört, besucht die Familie Adenauer sonntags die heilige Messe in der Pfarrkirche Sankt Joseph in Köln-Braunsfeld bei Pfarrer Josef Frings, der dort seit 1924 Seelsorger ist.[10] Er nimmt sich Pauls an und bereitet ihn am 3. April 1932 und zwei Jahre danach Lotte[11] auf die erste heilige Kommunion vor. Der bestehende Kontakt der Familie Adenauer zu Frings reißt nie ab. Dass sich Paul Adenauer und Frings einmal als Priester begegnen werden, ahnt noch niemand.

Sehr genau registriert Paul die Anfang der 1930er Jahre einsetzenden politischen Veränderungen und zunehmenden Angriffe auf den Vater. In der aufgewühlten Situation hinterlassen pöbelnde Hetzrufe der Straße wie »Adenauer an die Mauer« natürlich bei den Kindern ihre Spuren. Gesellschaftlich und familiär ändert sich das Leben des Oberbürgermeisters schlagartig. Die empfindsame Seele des Jungen leidet besonders, als die Nationalsozialisten am 13. März 1933 den Vater aus dem Amt verjagen. Für die Kinder ist er fortan kein »Garant von Sicherheit« mehr.[12]

Konrad Adenauer verlässt fluchtartig die Domstadt Richtung Berlin, um sich bei der Reichsregierung über die Behandlung durch die Nationalsozialisten in Köln zu beschweren. Vom 13. März bis 25. April lebt er in seiner Dienstwohnung, die ihm als Präsident des Preußischen Staatsrats noch zusteht. Gussie reist für einige Zeit zu ihrem Mann, gegen den ein Dienststrafverfahren wegen angeblicher kommunaler Vergehen, hauptsächlich finanzpolitischer Art – Transaktionen, Spekulationsgeschäfte, persönliche Vorteilnahme usw. –, in Gang gesetzt worden ist.[13] Die Kinder vermissen die Eltern, gerade an Ostern, obgleich es ihnen ansonsten gutgeht, wie das Kindermädchen Luise Raskin gegenüber den Eltern in Berlin beteuert.[14]

---

8    Gruß von Paul Adenauer an Gussie Adenauer, o. D., in: ACDP, NL Paul Adenauer 01–1000–013/4.

9    Zwei Briefe von Paul Adenauer an die Eltern, 26.8.1931 und o. D., ebd.

10   Vgl. Trippen, Josef Kardinal Frings I, S. 15 f.

11   Zur Kommunionvorbereitung von Lotte vgl. Schreiben Konrad Adenauer an Dora Pferdmenges, 24.3.1934, in: Freundschaft in schwerer Zeit, S. 98 f., hier S. 99.

12   Vgl. Äußerung Paul Adenauer in: Hagen/Moring, Adenauer, S. 55.

13   Vgl. Schwarz, Adenauer. Der Aufstieg, S. 352, 354.

14   Schreiben Paul Adenauer an die Eltern, 22.4.1933, mit Notiz von Luise Raskin an Gussie Adenauer, in: ACDP, NL Paul Adenauer 01–1000–013/1.

Am 26. April 1933 findet Konrad Adenauer in der Benediktiner-Abtei Maria Laach Unterschlupf, während seine Frau mit den Kindern in Köln bleibt, ihn aber, so oft es geht, aufsucht. Weil Nationalsozialisten das Haus beschlagnahmt haben, ist Gussie mit der ganzen Kinderschar, drei erwachsene und vier kleine, inzwischen im Sankt-Elisabeth-Krankenhaus in Köln-Hohenlind untergekommen. Die Bedrängnisse nehmen zu. »Hier in Köln ist dicke Luft, besonders unter den Jugendverbänden. Neudeutschland wird dauernd gestört«, schreibt Gussie ihrem Mann. Paul, der Mitglied des katholischen Jugendbundes »Neudeutschland« ist, untersagt sie, »einstweilen in Uniform zu gehen«.[15]
Nur gelegentlich sehen die Kinder den Vater.[16] In den Schulferien im August darf Paul mit den drei kleineren Geschwistern den Vater für ein paar Tage besuchen, worauf er sich ganz besonders freut.[17] Nun sieht er, wie spartanisch der Vater im Kloster wohnt und nur durch die Hintertür zum Wald seinen Raum verlassen kann.[18] Ende August verbringt er sogar noch eine Woche länger allein bei seinem Vater im Kloster.[19] Sie unternehmen gemeinsame Wanderungen, gehen abends auf die Orgelempore der Basilika und lauschen dem Abendgebet der Benediktiner, meist alte fromme ergraute Männer mit weißen Bärten. Vor allem das Spirituelle, die Ruhe, die Nähe zu Gott, die Gläubige an dieser Stätte erfahren, inspirieren und beeindrucken den Jungen nachhaltig und so sehr, dass schon früh in ihm die Neigung heranreift, vielleicht eines Tages selbst ins Kloster zu gehen und Priester zu werden. Doch in diesem Alter wechseln Berufsvorstellungen bekanntlich häufig. Diese Zeit prägt nicht nur besonders die Beziehung Pauls zu seinem Vater, sondern auch seinen weiteren Lebensweg. Denn allzu gerne spielt er schon im Kindesalter zu Hause Priester. Er holt dann die benötigten Utensilien heraus, zieht dazu ein nachgemachtes Messgewand an und zelebriert die Messe.[20]
Besorgt erkundigt er sich immer wieder nach dem Wohlergehen des Vaters im Kloster und berichtet ihm über seine Erlebnisse, hält somit

---

15  Vgl. Schreiben Gussie an Konrad Adenauer, 22.6.1933, in: Adenauer im Dritten Reich, S. 140.
16  Vgl. Schreiben Gussie an Konrad Adenauer, 4.6.1933, ebd., S. 136.
17  Vgl. Schreiben Konrad Adenauer an Dora Pferdmenges, 27.7.1933, in: Freundschaft in schwerer Zeit, S. 74–77, hier S. 76.
18  Vgl. Äußerung Paul Adenauer in: Hagen/Moring, Adenauer, S. 58.
19  Vgl. Schreiben Konrad Adenauer an Dora Pferdmenges, 29. und 30.8.1933, in: Freundschaft in schwerer Zeit, S. 78–81, hier S. 78.
20  Vgl. Äußerung Paul Adenauer in: Krein, Konrad Adenauer und seine Familie, S. 37.

Kontakt.[21] Die Sehnsucht wächst, je länger die Familie zerrissen ist.
»Wie geht es Euch? Hoffentlich kommt ihr bald zurück. Zu Hause ist
alles in Ordnung.« Mit diesen Sätzen fängt so manche Mitteilung von
Paul an. Den Vater plagen mehr denn je existentielle Sorgen, die Familie finanziell über Wasser halten zu können. Seine Durchhaltekraft
schwindet zusehends, ohne Schlafmittel kommt er schon seit März
nicht mehr zur Ruhe. Gussie geht es nicht viel anders. Dem jüdischen
Freund Dannie N. Heineman öffnet sich Konrad Adenauer am 14.
Oktober 1933 in seiner Not und bekennt: »Wenn nicht meine Familie
und meine religiösen Grundsätze wären, hätte ich lange meinem Leben
ein Ende gemacht; es ist so wirklich nicht lebenswert!« Erst 1992,
anlässlich des 25. Todestages seines Vaters, zitiert Paul Adenauer in
seiner Predigt in der Rhöndorfer Pfarrkirche diesen Satz.[22]

Schon als Zehnjähriger besitzt er ein bemerkenswertes Gespür dafür, was mit Mitmenschen in Zeiten der Hitler-Diktatur aus politischen
Gründen passiert. Was er gehört hat, teilt er unverzüglich den Eltern
mit: »Unser früherer Gärtner Scharli ist am Montag, den 13. [Novem-
ber] bei uns gewesen. Er war traurig; denn zwei seiner Brüder sind ins
Konzentrationslager gebracht worden und seine Schwägerinnen wissen weder ein noch aus. Sie haben beide ein Kind und die eine ist noch
dazu krank.«[23]

Niemals vergisst Paul – auch in späteren Jahren nicht –, dem Vater
zum Namenstag am 26. November zu gratulieren, wie es bei Katholiken üblich ist, die dem Tag des Namenspatrons einen höheren Stellenwert beimessen als dem Geburtstag.[24]

Eindrücke aus dem Kloster und vorweihnachtliche Stimmung wirken auf Paul nachhaltig. Als »liturgische Lieder durchs Radio« erklin-

---

[21]   Brief Paul Adenauer an Konrad Adenauer, 11.7.1933, in: ACDP, NL Paul Ade-
       nauer 01–1000–013/3.
[22]   Paul Adenauer, Predigt während des Festgottesdienstes in der Rhöndorfer Pfarr-
       kirche aus Anlaß des 25. Todestages von Konrad Adenauer, 19.4.1992, wieder-
       gegeben in: Konrad Adenauers Religiosität. Eine Dokumentation. Für Dr. Paul
       Adenauer zum 18. Januar 1998, Redaktion: Hans-Peter Mensing/Ursula Pinkus/
       Ursula Raths, 78 S., hier S. 74–78, insbes. S. 76, in: ACDP, NL Paul Adenauer
       01–1000–003/1 und 01–1000–004/1; Kopie des Schreibens von Konrad Ade-
       nauer an Dannie N. Heineman, 14.10.1933, in: StBKAH, Bestand Heineman;
       Teilabdruck des Schreibens ohne den zitierten Satz bei Schwarz, Adenauer. Der
       Aufstieg, S. 382, und Adenauer im Dritten Reich, S. 182.
[23]   Schreiben Paul Adenauer an Konrad Adenauer, 13.11.1933, in: ACDP, NL Paul
       Adenauer 01–1000–013/4; Faskimile S. 25.
[24]   Schreiben Paul Adenauer an Konrad Adenauer, 22.11.1933, sowie Schreiben
       Paul Adenauer an Gussie Adenauer mit Geburtstagsgrüßen, 6.12.1933, beide
       ebd.

Köln den 13.11.33.

Liebe Eltern!

Wie geht es Euch? Hoffentlich kommt ihr bald zurück. Zu Hause ist alles in Ordnung. Die W. J. Ol. Aufführung ist auf den 29. des Monats verlegt worden. Dann sind ihr doch schon wieder da. Wir haben in N. J. unseren Gruppenführer Willi Piel als Führlein= führer bekommen. Wir haben schon einmal bei ihm Führlein in unserem Hause gehalten. Das war sehr schön. Unser höchster Gruiturus Schweli ist am Montag den 13. bei uns gewesen. Er war traurig, denn zwei seiner Brüder sind ins Konzentrationslager gebracht worden und seine Schwägerinnen wissen es nicht wo er noch ist. Die haben heute nur Kind und ihr eine ist noch dazu krank. Ich muß jetzt aufhören mor= gen und sondern auch zu schreiben. Macht, daß ihr bald zurück kommt wie man dann Euch alle wieder sieht bald. Viele Grüße aus Köln sendet Euch

Euer Sohn

Paul.

gen, lauscht er »in tiefer Andacht« und erkennt »die einzelnen Stimmen genau«, berichtet Gussie ihrem Mann,[25] bevor sie an Heiligabend 1933 mit den sieben Kindern, Christuskind, Krippenfiguren, Christbaumschmuck und Geschenken im Gepäck, vom Hauptbahnhof in Köln nach Maria Laach reist, damit die Familie Weihnachten beisammen sein kann. Ziel ist das Seehotel, wo sie möglichst unerkannt feiern wollen. Paul schmückt mit den beiden größeren Brüdern und dem Vater in dessen Mönchszelle den Baum. Spät abends wohnen sie oben auf der Orgelempore, um nicht gesehen zu werden, in der Abtei der Christmette bei, sehen, wie die Mönche den lateinischen Ritus vollziehen, ehrfürchtig Choräle und heilige Lieder singen. Am Weihnachtsmorgen folgt die Bescherung, die Mutter spielt auf ihrer Violine, Paul die Blockflöte, die Familie rückt eng zusammen – für alle ein besonderes Erlebnis, nicht in den eigenen vier Wänden zu sein, aber trotz aller Widrigkeiten gemeinsam feiern zu können. Eltern und Kinder schweißt das noch mehr zusammen.[26]

Dass sich stadtbekannte Katholiken und Zentrumsangehörige in Köln nicht mehr ohne Gefahr auf der Straße sehen lassen können, bekommt Paul unmittelbar selbst zu spüren. Als am 28. Januar 1934 in der Apostelnkirche Knappenweihe von »Neudeutschland« abgehalten wird, kommen alle »Neudeutschen« der Stadt am Apostelmarkt zusammen. Mit Autos und Fahnen ziehen demonstrativ Schlägertrupps der Hitlerjugend auf, provozieren und pöbeln. Gussie schleicht mit Paul davon, um einer Schlägerei zu entgehen. »Ich glaube«, berichtet Gussie ihrem Mann, »ich tue Paul unseres Namens wegen wieder aus Neudeutschland, das gar keine rechte Existenzmöglichkeit mehr hat«.[27]

Über Ostern 1934 verbringt Paul die Tage bei seinem Vater, da Lotte mit zur Kommunion geht und die Mutter alle Hände voll zu tun hat.[28] Die Familie zieht am 1. Mai 1934 nach Potsdam-Neubabelsberg

---

[25]  Vgl. Schreiben Gussie Adenauer an Konrad Adenauer, 22.12.1933, in: Adenauer im Dritten Reich, S. 193.

[26]  Aufzeichnung (vermutlich Manuskriptentwurf für den Band von Paul Weymar), o. D., 4 S., in: ACDP, NL Theile/Theile-Schlüter 01–1024–006/1; Weymar, Adenauer, S. 164–168; Hinweis auf die Weihnachtsfeier 1933 in Konrad Adenauers Rundfunkansprache, 25.12.1951, in: Adenauer, Nachdenken über die Werte, S. 18, 21–24, hier S. 21; Paul Adenauer, Einführung, in: Freundschaft in schwerer Zeit, S. 11–14, hier S. 12; Krein, Konrad Adenauer und seine Familie, S. 33–38.

[27]  Vgl. Schreiben Gussie Adenauer an Konrad Adenauer, 29.1.1934, in: Adenauer im Dritten Reich, S. 198.

[28]  Vgl. Schreiben Konrad Adenauer an Dora Pferdmenges, 24.3.1934, in: Freundschaft in schwerer Zeit, S. 98 f.

um, damit Konrad Adenauer sich vor Ort weiter um die Einstellung seines Dienststrafverfahrens kümmern kann. Denn alsbald soll sich für die kleineren Kinder wieder ein geregeltes Familienleben einpendeln. Die großen Kinder aus erster Ehe sind inzwischen außer Haus. Sohn Konrad hat sein Assessorexamen bestanden und ist bei der AEG in Stuttgart untergekommen. Max verdient als Referendar beim Oberlandesgericht in Köln erstes Geld. Tochter Ria hat ihr Studium in Paris unterbrochen und arbeitet als Erzieherin in Schottland. Doch nur drei Wochen, nachdem die Nachricht von der Einstellung des Verfahrens am 3. Juni eintrifft, erleben die Kinder aus zweiter Ehe am 30. Juni in Folge des Röhm-Putsches die Verhaftung des Vaters hautnah mit. Dass der Vater damit rechnet, selbst von den NS-Schergen erschossen zu werden, erfahren sie erst später. Zunächst wissen sie nur, Vater ist im Gefängnis von Potsdam.[29] Ruhe in das Familienleben kehrt erst ein, als der Vater nach ein paar Tagen wohlbehalten zurückkehrt. Die gemietete Villa in der Augustastraße 40, gerade vor zehn Jahren erbaut, ist nahe am Wald gelegen und ideal zum Spielen. Paul teilt sich mit der Schwester Libet ein Zimmer, was auch deren enges geschwisterliches Verhältnis prägt.

Doch Ende April 1935 zieht es die Familie Adenauer wieder ins Rheinland. Das Siebengebirge ist Konrad Adenauer durch sonntägliche Wanderungen mit seinem ältesten Sohn Konrad seit vielen Jahren vertraut. In Rhöndorf, in der Löwenburgstraße 76, finden sie ein neues Domizil. Als die einheimische Feuerwehrkapelle aus Anlass des Schützenfestes dem bekannten ehemaligen Kölner Oberbürgermeister in beschwingter Runde ein Ständchen bringen will und den Badenweiler-Marsch spielt, den Lieblingsmarsch des »Führers«, hat das für Konrad Adenauer die Ausweisung aus dem Regierungsbezirk Köln zur Konsequenz. Wieder ist der Vater von der Familie getrennt, wieder hält er sich von Mitte August bis Mitte September 1935 zunächst im Kloster Maria Laach auf. Und wie 1933 ist Paul gelegentlich beim Vater im Kloster. Ihm »geht es ausgezeichnet; er ist seelenvergnügt, er wohnt in einer richtigen Zelle und schläft prachtvoll auf einem Strohsack«, berichtet Konrad Adenauer seiner Frau, und fügt hinzu: »Paul ist reizend zu mir.«[30]

Sorge in dieser Zeit bereitet den Eltern Pauls rasantes Wachstum. Gussie gibt ihrem Mann jedoch alsbald Entwarnung. Paul gehöre zur »Gruppe aufgeschossener und zarter Jungen, die, Treibhauspflanzen

29 Vgl. Äußerung Paul Adenauer in: Hagen/Moring, Adenauer, S. 60; Äußerung Libet in: Krein, Adenauer und seine Familie, S. 44.

30 Vgl. Schreiben Konrad Adenauer an Gussie Adenauer, 22.8.1935, in: Adenauer im Dritten Reich, S. 260 f., hier S. 261.

vergleichbar, mehr in die Höhe wie in die Breite sich entwickelt haben«. Es sei »kein Krankheitsherd im Augenblick da, natürlich seien seine Drüsen auffällig und sein Körper jeder Krankheit in dem Zustand zugänglich«.[31] Die Medizin ist wohl noch nicht so weit, den Ursachen auf den Grund gehen zu können. Später soll sich herausstellen, dass Paul ein Nebennierenhormon fehlt, das seine Konzentrationsfähigkeit den Tag über und mit zunehmendem Alter beeinträchtigt. Er wird dann häufig müde, erschöpft und hat Probleme, früh auf zu sein, weil nicht ausreichende körpereigene Energiezufuhr erfolgt. Das zwingt ihn immer wieder zu kurzen Erholungspausen. Später muss er regelmäßig seine »Auszeiten« zur Regeneration nehmen. In geselligen Runden mit Freunden und Bekannten zeitweise abwesend und doch anwesend zu sein, gehört zu seinem Alltag, hat für ihn aus seinem Glauben in theologischer Sicht eine besondere Bedeutung und Symbolkraft. Zudem leidet er häufig unter Stirnhöhlenkatarrh[32] und hat gelegentlich starke Kopfschmerzen, die er gerne mit »Dame Mi« für »Migräne« beschreibt, die ihn »besucht«.[33]

Ohne Wissen um diese Hintergründe scheint in den 1930er Jahren die Therapie simpel: »Schule einstweilen auslassen, dafür viel Liegen[,] auch an der Luft[,] und sich Bewegung machen, damit der Brustkorb sich weite.« Dazu soll »kräftige männliche Kost, wenig Flüssigkeit, ganz wenig Milch, dafür viel Schwarzbrot, fetter Schinken, Bratkartoffeln, Reibekuchen, tüchtig Bratensaucen, Äpfel, süsssaure Gurken« gereicht werden. »Die Kindernahrung wie Pudding, Brei etc.« ist eben »nicht gut für seine Entwicklung«. Er bekommt fortan »jeden Tag 1/8 [Liter] Sahne, Höhensonne, ein Kalkpräparat und ein Vitaminpräparat«. Danach geht es »ihm ganz gut, die Drüsen sind fast fort«.

Die Eltern wollen für Paul eine katholische Erziehung sicherstellen. So versucht Gussie, ihn im Internat des Aloisiuskollegs in Bad Godesberg unterzubringen, das unter der Trägerschaft der Jesuiten steht. Jedoch ist kein Platz frei. So wird Paul zwar nicht in das Internat aufgenommen, darf aber vom 1. September 1935 an dort in die Schule gehen. Der Gedanke, Priester zu werden, treibt ihn um. Um dem Zwölfjährigen die tägliche Heimfahrt nach Rhöndorf zu ersparen, geht er mittags zu Dechant Heimbach, Pfarrer an der örtlichen

---

31 Schreiben Gussie Adenauer an Konrad Adenauer, Montag Abend, hs. mit Kugelschreiber ergänzt »1935«, in: ACDP, NL Paul Adenauer 01–1000–013/3.
32 Paul Adenauer, Briefe Konrad Adenauers an einen Sohn im Reichsarbeitsdienst 1941/42, S. 166 Anm. 5.
33 Vgl. Tagebuch, 19.2.1963 und 6.1.1966.

Sankt-Marien-Kirche, zum Essen. So kann er sich dann gestärkt auf den Heimweg machen.[34] Der Vater hält sich zu dieser Zeit in Freudenstadt im Schwarzwald in der Nähe der Schwiegereltern Zinsser auf. Das Interesse des 13-jährigen Sohnes an den aktuellen politischen Ereignissen wächst ständig. Offenbar empört ihn, dass Mussolinis Truppen am 3. Oktober Abessinien überfallen haben, und er teilt dem Vater mit, dass es gut wäre, wenn dieser dafür bestraft würde. Konrad Adenauers Antwort: »Für Paul: Ob es gut ist, wenn Mussolini einen ›aufs Dach bekommt‹, weiß ich nicht.«[35] Im Alltag des Dritten Reichs lässt der Vater Vorsicht mit solchen Äußerungen walten. Jedenfalls zeigt sich, dass beide schon längst in einen kleinen politischen Dialog eingetreten sind.

Am 25. Oktober kommt der Vater auf seiner Odyssee im Pax-Erholungsheim in Unkel unter.[36] Von der Schule in Godesberg aus fährt Paul »täglich mit dem Fahrrad« zunächst nach Unkel, besucht seinen Vater und macht mit ihm Schulaufgaben.[37] Das schweißt Vater und Sohn noch mehr zusammen.[38] Paul, dem eine große Sensibilität für andere Menschen mit in die Wiege gelegt worden ist, empfindet zwar die »Freude und Fürsorglichkeit« des Vaters, ihm entgeht aber auch nicht »seine Traurigkeit«, wenn er ihn wieder verlässt.[39] Im tristen Monat November, kalt, nebelig und früh dunkel, ohne zu wissen, wie lange er von zu Hause wegbleiben muss, verfällt Konrad Adenauer in eine tiefe depressive Stimmung.

In schwierigen Situationen für den Vater ist es meistens Paul, der das eine oder andere Mal in Unkel übernachtet. So verbringt er auch den Jahreswechsel 1935/36 dort und leistet ihm am »Neujahrsmorgen beim Frühstück Gesellschaft«.[40] Um seine Pensionsansprüche zu regeln, hält sich Konrad Adenauer im Februar zeitweise in Berlin auf. So schreibt Gussie ihm, dass Paul stets zu Scherzen aufgelegt ist und jeden Spaß mitmacht. An Weiberfastnacht verkleidet er sich als eine »alte Frau«

---

34  Vgl. ebd., 30.6.1962.
35  Vgl. Schreiben Konrad Adenauer an seine Kinder, 16.10.1935, in: Adenauer im Dritten Reich, S. 270.
36  Vgl. Schwarz, Adenauer. Der Aufstieg, S. 390–392.
37  Vgl. Äußerung Paul Adenauer, in: Hagen/Moring, Adenauer, S. 62; Paul Adenauer, Briefe Konrad Adenauers an einen Sohn im Reichsarbeitsdienst 1941/42, S. 156.
38  Vgl. Paul Adenauer, Briefe Konrad Adenauers an einen Sohn im Reichsarbeitsdienst 1941/42, ebd.
39  Vgl. Paul Adenauer, Einführung, in: Freundschaft in schwerer Zeit, S. 12.
40  Vgl. Schreiben Konrad Adenauer an Dora Pferdmenges, 30.12.1935, ebd., S. 125–127, hier S. 127.

(»Möhne«), wie es im Rheinland üblich ist, und »macht das Dorf unsicher«. Die Maske nimmt »alle Hemmungen«, und »er fühlt sich als Vertreterin des weiblichen Geschlechts sehr wohl«.[41] Dass er später einmal bald aus dem Priesterseminar herausgeflogen wäre, weil er in offiziellem Ornat den Nikolaus mimt, ist für ihn typisch.

Das Familienleben normalisiert sich erst wieder, als Konrad Adenauer am 9. April 1936 nach Rhöndorf zurückkehrt und die Familie sich zum Kauf eines Grundstücks am Zennigsweg 8a und anschließend zum Bau des Hauses entschließt, das Ende 1937 bezugsfertig ist. Zuvor veranlasst die Ärzte Pauls »unangenehme Drüsengeschichte« im April, ihm »ziemlich plötzlich« im Bonner Herz-Jesu-Krankenhaus die Mandeln zu entfernen.[42] Sein Wachstum ist enorm. Noch keine 16 Jahre alt, misst er schon fast 1,90 m, sein Herz wächst nicht schnell genug mit, wie die Ärzte meinen. Auch hat er gerade eine Tuberkulose hinter sich,[43] und der Schulbesuch wird nicht einfacher.

Die katholische Glaubenslehre ist mit der nationalsozialistischen Propaganda nicht vereinbar und daher den Nationalsozialisten ein Dorn im Auge. Die Leitung des Aloisiuskollegs bekommt dies zu spüren. Restriktionen und Diskriminierungen nehmen zu. Das Kolleg ist staatlich nicht anerkannt, nur der Unterricht ist erlaubt. Das Abitur müssen die Absolventen an einer anderen Schule in ihrem Heimatgebiet ablegen. Somit hat das Kolleg keine Zukunftsperspektive und wird 1939 geschlossen. Paul verlässt das Kolleg am 31. März.

Freiheitsdrang eines 16-jährigen, Wissensdurst und Abenteuerlust paaren sich, und Reisen bilden ja bekanntlich. Der Vater hat es in seiner Studentenzeit nicht anders gehalten.[44] Während der Ferien im August 1939 radelt Paul mit seinem Freund Eugen Becker, der ebenfalls Priester werden will, los. Beide verbindet eine langjährige, tiefe Freundschaft, die schon in der Jugend- und Gymnasialzeit begonnen hat und ein Leben lang anhält. Von Rhöndorf aus geht es über einen Besuch im Kloster Maria Laach und Arnstein nach Frankfurt am Main, wo beide den Römer besichtigen und ins Goethe-Museum einkehren. Über Würzburg fahren sie weiter nach Bamberg, Nürnberg und Rothenburg ob der Tauber, dann durch den Odenwald über

[41]  Vgl. Schreiben Gussie Adenauer an Konrad Adenauer, 25.2.1936, in: Adenauer im Dritten Reich, S. 290.
[42]  Vgl. Schreiben Konrad Adenauer an Dora Pferdmenges, 13.4.1937, in: Freundschaft in schwerer Zeit, S. 129.
[43]  Vgl. Krein, Adenauer und seine Familie, S. 64 f.
[44]  Aufzeichnung Konrad Adenauer »Meine Pfingstreise mit Schlüter u. Schulte«, München, 8.8.1895, in: ACDP, NL Theile/Theile-Schlüter 01–1024–001/6.

Darmstadt und Mainz den Rhein entlang wieder zurück nach Hause.[45] Akribisch notiert er alle Erlebnisse,[46] eine Eigenart, die sich durch sein ganzes Leben zieht.

Obwohl ihn im September/Oktober 1939, also kurz vor dem Abitur, eine Scharlach-Erkrankung ans Bett fesselt,[47] erlangt er am 12. Februar 1940 in der Klasse 8 b an der Städtischen Oberschule in Bad Godesberg die Hochschulreife mit der Note »gut«.[48] Seine geistige Reife entspricht jedoch noch längst nicht dem körperlichen Zustand. Er ist »derart aufgeschossen, daß die inneren Organe nicht Schritt halten konnten« und »sich zunächst einmal kräftigen« müssen.[49]

Im Sommer, als der Zweite Weltkrieg Deutschland noch längst nicht erreicht hat, macht Paul sich wieder auf. Diesmal unternimmt er vom 31. Juli bis 27. August eine gemeinsame Radtour mit seinen Freunden Otfried und Egon Guillaume nach Süddeutschland. Die Eisenbahn bringt sie nach Schwäbisch Gmünd, wo es mit den Rädern weitergeht Richtung Augsburg, München bis nach Kufstein und Innsbruck mit Abstecher auf den Brenner und über Garmisch, Kloster Ettal, Oberammergau, Lindau, Friedrichshafen, Weingarten und Ulm zurück nach Schwäbisch Gmünd.[50] Kaum ein Tag vergeht, an dem Paul nicht den »lieben Eltern« eine Postkarte schreibt und über den Reiseverlauf berichtet, was in Kriegszeiten zugleich ein Lebenszeichen bedeutet.[51] Sein Vater weiß um die Neigung des Sohnes, alles Erlebte im Bild festzuhalten oder zu notieren. So schreibt er ihm am 7. August: »Du wirst wohl ziemlich ausführlich Tagebuch geführt und auch Ansichtskarten gekauft haben, so dass Du uns später ausführlich Deine Reise schildern kannst.«[52]

---

[45] Fotoalbum »Sommerfahrt 2.–22.VIII.1939 Radfahrt mit Eugen [Becker]«, in: ACDP, NL Paul Adenauer 01–1000–012/1.

[46] Notizbuch »Ferienfahrt 1939 2.VIII.–22.VIII. Radfahrt mit Eugen [Becker]«, ebd.

[47] Vgl. Schreiben Ella Schmittmann an Gussie Adenauer, 29.9.1939, in: Adenauer im Dritten Reich, S. 351; Schreiben Konrad Adenauer an Walter Braunfels, 19.10.1939, ebd., S. 353 f., hier S. 354.

[48] Erzbischöfliches Theologenkonvikt Collegium Albertinum, Bericht Adenauer, Paul, 20.2.1949, in: AEK, Bestand Collegium Leoninum Bonn 173; Karte der Abiturienten der 8 b, mit hs. Unterschriften, 12.1.1940, in: StBKAH VI c/2.

[49] Vgl. Schreiben Konrad Adenauer an Walter Braunfels, 21.3.1940, in: Adenauer im Dritten Reich, S. 355.

[50] Fotoalbum »Süddeutschland-Fahrt 31.VII.–27.VIII.1940 mit Otfried u[nd] Egon Guillaume«, in: ACDP, NL Paul Adenauer 01–1000–012/2.

[51] Postkarten Paul Adenauer an die Eltern und Geschwister, 2.–21.8.1940, sowie Schreiben vom 13.8.1940, ebd., 01–1000–013/1; dazu Faksimile S. 32.

[52] Schreiben Konrad Adenauer an Paul Adenauer, 7.8.1940, in: ACDP, NL Paul Adenauer 01–1000–013/4; Faksimile S. 33 f.

Füssen, 7. VIII. 40.

Liebe Eltern!

Heute sind wir hier in Füssen. Da gestern fuhren wir eine herrliche Strasse von Bühl über Pfronten, wo ich Engen besuchte, nach hier. Die Gegend ist grossartig, wir haben schönes Wetter. Die letzten 2 Nächte schliefen wir im Heu, allerdings wurde die letzte durch Heuflöhe sehr gestört. Heute bleiben wir hier, besichtigen gleich Hohenschwangau, baden im See in der Nähe des Quartiers, und faulenzen. Morgen fahren wir über den Fernpass nach Innsbruck, wir haben unsere Strecke so abgeändert, weil uns dieser Pass auch von Max so gepriesen wurde. ⊕ In Innsbruck bleiben wir etwas (4 Tage) fahren dann über Mittenwald nach Partenkirchen. Uns geht's sehr gut, wir bekommen

Absender: Paul Adenauer

Postkarte

Wohnort, auch Zustell- oder Leitpostamt

Straße, Hausnummer, Gebäudeteil, Stockwerk od. Postschließfachnummer

hier Käse „ohne." Euch allen Gute und auf Wiederlesen in Partenkirchen. Schickt bitte alle Briefe usw. bis zum 12. dorthin postlagernd. Jetzt auf Wiedersehn! Grüsst alle werten Hausgenossen besonders die „lieben Kleinen" (Lotte?)

Euer Paulus.

Herrn
Dr. Adenauer
Rhöndorf / Rhein
Zennigsweg 8a.

Straße, Hausnummer, Gebäudeteil, Stockwerk oder Postschließfachnummer

Rhöndorf , den 7.8.40

Lieber Paul !

Im Geiste haben wir Euch auf Eurer Reise begleitet und uns
über Euer Wetterglück gefreut.Hoffentlich bleibt es Euch wenigstens einigermassen treu. Hier waren auch einige Tage sehr
schön und heiss, heute ist das Wetter umgeschlagen,und wir
stecken im Nebel mit feinem Regen,für eine Radtour denkbar
hässlich. Du wirst wohl ziemlich ausführlich Tegebuch geführt
und auch Ansichtkarten gekauft haben,so dass Du uns später ausführlich Deine Reise schildern kannst.
Wir haben durch Esel - sehr teuer ! - Erde von unten nach
der ersten Terrasse bringen lassen,Lotte und Libet haben sie
in Eimern nach oben geschafft,ich habe gestampft , und so haben
wir mit ver inten Kräften das Loch an der gedeckten Terrasse
geschlossen.
Rehmers lässt sich natürlich nicht blicken,hat sich aber bei
Frl. Buch als Chauffaur, Gärtner und Faktotum gemeldet ! -
Lotte schafft schon fleissig für die Schule,Libet denkt noch
nicht daran,Schorsch hat Unterricht bei Schwester Theodora.
Dein Literaturmann war wieder prompt mit seiner Rechnung da -
RM 25 für Juli - ich werde bezahlen und wegen starker Ermässi-
gung für die Zukunft anfragen.-
Alle Aprikosen sind aufgegessen,sie waren köstlich,jetzt war-
ten wir auf die Pflaumen. - Hier und da hatten wir Alarm,es
ist aber bei uns im allgemeinen ruhig,Rheinabwärts nicht.
Dem anliegenden Brief habe ich Lotte und Libet nicht gezeigt.

Pastor von Contzen scheint verreist zu sein.- Max scheint sich
gefreut zu haben,dassDu ih zuerst in den Garten begleitet hast.
Ich wedre ihn demnächst besuchen.Die Grosseltern können nach dem
16.8 wegen der Vorbereitung auf ihre Reise nach Karlsbad keinen
Besuch mehr gebrauchen. Wie lauten die Pläne für die Fortsetzung
Eurer Reise ? Hoffentlich werdetvIhr ordentlich satt,wie steht
es mit der Verpflegung ? Die Zeltnacht am Bodenseee denke ich
mit sehr schön.

Irgendwelche Neuigkeiten von Belang gibt es sonst nicht,es geht
alless einen Gang weiter.

Grüsse Deine Freunde und sei vor allem Du r echt herzlich gegrüsst!

Wie immer Dein *Vater*.

## Reichsarbeitsdienst und Verhaftung der Eltern

An Pauls Wunsch, Katholische Theologie zu studieren, um das Priesteramt anzustreben, hat sich nichts geändert. Im April 1941 tritt er in das Konvikt Collegium Leoninum in Bonn ein, dem Wohnheim für Studenten der katholischen theologischen Fakultät.[53] Paul hätte sich auch den Beruf des Architekten oder Arztes vorstellen können, was Konrad Adenauer lieber gesehen hätte. Paul selbst gibt später zu, der Vater habe seinem Traum, Priester zu werden, »wohlwollend, aber distanziert« gegenübergestanden. Der Vater befürchtet, dass die Entscheidung des Sohnes von dem Motiv des Kampfes der Katholiken gegen den Nationalsozialismus bestimmt ist. Er soll sich in der Berufswahl frei fühlen. Zudem hält Konrad Adenauer nicht sonderlich viel von diesem »gefährlichen« Beruf. Denn Kleriker bekämen seiner Ansicht nach keinen Widerspruch zu hören, was schlecht für die Menschen sei.[54] Wenn Paul schon Priester werden will, dann soll er zunächst vor Einberufung des Jahrgangs zum Reichsarbeitsdienst lieber Fächer wie Psychologie und Kunstgeschichte studieren, die der Tätigkeit als Seelsorger zugutekommen.

Im August erwartet Paul die Einberufung zum Reichsarbeitsdienst,[55] die prompt zum 1. Oktober 1941 auf die Nordseeinsel Sylt erfolgt. Weil er Theologie studiert, wird er von seinen Freunden getrennt und trifft dort auf Kameraden aus Sachsen. Die Briefe Konrad Adenauers an Paul, die im Original im Nachlass Paul Adenauers nicht überliefert sind, informieren ihn über Alltagsdinge in Rhöndorf, sollen ein Stück Geborgenheit des Elternhauses und der heimatlichen Umgebung dem in der Ferne weilenden Sohn vermitteln. Denn das Heimweh überkommt ihn doch sehr,[56] besonders an Weihnachten,[57] auch wenn er sich in der neuen Umgebung allmählich durchgesetzt hat.[58] Die Briefe enthalten ebenso Ratschläge des Vaters für den Umgang mit Menschen, gerade gegenüber den neuen Kameraden. Denn Paul ist der einzige aus dem Rheinland in dieser aus Leipzigern bestehenden Ar-

53 Vgl. Schreiben Konrad Adenauer an Walter Braunfels, 10.4.1941, in: Adenauer im Dritten Reich, S. 367.
54 Vgl. Paul Adenauer, Briefe Konrad Adenauers an einen Sohn im Reichsarbeitsdienst 1941/42, S. 166.
55 Vgl. Schreiben Konrad Adenauer an Walter Braunfels, 22.8.1941, in: Adenauer im Dritten Reich, S. 371 f., hier S. 371.
56 Vgl. Schreiben Konrad Adenauer an Wim Schmitz, 9.12.1941, ebd., S. 370 f., hier S. 371.
57 Vgl. Schreiben Konrad Adenauer an Paul Adenauer, 26.12.1941, ebd., S. 373.
58 Vgl. Schreiben Konrad Adenauer an Walter Braunfels, 21.12.1941, ebd., S. 372.

beitsdienstabteilung.[59] »Natürlich muß man einen fremden Menschen erst sehr genau kennenlernen«, warnt er Paul, »ehe man ihn in der richtigen Weise bewerten kann. Daran wirst Du ja immer denken.«[60] Konrad Adenauer sorgt sich um die Unerfahrenheit des Sohnes, aber mehr noch um den religiösen Eifer, den er gelegentlich an den Tag legt und der nun im Reichsarbeitsdienst mit der harten Lebenswirklichkeit konfrontiert wird. »Ich glaube Dir, daß Du in eine so ganz andere Welt gekommen bist. Wenn man in aller Ruhe und Gelassenheit das wechselnde Leben sieht und betrachtet, kann man aus allem sehr viel Nutzen für sich und für seine charakterliche Bildung ziehen. Du wirst sicher auch Deine Menschenkenntnis sehr erweitern. Andere lernen das schon viel früher, wenn sie aus der Volksschule hinaus in das Leben und in die Arbeit müssen. Du hast den Vorteil, daß Du alles, was an Dich herantritt, schon kritischer und gereifter erfassen und das Gute vom Nichtguten trennen kannst«, schreibt der Vater ihm am 24. Oktober und fügt belehrend hinzu: »Nimm Dich nur vor einem in acht, lieber Junge! Werde niemandem gegenüber aufdringlich mit Deinen Ansichten, es ist weder die Zeit noch die Gelegenheit dazu. Auch wenn Dich andere Kameraden nach innern Dingen, so nach religiösen, fragen, sei zurückhaltend, ja mißtrauisch, so lange Du den Betreffenden nicht wirklich lange und genau kennst. Ich empfehle Dir überhaupt allergrößte Vorsicht an. Es ist besser bei Dir, zu mißtrauisch als zu vertrauensvoll zu sein. Ich bitte Dich sehr, mir das zu glauben [...]«[61]

Nur zu gut wissen die Eltern, dass Pauls Glaube für ihn eine wichtige Stütze ist, schwierige Zeiten durchzustehen. »Wir fühlen sehr mit Dir, und wir wissen, daß Du es oft nicht leicht haben wirst. Aber unsere Gedanken und unser Gebet reicht zu Dir hinüber, dessen kannst Du immer gewiß sein«, ermuntert ihn der Vater. »Und dann trägst Du ja in Deinem Innern einen Quell der Kraft, der immerfort strömt, auch wenn man es zuweilen nicht fühlt und sich ganz verlassen vorkommt, wenn man sich ihm nur mit Vertrauen und Ergebung nähert [...] Am allermeisten machst Du Eindruck und wirbst Du für Deine Lebensauf-

---

59    Vgl. Paul Adenauer, Briefe Konrad Adenauers an einen Sohn im Reichsarbeitsdienst 1941/42, S. 157.
60    Vgl. Schreiben Konrad Adenauer an Paul Adenauer (Auszug), 21.10.1941, ebd., S. 157 f., hier S. 158.
61    Schreiben Konrad Adenauer an Paul Adenauer (Auszug), 24.10.1941, ebd., S. 158; Bezug darauf bei Paul Adenauer, Predigt während des Festgottesdienstes in der Rhöndorfer Pfarrkirche aus Anlaß des 25. Todestages von Konrad Adenauer, 19.4.1992, wiedergegeben in: Konrad Adenauers Religiosität, S. 77, in: ACDP, NL Paul Adenauer 01–1000–004/1.

fassung, wenn Du wirklich dementsprechend lebst, das gilt insbesondere für Betätigung der Nächstenliebe auch bei kleinen Anlässen und in jeder Form.« Bei dieser Gelegenheit erfährt Paul vom Vater auch, dass so schnell an die Fortsetzung des Theologiestudiums nicht mehr zu denken ist. Denn in Bonn hat sich das Heer des Konviktgebäudes bemächtigt. Das Konvikt zahlt im eigenen Haus Miete und das Priesterseminar ist nach Bad Honnef-Selhof verbannt worden.[62] Mit Willensstärke und Überzeugung hält sich Paul über Wasser.»Ich bin sehr froh, daß Du Dein Inneres festhältst und Dein eigenes geistiges Leben lebst. Halte daran fest, lieber Junge. Das allein macht das Leben lebenswert und schön«,[63] bestärkt er ihn.»Für einen Vater ist es das schönste Geschenk, wenn er sieht, daß er die Liebe seiner Kinder hat und daß sie ihn und seine Ratschläge verstehen.« Nie vergisst Konrad Adenauer in seinen Briefen, einen gutgemeinten Fingerzeig hinzuzufügen.»Leb wohl für heute, lieber Junge, bleibe körperlich und geistig gesund und vergiß nie, daß der Geist doch auf die Dauer stärker ist als der Körper und daß das Ideelle immer siegen wird über das Materielle, wenn auch erst nach hartem Kampfe.«[64] Bei allem spielt in der Vater-Sohn-Beziehung der Glaube eine zentrale Rolle, der beiden hilft, schwere Zeiten durchzustehen. Sätze wie»Ich bin sehr froh, daß Du ein so starkes Gottvertrauen hast und darum auch so mutig bist«[65] finden sich mehrfach in ihrer Korrespondenz und sind bezeichnend für ihr Verhältnis.

Im Februar 1942 bekommt Paul eine schwere Grippe, die sich aufgrund unzureichender ärztlicher Betreuung bald zu einer Lungenentzündung verschlimmert. Er liegt bald zwei Monate krank im Luftwaffenlazarett auf Sylt,[66] kommt dann zu einem Genesungsurlaub nach Hause und wartet Anfang Juli täglich auf die Einberufung zur Wehrmacht.[67] Paul wird zu einem Luftwaffenregiment nach Frankreich versetzt. Wegen der labilen Gesundheit kehrt er jedoch nach kurzer Zeit wieder zurück

---

[62] Schreiben Konrad Adenauer an Paul Adenauer (Auszug), 13.11.1941, in: Paul Adenauer, Briefe Konrad Adenauers an einen Sohn im Reichsarbeitsdienst 1941/42, S. 160.
[63] Vgl. Schreiben Konrad Adenauer an Paul Adenauer (Auszug), 28.11.1941, ebd., S. 161.
[64] Vgl. Schreiben Konrad Adenauer an Paul Adenauer (Auszug), 2.12.1941, ebd.
[65] Vgl. Schreiben Konrad Adenauer an Paul Adenauer (Auszug), 20.1.1942, ebd., S. 165 f., hier S. 165.
[66] Vgl. Schreiben Konrad Adenauer an Walter Braunfels, 1./2.4.1942, in: Adenauer im Dritten Reich, S. 375, 377, hier S. 377.
[67] Vgl. Schreiben Konrad Adenauer an Walter Braunfels, 1.7.1942, ebd., S. 379; Schreiben Konrad Adenauer an Wim Schmitz, 2.7.1942, ebd., S. 380.

und wird als »z. Zt. gvH«[68], zur Zeit garnisonverwendungsfähig Heimat, eingestuft.[69] Auf dem Kölner Flughafen Butzweilerhof, der für militärische Zwecke genutzt wird, absolviert er von Anfang 1943 an seinen Soldatendienst als Sanitäter. Anschließend wird er zum Luftsanitätsdienst bei der Flak in Bonn-Lengsdorf abkommandiert.[70] In dieser Zeit 1942/43 findet wohl auch die fast gleichaltrige Nachbarstochter Roswitha Schlüter Gefallen an ihm. Die Familien kennen sich schon aus Berliner Zeiten und wohnen seit 1939 nebeneinander. Nicht zufällig tauschen die beiden Bilder aus, er in Soldatenuniform, sie in Krankenschwesterntracht. Das Bild von ihr findet sich über sieben Jahrzehnte später eingelegt im Register der Adenauer-Biografie von Paul Weymar, an der sie koordinierend mitgearbeitet hat und die 1955 als von Konrad Adenauer autorisiertes Werk erscheint.[71] Vielleicht hat Paul in dieser Lebensphase als 20-jähriger auch einmal geschwankt, ob er wirklich Priester werden soll. Auf jeden Fall besteht eine Sympathie zwischen beiden.

Doch wie das Leben so spielt, und vor allem in Kriegszeiten, ändert sich alles recht schnell. Paul lässt sich von dem Ziel, Priester zu werden, nicht abbringen und legt Roswitha später seinem Vater ans Herz. Er hält Paul in diesen Tagen wegen der zunehmenden Luftangriffe auf die Flak in Bonn für den »am meisten gefährdeten« der Familie.[72] Zwar kommt er jede Woche nach Hause und sieht die Eltern, aber meistens nur kurz, je länger die Luftangriffe dauern und Menschen verletzt werden. Paul ist immer noch sehr hager, daheim kann er sich wenigstens satt essen.[73]

Im Frühjahr 1944 wird er – mittlerweile Sanitäts-Obergefreiter – nach Jüterbog versetzt, einer Kleinstadt im Landkreis Teltow-Fläming in Brandenburg, wo im Referendarlager Juristen ihre für die Ausbil-

---

68   Vgl. Schreiben Konrad Adenauer an Walter Braunfels, 23.4.1943, ebd., S. 388.
69   Vgl. Schreiben Konrad Adenauer an Stabsarzt Jaeger, 6.2.1943, ebd., S. 387, 655.
70   Vgl. Schreiben Konrad Adenauer an Wim Schmitz, 7.5.1943, ebd., S. 389 f., hier S. 389; Krein, Konrad Adenauer und seine Familie, S. 85.
71   Paul Adenauers Exemplar von Paul Weymars Biografie »Adenauer« mit dem Bild von Roswitha Schlüter in Schwesterntracht aus dem Jahre 1943 befindet sich im Privatbesitz von Klaus Felder. Das Bild von Paul Adenauer ist in Privatbesitz von Dr. Aloys Theile. Vgl. S. 106 oben.
72   Vgl. Schreiben Konrad Adenauer an Wim Schmitz, 6.9.1943, in: Adenauer im Dritten Reich, S. 394; Schreiben Konrad Adenauer an Walter Braunfels, 23.12.1943, ebd., S. 395, 397, hier S. 397; Schreiben Konrad Adenauer an Wim Schmitz, 13.1.1944, ebd., S. 399.
73   Vgl. Brief Konrad Adenauer an Ria und Walter Reiners, 27.7.1944, ebd., S. 407 f., hier S. 408.

dung obligatorischer ideologischer Schulungslehrgänge zu besuchen haben.[74] Darüber, wie Paul Adenauer von der Verhaftung des Vaters nach dem 20. Juli 1944, dessen Flucht nach Hachenburg im Westerwald, der erneuten Inhaftierung und der Verhaftung der Mutter[75] erfährt, was er denkt und fühlt, lässt sich nur erahnen und kaum richtig einschätzen.

Paul macht sich auf nach Berlin ins Reichssicherheitshauptamt, um die Freilassung des Vaters zu erwirken, der nun im Gefängnis in Brauweiler bei Köln festgehalten wird. Paul weiß aber wohl nicht, dass Max diesbezüglich bereits alle Hebel in Bewegung gesetzt hat. Die Inhaftierung lässt ihm keine Ruhe. Er übernimmt eine Kurierfahrt nach Mönchengladbach, um über Köln nach Brauweiler zu gelangen und den Vater zu sehen. Zunächst wird nur eine Viertelstunde Besuchszeit gewährt, keine Minute länger. Schließlich werden noch ein paar Minuten mehr herausgeschlagen. Paul ist erschrocken vom Aussehen des Vaters, der seine Unschuld beteuert und auf Freilassung hofft.[76] Die seelischen Qualen der Folterungen, die er täglich mit anhören muss, sind kaum auszuhalten,[77] sind ihm sogar anzusehen. Zusammen verlassen sie die Zelle, ohne zu wissen, wie es weitergeht. Paul macht noch einen Abstecher zur Mutter nach Rhöndorf,[78] die aufgrund ihrer Verhaftung, der erpressten Preisgabe des Aufenthaltsortes ihres Mannes starke Selbstzweifel hegt, einen »seelischen Zusammenbruch« erlitten und infolgedessen »einen Selbstmordversuch unternommen« hat.[79] Bemühungen um die Freilassung Konrad Adenauers haben Erfolg. Am 26. November kommt er wieder in Rhöndorf an.

Paul gerät gegen Kriegsende 1945 in englische Kriegsgefangenschaft im Harz und kehrt durch Vermittlung der Amerikaner, die Konrad Adenauer am 4. Mai wieder als Oberbürgermeister von Köln einsetzen, Mitte Juni 1945 nach Hause zurück. Es geht ihm nach Einschätzung des Vaters relativ gut.[80]

---

[74]  Vgl. Schreiben Konrad Adenauer an Walter Braunfels, 4.4.1944, ebd., S. 400, 402, hier S. 402.

[75]  Vgl. dazu die Dokumente ebd., S. 410–427.

[76]  Vgl. Krein, Konrad Adenauer und seine Familie, S. 85–87.

[77]  Vgl. Informationsgespräch Konrad Adenauer mit Serge Groussard, 23.6.1958, in: Adenauer, Teegespräche 1955–1958, S. 290–298, hier S. 295, 297; Auszüge in: Adenauer im Dritten Reich, S. 423.

[78]  Vgl. Krein, Konrad Adenauer und seine Familie, S. 87.

[79]  Vgl. Adenauers Aussage über die Verhaftung von Gussie Adenauer durch die Gestapo vor dem Amtsgericht Köln, 11.8.1948, in: Adenauer im Dritten Reich, S. 420.

[80]  Vgl. Schreiben Konrad Adenauer an Max Adenauer (Auszug), 28.6.1945, in: Adenauer, Briefe 1945–1947, S. 48 f., hier S. 49.

## Schwere Nachkriegsjahre

Mittlerweile ist der 22-jährige Paul Adenauer ein durch und durch politisch denkender Mensch, der schon früh dem Vater im Rahmen seiner begrenzten Möglichkeiten interessante Hinweise gibt, wenn sie ihm zu Ohren kommen. So informiert er ihn »über die Zustände beim Regierungspräsidium Aachen«, die Konrad Adenauer an Robert Lehr weiterleitet,[81] der zu dieser Zeit Abteilungsleiter in der Provinzialverwaltung der Nord-Rheinprovinz ist und von 1950 an im Adenauer-Kabinett Bundesinnenminister wird.

Das begonnene Theologiestudium setzt Paul nun im Konvikt in Bonn fort,[82] es bereitet ihm aber in der Folgezeit doch einige Probleme. Nicht nur im Konvikt ist die Versorgung mit Lebensmitteln in den ersten Nachkriegsjahren dürftig, Essensrationen auf Lebensmittelkarten füllen kaum die vielen hungrigen Mägen. Geistige Anstrengungen verbrauchen Kalorien, die nicht ausreichend zur Verfügung stehen. Der Hunger wird zum unliebsamen Studienbegleiter. Zusätzliche körperliche Arbeit in den Semesterferien zu Hause, Kohlen schleppen hinauf in das Haus am »Faulen Berg«, solche Arbeiten nagen an Pauls hagerer Konstitution.[83] Den Eltern gegenüber fühlt er sich für alles, was sie für ihn getan haben und im Studium noch tun, stets verpflichtet. Umso mehr bringt er ihnen seine übergroße Dankbarkeit für die erfahrene Liebe in den letzten 23 Jahren zum Ausdruck. »Es ist mir selbst jetzt, wo ich meine Grenzen so deutlich spüre, immer unbegreiflicher, dass mir all das geschenkt wurde.« Er glaubt, »es gibt keinen hier oder anderswo, den ich beneiden könnte darin, wo ich jetzt so viel Mühe und Unzulänglichkeit erfahre mit meinem Studieren, da mir alles reine Wissens-Aneignen, alles Gedächtnis-Beanspruchende so schwer fällt und eine konsequente Arbeit durch mancherlei Unruhe unmöglich ist, bin ich in Sorge, dass ich meine Leistungen nicht wie bisher auf diesem Hoch-Stand halten kann und enttäusche.«[84]

Keineswegs will er das alles als Klage verstanden wissen. Vielmehr sprechen aus diesen Zeilen Versagensängste, den an ihn gestellten Erwartungen der Eltern nicht zu entsprechen oder genügen zu können, aber auch Befürchtungen, vorgegebene Anforderungen einer neuen

---

81  Schreiben Konrad Adenauer an Paul Adenauer, 20.9.1945, in: StBKAH I/8. 09/2.

82  Vgl. Schreiben Konrad Adenauer an Wim Schmitz, 27.9.1945, ebd., S. 107 f., hier S. 107.

83  Vgl. Krein, Konrad Adenauer und seine Familie, S. 100 f.

84  Schreiben Paul Adenauer an die Eltern, 21.1.1946, in: StBKAH VI c.

Prüfungsordnung nicht zu bewältigen. Besuche in Rhöndorf bedeuten ihm Labsal, Abwechslung vom Studium, bringen aber auch Kümmernisse, wenn er den Gesundheitszustand der Mutter sieht, die unter den Folgen der Verhaftung leidet und sich schonen muss.[85] Mit Hilfe des Vaters versucht Paul, die neuen Prüfungsbestimmungen zu ändern,»die nach jedem Semester in jedem Fach Examen« mit zwei Ausnahmen außer den Abschlussexamina vorsehen. Paul erblickt darin Schikane, eine »starke Einengung« und die Unmöglichkeit, selbstständig Methoden anzuwenden mit der schlimmen Konsequenz, alles Lernen ist »Schulpauken und Oberflächlichkeit«. Ein Verfahren, das ihm »absolut undemokratisch« zu sein scheint und »gegen akademische Freiheit« gerichtet ist. Zugleich fordert er, »Vater möchte bitte bei *jeder* Gelegenheit dagegen wirken und unsere Sache stützen. Sie ist ganz dringend und die Folgen sind groß!«[86] Paul versteht es also sehr gut, die politische Position des Vaters einzusetzen. Er versucht es zumindest, auch wenn über den Erfolg recht wenig bekannt ist. Denn welches Institut, welche Fakultät lässt sich schon gerne von politischer Seite in Prüfungsvorschriften hineinreden?

Dass sich Pauls physischer Zustand in den Jahren 1946/47 verschlechtert, ist auch auf wachsende Besorgnisse über den Krankheitsverlauf der Mutter zurückzuführen. Infolge des Gefängnisaufenthaltes 1944 hat sie eine Bluterkrankung davongetragen,[87] die sie zunehmend schwächt und zu längeren Krankenhausaufenthalten in Bonn zwingt. Im Oktober 1946 zieht sie sich noch eine Lungenentzündung zu. Der Arzt hat sie aufgegeben, doch das verabreichte Penicillin schlägt an und rettet ihr Leben, vorerst.[88] Gussie leidet an einer Agranulozytose, hat keine Abwehrstoffe mehr gegen Infektionen und ist todkrank. Penicillin-Behandlung und Sulfonamide helfen bald kaum mehr. Bluttransfusionen, die sie im Januar 1948 erhält, wirken nur noch wenig auf ihr Knochenmark.[89] Paul, der gerne als Novize in den Benediktiner-Orden in Maria Laach eintreten möchte, kümmert sich um

---

[85]  Schreiben Paul Adenauer an die Eltern, 14.1.1946, ebd.

[86]  Schreiben Paul Adenauer an Konrad Adenauer, o. D., ebd.

[87]  Vgl. Schreiben Konrad Adenauer an Fritz Zinsser, 31.8.1945, in: Adenauer, Briefe 1945–1947, S. 84 f., hier S. 85.

[88]  Vgl. Schreiben Konrad Adenauer an Lore Lehmann-Marx, 21.10.1946, ebd., S. 347 f., hier S. 348.

[89]  Vgl. Schreiben Konrad Adenauer an Gussie Adenauer, 10.1.1948, in: Adenauer, Briefe 1947–1949, S. 139 f.; Schreiben Konrad Adenauer an Max Weyer, 11.1.1948, ebd., S. 145.

die Mutter besonders.[90] Am 3. März 1948 verstirbt sie im Alter von nur 52 Jahren im Beisein ihres Mannes und der Kinder.

Das alles zehrt an den Kräften. Konrad Adenauer hat mit seinen 72 Jahren bereits zwei Ehefrauen beerdigen müssen, steht nun allein mit den Kindern da, von denen Georg noch zur Schule geht und Paul im Studium steckt. Für den jüngeren Bruder Georg, der als Lausbub alle möglichen Flausen im Kopf hat und keinen Streich auslässt, ist Paul eine wichtige Stütze.[91]

Der Verlust der Mutter bringt Paul noch mehr in Bedrängnis. Hinweise auf eine ernste seelische Erkrankung, die an Konrad Adenauer herangetragen werden – von Depressionen, ausgeprägten Hemmungen, Insuffizienzgefühlen, Selbstvorwürfen, Konzentrationsschwächen und Grübelsucht bei starken religiösen Skrupeln, die seine Existenz bedrohen, und angeblich geäußerten Selbstmordabsichten ist die Rede –, erweisen sich als haltlos.[92] Eine gründliche Untersuchung ergibt, dass Paul tatsächlich »keine organische Erkrankung« hat, sondern unter sehr starker Unterernährung leidet, 25 bis 30 kg Körpergewicht.[93] Der Arzt rät zu einem »Milieuwechsel«, damit »der Patient körperlich in eine bessere Verfassung kommt«, um diese schwierige Phase zu überwinden.[94] Vermutlich wird bei diesen Untersuchungen festgestellt, dass Paul das Nebennierenhormon fehlt und er entsprechende Medikamente nehmen muss, die der Vater für den Sohn besorgt.[95]

Konrad Adenauer bringt ihn vorübergehend auf dem Bauernhof bei Franz Luster-Haggeney im westfälischen Liesborn in der Nähe von Lippstadt unter. Beide kennen sich aus der politischen Arbeit während der Weimarer Republik. Der Landwirt hat zwischen 1928 und 1932 der Christlich-Nationalen Bauern- und Landvolkpartei angehört und ist danach in die Zentrumspartei eingetreten. 1945 gehört er zur Gründergeneration der CDU, sitzt im ersten Landtag von Nordrhein-Westfalen und mit Adenauer im Zonenbeirat der britischen Zone. Paul soll sich dort als Gast zur Kur erholen.[96] Empfangen wird er wie ein Familienmitglied. Als ein Jahrzehnt später Franz Luster-Haggeney stirbt,

[90]  Vgl. Weymar, Adenauer, S. 345–349; Lola Adenauer, Mein Schwiegervater, der Kanzler, Folge 4, in: »Bonner Rundschau«, Nr. 290, 27.12.1975, S. 5; Schwarz, Adenauer. Der Aufstieg, S. 547 f.

[91]  Vgl. Krein, Konrad Adenauer und seine Familie, S. 67 f.

[92]  Schreiben Helmut Wollrab an Konrad Adenauer, 30.3.1948, in: StBKAH VI c.

[93]  Schreiben Konrad Adenauer an Helmut Wollrab, 8.4.1948, ebd.

[94]  Schreiben Puhl an Konrad Adenauer, 15.4.1948, ebd.

[95]  Schreiben Konrad Adenauer an Paul Adenauer, 8.6.1948, ebd.

[96]  Schreiben Konrad Adenauer an Paul Adenauer, 29.5.1948, ebd.

fühlt sich Paul Adenauer »hart getroffen«. »Sie wissen«, schreibt er
Frau Luster zum Tode ihres Mannes, »wie ich ihn verehrt und ge-
schätzt habe, seit ich damals, vor 10 Jahren, in einem so schlimmen
Zustande in Ihr Haus kam und dort wie ein Sohn aufgenommen
wurde. Ihr Mann war der erste große, führende westfälische Bauer,
den ich kennenlernte, und er ist mir immer als eine Art Urbild besten
westfälischen Bauerntums erschienen.«[97]
Die Zeit in Westfalen dehnt sich aus. Mit dem Hofherrn und der
Tochter Irene, die nach ihrem Theologiestudium in Bonn als Schwester in Afrika tätig wird, verbringt Paul noch einen Aufenthalt in Ols-
berg im Sauerland, wo Luster-Haggeney öfters zur Kur hinfährt und
die ärztliche Versorgung gewährleistet ist.[98] Anschließend schickt
Konrad Adenauer mit Unterstützung von Paul Silverberg und Adam
Stegerwald, die beide in der Schweiz leben, Paul und Georg zusammen
nach Chandolin in den Urlaub,[99] damit die Jungen vollends wieder zu
Kräften kommen.

## Die Berufung

Paul Adenauer ist ein verschwiegener, zuverlässiger Mensch, treu zu
seinen Freunden, der nie die Position des Vaters herausstellt und deshalb eine besondere Behandlung erfahren will. Er besitzt die Gabe,
schnell Situationen, die Atmosphäre, gefühlsmäßig zu erfassen, sich
in andere Menschen hineinzuversetzen, deren Erleben nachzuempfin-
den. Das hindert ihn nicht, auch das eine oder andere harte Urteil über
Menschen zu fällen, weil er um deren Schwächen, Unzulänglichkeiten
und Begierden nur allzu gut weiß. Für seine seelsorgerische Arbeit als
Priester bringt er wichtige Voraussetzungen mit: andere Menschen zu
beeindrucken, sie zum Nachdenken zu animieren und mit dem Wort
Gottes vertraut zu machen.
   Zunächst einmal legt er einen guten Studienabschluss hin. Die Ex-
amensnoten können sich sehen lassen: Moraltheologie, Pastorales und
Führung »sehr gut«, Philosophie und Theologie »sehr gut bis gut«,

---

[97] Schreiben Paul Adenauer an Hedwig Luster-Haggeney, 8.4.1958, in: ACDP, NL
   Luster-Haggeney 01–1025–001.
[98] Schreiben Konrad Adenauer an Paul Adenauer, 8.6.1948, in: StBKAH VI c.
[99] Vgl. Schreiben Konrad Adenauer an Paul Silverberg, 24.5.1948, in: Adenauer,
   Briefe 1947–1949, S. 236 f. hier S. 237; Schreiben Konrad Adenauer an Adam
   Stegerwald, 17.7.1948, ebd., S. 280; auch die beiden Schreiben Konrad Adenau-
   er an Paul Adenauer und Georg Adenauer, 11./13.8.1948 und 25.8.1948, ebd.,
   S. 290, 301 f.

Introitus »zwei plus«, Neutestamentarische Exegese »zwei, zwei«, Alttestamentarische Exegese »gut bis befriedigend«, Apologetik und Dogmatik »zwei, zweidrittel«, allein beim Kirchenrecht reicht es nur zu einem »befriedigend«. Seine Befähigung für den Eintritt in das Priesterseminar wird als »überdurchschnittlich gut« bewertet.[100] Der Direktor des Erzbischöflichen Theologenkonvikts Collegium Albertinum in Bonn, Joseph Teusch, der das Collegium Leoninum von 1944 bis 1952 leitet und dann von Erzbischof Josef Kardinal Frings zum Generalvikar berufen wird, schreibt am 20. Februar 1949 eine ausführliche Beurteilung über Paul Adenauer.[101] Sein religiös-sittliches Leben schätzt er als »ernst und gewissenhaft« ein, er »verbindet Liebe zur Liturgie mit tiefer Frömmigkeit«. Die geistige »Beanlagung« wird als »überdurchschnittlich gut, aber noch nicht charakteristisch geprägt« beurteilt. Es besteht die »Gefahr der Allinteressiertheit«, was wohl eher negativ zu deuten ist. Aus kirchlicher Sicht sollen Priesteramtskandidaten ihre pastoralen Aufgaben wahrnehmen, sich für »Gott« begeistern und nicht auch noch Interesse für »die ganze Welt« entwickeln. Das lenkt nur vom Eigentlichen ab. Zwar traut der Direktor Paul zu, die Befähigung zur Promotion zu haben, aber »nicht zur wissenschaftlichen Laufbahn«. Sein Fleiß ist »hinreichend«, die Gesundheit »gut, trotz augenblicklicher Schwäche«.

Markant fällt die Beschreibung der »persönlichen Eigenart« des Mitte-Zwanzigjährigen aus. »Ein ausgesprochen vornehmer Charakter«, heißt es da. »Bei hoher Begabung bescheiden und zurückhaltend. Zuvorkommend, höflich, dankbar, und das nicht konventionell, sondern aus der Güte des Herzens.« Dann kommt vielleicht die entscheidende Prädisposition für den Priesterberuf zum Ausdruck. »Von einer bei seinem Geschlecht und Alter seltenen Feinheit des Empfindens für andere.« Vielen, die vor wenigen Jahren noch die Grausamkeiten des Krieges an der Front erlebt haben, traumatisiert aus der Kriegsgefangenschaft zurückkehren, sich im Leben nicht mehr zurechtfinden, weil sie in menschliche Abgründe sehen mussten, ist gerade dieses Feingefühl für Mitmenschen abhanden gekommen. Um ihnen zu helfen, braucht es sozial engagierte Priester. Paul zeigt sich »bereit zur Unterordnung und Einordnung«, was für den Kirchendienst mit seinen streng hierarchischen Denktraditionen und Strukturen geradezu eine *conditio sine qua non* ist. »Bei Vorstand und Kommunität beliebt«,

---

100 AEK, Personalverwaltung, Priesterkartei, Paul Adenauer.
101 Bericht auf Kopfbogen »Erzbischöfliches Theologenkonvikt Collegium Albertinum«, Paul Adenauer, 20.2.1949, in: AEK, Bestand Collegium Leoninum Bonn 173.

was letztlich bedeutet, diese Person vermag zu führen, Menschen mitzunehmen, sie in eine Gemeinschaft zu integrieren. Nicht unwichtig ist der Hinweis:»Trotz der Stellung des Vaters jeder Bevorzugung abhold«. Paul hat keinen Dünkel, fühlt sich nicht besonders prädestiniert, nur weil sein Vater wieder eine exponierte Rolle als Vorsitzender des Parlamentarischen Rats in der Gründungsphase der Bundesrepublik Deutschland spielt. Dass Paul in den Nachkriegsjahren»mehr gehungert und gefroren« hat»als viele andere«, gereicht ihm keineswegs zum Nachteil. Zutreffend ist auch die Bemerkung,»er weiß noch nicht recht, was er aus sich und seinem Leben machen will«. Mit anderen Worten: Paul will etwas bewegen, ohne genau zu wissen, was. »Unruhig möchte er zu etwas ›Besonderem‹ hin, in *keiner* Weise aus Geltungsdrang, vielmehr aus Einsatzwillen, ohne die Grenzen seiner Begabung (s. o.) zu sehen und sich in sie zu finden.« Dementsprechend fällt das Gesamturteil aus:»Im ganzen ein edler und lauterer Mensch, der zu großen Hoffnungen berechtigt. Empfehlung: ohne Bedenken.«

Schon im Dezember 1948 hat Konrad Adenauer Stoff besorgen lassen, damit Paul im März 1949 ordentlich in»Klerikerkleidung« in das Priesterseminar eintreten kann.[102] Kurz vor Ostern beginnt er die zweijährige Ausbildung im Kardinal-Schulte-Haus in Bensberg bei Köln und ist, wie der Vater meint,»sehr froh und zufrieden«.[103] Was so ganz nicht stimmt. Denn Paul vermisst Tageszeitungen, um auf dem neuesten Stand der Dinge zu bleiben. Wenn er auch sonst keine Vorzugsbehandlung in Anspruch nehmen will, so setzt er doch alle Hebel in Bewegung und bekommt zwei Exemplare der»Kölnischen Rundschau« geliefert. Solche Dinge finden bei der Leitung des Hauses keineswegs ungeteilten Anklang.

Rasch folgt zunächst am 9. Juli die Tonsur, tags darauf erhält er die niederen Weihen»Minores«,[104] die noch kein Sakrament ist, bevor Paul wieder mal mit Eugen Becker Sommerferien machen kann. Dieser ist erst wenige Monate zuvor aus russischer Kriegsgefangenschaft entlassen worden. Beide schwingen sich aufs Motorrad und düsen Richtung Österreich. Pfronten, Steingarten, die Wieskirche und in

---

[102] Vgl. Schreiben Konrad Adenauer an Wilhelm Naegel, 9.12.1948, in: Adenauer, Briefe 1947–1949, S. 361, 624.

[103] Vgl. Schreiben Konrad Adenauer an Wim Schmitz, 19.4.1949, ebd., S. 443 f., hier S. 444; Schreiben Konrad Adenauer an Paul Silverberg, 13.6.1949, in: Adenauer, Briefe 1949–1951, S. 35.

[104] AEK, Personalverwaltung, Priesterkartei, Paul Adenauer; AEK, Priesterseminar II 922 Paul Adenauer; zur Stufenfolge der niederen und höheren Weihen vgl. Ülhof, Weihegrade, in: Lexikon für Theologie und Kirche, S. 982.

Jenbach Schloß Tratzburg liegen auf ihrer Route. Die enge Beziehung ist gespeist aus ihrem Glauben und ihrer beider Berufung für das Priesteramt.[105] Die Wahl Konrad Adenauers zum Bundeskanzler am 15. September 1949 eröffnet auch für Paul Adenauer Einflussmöglichkeiten. Wenn er etwas erfährt, das für den Vater wichtig sein könnte, lässt er ihm Nachrichten zukommen. Paul kümmert sich im Vorfeld der Gründung des Deutschen Gewerkschaftsbundes am 13. Oktober als Dachverband und Einheitsgewerkschaft besonders um die Entwicklung der Christlich-Demokratischen Arbeitnehmerschaft und der Katholischen Arbeiterbewegung, deren Verhältnis durchaus nicht spannungsfrei ist. Während sich die CDA als gewerkschaftliche Plattform des christlichen Arbeitervolkes im Kampf gegen liberalistische und marxistische Bewegungen versteht, fühlt sich die KAB als konfessionelle Kerntruppe des politischen Katholizismus, vornehmlich zwischen öffentlichem und religiösem Raum agierend. Anfang Oktober hat Paul von seinem Vater den Auftrag erhalten, bei einem Treffen die KAB-Führung wohl stärker an die CDU heranzuführen, weil sie sich »immer übergangen« fühlt. Zwar erfolgen seitens der KAB-Leute Treuebekenntnisse zum Kanzler, doch rät Paul dem Vater, zum einen die Leute zu sich »zu holen und mal klar die große Linie zu zeigen«, und zum anderen bei ihnen »einen Deiner Leute vom Kabinett« sprechen zu lassen. Die Geistlichen verlangten Orientierung und »wollten nicht einseitig (!) unterrichtet sein«. Paul schließt: »Bei allem scheinst Du als Persönlichkeit doch über allem zu stehen, sie haben Angst, Komplexe, und fürchten Deine ›Beifahrer‹. Ein Glück, dass Du einen weiten Horizont hast.«[106]

Pauls Interesse an der Arbeit des Vaters, den politisch-gesellschaftlichen Entwicklungen der CDU, der Rolle von Katholiken und Protestanten in der jungen Bundesrepublik wächst stetig, je mehr es auf das Ende seiner Priesterausbildung zugeht. Nachdem er am 24. Februar 1950 zum Subdiakon und vier Monate später am 30. Juli zum Diakon geweiht worden ist, legt er das Cura-Examen mit der Note »gut bis befriedigend« ab. Organ, Gesang und Musikalität werden mit »gut«

---

[105] Fotoalbum, Geschenk Eugen Becker an Paul Adenauer zu dessen 70. Geburtstag, Tr[ois]dorf-Spich, Pfingstsonntag 1993, mit Übersicht über gemeinsame Reisen und Postkarten von Paul Adenauer an Eugen Becker aus den Jahren 1935/36, in: ACDP, NL Paul Adenauer 01–1000–012/3.
[106] Schreiben Paul Adenauer an Konrad Adenauer, 3.10.1949, in: ACDP, NL Paul Adenauer 01–1000–001/1.

bewertet ebenso die Befähigung für das Lehrfach, für die Predigt erhält er ein »durchschnittlich«.[107] Bevor Paul Adenauer die Priesterweihe empfängt, hat die Leitung des Priesterseminars im Januar 1951 nochmals ihr Urteil zu fällen, das von der Beurteilung Teuschs vom 20. Februar 1949 doch abweicht. So besteht nun »einhellig« die Auffassung, dass die damalige Beurteilung »zu günstig« ausgefallen ist. »Wissenschaftlich-geistig« erscheint Paul »durchschnittlich gut, als Rel[igions]lehrer geeignet, wohl nicht zur Berufsschule«. »Charakterlich, im Grunde gut, aber der offenkundigen Gefährdung durch die Stellung seines Vaters in etwa erlegen.« Zudem wird ihm attestiert, »anspruchsvoll in bescheidener Form« zu sein. Was Pauls Interessen anbelangt, ist man mit ihm immer noch nicht ganz zufrieden. Im Kolleg ist er »oft zerstreut« und »mit anderen Dingen beschäftigt«. Sein »Ehrgeiz« und seine »soziale Einstellung« sowie die Tatsache, dass er keine Sondererlaubnisse für sich beansprucht, »wird von allen Kollegen als selbstverständlich anerkannt«. Keineswegs zufällig wird in seiner Personalakte unter dem 4. Januar noch vermerkt: »Herr Ad[enauer] trägt sich in die Liste derer ein, die heute – Donnerstag – zum Schneider nach Köln fahren müssen, just an dem Tage, da der Vater in Köln weilt, um die Ehrenbürger-Würde zu erhalten«,[108] die ihm zum 75. Geburtstag von seiner Heimatstadt verliehen wird.

Am Freitag vor Karneval, dem 2. Februar 1951, weiht Kardinal Frings Paul in Köln zum Priester. Tags darauf feiert er in Anwesenheit des Vaters im Elisabeth-Krankenhaus Köln-Hohenlind seine erste heilige Messe. Aus dem Spiel als Kind hat er Ernst gemacht. Die feierliche Primiz findet eine Woche später am 11. Februar in der Rhöndorfer Pfarrkirche statt. Nachdem Paul zuvor aushilfsweise an der Sankt-Marien-Kirche in Bad Godesberg tätig gewesen ist, tritt er am 15. Februar nun seine erste Kaplanstelle an der Sankt-Joseph-Kirche in Porz an.[109]

*Politisches Engagement und Zweitstudium*

Je älter Paul wird, desto stärker reift sein Wunsch heran, nach dem Theologiestudium und der Priesterweihe noch ein Zweitstudium der

---

[107] AEK, Personalverwaltung, Priesterkartei, Paul Adenauer; AEK, Priesterseminar II 922 Paul Adenauer.
[108] Hs. Ergänzung »Konf. 21.1.51« und »4.1.51« zum Bericht auf Kopfbogen »Erzbischöfliches Theologenkonvikt Collegium Albertinum«, Paul Adenauer, 20.2.1949, in: AEK, Bestand Collegium Leoninum Bonn 173.
[109] AEK, Personalverwaltung, Priesterkartei, Paul Adenauer; AEK, Priesterseminar II 922 Paul Adenauer.

Volkswirtschaftslehre nachzuschieben, um den Fragen der katholischen Soziallehre auf den Grund gesellschaftlicher Realität zu gehen. Angesichts seines politischen Interesses und der Position des Vaters nutzt er offenstehende Türen und wirkt mit, wo es geht. Allmählich wächst Paul für den Vater in die Rolle eines vertraulichen Diskussionspartners hinein. Konrad Adenauer informiert ihn zusehends über politische Vorgänge, lässt ihn gelegentlich brieflich an allerdings nur allgemein gehaltenen Einschätzungen teilhaben und gibt Kostproben seiner vielfältigen Erfahrungen mit Menschen, wenn Paul aktuelle Zustände und Entwicklungen beklagt. »Du hast Recht mit Deinem Bedauern«, schreibt er ihm, »aber die Menschen sind zu allen Zeiten eine träge und wenig bewegliche Masse. Man darf nur nicht die Ruhe und die Geduld mit ihnen verlieren. Geduld ist die Hauptsache.«[110]

Während der Sommermonate 1951 engagiert sich der Sohn mit allem Nachdruck beim Vater für die Gründung einer »Franz-Hitze-Stiftung für soziale Volksbildung«, zu deren Initiatoren der befreundete Religionslehrer Peter Jansen aus Porz gehört. Damit soll an die geistigen Grundlagen des 1921 verstorbenen katholischen Geistlichen, Sozialethikers und Zentrumspolitikers erinnert werden, dem die soziale Frage und ihre Lösung besonders am Herzen gelegen hat. 1893 ist er auf die erste Professur für Christliche Gesellschaftslehre im deutschsprachigen Raum an der Königlichen Akademie Münster berufen worden. Aufgabe der Stiftung soll die wissenschaftlich theoretische und »volksbildnerisch praktische Arbeit« sein. Im Kern geht es um die dringend erforderliche »Volksaufklärung und -bildung«, die in Zeiten der in den Köpfen der Menschen nachwirkenden Diktaturerfahrung und Erziehung zur Demokratie im Sinne der Prinzipien der katholischen Soziallehre besonders wichtig sind. Befähigte Köpfe müssen herangebildet werden, die ihre Führungsqualitäten in Betriebsräten, Aufsichtsräten, Ausschüssen, Gemeindevertretungen, Berufsorganisationen, kirchlichen Organisationen und Parteien zeigen. Dazu bedarf es einer Grundschulung in sozialen Fragen. Die Pläne reichen weit: entstehen »müsste nach Stil und Besetzung der geistige Mittelpunkt der im öffentlichen Leben Deutschlands stehenden aktiven Katholiken«.[111] Paul hofft zu Recht, über den Vater die Bankiers Hermann Josef Abs und Robert Pferdmenges für die finanzielle Unterstützung

---

[110] Schreiben Konrad Adenauer an Paul Adenauer, 11.7.1953, in: ACDP, NL Paul Adenauer 01–1000–001/1; abgedruckt in: Adenauer, Briefe 1951–1953, S. 407.

[111] Dazu Schreiben Peter Jansen an Konrad Adenauer mit Anlage »Zur Gründung einer Franz-Hitze-Stiftung für soziale Volksbildung«, 4.7.1951, in: ACDP, NL Paul Adenauer 01–1000–001/1.

des Projekts gewinnen zu können,[112] zumal auch schon die Bischöfe ihr Einverständnis signalisiert haben.[113] Schließlich nimmt das Franz-Hitze-Haus in Münster 1952 seine Arbeit auf.

Dem jungen Kaplan bereitet es offensichtlich Freude, sich auf dem seit der Auflösung des Volksvereins weitgehend unbeackerten Feld der politisch-konfessionellen Bildungsarbeit zu tummeln: Beziehungen aktivieren, Netzwerke aufbauen, im Sinne des Gemeinwohls wirken und dabei den Glauben vermitteln. Im Beisein seines Vaters kommt auf Einladung von Paul Adenauer am 5. Juni 1952 im Bonner Elisabeth-Krankenhaus ein illustrer Kreis von CDU-Granden zusammen.[114] Darunter befinden sich Bundesminister Anton Storch, der Berlin-Beauftragte der Bundesregierung, Heinrich Vockel, die Bundestagsabgeordneten Heinrich Krone, Heinrich von Brentano und Willy Massoth, der Düsseldorfer Landgerichtspräsident Hans Berger sowie Paul Adenauer, der nicht zufällig die Sitzung eröffnet. Sie gründen die »Arbeitsgemeinschaft für christlich-soziale Schulung und öffentliche Meinungsbildung«. Paul Adenauer skizziert den politischen Bildungsauftrag, nämlich den Menschen Orientierung über »eine möglichst klare und einheitliche Theorie christlich-sozialer Lehre« zu geben, die »geeignet zur Lösung dringender Gegenwartsaufgaben« ist und eine »brauchbare Theorie« zur Verbesserung der Zustände liefert, vor allem mit Hilfe der Herausgabe einer »politischen sozialen Korrespondenz« und durch Schulungskurse.[115] Das Organ soll Grundsatzartikel, Kommentare und Notizen zu politischen Themen[116] veröffentlichen und »ein Gegengewicht« zu der »sozialistischen Beeinflussung der jungen Arbeiter durch die Einheitsgewerkschaft« bilden. Benötigt werden mindestens 10 000 DM monatlich, die Konrad Adenauer von der Industrie haben will. 5 000 DM hat der Neusser Unternehmer Wilhelm Werhahn schon zugesagt, 5 000 DM soll der befreundete Pferdmenges beisteuern.[117]

Letztlich will Konrad Adenauer die Tradition des »Volksvereins« neu beleben, Akzente im weltanschaulichen »Kampf um die Erhaltung des Christentums« setzen, sowohl in Deutschland als auch in den

---

112 Schreiben Konrad Adenauer an Paul Adenauer, 7.7.1951, ebd.
113 Schreiben Paul Adenauer an Konrad Adenauer, 29.8.1951, ebd.
114 Materialien zur Vorbereitung des Treffens, an der Paul Adenauer maßgeblich beteiligt war, in: ACDP, NL Massoth 01–165–015/1 und 01–165–015/2.
115 Protokoll über die Sitzung im Elisabeth-Krankenhaus in Bonn, Marienstraße, 4.6.1952, in: ACDP, NL Krone 01–028–063/4.
116 Dazu Schreiben Konrad Adenauer an Höffner, 2.10.1952, in: AEK, NL Höffner 1348.
117 Vgl. Schreiben Konrad Adenauer an Robert Pferdmenges, 31.5.1952, in: Adenauer, Briefe 1951–1953, S. 225 f., hier S. 225.

anderen christlich-demokratisch ausgerichteten Ländern wie Frankreich und Italien. Es soll ein Beitrag sein, »die Welt vor der schweren Gefahr der Vermassung und des Materialismus zu retten«. Der Kanzler weiß allzu gut, wie man Menschen nachhaltig beeinflusst. Um seine Wiederwahl sicherzustellen, kann eine solche Arbeitsgemeinschaft nur nützlich sein. Man muss das Volk von den Grundsätzen und der Politik der Christlichen Demokratie überzeugen. Die »Korrespondenz« soll erstmals zum 1. Oktober 1952 erscheinen, rechtzeitig ein Jahr vor der nächsten Bundestagswahl, um noch Wirkung zu entfalten. Vor allem, fordert er, muss sie »aktuell« und »kurz« sein. Lieber zweimaliges Erscheinen in der Woche« als »ein dickes Ding«. Zugleich soll damit ein Kontrablatt zu den Protestanten entwickelt werden. Nicht wissenschaftliche Höhe ist angesagt, sondern die Mitteilungen müssen »so schmissig werden, wie das Sonntagsblatt von Lilje«, dem evangelischen Landesbischof von Hannover. Kämpferischer Geist, antikommunistische Linie, das Reaktionäre am Sozialismus herausstellen, lautet der Kampfauftrag. »Kämpferischer Geist und Schulung«, fasst Paul Adenauer die Diskussion zusammen, »widersprechen sich nicht«. Schulung müsse zum Kampf heranbilden. »Aber wir dürfen keine Agitation treiben.« Gefordert ist also das rechte Maß bei der Arbeit.[118]

Die in der nächsten offiziellen Gründungssitzung am 5. September verabschiedete Satzung klingt dagegen solider. Aufgabe der »Gemeinschaft« ist, die wirtschaftlich-soziale und kulturelle Struktur der Bundesrepublik zu erforschen, Erfahrungs- und Meinungsaustausch auf der Grundlage christlicher Maßstäbe und Werte anzuregen, Vorschläge zur Neuordnung des staatlichen und überstaatlichen, aber auch gesellschaftlichen Lebens im Sinne der christlichen Gesellschaftslehre zu initiieren.[119] Eine der wichtigsten Aktivitäten betrifft die monatliche Veröffentlichung der »Politisch-Sozialen Korrespondenz«, wie sie nun genannt wird. 1955 gibt es immerhin 3 700 Abonnenten, vorwiegend aus dem höheren Klerus, leitende Kolping-Mitglieder und Vertreter der KAB, höhere und mittlere Beamte, Studienräte,[120] also die bürgerlich-akademische, christlich orientierte Gesellschaftsschicht,

---

118 Protokoll über die Sitzung im Elisabeth-Krankenhaus in Bonn, Marienstraße, 4.6.1952, in: ACDP, NL Krone 01–028–063/4; weitere Unterlagen zu den Anfängen der »Politisch-Sozialen Korrespondenz« in: ACDP, NL Massoth 01–165–015/1.
119 Original der Satzung, 5.9.1952, in: ACDP, NL Krone 01–028–063/4.
120 Bezieher der »Politisch-Sozialen Korrespondenz«, Zahl und Berufe, 4.5.1955, ebd.

die klassische CDU-Wählerklientel. Beglaubigt am 9. Dezember 1952 von dem Bonner Notar Dr. Wilhelm Daniels, gehört Paul Adenauer neben Heinrich Krone, Friedrich von Poll, Peter Jansen, Hans Berger, Willy Massoth und Franz Josef Wuermeling zu den Gründern.[121] Vater und Sohn haben innerhalb der CDU nun ein gemeinsames Arbeitsfeld. Konrad Adenauer hat Paul in seine Bemühungen zur Stärkung der Bildungspolitik im Sinne der Christlichen Demokratie eingebunden und ihm eine Plattform für Aktivitäten in Politik und Kirche geschaffen. Dass sich Paul Adenauer nach zweijähriger Kaplanstätigkeit am 7. März 1953 beurlauben lässt, um vom 12. Mai an ein Zweitstudium der Sozialwissenschaften an der Universität Köln aufzunehmen,[122] entspricht seinem Drang nach Beschäftigung mit sozialpolitischen Grundsatzfragen. Er wohnt nun während des Studiums wieder im Elisabeth-Krankenhaus in Köln-Hohenlind und nimmt zugleich die Aufgaben des Subsidiars an der Sankt-Stephanus-Kirche in Köln-Lindenthal wahr.[123]

Schon bald bekommt der junge Kaplan von dem renommierten Soziologen René König in einem Gespräch eine These zu hören, die ihm ungeheuerlich erscheint, nämlich dass kinderreiche Familien minderwertigen Nachwuchs produzieren. Dies passt weder zu Pauls Weltbild, noch hält er die These für verifiziert. Konrad Adenauer schreibt daraufhin an Professor Dr. Joseph Höffner, den Institutsdirektor und Lehrstuhlinhaber für Christliche Soziallehre an der Universität Münster.[124] Dieser antwortet Paul Adenauer und gibt ihm Recht.[125] Wohl nicht zuletzt aus diesem Kontakt entwickelt sich bereits im Wintersemester 1953/54 bei dem studierenden Kaplan der Wunsch, zu Höffner nach Münster zu wechseln. In Veranstaltungen bei Professor Theodor Wessels, dem Staats- und Wirtschaftswissenschaftler, zur Volkswirtschaftspolitik und ökonomischen Theorie und bei dem Soziologen und Nationalökonomen Professor Ludwig Heyde, Direktor des Sozialpolitischen Seminars, der in zahlreichen Ausschüssen der evangelischen Kirche sitzt und die Bundesregierung in Fragen der Arbeits-, Familien- und Jugend-

---

[121] Urk[unde] R[egister]Nr. 2284/1952, Abschrift, in: ACDP, NL Maasoth 01–165–015/1.

[122] Schreiben Paul Adenauer an Joseph Höffner, 23.3.1953, in: AEK, NL Höffner 1348.

[123] AEK, Personalverwaltung, Priesterkartei, Paul Adenauer.

[124] Schreiben Konrad Adenauer an Joseph Höffner, 8.6.1953, in: AEK, NL Höffner 1348.

[125] Schreiben Joseph Höffner an Paul Adenauer, 22.6.1953, ebd.

politik berät, holt er sich das notwendige Rüstzeug. Angetan ist er von Walter Eucken, einem der Vordenker der Sozialen Marktwirtschaft und Mitbegründer der Freiburger Schule des Ordoliberalismus, und dessen kapitaltheoretischen Untersuchungen. Er beschäftigt sich mit Eugen Böhm von Bawerks Kapitalismustheorien und Kapitaltheorien[126] und erhält vom Vater Adolf Webers Buch »Marktwirtschaft und Sowjetwirtschaft«[127]. Dieser spendiert ihm obendrein sogar ein kleines Gefährt, einen »Messerschmidt-Bomber«, wie Paul den Kabinenroller bezeichnet, in den gerade zwei Personen hineinpassen. Es bewährt sich bei einer Urlaubsfahrt mit Eugen Becker in die Rhön »vorzüglich«[128] und erleichtert das Leben.

Wie sehr Paul solche Großzügigkeit zu schätzen weiß und sich zugleich dem Vater unterwirft, macht ein kleiner karierter Zettel deutlich: »Lieber, lieber Vater! Ich danke Dir noch viel-vielmal für das herrliche Auto. Ich will Dir meine Dankbarkeit dadurch zeigen: Du sollst in der nächsten Zeit und überhaupt immer nichts an mir auszusetzen haben. Ich bin *fest* entschlossen, das zu tun. Wenn ich es nicht richtig mache, *sage* es mir und *strafe*. dein dir sehr dankbarer Sohn Paul.«[129]

Gerade in bewegten Zeiten wie im September 1954, als nach dem Scheitern des EVG-Vertrages die Westintegrationspolitik des Kanzlers kurzzeitig zusammenzubrechen droht, braucht der Vater den Gedankenaustausch mit dem Sohn Paul. Sein großes Interesse an politischen, insbesondere sozial- und wirtschaftspolitischen Themen macht ihn weit über das Vater-Sohn-Verhältnis hinaus für Konrad Adenauer zu einem vertrauten Gesprächspartner. Beide nutzen dazu gewöhnlich Spaziergänge.[130] In ihrer Korrespondenz finden sich von Jahr zu Jahr mehr Sätze des Vaters mit politischen Einschätzungen und Informationen zum Tagesgeschehen, sei es zur Propaganda der SPD hinsichtlich der Pariser Verträge, zu inneren Machtkämpfen in der Sowjetunion, zur Politik der französischen Regierung oder über den Verlauf seiner bilateralen Gespräche und internationalen Verhandlungen.[131]

---

126  Schreiben Paul Adenauer an Joseph Höffner, 16.12.1953, ebd.
127  Schreiben Vorzimmer [Bundeskanzler] an Paul Adenauer, 7.9.1953, in: ACDP, NL Paul Adenauer 01–1000–001/1.
128  Schreiben Paul Adenauer an Konrad Adenauer, 1.8.1954, ebd.
129  Schreiben Paul Adenauer an Konrad Adenauer, o. D., ebd.
130  Vgl. Schreiben Konrad Adenauer an Ria Reiners, 6.9.1954, in: Adenauer, Briefe 1953–1955, S. 146.
131  Vgl. dazu beispielsweise Schreiben Konrad Adenauer an Paul Adenauer, 12.2.1955, ebd., S. 238, 241, und Schreiben Konrad Adenauer an Paul Adenauer, 24.2.1957, in: Adenauer, Briefe 1955–1957, S. 294 f.

Auch über heraufziehende politische Gewitter, die sich von Oktober 1954 an zwischen dem Bundeskanzler und seinem Bundesarbeitsminister Anton Storch abzeichnen,[132] ist Paul frühzeitig und bestens unterrichtet. Es geht dabei um eines der zentralen Projekte des zweiten Kabinetts Adenauer: die Neuordnung des Sozialwesens. Dazu soll eine Regierungskommission eingesetzt werden. Weil Storch die Vorlage nicht rechtzeitig liefert, stehen die Zeichen auf Sturm. Er »hat mich um seine Entlassung gebeten«, teilt der Kanzler seinem Sohn »streng vertraulich« am 20. November mit, »weil er nicht mehr das nötige Vertrauen besitze. Tatsache ist, daß Herr Storch etwas unbeweglich und wenig fortschrittlich ist.« Adenauer will ihn dennoch »nicht gehen lassen«, aber er braucht jemanden, »der das ganze Problem der Sozialpolitik überschaut und nicht mehr im Versicherungswesen ... das Allheilmittel sieht«. Globke soll Professor Höffner fragen, ob er »Leute kennt, die man heranziehen könnte«. Auch Paul soll diesbezüglich Höffner fragen.[133] Paul ist inzwischen nach Münster gewechselt, wo er im Sankt-Franziskus-Hospital wohnt und nun Volkswirtschaft studiert.

In der Folgezeit weitet sich das Reformvorhaben aus. Im Februar 1955 beauftragt der Bundeskanzler vier Sozialwissenschaftler, die Professoren Hans Achinger, Hans Muthesius, Ludwig Neundörfer und Joseph Höffner, damit, ihm eine »Gesamtkonzeption über die Neuordnung des Systems der sozialen Sicherheit« zu unterbreiten. Außer Paul Adenauer sind nur einige Beamte in die Idee des Kanzlers eingeweiht.[134] Konrad Adenauer nutzt die Verbindung des Sohnes, um Höffner im Mai 1955 seine Gedanken zur Lage der Alten-Generation zukommen zu lassen. »Das Los der einsamen alten Leute«, so schreibt er an Paul, »insbesondere der Männer, aber auch der Frauen, ist sehr schwer. Es wäre zu überlegen, ob nicht Versicherungen Heime für alte Leute bauen sollten, denen dann statt der Rente dort Wohnung und Verpflegung gegeben wird.«[135] Aus den Zeilen schimmert nicht bloß die Besorgnis über das mickrige Einkommen der älteren Generation, die keine garantierten Steigerungen ihrer Renten kennen, sondern auch über notwendige Maßnahmen gegen die Vereinsamung von Men-

132 Vgl. Schreiben Konrad Adenauer an Anton Storch, 18.10.1954, in: Adenauer, Briefe 1953–1955, S. 177, 179.

133 Vgl. Mitteilung in: Schreiben Konrad Adenauer an Paul Adenauer, 20.11.1954, ebd., S. 491 f.

134 Vgl. Hockerts, Konrad Adenauer und die Rentenreform von 1957, in: Repgen (Hrsg.), Die Dynamische Rente in der Ära Adenauer und heute, S. 11–29, hier S. 17.

135 Schreiben Konrad Adenauer an Paul Adenauer, 21.5.1955, in: ACDP, NL Paul Adenauer 01–1000–001/1.

schen in der modernen Massengesellschaft. Vielleicht spiegelt es sogar
Konrad Adenauers eigenes seelisches Empfinden wider, nämlich trotz
seiner herausgehobenen Position, ohne Frau an seiner Seite und die
Kinder aus dem Haus, im Grunde doch alleine, einsam zu sein. Pauls
Anwesenheit in Rhöndorf während der Semesterferien[136] hilft dagegen
nur vorübergehend.

Die Professoren legen auftragsgemäß ein Konzept zur Neuordnung
der sozialen Leistungen vor, die sogenannte »Rothenfelser Denkschrift«[137], die in manchen Punkten den Vorlagen des Arbeitsministe-
riums entgegensteht. Das Projekt gelangt bis Sommer 1955 in die eigens eingerichteten Gremien, die erstmals grundsätzlich untersuchen
wollen, wie Sozialfinanzen und Wirtschaftsprozesse miteinander zusammenhängen und welche Auswirkungen dies auf die Rentengesetz-
gebung hat. Durch Paul erhält der Vater während seines Urlaubsauf-
enthaltes im schweizerischen Mürren die Ausarbeitung von Wilfried
Schreiber, Geschäftsführer des Bundes Katholischer Unternehmer, zum
Thema »Existenzsicherheit in der industriellen Gesellschaft«. Der
Kanzler ist von den Gedanken zur Rentenreform so sehr angetan, dass
sich von jetzt an alle Diskussionen um die Rentenversicherungsreform
drehen, die schließlich zur gesetzlichen Einführung der dynamischen
Rente führt.[138] Zwar schätzt er Schreiber als einen »Fanatiker für
seine sogen. dynamische Rente – das Wort dynamisch in dem Zusammenhang ist nach meiner Meinung ein Unsinn« – ein, weiß aber, wie
eminent wichtig die Angelegenheit ist und eine langfristige Ordnung
braucht.[139]

So oft, wie Paul kann, hält er sich in Rhöndorf auf, meistens an
Wochenenden, und nimmt inzwischen auch an offiziellen politischen
Begegnungen des Vaters teil, so als der französische Außenminister
Antoine Pinay am 13. November 1955 Konrad Adenauer zu Hause
besucht.[140] Immer wieder sprechen Vater und Sohn über Fragen der

---

[136] Vgl. Schreiben Konrad Adenauer an Dannie Heineman, 1.4.1955, in: Adenauer,
Briefe 1953–1955, S. 260.
[137] Vgl. Achinger/Höffner/Muthesius/Neundörfer, Neuordnung der sozialen Leistungen, Köln 1955.
[138] Vgl. Hockerts, Konrad Adenauer und die Rentenreform von 1957, in: Repgen
(Hrsg.), Die Dynamische Rente in der Ära Adenauer und heute, S. 18 f.; Schulz,
Sozialpolitische Denk- und Handlungsfelder, in: Ders. (Bandhrsg.), Geschichte
der Sozialpolitik in Deutschland seit 1945, Bd. 3, S. 73–176, hier S. 153.
[139] Vgl. Schreiben Konrad Adenauer an Paul Adenauer, 6.10.1956, in: Adenauer,
Briefe 1955–1957, S. 243 f., hier S. 244.
[140] Vgl. Adenauers Entwurf der Sitzordnung beim Besuch des französischen Außenministers Pinay in Rhöndorf, 13.11.1955, ebd., S. 89.

christlichen Erziehung und was man tun kann, um die christlich soziale Schulung zu verbessern.[141]
Doch das Studium muss vorangehen. Da »die Statistik und darin
die Technik des Logarithmierens die geringe mathematische Kapazität« nach Pauls eigener Einschätzung »total« beansprucht, lechzt er
danach, zum Namenstag 1956 Bruno Gebhardts Bände »Deutsche
Geschichte« als Geschenk zu bekommen oder auch Richard Gutzwil-
lers »Meditationen über das Johannes-Evangelium«.[142] Er ist doch ein
hauptsächlich geisteswissenschaftlich orientiertes Menschenkind. Natürlich greift der Vater auf das »Handbuch der Deutschen Geschichte«
zurück, ist sich aber nicht ganz sicher und behält sich den Umtausch
vor.[143]
    Zwischendurch ermuntert der Vater Paul immer wieder, durchzuhal-
ten. »Deine Arbeit wird sich hoffentlich dem Ende nähern und damit
auch Deine Geduld nicht mehr strapaziert werden.«[144] Doch der Weg
ist noch weit. Bevor das Diplom-Examen abgelegt ist, erhält Paul Adenauer im August 1956 von seinem Doktorvater in spe, Professor Höffner, ein Dissertationsthema: »Möglichkeiten und Grenzen einer langfristigen Vermögensdistribution durch finanzpolitische, insbesondere
steuerpolitische Maßnahmen«. Ein typisch sperriger akademischer
Titel, wie es sich für eine wissenschaftliche Arbeit geziemt, staubtro-
cken und langweilig, könnte man meinen. Doch Paul sieht die Aufgabe
positiv. »Du siehst«, schreibt er dem Vater, »man traut Deinem Sohn
etwas zu«. Der ganzen Tragweite der Aufgabe ist er sich noch nicht
bewusst. »Ich hoffe, die Arbeit wird durchsichtiger als die Überschrift.
Das Thema gefällt mir an sich gut, ist aber schwer abzugrenzen, u. a.,
weil es sich nicht auf das deutsche Steuersystem beschränkt.«[145]
    Immerhin ist die Tatsache, dass sich Paul für das Studium hat beur-
lauben lassen, dem »Spiegel« im September 1956 eine Notiz wert.
Spekuliert wird mit Bezug auf angebliche »Freunde der Familie Adenauer«, er »wolle sich für ein höheres klerikales Amt qualifizieren; er
hoffe, in die vatikanische Diplomatie eintreten zu können und später
als apostolischer Botschafter (Nuntius) verwendet zu werden«.[146]

[141] Vgl. Schreiben Konrad Adenauer an Joseph Joos, 6.2.1956, ebd., S. 155.
[142] Schreiben Paul Adenauer an Konrad Adenauer, 22.6.1956, in: ACDP, NL Paul
    Adenauer 01–1000–001/1.
[143] Schreiben Konrad Adenauer an Paul Adenauer, 27.6.1956, ebd.
[144] Vgl. Schreiben Konrad Adenauer an Paul Adenauer, 17.11.1956, in: Adenauer,
    Briefe 1955–1957, S. 258, 260, hier S. 258.
[145] Schreiben Paul Adenauer an Konrad Adenauer, 21.8.1956, in: ACDP, NL Paul
    Adenauer 01–1000–001/1.
[146] Vgl. Personalien, Paul Adenauer, in: »Der Spiegel«, Nr. 38, 19.9.1956, S. 56.

Nichts davon entspricht der Wahrheit. Für eine Karriere im Vatikan
ist er überhaupt nicht der Typ. Auch in seinem bisher bekannten
Nachlass findet sich dazu kein Beleg. Vielmehr sind ihm vatikanische
Diplomaten ein Graus. In Kenntnis des Brimboriums, das ein solches
Arbeitsfeld mit sich bringt, dankt er Gott sogar dafür, nicht in die
Mühlen der Kurien-Diplomatie eingetreten zu sein. »Ich möchte nicht
abgemalt sein in einem solchen Betrieb«, hält er 1962 fest.[147]

Rechtzeitig vor der nächsten Bundestagswahl 1957 tritt das Ren-
tengesetz in Kraft und bringt dem Kanzler für die Wiederwahl wichtige Pluspunkte ein. »Ich habe gestern den 4 Professoren, die ich damals um ein Gutachten ersuchte, für ihre Arbeit gedankt. Ihre Arbeit
war ja die Ursache dafür, daß wir endlich mit dem Arbeitsministerium
vorankamen«,[148] schreibt er Paul und unterstreicht damit auch die
Arbeit Höffners.

Vor der Bundestagswahl 1957 tritt Paul Adenauer am 18. März in
die CDU ein.[149] Ein bemerkenswerter Vorgang, denn Artikel 32 des
Reichskonkordats von 1933 schließt für katholische Geistliche die
Mitgliedschaft in politischen Parteien und Tätigkeit für diese expressis
verbis aus. Ob ihn dieses Verbot bewogen hat, erst im Alter von 34
Jahren diesen Schritt zu tun, ist bisher unklar. Sein Zweitstudium geht
nun dem Ende zu. Er stellt seine Diplomarbeit zum Thema »Erbschafts-
steuer als Instrument einer gerechteren Vermögensverteilung«[150] fertig,
die wohl eine Vorarbeit für die spätere Dissertation sein soll. Erfreut,
dass der Sohn »diese Arbeiten voll befriedigend und gut gemacht« hat,
ermutigt der Vater ihn: »Du siehst daraus, daß Du Dich selbst doch
etwas unterschätzt und zu ängstlich bist.«[151] Im Juni besteht er an der
Universität Münster sein Examen zum Diplom-Volkswirt.[152]

## Vom Doktortitel zum Monsignore

Nach der mit absoluter Mehrheit für CDU und CSU gewonnenen
Wahl am 15. September steht der Vater auf dem Höhepunkt der
Macht. Paul konzentriert sich nun vollends auf die Promotion. Das

---

[147] Vgl. Tagebuch, 30.6.1962.
[148] Vgl. Schreiben Konrad Adenauer an Paul Adenauer, 9.2.1957, in: Adenauer,
     Briefe 1955–1957, S. 283 f., hier S. 283.
[149] CDU, Mitgliedskarte Paul Adenauer, in: ACDP 07–001–24000/02.
[150] Vgl. Telefonische Auskunft von Paul Adenauer an Hans-Peter Mensing,
     15.12.1997, zit. in: Adenauer, Briefe 1955–1957, S. 514.
[151] Vgl. Schreiben Konrad Adenauer an Paul Adenauer, 6.4.1957, ebd., S. 318.
[152] Bescheinigung, 18.7.1957, in: AEK, NL Höffner 1348.

Thema ist mittlerweile nochmals modifiziert und um einen kompara-
tiven Aspekt erweitert worden. Schwerpunkt sollen jetzt die Probleme
der Investitionsfinanzierung des Mittelstandes in der Sozialen Marktwirtschaft in der Bundesrepublik Deutschland sein, wobei Erfahrungen in den Vereinigten Staaten, dem Wunderland des Kapitalismus,
einzubeziehen sind. Ohne einen Forschungsaufenthalt dort ist die Arbeit nicht zu schreiben. Das eröffnet Paul die Chance, die weite Welt
kennenzulernen.

Konrad Adenauer besorgt die finanziellen Mittel bei seinem Freund
Dannie Heineman, der in Deer Park, Greenwich/Connecticut, lebt.
»Mein Sohn Paul hat von der wirtschaftswissenschaftlichen Fakultät
der Universität Münster den Auftrag erhalten, eine Arbeit zu schreiben
über ›small business in den Vereinigten Staaten‹«, lässt er ihn am 23.
Dezember 1957 wissen. »Ich freue mich sehr, daß die Zuteilung der
Heineman Foundation mir die Möglichkeit gibt, seinen Aufenthalt
dort gut zu fundieren.«[153]

Am 7. Januar 1958 fliegt Paul nach New York und bleibt für drei
Monate in den Vereinigten Staaten. Wie gewohnt, berichtet er dem
Vater in ausführlichen Briefen über seine Eindrücke. In New York
absolviert er zunächst den Besuch bei der Familie Dannie Heineman,
der ihm vor Ort so manche Tür öffnen kann,[154] und trifft den krebs-
kranken Edgar Alexander; »Deinen Historiker«, wie er den Vater
süffisant aufzieht, der noch Geld braucht, sein neues Adenauer-Buch
über den Staatsmann fertigzustellen.[155] Dann geht es weiter nach Washington, um an der Georgetown University die Recherchen aufzunehmen. Der Vater hat durch seine Beziehungen alles glänzend vorbereiten
lassen, er hat »dort überall gute Freunde«.[156] Schon der Empfang in
der Neuen Welt bei »Father President« mit einem »Extra-Dinner«
beeindruckt Paul. Wie überhaupt die legere und liberale Art des ganzen
Betriebs mit rund 70 Jesuiten, 400–500 Laien-Lehrkräften und 6 000
Studenten. Er fühlt sich als »langer Sohn des großen Vaters«, alle sind
natürlich »von ausgesuchter Höflichkeit«. Auch die Unterkunft ist
angemessen, er wohnt neben dem »Treasurer«, gegenüber dem »Pre-

---

153 Vgl. Schreiben Konrad Adenauer an Dannie Heineman, 23.12.1957, in: Adenauer, Briefe 1957–1959, S. 42 f., hier S. 43.
154 Vgl. Schreiben Konrad Adenauer an Dannie Heineman, 24.2.1957, ebd., S. 76 f.,
   hier S. 76.
155 Schreiben Paul Adenauer an Konrad Adenauer, 16.1.1958 und 20.1.1958, beide
   in: StBKAH VI c, Faksimile Schreiben 20.1.1958 S. 59 f.; auch Schreiben Paul
   Adenauer an Höffner, 19.1.1959, in: AEK, NL Höffner 1348.
156 Vgl. Schreiben Konrad Adenauer an Paul Adenauer, 31.1.1958, in: Adenauer,
   Briefe 1957–1959, S. 55 f., hier S. 56.

sident«,[157] wie es sich für einen Kanzlersohn gehört. Besonders imponiert ihm die Denkweise der Amerikaner, »wie dieses Volk seine Welt-Aufgabe doch sieht und auf allen Gebieten angreift. Keine Zeichen von Schwäche gegenüber Moskau« zeigt.[158]

Aus der Heimat erfährt er von den Angriffen Dehlers und Heinemanns im Deutschen Bundestag, der Kanzler habe nach der Stalin-Note 1952 die Chance zur Wiedervereinigung vertan. Daher kann sich Paul gut vorstellen, was der Vater durchgemacht hat und »wie abgekämpft Du gewesen sein musst«. Ihm wird aber auch klar, dass sich die kommunistischen Gefahren jenseits des Atlantiks anders darstellen als in Europa oder in Deutschland. »Man vertraut zu sehr darauf, dass wir antikommunistisch und militärisch stark genug sind, uns selbst zu schützen.«[159] Hat davor sein Vater nicht immer gewarnt? Paul bekommt nun aus eigener Anschauung bestätigt, was der lebenserfahrene Vater ihm stets gepredigt hat.

Fasziniert ist er von den Museen, besonders der National Gallery, wo er sein großes Kunstinteresse auskosten kann, und den Lebensgewohnheiten der Amerikaner, die ihm begegnen und man in »old Germany« noch nicht kennt. Familien kaufen in einem »Supermarket« mit »kleinem Draht-Wagen« ein, setzen ein Kind darauf, suchen sich selbst »alles« aus, egal ob Fleisch, Blumen, tiefgekühltes Gemüse usw., und fahren den Wagen dann zur Kasse. »Zum Einkaufen für Massen ideal«, doch »da geht Small business kaputt«. Komisch ist ihm auch, im Februar »in einem Land ohne Fastnacht« zu sein.[160]

Der Vater erkundigt sich stets nach den Fortschritten, die Paul bei seinen Studien macht. Denn die Library of Congress verfügt über schier unerschöpfliche Quellen an Literatur, die Paul fleißig sammelt. Auf Einladung der Jesuiten fliegt er am 8. März quer über den Kontinent nach San Francisco, bleibt gut eine Woche und sieht seinen alten Klassenkameraden Peter Hermes. Der Sohn des CDU-Mitbegründers Andreas Hermes ist dort Generalkonsul.[161] Paul besucht den bekannten Ökonomen Professor Karl Brandt, der in Berlin gelehrt hat und 1933 in die Vereinigten Staaten emigriert ist. Dieser begleitet Paul nach Carmel-by-the-sea, wo Konrad Adenauer 1953 auch gewesen ist. Am 16. März fliegt er nach Phoenix/Arizona, trifft da den Jesuiten-Rektor,

---

[157] Schreiben Paul Adenauer an Konrad Adenauer, 13.1.1958, in: StBKAH VI c.
[158] Schreiben Paul Adenauer an Konrad Adenauer, 23.1.1958, ebd.
[159] Schreiben Paul Adenauer an Konrad Adenauer, 11.2.1958, ebd.
[160] Schreiben Paul Adenauer an Konrad Adenauer, 16.2.1958, ebd.
[161] Schreiben Paul Adenauer, im Flugzeug nach Phoenix/Arizona, an Konrad Adenauer, 16.3.1958, ebd.

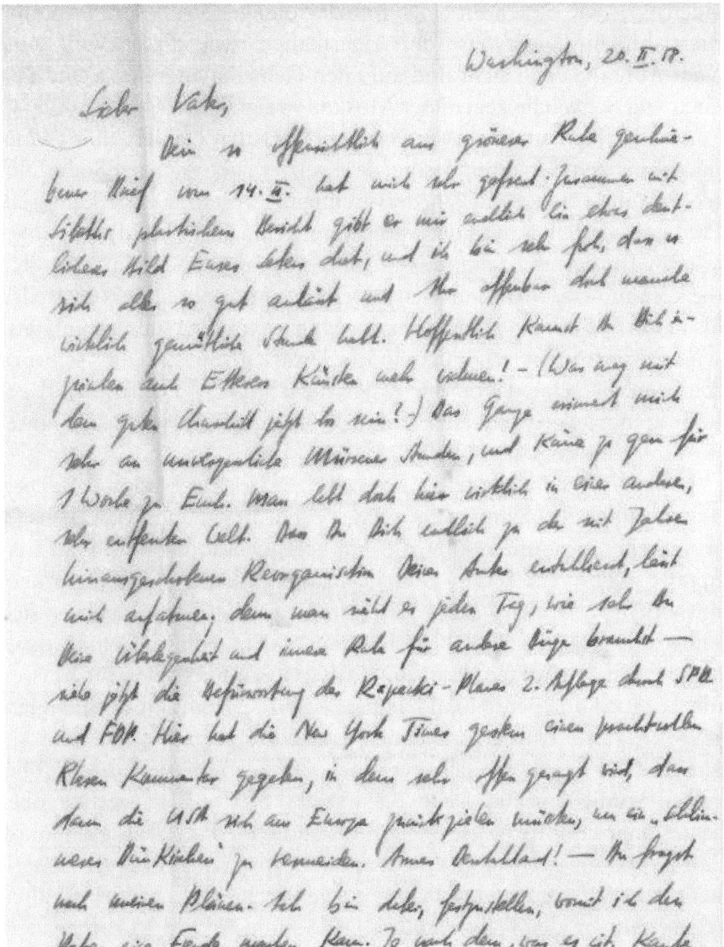

Washington, 20.II.58.

Lieber Vater,

Dein so offensichtlich aus größerer Ruhe geschriebener Brief vom 14.II. hat mich sehr gefreut. Zusammen mit Libeths plastischem Bericht gibt er mir endlich ein etwas deutlicheres Bild Eures Lebens dort, und ich bin sehr froh, dass es sich alles so gut anlässt und Ihr offenbar doch manche wirklich gemütliche Stunde habt. Hoffentlich kannst Du Dich im Spielen auch etwas Künstler mehr widmen! – (Was mag mit dem guten Ölanstrich jetzt los sein?) Das Ganze erinnert mich sehr an unvergeßliche Münsterer Stunden, und käme ja gern für 1 Woche zu Euch. Man lebt doch hier wirklich in einer anderen, sehr entfernten Welt. Dass Du Dich endlich zu der seit Jahren hinausgeschobenen Reorganisation Deines Amtes entschlossen hast, lässt mich aufatmen, denn man sieht es jeden Tag, wie sehr Du Deine Arbeitskraft und innere Ruhe für andere Dinge brauchst — siehe jetzt die Befürwortung des Rapacki-Planes 2. Auflage durch SPD und FDP. Hier hat die New York Times gestern einen prachtvollen klaren Kommentar gegeben, in dem sehr offen gesagt wird, dass dann die USA sich aus Europa zurückziehen müssten, um ein „schlimmeres Dünkirchen" zu vermeiden. Armes Deutschland! — Du fragst nach meinen Plänen. Ich bin dabei, festzustellen, womit ich dem Vater eine Freude machen kann. Je nach dem, was es ist, kaufe

... ich es hier oder in Mittelland. Ich denke an einen Wert von ca. 300 $ (für 60 Tage) – Finanziell komme ich wohl gut hin; offen ist allerdings die Zahnarztrechnung-Frage. Aber das geht auch. Ich will von hier am 8. III. direkt nach San Franzisko fliegen, dort ca. 3 Tage bleiben (... eingeladen!), und dann über den Grand Canyon nach New York zurückkehren. Ich hoffe, dadurch etwas weniger von dem elenden Winter zu haben, den ich gründlich leid bin. Am 23. geht mein Schiff, am 1.4. soll es in Le Havre sein, und am 2. abends — Vater, das wird ein Fest! – hoffe ich Dich mit Cäsar am Wagen ... begrüßen zu können. Sorge nur, dass dann noch etwas von den Wirkungen von Château St. Martin zu merken ist!

— Ich habe noch eine Menge Arbeit (wie immer!) in diesen 2 Wochen hier, dazu viel anzusehen, und denke kaum, was mein Zahnarzt mir wird sagen, wie oft ich noch kommen müsste! – Aber ich sage mir: „Und dauert der Winter noch so sehr..." und freue mich auf das wirkliche Kennen in der Nat. Gallery und Kalifornien – und den alten Vater Rhein! Sei für heute herzlich gegrüßt, und halt noch ein paar schöne Frühlingstage zusammen! „Old lion", mögest Du Dich so wunderbar regenerieren wie so oft schon und als ein neuer Mann Deine Kommandobrücke beziehen! Herzlichst

Dein Paul

kreist am nächsten Tag mit einem Privat-Flugzeug über den Grand Canyon, macht einen Abstecher über Santa Fé und Denver, um dann nach New York zurückzukehren. Von dort legt das Schiff am 23. März ab Richtung Le Havre ab, um am 2. April wieder bei seinem »Old lion« zu sein. Ihm wünscht er nur: »Mögest Du Dich so wunderbar regenerieren wie so oft schon und als ein neuer Mann Deine Kommandobrücke beziehen!«[162] Kann man noch mehr Bewunderung zum Ausdruck bringen?

Doch was treibt Paul in seiner Doktorarbeit um, die er nach seiner Rückkehr – inzwischen hat er die »4. (verbesserte) ›Auflage‹« erstellt – »bis Pfingsten fertig haben« will?[163] Ihn interessieren vor allem Fragen der Eigentumsethik und der Eigentumspolitik. In seiner Arbeit diskutiert er das Modell, einen gesetzlichen Investivlohn über die Dauer von 25 bis 30 Jahren als Pflichtsparbeitrag der Arbeitgeber einzuführen, um Arbeitnehmern die einmalige Chance zur »endgültigen Überwindung des Proletariats« zu geben und die seit Beginn der Industrialisierung bestehende Hypothese endlich zu tilgen, Arbeitgeber denken nicht sozial, tun nichts für die Vermögensbildung der Arbeitnehmer, sondern beuten sie nur aus. Grundvoraussetzung dafür scheinen ihm Fortschritte bei der Eigentumsbildung zu sein, insbesondere beim Bausparen und beim Volksaktiensparen. Dies wären zwar nur erste Maßnahmen, denn es bedarf einer umfassenden Finanz- und Sozialreform. Aber das Problem, die großen Vermögenswerte in Händen relativ weniger, würde angegangen. Die Einführung eines gesetzlichen Investivlohns könnte dabei zu einem Postulat der distributiven und sozialen Gerechtigkeit werden.[164]

Der Doktorvater Professor Höffner lobt die 225 Seiten umfassende Dissertation zum Thema »Probleme der mittelständischen Investitionsfinanzierung in der sozialen Marktwirtschaft der Bundesrepublik Deutschland unter Berücksichtigung amerikanischer Erfahrungen«[165] in seinem Gutachten »als wertvollen Beitrag zur Aufhellung der Lage des Investitionskredits im gewerblichen Mittelstand«, die im Stil klar

---

[162] Schreiben Paul Adenauer, Washington, 20.2.1958, Postkarte, Chicago, 8.3.1958, Schreiben, San Francisco, 9.3.1958 und 13.3.1958 an Konrad Adenauer, alle ebd.

[163] Schreiben Paul Adenauer an Hedwig Luster-Haggeney, 19.3.1959, in: ACDP, NL Luster-Haggeney 01–1025–001.

[164] Vgl. Paul Adenauer, Zur sozialethischen Bewertung eines gesetzlichen Investivlohnes, in: Freiheit und Verantwortung in der modernen Gesellschaft, S. 311–330.

[165] Dissertation Paul Adenauer, 13.7.1959, Rechts- und Staatswissenschaftliche Fakultät, Universität Münster.

und dem Thema entsprechend »sachlich nüchtern« geschrieben ist.[166]
Der Zweitgutachter, Professor Dr. Horst Jecht, Nachfolger von Professor Dr. Alfred Müller-Armack auf dem Lehrstuhl für Volkswirtschaftslehre, bewertet die Arbeit ebenfalls mit der Note »magna cum laude«.[167]
Die mündliche Prüfung findet am 13. Juli 1959 um 15.30 Uhr in der Rechts- und Staatswissenschaftlichen Fakultät der Universität Münster statt. Beteiligt sind neben den beiden Gutachtern noch der Nationalökonom Professor Dr. Andreas Predöhl, Direktor des Instituts für Verkehrswissenschaft, für das Fach Allgemeine Volkswirtschaftslehre und der Wirtschaftshistoriker Professor Dr. Hans-Jürgen Seraphim, Direktor des Instituts für Siedlungs- und Wohnungswesen, für das Fach Allgemeine Volkswirtschaftspolitik. Mit bestandener Prüfung ist Paul Adenauer nun Doktor der Wirtschafts- und Sozialwissenschaften und trägt den Titel »Dr. rer. pol.«[168] Paul Adenauers Dissertation wird 1961 in den von Höffner herausgegebenen »Schriften des Instituts für Christliche Sozialwissenschaft« veröffentlicht.[169]

»Ihr Sohn hat mit großer Ernsthaftigkeit und unermüdlichem Fleiß den Studien oblegen«, attestiert Höffner in einem Schreiben an den Bundeskanzler die Leistungen seines Schülers. Mit seinen Mitstudenten hat er »mit der größten Natürlichkeit und Selbstverständlichkeit« verkehrt, ist bei ihnen »geachtet und beliebt«.[170] Konrad Adenauer gibt das Kompliment prompt zurück: »Ich habe den Eindruck, als wenn er unter Ihrer schützenden Hand sehr viel gelernt habe. In seiner jetzigen Tätigkeit ist er sehr zufrieden und glücklich.«[171]

Schon vor dem Abschluss der Promotion hat Paul Adenauer am 8. Juni 1958 als Subsidiar an der Pfarrkirche Sankt Pantaleon in Unkel seine pastorale Tätigkeit fortgesetzt. Zudem steht er mit dem Katholisch-Sozialen Institut in Bad Honnef in Kontakt. Als der Bundeskanzler dafür sorgt, dass dem Sohn während des Besuchs vom 20. bis 25. Januar 1960 in Rom von Papst Johannes XXIII. der Titel »Monsignore«, päpstlicher Geheimkämmerer, verliehen wird[172], ist diesem das wohl

---

[166] Gutachten Höffner zur Dissertation von Paul Adenauer, 6.7.1959, in: AEK, NL Höffner 1348.
[167] Gutachten Höffner/J[echt] zur Dissertation von Paul Adenauer, 6.7.1959, ebd.
[168] Unterlagen zur Prüfung, 13.7.1959, ebd.
[169] Vgl. Paul Adenauer, Mittelständische Investitionsfinanzierung in der Sozialen Marktwirtschaft, Münster 1961.
[170] Schreiben Joseph Höffner an Konrad Adenauer, 19.9.1959, in: AEK, NL Höffner 1348.
[171] Schreiben Konrad Adenauer an Joseph Höffner, 26.9.1959, ebd.
[172] AEK, Personalverwaltung, Priesterkartei, Paul Adenauer; Urkunde in: StBKAH VI c, Faksimile S. 63 oben.

eher peinlich. Manche Beobachter deuten es als Zeichen für den Beginn einer Karriere im Vatikan, die vielleicht auch der Vater gerne gesehen hätte. Doch die Bistumsspitze in Köln beäugt die Ernennung durchaus argwöhnisch. Der Erzbistumskasse entstehen dadurch vor allem mehr Abgaben an den Vatikan in Rom. Paul eckt auch mit seiner Art, freimütig das zu sagen, was er denkt, das eine ums andere Mal an. Das wird natürlich in Bistumskreisen mit kritischen Augen gesehen. Jedenfalls ist Paul froh, sich nicht unmittelbar und tagtäglich mit den Zwängen des Vatikans herumschlagen zu müssen. Er ist stolz darauf, Seelsorger zu sein, braucht die Herausforderung der Menschen, will für ihre Sorgen und Nöte parat stehen, helfen und sie wieder im Glauben an Gott zusammenbringen, besonders da, wo es aussichtslos scheint.

## Neue Herausforderungen

Wie sein Vater ist Paul Adenauer voll und ganz ein Homo politicus, der gern Menschen beeinflusst, wann immer und wo er kann. Er will andere von dem, was er als richtig erkannt hat, überzeugen. Er versucht, den Menschen Gott näherzubringen, seelsorgerisch, theologisch, damit sie dessen Botschaft zum Maßstab für das eigene politische Denken und Handeln machen. Sind Vater und Sohn noch so verschieden, dies eint sie gewiss.

Paul Adenauer sitzt nicht nur im Redaktionskomitee der »Politisch-Sozialen Korrespondenz«, er wirkt auch bei der Gründung des »Bamberger Kreises« mit,[173] der im Januar 1962 erstmals im Haus des Zentralkomitees der deutschen Katholiken in Bad Godesberg-Friesdorf zusammenkommt. Ihm gehören unter anderem Bundesminister Heinrich Krone, der junge Rainer Barzel, Heinrich Köppler und Willi Weiskirch an. Es ist ein harter Kern christlich-demokratisch, konservativ Denkender, die ein »freies Gremium der Gemeinschaft der katholischen Männer Deutschlands« bilden. Ihre Ziele sind eindeutig formuliert:»1. Unbedingtes Bekenntnis zum politischen Engagement. Tendenz gegen jegliche Aufweichung. 2. Initiative zum politischen Mitplanen aus dem katholischen Mannesleben. 3. Verwirklichung echter Mannestugend und Mannestums durch die Demokratie. Bekanntsein durch Einsatz für sein Volk. 4. Prüfung der Propaganda-Möglichkeiten. 5. Die Frage periodisch wiederkehrender, gestreuter Großkundgebungen.«[174]

---

[173] Unterlagen dazu in: ACDP, NL Kemmer 01–111–008/1.
[174] Protokoll über die Besprechung in Bad Godesberg, 29.1.1962, ebd.

Nun bereitet allerdings Pauls Status als Sohn des Bundeskanzlers, promoviert und nur als einfacher Geistlicher in einer Pfarrei im Erzbistum Köln tätig, der Klerusspitze Kopfzerbrechen. Eine untergeordnete Stellung des Adenauer-Sohns – das geht einfach nicht, weil es nicht den Vorstellungen dieser Zeit entspricht, die man mit Abkömmlingen renommierter Persönlichkeiten verbindet. Keinesfalls entspricht es dem engen Verhältnis, das der Kardinal und der Bundeskanzler pflegen. Irgendeine herausgehobene Position muss also gefunden werden, die dem akademischen Titel des Sohnes gerecht wird, zugleich aber für die personalpolitischen Planungen des Erzbistums relativ ungefährlich ist und bestehende Hierarchien nicht sonderlich tangiert. Der Bundeskanzler soll nicht auch noch über seinen Sohn mittelfristig in die Geschicke des Kölner Bistums hineinregieren. Hinter den Kulissen sehen einige Paul Adenauer schon auf dem Posten eines Kölner Weihbischofs, was er – nach allem, was bekannt ist – nie beabsichtigt hat. Gleichwohl kann sich Paul dem Angebot nicht entziehen, als ihm die Leitung des Zentralinstituts für Ehe- und Familienfragen e. V. in Köln angeboten wird. Alles passt zusammen. Das Institut arbeitet zwar unter der Ägide der Deutschen Bischofskonferenz, aber nicht in besonders hervorgehobener Stellung, und bedarf zudem einer personellen Auffrischung, weil der amtierende Direktor Dr. Bernhard Korte angeblich zu wenig Aktivität zeigt.[175] Zudem handelt es sich um eine wissenschaftliche Position mit pastoral-praktischen Bezügen, die der seelsorgerischen Neigung Pauls durchaus entgegenkommt.

Seine Verbindungen nutzt er, um auch eigene Anliegen wie die gemeinsamen Fürbitten von Katholiken und Protestanten für die Wiederherstellung der deutschen Einheit zu lancieren. Schon damals kann er dafür nur wenige gewinnen, obgleich er damit den Kölner Kardinal Frings und die Deutsche Bischofskonferenz wie auch Bischof Dibelius konfrontiert.[176]

Doch zunächst erfüllt sich für Paul Ende September 1962 ein Traum: Er reist ins Heilige Land, wandelt auf den Spuren Jesu Christi, voller Ehrfurcht und Demut. Wie immer gibt der fürsorgliche Vater ihm Ratschläge mit auf den Weg: »Überanstrenge Dich nicht über Deiner Palästina-Reise.« Und er fordert ihn auf: »Gib von Zeit zu Zeit Nachricht.«[177] Der Vater sieht allerdings auch gleich die politischen Realitäten: »Ich

---

175 Vgl. Schreiben Konrad Adenauer an Paul Adenauer, 13.9.1962, in: Adenauer, Briefe 1961–1963, S. 164 f., hier S. 165.
176 Vgl. Tagebuch, 30.6.1962, 1.7.1962, 8.7.1962, 16.7.1962 und 17.9.1962.
177 Unterlagen zum Wechsel in der Leitung des Instituts 1962/63 in: AEK, DBK, KZI 395.

weiß, wie sehr Dich der Aufenthalt in Jerusalem erfüllen und fesseln wird und wie traurig Dich andererseits der Zustand Jerusalems, der zwischen Jordanien und Israel geteilten Stadt, stimmen wird.«[178] Zur Ehe- und Familienseelsorge fühlt sich Paul Adenauer hingezogen, doch bedrückt ihn auch die Verantwortung, die er jetzt trägt. So kehrt er der Arbeit in Bad Honnef den Rücken, was sein Verhältnis zu Franz Müller, dem Leiter des Katholisch-Sozialen Instituts, nachhaltig belastet.[179] Konrad Adenauer empfindet daran eine gewisse Mitschuld, weil er Müller lange kennt, Paul in Rhöndorf lebt, aber nun im Kölner Zentralinstitut in einer gewissen Konkurrenz arbeitet.[180] »Sie haben sich selbständig gemacht und wollen den Weg weitergehen«, schreibt Müller an Paul. Daher sei er nicht mehr Dozent des Instituts und könne auch keine Unterstützung mehr erfahren.[181] Paul hat zwar durch seinen Vater einen direkten Zugang zu Kardinal Frings, wie umgekehrt dieser auch dem Bundeskanzler einige Informationen über Paul zukommen lassen kann.[182] Dessen Streit mit Müller vermag aber selbst der Kardinal nicht zu schlichten.[183]

Paul Adenauer steckt seine Energie in die Tätigkeit der praktischen Seelsorge beim Katholischen Zentralinstitut.[184] Die nur schwer auf Dauer zu ertragende Doppelbelastung in Unkel und Köln kommt in seinem Tagebuch deutlich zum Ausdruck. Am 25. November 1962 lässt er sich von den Aufgaben des Subsidiars in Unkel entpflichten, um als Nachfolger des noch amtierenden Direktors Bernhard Korte, der 1958 die letzte große Publikation des Zentralinstituts vorgelegt hat,[185] die Aufgaben voll und ganz übernehmen zu können. Nachdem Paul Adenauer am 1. Dezember mit der Funktion eines Direktors betraut wird, folgt am 16. April 1963 die offizielle Ernennung.[186]

Über die Schwierigkeiten, die sich im Kölner Institut auftun, tauschen sich Vater und Sohn regelmäßig aus. Der Vater bedauert seinen

---

[178] Vgl. Schreiben Konrad Adenauer an Paul Adenauer, 30.9.1962, in: Adenauer, Briefe 1961–1963, S. 171 f., hier S. 171; Faksimile der Paul Adenauer dort verliehenen Urkunde S. 63 unten.

[179] Vgl. Tagebuch, 11.6.1962, 30.6.1962 und 4.12.1964.

[180] Vgl. ebd., 11.6.1962.

[181] Dazu Schreiben Müller an Paul Adenauer, 17.7.1964, in: AEK, DBK, KZI 48.

[182] Vgl. Tagebuch, 4.12.1964.

[183] Vgl. ebd., 30.6.1964.

[184] Vgl. Struck, Das Katholische Zentralinstitut für Ehe- und Familienfragen, S. 8.

[185] Vgl. Korte, Ehe und Familie heute, Köln 1958. Zu dessen Weggang zum 31.3.1963 Aktennotiz Angelegenheit Dr. Korte, o. D., in: AEK, DBK, KZI Nr. 395.

[186] Unterlagen zur Arbeit von Paul Adenauer als Institutsdirektor in: AEK, DBK, KZI 31–34, 44–50; ACDP NL Lücke 01–077–171/4.

Sohn und bietet ihm an, gegebenenfalls auch seine Verbindungen spielen zu lassen. »Es tut mir sehr leid, dass Du diese großen Schwierigkeiten bei der Erfüllung der an sich schönen Aufgabe ha[s]t. Ich habe Herrn Globke, der ja viele Kleriker-Verbindungen hat, davon ins Bild gesetzt und ihn gebeten, Dich anzurufen, weil er Dir vielleicht mit Hilfe dieser Verbindungen nützen kann. Wenn ich etwas tun soll, etwa durch einen Brief an den Kardinal, so teile es mir mit. Ich bin gern dazu bereit.«[187]

Besonders liegt Paul Adenauer die Familienseelsorge, verstanden als Seelsorge an Ehe und Familie, am Herzen. Er will damit neben Arbeiter- und Akademiker-, Jugend- und Militärseelsorge eine neue spezielle Seelsorge aufbauen und die Lebensnähe der Kirche verbessern. Denn diese wird zunehmend mit dem Problem der konfessionellen Mischehe[188] konfrontiert und grenzt Christen aus der eigenen Kirche aus. Hat nicht die eigene Mutter, evangelisch getauft, aus Liebe zum Vater vor der Heirat konvertieren müssen? Stehen sich Christen, die in der Christlich-Demokratischen Union gemeinsam Politik machen, wirklich noch so fern? Das alles sind brennende Fragen angesichts nicht mehr aufzuhaltender gesellschaftlicher Veränderungen, auf die gerade ein Teil des höheren katholischen Klerus weder vorbereitet ist noch Neigung erkennen lässt, sich mit den Fragen ernsthaft auseinanderzusetzen, sondern ihnen zunächst nur mit Ignoranz begegnet. Die Ehe- und Familienseelsorge ist im Lichte der Entscheidungen des Zweiten Vatikanischen Konzils auch für Paul Adenauer Neuland mit besonderer Herausforderung.[189] Es dauert seine Zeit, bis schließlich – beauftragt von der Deutschen Bischofskonferenz – in ganz Deutschland Eheberatungsstellen eingerichtet, ausgebaut und künftige Eheberater ausgebildet werden sollen. Paul spielt hierbei eine erst späterhin anerkannte Vorreiterrolle.

In dem Kölner Institutsteam arbeiten unter seiner Leitung Ärzte, Psychiater, Psychotherapeuten, Soziologen, Rechtsanwälte und Theologen zusammen.[190] Sie begleiten Menschen in Krisenzeiten, was in der Pfarrseelsorge zu dieser Zeit eher die Ausnahme denn die Regel

---

[187] Schreiben Konrad Adenauer an Paul Adenauer, 1.4.1963, in: ACDP, NL Paul Adenauer 01–1000–001/1.

[188] Vgl. dazu Paul Adenauer, Die Mischehe, in: Rahner/von Galli/Baumhauer (Hrsg.), Reformation aus Rom, S. 170–184.

[189] Zu den Veröffentlichungen in dieser Zeit vgl. Paul Adenauer, Ehe- und Familienseelsorge im Lichte des Konzils, in: JCSW, 07/08 (1966/67), S. 175–183; Paul Adenauer/Franz Böckle/Johannes G. Gerhartz u. a., Ehe und Familie, Mainz 1973.

[190] Vgl. zu den Erfahrungen Paul Adenauer, Der Theologe im Team der Eheberatung, in: Lebendige Katechese 3 (1981), S. 169–173.

ist. Es geht um das Kennenlernen und die Auseinandersetzung mit der eigenen Person, das Verstehen des anderen Menschen, die Wahrnehmung der inneren Dynamik eines Konflikts, das Erkennen der eigenen Verhaltensweise, die Annahme von Hilfe durch Beratung, um dadurch eine Verhaltensänderung und Konfliktbereinigung zu erreichen.[191] Die in der ersten Hälfte der 1960er Jahre einsetzende freizügigere Sexualmoral wirft weitere Probleme für Kirche und Seelsorge auf. Daher beschäftigt sich Paul Adenauer vor allem aus theologischer Sicht mit dem Problem der Empfängnisregelung aus verantworteter Elternschaft.[192] Das umschreibt nichts anderes als den Streit um die liberaleren Sexualvorstellungen, reduziert auf die quer durch alle Gesellschaftsschichten heftig diskutierte Frage, wie die katholische Kirche und ihre Gläubigen zur »Pille« und der Bereitschaft, Kinder in die Welt zu setzen, stehen und sich verhalten sollen.

In schwierigen gesellschaftlichen Zeiten hat Paul Adenauer die Arbeit des Zentralinstituts übernommen, unter der Ägide der deutschen Bischöfe in der Bundesrepublik ausgebaut und auf internationaler Ebene bekanntgemacht. Auch wenn der Umgang mit den Mitarbeitern nicht immer konfliktfrei abläuft, erlangt die Beratungstätigkeit öffentliche Aufmerksamkeit, die Kardinal Döpfner als Vorsitzender der Deutschen Bischofskonferenz zu würdigen weiß. Internationale Anerkennung erfährt Paul Adenauer, indem der Heilige Stuhl ihn in die päpstliche Kommission »Justitia et Pax« beruft und er dort die Studiengruppe »Familie und Entwicklungsprozess« leitet. Außerdem engagiert er sich im »Interkonfessionellen Arbeitskreis für Ehe- und Familienfragen«, die gemeinsam mit dem Evangelischen Zentralinstitut konfessionsübergreifend Fragen der Sexualität, Liebe, Ehe und Familie berät und Stellung bezieht zu Fragen der Eheberatung und des entsprechenden Berufsbildes.[193]

## Endphase der Kanzlerschaft Konrad Adenauers

Von 1960 an wohnt Paul Adenauer wieder im elterlichen Haus in Rhöndorf, lebt mit dem Vater und erlebt ihn gewöhnlich morgens beim Frühstück, abends, wenn er spät nach Hause kommt, beim

---

[191]  Zu den Veröffentlichungen Paul Adenauers in dieser Zeit vgl. Struck/Paul Adenauer/Harth, Ehenot – Ehehilfe, Limburg 1966; Paul Adenauer/Böckle/Greimacher, u. a., Christliche Einheit in der Ehe, Mainz–München 1969.
[192]  Vgl. Tagebuch, 16.5.1965.
[193]  Schreiben Paul Adenauer an die Mitglieder des Vorstands des Vereins für Eheund Familienfragen e. V., 6.10.1969, in: ACDP, NL Lücke 01–077–171/4.

Abendbrot, in der knapp bemessenen Freizeit danach, an Wochenenden und Feiertagen. Er nimmt an offiziellen Empfängen auf dem Bonner Parkett teil und begleitet den Bundeskanzler auf einigen Reisen, so zum Katholikentag 1962 nach Hannover.[194] Mit seinen Geschwistern ist er beim Besuch de Gaulles im Wohnhaus der Adenauers während des großen Staatsbesuchs in der Bundesrepublik im September 1962[195] und bei Adenauers Besuch bei de Gaulle im November 1964 in Paris anwesend.[196] So bekommt Paul Adenauer vieles hautnah mit. Er beobachtet den Vater, erfährt aus dessen Mund, was ihn politisch bewegt, antreibt und verzweifeln lässt, wo dieser Sorgen und Nöte hat. Er erlebt Stimmungsschwankungen des Vaters, erspürt sie geradezu, versetzt sich zeitweise in ihn hinein, leidet förmlich mit ihm, geht aber auch gelegentlich auf Distanz, wenn ihre Meinungen auseinandergehen, und beschreibt den Machtinstinkt des Vaters, seine Kampfeslust ebenso wie die zunehmende Resignation.

Nach dem Mauerbau und der Bundestagswahl im September 1961, bei der CDU und CSU ihre absolute Mehrheit verlieren, läutet der Kampf um die Wiederwahl Konrad Adenauers zum Bundeskanzler die Endphase der Ära Adenauer ein, beginnt sukzessive die Macht des Vaters als Kanzler zu schwinden.

Bei den schwierigen Koalitionsverhandlungen zeigt sich, dass der inzwischen 85 Jahre alte Herr nur mit Mühen alle Angriffe abwehren kann. Der Preis für eine nochmalige, vierte Amtszeit ist die faktische Begrenzung auf zwei Jahre. Damit setzt zugleich das Ringen mit den Gefolgsleuten von Ludwig Erhard um den Zeitpunkt des Abschieds vom Kanzleramt, insgeheim auch schon das Ringen um den Verzicht auf den CDU-Parteivorsitz und schließlich das Ringen um das politische Erbe ein. Paul Adenauer weiß, es geht von nun an um das Lebenswerk des Vaters, sein Vermächtnis, ja sein Bild in der Geschichte.

Der politische und gesellschaftliche Gezeitenwechsel, der sich in der ersten Hälfte der 1960er Jahre anbahnt, mit Tendenzen der Entchristlichung und Säkularisierung, den internationalen Umbrüchen vom Kalten Krieg in eine allmähliche Entspannungspolitik, die Akzentverschiebung im transatlantischen Verhältnis und die abnehmende Unterstützung aus der CDU/CSU-Fraktion verschlimmern die Situation nur noch. Immer mehr rückt die Frage in den Vordergrund, auf wen

---

[194] Vgl. Tagebuch, 26.8.1962.
[195] Vgl. ebd., 9.9.1962.
[196] Vgl. ebd., 15.11.1964.

sich der Vater im Kampf um die Macht noch verlassen kann und was aus seinem Erbe wird.

Aus solchen Überlegungen heraus ist Paul Adenauer offenbar im September 1961 angetrieben, die sich zum Teil überschlagenden Ereignisse für sich selbst in einer »Chronik« aufzuschreiben und von Pfingsten 1962 an, wohl der Einfachheit halber, alles Wichtige, selbst Erlebtes, Alltägliches, auch weniger Bedeutsames mit großer Wahrscheinlichkeit in unregelmäßigen Abständen auf Tonband zu sprechen und späterhin zu verschriftlichen. So entsteht ein einzigartiger Blick auf den Vater in der letzten Phase der Kanzlerschaft, als Altkanzler und noch amtierender Parteivorsitzender.

Vater und Sohn unterhalten sich im wahrsten Sinne des Wortes über Gott und die Welt. Denn ein Konrad Adenauer ist auch in seiner Freizeit nicht wirklich fähig, abzuschalten. Ihn beschäftigt die Tagespolitik rund um die Uhr, sie bereitet ihm Sorgen, erfordert Aufopferung der Sache und der Macht wegen. Paul bezieht in dem, was er festhält, ganz unterschiedlich Position. Zumeist ist er mitfühlend, nachempfindend, eben der Sohn, der sich vor seinen Vater stellt, dessen Sicht der Dinge wiedergibt und dessen Unverständnis über Geschehnisse teilt. Gelegentlich sieht er seinen Vater aber auch kritisch, wenn seine Meinung nicht mit der des Kanzlers in Einklang steht. Natürlich verteidigt er ihn häufig, erregt sich über die Kritiker in den Reihen der CDU, sieht die Partei niedergehen, weil die christlichen Werte zu wenig Beachtung finden, das Denken des Vaters in der Presse vollkommen falsch oder nur unzureichend dargestellt und gewürdigt wird. Er scheut nicht vor klarer Aussprache und harten Charakterisierungen jener zurück, die seinem Vater tagtäglich zusetzen. So bezeichnet er Franz Josef Strauß als »Type«, Heinrich Krone als »Kleisterer«[197] oder Josef Hermann Dufhues als »völligen Versager« und »leeren Schwätzer«[198].

Nach der Bundestagswahl 1961 schwankt Konrad Adenauer zwischen Machterhalt und Selbstmitleid darüber, was ihm im hohen Alter noch zugemutet wird, zwischen Überdruss, alles hinwerfen zu wollen, und Kampfbereitschaft, sich nicht unterkriegen zu lassen, zwischen Nicht-loslassen-können und physischer und psychischer Erschöpfung angesichts der Beanspruchungen. Er lamentiert und kokettiert gleichzeitig damit, was er sich mit der Wahl zum Kanzler nochmals selbst angetan hat. Die innere Zerrissenheit ist spürbar.

---

[197] Vgl. ebd., 15.11.1964.
[198] Vgl. ebd., 14.3.1964.

Worum geht es? In erster Linie um die Nachfolgefrage. Konrad Adenauer will Erhard als Kanzler unter allen Umständen verhindern, koste es, was es wolle. Die Uneinigkeit der CDU/CSU-Bundestagsfraktion, deren Mehrheit ihn als Kanzler und Parteivorsitzenden loswerden will, und die Forderungen der FDP nach Festlegung des Zeitpunkts für seinen Rücktritt erschweren ihm die Regierungsbildung. Adenauer liebäugelt mit einer großen Koalition. Die Sozialdemokraten, jahrelanger politischer Gegner, scheinen ihm nach ihrem Godesberger Programm von 1959 und Wehners Bekenntnis für die SPD zur Westbindung im Juni 1960 zuverlässiger geworden zu sein.[199] Adenauer will die SPD in die Verantwortung nehmen, sie binden, um ostpolitische Kapriolen im Sinne einer neuen deutschen Schaukelpolitik zu verhindern oder wenigstens einzudämmen. Querschüsse kommen hauptsächlich von Parteifreunden, die in Wirklichkeit innerparteiliche Gegner sind: allen voran Ludwig Erhard, Franz Josef Strauß, dem es an »Vasalleneid« mangelt, und der Koalitionspartner FDP mit Erich Mende an der Spitze.[200]

Pauls Aufzeichnungen bestätigen bekannte Urteile über den Vater. Der Rettung Deutschlands wegen bekennt sich Konrad Adenauer zur Macht und dazu, Machiavellist zu sein,[201] fühlt sich als Mann einsamer Entschlüsse.[202] Überall sieht er den Verfall von Moral und Anstand, von Umgangsformen der Menschen in der Politik miteinander, von denen die meisten undankbar, hinterlistig, charakterlos, machtbesessen, eitel und karrieresüchtig sind. Er zweifelt an der Zuverlässigkeit der Menschen und beklagt die fehlende Solidarität aus den eigenen Reihen. Am Ende verschafft es ihm innere Befriedigung, ein viertes Mal die Macht errungen und es allen anderen nochmals gezeigt zu haben.[203]

Der Machterhalt trotz schwindender Solidarität ist sein eigentliches Problem. Denn Konrad Adenauer will Partei, Volk und Vaterland retten.[204] Wovor? Vor dem Niedergang, dem Zerfall von Werten und Sitten, der Hingabe breiter Bevölkerungsschichten an materialistische Gier, vor wachsender Wohlstandsgefahr, zunehmender Entchristlichung der Menschen, abnehmender öffentlicher Moral, was Anstand, Pflichtbewusstsein und Freizügigkeit einschließt.

---

[199] Vgl. ebd., 29.9.1961.
[200] Vgl. ebd.
[201] Vgl. ebd., 7.11.1961.
[202] Vgl. ebd., 2.1.1963 und 19.10.1963.
[203] Vgl. ebd., 7.11.1961.
[204] Vgl. ebd.

Zur gleichen Zeit besteht ein enormer außenpolitischer Druck durch die Berlin-Krise. Alte Traumata leben beim Kanzler fort, ja verstärken sich noch. Die Angst vor einer Verständigung zwischen Washington und Moskau über seinen Kopf hinweg und zu Lasten der Deutschen, die Gefahr, zerrieben zu werden zwischen den Großmächten,[205] besteht unvermindert fort. Fehlende Solidarität unter den NATO-Staaten, der Anspruch auf eine angemessene Rolle, die Deutschland im Kreise der Atommächte und mit Blick auf de Gaulles Force de frappe spielen soll, Probleme, die Briten an die EWG zu binden, und Schwierigkeiten, die politische Union voranzubringen, kennzeichnen nur einige der vielen Baustellen. Frankreich mit dem Algerienaufstand im Hintergrund und Italien sind nur bedingt zuverlässige Partner.

Paul sieht seinen Vater für Deutschland »schuften«, sich für die nachfolgenden Generationen aufopfern.[206] Doch hinter der nach außen zur Schau gestellten Kampfkraft, die wie eine Amplitude rauf- und runtergeht, glaubt der Sohn in Wirklichkeit schon 1961 beim Vater »leise Resignation«[207] zu erkennen, die begleitet wird von Erkrankungen, Erschöpfung, zugleich aber der Disziplin, dem Durchhaltewillen, der preußisch-beamtenmäßigen Erziehung, da zu sein, wenn man gebraucht wird.

Bei allem Hickhack bedauert Paul den Vater: »Wie einsam ist er doch, wie leidet er unter dem Kampf um seine Nachfolge, dem Kampf um die Beute zwischen machthungrigen Männern, um die Gefährdung des Erbes.«[208] Dabei wechselt die Meinung des Kanzlers über den geeigneten Nachfolger ständig. Mal ist von Brentano der Favorit,[209] der jedoch schwerkrank wird, mal ist es Krone,[210] der die Fraktion bändigen soll, dies aber meist zu halbherzig tut, mal spricht er von Barzel, der sich mit seiner Eitelkeit oft selbst im Wege steht, oder von Paul Lücke, dem allerdings der richtige Machtwille fehlt.

Damit nicht genug. Die »Spiegel«-Affäre im November 1962 versetzt dem angeschlagenen Kanzler den entscheidenden Stoß. Er empfindet die Vorgänge und die sich daraus entwickelnde Koalitionskrise als »Tiefstand von Moral und Umgangsformen«, der für ihn »äußerst

---

[205] Vgl. ebd., 29.9.1961.
[206] Vgl. ebd., 7.11.1961, 8.11.1961, 30.6.1962, 31.7.1962, 3.11.1962 und 19.10.1963.
[207] Vgl. ebd., 23.10.1961.
[208] Vgl. ebd., 30.6.1962.
[209] Vgl. ebd., 30.12.1962.
[210] Vgl. ebd., 17.2.1963.

schwer erträglich« ist.[211] Seine Unterredung mit BND-Chef Reinhard Gehlen, wie er ihn hat schmoren lassen, als dieser keine Antwort darauf geben kann, warum sein Untergebener Oberst Wicht angeblich Rudolf Augstein vor der Hausdurchsuchung im »Spiegel«-Verlag informiert habe, beschäftigt ihn noch Jahre später.[212]

Außerdem muss die CDU dringend an die modernen Herausforderungen angepasst und organisatorisch reformiert werden, um ihre Schlagkraft zu verbessern und einen Erfolg der SPD bei der nächsten Bundestagswahl 1965 zu verhindern. Die zunehmende Belastung als Kanzler und gleichzeitig als Parteivorsitzender vermag Konrad Adenauer allein nicht mehr zu bewältigen. Jemand soll her, der das Vertrauen des Parteivorsitzenden genießt und seine Anweisungen umsetzt. In dieser Frage steht Konrad Adenauer mit Partei und Fraktion über Kreuz. Denn Leute wie der geschäftsführende Vorsitzende der CDU, Dufhues, und der Parlamentarische Geschäftsführer der CDU/CSU-Fraktion, Rasner, wollen ihn wegschieben. Krone schlägt sich zwar ab und an auf Adenauers Seite, doch nur wenige Getreue wie Globke oder Paul Lücke halten zu ihm.[213]

Pessimistisch sehen Vater und Sohn das Erscheinungsbild der CDU. Die zunehmende innere Zerrissenheit[214] und der Mangel an Schlagkraft bereiten ihnen Kopfzerbrechen. Bei zentralen Fragen wie der Kanzlernachfolge und der C-Frage – was bedeutet das Christliche im Parteinamen für die zukünftige programmatische Ausrichtung der Partei in Zeiten sich wandelnder Lebensgewohnheiten und veränderter Gesellschaftsvorstellungen, gerade im Hinblick auf Ehe, Familie und Sexualmoral – gehen die Auffassungen erheblich auseinander. Die CDU, die freiheitlich-parlamentarische Demokratie in der Bundesrepublik, alles das, was Konrad Adenauer maßgeblich mit geschaffen hat, könnte auf dem Spiel stehen und dahinfließen.[215] Nach außen hin kommt es ihm nicht auf die Person, sondern allein auf die Sache an,[216] doch trifft dies nur zu, wenn beides in seinem Sinne übereinstimmt.

Die Last der Verantwortung, alles selbst machen zu wollen oder meinen, es zu müssen, bedrückt den alten Herrn. Trotz aller Anstrengungen wirken heftige Bundestagsdebatten und Wahlkämpfe auf den Kanzler wie ein Lebenselixier. Wenn er mal wieder ausgeteilt, ge-

[211] Vgl. ebd., 4.11.1962.
[212] Vgl. ebd., 23.5.1965.
[213] Vgl. ebd., 10.12.1962.
[214] Vgl. ebd., 30.12.1962.
[215] Vgl. ebd., 10.12.1962.
[216] Vgl. ebd.

kämpft, es allen gezeigt hat, kehrt er »erschöpft, aber zufrieden« nach Hause zurück, das Kämpferherz hat dann Ruhe, besonders wenn dadurch die Fraktion wieder ein Stück zusammengewachsen ist und sich gegen die Sozialdemokraten zusammengeschart hat.[217]

Mehrfach scheint es Paul, als wolle der Vater die Kanzlerschaft hinwerfen. Doch möchte er bei allem Streit auch keineswegs als feige dastehen. Dabei ist nicht klar zu erkennen, ob es sich hier um ein vorgeschobenes oder wirkliches Ansinnen handelt.[218] Letztlich erträgt er alles aus Pflichtgefühl[219] und Verantwortungsbewusstsein, aber auch aus Machtgewohnheit. Oft wälzt er nachts Gedanken, bereiten Sorgen ihm schlaflose Nächte. Ruhe findet er dann nur nach Einnahme entsprechender Medikamente.[220]

Wie zermürbt Konrad Adenauer von den ganzen Querelen ist, kommt zwischen Vater und Sohn ungeschminkt zum Ausdruck. Selbst in Cadenabbia findet der Kanzler keine Erholung mehr. »Mein Aufenthalt hier«, schreibt er Paul am 5. April 1963, »ist doch zu viel durch politische Besuche aus Bonn und die ewigen Stänkereien wegen des Datums meines Rücktritts empfindlich gestört worden«.[221] Paul empfindet diese Endphase als die schlimmste Periode der gesamten Kanzlerzeit[222] und bedauert den Vater, wie viel an menschlicher Kälte der Politik ihm im Kampf um das Amt des Kanzlers entgegenschlägt. »Verdirbt Politik den Charakter? Vater meint ja«, hält Paul fest, »denn ein derartiger Kampf fordere in den Menschen gerade die schlechten Eigenschaften heraus, und um sich zu verteidigen, sei man sehr versucht, auch nach minderwertigen Mitteln zu greifen.«[223]

Über derlei moralische Abgründe, die sich hier auftun, ist Paul häufig »erschüttert«.[224] Sie schlagen Wunden in seine empfindsame Seele durch die Art, wie mit dem Vater umgegangen wird. Er verteidigt ihn, weil er ihn oftmals missverstanden sieht in dem, was der Vater will oder worum es ihm geht, nämlich das von ihm Geschaffene zu bewahren, es vor dem Zerfall zu retten. Manche mögen dies für übertrieben halten. Paul sieht darin das Unverständnis, die mangelnde

---

[217] Vgl. ebd., 8.2.1963.
[218] Vgl. ebd., 22.1.1963.
[219] Vgl. ebd., 2.1.1963 und 13.2.1963.
[220] Vgl. ebd., 30.12.1962.
[221] Schreiben Konrad Adenauer an Paul Adenauer, 8.4.1963, in: ACDP, NL Paul Adenauer 01–1000–001/1; abgedruckt in: Adenauer, Briefe 1961–1963, S. 246 f.; Teilabdruck bei Schwarz, Adenauer. Der Staatsmann, S. 834.
[222] Vgl. Tagebuch, 24.2.1963.
[223] Vgl. ebd., 1.7.1962.
[224] Vgl. ebd., 2.1.1963.

Weitsicht der Menschen, versteht nicht, dass sie so leichtfertig mit den Grundwerten des Zusammenlebens umgehen.

Außenpolitisch befürchtet der Kanzler Schlimmes: Er will die europäische Einigung in Richtung Politische Union voranbringen. Das Unterfangen scheitert an niederländischen und belgischen Widerständen und Forderungen nach Einbeziehung der Briten. Und de Gaulle lässt die England-Frage, den Beitritt Großbritanniens zur EWG, offen. Umso wichtiger ist ihm, den Deutsch-französischen Vertrag vor Ende seiner Kanzlerschaft unter Dach und Fach zu bringen. Bevor er allerdings zur Unterzeichnung nach Paris reist, feiert er bis spät abends Pauls 40. Geburtstag mit.[225]

Welche Auswirkungen die deutsch-französische Annäherung haben wird, ist nicht abzusehen. Wird die EWG bei Aufnahme etlicher Beitrittskandidaten noch regierbar sein? Konrad Adenauer bezweifelt es. Jedenfalls brauchen die Deutschen die europäische Gemeinschaft und den Anker Bonn–Paris. Angesichts der sich abzeichnenden Entspannungspolitik zwischen Washington und Moskau sowie der wachsenden kommunistischen Aktivitäten in der Dritten Welt vermag niemand zu sagen, was das für die Rolle und Sicherheit Westeuropas und in den kommenden Jahren für das transatlantische Verhältnis unter Kennedy und später Johnson bedeutet. Diskussionen um die MLF und eine mögliche Mitsprache der Bundesrepublik beim Einsatz von Atomwaffen lassen auf sich warten. Manchmal scheint ihm die Welt aus den Fugen geraten zu sein und der Kanzler verspürt gelegentlich Angst vor Überreaktionen. Obwohl er nicht zu Kurzschlussreaktionen neigt, so weiß er doch, Politik ist »reine Nervensache«.[226]

*Der Altkanzler und die Regierung Erhard*

Vier Tage nach dem Rücktritt vom Amt des Bundeskanzlers am 15. Oktober 1963 tagt der Familienrat anlässlich des Jahrgedächtnisses für Konrad Adenauers erste Frau Emma. Genauer gesagt, der Vater versammelt seine vier Söhne um sich. Die Töchter bleiben – ob Zufall oder nicht – außen vor. Was soll er jetzt in Zukunft tun? So lautet die Frage. Unter den Söhnen gehen die Ratschläge in unterschiedliche Richtungen. Konrad und Max plädieren dafür, der Vater solle sich auf die Niederschrift der Memoiren konzentrieren und die Tagespolitik hinter sich lassen. Der alte Herr klammert sich nun an den Parteivorsitz, den

---

225 Vgl. ebd., 22.1.1963.
226 Vgl. ebd., 4.11.1962.

er vorläufig nicht abzugeben bereit ist, sieht er davon doch Leben und Tod des Landes abhängig. Er argumentiert mit seinem Pflichtgefühl, nicht zuletzt, weil er international ein Aufweichen der harten Haltung gegenüber der Sowjetunion befürchtet. Paul hingegen hält seinem Vater die Stange und unterstützt ihn, sich weiterhin als Parteivorsitzender zu positionieren. Er solle die Macht, solange es geht, behalten. Max und Konrad stimmen zwar zu, sehen aber ziemlich klar, dass auch hier die Amtsdauer des Vaters dem Ende zugeht und eine erneute Kandidatur um den Vorsitz nicht mehr in Frage kommen sollte.

Solche Diskussionen tragen gewiss dazu bei, dass sich Konrad Adenauer vielleicht nur noch von seinem Sohn Paul verstanden fühlt. Jeder in der Runde weiß, dass allein der Vater den Entschluss fassen kann und auch letztlich will. Denn nunmehr geht es um einen weiteren Teil des politischen Erbes, das des Mitbegründers der CDU.[227]

Konrad Adenauer bekommt schnell zu spüren, was Machtverlust für einen Altkanzler bedeutet. Sichtbares Anzeichen: Erbetene Vorlagen gelangen nicht mehr prompt auf den Tisch, von wichtigen Telegrammen des Auswärtigen Amts ganz zu schweigen. Schmerzlich bemerkt Adenauer, wie er systematisch vom Informationsfluss abgeschnitten wird, die Fokussierung aller Entscheidungen auf die eigene Person abnimmt, der eigene Handlungsspielraum eingeschränkt ist.[228] Augenscheinlich wird der Bedeutungsverlust – trotz aller Freundschaftsbekundungen – daran, wie lange de Gaulle ihn während des Paris-Besuchs im Ungewissen lässt, ob er dem Altkanzler für ein zweites Gespräch zur Verfügung steht.[229]

Immer mehr stellt Paul fest, dass der Vater durch den erzwungenen Rücktritt »einen Knacks bekommen« hat.[230] Konrad Adenauer auf dem Abstellgleis – für ihn selbst wie für Paul ist das ein unerträglicher Gedanke. Nicht, weil der alte Herr ewig jung bleiben will, sondern weil er an Einfluss eingebüßt hat. Als Bundestagsabgeordneter im Parlament zu sitzen und nicht die Quelle der Macht zu sein, seine Politik durchsetzen zu können, fällt ihm außerordentlich schwer.[231]

Adenauer steht nach dem Kanzlerrücktritt in dem Dauerkonflikt und einer inneren Zerreißprobe zwischen Parteivorsitz und Arbeit an den Memoiren.[232] Beides ist ihm wichtig. Doch neigt er stets der Tagespo-

---

[227] Vgl. ebd., 19.10.1963.
[228] Vgl. ebd., 4.11.1963.
[229] Vgl. ebd., 15.11.1964.
[230] Vgl. ebd., 28.2.1964.
[231] Vgl. ebd., 10.2.1964.
[232] Vgl. ebd., 28.2.1964.

litik zu. Ein Vollblutpolitiker wie er schafft es einfach nicht, sich aus
dem Bonner Machtbetrieb zu lösen, denn immerhin ist er noch Vorsitzender der CDU. Angesichts der aktuellen Probleme besitzt die Niederschrift der Memoiren für Adenauer nur nachgeordneten Stellenwert.
Wirklich Ruhe und Muße, alles das aufs Papier zu bringen oder auf
Tonband zu diktieren, was ihm für die Nachwelt wichtig ist, findet er
sowieso nicht.[233] Außerdem tut er sich mit dem Schreiben schwer, trotz
aller Hilfe, die ihm seine Mitarbeiterin Anneliese Poppinga angedeihen
lässt. Den Ehrgeiz, ein Literat zu werden, vergleichbar einem Winston
Churchill, der für seine Darstellung der Geschichte des Zweiten Weltkriegs den Literatur-Nobelpreis erhalten hat, entwickelt er erst gar
nicht. Es kostet schon Überredungskünste und ihn selbst Überwindung,
am 27. Dezember 1963 endlich mit den Memoiren loszulegen.[234]

Nachdem der erste Band erschienen ist, wird es ihm irgendwann zu
viel. Er kann das Gerede darüber »nicht mehr hören«. Paul interpre-
tiert das, was der Vater damit sagen will, schon richtig: »Was nützt
diese Vergangenheit, wenn die Gegenwart wieder alles bröckeln lässt,
was damals aufgebaut worden ist!«[235] Derlei Sprüche dienen aber
auch als Entschuldigung.

In erster Linie fürchtet Konrad Adenauer, dass unter dem Einfluss
Erhards und seiner Leute liberale Tendenzen in der CDU zunehmen
und die Existenz der Partei gefährden. Der Stamm christlicher Wähler
könnte verlorengehen, weil sie sich eine solche Entwicklung auf Dauer nicht bieten lassen. Adenauer fühlt sich als der einzige Garant, der
die Partei auf christlich-demokratischem Kurs halten kann.[236] Denn
die eigentlichen Ursachen für die Gründung der CDU nach dem Zweiten Weltkrieg sieht er in dem Niedergang der Demokratie vor 1933,
bedingt durch Entscheidungsschwäche, Versagen und Fehleinschät-
zungen der damaligen Eliten. Die CDU sei als Gegenkonzept zum
Nationalsozialismus mit der Absicht entstanden, eine wahre demokratische Volkspartei aufzubauen, die alle gesellschaftlichen Schichten
umfasst und für diese wählbar ist. Damit sollte die Anfälligkeit breiter
Massen für die Verführung durch Verbrecher wie die Nationalsozialisten verhütet werden.[237]

Dass sein Vater kein weltanschaulicher Theoretiker der Christlichen
Demokratie ist, wie Paul Adenauer es vielleicht gerne hätte, ist ihm

---

[233] Vgl. ebd., 22.12.1963.
[234] Vgl. ebd. und 27.12.1963.
[235] Vgl. ebd., 10.6.1965.
[236] Vgl. ebd., 1.1.1964.
[237] Vgl. ebd., 18.11.1964.

sehr wohl bewusst. Konrad Adenauer gehört nicht zu der Spezies Politiker, der langfristige Grundsatzüberlegungen mit theoretischem Anspruch anstellt. Er ist Realist und Pragmatiker, der seine Prioritäten setzt und anliegende Tagesaufgaben nach deren Wichtigkeit abarbeitet.[238] Paul Adenauer dagegen will die weltanschaulichen Grundlagen der CDU für die Herausforderungen der Zeit formulieren, sie der neuen Zeit anpassen, um die CDU auf christlicher Grundlage weiterhin für die Zukunft wählbar zu machen.[239] Deshalb spart er nicht mit heftiger Kritik an seiner Partei. »Man weiß kaum noch einen einzigen Punkt zu nennen, an dem die CDU sagen könnte, dass sie wegen ihres christlichen Charakters für diese oder jene Maßnahme sei.« Sie sei unfähig und sich kaum noch bewusst, »von ihrem weltanschaulichen Boden her zu praktischen Fragen Stellung zu nehmen«. Das Fürchterliche ist, nur noch »gelegentlich« empfinden es die wenigen Leute, »die weltanschaulich lebendig sind, als Mangel«.[240] Für ihn nimmt das Taktieren in der Politik einfach zu sehr überhand.

Schuld am wertepolitischen Niedergang ist der Mangel an Rückbesinnung auf die christlichen Werte,[241] der Verlust an Werteorientierung in der CDU und die pure Interessenpolitik einzelner Gruppen. Dazu gehören nicht zuletzt unerfahrene Jungfunktionäre mit Managerallüren, Nachwuchs-Karrieristen aus der Jungen Union, die meist nur auf innerparteiliche Posten schielen und kaum Interesse an Grundsatzfragen zeigen.[242] Sie gewinnen zunehmend an Einfluss, unterstützt von Erhard, der ihnen schon kurz nach seinem Amtsantritt gesagt hat, sie sollen keinen Respekt mehr vor der Seniorität haben.[243]

Angesichts der gesellschaftlichen Veränderungen, den Forderungen nach einem klareren Profil der CDU beabsichtigt Konrad Adenauer eine programmatische Neuausrichtung zur Wertebewahrung in einer Welt, in der Materialismus mehr wiegt als alles andere.[244] Gelegentlich blitzt dann Konrad Adenauers Humor und Sarkasmus auf, wenn er Paul rät, sich rechtzeitig einen Platz im Irrenhaus zu besorgen. »Die Welt wird verrückt. Die Menschen sind den Ansprüchen der Zeit nicht mehr gewachsen.«[245] Adenauer erkennt in der westdeutschen Gesell-

---

[238] Vgl. ebd., 14.3.1964.
[239] Vgl. ebd., 19.10.1963 und 14.3.1964.
[240] Vgl. ebd., 14.3.1964.
[241] Vgl. ebd., 23.6.1965.
[242] Vgl. ebd., 17.11.1965.
[243] Vgl. ebd., 28.2.1964.
[244] Vgl. ebd., 15.11.1964.
[245] Vgl. ebd., 16.11.1964.

schaft »eine zunehmende Fäulnis«, eine dekadente Entwicklung. Der Grund liegt auf der Hand: Es wird »immer weniger gearbeitet und dafür mehr an Genuss verlangt«, was für ihn Ausdruck einer »Schwächung des Charakters« ist.[246] Obwohl einerseits Paul Adenauer wie sein Vater den amtierenden Bundeskanzler für naiv und unfähig halten, das Land zu führen, wissen beide andererseits genau, wie schwer es ist, ihre Vorstellungen bei den aktuellen innerparteilichen Machtverhältnissen in der CDU durchzusetzen. Für die Ziele, die Paul »als Mann der christlich-sozialen Lehre und der christlich-sozialen Bewegung« hat, sieht er »kaum eine echte Chance der Realisierung, noch nicht einmal den ernsthaften Willen zu ihrer Anerkennung in dieser Partei«.[247] Je mehr der Vater an Macht verliert, desto weniger sieht auch Paul Einwirkungsmöglichkeiten für sich selbst. Das betrifft nicht zuletzt die »Politisch-Soziale Korrespondenz«, die ein Forum für die weltanschauliche Positionierung darstellen soll. Sie wird Anfang der 1970er Jahre offiziell aus finanziellen Gründen eingestellt. In Wirklichkeit gibt es inzwischen andere Foren wie die »Sonde«, die diese Rolle übernommen hat.

Manchmal hat der Vater einfach nicht mehr die Nervenkraft wie früher. Er resigniert dann, will alles hinwerfen, ist froh, wenn er seine Ruhe hat. Wiederum bewundert Paul seinen Mut und die Entschlossenheit, nicht aufzugeben.[248] Doch erkennt er beim Vater auch »gewisse depressive Züge«, die mit entsprechend pessimistischer Grundstimmung einhergehen.[249] Bei dem andauernden Streit zwischen den Flügeln der »Atlantiker« und »Gaullisten« in der CDU/CSU-Bundestagsfraktion ist es kein Wunder, wenn Konrad Adenauer befürchtet, die Partei werde alles nicht überleben.[250] Er merkt, wie seine Kräfte schwinden. Selbst nachts quälen ihn schauderhafteste Alpträume, wenn Gerstenmaier erscheint und mitteilt, »die CDU sei kaputt«.[251] Mit Blick auf die kommenden Wahlkämpfe hält er den Parteiapparat für viel zu »schlapp«.[252] Paul meint gar, er »sieht, wie sein Werk unterspült wird«,[253] auch weil er in die Zusammenarbeit mit Dufhues kein Vertrauen mehr hat.[254] Die Akademie Eichholz, mittlerweile in

[246] Vgl. ebd., 2.7.1965.
[247] Vgl. ebd., 14.3.1964.
[248] Vgl. ebd., 31.3.1964.
[249] Vgl. ebd., 14.3.1964.
[250] Vgl. ebd., 1.11.1964.
[251] Vgl. ebd., 15.11.1964.
[252] Vgl. ebd., 1.1.1965.
[253] Vgl. ebd., 23.5.1965.
[254] Vgl. ebd., 23.6.1965.

»Konrad-Adenauer-Stiftung« umbenannt, soll es richten und die »Grundsatzschulung des Erbes der Partei« durch entsprechende Angebote an politischer Bildungsarbeit leisten.[255] Anders als in den weltanschaulichen Fragen der Christlichen Demokratie, behauptet Paul, denke der Vater außenpolitisch in langen Fristen und Entwicklungen, ja »wird selbst zum Theoretiker«.[256] An der Philosophie der Westbindung der Bundesrepublik ist nicht zu rütteln, der Deutsch-französische Freundschaftsvertrag bleibt der unverzichtbare Anker für jeglichen Fortschritt auf dem Weg zu einer europäischen Einigung. Doch droht nach Adenauers Auffassung die Bundesrepublik ihre Rolle in der Welt zu verspielen, wenn Erhard und Schröder die Bindung an Frankreich aufweichen.

Grund allen Übels ist Gerhard Schröders Anglophilie und ausgeprägte Frankophobie.[257] In ihm sieht Adenauer den Hauptschuldigen[258] für das Desaster der Bonner Außenpolitik. Denn Schröder ist es gelungen, bei der Verabschiedung des Gesetzes zum Deutsch-französischen Vertrag im Deutschen Bundestag eine Präambel vorzuschieben, in der die Pflege der Beziehungen zu den Vereinigten Staaten hervorgehoben wird. Damit ist der Vertrag nach Meinung der Franzosen »entwertet« worden.[259]

In den Augen Konrad Adenauers deckt Erhard das Treiben Schröders, drängt damit de Gaulle in die Enge und setzt die deutsch-französische Aussöhnung aufs Spiel.[260] Um den angerichteten Schaden in Grenzen zu halten, versucht der Altkanzler, Schröder zu umzingeln, seine Kreise zeitweise einzudämmen,[261] was aber nicht wirklich gelingt. Nach der Bundestagswahl 1965 will er Schröder alles heimzahlen und versucht mit allen Mitteln, dessen erneute Ernennung zum Außenminister zu verhindern.[262]

Auffällig ist vor allem der Wandel von Adenauers De-Gaulle-Bild in diesen Jahren. Zunächst erblickt Konrad Adenauer im französischen Staatspräsidenten den notwendigen Partner,[263] die bilaterale Aussöhnung mit dem Deutsch-französischen Vertrag durchzusetzen. Gelegentlich überkommen ihn zwar Anfälle von Altersmilde und

---

[255] Vgl. ebd.
[256] Vgl. ebd., 14.3.1964.
[257] Vgl. ebd., 15.11.1964.
[258] Vgl. ebd., 13.9.1965.
[259] Vgl. ebd., 10.6.1965.
[260] Vgl. ebd., 29.3.1964.
[261] Vgl. ebd., 23.5.1965.
[262] Vgl. ebd., 26.9.1965.
[263] Vgl. ebd., 2.1.1963.

Nachsicht de Gaulles Bestrebungen gegenüber, die französische Armee auf eine Berufsarmee umzustellen. Für die NATO erkennt er darin aber kaum eine Gefahr, solange die atomare Abschreckung funktioniert.[264] Denn er hegt erheblich mehr Zweifel an der Bereitschaft der Amerikaner, eigene Atombomben zum Schutz der Europäer oder der Deutschen einzusetzen. Letztlich ist ihm die NATO wichtiger als das unwägbare MLF-Projekt, zumal das Auswärtige Amt mit seiner probritischen Haltung de Gaulle in die Arme Russlands treibt, wenn die deutsch-französischen Beziehungen nicht gepflegt werden.[265]

De Gaulle ködert die Deutschen mit einer »europäischen nuklearen Autorität«, was immer das heißen mag, allerdings ohne Mitwirkung der Amerikaner. Bonn hofft zwar auf das Zustandekommen der MLF, will und kann aber auf den atomaren Schutz Washingtons nicht verzichten. Adenauer glaubt nicht daran, dass der amerikanische Präsident im Ernstfall wirklich Nuklearwaffen einsetzt, um allein die Bundesrepublik zu schützen.[266] Amerikaner und Franzosen spielen ein doppeltes Spiel mit den Deutschen: Sie wollen ihnen keine Teilhabe in Form einer Mitsprache beim Einsatz nuklearer Waffen gewähren, erwecken jedoch den Eindruck. De Gaulle, der den Deutschen Kooperationsbereitschaft signalisiert hat, drückt sich um eine klare Antwort, als Adenauer ihn danach fragt.[267] Der französische Präsident denkt ebenso wie Konrad Adenauer, nämlich in geostrategischen Kategorien.[268] Bis in alle Einzelheiten wird das Thema nie ausgelotet. Die Gefahr für die Bundesrepublik sieht Adenauer in der Allianz der Atommächte zur Verhinderung einer deutschen Atommacht. Deshalb lehnt er auch den Nichtweiterverbreitungsvertrag im Grunde ab.

Wenn Washington und Paris eine Beteiligung der Deutschen in Betracht ziehen, so meint der Altkanzler, dann nur, weil die Vereinigten Staaten eine katastrophale Zahlungsbilanz haben und weil de Gaulle das gleiche Interesse verfolgt, die Deutschen an den Kosten zu beteiligen. Vieles deutet darauf hin, dass sich gegen Ende 1964 Konrad Adenauers Einschätzung der wirklichen Absichten de Gaulles grundlegend ändert.[269] Der pompöse Empfang, den de Gaulle ihm im November 1964 bereitet, die vielfachen Ehrungen, die ihm zuteil werden, und auch die Tatsache, dass Konrad Adenauer, beeindruckt vom fran-

[264] Vgl. ebd., 10.2.1964.
[265] Vgl. ebd., 1.11.1964.
[266] Vgl. ebd.
[267] Vgl. ebd., 17.11.1964.
[268] Vgl. ebd., 7.11.1964.
[269] Vgl. ebd.

zösischen Geistesleben, sich abends zu Hause, wenn er zur Ruhe kommt, die Marseillaise anhört, um seine Eindrücke vom Frankreich-Besuch Revue passieren zu lassen, können darüber nicht hinwegtäuschen.[270] Nach außen hin steht Adenauer zwar zu de Gaulle. Er kritisiert Erhard und Schröder wegen ihrer allzu demonstrativen einseitigen atlantisch orientierten Politik. Damit versucht er, bei de Gaulle das Schlimmste zu verhüten, Schröders Kurs abzumildern, die Gefahr des Scheiterns der deutsch-französischen Annäherung abzuwenden. Denn die Bundesrepublik soll bloß nicht international isoliert dastehen. Er versetzt sich in die Situation der Gegenseite, fürchtet immerzu, de Gaulle sehe Frankreich in Gefahr, wende sich von den Deutschen ab und suche sein Heil in alten Bündniskonstellationen mit der Sowjetunion.[271] Doch insgeheim wächst bei solchen Gedankenspielen seine Skepsis gegenüber de Gaulle.

Im Kern, das weiß Konrad Adenauer genau, handelt es sich um die Rivalität, wer in Europa die Vormachtrolle spielt: die Vereinigten Staaten sowieso, doch wird Großbritannien, nach seiner Einschätzung, als Vormacht des Commonwealth keine dominante Rolle Frankreichs auf dem europäischen Kontinent akzeptieren, aber auch Vorbehalte gegen den europäischen Einigungsprozess hegen. Noch gut erinnert er sich daran, als Churchill ihm 1953 das Zusammenspiel zwischen Amerika, dem vereinten Europa und dem britischen Commonwealth auf einer Tischkarte als drei geschlossene Kreise aufgezeichnet hat, die ineinandergreifen. Seitdem ist ihm klar: Die Briten denken nicht daran, »sich Europa einzugliedern. Das englische Parlament ist [die] absolut letzte Souveränität für das englische demokratische Denken. Eine übernationale Autorität ist unvorstellbar.«[272] Jeglicher Zweifel an der deutsch-französischen Freundschaft stellt seiner Meinung nach die Bündnisfähigkeit der Bundesrepublik in Frage, was gewiss überzogen ist, aber deutlich macht, wo für Adenauer die wirklichen Gefahren lauern: Die Großmächte entscheiden über die Köpfe der Deutschen hinweg, weil die Volksrepublik China bald Atommacht sei. Deutschland wird ein Mitspracherecht beim Einsatz atomarer Waffen verwehrt, es sitzt somit wieder zwischen allen Stühlen, allein, ohne Verbündete, und ist dann der neuen kommunistischen Führungsriege unter Leonid Breschnew in Moskau ausgeliefert, der

270 Vgl. ebd., 15.11.1964.
271 Vgl. ebd. und 30.9.1965.
272 Vgl. ebd., 23.5.1965.

alle Handlungsoptionen offenstehen.[273] Adenauers alter »Potsdam-Komplex« feiert Urstände. Er beobachtet die demographische Entwicklung und sieht in einigen Jahrzehnten Europa im Vergleich zu anderen Kontinenten deutlich im Hintertreffen. Schuld sind die Kommunisten, die überall auf der Welt Unterstützung leisten.[274] Auch deshalb brauchen die Deutschen die enge Bindung an Frankreich. Erhards Fehlverhalten gegenüber de Gaulle sucht Konrad Adenauer, so gut es geht, in den Begegnungen mit dem Staatspräsidenten auszubügeln.[275] Denn die Regierung in Washington denke seines Erachtens nur an Ostasien und zeige kein wirkliches Interesse mehr an Europa. Seine Erfahrungen in den Verhandlungen mit Eisenhower, Macmillan und de Gaulle während der Berlin-Krise, so erklärt er Kardinal Frings, hätten gezeigt: Deutschland müsse daher Schutz bei Frankreich suchen, zumal de Gaulle nicht die Russen am Rhein sehen wolle und Eisenhower und Macmillan zurückhaltend gewesen seien.[276]

Gleichzeitig wachsen aber die Zweifel an de Gaulles Zuverlässigkeit. Dieser wendet sich 1965 allmählich von der NATO ab,[277] erstreitet sich in der EWG mit der »Politik des leeren Stuhls«[278] und dem anschließenden »Luxemburger Kompromiss« eine verhängnisvolle Sonderrolle, die für den europäischen Integrationsprozess dauerhaft fatale Konsequenzen hat. Konrad Adenauers Kritik am französischen Staatspräsidenten nimmt zu, je aktiver de Gaulle eine eigene Ostpolitik mit dem Empfang der polnischen Führung in Paris vorantreibt.[279] Bei seinem Besuch in Moskau im Juli 1966 lässt er das alte Bündnis demonstrativ wiederaufleben. Dessen Reden von der »neuen Allianz« zwischen Paris und Moskau kommentiert der alte Herr mit einem Wort: »größenwahnsinnig«. Er versteht de Gaulle nicht mehr, der mit dem angekündigten Austritt aus dem militärischen Teil »bewusst und gewollt die NATO in dieser Weise kaputtgemacht« habe.[280]

Konrad Adenauer sieht die Bundesrepublik unter Erhard führungslos dahintaumeln.[281] Daraus leitet er für sich Handlungsnotwendigkeit ab und fällt auf alte Praktiken aus der Anfangszeit seiner Kanzlerschaft zurück, als die Bundesrepublik noch unter westalliierter

[273] Vgl. ebd., 1.11.1964.
[274] Vgl. ebd., 16.5.1965.
[275] Vgl. ebd., 25.5.1965.
[276] Vgl. ebd., 3.6.1965.
[277] Vgl. ebd., 10.6.1965.
[278] Vgl. ebd., 17.7.1965.
[279] Vgl. ebd., 13.9.1965.
[280] Vgl. ebd., 2.7.1966.
[281] Vgl. ebd., 1.11.1964.

Besatzungsherrschaft stand. Er gibt Interviews, produziert Schlagzei-
len, die Aufmerksamkeit erregen. Die »Bild«-Zeitung mit ihrer vier
bis fünf Millionen starken Auflage soll eine pro-CDU-Stimmung in
der unteren und mittleren Schicht der Parteimitglieder erzeugen und
die öffentliche Meinung beeinflussen.[282] »Der Spiegel«, so meint er,
sei »eine gewaltige geistige Macht«, mit der man sich einigermaßen
gutstehen müsse.[283] Paul dagegen sieht vor allem Augsteins Kommentare zur Frankreichpolitik seines Vaters als Abgrund des Positivismus
und Nihilismus.[284]

Während Adenauer die Massenmedien für sich vereinnahmen und
gegen die Bundesregierung in Stellung bringen will, möchte Erhard die
Dissonanzen mit Adenauer am liebsten unter vier Augen klären. Adenauer will hingegen die Öffentlichkeit nutzen, Erhard vorführen,
Missstände deutlich machen und Druck für Veränderungen aufbauen,
um Erhard loszuwerden.[285] Er lässt keine Gelegenheit aus, ihm Unfähigkeit in der Amtsführung zu bescheinigen, eine Einschätzung, die
inzwischen auch Kabinettsmitglieder wie Bruno Heck teilen.[286]

In Anbetracht der schlechten Umfragewerte für die CDU und sinkender Popularitätswerte des Bundeskanzlers reifen Anfang März
1965 bei Konrad Adenauer Überlegungen, Erhard zu ersetzen und
aktiv auf das Ende der Kanzlerschaft hinzuwirken.[287] Bei solchen
Gedanken kommt bei ihm die Streitlust hervor, sind die Lebensgeister
sofort wieder aktiviert.

Einerseits würdigt und bewundert Paul Vaters »Persönlichkeit,
sein[en] Kampfwille[n], seine klare, übersichtliche, weitblickende, stetige Art«, seinen Realismus und die nüchterne Betrachtungsweise.[288]
Andererseits sind Vater und Sohn weiß Gott nicht immer einer Meinung und diskutieren überaus kontrovers, besonders wenn es um
sozialpolitische Themen geht. So bewegt Konrad Adenauer zwar die
Versorgung geistig Behinderter und deren schlechte Unterbringung
sowie Probleme der Alten- und Krankenpflege, von der schlechten
Bezahlung des Personals in öffentlichen und gemeinnützigen Einrichtungen erst gar nicht zu reden. Paul fordert eine dringende Anpassung
dieser Gehälter im öffentlichen Dienst, was dem Vater allerdings nicht

---

[282] Vgl. ebd.
[283] Vgl. ebd., 3.4.1964.
[284] Vgl. ebd., 15.11.1964.
[285] Vgl. ebd., 17.11.1964.
[286] Vgl. ebd., 23.10.1965.
[287] Vgl. ebd., 5.3.1965.
[288] Vgl. ebd., 14.3.1964.

beizubringen ist. Davon, dass seine Regierung dies zu verantworten hat, will er nichts hören und wechselt dann schnell das Thema.[289] Ein weiterer Streitpunkt zwischen Paul und dem Vater sind die Reformen des Zweiten Vatikanischen Konzils, über das sie oft sprechen.[290] Konrad Adenauers kritische Haltung dazu ist bekannt, und seine machtpolitischen Betrachtungen der Vorgänge in Rom verwundern nicht. Zynisch bemerkt er, der Heilige Geist habe genügend Arbeit, »die Kerle« alle zusammenzuhalten. Kardinal Frings wirft er vor, nicht stark genug interveniert zu haben, als der Papst einer kleinen Minderheit in der Frage der Religionsfreiheit nachgegeben hat.[291] Meinungsdifferenzen tauchen ebenso über die Frage der Entwicklung der Kirche in der Dritten Welt auf.[292]

Nach Pauls Ansicht arbeitet der Vater zu wenig auf der Grundlage der christlich-sozialen Lehre und ihrer Bewegung. So spart er nicht mit Kritik an Konrad Adenauers Parteitagsrede 1964, die ihm zu oberflächlich erscheint. Sie enthält keinen Hinweis auf die christliche Sozialordnung, keine Bemerkung über die Wichtigkeit der Solidarität in der Gesellschaft, die Bedeutung und die Werte der katholischen Soziallehre, lässt Bezüge auf die Enzyklika Papst Johannes' XXIII. »Mater et Magistra«[293] aus dem Jahre 1961 und die evangelische Sozialethik vermissen. Frustriert ist Paul, weil der Vater kein Wort zu den Empfehlungen der Arbeitsgemeinschaft evangelischer und katholischer Sozialwissenschaftler zur Eigentumspolitik sagt, die mühsam im Januar 1964 verabschiedet worden sind. Der Vater weiß selbst, dass die Rede »Mist« gewesen ist, nicht zuletzt die schnell dahin geschriebenen weltanschaulichen Schlusssätze.[294]

Paul merkt, der Vater braucht sowohl Anerkennung für seine Leistung im hohen Alter als auch Kritik, wohldosiert versteht sich. Manchmal reagiert Konrad Adenauer einfach überempfindlich, ereifert sich über Gegenwehr, selbst wenn diese, von Paul und Anneliese Poppinga formuliert, aus seinem engsten Umfeld kommt. »Ich kann sagen, was ich will, es wird immer widersprochen …«, lamentiert er.[295] Paul sieht dann die Schuld bei sich, seinen alten Vater in Bedrängnis gebracht zu

---

[289] Vgl. ebd., 7.8.1962, 1.1.1965.
[290] Vgl. dazu auch Informationsgespräch Konrad Adenauer mit Cyrus L. Sulzberger, 2.8.1966, in: Adenauer, Die letzten Lebensjahre, Bd. II, S. 265–274, hier S. 268.
[291] Vgl. Tagebuch, 22.11.1964 und 3.6.1965.
[292] Vgl. ebd., 16.5.1965.
[293] Vgl. dazu Paul Adenauer, Neue Aspekte katholischer Soziallehre nach »Mater et Magistra«, in: Der katholische Gedanke, 18 (1962), S. 75–83.
[294] Vgl. Tagebuch, 14.3.1964.
[295] Vgl. ebd.

haben. Dabei empfindet Paul bei ihm eine zunehmende Einsamkeit, meint, nicht mehr an ihn heranzukommen, ihn zu erreichen, wie umgekehrt der Vater nicht mehr wirklich für Argumente empfänglich zu sein scheint.[296] Der Vater sieht die Welt, in der er groß geworden ist, so glaubt Paul, zusammenbrechen. Daher rührt sein Missmut, seine Unerträglichkeit. Doch zu viel Pessimismus verträgt auch Paul nicht. Denn die Verständigung mit dem Vater über aktuelle Fragen der Zeit wird mühsamer. Gleichwohl bringt auch Paul den modernen Entwicklungen Skepsis entgegen, wenn er die Vermassung, das Spezialistentum, die wachsende Steuerung der Menschen durch die Technik beobachtet und wenn es nur die Jukebox in einem Rhöndorfer Hotel ist, nach deren Musik getanzt wird, ohne dass ein Mensch ein Instrument bedient, eine Kapelle spielt.[297]

Hier zeigt sich, Vater und Sohn stehen in einem natürlichen Generationenkonflikt, in dem Spannungsverhältnis von Jung und Alt, konservativ und reformfreudig. Innerhalb des bürgerlichen Spektrums gehört der Vater zu den traditionell-konservativ Denkenden, der Sohn zu den mehr Sozialorientierten, ganz im Sinne der Veränderungen auch des Zweiten Vatikanums.

Neben der großen Politik geben die Aufzeichnungen Paul Adenauers ebenso Einblicke in den Rhöndorfer Alltag, die vielen täglichen Kleinigkeiten und Probleme, wie sie überall auftauchen. Vorlieben, Eigenarten, Stereotypen und Erlebnisse Konrad Adenauers kommen dabei ans Tageslicht. Paul erstaunt, dass sich der Vater um Weltpolitik und Kleinigkeiten des täglichen Lebens wie die Blumen auf der Fensterbank, die Beete im Garten oder die Weihnachtsvorbereitungen im Haus[298] gleichermaßen sorgt und sie im Auge behält. Bei allem Einsatz und gutem Willen ist es für das Personal nicht immer leicht, es dem Hausherrn recht zu machen. Resi Schlief, die Haushälterin und gute Seele, wie auch die anderen Bediensteten klagen über enorme Belastungen, die zu bewältigen sind. Der alte Herr kritisiert viel und spendet wenig Lob. Konflikte sind dann vorprogrammiert oder münden in Vorhaltungen über das gegenseitige Unverständnis. Mehr als einmal will Frau Schlief alles drangeben. Solche Begebenheiten zeigen, wie zutiefst menschlich es im Hause Adenauer zugeht.[299] Den Bau seines

---

[296] Vgl. ebd., 16.5.1965, 18.5.1965 und 14.12.1965.
[297] Vgl. ebd., 16.5.1965.
[298] Vgl. ebd., 10.12.1962.
[299] Vgl. ebd., 2.11.1964, 16.11.1964, 5.3.1965, 16.5.1965, 18.5.1965, 2.7.1965, 27.12.1965, 31.12.1965 und 1.1.1966.

Memoiren-Pavillons überwacht das Oberhaupt persönlich und ärgert sich über die schlechte Belüftung.[300] Die bei der Sonntagsmesse im Winter nicht beheizte Rhöndorfer Pfarrkirche regt ihn auf, weil er sich dann wieder mit Husten herumplagen muss,[301] denn Adenauers Lunge ist seit frühester Kindheit sehr anfällig.

Paul berichtet ebenso über Konrad Adenauer als Privatmensch und Familienvater. Wie er in Telefonaten mit den Kindern zu Scherzen aufgelegt ist, vom Sonnenschein erzählt, wo es in Wirklichkeit regnerisch und bitter kalt gewesen ist, nur um Verwunderung zu erzeugen, und sich darüber kindisch freuen kann.[302] Kein Verständnis zeigt er für das wachsende Konsumdenken, das schon Kinder erkennen lassen. Dann erinnert er sich an die eigene Kindheit, als es zu Weihnachten ein teures Abenteuerbuch gab und ein paar Printen[303] und alle glücklich waren.

Paul ist beeindruckt von der gewaltigen Gedächtnisleistung des Vaters, der sich genauestens an den Ablauf politischer Gespräche, die teils Jahrzehnte zurückliegen, erinnern kann, wie zum Beispiel an die politischen Auseinandersetzungen mit der Reichsregierung im Inflationsjahr 1923.[304] Aus dem Stegreif vermag er Gedichte aus der Jugend- und Studentenzeit, Lieder und Zitate aufzusagen,[305] die sein fundiertes Wissen alter humanistischer Schule widerspiegeln. In der knapp bemessenen Freizeit hört er mit Vorliebe klassische Musik, Haydn, oder Lieder von Erb gesungen,[306] spielt mit Paul Boccia[307] und frönt seinem Kunstinteresse. Die Porträts, die Hansing von ihm geschaffen hat, verabscheut er, findet sie sogar »entsetzlich«.[308]

Paul Adenauer hält politische Weisheiten seines Vaters fest, die von Lebenserfahrung und gelegentlich von Altersgelassenheit zeugen. Es ist die Kunst, Dinge zu übersehen und zu überhören, nicht alles wissen zu wollen, obwohl auch Konrad Adenauer oft genug dem allzu menschlichen Trieb der Neugierde nachgibt.[309] Das passt zu den gewohnten Ratschlägen, die er seinem Sohn Paul, sozusagen von Mann zu Mann, gibt, wenn dieser in seiner Abwesenheit Haus und Personal

---

[300] Vgl. ebd., 13.7.1962, 22.11.1963 und 1.2.1964.
[301] Vgl. ebd., 24.2.1963.
[302] Vgl. ebd., 29.3.1964.
[303] Vgl. ebd., 27.12.1965.
[304] Vgl. ebd., 18.1.1966.
[305] Vgl. ebd., 16.11.1964 und 16.5.1965.
[306] Vgl. ebd., 5.3.1965 und 15.2.1966.
[307] Vgl. ebd., 16.6.1962, 19.6.1962, 23.7.1962, 27.12.1963, 26.9.1965, 23.10.1965, 12.11.1965 und 1.1.1966.
[308] Vgl. ebd., 22.11.1964.
[309] Vgl. ebd., 16.6.1962.

zu führen hat. »Leite alles mit weicher, aber doch fester Hand. Drei weibliche Wesen, wie Du sie im Hause hast, sind schwerer zu leiten als drei Männer.«[310] Gewiss ist dies ein Beispiel für sein patriarchalisches Denken. Als Patriarch möchte er von seinem Sohn nicht bezeichnet werden.[311]

Knapp zwei Jahre vor seinem Lebensende beginnt Konrad Adenauer mit Paul über das Haus und die Gründung einer Stiftung zu sprechen. Das politische Erbe soll, institutionell verankert, der CDU dienen,[312] damit spätere Generationen von seinen Lebenserfahrungen lernen können. Paul sieht darin Verpflichtung und Auftrag, sich um die politische Hinterlassenschaft des Vaters zu kümmern, und setzt, unterstützt von Anneliese Poppinga,[313] nach dem Tode des Vaters alle Hebel in Bewegung, damit eine Stiftung, eben die Stiftung Bundeskanzler-Adenauer-Haus, ins Leben gerufen wird.

Solche Diskussionen finden natürlich auch mit Blick auf den bevorstehenden 90. Geburtstag statt, der am 5. Januar 1966 mit allem Pomp gefeiert wird. Das Ereignis ruft bei ihm vielfältige Erfahrungen und Lebenserinnerungen wach,[314] wonach die Presse gierig fragt. Den Ablauf der Feierlichkeiten hält Paul minutiös fest und bietet somit ein Spiegelbild des gesellschaftlichen Glanzes der Bonner Republik. Der Patriarch in der Mitte wird bejubelt, die Familie um ihn geschart, die High Society hält Hof bis hin zu dem einfachen Volk, den Rhöndorfern, die ihren Bundeskanzler mit der Änderung des Gewanns in »Konrad-Adenauer-Höhe« ehren.[315] Doch der Schein aller Feierlichkeiten trügt. Der Kampf um dessen Ablösung als CDU-Vorsitzender ist im vollen Gange. Aber der alte Herr gibt sich noch längst nicht geschlagen.

## Aufgabe des CDU-Bundesparteivorsitzes

Vor dem Hintergrund der Stimmenverluste bei den Landtagswahlen und angesichts der bevorstehenden Bundestagswahl im September

310 Schreiben Konrad Adenauer an Paul Adenauer, 18.4.1962, in: ACDP, NL Paul Adenauer 01–1000–001/1.
311 Vgl. Tagebuch, 3.12.1964.
312 Vgl. ebd., 25.5.1965.
313 Vgl. Poppinga, Meine Erinnerungen an Konrad Adenauer, Stuttgart 1970; »Das Wichtigste ist der Mut«. Konrad Adenauer – die letzten fünf Kanzlerjahre, Bergisch Gladbach 1994; »Seid wach für die kommenden Jahre«. Grundsätze, Erfahrungen, Einsichten, Bergisch Gladbach 1997; Adenauers letzte Tage, Hohenheim–Stuttgart 2009.
314 Vgl. Tagebuch, 31.12.1965 und 1.1.1966.
315 Vgl. ebd., 4.1.1966 und 9.1.1966.

1965 befürchtet Konrad Adenauer eine Wechselstimmung in der Bevölkerung. Immerhin regiert die CDU bereits 16 Jahre lang. Insgeheim ist er schon im Mai 1965, zwar »schweren Herzens«, aber durchaus bereit, den Parteivorsitz im nächsten Jahr niederzulegen.[316] Denn mittlerweile schreibt die Presse den »Alten« fast Tag für Tag ab, will ihn für politisch tot erklären, weil dessen Meinung, seine beharrlichen Eingriffe in die Tagespolitik stören.[317]

Paul zweifelt schon lange, ob das Selbstbewusstsein seines Vaters nicht in Wirklichkeit »eine dünne Eisschicht darstellt«,[318] er nach außen hin sich nicht anders gibt, als es in seinem Innersten aussieht, schwach, gebrechlich, von Selbstzweifeln geplagt, des Lebens müde. Doch zwischen Absichtsbekundung und Vollzug ist noch ein langer Weg. Zunächst wartet der alte Herr den Ausgang der Bundestagswahl am 19. September ab. Wahlkämpfe, sei es auf Landes- oder Bundesebene, rauben ihm zwar viel Kraft, machen ihn aber dennoch irgendwie glücklich und zufrieden.[319]

Als Paul am Morgen nach der Bundestagswahl dem Vater zum Wahlerfolg von CDU und CSU gratulieren will, reagiert dieser schlecht gelaunt und »höchst erregt«: »Was soll das?« Seine Probleme sind nicht gelöst, sein Ziel, Erhard loszuwerden, erst einmal in weite Ferne gerückt. Der in seinen Augen unfähige Erhard fühlt sich als Kanzler bestätigt, es wird sehr schwer, Schröder auszutauschen. Die Auguren in der Partei, die ihn vom Stuhl des Parteivorsitzenden stoßen wollen, haben nun Oberwasser.[320] Junge Nachwuchsleute wie der JU-Vorsitzende Egon Klepsch unterstützen Erhards Ambitionen, Adenauer nun endlich als Parteichef zu beerben, und drängen auf die Ablösung.[321]

»Adenauers letzter Kampf« titelt »Der Spiegel« schon in Vorausschau auf das, was in den folgenden Wochen passiert.[322] Ein weiteres Mal läuft nun das Geschacher um Adenauers Erbe ab, wie schon zuvor bei seiner Ablösung als Bundeskanzler. Wieder bekommt er die kalte Machtpolitik am eigenen Leibe zu spüren und beklagt sich, wie man mit ihm »umspringt«.[323] Während seines Urlaubsaufenthalts in Cadenabbia im November 1965 geht die öffentliche Diskussion über den

---

[316] Vgl. ebd., 23.5.1965.
[317] Vgl. ebd., 24.5.1965.
[318] Vgl. ebd., 18.2.1965.
[319] Vgl. ebd., 2.7.1965.
[320] Vgl. ebd., 20.9.1965.
[321] Vgl. ebd., 12.11.1965 und 17.11.1965.
[322] Vgl. ebd., 19.10.1965.
[323] Vgl. ebd., 25.11.1965.

Wechsel an der Parteispitze los. Aufgrund entsprechender Pressemeldungen schreibt Paul Adenauer an Lücke »persönlich« einen geharnischten Brief. »Ich schäme mich, Mitglied einer Partei zu sein, die einen solchen Vorstand hat.« Dieser solle klar und eindeutig erklären, »daß der Vorstand und die Partei voll und ganz hinter ihrem Vorsitzenden stehen. Die allzu akademische, noch dazu mit inoffiziellen Äußerungen bezüglich der Nachfolge wirksam umkranzte Meldung in der Presse ist erbärmlich. Wird diese Partei sich weiterhin alle solchen Machenschaften, diese Erschütterung ihres Stils und ihrer bisherigen Politik bieten lassen?«[324]

Unter allen Umständen will Konrad Adenauer Erhard nun auch als seinen Nachfolger im Amt des Parteivorsitzenden vereiteln. Selbst Pauls Schmeicheleien, »was für ein Glück, dass Deine Kampfkraft wieder so gut ist«, weist er als »nicht wahr« zurück. Die Kunst besteht einfach im richtigen taktischen Vorgehen. Er will »sorgfältig sehen, wie man am besten alles macht, ohne dass man in den Verdacht gerät, den Nachfolger zu schädigen oder ihn auszustechen«.[325] Es dreht sich alles um zwei entscheidende Fragen:»1. Wer kann Erhard notfalls ablösen? 2. Wer soll sein Nachfolger als Parteivorsitzender werden?«[326]

Zunächst bringt Konrad Adenauer verschiedene Kandidaten ins Gespräch, die sich möglichst untereinander neutralisieren, damit er einen genehmen Kandidaten durchbringen kann. Der ehrgeizige Rainer Barzel, taktisch klug, manchmal »zu geschickt und zu anpassungsfähig«, aber imstande, einen Laden zusammenzuhalten,[327] bietet sich an. Adenauer macht ihm Hoffnungen, weil er »wie eine Kugel sei, die von jeder Energie in verschiedene Richtungen, und zwar in schnell wechselnde Richtungen, in Bewegung gesetzt werden könne, mal vor, mal zurück, mal rechts, mal links«.[328] Er hofft, ihn gegen Erhard in Stellung zu bringen, weil er nicht zu Unrecht annimmt, dass Barzel Bundeskanzler werden will.[329] Der getreue Paul Lücke, »eine Kämpfernatur«,[330] den Adenauer nicht zuletzt wegen seiner Ergebenheit ihm gegenüber favorisiert, arbeitet »wie ein Kolben in einem Zylinder, der von einer Kraft in derselben Richtung immer hinauf und hinunter

---

[324] Schreiben Paul Adenauer an Lücke, 19.11.1965, in: ACDP, NL Lücke 01–077–024.
[325] Vgl. Tagebuch, 25.11.1965.
[326] Vgl. ebd., 27.11.1965.
[327] Vgl. ebd.
[328] Vgl. ebd., 23.12.1965.
[329] Vgl. ebd., 16.1.1966.
[330] Vgl. ebd., 27.11.1965.

bewegt werde und dadurch Arbeit verrichtet«.[331] Ihm wird nachgesagt, vielleicht andere Ambitionen zu haben, weshalb er sich jetzt möglicherweise nicht aus der Deckung traut. Lücke gibt Adenauer nach langem Zögern einen Korb.[332] Dufhues lehnt wegen seiner Belastung in der Rechtsanwaltskanzlei ebenfalls ab,[333] und Krone demonstriert Desinteresse.[334] Nun verfällt er auf den Honnefer Bundestagsabgeordneten Georg Kliesing, der immerhin Vorsitzender des Verteidigungsausschusses der WEU-Versammlung ist und schon Erfahrungen als Präsident der NATO-Parlamentarier-Konferenz mitbringt.[335] Die Liste möglicher Kandidaten, die Konrad Adenauer am 13. Februar mit Lücke bei einem Glas Wein bespricht und Paul Adenauer zu sehen bekommt, wird immer länger: Lücke, Krone, Erhard, Barzel und Gerstenmaier.[336]

Nach allem Abwägen läuft es auf Barzel hinaus, der zunächst dem alten Herrn die Idee näherbringen will, Erhard werde Vorsitzender, er selbst sein Stellvertreter. Und wenn noch ein Generalsekretär bestellt würde, bekäme man Erhard schon in Griff. Bei dem ganzen Hin und Her verstärkt sich bei Konrad Adenauer auch der Gedanke, »der Tod könnte ihn überraschen, ohne dass diese Sache noch einigermaßen geregelt ist in den richtigen Händen«.[337] Ihm geht es darum, dass das »eigentliche Gründungserbe der CDU« durch »Berufung entsprechender Persönlichkeiten« gesichert ist.[338]

Als Barzel erklärt, gegen Erhard antreten zu wollen, und dieser davon erfährt, eskaliert der Konflikt. Wenn Adenauer Erhard verhindern will, bleibt ihm nichts anderes übrig, als sich endgültig für Barzel auszusprechen. Als dieser jedoch merkt, dass sich einige CDU-Landesverbände auf die Seite Erhards schlagen und er keine Mehrheit hat, knickt Barzel ein und will lediglich seine Bereitschaft bekundet haben. Gegen Erhard kandidiert er nur, wenn der amtierende Parteivorsitzende ihn offiziell vorschlägt,[339] was einer öffentlichen Desavouierung des Bundeskanzlers gleichkäme. Hinter dem Rücken Adenauers werden die Dinge nun festgezurrt: Erhard soll, wie ge-

[331] Vgl. ebd., 23.12.1965.
[332] Vgl. ebd., 24.1.1966.
[333] Vgl. ebd., 16.1.1966 und 13.2.1966.
[334] Vgl. ebd., 13.2.1966.
[335] Vgl. ebd., 16.1.1966, 24.1.1966 und 27.1.1966.
[336] Vgl. ebd., 13.2.1966.
[337] Vgl. ebd., 24.1.1966.
[338] Vgl. ebd., 13.2.1966.
[339] Vgl. ebd.

plant, auf dem bevorstehenden CDU-Parteitag Vorsitzender, Barzel Stellvertreter werden.[340] Auch ein letzter Trumpf, den der Noch-Parteivorsitzende versucht auszuspielen, sticht nicht mehr. Er stellt Erhards formale Mitgliedschaft in der CDU in Frage, nicht ganz unberechtigt, aber letztlich ohne Folgen und politisch wirkungslos.[341] Als die Würfel gefallen sind, sagt der Vater seinem Sohn Paul: »Weißt Du, ich bin froh, wenn das Ganze vorbei ist und ich mich endlich an meine Memoiren machen kann. Ich bin es so entsetzlich leid, dieses ganze Theater!«[342]

Nach dem öffentlich nicht bekanntgewordenen Herzinfarkt Anfang 1962, dem Eisenbahnunfall bei Koblenz im Mai[343] und dem Sturz über die Krippe am Tag vor Heiligabend 1965[344] nehmen gesundheitliche Beschwerden in der Folgezeit zu. Erhards Sturz als Bundeskanzler am 1. Dezember 1966 verfolgt er mit sichtlicher Genugtuung. Er lässt sich »eine gute Flasche Wein« bringen, »um darauf einen Schluck zu trinken, dass Erhard endlich weg ist«. Was er lange im Auge gehabt hat, ist nun eingetreten: die große Koalition mit der SPD. Zwar äußert er »den Verdacht, dass Kiesinger ein Weichkäse ist«, doch immer noch besser als Gerstenmaier, der für seinen Geschmack eine zu große Lobeshymne auf Erhard bei dessen Abgang gesungen hat.[345] Paul sieht das ähnlich.

In diesen Tagen, vier Monate, bevor sich das Leben Konrad Adenauers dem Ende zuneigt, blickt Paul in Gedanken auf seine Eltern. Gewiss ist der Vater für ihn die herausragende Figur. Doch je älter Paul wird, desto mehr ist ihm bewusst: »Ich fühle immer wieder, wie sehr viel mehr ich der Sohn meiner Mutter als der meines Vaters bin.«[346] Er bemerkt, wie ihm die Welt der Kunst, Literatur und Religion näherliegt als die der Wissenschaft und Organisation. So bewundert er stets die Kunst des Ausdrucks, des feinsinnigen Formulierens, dem er sich nicht gewachsen fühlt.[347]

Vater und Sohn eint Religiosität, der Glaube an Gott, Realismus, Wertebewusstsein und Interesse an politischen wie gesellschaftlichen Entwicklungen. Mit diesen Einschätzungen liegen sie oft auf einer Wellenlänge. Dennoch hat jeder seinen eigenen Zugang zum Glauben.

---

[340] Vgl. ebd., 15.2.1966.
[341] Vgl. ebd., 13.2.1966.
[342] Vgl. ebd., 15.2.1966.
[343] Vgl. ebd., 16.5.1965.
[344] Vgl. ebd., 27.12.1965.
[345] Vgl. ebd., 4.12.1966.
[346] Vgl. ebd.
[347] Vgl. ebd., 23.5.1965.

Konrad Adenauer, der sich »viel mit Religion und Religionsgeschichte« befasst hat, ist der Meinung, »daß vieles eine Frage des Glaubens sei, und Glaube sei Gnadensache. Gott habe dem Menschen jedoch den Verstand gegeben. Wenn mehr Beweismaterial für die Auferstehung als für irgendeine andere historische Tatsache spreche, dann sei dies in unserer Zeit mit ihrem riesigen Fortschritt sehr wichtig. Wenn man das akzeptiere, werde, wie die Schrift sage, alles übrige dazugegeben werden. Er sei durch eine harte Schule gegangen, daher sei für ihn die historische Tatsache entscheidend. Daß Gott in den vergangenen Jahren so viel Ungerechtigkeit und Ungeheuerliches zugelassen habe, sei eine Versuchung, die man mit dem Verstand bewältigen müsse. Nach Lehre seiner Kirche gebe sich Gott zufrieden, wenn einer ernstlich sage, er möchte gerne glauben.«[348]

Während sich der Vater letztlich damit begnügt, dass man als Katholik »den aufrichtigen Wunsch hat, glauben zu können«,[349] ist sein Sohn Paul, tief verwurzelt in katholischen Glaubensvorstellungen, überzeugt, unmittelbar nach seinem Ableben werde er Gottes Antlitz sehen. Der Vater hingegen ist skeptisch ob der Gewissheit des Sohnes.[350] Er sieht dem Tod und dem, was danach kommt, gelassen entgegen, weil es für ihn ein Mysterium ist, ebenso wie die Entstehung des Lebens.

## Paul Adenauers Rückkehr zu praktischer pastoraler Arbeit

Nach dem Tode des Vaters am 19. April 1967[351] verstärkt sich bei Paul Adenauer der Wunsch, die Last der Institutsführung in Köln abzugeben und mehr als Pfarrer und Seelsorger tätig zu sein. 1968 bittet er den Vorstand des Instituts darum auszuscheiden.[352] Paul Adenauer hinterlässt vielfältige Aktivitäten, die er in Gang gesetzt hat, und laufende Projekte: die Arbeit der Pastoralkonferenz Königstein, das Werkbuch für Ehe- und Familienpastoral,[353] den Interkonfessionellen Arbeitskreis, die Handreichung für den pastoralen Dienst,[354]

---

348 Gespräch Adenauer mit Billy Graham, 7.6.1963, in: StBKAH III/62; Auszug in: Mensing, Konrad Adenauers Religiosität, S. 49 f., in: ACDP, NL Paul Adenauer 01–1000–003/1 und 01–1000–004/1.

349 Gespräch Adenauer mit Billy Graham, ebd.; Auszug in: Mensing, Konrad Adenauers Religiosität, ebd. S. 1.

350 Vgl. Tagebuch, 4.12.1966.

351 Kondolenzschreiben zum Tod von Konrad Adenauer an Paul Adenauer und dessen Danksagungen in: ACDP, NL Paul Adenauer 01–1000–002/1 und 002/2.

352 Zeugnis Paul Adenauer, 1.4.1969, in: AEK, DBK, KZI 34.

353 Vgl. Paul Adenauer (Hrsg.), Ehe und Familie, Mainz 1972.

354 Vgl. Paul Adenauer/Böckle/Gerhartz u. a., Ehe und Familie, Mainz 1973.

die päpstliche Kommission, die Kooperation mit dem Jugendhaus Düsseldorf in der von der Deutschen Bischofskonferenz beschlossenen »Arbeitsgemeinschaft für katholische Familienbildung« und schließlich den Deutschen Arbeitskreis für Entwicklung und Frieden beim Katholischen Büro in Bonn.[355] Das Zentralinstitut für Ehe- und Familienfragen überlebt zwar noch einige Jahre, es schließt aber 1976 seine Pforten.

Gegen den Widerstand seines Nachfolgers im Institut, Günter Struck, nimmt Paul Adenauer die Mitarbeiterin Renate Ballat als seine Hausgehilfin mit.[356] Bereits mit 17 Jahren hat sich die gebürtige Saarländerin von Zuhause aufgemacht, die höhere Handelsschule besucht, durch den Verlust ihres Bräutigams einen schweren Schicksalsschlag erlitten und dann Paul Adenauer als Chef im Zentralinstitut kennengelernt. Beide verbindet Spiritualität und großes politisches Interesse. Aufgrund ihrer tiefen Freundschaft entscheidet sie sich, Paul Adenauer in den Pfarrdienst zu begleiten, aber in eigenen Aufgabenbereichen tätig zu werden. Sie arbeitet als Geistliche Begleiterin für die Katholische Frauengemeinschaft Deutschlands auf Ebene des Dekanats Bergisch-Gladbach, engagiert sich in der Frauengemeinschaft Sankt Antonius Abbas und in der Pfarrgemeinde in Herkenrath. Als erste Frau leitet sie im Priesterseminar des Erzbistums Köln einen Gesprächskreis für Priesteramtskandidaten.[357]

Am 3. Oktober 1969 wird Paul Adenauer als Pfarrer der Gemeinde Sankt-Herz-Jesu in Schildgen[358] vereidigt und kann sich fortan seiner Leidenschaft, der praktischen pastoralen Arbeit, hingeben.[359] Eine Arbeit, die ihn voll und ganz erfüllt. Ihm macht es Freude, mitzuerleben, »wie die Gemeinde von vielen selbsttätigen ›Mikroorganismen‹ her über Jahrzehnte eine neu strukturierte Gestalt« gewinnt. In der Nach-Konzilzeit und angesichts der starken Säkularisierungstendenzen der 68er-Generation wandeln sich weiterhin die Einstellungen zu Ehe und Familie. Seelsorger haben alle Hände voll tun, wenn sie für

---

[355] Schreiben Paul Adenauer an Struck, insbes. Anlage 3, 5.10.1969, in: ACDP, NL Lücke 01–077–171/4.

[356] Aktennotiz Paul Adenauer an Struck, 15.9.1968, ebd.

[357] Vgl. Dazert, Nachruf für Renate Ballat, in: St. Joseph und St. Antonius Bergisch-Gladbach, Blickpunkt, 14. Jg., 36. Ausgabe, Weihnachten 2014, S. 19.

[358] Die ersten 40 Jahre 1929–1969. Eine Datenchronik der Pfarrgemeinde Herz Jesu in Schildgen. Herrn Pfarrer Msgr. Dr. Paul Adenauer zum silbernen Priesterjubiläum am 2. Februar 1976, gewidmet von der Pfarrgemeinde, in: ACDP, NL Paul Adenauer 01–1000–006/1.

[359] Zu den Veröffentlichungen in dieser Zeit vgl. Paul Adenauer, Ehe- und Familienseelsorge im Lichte des Konzils, in: JCSW, 07/08 (1966/67), S. 175–183.

die Menschen, ihre Sorgen und Nöte, ihre Lebensprobleme da sein wollen. Paul spürt die Verantwortung der Eltern für ihre Kinder, die für ihn »Glaubenszeugen« und »neue Lebenszellen« im Sinne der »Ecclesia domestica« sind,[360] weiß aber auch, dass die Kirche keine adäquaten Instrumente bereithält, auf die Herausforderungen der Zeit zu reagieren.

Die »Vater«-Figur in den vielfältigen Bedeutungsinhalten spielt für ihn als Bezugsperson, als Glaubensanker, als Kraftquell eine eminent wichtige Rolle. Es ist gewiss kein Zufall, dass er »Abba«, Anrede für Gott-Vater, in den Mittelpunkt seiner ersten Predigt in Schildgen stellt. Wegen seiner unkonventionellen Vermittlung von Gottes Wort mit vielen Bezügen aus dem praktischen Leben kommt Paul besonders bei den Jugendlichen an und ist beliebt. Anfang der 1970er Jahre will er Kirche, das Gemeindeleben in die Gegenwart holen, seinen Glauben den Menschen auf moderne Weise vermitteln. Besondere Vorliebe hegt er für das Genre des »Biblio-Dramas«, das mittels improvisierter Rollenspiele auf der Grundlage biblischer Texte Menschen in kreativer Weise dazu bringen soll, Zugang zu Gott und der eigenen Persönlichkeit zu erfahren.

Daneben nimmt er weiter die Aufgabe als Prosynodalrichter wahr, die er am 28. Juli 1965 übernommen hat. Am 11. Januar 1974 wird er Dechant des Dekanats Bergisch-Gladbach. Gesundheitliche Beschwerden zwingen ihn schließlich dazu, die Arbeit in Schildgen aufzugeben. Am 14. Juni 1976 wird er als Pfarrer und Dechant entpflichtet.[361] Auch die Aufgabe als Prosynodalrichter gibt er am 26. November 1978 auf. Mit Renate Ballat zieht er von Schildgen der Höhenlage wegen ins Bergische Land nach Herkenrath, einem Stadtteil von Bergisch-Gladbach. Dort baut er mit Hilfe seines Schwagers, des Architekten Heribert Multhaupt, ein Fertighaus.

Seine Arbeit konzentriert er nun auf die Seelsorger-Fortbildung. Er behält den Pfarrer-Titel und wird ab 2. Oktober 1976 Mitarbeiter in der Abteilung Weiterbildung in der Hauptabteilung Seelsorgepersonal im Erzbistum Köln. »Es geht um die Befähigung zum richtigen Gespräch, bei Trauer, Trauungen, Krankenbesuchen usw. Da weiß man heute viel mehr, und dies will spirituell verarbeitet und weitervermittelt werden«, berichtet er Irene Luster-Haggeney, Tochter aus besagter Familie, die ihn zwanzig Jahre zuvor aufgenommen hat, und die nun selbst Ordensschwester ist. Zwar geht es »gesundheitlich bergauf, aber

---

360 Vgl. Paul Adenauer, Einleitung, in: Ders. (Hrsg.), Ehe und Familie, S. IX f.
361 AEK, Personalverwaltung, Priesterkartei, Paul Adenauer.

ich habe nur begrenzte Kräfte und der Verlust der Gemeinde-Arbeit ist noch lange nicht überwunden. Darüber geht nichts.«[362] Außerdem wirkt er vom 19. Juni 1978 an als Lehrbeauftragter für Pastoral-Psychologie am Priesterseminar in Köln und im Collegium Albertinum in Bonn.[363] Die Ausbildung bereitet ihm in den folgenden Jahren viel Freude, weil Menschen, besonders junge Menschen, zu ihm kommen und er ihnen seine Gedanken weitergeben kann. Die Arbeit bringt ihm aber auch Misstrauen und Hohn, gerade von konservativen Teilen des Klerus und alteingesessenen Kollegen, ein. Sie halten solche neumodischen Ansätze, die bis hin zu Lösungsansätzen bei Konflikten in Kirchenvorständen reicht, für überflüssig. Dass Paul Adenauer hierbei wichtige Aufbauarbeit geleistet hat, ist heute weitgehend anerkannt, jedoch aus dem Blick geraten. Die Dozententätigkeit führt er bis ins 70. Lebensjahr fort. Zudem übernimmt er am 22. Mai 1990 die Leitung des Referats »Praxisbegleitung/Praxisberatung« in der Hauptabteilung Seelsorgepersonal, bis er am 1. April 1993 in den Ruhestand tritt. Auch anschließend bleibt er im Pfarrverband Lerbach-Strunde seelsorgerisch aktiv.

Unabhängig davon kümmert er sich in enger Verbundenheit mit Anneliese Poppinga um die Gründung der Stiftung Bundeskanzler-Adenauer-Haus, die seit 1978 per Gesetz als eine bundesunmittelbare Stiftung des öffentlichen Rechts besteht. Aufmerksam begleitet und verfolgt er in der Funktion des Kuratoriumsmitglieds die Stiftungsarbeiten, im Besonderen die Nachlassedition »Adenauer Rhöndorfer Ausgabe«, und geht auch keinem Streit aus dem Wege, wenn er es für notwendig erachtet, für das »richtige« Geschichtsbild seines Vaters zu kämpfen.[364]

Paul Adenauer verstirbt überraschend am 5. August 2007 in seinem Haus in Bergisch-Gladbach. Beigesetzt wird er auf dem Rhöndorfer Waldfriedhof im Familiengrab neben seinen Eltern.

---

[362] Schreiben Paul Adenauer an Irene Luster-Haggeney, 29.7.1977, in: ACDP, NL Luster-Haggeney 01–1025–001.

[363] AEK, Personalverwaltung, Priesterkartei, Paul Adenauer.

[364] Unterlagen zu den Aktivitäten Paul Adenauers als Mitglied des Kuratoriums der Stiftung Bundeskanzler-Adenauer-Haus in: ACDP, NL Rommerskirchen 01–234–021/2 und 028/3.

Paul und Gussie Adenauer

Urlaub in Chandolin (Schweiz): Paul und Konrad Adenauer (oben)
Gussie, Paul, Konrad, Ria und Sohn Konrad Adenauer (v. l. n. r., Mitte)
Gussie, Paul und Konrad Adenauer (Mitte v. l. n. r., unten)

Paul, Libet im Kinderwagen und Konrad Adenauer (oben)
Paul mit dem ältesten Bruder Konrad Adenauer (unten)

3. April 1932: Erstkommuni-
onfeier von Paul – Max, Lotte,
Ria, Paul, Konrad, Libet,
Vater Konrad und Mutter
Gussie Adenauer im Garten
des Hauses in der Max-Bruch-
Straße 6 in Köln (v. l. n. r.,
oben)
Paul Adenauer spielt Priester
mit Schwester Libet als
Messdienerin (unten)

Paul und Konrad Adenauer im Haus in der Augustastraße 40 in Neubabelsberg
(oben)
Paul mit Schwester Lotte (unten)

Paul und Konrad Adenauer (oben)
Zu Besuch im Haus Zennigswegs 8a in Rhöndorf Mia Weyer, Konrad Adenauer, Lotte, Georg, Gussie, Libet, Ria und Paul Adenauer (v. l. n. r., unten)

3. September 1937: Walters Reiners am Tag der Hochzeit mit Ria Adenauer in der Abtei Maria Laach; Paul Adenauer (rechts)

Karneval im Hause Adenauer: Konrad Adenauer und Gussie (dritter und
fünfte von links, oben )
Paul Adenauer mit Nachbarskindern (unten)

Radtour: Eugen Becker und Paul Adenauer (rechts)

1942/43: Paul Adenauer und Roswitha Schlüter (oben)
August 1944: Paul Adenauer in Jüterbog (unten)

Aufnahme zum 75. Geburtstag von Konrad Adenauer am 5. Januar 1946 –
Georg, Libet, Lotte und Paul Adenauer (v. l. n. r., oben)
In einem Boot: Paul, Georg und Konrad Adenauer (v. l. n. r., unten)

11. Februar 1951: Primizfeier von Paul Adenauer in Rhöndorf (oben)
In Porz: Paul Adenauer, Peter Jansen und Georg Adenauer (v. l. n. r., unten)

Kaplan Paul Adenauer (oben)
Paul Adenauer in seinem Kabinenroller (unten)

1955: Paul Adenauer während des Urlaubs in Mürren/Schweiz

1958: Paul Adenauer während des Aufenthalts in Washington (oben)
Im Zweitstudium (unten)

Paul Adenauer bei der Arbeit

# Das Tagebuch von
# Paul Adenauer

Chronik    1961

Freitag, 29. September 1961[1]
Vater sehr erregt zum Kaffee:»Hier (Terrasse)[2] kann man ja nicht sprechen ... Bei der Washingtoner-Außenminister-Konferenz[3] ist es noch viel schlimmer gewesen, als ich befürchtet hatte. Von Brentano[4] ist krank.[«] Er hatte schon *verschwiegen*, dass Ausschuss eingesetzt wurde, um »Disengagementzone«[5] zu erörtern! [»]Zu feige, mir das zu sagen; ich hatte ausdrücklich Derartige[s] (Rapacki-Plan[6]) verboten. Nun kommt noch viel mehr heraus! Schrecklich! Am liebsten flöge ich selbst sofort nach USA. Aber das wäre Dramatisierung.[«] Weiß nicht, was [er] tun [soll]. Gehl[en][7] kam gestern zurück von da, ohne jedes Ergebnis, [er] ist politisch zu instinktlos.
Und dazu *Mollet*[8] gegen de Gaulle[9]! Totales Versagen, keine Leistung,»Verbalgenie« ohne Erfolge! Abzulösen! Dabei hatte Mollet

---

1 Vor der Datumsangabe hs. vermerkt:»*Chronik*«.
2 Adenauers Wohnhaus in Rhöndorf.
3 Zur Besprechung der Außenminister der drei Westmächte, Rusk, Lord Home, Couve de Murville, mit von Brentano am 15./16.9.1961 in Washington über die Lage nach dem Mauerbau in Berlin, vgl. FRUS 1961–1963, Vol. XIV, S. 411–427.
4 Heinrich von Brentano (1904–1964), Dr. jur., 1949–1964 MdB (CDU), 1949–1955 und 1961–1964 Vorsitzender der CDU/CSU-Fraktion im Deutschen Bundestag, 1955–1961 Bundesminister des Auswärtigen. Zu dessen Erkrankung vgl. Kroll, Heinrich von Brentano, S. 25–65, hier S. 62 f.
5 Die sowjetische Regierung schlug in einem Memorandum vom 26.9.1961 an die UNO-Vollversammlung verschiedene Abrüstungsmaßnahmen vor, darunter den Abzug ausländischer Truppen von fremden Territorien und die Bildung atomwaffenfreier Zonen, beginnend in Europa (Wortlaut in: DzD, IV. Reihe/ Bd. 7, S. 579–585).
6 Adam Rapacki (1909–1970), polnischer Politiker, 1948–1968 Mitglied des Politbüros des Zentralkomitees der PVAP und Außenminister, erklärte am 2.10.1957 vor der UNO-Vollversammlung (Rede in: DzD, III. Reihe/Bd. 3, S. 1681–1686), Polen verzichte auf die Herstellung und Lagerung von Kernwaffen auf seinem Gebiet, wenn sich die Bundesrepublik Deutschland und die DDR ebenso dazu entschließen würden. Dieser auch vom Warschauer Pakt getragene Plan bezog sich auf die nationalen Streitkräfte wie auf die mit Atomwaffen ausgerüsteten NATO-Streitkräfte in der Bundesrepublik und die sowjetischen Streitkräfte in der DDR und in Polen.
7 Reinhard Gehlen (1902–1979), deutscher Offizier, Generalmajor der Wehrmacht, leitete nach dem Zweiten Weltkrieg die Organisation Gehlen, 1956–1968 Präsident des Bundesnachrichtendienstes.
8 Guy Mollet (1905–1975), französischer Politiker, 1946–1969 Generalsekretär der SFIO.
9 Charles de Gaulle (1890–1970), französischer Offizier und Politiker, 1958–1969 Präsident der Französischen Republik.

mitgeholfen, ihn zu erheben. [»]Aber ich *fürchte*, er hat *Recht*![«] Was
dann in Frankreich[10]? Dabei war Vater vorgestern von [der] CDU/CSU-Fraktion einstimmig als Kanzler nominiert worden.[11] Kaum war dies gesichert, kommt
die Müdigkeit heraus; abends taumelt er, so kaputt ist er noch vom
Wahlkampf und der folgenden Spannung. Und wer von seinen Leuten
steht noch fest in diesem Moment, da es um sein ganzes Werk geht?
Die CSU droht heute mit Trennung von der CDU, falls diese nicht mit
FDP koaliere![12] Erhard[13] macht das Spiel im Hintergrund mit Strauß[14]
mit.[15] Dollinger[16] und andere CSU-Leute sagen während [der] Rede
von Strauß[17]: »Jedes Wort gelogen!« Keiner der Bajuwaren muckt sich

---

10  Infolge des gescheiterten Putschversuchs französischer Generäle im April 1961
    in Algerien kam es dort und in Frankreich zu Verhaftungen und Unruhen, die
    seitens linker und rechter Gruppierungen zu wachsender Kritik an dem Regie-
    rungsstil de Gaulles führten. In der angespannten innenpolitischen Situation
    verübte die OAS am 8. September 1961 auf den Staatspräsidenten einen Atten-
    tatsversuch, der aus technischen Gründen scheiterte. Vgl. zu den Maßnahmen
    de Gaulles: Instruction au sujet de l'Algérie, 20.8.1961, in: De Gaulle, Lettres,
    Notes et Carnets, 1958–1970, S. 401–403; Osterheld, »Ich gehe nicht leichten
    Herzens …«, S. 98, 282; AdG, 31. Jg. (1961), S. 9329.
11  Nachdem der CDU-Bundesparteivorstand am 19.9.1961 Adenauer gebeten
    hatte, erneut für das Amt zu kandidieren, schlossen sich der CDU/CSU-Frakti-
    onsvorstand am 21.9. und die Fraktion am 27.9.1961 dieser Entscheidung an.
    Vgl. Adenauer: »Stetigkeit in der Politik«, S. 1–61, hier S. 52; Die CDU/
    CSU-Fraktion im Deutschen Bundestag, 1961–1966, S. 10–19, hier S. 11.
12  Dazu Aufzeichnung Adenauer über die Besprechung mit Strauß, 26.9.1961, in:
    Adenauer und die FDP, S. 856–861, zur Drohung von Strauß S. 859 f.
13  Ludwig Erhard (1897–1977), Wirtschaftswissenschaftler, 1949–1977 MdB
    (CDU), 1949–1963 Bundesminister für Wirtschaft, ab 1957 Stellvertreter des
    Bundeskanzlers, 1963–1966 Bundeskanzler, 1966–1967 Bundesvorsitzender
    der CDU.
14  Franz Josef Strauß (1915–1988), 1949–1978 MdB (CSU), 1952–1961 stellver-
    tretender Landesvorsitzender, seit 1961 Landesvorsitzender der CSU, 1953–
    1957 und 1963–1966 Vorsitzender der CSU-Landesgruppe im Deutschen Bun-
    destag und stellvertretender Vorsitzender der CDU/CSU-Fraktion, 1956–1962
    Bundesminister für Verteidigung, 1966–1969 für Finanzen.
15  Zu den Bestrebungen von Strauß, einen Kanzlerwechsel herbeizuführen, vgl.
    Strauß, Erinnerungen, S. 409.
16  Werner Dollinger (1918–2008), 1953–1990 MdB (CSU), 1961–1962 Vorsitzen-
    der der CSU-Landesgruppe, 1962–1966 Bundesschatzminister, 1966 kurzzeitig
    Bundesminister für wirtschaftliche Zusammenarbeit, 1966–1969 Bundesminis-
    ter für das Post- und Fernmeldewesen.
17  Zur Rede von Strauß am 27.9.1961 vgl. Die CDU/CSU-Fraktion im Deutschen
    Bundestag, 1961–1966, S. 14 f.

aber.[18] Es erinnert an Tassilo von Bayern[19], der von Karl dem Großen[20] 787, um 787, gezwungen werden musste, [seinen] Vasalleneid zu erneuern, der dann sich sogar mit mongolischen Awaren einließ und daher 788 zum Tode verurteilt und zu lebenslänglicher Klosterhaft begnadigt wurde.[21] Strauß spielt sein Machtspiel,[22] während Chruschtschow[23] in Berlin droht[24] und der Westen *unsicher* ist[25], droht mit Rücktritt usw.

---

18  Vgl. Eintrag Krone, 27.9.1961 (Tagebücher, Erster Bd.: 1945–1961, S. 533): »Fraktionssitzung. Kanzler und Erhard mit Beifall begrüßt. Beschluß: Kanzler soll Kanzler Adenauer bleiben. Keiner spricht dagegen. Auch Bucerius nicht, der das angekündigt hatte. Erhard auch für Adenauer. Strauß desgleichen, dem bei der allgemeinen Zustimmung für Adenauer nichts anderes übrigblieb. So hatte es auch die Landesgruppe einige Stunden vorher beschlossen. Ein großer Erfolg für Adenauer.« Zur Sitzung der CSU-Landesgruppe am 27.9.1961 vgl. Die CSU-Landesgruppe im Deutschen Bundestag, 1949–1972, S. 322–329.

19  Tassilo III. (um 741–796), letzter Herzog von Baiern, stammte aus dem Geschlecht der Agilofinger und war Vetter Karl des Großen.

20  Karl der Große (747 oder 748–814), 768–814 König des Fränkischen Reichs, seit 800 Kaiser.

21  Tassilo III. wurde 787 wegen eines angestrebten Bündnisses mit den Langobarden – später in Zusammenarbeit mit den Awaren – zwecks Sicherung baierischer Eigenständigkeit zum Lehnsmann degradiert, 788 zum Tode verurteilt, jedoch begnadigt und in die Abtei Jumièges in Klosterhaft verbannt.

22  Zu den Gesprächen von Strauß mit Brandt nach der Bundestagswahl am 17.9.1961 und mit Mende am 26.9.1961 vgl. Strauß, Erinnerungen, S. 401 f., 404.

23  Nikita Sergejewitsch Chruschtschow (1894–1971), sowjetischer Politiker, 1939–1964 Mitglied des Politbüros und 1952–1966 des Präsidiums des Zentralkomitees der KPdSU, ab 1953 deren Erster Sekretär, 1958 zugleich Vorsitzender des Ministerrats.

24  Chruschtschow forderte wiederholt Verhandlungen über den Abschluss eines deutschen Friedensvertrages auf der Grundlage der »Existenz zweier Deutschland, die selbständige Staaten darstellen«, warnte die Westmächte davor, »die Friedensregelung mit Deutschland endlos hinauszuschieben«, und drohte, andernfalls einen Vertrag mit der DDR und bereitwilligen Staaten zu schließen, durch den »Westberlin« dann »den Status einer entmilitarisierten Freien Stadt« erhalte. Vgl. Rede Chruschtschows in Moskau (Auszug), 8.9.1961, in: DzD, IV. Reihe/Bd. 7, S. 391–396, hier S. 393 f., und seine Rede in Volžskij, 10.9.1961, ebd., S. 404–407.

25  Vgl. zur Haltung der Westmächte: Erläuterndes Memorandum des amerikanischen Außenministeriums zur Frage der Luftkorridore nach Berlin, 8.9.1961, ebd., S. 383–387; Note der Regierungen Frankreichs, Großbritanniens und der Vereinigten Staaten von Amerika an die Regierung der UdSSR, 8.9.1961, ebd., S. 387–391.

Vater hatte Idee, Krone[26] [einen] Brief zu schreiben, er wolle zurücktreten zu seinen Gunsten, wenn er, Krone, wolle. Ich bestärke ihn
darin. Globke[27] [ist] dagegen.
Zur *Koalitionsfrage*: Vater hat von FDP sehr unzuverlässigen Eindruck: uneins, nationalistisch. Von Löwenstein[28], früher FDP, hat
dringend gewarnt: unzuverlässig.
Am 25. September waren Ollenhauer[29], Brandt[30], Wehner[31] bei
Vater, um sich informieren zu lassen.[32] »Sehr urban, redliches Gespräch.« Ollenhauer mit Zigarre. Sehr realistisch. Wehner schnitt am
Schluss Koalitionsfrage an. Vater sagte, er habe sich auch schon Gedanken über Konzentration aller Kräfte gemacht, werde es weiter tun.
Wehner stärkste Figur. Vater meint, er würde nicht so lügen wie andere. Überhaupt sei SPD im Ganzen verlässlicher und von erstaunli-
cher Disziplin. Er sähe sie lieber als FDP!

[26]  Heinrich Krone (1895–1989), 1945 Mitbegründer der CDU in Berlin, 1949–
1969 MdB (bis 1965 Vertreter Berlins), 1958–1964 stellvertretender Vorsitzender der CDU, 1961–1966 Bundesminister für besondere Aufgaben, u. a. für
Berlin-Fragen und Angelegenheiten des Bundesverteidigungsrates.
[27]  Hans Globke (1898–1973), Verwaltungsjurist, ab 1949 im Bundeskanzleramt
tätig, 1953–1963 Staatssekretär des Bundeskanzleramts.
[28]  Hubertus Friedrich Prinz zu Löwenstein-Wertheim-Freudenberg (1906–1984),
Journalist, Schriftsteller und Politiker, 1953–1957 MdB (FDP), 1957 Mitglied
der CDU, 1958 der DP, 1960–1971 Sonderberater des Presse- und Informati-
onsamts der Bundesregierung.
[29]  Erich Ollenhauer (1901–1963), 1949–1963 MdB (SPD) und stellvertretender
Vorsitzender der Bundestagsfraktion, 1952–1963 Parteivorsitzender der SPD.
[30]  Willy Brandt (1913–1992), 1951–1966 Mitglied des Berliner Abgeordnetenhau-
ses, 1957–1966 Regierender Bürgermeister von Berlin, 1958–1962 Landesvorsitzender der Berliner SPD, 1961 und 1965 Kanzlerkandidat der SPD, 1964–1987
Parteivorsitzender, 1966–1969 Bundesaußenminister, 1969–1974 Bundeskanzler.
[31]  Herbert Wehner (1906–1990), 1949–1983 MdB (SPD), 1958–1973 stellvertretender Vorsitzender der SPD, 1966–1969 Bundesminister für gesamtdeutsche
Fragen.
[32]  Adenauer regte in einem Schreiben an Ollenhauer vom 20.9.1961 (StBKAH
III/16) eine Besprechung an, der Ollenhauer mit Schreiben vom 21.9.1961 zustimmte, wenn Brandt und Wehner daran teilnehmen könnten (ebd.). Dazu
Eintrag Krone, 25.9.1961: »Der Kanzler hatte mich schon früher einmal nach
einer Koalition mit der SPD gefragt und ob ich glaube, daß er sie eingehen
könnte und würde. Ohne jeden Zweifel, so war meine Antwort, würde ich ihm
eine solche Koalition zutrauen. Die Frage einer Koalition mit der SPD war in
dem Gespräch, das am Morgen zwischen Adenauer, Ollenhauer, Brandt und
Wehner auf Wunsch der Sozialdemokraten stattgefunden hatte, nicht angesprochen worden. Doch bestand nach dem Verlauf des Gesprächs kein Zweifel, daß
eine Koalition auch im Bereich der Überlegungen der SPD liegt. Und zwar mit
der CDU/CSU.« Vgl. Krone, Tagebücher, Erster Bd.: 1945–1961, S. 533.

Die 3 ließen später mitteilen, sie seien sehr befriedigt, Brandt sei jederzeit zu sprechen.[33] Wehner hat vor Funktionären ausdrücklich gewarnt, Personenfrage wichtiger zu nehmen als politische Frage[34] (so tat es ja FDP!); dies gilt auch für Kanzlerschaft Vaters! – Vater fürchtet, SPD könne bei Nichtbeteiligung 1965 »Erfüllungspolitiker« verketzern, nationalistisch werden oder sogar nach Osten schaukeln, wenn sie nicht fest in die Verantwortung gespannt werde. SPD ist aber, besonders bei Kanzler Krone oder Erhard organisatorisch und strukturell stärker als CDU, besonders wenn CSU scheitert. Gefahr, dass damit CDU-Wähler zur FDP wandern und [zur] SPD, SPD skandinavischen Wohlfahrtsstaat irreversibel macht, einzige starke Partei gegen liberalistische und christliche Minderheit. Dies entspräche tatsächlichem geistigem Zustand unseres armen Landes. Welche Perspektiven? Wo ist kleineres Übel?

Katholische ASZ[35] unbedingt für FDP (Strauß-Richtung), notfalls, unbedingt Aufgabe Adenauer! – Ich schreibe Protest. Nach fünf Tagen kommt Vater und fragt, an wen ich geschrieben hätte, SPD sei unter Umständen besser als FDP? *Strauß* habe ihm das vertraulich gesagt! Also direkte Verbindung neue ASZ-Redaktion zu Strauß. Köppler[36] (Z[d]K) schreibt mir, neue ASZ habe mit alter nur Name gemein.

---

33   Am 25.9.1961 berichtete Senator Klein Globke, Brandt habe ihn nach Abreise von Ollenhauer und Wehner nach England über die Besprechung mit Adenauer unterrichtet. »Man sei über den Verlauf sehr befriedigt gewesen. Wenn der Bundeskanzler weitere Besprechungen wünsche, stehe – auch während der Abwesenheit von Ollenhauer und Wehner – Brandt ... jeder Zeit zur Verfügung. Man sei sich in der SPD darüber klar, daß die außenpolitischen Entscheidungen, die auf die Bundesrepublik zukämen, von einer großen Mehrheit des Bundestages getragen werden müssten. ... Der Vorschlag einer Allparteienregierung sei jedoch nur *ein* Vorschlag gewesen. Daneben gäbe es noch andere Möglichkeiten. Für die SPD spiele die Personenfrage keine Rolle.« Ms. Aufzeichnung mit hs. Vermerk »Globke notiert«, 25.9.1961, in: ACDP, NL Krone 01-028-030/1.

34   Vor SPD-Funktionären hatte Wehner am 26.9.1961 in Nürnberg dem Bericht »An der Mende-Marke« des »Spiegel« (15. Jg. Nr. 41, 4.10.1961, S. 23–28, hier S. 25) zufolge erklärt, dass »die Teilhaberschaft seiner Partei an den Regierungsgeschäften durchaus den Preis einer vierten Kanzlerschaft Adenauers wert sei«.

35   »Die Allgemeine Sonntagszeitung. Katholische Zeitung für Politik, Gesellschaft und Kultur«, erschienen seit 1956.

36   Heinrich Köppler (1925–1980), 1956–1965 Generalsekretär des Zentralkomitees der deutschen Katholiken, 1965–1970 MdB (CDU), 1967–1969 Parlamentarischer Staatssekretär im Bundesministerium des Innern.

Sonntag, 8. Oktober 1961
Vater in tiefer Sorge: Rusk[37] und Lemnitzer[38] haben Strauß gesagt, wir
sollten mit Ulbricht[39] uns verständigen und dann zusammen Abwehr
Osten! Ferner verdünnte Zone für Ostblockstaaten – diese werden
dann nationalistisch! Grauenhafte Unkenntnis!

Montag, 23. Oktober 1961
Die ganzen letzten 10 Tage voller Manöver und Ärger für Vater. Am
14. Oktober Telefonat[40] mit Kennedy[41]: Kein Disengagement. Bitte
um weiteren Austausch, keine Diskriminierung eines Partners in Europa, Sicherheit USA/BRD ist eins![42] Vater tief beruhigt, atmet auf.
Lohn für mutigen Brief Vaters.[43] Wiederholt sagt er, wie erleichtert er

---

37  David Dean Rusk (1909–1994), amerikanischer Politiker, 1961–1969 Außen-
    minister der Vereinigten Staaten von Amerika.
38  Lyman L. Lemnitzer (1899–1988), amerikanischer General, 1960–1962 Vorsit-
    zender der Vereinigten Stabschefs, 1963–1969 Oberster alliierter Befehlshaber
    in Europa (SACEUR).
39  Walter Ulbricht (1893–1973), 1950–1953 Generalsekretär des Zentralkomitees
    der SED und dann umbenannt 1953–1971 Erster Sekretär des Zentralkomitees
    der SED, 1960–1973 Vorsitzender des Staatsrates und des Verteidigungsrates
    der DDR.
40  Ein Telefonat Adenauers mit Kennedy an diesem Tage ist bisher nicht nachge-
    wiesen. Eine direkte Telefonverbindung zwischen Bonn und Washington wurde
    bei Adenauers Besuch in der amerikanischen Hauptstadt im November 1961
    besprochen. Am 16.3.1962 fand das erste Telefonat über die Sonderleitung statt.
    Vgl. Osterheld, »Ich gehe nicht leichten Herzens ...«, S. 104.
41  John Fitzgerald Kennedy (1917–1963), amerikanischer Politiker, 1961–1963
    35. Präsident der Vereinigten Staaten von Amerika.
42  Am 14.10.1961 erhielt Adenauer ein Schreiben Kennedys vom 13.10.1961, in
    dem der Präsident mitteilte: Er sehe keine Anzeichen für eine Berlinlösung; einen
    militärischen Sonderstatus einigen Staaten Westeuropas, besonders der Bundes-
    republik, aufzuzwingen, wäre »eine Einladung für weitere sowjetische Einfälle«
    nach Europa. Zudem betonte Kennedy, er beabsichtige kein sogenanntes »Dis-
    engagement«. Bei der Abrüstung seien Überlegungen zum Abbau der Konfron-
    tation in Mitteleuropa erforderlich. Vgl. StBKAH III/4; FRUS 1961–1962, Vol.
    XIV, S. 493–497, hier S. 496; Osterheld, »Ich gehe nicht leichten Herzens ...«,
    S. 73 f.
43  Adenauer in dem Schreiben an Kennedy, 4.10.1961 (Adenauer, Briefe 1961–
    1963, S. 24 f.): »Wir sind der Meinung, daß Zonen mit militärischem Sonder-
    status – gleich welcher Art – in Europa verhängnisvoll, ja unmöglich sind. ...
    Ein militärischer Sonderstatus für ein westeuropäisches Land, insbesondere für
    die Bundesrepublik, wird eine ständige Einladung an die Sowjetunion bedeuten,
    weiter nach Westeuropa vorzudringen. In einem solchen Vordringen würden
    auch für die Vereinigten Staaten große Gefahren, insbesondere auf weltwirt-
    schaftlichem Gebiete, liegen. Ein solcher Sonderstatus ist darum für uns unan-
    nehmbar. Ein solcher Status würde auch die Auflösung der NATO bedeuten und

ist. Er sah sein ganzes Werk in Gefahr durch undementierte Reden Fulbrights[44] und Humphreys[45].

Dann Sonntags – Zeitung: Mende[46] hat norwegischer Zeitung gesagt, er müsse als Notbremse da bleiben, Vater sei nicht mehr fähig, seine Potenz einzusetzen, sei im Alter von Hindenburg[47], als dieser Hitler[48] holte![49] Vater sagt wenig, [ist] aber tief getroffen, abends sitzt er im Eckstuhl, voll tiefer Wut, und später kommt noch Bemerkung, man beginne an sich zu zweifeln, er könne sich an (übrigens belang-

---

im Laufe weniger Jahre ganz Westeuropa dem Einfluß der Sowjetunion unterwerfen.«

44 James William Fulbright (1905–1995), amerikanischer Politiker, 1944–1974 Senator von Arkansas (Demokratische Partei), 1946 Initiator des Austauschprogramms von Studenten und Dozenten zwischen Europa und Amerika, 1959–1974 Vorsitzender des Außenpolitischen Ausschusses des Senats. Fulbright hatte erklärt, er halte zwar an ausreichenden völkerrechtlichen Garantien für die Freiheit West-Berlins fest, sei aber auch bereit, sowjetische Vorschläge näher zu prüfen. Vgl. dazu Erklärung Zilliacus (Auszug), 18.10.1961, in: DzD, IV. Reihe/Bd. 7, S. 838–849, hier S. 847.

45 Hubert Horatio Humphrey (1911–1978), amerikanischer Politiker, 1948–1964 Senator von Minnesota (Demokratische Partei), 1965–1968 Vizepräsident der Vereinigten Staaten von Amerika, hob gegenüber dem polnischen Fernsehen am 16.10.1961 hervor, die Regierung Kennedy schenke dem Rapacki-Plan »äußerst gründliche Aufmerksamkeit« (ebd., S. 736 f. Anm. 10). Zwei Tage später bestätigte Rusk, die Politik der Regierung habe sich, »bezüglich eines Disengagements und im Hinblick darauf, wie eine Reduzierung der Streitkräfte in Europa zu erreichen« sei, »sowie auf dem allgemeinen Gebiet der Abrüstung nicht geändert« (ebd., S. 855–861, hier S. 860). Dem Radio Beromünster sagte Humphrey am 19.10.1961, er glaube, der Rapacki-Plan sei »ein konstruktiver Vorschlag«, jedoch sei er sich nicht sicher, »daß alle seine Ideen auch verwirklicht werden können« (ebd., S. 862 f.).

46 Erich Mende (1916–1998), 1945 Mitbegründer der FDP, 1949–1980 MdB (bis 1970 FDP, dann CDU), 1957–1963 Vorsitzender der FDP-Fraktion im Deutschen Bundestag, 1960–1968 Parteivorsitzender der FDP, 1963–1966 Stellvertreter des Bundeskanzlers und Bundesminister für gesamtdeutsche Fragen.

47 Paul von Beneckendorff und von Hindenburg (1847–1934), preußischer Generalfeldmarschall, 1916–1919 Chef des Generalstabs des Feldheeres und der Obersten Heeresleitung, 1925–1934 Reichspräsident.

48 Adolf Hitler (1889–1945), 1933–1945 Reichskanzler und als »Führer« Diktator des Deutschen Reichs.

49 In einem Interview mit dem Bonner Korrespondenten der norwegischen Tageszeitung »Dagbladet«, John Hjalmar Smith, betonte Mende, Adenauer sei »heute so alt wie Hindenburg, als er uns Hitler bescherte«. Die Äußerung führte zu Verstimmungen zwischen CDU/CSU und FDP, die erst nach einer Entschuldigung Mendes und einem Gespräch zwischen Krone und ihm ausgeräumt werden konnten. Vgl. Erhard wünscht mehr Einfluß, in: »Süddeutsche Zeitung«, Nr. 248, 17.10.1961, S. 2; Koalition. Vater hat Geburtstag, in: »Der Spiegel«, Nr. 49, 25.10.1961, S. 24–26, 28, hier S. 25.

lose) Einzelheiten nicht genau erinnern usw. Er sei den Umgang mit diesen Burschen so leid, es sei »unwürdig«, »widerlich« bis zum Halse. Dieses Gefühl nimmt stetig zu, verstärkt durch Machenschaften eigener Leute, die sich »nach vorn« orientieren. Erhard macht mehrere Tage Versuche, als Nachfolger nominiert zu werden,[50] widerlich und dumm, verlangt Beteiligung an Außenpolitik usw. Krone gibt vor Fraktion Bericht über interne Aussprache,[51] in dem er behauptet, Vater habe erklärt, zugunsten Erhards zeitig gehen zu wollen. Vater korrigiert das vor allen.[52] Krone muss schweigen. Vater hat gegenüber Krone Absicht geäußert, Barzel[53] zum Bundesgeschäftsführer[54] zu machen.[55] Krone geht ohne Auftrag hin und spricht mit Barzel ... Krone bittet Katzer[56], stellvertretender Vorsitzender der Fraktion zu werden; geht dann zu anderen und sagt, Katzer *wolle* das werden usw. usw. Globke, Sehstörungen (Kreislauf), deckt mit Krone Bucerius[57], zwingt Vater praktisch, alle von ihm abgezeichneten Vorlagen nochmals zu lesen, weil er sie nicht alle selbst liest, aber nichts an sich vorbeigehen lassen will. Schlimmste Type Strauß, der vorige Woche mit FDP-Leuten im Haus Bayern[58] trinkt! –

50  Zu den Diskussionen um die Kanzler- und Nachfolgerfrage während der Koalitionsverhandlungen am 12.10.1961: Adenauer und die FDP, S. 874–883; Krone, Tagebücher, Erster Bd.: 1945–1961, S. 531, 533–537, 539 f., 543, 546 f.

51  Krone berichtete vor der Fraktion über den Verlauf der Koalitionsgespräche am 16.10.1961 (Die CDU/CSU-Fraktion im Deutschen Bundestag, 1961–1966, S. 38–42, hier S. 39 f.) und am 17.10.1961 (ebd., S. 42–50, hier S. 42–48 und S. 51).

52  Zu den Äußerungen Adenauers vor der Fraktion am 17.10.1961 über das Verhältnis zwischen ihm und Erhard sowie die Beschränkung der Zeit der Kanzlerschaft Adenauers ebd., S. 44–47, insbes. S. 46.

53  Rainer Barzel (1924–2006), Dr. jur., 1957–1987 MdB (CDU), 1962–1963 Bundesminister für gesamtdeutsche Fragen, 1964–1973 Vorsitzender der CDU/CSU-Fraktion im Deutschen Bundestag.

54  In der hs. Vorlage gestrichen: »Generalsekretär«.

55  Adenauer traf sich am 2.10.1961 mit Krone und Dufhues. Dazu Eintrag Krone (Tagebücher, Erster Bd.: 1945–1961, S. 536): »Viel sodann über die Reform der Partei gesprochen. Dufhues denkt auf Sicht an den Parteivorsitz. Ich bin dafür. Überlegt, ob nicht Barzel Generalsekretär der Partei werden sollte.«

56  Hans Katzer (1919–1996), 1950–1963 Hauptgeschäftsführer der CDA, 1957–1980 MdB (CDU), 1963–1977 Vorsitzender der Sozialausschüsse der CDA, 1965–1969 Bundesminister für Arbeit und Sozialordnung.

57  Gerd Bucerius (1906–1995), Rechtsanwalt, ab 1946 Herausgeber der Wochenzeitung »Die Zeit«, ab 1948 Verleger der Illustrierten »Stern«, 1949–1962 MdB (CDU), 1962 Parteiaustritt.

58  Gemeint: das Haus der Landesvertretung des Freistaats Bayern beim Bund in Bonn. Zu den Kontakten zwischen Strauß und der FDP, die zurückgingen auf erste Gespräche am 10.7.1961 zwischen Strauß, dem CSU-Generalsekretär

*Vater heute früh:* »Ich kann das physisch und psychisch nicht mehr so, man weiß oft nicht, wem man trauen kann.« Tatsächlich hat er mit unendlicher Geduld ca. 50 Stunden mit FDP-Burschen verhandelt, da Mende schlicht bestreitet, so etwas gesagt zu haben, obwohl norwegische Zeitung dabei bleibt.[59] Samstag (21. [Oktober]) abends sagt er zu Ria[60]: »Ich freue mich so, wenn ich alles abgeben kann! Ich bin glücklich, dass dies möglich sein wird zu mir passendem Termin. Ich hoffe, [die] Ost-West-Spannung [ist] bis dahin etwas abgeklungen.« Darüber bin ich sehr froh, sage das auch, dass er sich nicht in das Amt verkrampft. Diese weise Resignation ist großartig, bei so vielen Gefährdungen seines Werks. – Krone wird Brief bekommen, dass Vater geht, wenn Krone will, und dass er es machen soll.[61] Wird Krone damit gegen Erhard sich stark machen? Ich glaube nicht. Krone ist »Kleisterer«, nicht ohne Globke, beide keine Kämpfer. Krone selbst sagte zu Vater: »Wenn Sie gehen, ist die Zeit der harten Männer vorbei.« (Dulles[62], Churchill[63], de Gaulle) Welche Selbsterkenntnis des Herrn Krone!

Sonntag, 29. Oktober 1961
Tolle Woche: Am 19.10. ruft mich Katzer an: Er habe gehört, dass FDP-Leuten außer zur Außenpolitik und Verteidigungspolitik auch zur Innenpolitik eine Niederschrift am 21. [Oktober] bei ihrem »Ja«

---

Friedrich Zimmermann, Willi Weyer und Wolfgang Döring von der FDP, vgl. Mende, Die neue Freiheit, S. 477–479.

[59] Vgl. »Dagbladet« steht zu Mende-Äußerungen, in: »Frankfurter Allgemeine«, Nr. 242, 18.10.1961, S. 3.

[60] Maria Adenauer, genannt »Ria« (1912–1998), erste Tochter von Konrad und Emma Adenauer.

[61] Er »denke nicht daran, die vier Jahre hindurch Bundeskanzler zu sein«, erklärte Adenauer am 17.10.1961 vor der CDU/CSU-Bundestagsfraktion, auch »nicht daran, die vier Jahre dazubleiben. Aber ich will nur nicht abgestempelt werden.« Er habe »Krone gesagt: Wenn ich zum Bundeskanzler gewählt werde oder gewählt wäre, dann werde ich ihm einen Brief schreiben, in dem steht das drin, was ich Ihnen gesagt habe. Den Brief kann ich nicht vorher schreiben, damit mir nicht nachgesagt wird, er hat das getan, nur um Bundeskanzler zu werden. Wenn die Wahl erfolgt ist, dann kriegt Krone diesen Brief.« Er müsse die Erklärung seines Rücktritts im Laufe der vier Jahre nicht damit begründen, dass er »zu alt« sei. Vgl. Die CDU/CSU-Fraktion im Deutschen Bundestag, 1961–1966, S. 46.

[62] John Foster Dulles (1888–1959), Rechtsanwalt, 1953–1959 Außenminister der Vereinigten Staaten von Amerika.

[63] Sir Winston Leonard Spencer Churchill (1874–1965), 1940–1945 und 1951–1955 britischer Premierminister (Konservative Partei).

vorgelegen habe,[64] von der aber der CDU-Kommission[65] nichts bekannt gewesen sei.[66] Auf Drängen habe Krone am 23. Oktober ihm (K[atzer]) zugegeben, er habe da etwa gesehen, er (K[atzer]) solle unbesorgt sein usw. Dergleichen sprach Rasner[67], den Krone entgegen dem Brauch mitbrachte und der in ausländischer Presse mit Erhard und Strauß als Gegner Vaters (!) genannt wird. Katzer ließ nicht locker, hat bei Vater davon angefangen. Vater habe gesagt, ich habe da so einen langen Streifen liegen, den Herr Krone aber geprüft hat und der mir aber total als FDP-Produkt vorkommt. Vater habe dann zitiert, er habe es bisher *nicht* gelesen (!), und das sei unannehmbar gewesen. Krone habe sich gewunden, schließlich sei klar geworden, dass er (Kr[one]) dieses Papier (mit Rasner)[68] für sich behalten habe, etwas daran korrigiert habe und so bei FDP am Beschlusstag Eindruck erweckte, Zustimmung beziehe sich darauf!

Themen zum Beispiel: Keine Steuererhöhung; Stillstand der Sozialgesetze usw. Praktisch: Einfrieren des Status quo »bei Notwendigkeit«.

---

64  Vgl. Erklärung der FDP zu außen- und verteidigungspolitischen Fragen, 5.10.1961, in: FDP-Bundesvorstand 1960–1967, S. 241–243 sowie möglicherweise gemeint Vermerk über das Koalitionsgespräch am 10.10.1961 zu sozialpolitischen Themen, Umorganisation des Ministeriums für Flüchtlinge, Vertriebene und Kriegsgeschädigte bzw. Vermerk von Hans-Dietrich Genscher und Hans Lenz zur Finanzreform, Eigentumspolitik und Mitbestimmung, beide in: AdL, NL Mischnick A47-1036.

65  In der CDU-Bundesvorstandssitzung am 19.9.1961 war die Einsetzung eines »beratenden Gremiums« für die bevorstehenden Koalitionsverhandlungen beschlossen worden (Adenauer: »Stetigkeit in der Politik«, S. 52). In der CDU/CSU-Fraktionssitzung am 27.9.1961 wurden die auf Beschluss des Bundesvorstands nominierten CDU-Mitglieder sowie die CSU-Mitglieder des Gremiums, das dem Parteivorsitzenden Adenauer für die Koalitionsverhandlungen »zur Verfügung stehen« sollte, bestätigt (Die CDU/CSU-Fraktion im Deutschen Bundestag, 1961–1966, S. 10–19, hier S. 11). Ihm gehörten neben den beiden Verhandlungsführern Adenauer (CDU) und Strauß (CSU) von Seiten der CDU Altmeier, Blank, Dufhues, Erhard, Gerstenmaier, von Hassel, Katzer, Kiesinger, Krone, Pferdmenges und Schröder sowie von Seiten der CSU Höcherl an.

66  Zu den Einwänden Katzers gegen Formulierungen zur Sozialpolitik in der Koalitionsvereinbarung vgl. dessen Äußerungen während der Sitzung der CDU/CSU-Bundestagsfraktion, 24.10.1961, in: Die CDU/CSU-Fraktion im Deutschen Bundestag, 1961–1966, S. 56–67, hier S. 64.

67  Will Rasner (1920–1971), 1953–1971 MdB (CDU), 1955–1971 Parlamentarischer Geschäftsführer der CDU/CSU-Bundestagsfraktion.

68  Eine erste Fassung des Koalitionsabkommens war am 18.10.1961 von Wolfgang Haußmann und Hans-Dietrich Genscher für die FDP erstellt worden, am 19.10. übergeben und am 20.10. von ihnen mit Krone und Rasner überarbeitet worden. Adenauer plädierte am 24.10. für Änderungen bei den wirtschafts- und sozialpolitischen Regelungen. Vgl. Die CDU/CSU-Fraktion im Deutschen Bundestag, 1961–1966, S. 64; Adenauer und die FDP, S. 884, Anm. 6.

Vater habe dazu am 23. [Oktober] gesagt, das sei unmöglich, er,
Katzer und andere ebenfalls. Daraufhin Platzen der Gespräche. Strauß
und Erhard hätten sich aber wieder zusammengetan. Krone habe total
[den] Kopf verloren, Vater sei nur von Leuten umgeben, denen nicht
zu trauen sei. Ob er mit Alten unter anderem Drei-Parteien-Regierung
fordern solle? – Ich rufe Vater an, bekomme (durch Fräulein Siegel[69])
sofort Antwort, die Darstellung stimme, und die Herren sollten tun,
was sie für richtig hielten. Abends Vater ganz erschossen, einmal wird
es 1.30 Uhr nachts – man habe sich aber geeinigt.[70] FDP müsse man
bei Beschluss lassen, aber nicht von Brentano opfern (für Strauß!)[71].
– Gestern hat Vater Mende allein gebeten, zu Montag.[72] Dieser erklärt:
mit Weyer[73]. Presse schreibt: Adenauer und Strauß, Mende und
Weyer![74] Armer Vater!
Vater sagt, Arbeitnehmer[-Vertreter] seien [die] einzige treue Gruppe! Aber was tun? Katastrophale Erfahrung mit Krone. Keinerlei Füh-

69  Hannelore Siegel (geb. 1929), 1958–1963 Sekretärin im Vorzimmer des Bun-
    deskanzlers, ab 1963 im Auswärtigen Amt tätig.
70  Berichte von Adenauer, Krone und Rasner in der Fraktionsvorstandssitzung und
    der anschließenden Fraktionssitzung am 24.10.1961 über den Stand der Koali-
    tionsverhandlungen, das Koalitionsabkommen zwischen CDU, CSU und FDP,
    das in der vorausgegangenen Nacht zustande gekommen war, sowie die ange-
    dachte personelle Zusammensetzung der neuen Bundesregierung: Die CDU/
    CSU-Fraktion im Deutschen Bundestag, 1961–1966, S. 52–67.
71  Die Koalitionsverhandlungen wurden am 26.10.1961 aufgrund der ungelösten
    Frage, wer den Posten des Bundesministers des Auswärtigen besetzen solle,
    ohne Ergebnis abgebrochen. Die CDU hielt an von Brentano fest, während die
    FDP-Fraktion mit Mende an der Spitze in einer Entschließung am 25.10.1961
    jede Änderung an der Koalitionsvereinbarung ablehnte und die Ersetzung von
    Brentanos durch einen anderen Unionspolitiker forderte sowie eine Beteiligung
    an der politischen Führung des Auswärtigen Amts durch einen Staatsminister.
    Vgl. dazu Aufzeichnung der Besprechung zwischen den Mitgliedern der Ver-
    handlungskommissionen von CDU, CSU und FDP, 26.10.1961, in: Adenauer
    und die FDP, S. 883–896; zur Anfrage der FDP bei Strauß, das Amt des Außen-
    ministers zu übernehmen, vgl. Strauß, Erinnerungen, S. 407 f.
72  Am 28.10.1961 nutzte Adenauer im Telefonat mit Mende, indem er ihm zum
    Geburtstag gratulierte, um die FDP zu einem erneuten Gespräch am 30.10.1961
    einzuladen. Vgl. Aufzeichnung Adenauer für Krone und Globke, 31.10.1961,
    in: Adenauer, Briefe 1961–1963, S. 34–43, 49, hier S. 39; Adenauer und die
    FDP, S. 897–904, hier S. 899; Mende, Die neue Freiheit, S. 486.
73  Willi Weyer (1917–1987), 1950–1954 und 1958–1975 MdL Nordrhein-West-
    falen (FDP), 1958–1962 Fraktionsvorsitzender, 1956–1972 Vorsitzender des
    FDP-Landesverbandes, 1962–1975 nordrhein-westfälischer Innenminister,
    1963–1968 stellvertretender FDP-Bundesvorsitzender.
74  Zum Verlauf der Besprechung am 30.10.1961 vgl. Bericht Adenauer an Globke
    und Krone, 31.10.1961, in: Adenauer, Briefe 1961–1963, S. 34–49, hier S. 39–
    41.

rerbegabung. Zu feige. Und [er soll] Nachfolger werden? – Freitag kommen Berg[75], Abs[76], Pferdmenges[77] zu Vater.[78] Von Brentano kommt von Mende. Am Schluss erzählt Vater von Chruschtschow (der Vater »Erzdämon« nannte[79]) und bietet ihnen an, Krim-Sekt mitzunehmen, der noch herumsteht von Chruschtschow.[80] Sie tun es lachend …! Und in Berlin …!

Vater erzählt heute, Strauß habe diese Woche wieder im »Haus Bayern« mit Höcherl[81] versucht, Mende zu Überlegungen über »anderen Kanzler« zu veranlassen, Mende habe aber abgelehnt.[82] Strauß

[75] Fritz Berg (1901–1979), Fabrikant, Inhaber eines Unternehmens der Stahl-, Eisen- und Metallwarenindustrie in Altena/Westfalen, 1949–1971 Vorsitzender des Präsidiums des Bundesverbandes der Deutschen Industrie, 1961–1971 Präsident der Union der europäischen Industrien (Unice).

[76] Hermann Josef Abs (1901–1993), Bankier, 1957–1967 Vorstandssprecher der Deutschen Bank AG in Frankfurt/Main.

[77] Robert Pferdmenges (1880–1962), Bankier, Aufsichtsratsmitglied und Vorsitzender verschiedener Unternehmen, 1950–1962 MdB (CDU), Mitglied des CDU/CSU-Fraktionsvorstandes und des CDU-Bundesparteivorstandes. Zu dessen Rolle in den Koalitionsverhandlungen vgl. Adenauer und die FDP, S. 854–856.

[78] An der Besprechung am 27.10.1961 nahmen noch Rechtsanwalt Stein (vermutlich Gustav Stein, 1957–1963 Hauptgeschäftsführer des Bundesverbandes der Deutschen Industrie) und Globke teil (Adenauer, Kalendarium).

[79] In seiner Schlussrede auf dem XXII. Parteitag der KPdSU in Moskau sagte Chruschtschow am 27.10.1961 laut TASS: »Bestimmend für die Politik der Westmächte in der deutschen Frage sind nicht die Interessen des Friedens, sondern vor allem die Interessen der militärischen und revanchistischen Kräfte Westdeutschlands. Der Erzdämon, der diese Politik bestimmt, ist Kanzler Adenauer.« Vgl. Dokumentation zur Deutschlandfrage, Hauptbd. III, S. 30 f., hier S. 31. Die Bezeichnung »Erzdämon« wurde in der Veröffentlichung der Rede ersetzt durch »Derjenige aber …« (Die Sowjetunion heute, 6. Jg. Nr. 33, 20.11.1961, Auszug abgedruckt in: DzD, IV. Reihe/Bd. 7, S. 900–906, hier S. 902).

[80] Offenbar von Chruschtschow während des Besuchs von Adenauer im September 1955 in Moskau erhalten. Vgl. Adenauer, Erinnerungen 1953–1955, S. 487–552; Informationsgespräch Adenauer, 20.9.1955, in: Adenauer, Teegespräche 1955–1958, S. 5–30; Dokumente zur Moskaureise http://www.konrad-adenauer.de/dokumente/dokumente-zur-moskaureise/; Altrichter (Hg.): Adenauers Moskaubesuch 1955, Bonn 2007; Kilian, Adenauers Reise nach Moskau, Freiburg/Breisgau 2005; Schwarz, Eine Reise ins Unbekannte, in: HPM, Heft 12 (2005), S. 173–192; Wettig, Adenauers Moskau-Besuch aus sowjetischer Sicht, ebd., S. 193–202.

[81] Hermann Kurt Höcherl (1912–1989), 1953–1976 MdB (CSU), 1957–1961 Vorsitzender der CSU-Landesgruppe, 1961–1965 Bundesminister des Innern, 1965–1969 Bundesminister für Ernährung, Landwirtschaft und Forsten.

[82] Zu den Gesprächen, die Strauß mit Vertretern der FDP in der Bayerischen Landesvertretung in Bonn führte, vgl. Strauß, Erinnerungen, S. 407.

habe auch auf CSU-Sitzung[83] erklärt, Vater leide unter partiellen oder zeitweisen Bewusstseinstrübung. Dies sei auch in [der] Zeitung gewesen.[84]

Freitag, 3. November 1961
Bis zuletzt schauderhafte Tage; Vater sagt, es stehe ihm bis oben, die Charakterlosigkeit der eigenen Leute. Und er mache nur deshalb nicht Schluss, weil es um Deutschland gehe, um die Zukunft, auch seiner Kinder – »oder wollt Ihr Sklaven werden?« Jetzt schon sei der Vertrauensschwund da. Rusk habe [ein]mal erklärt, [die] USA hätten keine direkten Reibungsflächen mit [der] UdSSR, nur Deutschland und National-China.[85]

Und nun [zur] Lage: CDU gestern mit 1 Gegenstimme und 1 Enthaltung *für* Vater,[86] aber auch für Zusatzprotokolle in Sachen Innen- und Sozialpolitik, die das korrigieren sollen, was Krone und Rasner durch Annahme des »FDP«-Protokolls »versaut« haben.[87]

Von Brentano war am 28. [Oktober] bei Pferdmenges, Vater wusste das vorher; Pferdmenges soll ihm Beratungsaufträge zusagen. Von Brentano sagte Vater zu, dass er nicht zurücktreten werde (wie FDP will), ohne vorher mit Vater gesprochen zu haben. Dann tat er es doch,[88] noch *vor* Treffen [von] Vater und Strauß mit Mende und

---

[83]  Wohl gemeint die Sitzung am 24.10.1962. Vgl. Die CSU-Landesgruppe im Deutschen Bundestag, 1949–1972, CD-Supplement S. 654 f.

[84]  Im Folgenden gestrichen: »Eben sagt er: ich habe«; Eintrag bricht an dieser Stelle der Textvorlage ab.

[85]  Adenauer wies in der Unterredung mit de Gaulle am 15.2.1962 ebenfalls auf die Äußerung Rusks hin. Vgl. Adenauer, Erinnerungen 1959–1963, S. 139.

[86]  In der Sitzung der CDU/CSU-Fraktion fand am 2.11.1961 eine Aussprache über die Koalitionsverhandlungen und die Ressortverteilung statt. Die Fraktion billigte den Antrag Krones, ihn zu ermächtigen, den Bundespräsidenten zu bitten, Adenauer dem Deutschen Bundestag als Kandidaten für die Wahl zum Bundeskanzler vorzuschlagen. Das Ergebnis lautete: »Eine Gegenstimme (Bucerius), Stimmenthaltung verschiedener Berliner Abgeordneter und von Böhm«. Vgl. Die CDU/CSU-Fraktion im Deutschen Bundestag, 1961–1966, S. 79–93, hier S. 93.

[87]  Dazu Aufzeichnung der Besprechung zwischen den Mitgliedern der Verhandlungskommissionen von CDU, CSU und FDP, 26.10.1961, in: Adenauer und die FDP, S. 885.

[88]  Von Brentano bat mit Schreiben vom 28.10.1961 Adenauer um seine Entlassung. Wortlaut in: Baring/von Oetinger/Mayer, Sehr verehrter Herr Bundeskanzler!, S. 363–366. Zu den Bemühungen, von Brentano von dessen Rücktritt abzuhalten, vgl. Osterheld, »Ich gehe nicht leichten Herzens ...«, S. 79.

Weyer.[89] Als von Brentano Vater vorm[ittags] (30.10.) Besuch macht,[90]
ist Pferdmenges *dabei* (Presse!) – CDU zum Teil voll Groll. Man spürt,
dass er geopfert wurde,[91] und am 30. [Oktober] nachmittags wird klar
(nach Vater) an dem Widerstand gegen Hallstein[92], dass FDP *gegen*
Vaters Außenpolitik ist. Er sagt das offen, meint, von Brentano habe
vielleicht Recht gehabt.
Am 2. November [ist] Erhard bei Lübke[93], u. a. m. Soll gesagt haben, er könne in 24 Stunden Regierung bilden (so auch »Stuttgarter
Zeitung«[94]). FDP berät bis 24 Uhr,[95] billigt dann Vater als Kanzler,

[89]  Nachdem Adenauer am 28.10.1961 mit Mende die Wiederaufnahme der Koa-
      litionsverhandlungen vereinbart hatte, trafen beide sowie Strauß und Weyer am
      30.10.1961 um 10 Uhr zu weiteren Gesprächen zusammen (Adenauer, Kalenda-
      rium).
[90]  Eine halbe Stunde nach Beginn der Koalitionsverhandlungen gab von Brentano
      bekannt, er habe am 28.10.1961 den Bundeskanzler gebeten, dem Bundesprä-
      sidenten seine Entlassung aus dem Amt vorzuschlagen. Er habe sich entschlos-
      sen, der neuen Bundesregierung nicht mehr anzugehören (Wortlaut der Erklä-
      rung in: Baring/von Oetinger/Mayer, Sehr verehrter Herr Bundeskanzler!,
      S. 372 f.). Adenauer und von Brentano trafen sich am 30.10.1961 um 13 Uhr
      zum Mittagessen (Adenauer, Kalendarium).
[91]  Als Adenauer erkannte, dass von Brentano als Außenminister nicht mehr zu
      halten war, hatte er, Strauß zufolge, ihm das Amt des Außenministers nicht
      anbieten können, weil er ihn angesichts der Ost-West-Spannungen als Verteidi-
      gungsminister nicht verlieren wollte. Vgl. Strauß, Erinnerungen, S. 408.
[92]  Walter Hallstein (1901–1982), Ordinarius für Privat- und Gesellschaftsrecht,
      1958–1967 Präsident der EWG-Kommission. Die FDP lehnte Hallstein, der bis
      zu seiner Berufung zum Präsidenten der EWG-Kommission Staatssekretär des
      Auswärtigen Amts war, wegen der nach ihm benannten »Hallstein-Doktrin«
      und als »Hemmnis für eine bewegliche Außenpolitik« ab. Im Hintergrund
      standen auch persönliche Auseinandersetzungen zwischen Hallstein und Dehler.
      Vgl. dazu Aufzeichnung Adenauer an Krone und Globke, 31.10.1961, in: Ade-
      nauer und die FDP, S. 900; Mende, Die neue Freiheit, S. 487 f.
[93]  Heinrich Lübke (1894–1972), 1953–1959 Bundesminister für Ernährung,
      Landwirtschaft und Forsten, 1959–1969 Bundespräsident.
[94]  Dazu Informationsbericht Strobel, 3.11.1961, in: Adenauer und die FDP,
      S. 907–910, hier S. 907 f. Zur Ankündigung des Gesprächs von Erhard und
      Lübke am 2.11.1961 vgl. Vor der Entscheidung über einen Kanzler Adenauer.
      Hallstein lehnt die Nachfolge Brentanos im Auswärtigen Amt ab – Schröder
      wird genannt, in: »Stuttgarter Zeitung«, Nr. 253, 2.11.1961, S. 2. Der Bericht
      »Der CDU-Vorstand schlägt Schröder als neuen Außenminister vor. Die Bonner
      Koalitionsverhandlungen in der Endphase«, ebd., Nr. 254, 3.11.1961, S. 1 f.,
      enthält zwar den Hinweis darauf, dass das Gespräch tags zuvor stattfand, aber
      nicht die zitierte Äußerung Erhards.
[95]  Die FDP-Bundestagsfraktion tagte am 2.11.1962 von 15.15 bis 23 Uhr. Vgl.
      Adenauer und die FDP, S. 909 Anm. 11.

Schröder[96] als Außenminister, aber verlangt Verzicht auf Zusatzprotokolle. – Vater nachts 12 Uhr von Süsterhenn[97] informiert; Lücke[98] ruft mich an, es werde zum großen Schlag ausgeholt, man mache [den] Bundespräsidenten mobil, und der solle um 11 Uhr Vater »weich« machen.[99] Das dürfe er nicht. Große Teile der Fraktion seien dann lieber für 3-Parteien- oder CDU/CSU/SPD-Regierung, um Vater zu erhalten gegenüber Erhard. Erhard scheine mehr getrieben zu sein als Strauß, der selbst treibe. – Ich teile dies über Vorzimmer ([Neulen][100]) Vater mit.[101] – Und jetzt, 20 Uhr, sagt Lücke mir, Erhard und Strauß und Schmidt[102] (Wuppertal) hätten bei ihm protestiert gegen Spiel mit mir![103] Bisher unerklärlich.

---

[96] Gerhard Schröder (1910–1989), Rechtsanwalt, 1949–1980 MdB (CDU), 1953–1961 Bundesminister des Innern, 1961–1966 Bundesminister des Auswärtigen, 1966–1969 Bundesminister für Verteidigung.

[97] Adolf Süsterhenn (1905–1974), Rechtsanwalt, 1951–1961 Präsident des Oberverwaltungsgerichts und des Verfassungsgerichtshofs von Rheinland-Pfalz, 1961–1969 MdB (CDU).

[98] Paul Lücke (1914–1976), 1949–1972 MdB (CDU), 1954–1965 Präsident des Deutschen Gemeindetages, 1957–1965 Bundesminister für Wohnungsbau bzw. Wohnungswesen, Städtebau und Raumordnung, 1965–1968 Bundesminister des Innern.

[99] Dazu Eintrag Krone, 4.11.1961 (Tagebücher, Erster Bd.: 1945–1961, S. 548): »Gegen Adenauer stehen Gerstenmaier und Erhard. … Gerstenmaier will Kanzler einer Allparteienregierung werden und spielt, wo er nur kann, dieses Spiel. Der Kanzler hat an Sympathie im Volke viel verloren. In der Fraktion kommt kaum Beifall auf, wenn einer zu seiner Wahl als Kanzler auffordert. Es dauert zu lange, und er ist doch zu alt. Man würde Erhard wählen, die einen, weil die ihn wollen, die anderen, um endlich zur Ruhe zu kommen. Doch wählt man den Alten noch einmal, nun eben, weil er da ist und ›er‹ es selber will. Lübke will Adenauer nicht.«

[100] Fräulein Neulen war 1961/62 neben den Sekretärinnen Anneliese Poppinga und Hannelore Siegel im Vorzimmer des Bundeskanzlers tätig.

[101] Vgl. Mitteilung Paul Adenauer an den Bundeskanzler, 3.11.1961, geheim, mit beigefügter Notiz, in: StBKAH VI c/2, Faksimile S. 130.

[102] Otto Schmidt (1902–1984), Rechtsanwalt, Syndikus, Verleger, 1957–1972 MdB (CDU).

[103] Zur Schlussphase der Koalitionsverhandlungen vgl. Informationsbericht Strobel, 3.11.1961, in: Adenauer und die FDP, S. 907–910.

Herr Kaplan Adenauer rief soeben an und teilte mit,
daß Herr BM Strauß und Herr BM Erhard Herrn
BM Lücke den gleichen Wortlaut der anl. Mitteilung
vorgehalten habe.  Da diese Mitteilung als sehr
vertraulich angesehen werden muß, bittet der Herr
Kaplan den Herrn Bundeskanzler um Genehmigung,
diese Mitteilung vernichten zu dürfen.

3. 11. 61/Neu.

Herr Kaplan Adenauer teilt mit:

Herr BM Lücke habe ihm folgendes mitgeteilt:

1) Herr BM Lücke sei gestern abend mit Süsterhenn und anderen
im Bundeshaus gewesen und er habe den Eindruck gewonnen, daß
das, was sich jetzt zeige, eine komplette Offensive sei, unterstützt von Leuten der CDU/CSU mit dem Ziele, den Herrn
Bundespräsidenten zu veranlassen, daß er jetzt Erhard vorschlägt.
Es sei gestern dem Bundespräsidenten zum Ausdruck gebracht
worden, von dem kompetenten Herrn, daß eine Regierung unter
Erhard sofort stehen könnte. Es sei jetzt ~~xxxix~~ höchste Zeit,
daß der Bundespräsident handeln müsse. ~~Deshalb~~ Darauf sei
auch das Hinauszögern der FDP zurückzuführen.

2) Die Mehrheit der Fraktion, und zwar die Arbeitnehmerschaft wie
auch die Befürworter der bisherigen Außenpolitik des Herrn
Bundeskanzlers (wie v. Guttenberg, Jäger etc.) sind auf alle
Fälle dafür, daß er (der Herr Bundeskanzler) Kanzler bleiben
muß, auch wenn man dazu eine 3er Koalition oder eine schwarz-
rote Koalition brauche. Darum würde eine starke Gruppe heute
nach-mittag den Zusammentritt der Fraktion befürworten, um
eine Änderung des Beschlusses des Auftrags zur Regierungsbildung durchzusetzen.

Herr BM Lücke stehe dem Herrn Bundeskanzler zur mündlichen
Berichterstattung zur Verfügung.

Bonn, den 3. 11. 61

Dienstag, 7. November 1961, 23.45 Uhr
*Vater mit 259 Stimmen gewählt.*[104] *Deo gratias!*
Gestern Vorstoß Erhards, der Entwicklungshilfeminister ablehnt.[105]
Erhard war Sonntag bei Lübke 1 ½ Stunden; dann Montag bei Vater
lange. Vater widerstand. Sogar heute noch, mit Mende, Vorstoß! Vater
nahm Erhard mittags nach Tisch [mit] ins Nebenzimmer, setzte sich
hin, ließ Erhard auf und ab gehen, der übererregt war, nahm ihn am
Rock, sagte ihm: »Sehen Sie mich an! Nehmen Sie Vernunft an!« Erhard drohte mit Rücktritt.[106] Hätte Vater nachgegeben, wäre [die]
Wahl geplatzt. Erhard beschwerte sich vor allem, dass Vater ihn einmal
vor den Wahlen als »*einen* unter anderen« möglichen Nachfolgern
bezeichnet hatte.[107]
Er will unbedingt Nachfolge-Erklärung[108] erpressen. Bucerius[109]
und Blumenfeld[110] erklären, Vater nicht wählen zu können.

---

104 Bei der Wahl des Bundeskanzlers in der 2. Sitzung des Deutschen Bundestages
am 7.11.1961 erhielt von 490 Stimmen und 19 Stimmen der Berliner Abgeordneten Adenauer 258 Ja-Stimmen, 206 Nein-Stimmen und von den Berliner
Abgeordneten 8 Ja-Stimmen und 10 Nein-Stimmen, Enthaltungen 26 Stimmen
und 1 Stimme eines Berliner Abgeordneten. Vgl. Verhandlungen des Deutschen
Bundestages, 4. Wahlperiode, Stenographische Berichte, Bd. 50, S. 10.
105 Für das Ministeramt des neu gegründeten Bundesministeriums für wirtschaftliche Zusammenarbeit war von der FDP Walter Scheel vorgeschlagen worden.
Vgl. Mende, Die neue Freiheit, S. 487.
106 Eintrag Krone (Tagebücher, Erster Bd.: 1945–1961, S. 548), 4.11.1961: »Erhard, der sich in der Frage des Entwicklungsministeriums einmal wieder wie ein
Held zeigt, demissioniert, wenn er seinen Willen nicht bekommt, gibt wie stets
nach.«
107 Vgl. Schwarz, Die Ära Adenauer 1957–1963, S. 229; Koerfer, Kampf ums Kanzleramt, S. 565, 593.
108 Adenauer schrieb am 8.11.1961 an den Vorsitzenden der CDU/CSU-Bundes-
tagsfraktion (ACDP, NL Krone 01–028–008/1): »Den Wahlkampf 1965 beab-
sichtige ich nicht, für meine Partei zu führen. Ich werde daher mein Amt als
Bundeskanzler so rechtzeitig niederlegen, daß mein Nachfolger in diesem Amte
eingearbeitet ist, dies zu tun.«
109 Bucerius spielte offenbar zeitweise mit dem Gedanken, »eine Art liberale Ab-
splitterung von der CDU zu betreiben, um dadurch die Berufung Erhards zum
Kanzler zu schleunigen«. Vgl. Strauß, Erinnerungen, S. 409.
110 Erik Blumenfeld (1915–1997), Kaufmann, 1958–1968 Landesvorsitzender des
Landesverbandes der CDU Hamburg, 1961–1980 MdB. Vgl. zur Rolle Blumenfelds Koerfer, Kampf ums Kanzleramt, S. 574.

Sparsamer Beifall bei FDP.[111] Aber auch Wehner, Brandt, Schmid[112] gratulieren Vater! Vater erkennt dies an. Tischreden Pferdmenges: »Konrad IV«[113] – Koko[114]: Familie! – Vater: Unglücklicher Tag. »Was ich mir da aufgeladen habe.« Partei! Volk und Vaterland *retten*. »Ich bin Gärtner, der sät, hegt und pflegt und wachsen lässt.« So auch in Politik. Trinkspruch: »auf unser Volk«.
*Später*: Vater bricht los: »Jetzt habe ich es noch mal getan, zum letzten Mal. Keine Wiederwahl mehr. Wer will mir noch etwas! Ich habe schwere Last nochmals aufgenommen, nicht umsonst.« Preis dafür: dass ich tun kann, was Deutschland braucht. Sehr ernste Stunde: Wir sind »am vermodern«, Wohlstandsgefahr, keine Arbeitsfreude mehr, Entchristlichung schreitet fort, öffentliche Moral wird schlechter, Kirchen sehen es nicht, in Frankreich kann de Gaulle über den Haufen geschossen werden,[115] in Italien alles weich[116] – wenn hier Erhard [regiert], dann seid Ihr und [Euere] Kinder verloren, denn dann SPD-Wahlsieg, und SPD hat kein Nationalgefühl im Sinne christlicher Tradition, [weil sie] anfällig gegen[über dem] Osten [ist]. Also Partei erneuern, Bucerius raus u. a. m., gegen Presse-Konzentration mit FDP, wirklich regieren: »Ich will bare Macht (Machiavelli[117] wusste es), um Deutschland zu retten«; Bundesregierung sowieso beschränkt, muss aber Macht brauchen, die [das] Grundgesetz gibt. »Ihr wisst alle nicht, wie es aussieht ...« Felonie in eigenen Reihen! – Krone meint, es sei doch vielen klar. Vater spielt deutlich an auf Krone, da Erhard ausgeschlossen [ist]. – O Herr, werden die Christen es noch einmal schaffen?

---

111  Nachdem Adenauer seine Wahl angenommen hatte, steht im Protokoll vermerkt: »(Lebhafter Beifall bei der CDU/CSU)«. Vgl. Verhandlungen des Deutschen Bundestages, 4. Wahlperiode, Stenographische Berichte, Bd. 50, 7.11.1961, S. 10.
112  Carlo Schmid (1896–1979), Völkerrechtler und Politikwissenschaftler, 1949–1972 MdB (SPD), 1966–1969 Bundesminister für Angelegenheiten des Bundesrats.
113  Konrad Paul Karl Adenauer, genannt »Konrad IV« (geb. 1945), Notar, erster Sohn von Konrad und Karola Adenauer.
114  Konrad August Emil Emanuel Adenauer, genannt »Koko« (1906–1993), Dr. jur., ältester Sohn von Konrad und Emma Adenauer.
115  Vgl. Anm. 10.
116  Zur politischen Lage vgl. Dietrich Mende, Italien auf dem Weg zur »Apertura a Sinistra«, in: Cornides/Ders. (Hrsg.), Die Internationale Politik 1961, S. 211–222, insbes. S. 211–218.
117  Niccolò di Bernardo dei Machiavelli (1469–1527), florentinischer Politiker, Diplomat und Schriftsteller. Anspielung auf dessen Werk »Il Principe«, verfasst 1513 und posthum 1532 erschienen.

Mittwoch, 8. November 1961

Die ganze Szene von gestern verlässt mich nicht. Wie Vater im Red-ner-Ton sprach:»Wollen Sie, Kinder und Kindeskinder [...] – ich will es nicht!« Er spürte mit unheimlicher Wucht, was vor sich ging. Heu-te früh:»Schlechte Wahl«,»daher auch mein Groll«. Aber in Kürze nach USA usw. usw. Und Krone[118] und Frau[119] dabei – dagegen Pferd-menges und Frau[120] – welche Typen! Wird sich die CDU ermannen, Führung bekommen, finanziell unabhängiger werden?

Freitag, 10. November 1961

Gestern Vater voll Zorn nach 1. Tag: Bundespräsident will nicht ohne Prüfung Bundesminister ernennen, wie [es das] Grundgesetz vor-sieht;[121] bei[de] gegen Schröder[,] neuer Knüppel vor die Beine! Auch Erhard macht noch immer Schwierigkeiten. Vater:»Ich muss Kopf frei halten für USA und Berlin.[122] Alles andere [ist] zweitrangig.« Helene Weber[123] kommt»wie Steinbild« und verlangt Frau als Familienmi-

---

[118] Eintrag Krone (Tagebücher, Erster Bd.: 1945–1961, S. 550), 12.11.1961:»Am Abend nach der Wahl waren Pferdmenges und Frau, Mimi und ich bei einem Abendessen des Kanzlers mit seinen Kindern. Er war es, wie immer bei solchen Zusammenkünften, der froh und gelöst den ganzen Abend die Gesellschaft unterhielt.«

[119] Emilie Krone, geb. Janiak, genannt»Mimi« (1895–1989), seit 1923 verheiratet mit Heinrich Krone.

[120] Dora Pferdmenges, geb. Bresges (1887–1970), seit 1909 verheiratet mit Robert Pferdmenges. Zu den Beziehungen zu Konrad Adenauer vgl. Paul Adenauer, Einführung, in: Freundschaft in schwerer Zeit, S. 11–14.

[121] »Lübke will die Ernennungsurkunde Schröders nicht unterzeichnen«, notierte Krone (Tagebücher, Zweiter Bd.: 1961–1966, S. 1) am 13.11.1961 und tags zuvor.»Der Bundespräsident traute Schröder nicht zu, sich energisch genug bei den Westmächten für die Interessen West-Berlins einzusetzen. Zudem hatten der Berliner Bürgermeister Franz Amrehn (CDU) und die 2. Vorsitzende des CDU-Landesverbandes Berlin, Peter Lorenz, ebenfalls starke Vorbehalte gegen Schröder bei Lübke hinterlegt.« Vgl. Eintrag Krone, 12.11.1961, in: Krone, Tagebücher, Erster Bd.: 1945–1961, S. 549; Entwurf des hs. Schreibens Amrehn an Lübke, 5.11.1961, in: ACDP, NL Amrehn 01–295–017/2. Dazu auch Morsey, Heinrich Lübke, S. 347 f.

[122] Adenauer hielt sich vom 19. bis 22.11.1961 zu Gesprächen mit Kennedy in Washington auf, bei denen die Entwicklung der Berlin-Krise im Vordergrund stand. Gesprächsaufzeichnung, 20.11.1961, in: StBKAH III/60; Gesprächsauf-zeichnung 21.11.1961, ebd., III/052; vgl. auch Memorandum of Conversation Adenauer–Kennedy, 20., 21. und 22.11.1961, in: FRUS 1961–1963, Vol. XIV, S. 590–595, 603–618, 620–632.

[123] Helene Weber (1881–1962), Studienrätin, 1916–1962 Vorsitzende des Berufs-verbands katholischer Fürsorgerinnen, 1949–1962 MdB (CDU), seit 1945 füh-rende Vertreterin katholischer Frauenorganisationen.

nisterin[124]! Vater meint, sie habe sich »stark« gemacht, aber sie lächelt nicht. Gut: Von Brentano will für Partei und Fraktion mitarbeiten. Bravo!

Samstag, 11. November 1961
Vater abends stolz, todmüde, zusammengezogen im Rücken vor Müdigkeit, [kommt] um 21 Uhr nach Hause: »Ich habe [die] Regierung fast fertig.« FDP-Leute stimmten zu, mit Erhard [ist] alles klar, er besaß die Frechheit, erst dann zu sagen: »Jetzt gratuliere ich Ihnen! Aber ich hatte auch im Beisein [der] FDP vormittags gesagt: Wenn Erhard mit Scheel[125] jetzt nicht klarkommt, dann werde ich ihm Brief schreiben, ob er Wirtschaftsminister bleiben wolle; sonst nehme ich Hellwig[126].« Kein Widerspruch, alles fügt sich.[127] Erhard sonnig und jovial!!! – Auch mit Frauen klar,[128] gute Helene Weber leider etwas zu theatralisch: alt!

Als ich von Köln, Beirat des Kreuz-Kollegs,[129] Martinszug usw. erzähle, sagt er wehmütig: »Hätte ich doch auch etwas mehr häusliche

---

124 Auf Drängen der Frauenvertreterinnen einigten sich CDU, CSU und FDP im Verhandlungsausschuss am 10.11.1961, ein Ministeramt mit einer Frau zu besetzen. Adenauer war Elisabeth Schwarzhaupt vorgeschlagen worden, doch er bevorzugte Luise Rehling (Schreiben Adenauer an Rehling, 11.11.1961, in: Adenauer, Briefe 1961–1963, S. 57), die das Angebot jedoch wegen des Gesundheitszustandes ihres Mannes ablehnte (ebd., S. 377).

125 Walter Scheel (1919–2016), 1953–1974 MdB (FDP), 1961–1966 Bundesminister für wirtschaftliche Zusammenarbeit, 1967–1969 Vizepräsident des Deutschen Bundestages, 1974–1979 Bundespräsident.

126 Fritz Hellwig (geb. 1912), Dr. phil. habil., 1951–1959 Geschäftsführender Direktor des Deutschen Industrieinstituts in Köln, 1953–1959 MdB (CDU), 1959–1967 Mitglied der Hohen Behörde der EGKS.

127 Eintrag Krone (Tagebücher, Erster Bd.: 1945–1961, S. 549), 12.11.1961: »Erhard war auch in dieser Woche wieder eine Wetterfahne. Er hat den Kanzler Adenauer gewählt und hatte das mir auch vorher telefonisch mitgeteilt. Zwischen Gehen und Bleiben hin und her gerissen, entschied er sich für das Verbleiben, und das ist gut; denn wir können nach Brentano keinen Fall Erhard ertragen. Auch das habe ich dem Kanzler deutlich gesagt, als er Hellwig aus Luxemburg holen wollte.«

128 Elisabeth Schwarzhaupt (1901–1986) wurde zur ersten Bundesministerin, und zwar für Gesundheitswesen, ernannt.

129 Helene, genannt »Ella«, Schmittmann (1880–1970), Kusine von Emma Weyer (Konrad Adenauers erster Frau), seit 1903 verheiratet mit Professor Dr. jur. Benedikt Schmittmann (1872–1939), gründete 1953 in Köln als rechtlichen Träger des Benedikt-Schmittmann-Hauses den Verein Kreuz-Kolleg Benedikt-Schmittmann-Haus e. V. im Andenken an ihren Mann und leitete das Studentenkolleg bis zu ihrem Tod. Vielfältige Belege für die Verbindungen der Familien Adenauer und Schmittmann in: Adenauer im Dritten Reich, passim.

Freuden, Anhänglichkeit und Dankbarkeit, Wachstum unter meinen Leuten. Wirklich, es ist ein furchtbares Geschäft. Und wozu? Wie schnell zerrinnt es wieder!« – Lübke will ihm Abs aufdrängen als Außenminister.[130] Vater muss dies »abwehren«! – Chruschtschow spricht von Vaters »großem Talent, Friedenswerk mit ihm zu vollbringen«[131] ...

Montag, 27. November 1961 (Norderney)
Am 14. November war die Vereidigung des 4. Kabinetts Adenauer.[132] – Die SPD wollte durchsetzen, dass sofort die Regierungserklärung abgegeben würde, erhielt aber das Wort erst nach der Vereidigung[133] und verließ daher den Saal vor der Zeremonie![134] Vater abends auf dem Weg: »Beschämend!« Schlechter Auftakt, kein Respekt vor der Würde des Eides. Und Vater leistete ihn wacker zum 4. Mal, vor Gott ...[135] – Lübke hatte Widerstand gegen Schröder erst aufgegeben, als feststand, dass Krone, der Berliner, ins Kabinett käme[136] ...!
Ich besuche am 16. [November] Lücke: Das Bild allzu menschlicher Vorgänge rundet sich ab: Bundespräsident in schwersten, fast skrupulösen Gewissensnöten, laufend bearbeitet von Erhard, Strauß,

---

130 Zu den Überlegungen Adenauers, Abs zum Nachfolger von Brentanos als neuen Außenminister vorzuschlagen, vgl. Morsey, Heinrich Lübke, S. 346 f.
131 In einer Unterredung am 9.11.1961 mit dem Botschafter der Bundesrepublik Deutschland in Moskau, Hans Kroll, sagte Chruschtschow: »Die Gesamtbereinigung des deutsch-sowjetischen Verhältnisses im Sinne einer Normalisierung und schrittweisen freundschaftlichen Gestaltung der Beziehungen sei die mit Abstand wichtigste internationale Aufgabe. ... ›Die endgültige Versöhnung des deutschen und des sowjetischen Volkes würde die Krönung meiner außenpolitischen Lebensarbeit bedeuten. Ich wäre glücklich, wenn ich dieses Versöhnungswerk mit Ihrem Bundeskanzler persönlich zuwege brächte.‹« Vgl. Kroll, Lebenserinnerungen eines Botschafters, S. 525–527, hier S. 527.
132 Zur Vereidigung Adenauers und der Bundesminister vgl. Verhandlungen des Deutschen Bundestages, 4. Wahlperiode, Stenographische Berichte, Bd. 50, 14.11.1961, S. 13–15.
133 Vor der Vereidigung des Bundeskanzlers bat der SPD-Abgeordnete Karl Mommer um Wortmeldung zur Tagesordnung (ebd., S. 13).
134 Mommer bedauerte, dass entgegen früherer Praxis dieses Mal die Vereidigung und die Abgabe der Regierungserklärung des Bundeskanzlers zeitlich getrennt erfolgten (ebd., S. 16). Vgl. dazu auch Mende, Die neue Freiheit, S. 488 f.
135 Gemeint: der Schlusssatz der Eidesformel: »So wahr mir Gott helfe« (vgl. Verhandlungen des Deutschen Bundestages, 4. Wahlperiode, Stenographische Berichte, Bd. 50, S. 13).
136 Zur Abneigung Lübkes gegenüber Schröder: Morsey, Heinrich Lübke, S. 347–349, hier S. 348. Krone wurde zum Bundesminister für besondere Aufgaben ernannt.

Gerstenmaier[137], und, als Gegengewicht, Lücke. Erstere (und Krone!) behaupten, Fraktion stimme 4. Regierung Adenauer nicht zu,[138] nur noch Minderheit, nur Erhard könne Mehrheit sichern. Lücke behauptet, am Tag vor der Kanzlerwahl habe Bundespräsident 2 Briefe mit zwei verschiedenen Kandidaten fertig gehabt, sei drauf und dran gewesen, den 3, die dauernd anriefen, nachzugeben, bis Lücke ihm offen und stark ins Gewissen geredet habe. – Strauß habe als Erster geschwenkt, als Tatsachen klar waren, sei aber der gefährlichere.

Am 20. [November] nachts (morgens) stirbt Alo[139]: vollendet; es ist vollbracht. – cor a[micus], bewundernswert.

Am 22. [November] Walberberg[140], P[ater] Welty[141]: Krone, z[ur] Seite Barzel, offenbar sein »junger Mann« für diesen Bereich (von Lücke als zu streberhaft abgelehnt, zu eitel, soll aber Bundesgeschäftsführer werden, aufgewertet zu einer Art Generalsekretär), Katzer, Lücke, Schmücker[142], von CDU-Seite; dazu katholische Geistliche und

---

137 Eugen Gerstenmaier (1906–1986), 1949–1969 MdB (CDU), 1954–1969 Präsident des Deutschen Bundestages, 1956–1969 stellvertretender Vorsitzender der CDU.

138 Eintrag Krone (Tagebücher, Erster Bd.: 1945–1961, S. 547 f.), 4.11.1961: »Ist jetzt der Weg zum 4. Kabinett Adenauer frei? Am kommenden Dienstag [7. November] ist die Wahl. Bucerius sagte mir, ich schaffte es nicht. 30 Mitglieder der Fraktion würden Adenauer nicht wählen. Gegen Adenauer Gerstenmaier und Erhard.«

139 Alois Kemp (1920–1961), Schulfreund von Paul Adenauer.

140 Dominikanerkonvent Sankt Albert in Bornheim-Walberberg, 1571–1773 von Jesuiten, seit 1924 von Dominikanern geleitet, 1954 Gründung der Heimvolkshochschule der Erwachsenenbildung, wo sich auf Anregung von Pater Eberhard Welty, jeweils am Buß- und Bettag, ein Gesprächskreis aus Vertretern von Politik, Kirche und Gesellschaft traf.

141 Eberhard Welty (1902–1965), Dr. rer. pol., katholischer Priester, OP, 1939–1955 Studienregens des Dominikanerklosters Walberberg, ab 1945 an der Programmdiskussion der CDU beteiligt (»Ahlener Programm« von 1947) und Vertreter des christlichen Sozialismus, ab 1946 Chefredakteur der Zeitschrift »Die Neue Ordnung«, 1951 Mitbegründer des Instituts für Gesellschaftswissenschaften Walberberg.

142 Kurt Schmücker (1919–1996), Buchdrucker und Schriftleiter, 1949–1972 MdB (CDU), 1956–1966 Vorsitzender der CDU-Mittelstandsvereinigung, 1959–1961 Vorsitzender des CDU-Wirtschaftsausschusses, 1963–1966 Bundesminister für Wirtschaft, 1966 kurzzeitig zugleich Bundesminister der Finanzen, 1966–1969 Bundesschatzminister.

Laien (Hanssler[143], Wallraff[144], Böhm[145] u. a. m.). Zweck: Was soll geschehen? Parteileute wollen Meinung hören. Vorstoß von »Kaufstätten-Mann«[146]: Partei muss *Unabhängigkeit* erzwingen und demonstrieren. Krone und andere glauben nicht an [die] Möglichkeit [des] sofortigen Umbaus (98 Prozent abhängig!), sehen nur Staatsfinanzierung als Ausweg. Über [den] Versuch, Mitgliederpartei zu werden, wird gar nicht gesprochen! Sehr trübes Bild. Man verlangt wenigstens, dass MdBs unter anderem der Partei gegenüber ihre Mittel offenlegen und Rechenschaft geben. Das wird auch nicht zugesagt. Ich schlage vor, Partei müsse sich zeitig *vor* Interessentendruck auf von unabhängiger Seite zu Einzelproblemen erstellte Linie (Gutachten, zum Beispiel Mönchen-Gladbach[147]) festlegen und damit innere Unabhängigkeit demonstrieren. Von Parteileuten wird darauf kaum reagiert, man bezweifelt nicht oder will nicht, kommt mit Bedenken betreffend Protestanten. *Schmidthüs*[148] berichtet von katholisch/evangelischen Arbeitsgruppen in Verbindung mit Kirchentagspräsidium, dort könne man leichter zur Einigung in Sachfragen kommen und damit in CDU besser landen. Dies wird auch von CDU-Leuten nur mäßig registriert. Keine Rede von CDU-Initiative an diese Gruppen. *CDU* müsse ihr nahestehende, politisch nicht engagierte geistige Potenzen ansprechen, nicht nur von Leuten leben, die in ihr hochkommen wollen! Akademiker zum Beispiel weitgehend abseits; *SPD* spreche Arbeitnehmerflügel an, und man müsse damit rechnen, dass in CDU/CSU viele Leute mit Querverbindung zur FDP diesen sagen: Verhindert

---

143 Bernhard Hanssler (1907–2005), katholischer Priester, Begründer des Cusanuswerks, der Studienförderung der Deutschen Bischöfe, 1957–1970 Direktor des Zentralkomitees der deutschen Katholiken in Bad Godesberg, 1961 Päpstlicher Ehrenprälat.

144 Hermann-Josef Wallraff (1913–1995), Professor Dr. rer. pol., katholischer Priester, SJ, 1952 Dozent und ab 1964 Professor für Gesellschaftsethik an der Philosophisch-Theologischen Hochschule Sankt Georgen in Frankfurt/Main.

145 Anton Böhm (1904–1998), Dr. rer. pol., österreichischer Journalist und Publizist, seit 1953 stellvertretender Chefredakteur, 1963–1973 Chefredakteur der Wochenzeitung »Rheinischer Merkur«.

146 Damit möglicherweise gemeint: Alphons Horten (1907–2003), deutscher Unternehmer, 1963 Mitbegründer des Wirtschaftsrates der CDU, 1964 dessen 1. Stellvertretender Vorsitzender, 1965–1972 MdB (CDU).

147 Gemeint: die Katholische Sozialwissenschaftliche Zentralstelle, 1961 durch Beschluss der Deutschen Bischofskonferenz gegründet und seit 1963 eingetragener Verein mit Sitz in Mönchengladbach. Gründungsdirektor war Gustav Gundlach SJ und 1963–2010 Anton Rauscher SJ Direktor.

148 Karlheinz Schmidthüs (1905–1972), Publizist, 1946 Gründer, bis 1960 Chefredakteur und bis 1972 Herausgeber der »Herder-Korrespondenz«.

Ihr das, wir sind auch gegen den »linken Flügel«, können aber nicht gut offen dagegen sein. Dies wurde ebenso selbstverständlich vorausgesagt wie die Tatsache, dass FDP-MdBs fast alle abhängig, Marionetten seien. Frage, wer eigentlich Drahtzieher [ist], blieb offen. *Krone* äußert sich leichthin über Koalitionsvertrag, Katzer bedenklicher. Krone stellt Sache mit innenpolitischem Papier[149] so dar: Weyer habe Vorschläge gemacht, sei gebeten worden, diese zu Papier zu bringen. Dabei habe Achenbach[150] mitgewirkt, von CDU-Seite besonders Etzel[151]; man sei überfallen worden, habe dann (Krone, auch Barzel) noch schnell repariert, was möglich war. – (Faule Sache!) Krone versichert mir in [der] Pause, PSK müsse mehr Grundsatzarbeit leisten, Tschirn[152] wolle zu viel Taktik.[153] Ich sage ihm, ob Rasner nicht mit im Spiel sei. Er weist das ab. – Gesamteindruck: Krone schwach, sehr gutwillig, mehr ausgleichend, stetig fragend als führend, steuernd. Barzel daher stark, aber zu sehr Taktiker, zu lässig – wahrscheinlich im Stil ähnlich Rasner, die Krone beide zu stellvertretenden Vorsitzenden machen will der Fraktion. Katzer noch nicht würdevoll genug, aber passionierter, guter Redner. Schmücker gewachsen, aber zum Teil Schönredner, Seifenblasen. Anteilnahme Laien kam immer, fast entschuldigend, von außen, nicht ganz als CDU-*Mitglieder* (sind sie es alle?). Wallraff spricht auf einmal von *Neofeudalismus*, wobei er DGB wahrscheinlich nicht meint. Hanssler scheint nur kulturpolitisch interessiert zu sein, wirkt auch etwas distanziert. Die ganze Frage von CSU wurde *nicht* erwähnt. Ich schlage Welty vor, Jaeger[154] und Dollinger sowie Blank[155] mit einzuladen; er stimmt zu.

---

149 Vgl. Anm. 64.
150 Ernst Achenbach (1909–1991), Diplomat und Rechtsanwalt, 1957–1975 MdB (FDP), 1960–1964 Mitglied des Europarates.
151 Franz Etzel (1902–1970), Rechtsanwalt, 1949–1952 und 1957–1965 MdB (CDU), 1957–1961 Bundesminister der Finanzen.
152 Franz Tschirn, Dr., 1955–1970 Geschäftsführer der Gemeinschaft für christlich-soziale Schulung und öffentliche Bildung e. V. sowie Chefredakteur und Herausgeber der »Politisch-Sozialen Korrespondenz« (Schreiben Tschirn an Berger, 2.12.1965, in: ACDP, NL Krone 01–028–061/2).
153 Zu der Kritik an den Inhalten der »Politisch-Sozialen Korrespondenz« vgl. Schreiben Paul Adenauer an Krone, 8.2.1962, und Schreiben Tschirn an Krone, 9.2.1962, beide in: ACDP, NL Krone 01–028–061/1.
154 Richard Jaeger (1913–1998), 1949–1980 MdB (CSU), 1953–1965 und 1967–1976 Vizepräsident des Deutschen Bundestages, 1965–1966 Bundesminister der Justiz.
155 Theodor Blank (1905–1972), christlicher Gewerkschaftsvertreter, 1949–1972 MdB (CDU), 1957–1965 Bundesminister für Arbeit und Sozialordnung.

Sonntag, 28. Januar 1962

Am 15. Januar Vater sehr müde; voll Ärger über Chruschtschow, der wieder das bisschen Hoffnung zerstört hat, absolut unnachgiebig.[156] Fühlt sich nicht wohl, hustet. Ärger und Überanstrengung belasten ihn sehr. Neue Erkältung bis heute; Fieber, müde. Alle Strapazen des Wahlkampfes, *(bis kürzlich)* besonders aber Gemeinheiten von eigenen Leuten nach der Wahl (Strauß, der behauptete, Vater sei vorübergehend »abwesend«[157], der nach Paris-Sitzung[158] sagt: »Wären wir nicht dabei gewesen!« usw. usw.), kein Tag ausgesetzt – das kommt heraus. Zeitung (»[Kölnische] R[undschau]«) zitiert »Stuttgarter Zeitung«, die Vater vorhält, er müsse jetzt »Sonderurlaub« haben usw. usw., Stellvertreter müsse Richtlinienvollmacht bekommen:[159] Vater liest es, bittet mich, für Richtigstellung zu sorgen via Globke.

---

[156] Das sowjetische Außenministerium übergab Botschafter Kroll am 27.12.1961 ein Memorandum an die Bundesregierung, in dem direkte Verhandlungen über bessere Beziehungen, eine engere wirtschaftliche Zusammenarbeit und der Abschluss eines deutschen Friedensvertrages vorgeschlagen wurden, der die Umwandlung West-Berlins in eine Freistadt vorsehe (Memorandum in: DzD, IV. Reihe/Bd. 7, S. 1211–1222; dazu auch Kroll, Lebenserinnerungen eines Botschafters, S. 537–539). Aufgrund der Vereinbarung von Kennedy und Macmillan über die Kontaktaufnahme mit der sowjetischen Regierung fanden am 2. und 12.1.1962 zwei Gespräche des amerikanischen Botschafters in Moskau, Thompson, und des sowjetischen Außenministers Gromyko über die Berlin-Frage statt, die jedoch zu keiner Annäherung der Positionen führte (Telegramme Thompson an Department of State, 2.1. und 12.1.1962, in: FRUS 1961–1963, Vol. XIV, S. 720–724, 751–755).

[157] Vgl. Anm. 83.

[158] Möglicherweise gemeint: das Treffen Adenauers mit de Gaulle am 9.12.1961 in Paris. Gesprächsaufzeichnung in: StBKAH III/60; dazu auch Adenauer, Erinnerungen 1959–1963, S. 119–133.

[159] Unter der Rubrik »Die Meinung der anderen« zitierte die »Kölnische Rundschau« (Nr. 21, 25.1.1962, S. 3) aus dem Artikel »Kanzler-Fieber« der »Stuttgarter Zeitung«, in dem Adenauer vorgehalten wurde, »innerhalb von zwei Monaten das zweite Mal als Regierungschef« auszufallen, und dass er »einen außerordentlichen Urlaub in Aussicht nehmen« müsse. Er habe »vier Monate nach der Parlamentsneuwahl noch keine voll aktionsfähige Regierung zustande gebracht«. Ein »solcher Kanzler sei ein Politikum«. Nicht das Auskurieren der Krankheit sei ihm vorzuwerfen, sondern die im Grundgesetz ungeklärte Kompetenz, »ob die stellvertretende Wahrnehmung der Regierungsgeschäfte auch die Befugnis einschließt, im Vertretungsfall die Richtlinien der Politik zu bestimmen«. Gefordert wurde, dass Erhard als Stellvertreter des Bundeskanzlers in der Lage sein müsse, »auch stellvertretend die Richtlinien der Politik bestimmen [zu] können, aber ›die Verhältnisse, die sind nicht so‹«.

26. [Januar], 17.30 Uhr bei diesem: Er meint, Verschiebung der Vorstandssitzung[160] [sei erforderlich, er habe sich] heute viel geärgert, man müsse bald geschäftsführenden Vorsitzenden (Dufhues[161]) schaffen, Vater wolle das auch, aber mit Vollmachten (Vater bejaht dies heute selbst aus sich!).[162] »Nachfolger« sei nicht da, auch er lehne Erhard ab. Gibt zu, dass Erhard [ein] Versager [ist]; man müsse Partei-Propaganda-Büro neu schaffen. Ihm habe [Bad] Gastein sehr gut getan. – Vater sieht heute düster: USA [hätten] an Wand vorbeigeschossen[163]; Kennedy hat Schwiegersohn Chruschtschows[164] zugestimmt (1961), Atombewaffnung Deutschlands sei [eine] Gefahr![165]

[160] Die erste Sitzung des Engeren CDU-Bundesvorstands nach der Bundestagswahl 1961 war für den 30.1.1962 geplant gewesen, wurde jedoch wegen der Erkrankung Adenauers auf den 7.2.1962 verschoben. Vgl. dazu Äußerung Adenauers, 7.2.1962, in: Adenauer: »Stetigkeit in der Politik«, S. 100.

[161] Josef Hermann Dufhues (1908–1971), 1955–1971 Vorsitzender des Verwaltungsrats des WDR, 1958–1962 Innenminister des Landes Nordrhein-Westfalen, 1959–1971 Vorsitzender des CDU-Landesverbandes Westfalen, 1962–1966 erster Geschäftsführender Vorsitzender der CDU-Bundespartei, 1967–1969 stellvertretender Bundesvorsitzender.

[162] Eintrag Krone, 9.1.1962 (Tagebücher, Zweiter Bd.: 1961–1966, S. 20): »Mit Dufhues, der heute morgen drei Stunden bei mir war, jene Fragen besprochen, die immer mehr Wähler und Partei bewegen. Dufhues wäre ein ›guter‹ Nachfolger Konrad Adenauers im Vorsitz der Partei.« Am 25.1.1962 deutete Dufhues gegenüber Globke und Krone an, er würde den Parteivorsitz übernehmen (ebd., S. 26). Zur Diskussion im CDU-Bundesvorstand über einen Geschäftsführenden Vorsitzenden am 7.2.1962 vgl. Adenauer: »Stetigkeit in der Politik«, S. 118–130.

[163] Nachdem sich die Delegationen der Vereinigten Staaten von Amerika und der Sowjetunion am 13.12.1961 auf die Bildung eines 18-Mächte-Abrüstungskomitees verständigt hatten, das eine »Einigung über die allgemeine und vollständige Abrüstung unter wirksamer internationaler Kontrolle« erzielen sollte, schlug die sowjetische Regierung am 2.1.1962 ein Abkommen über das Verbot von Kernwaffenversuchen vor. Die Westmächte forderten daraufhin am 16.1.1962, entweder zunächst die Verhandlungen über ein internationales Kontrollsystem fortzuführen oder die Frage einer adäquaten Kontrolle der Einstellung von Kernwaffenversuchen im Zusammenhang mit den Verhandlungen im 18-Mächte-Abrüstungskomitee zu behandeln. Am 26.1. lehnte die sowjetische Regierung die Alternativvorschläge der Westmächte ab. Die Konferenz über die Einstellung der Kernwaffenversuche wurde am 29.1.1962 offiziell wegen mangelnder Einigung abgebrochen. Vgl. Dokumentation zur Abrüstung und Sicherheit, Bd. II, S. 155–162.

[164] Alexei Iwanowitsch Adschubei (1924–1993), sowjetischer Journalist, seit 1949 mit Rada Nikititschna Chruschtschowa, der Tochter Chruschtschows, verheiratet, 1959–1964 Chefredakteur der »Iswestija«, 1961 Mitglied des Zentralkomitees der KPdSU, gehörte zum engsten Beraterstab Chruschtschows.

[165] In dem Interview mit Adschubei am 25.11.1961 antwortete Kennedy auf die Frage, ob er »dagegen« sei, »daß Westdeutschland über Kernwaffen verfügt

Rusk sagte (1961), USA hätten keine Reibungsflächen mit Sowjetunion, nur Deutschland und National-China. Auch meinte er zu Schröder, man könne vielleicht Frankreich beiseite lassen![166] Totale Unterschätzung Europas, besonders der Gefahr, dass Frankreich kommunistisch wird. – Ob Deutschland je selbständig mit Chruschtschow verhandeln kann? Wiedervereinigung von Vater nicht mehr zu schaffen? Bitter, wenn man bei Rücktritt großes Ziel unerreicht lassen muss. Was soll aus Menschen dort werden? – Und hier: kein Nachfolger – außer Erhard, den er nicht für klug genug hält. –

Geschichte von Bethmann Hollweg[167], Vater erzählt von Fürst auf Durchreise: Bethmann Hollweg wisse nicht, ob vorn oder hinten, beides in Hose ...![168]

Donnerstag, 22. Februar 1962

Vater [ist seit] ca. 3 Wochen wieder im Dienst.[169] Wir gehen abends Zick-Zack-Weg. Er erholt sich überraschend schnell; aber nicht genug, um nicht sehr zu leiden unter allem Ärger; zum Beispiel: Strauß' Verleumdung durch »Spiegel« – gestern.[170] BM Schwarz[171] hatte Er-

---

oder in irgendeinem Ausmaß die Kontrolle über solche Waffen hat«, er »würde es höchst ungern sehen, daß Westdeutschland in den Besitz einer eigenen nuklearen Kapazität gelangt«. Adenauer habe 1954 erklärt, dies werde »nicht geschehen« (vgl. Anm. 1103). Das sei »immer noch die Politik der Bundesregierung. Und meiner Meinung nach ist es eine kluge Politik.« Vgl. DzD, IV. Reihe/ Bd. 7, S. 985–998, hier S. 997.

166 Zum Gespräch Schröders mit Rusk am 21.11.1961 während des Besuchs von Adenauer in Washington vgl. FRUS 1961–1963, Vol. XIV, S. 596–603.

167 Theobald von Bethmann Hollweg (1856–1921), 1905–1907 preußischer Innenminister, 1907–1909 Staatssekretär des Reichsamtes des Innern, 1909–1917 Reichskanzler und preußischer Ministerpräsident.

168 Anspielung auf den Vorwurf gegenüber Reichskanzler Bethmann Hollweg, er habe in der Krisensituation im Juli 1914 durch mangelnde Entschlossenheit zur Eskalation der Situation beigetragen. Vgl. zu dessen Rolle Hildebrand, Das vergangene Reich, S. 249–356.

169 Adenauer war am 21.1.1962 an einer »Grippe mit Fieber« erkrankt (Eintrag Krone, 21.1.1962, in: Krone, Tagebücher, Zweiter Bd.: 1961–1966, S. 24), so die offizielle Darstellung. Gegenüber Poppinga (»Das Wichtigste ist der Mut«, S. 386 f., 399) sagte der Bundeskanzler jedoch, er habe »einen Herzinfarkt erlitten«. Am 5.2.1962 nahm Adenauer offiziell wieder seine Arbeit auf (Adenauer, Kalendarium).

170 Strauß wurde vorgeworfen, er habe die Ausführung eines richterlichen Befehls zur Durchsuchung der CSU-Geschäftsstelle in Nürnberg durch Telefonate mit der Staatsanwaltschaft zu verhindern versucht. Vgl. Bonn verlassen, in: »Der Spiegel«, Nr. 8, 21.2.1962, S. 31–34.

171 Werner Schwarz (1900–1982), 1953–1965 MdB (CDU), 1959–1969 Bundesminister für Ernährung, Landwirtschaft und Forsten.

nennung FDP-Staatssekretär zugestimmt, dann zurückgezogen.[172] FDP will Koalitionsfrage stellen, Landwirte dort drohen, mit Anti-Koalitionsleuten in der Fraktion zu gehen! Vater: »Sie haben leider Recht!« Schließlich hat »Killer« Krone Schwarz umgestimmt. »Vorwärts« schreibt, Koalition zerfiele, der »alte Greis« könne nichts mehr retten.[173] Vater so müde; fühlt, dass er noch mehr Reserven bräuchte ... Und dann *Giesen*[174] tot! Vater ganz geschlagen; er habe ihn nie mehr besucht![175] – so heute früh. Die Last ist schrecklich. Dazu Sorgen vor Konjunkturrückgang[176] usw. usw.

---

[172] Adenauer und Mende berieten am 22.12.1961 und 15.1.1962 über die Besetzung der von der FDP zu bestimmenden Posten der Staatssekretäre und einigten sich nur auf die Ernennung von Rudolf Hüttebräuker im Bundesministerium für Ernährung, Landwirtschaft und Forsten und Hans-Helmut Qualen im Bundesschatzministerium. Die Staatssekretäre für das Bundesministerium für Gesundheit und das Bundesministerium des Innern blieben noch unbesetzt. Vgl. Informationsbericht Strobel, 9.1.1962, in: Adenauer und die FDP, S. 912–914, hier S. 914 Anm. 8.

[173] In dem Artikel »Das Schiff ohne Steuer. Die Wirrungen in der Bonner Regierungskoalition gefährden den Bestand des Staates« (in: »Vorwärts«, Nr. 8, 21.2.1962, S. 2) behauptete Helmut Landemann, »die nach schier endlosen Verhandlungen im Oktober 1961« zustande gekommene CDU/CSU-FDP-Koalition sei »unfähig, wirklich zu regieren. Sie dient ausschließlich dem Zweck, dem Greis in Rhöndorf den Besitz der Macht noch um eine kleine Frist zu verlängern, obwohl er mit diesem Besitz offenbar nichts Rechtes mehr anzufangen weiß.« Man solle »mit den Schwächen des Alters Mitgefühl haben«, doch »solche menschlichen Empfindungen dürfen uns nicht hindern, festzustellen, daß Konrad Adenauer zur ordnungsgemäßen Führung der Regierungsgeschäfte nicht mehr imstande« sei.

[174] Josef Giesen (1887–1962), vor 1933 Gartenbaudirektor der Stadt Köln, nach 1933 im engen Kontakt mit Adenauer, politisch verfolgt, 1944 Verurteilung und Haft (Berlin-Plötzensee), 1945–1950 Beigeordneter der Stadt Köln, später Bürgermeister von Urfeld bei Wesseling.

[175] Zu den Kontakten Adenauers zu Giesen vgl. Adenauer im Dritten Reich, S. 15, 145, 195, 215, 249, 270 f., 284, 319 f., 407, 416 f., 426 f., 537 f., 555, 562, 571, 598, 603, 645, 651, 664, 674; dazu auch Kilian, Adenauers vergessener Retter, S. 22–27.

[176] Trotz des Herbstaufschwungs im letzten Quartal des Jahres 1961 in der Bundesrepublik Deutschland war ein Rückgang der Auslandsnachfrage und der Exportorder spürbar. Am Baumarkt zeichnete sich keine merkliche Entlastung ab. Der Import hatte relativ stärker zugenommen als das Bruttosozialprodukt, der Exportüberschuss zeigte ebenfalls eine rückläufige Tendenz. Vgl. Bericht des Bundeswirtschaftsministeriums über die Lage: Saisonüblicher Verlauf der Wirtschaftsentwicklung, in: Bulletin, Nr. 37, 22.2.1962, S. 309 f.

Sonntag, 15. April 1962

Vater trat gestern nach fünf harten Arbeitstagen [die] zweite Urlaubs-
hälfte an; enorme Leistung in wenigen Tagen: Dufhues[177] – Indonesien[178] – Haushaltsdebatte[179] – Berlin[180] und Verteidigungsfra-
gen[181]. Frau Bebber[182] sehr zufrieden – nur schlechter Schlaf: 4 Stunden! Und dabei voll arbeiten! *Hauptsorgen:* Strauß (»Fibag«[183] und
anderes); USA (»sinnvoller verhandeln«?) – Lübke soll große Koalition planen als »Nachfolge« Vaters (so zum Beispiel von »Welt« gefor-

---

177  Vgl. Tagebuch, 28.1.1962 und Anm. 162.
178  Am 5.4.1962 weitete die Sowjetunion ihre Entwicklungshilfe durch die Unter-
     zeichnung eines Vertrages mit Indonesien über den Bau eines ersten Hüttenwerks
     zur jährlichen Produktion von 100 000 t Stahl und Stahlwalzgut aus und sagte
     die Ausbildung von 1 000 Studenten in der Metallurgie zu. Vgl. AdG, 32. Jg.
     (1962), S. 9801.
179  Zur zweiten und dritten Lesung des Haushaltsgesetzes 1962 am 5., 6., 10. und
     12.4.1962 vgl. Verhandlungen des Deutschen Bundestages, 4. Wahlperiode,
     Stenographische Berichte, Bd. 50, S. 808–902, 916–953, 957–1066, 1079–
     1145.
180  Zu den Diskussionen um die Vorschläge der amerikanischen Regierung für die
     Verhandlungen mit der sowjetischen Regierung und den Auswirkungen auf
     Berlin vgl. FRUS 1961–1963, Bd. XV, S. 76–89; Grewe, Rückblenden, S. 545–
     552, insbes. S. 549 f.; Krone, Tagebücher, Zweiter Bd.: 1961–1966, S. 56 f.
181  Während der Aussprache über den Verteidigungsetat am 6.4.1962 im Deutschen
     Bundestag erhob der SPD-Abgeordnete Erler den Vorwurf, der Bundesminister
     für Verteidigung strebe für die Bundesrepublik eine nationale Verfügungsgewalt
     über Atomwaffen an, den Strauß zurückwies. Vgl. Verhandlungen des Deut-
     schen Bundestages, 4. Wahlperiode, Stenographische Berichte, Bd. 50, S. 916–
     953.
182  Ella Bebber-Buch (1898–1982), Dr. med., 1931–1974 praktische Ärztin in Bad
     Honnef, ab 1937 Hausärztin der Familie Adenauer.
183  Unter dem Titel »Kapfinger, Hans und Franz« berichtete »Der Spiegel« (Nr.
     23, 31.5.1961, S. 40–44), Strauß habe dem amerikanischen Verteidigungsmi-
     nister Thomas S. Gates empfohlen, mit dem Bau mehrerer Tausend Wohnungen
     für amerikanische Armeeangehörige die Firma Finanzbau Aktiengesellschaft
     (Fibag) zu beauftragen, an der Strauß selbst über Friedrich Zimmermann als
     Treuhänder und der befreundete Verleger der »Passauer Nachrichten«, Hans
     Kapfinger, Anteile besaßen. Wegen des Vorwurfs der Vorteilnahme im Amt
     wurde gegen Strauß auf Antrag von SPD und FDP vom Deutschen Bundestag
     ein Untersuchungsausschuss zur »Fibag-Affäre« eingesetzt. Nur mit knapper
     Mehrheit entschieden im Juli 1962 die Ausschussmitglieder, Strauß seien keine
     Verfehlungen vorzuwerfen. Der Koalitionspartner FDP kritisierte die Entschei-
     dung. Ein Vertragsabschluss zwischen der Fibag und der amerikanischen Armee
     scheiterte schließlich. Vgl. Koalitionsbesprechung mit Vertretern von CDU,
     CSU und FDP, 11.7.1962, und Informationsbericht Strobel, 25.7.1962, beide
     in: Adenauer und die FDP, S. 921–929, hier S. 923, 925 und S. 929–932, hier
     S. 929–931.

dert[184]). Zu CDU-Reform: Wir müssen *liberale* Protestanten halten und gewinnen, also nicht zu kirchlich [daher]kommen!

Fahrer Seibert[185] hatte [es] abgelehnt, in [eine] besser bezahlte Staatssekretär-Fahrer-Position zu wechseln, weil Vater ihn aus Russland befreit hat; weil Vater ihn nach USA zu Söhnen mitgenommen hat, weil man mit 60 Jahren nicht gern wechselt. Vater lässt ihn ins Musikzimmer holen (der Mann erschrickt!) und dankt ihm, gibt ihm 200 [D-Mark] und will sehen, was sich weiter für ihn tun lässt. [Der] Mann ist glücklich. *Vgl.* auch Norderney-Masseur Latussek[186]: »Wenn Ihr Vater nach hier käme, würde ich meine Wohnung räumen« (Kriegsblinder!). »Ich sehe heute viel mehr als früher!«

Pfingstsonntag, 10. Juni 1962[187]
Schöner, sonniger Tag.

Als Schatten liegt auf diesem Tag eine Attacke der großen deutschen Presse über das angebliche Versagen des Kanzlers auf dem Parteitag in Dortmund[188], und zwar in punkto Bestimmung eines Nachfolgers oder Chancen für Nachfolgekandidaten und Rücktrittsdatum. Dabei geht ein Pfingstartikel des Chefredakteurs der »Kölnischen Rundschau«, Heizler,[189] so weit, in kalter und zynischer Weise hier das totale Versagen zu registrieren und das Ende der Ära Adenauer zu konstatieren.[190] Zwei Leitartikel der »Frankfurter Allgemeinen Zei-

184 Möglicherweise gemeint der Artikel von Hans Zehrer, Das Ende des Laisser-faire (»Die Welt«, Nr. 89, 144.1962, S. 1 f.), in dem darauf hingewiesen wurde, »wir stehen am Ende einer ganzen Ära«. Adenauer spüre »genau, worauf es heute ankommt. Und wäre er zwanzig Jahre jünger, so würde er auch der zweiten Ära der Nachkriegszeit seinen Namen geben«, er »würde selbst nicht davor zurückschrecken, es auf der Basis einer Allparteienregierung oder einer großen Koalition zu tun«.
185 Peter Seibert, seit 1952 Fahrer des Bundeskanzleramts, 1958–1963 Cheffahrer von Konrad Adenauer, stand ihm auch in dessen Nach-Kanzlerzeit zur Verfügung. Vgl. Seibert, Adenauer anekdotisch, München 1987.
186 Alfred Latussek, staatlich geprüfter Masseur auf Norderney.
187 Vor der Datumsangabe ms. vermerkt: »Tagebuch«.
188 Zu den Ausführungen Adenauers vgl. Christlich Demokratische Union Deutschlands, 11. Bundesparteitag, Dortmund, 2.–5. Juni 1962, S. 6, 15–26, 198, 203–206, 311, 326–329.
189 Rudolf M. E. Heizler (geb. 1912), Journalist, 1961–1974 Chefredakteur der »Kölnischen Rundschau«.
190 »In Bonn geht die Aera Adenauer zu Ende«, konstatierte Rudolf Heizler in seinem Artikel »Neue Hoffnung« (»Kölnische Rundschau«, Nr. 133, 9.6.1962, Beilage »Pfingsten 1962«, S. 1). Ein Schatten sei »der sichtliche Zerfall seiner Autorität«. Er sei »nicht mehr der unumstrittene Führer seiner Partei,

ↄ1

Tagebuch,Pfingstsonntag 1962

Schöner,sonniger Tag.
Als Schatten liegt auf diesem Tag eine Attacke der grossen
deutschen Presse über das angebliche Versagen des Kanzlers
auf dem Parteitag in Dortmund,und zwar in punkto Bestimmung
eines Nachfolgers oder Chancen für Nachfolgekandidaten und
Rücktrittsdatum. Dabei geht ein Pfingstartikel des Chefredakteurs der Kölnischen Rundschau,Heizler,so weit in kalter und
zynischer Weise hier das totale Versagen zu registrieren
und das Ende der Ära Adenauer zu konstatieren.Zwei Leitartikel der Frankfurter Allgemeinen Zeitung am Donnerstag und
Samstag der "oche beschreiben einerseits ausführlich die
Schwierigkeiten,die in der Natur eines solchen Ämterwechsels
liegen,zum Beispiel das Erfordernis,die Autorität des amtierenden Kanzlers und Parteivorsitzenden möglichst unangetastet
zu lassen.Andererseits werfen sie aber Versagen in den genannten Punkten vor,völlig inkonsequent,und in einer Weise,die den
Eindruck erweckt,als wolle man einen bestimmten Kanzlerkandidaten,nämlich Erhard,den schon von früher her als Kandidat der
Frankfurter Allgemeinen bekannten Mann,rasch und unwiderstehlich in den Vordergrund schieben.Der Kanzler seinerseits sieht
sich weder personell infolge des Versagens des bisherigen
Bundespressechefs noch institutionell infolge Fehlens eines
ihm einigermassen offenen und treuen,angesehenen Organs in der
Lage,die ihn zu seinem Verhalten führenden ernsten sachlichen
Gründe in geeigneter Weise darzulegen.Wie kann er einen Nachfolger designieren?Es ist bekannt,dass er Erhard nicht als
idealen Nachfolger ansieht,und ein anderer ist bisher nicht
genügend hervorgetreten.Ausserdem würde eine solche Hinlenkung
der Aufmerksamkeit auf einen Kronprinzen in derselben Weise
unverantwortlich namentlich im Ausland die Autorität des amtierenden Kanzlers als fragwürdig erscheinen lassen,wie es auf
der anderen Seite dann der Fall sein müsste,wenn nicht nur allgemein das Datum seines Rücktritts in der Weise bekannt wäre,wie
es in Dortmund verkündet wurde,sondern wenn ein ganz exakter
Termin bekannt gegeben würde.Damit würde sich der Kanzler der

tung« am Donnerstag[191] und Samstag[192] der Woche beschreiben einerseits ausführlich die Schwierigkeiten, die in der Natur eines solchen Ämterwechsels liegen, zum Beispiel das Erfordernis, die Autorität des amtierenden Kanzlers und Parteivorsitzenden möglichst unangetastet zu lassen. Andererseits werfen sie [ihm] aber Versagen in den genannten Punkten vor, völlig inkonsequent, und in einer Weise, die den Eindruck erweckt, als wolle man einen bestimmten Kanzlerkandidaten, nämlich Erhard, den schon von früher her als Kandidat der »Frankfurter Allgemeinen« bekannten Mann, rasch und unwiderstehlich in den Vordergrund schieben. Der Kanzler seinerseits sieht sich weder personell, infolge des Versagens des bisherigen Bundespressechefs[193], noch institutionell, infolge Fehlens eines ihm einigermaßen offenen und treuen, angesehenen Organs, in der Lage, die ihn zu seinem Verhalten führenden ernsten sachlichen Gründe in geeigneter Weise darzulegen. Wie kann er einen Nachfolger designieren? Es ist bekannt, dass er Erhard nicht als idealen Nachfolger ansieht, und ein anderer ist bisher nicht genügend hervorgetreten. Außerdem würde eine solche Hinlenkung der Aufmerksamkeit auf einen Kronprinzen in derselben Weise unverantwortlich, namentlich im Ausland, die Autorität des amtierenden Kanzlers als fragwürdig erscheinen lassen; wie es auf der anderen Seite dann der Fall sein müsste, wenn nicht nur allgemein das Datum seines Rücktritts in der Weise bekannt wäre, wie es in Dortmund verkündet wurde,[194] sondern wenn ein ganz exakter

---

CDU«. Deren Abgeordnete würden ihm nicht mehr »widerspruchslos gehorchen«, und »die Zügel der Staatsführung« halte er »in diesen Monaten oft zu schlaff in der Hand«.

[191] Vgl. Alfred Rapp, Das gedämpfte Glückauf, in: »Frankfurter Allgemeine«, Nr. 130, 7.6.1962, S. 1.

[192] Vgl. Nikolas Benckiser, Aera Adenauer, ebd., Nr. 132, 9.6.1962, S. 1.

[193] Felix von Eckardt (1903–1979), Journalist und Diplomat, 1952–1955 und 1956–1962 Leiter des Presse- und Informationsamtes der Bundesregierung, ab 1958 als Staatssekretär, 1962–1965 Bevollmächtigter der Bundesrepublik Deutschland in Berlin, 1965–1969 MdB (CDU). Zum Wechsel im Amt des Leiters des Presse- und Informationsamtes vgl. Schreiben Adenauer an von Eckardt, 29.12.1961, in: Adenauer, Briefe 1961–1963, S. 75; Schreiben Adenauer an Globke, 19.3.1962, ebd., S. 96; von Eckardt, Ein unordentliches Leben, S. 628.

[194] Adenauer verwies in der Rede auf dem Bundesparteitag am 3.6.1962 auf seinen Brief an Krone, in dem er ihm mitgeteilt habe, nicht zu beabsichtigen, den Bundestagswahlkampf 1965 zu führen (vgl. Anm. 108). Zudem betonte er, kein Datum zu nennen sei richtig, denn »der Entschluß« werde »abhängig sein von einer Reihe von Umständen innenpolitischer, außenpolitischer und persönlicher Art«. Vgl. Christlich Demokratische Union Deutschlands, 11. Bundesparteitag, S. 18.

Termin bekanntgegeben würde. Damit würde sich der Kanzler der
Möglichkeit, sein Werk abzusichern und sein Erbe in der rechten
Weise abzurunden, wahrscheinlich begeben. Gerade dadurch würde
also das sich ereignen, was die Befürworter einer Nachfolgedesignie-
rung als Hauptargument anführen, nämlich dass das Bild des Kanzlers
unangetastet in die Tradition eingehen solle. Es scheint leider keine
Gewissheit darüber zu bestehen, dass der Bundespräsident, der den
nächsten Bundeskanzler vorschlägt, dies in einer Weise tun wird, die
den Vorstellungen des amtierenden Kanzlers entspricht. Vielmehr
scheint er nach wie vor an dem Ideal einer Allparteienregierung festzuhalten, das er schon während der Verhandlungen vor der letzten
Kanzlerwahl offen zugegeben hat.[195] Infolgedessen kann sich von daher die Notwendigkeit ergeben, den Wechsel des Bundespräsidenten
abzuwarten.[196] Den Gedanken, selber noch Bundespräsident zu werden, weist der Kanzler weit von sich mit der Begründung, das sei nicht
mehr zu verantworten, und man würde es nicht verstehen, sondern es
als sich Klammern an die Macht deuten. Außerdem gebe es richtigere
Möglichkeiten, das Erbe zu sichern und noch einen gewissen Einfluss
auszuüben.

Zu der Frage, ob und wieweit die deutschen Bischöfe im Anschluss
an »Mater et Magistra«[197] zu sozialen und politischen Problemen in
der Bundesrepublik Stellung nehmen sollten, wird hervorgehoben, in
»Mater et Magistra« komme das Wort »Kommunismus« überhaupt
nicht vor. Die Tatsache, dass der Weltkommunismus auch als geistiges
System die Bundesrepublik weiterhin zu unterminieren trachten werde, zwinge dazu, die Aufmerksamkeit darauf zu lenken, Verbundenheit mit den Deutschen und ihrem Leid unter dem Atheismus wach-
zuhalten, und alle deutschen Streitfragen unter dem Gesichtspunkt zu
bewerten, wieweit diese Probleme zu einer größeren Anfälligkeit gegenüber kollektivistischen Gedankengängen führen könnten. Unter
diesem Gesichtspunkt sei die Entwicklung im Sozialismus genau zu
beobachten und darzustellen, ferner gewisse Gewerkschaftsentwick-
lungen, die der Gewerkschaft zum Beispiel eine Kulturkompetenz im

195 Zum Einfluss Lübkes auf die Zusammensetzung des Kabinetts bei der Regierungsbildung vgl. Morsey, Heinrich Lübke, S. 345–349.
196 Die erste Amtszeit von Bundespräsident Lübke endete offiziell am 12.9.1964.
197 Papst Johannes XXIII. erließ am 15.5.1961 die Enzyklika »Mater et Magistra«
(Rundschreiben über die jüngsten Entwicklungen des gesellschaftlichen Lebens
und seine Gestaltung im Licht der christlichen Lehre). Zum Wortlaut in deutscher Sprache vgl. Die Sozialenzyklika Papst Johannes' XXIII. Mater et Magistra, S. 93–212; dazu auch Paul Adenauer, »Mater et Magistra«, in: Sparkasse,
1.3.1962 (Sonderdruck in: ACDP, NL Kuntscher 01–202–K030/4).

weitesten Sinne zusprechen wollen, etwa in dem Sinne wie das SPD-Vorstandsmitglied von Knoeringen[198] den Sozialismus in erster Linie als Bildungsbewegung zur Hervorbringung des sozialistischen Menschen verstanden wissen wolle, der dann schon für eine sozialistische Gesellschaft und einen sozialistischen Staat sorgen werde. Positiv wird hervorgehoben, Militärbischof Kunst[199] habe ein sehr gutes Urteil über das geistige Interesse der Bundeswehrsoldaten abgegeben.

Der Tag verlief sonst sehr harmonisch, mittags mit Schorsch[200] und Ulla[201], Hauptthemen Neubau und Honnefer Stadtplanung; am Abend Besuch des Friedhofes mit Cäsar[202] im Auto auf dem Rücksitz und vielen erstaunten und freudig überraschten Bürgern auf dem Wege. Nach dem Essen draußen unter freiem Himmel vor dem großen Esszimmer im Sessel liegen und Haydn-Quartette[203] hören, später noch etwas Trompetenkonzerte. Dabei so viel Freude an den Brunnen, an den Amseln, die sich, während wir dicht davor zu Mittag essen, in aller Ruhe baden, die gierig die Tropfen aus dem Brünnchen die Kehle hinablaufen lassen, und an all den Blumen und Farben, die uns umgeben.

Am Rande: Unterschied zwischen »begrenzt« und »dumm«: Begrenzt sind Leute, die nicht die volle Tragweite und alle Konsequenzen gewisser Handlungen übersehen, dumm aber sind Leute, die überhaupt keine Zusammenhänge erkennen können. Wir erzählen von Hobbies. Vater sagt, seine Eltern[204] hatten ihm lange die Laubsägearbeiten nicht gestattet, damit er nicht viel Zeit darauf verwende und

---

[198] Waldemar von Knoeringen (1906–1971), 1946–1970 MdL in Bayern, 1947–1963 Landesvorsitzender der SPD in Bayern, 1958–1962 stellvertretender Bundesvorsitzender der SPD.

[199] Hermann Kunst (1907–1999), evangelischer Theologe, 1949–1977 Bevollmächtigter der Evangelischen Kirche in Deutschland bei der Bundesregierung, 1956–1972 Militärbischof für die Bundeswehr.

[200] Georg Adenauer (geb. 1931), Dr. jur., jüngster Sohn von Konrad und Gussie Adenauer, später Notar in Schleiden/Eifel, wohnte damals mit seiner Frau in Rhöndorf.

[201] Ulla-Britta Adenauer, geb. Jeansson (1933–2014), seit 1957 verheiratet mit Georg Adenauer.

[202] Cäsar, Hund von Konrad Adenauer; Bild mit beiden in: Adenauer, Briefe 1955–1957, S. 206; Adenauer, Teegespräche 1955–1958, S. 335.

[203] Franz Josef Haydn (1732–1809), Komponist des Kaiserquartetts, des Quintenquartetts und des Sonnenaufgangsquartetts. Vgl. dazu Poppinga (Meine Erinnerungen an Konrad Adenauer, S. 240): »Die Musik von Haydn fesselte ihn«.

[204] Johann Conrad Adenauer (1833–1906), Justizbeamter, Vater von Konrad Adenauer, seit 1871 verheiratet mit Maria Christiane Helena Adenauer, geb. Scharfenberg (1849–1919), Mutter von Konrad Adenauer.

das Studium leide. Er habe auch immer viel Unterricht geben müssen, um sein Studium mit zu finanzieren. Das sei alles sehr gut gewesen. Es schlägt gerade Mitternacht. Heute habe ich einer Ordensfrau die Krankenkommunion gebracht, und als ich in das Zimmer trat, sah ich ein unbeschreiblich überirdisches Lächeln auf ihrem ausgezehrten Gesicht, dass es mir durch Mark und Glieder ging. Sie kommunizierte mit einer völlig jenseitigen Andacht, und ich hörte, dass sie 48 Jahre sei und am Rückenmarkkrebs seit langer Zeit schrecklich leiden müsse, die Metastasen gingen zum Teil bis ins Gehirn. Ich habe mich tief geschämt und gefühlt, dass die andere Welt nahe ist. Wie sehr müssen wir auf den heiligen Geist warten, wie sehr brauchen wir seine Erneuerung, und ich bete um diesen Tröster, diesen Lebensspender, besonders für den Mann, der ein Stockwerk genau unter mir schläft[205] oder Schlaf sucht, und auch für alle, die mir teuer sind und jetzt schlummern.

Pfingstmontag, 11. Juni 1962, 6 Uhr
Nachzutragen zur Frage »Bundespräsident« ist noch, dass ein Katholik nicht wieder Bundespräsident werden sollte, wenn der nächste Bundeskanzler Katholik sein soll. Es käme daher zum Beispiel in Frage der frühere Minister Wilhelmi[206]. Übrigens schenkt mir Vater eine schöne Faust-Radierung von Rembrandt[207] als Trost wegen der Auseinandersetzungen mit Müller[208] mit der Begründung, ich hätte bei

---

[205] Das von Paul Adenauer bewohnte Zimmer befand sich in der zweiten Etage oberhalb des Schlafzimmers von Konrad Adenauer in der ersten Etage. Vgl. Stiftung Bundeskanzler-Adenauer-Haus (Hrsg.), Konrad Adenauer. Dokumente aus vier Epochen deutscher Geschichte, 4. Aufl., S. 206.

[206] Hans Wilhelmi (1899–1970), 1957–1969 MdB (CDU), 1960–1961 Bundesminister für den wirtschaftlichen Besitz des Bundes.

[207] Rembrandt Harmenszoon van Rijn (1606–1669), niederländischer Maler, Radierer und Zeichner des Barocks. Gemeint: die Radierung »Gelehrter in seinem Studierzimmer (›De practiserende alchimist‹), sogenannter Faust«, entstanden um 1652.

[208] Franz Müller (1900–1989), Dr. phil., katholischer Priester, 1925 Priesterweihe, seit 1948 Päpstlicher Hausprälat, 1949–1951 Präsident des Deutschen Caritasverbandes, 1951–1971 Direktor des KSI des Erzbistums Köln, das er 1947 mit Kardinal Frings und anderen Sozialethikern in Köln unter dem Namen »Katholisch-Soziales Institut zu Köln« mit dem Ziel gründete, Menschen mit den Gedanken der christlichen Soziallehre vertraut zu machen. Das Institut wurde 1952 in das Antoniusheim nach Bad Honnef (ab 1907 Erholungsheim für Priester, 1941–1945 Priesterseminar unter dem Regens und späteren Kardinal Frings) verlegt. Vgl. Prälat Müller und das Katholisch-Soziale Institut, in: Nitsche (Hrsg.), Prälat Dr. Franz Müller, S. 89–200.

ihm gelebt und diese Auseinandersetzungen[209] seien aus dieser Tatsache mit zu erklären.[210] Heute kommen die Geschwister, und ich werde Vater bitten, er möge einmal offen mit ihnen über die in den Zeitungsartikeln aufgeworfenen Fragen reden, denn viele von ihnen verstehen ihn wahrscheinlich noch nicht ganz. Nach Berichten aus SPD-Vorstandskreisen soll man dort sehr zufrieden sein mit den Fortschritten der Verständigung zu Kirchen, insbesondere zu dem Bischof von Limburg[211], auch dem von München[212] und einigen anderen Bischöfen, ferner auch zum Jesuiten- und Benediktinerorden. Bisher sei nur noch Widerstand und Ablehnung seitens der Bischöfe von Köln[213], Münster[214] und eines anderen da. In Essen sei das Verhältnis gut. Ablehnung herrsche auch fast allgemein noch bei den Pfarrern in den einzelnen Ortschaften. Doch gebe es deutliche Auflockerungstendenzen beim jüngeren Klerus. Diese gesamte Auflockerungsarbeit gegenüber der katholischen Kirche

---

209  Die Spannungen zwischen Paul Adenauer und Müller gingen möglicherweise auf die angedachte neue Funktion von Paul Adenauer im KZI in Köln und daraus resultierende Kompetenzabgrenzungen zurück. Dabei spielte wohl die Frage eine Rolle, in welchem Umfang Paul Adenauer noch für das KSI tätig sein sollte. Paul Adenauer, der seinen Vater über die Arbeit dort informierte und 1960 einen Besuch des Bundeskanzlers vermittelte (vgl. dazu Franz Müller und Konrad Adenauer, ebd., S. 227), konzentrierte seine Arbeit nun auf das KZI, dessen Leitung er 1963 offiziell übernahm. Bemühungen von Paul Adenauer, im KSI Seminare abzuhalten, beschied Prälat Müller abschlägig. »Sie haben sich selbständig gemacht«, teilte er am 17.7.1964 ihm wohl in Anspielung auf Paul Adenauers neue Funktion als Direktor des KZI mit, und wollen »den Weg weitergehen« (Schreiben in: AEK, DBK, KZI 48). Da Paul Adenauer kein Dozent des KSI sei, gewährte Prälat Müller ihm keine Unterstützung.

210  Franz Müller war seit 1938 Direktor des Deutschen Caritas Instituts für Gesundheitsfürsorge im Sankt-Elisabeth-Krankenhaus in Köln-Hohenlind, in das Adenauer während seiner Haft 1944 eingeliefert worden war (vgl. Anm. 397). Dort bat ihn Adenauer zu einem Gespräch. Vgl. Franz Müller, Erinnerung an Dr. Konrad Adenauer, ebd., S. 228–235; auch Empfehlung Konrad Adenauers für Müllers Reise sowie humanitäre und karitative Aufgabe als Beauftragter der deutschen katholischen Bischöfe im Kongo, 1.2.1961, ebd., S. 183.

211  Wilhelm Kempf (1906–1982), Dr. phil., katholischer Priester, 1949–1981 Bischof von Limburg.

212  Julius Döpfner (1913–1976), Dr. theol., katholischer Priester, 1958 Kardinal, 1961–1976 Erzbischof von München und Freising, 1966–1976 Vorsitzender der Deutschen Bischofskonferenz.

213  Josef Frings (1887–1978), Dr. theol., katholischer Priester, 1942–1969 Erzbischof von Köln, 1945–1965 Vorsitzender der Fuldaer Bischofskonferenz, 1946 Kardinal.

214  Nach dem Tod von Bischof Michael Keller am 7.11.1961 war der Bischofsstuhl in Münster bis zur Ernennung des Nachfolgers Joseph Höffner im Juli 1962 unbesetzt.

wird durchgeführt unter Leitung des Bayern von Knoeringen und mit
Hilfe der Schrift »Katholik und Godesberger Programm«[215], an der
auch Peter Nellen[216] mitgearbeitet hat.

Heute, Pfingstmontag, kommt das Gespräch wieder auf die Formulierung Gerstenmaiers auf dem CDU-Parteitag, als er den sogenannten
Werbewert des »C« im Namen der CDU bezweifelte und daraus die
Forderung nach einer allgemeinen Öffnung in Richtung auf eine
Volkspartei unter Zurückstellung des weltanschaulichen Charakters
der CDU ableitete.[217] Dieser Tendenz widersetzte sich der erste Vorsitzende[218] ganz entschieden. Er sieht darin das Ende der CDU. Nur
ein weltanschauliches Band könne die widerstrebenden Interessen
bändigen und gegenüber dem Osten genügend Standfestigkeit sowie
bei den Wählern Vertrauen erwecken. In dieser Frage müsse baldigst
Klarheit geschaffen werden. Auch sei sie ...[219]

Samstag, 16. Juni 1962
Es ist in dieser Woche endlich richtig Sommer geworden. Die Tama-
riske an der Treppe blüht herrlich. Vater fragt mich jeden Tag aufs
Neue nach ihrem Namen, um mich zu prüfen. Auch die Rosen kommen nun endlich mit Macht, und abends, wenn Vater nach Hause

---

[215] Vgl. Vorstand der SPD (Hrsg.), Katholik und Godesberger Programm, Bonn
1962. Die erste Publikation, hrsg. vom Vorstand der SPD, erschien 1959 unter
dem Titel »Der Katholik und die SPD«. Eine erweiterte Veröffentlichung folgte
1965 unter demselben Titel und mit dem Untertitel »Zur Situation nach den
Enzykliken von Johannes XXIII. und Paul VI.«

[216] Peter Nellen (1912–1969), 1949–1969 MdB (bis 1960 CDU, dann SPD), trat
1960 wegen Differenzen über die Fragen der Kriegsdienstverweigerung und der
Ausrüstung der Bundeswehr mit atomaren Trägersystemen aus der CDU aus.

[217] In seiner Rede während der Tagung des Arbeitskreises III »Künftige Aufgaben
der CDU« auf dem Bundesparteitag am 4.6.1962 hatte Gerstenmaier »den
politischen Werbewert« des »C« im Namen der CDU »zurückhaltender« beurteilt und für »unerheblich« gehalten, weil er davon nicht abhängig machen
wollte, wie die CDU sich im »Grund und Wesen« des »Unionsverständnisses«
selber begreifen wolle. Die CDU müsse »für alle da« sein, »für alle sozio-
logischen Schichten und Gruppen. Aber auch die Vielfalt geistiger und religiöser
Anschauungen müssen wir«, so forderte er, »in unserer Union ertragen und
verkraften können, ohne darüber charakterlos zu werden.« Vgl. Christlich Demokratische Union Deutschlands, 11. Bundesparteitag, S. 184–197, hier S. 196.

[218] Adenauer forderte nach der Rede Gerstenmaiers eine Aussprache über dieses
»Grundthema« (ebd., S. 198). Barzel, auf dessen Darlegungen sich Gerstenmaier bezogen hatte, stellte klar, er würde niemals »von dem C als einem Werbewert
sprechen«, weil »dieses C einfach etwas Essentielles, etwas Wesentliches ist, daß
es keine Frage der Opportunität ist« (ebd., S. 198–203, hier S. 199; dazu auch
Barzel, Ein gewagtes Leben, S. 154–156).

[219] Tagebuchaufzeichnung bricht an dieser Stelle in der Textvorlage ab.

kommt, gegen ¼ vor 9 Uhr, essen wir bei Mondschein draußen und lassen das Brünnchen dabei laufen. Danach geht es hinaus auf den Boccia-Platz. Dort wird zuerst der Brunnen aufgedreht und nach dem letzten Flieder gesehen und gerochen. Dann geht ein Spiel von fast einer Stunde los, und zwischendurch atmen wir mit vollen Zügen die herrliche, duftende Waldluft, schauen über das Rheintal zu den Lichtern nach Godesberg hinüber oder dem Mond zu, wie er seine Straße zieht.

In der Politik vertieft sich bei Vater die Einsicht in die Aufgabe, die Freundschaft mit Frankreich möglichst fest zu schmieden. Er erregte neulich Aufsehen mit einem Interview,[220] in dem er zunächst zur Frage einer Achse Paris–Bonn erklärte, es habe doch auch kein Mensch an eine Achse London–Washington gedacht, als neulich Kennedy und Macmillan[221] nach einem Treffen erklärt hätten, die Angelsachsen wollten die Weltfragen gemeinsam lösen.[222] Als Gründe für das Zusammengehen mit Frankreich nennt er auch jetzt viel die Lage Deutschlands zwischen Frankreich und Russland. Frankreich habe sich schon nach dem deutsch-französischen Krieg von 1870/71 gleich mit Russland verständigt und verbündet und habe diese Politik einer Sicherung gegen Deutschland bei Russland später fortgesetzt.[223] Zuletzt habe

---

[220] Vgl. Informationsgespräch Adenauers mit dem amerikanischen Journalisten Frank H. Bartholomew und dem Vizepräsidenten von UPI, Thomas Raphael Curren, am 8.6.1962, in: Adenauer, Teegespräche 1961–1963, S. 196–201; Faksimile der Veröffentlichung der UPI-Meldung »Adenauer: Freundschaft Deutschland–Frankreich im Interesse der USA«, 11.6.1962, ebd., S. 202 f.; zu den Reaktionen Aufzeichnung Jansen, 14.6.1962, in: AAPD 1962, S. 1081–1083, insbes. S. 1081 Anm. 2.

[221] Sir Harold Macmillan, Earl of Stockton (1894–1986), britischer Verleger und Politiker, 1924–1929 und 1931–1964 Abgeordneter des Unterhauses (Konservative Partei), 1957–1963 Premierminister und Parteiführer der Konservativen.

[222] Kennedy und Macmillan trafen am 28./29.4.1962 in Washington zu Gesprächen zusammen. Im Kommuniqué hieß es, sie hätten »eine allgemeine Überprüfung der internationalen Probleme« vorgenommen. Wortlaut in: AdG, 32. Jg (1962), S. 9841; zur Vorbereitung und zum Verlauf des Treffens vgl. FRUS 1961–1963, Vol. XIII, S. 1064–1072; Macmillan, At the End of the Day, 1961–1963, S. 177.

[223] Aufgrund des am 18.6.1887 geschlossenen geheimen Neutralitätsvertrags zwischen dem Deutschen Reich und Russland (sogenannter »Rückversicherungsvertrag«), der im Juni 1890 deutscherseits nicht verlängert wurde, kam es anschließend zu Gesprächen zwischen Frankreich und Russland, die am 27.8.1891 zu einem Einvernehmen über eine gemeinsame Außenpolitik (»Entente«), am 17.8.1892 zu einer Militärkonvention und dann zu einem geheimen Allianzvertrag führten, der am 4.1.1894 in Kraft trat. Unter Einbeziehung Großbritanniens wurde der Vertrag am 8.4.1904 zur »Entente cordiale« erweitert (vgl. Hildebrand, Das vergangene Reich, S. 118–122, 155–161, 222). Am 2.5.1935 schlossen Frankreich und die UdSSR den gegenseitigen Beistandsvertrag, der die

dieses de Gaulle 1944 in einem Vertrag mit Stalin[224] getan,[225] weil er
ein Wiedererwachen der deutschen Revanchelust nach verlorenem
Weltkrieg fürchtete. In Deutschland andererseits müsse man auch die
Möglichkeit ausschließen, dass sich spätere Rechtspolitiker[226] mit
Russland verständigten. Endlich sei es zur Herbeiführung der europäischen Einigung dringend notwendig, ein möglichst festes Freund-
schaftsverhältnis mit Frankreich zu haben, gerade dann, wenn nun so
viele neue Länder, europäische Randstaaten wie England[227] mit seinem
Commonwealth,[228] wie Dänemark,[229] Island,[230] Irland,[231] Norwegen,[232] denn nun auch den Eintritt in die Europäische Wirtschaftsgemeinschaft wünschten. Dies könne zu einer tiefgehenden Veränderung
der bisherigen Entwicklung auf dem Kontinent führen, und englische
Kreise hätten dies auch ausdrücklich als Wunsch herausgestellt. Frank-

---

bilaterale Annäherung seit 1932 besiegelte (vgl. Keesing's AdG, 5. Jg. [1935],
S. 2013 f.).

[224] Jossif Wissarionowitsch Dschugaschwili, genannt Stalin (1879–1953), sowjetischer Politiker, 1922–1953 Generalsekretär des Zentralkomitees der KPdSU,
seit 1941 Vorsitzender des Rats der Volkskommissare und bis 1945 Oberbefehlshaber der Roten Armee, 1943 Marschall, ab 1946 Vorsitzender des Ministerrats der UdSSR.

[225] Am 10.12.1944 schlossen Frankreich und die UdSSR einen Bündnis- und Beistandsvertrag, der vom damaligen französischen Außenminister, Georges Bi-
dault (1899–1983), und dem sowjetischen Außenminister, Wjatscheslaw Micha-
jlowitsch Skrjabin, genannt Molotow (1890–1986), unterzeichnet wurde. Vgl.
Wortlaut des Abkommens in: Europa-Archiv. 2. Jg. (Juli–Dezember 1947),
S. 1946.

[226] Gemeint: politisch rechtsgerichtete Politiker.

[227] Am 9.8.1961 stellte die britische Regierung den Antrag auf Eröffnung von
Beitrittsverhandlungen zur EWG. Vgl. Dokumentation der Europäischen Integration, Bd. 2, S. 20.

[228] Vertreter der Commonwealth-Staaten warnten auf der Konferenz der Finanzminister vom 11. bis 13.9.1961 in Accra die britische Regierung vor einer Be-
einträchtigung ihres multilateralen Handelssystems im Falle eines Beitritts Großbritanniens zur EWG. Vgl. ebd., S. 21.

[229] Die dänische Regierung beantragte am 16.3.1962 Beitrittsverhandlungen zur
EWG, EGKS und EURATOM, die am 17.12.1962 eröffnet wurden. Vgl. ebd.,
S. 86, 217.

[230] Während des Abschiedsbesuchs bei Adenauer am 16.5.1962 erklärte der islän-
dische Botschafter in Bonn, Pétur Thorsteinsson, wenn Großbritannien der
EWG beitrete, »werde auch Island trotz seiner Bedenken keine andere Wahl als
die des Beitritts haben«. Vgl. Gespräch Adenauer mit Cattani, 30.5.1962, in:
AAPD 1962, S. 999–1007, hier S. 1006.

[231] Die Regierung Irlands beantragte am 31.7.1961 die Aufnahme des Landes in
die EWG. Vgl. Dokumentation der Europäischen Integration, Bd. 2, S. 17.

[232] Norwegens Regierung stellte am 30.4.1962 den Antrag auf Aufnahme in die
EWG. Vgl. ebd., S. 98.

reich sei Jahrhunderte lang daran gehindert worden, seine europäische
Rolle richtig zu spielen. Wenn es in Algier Frieden schaffe,[233] dann
würde mit der Zeit das französische Ansehen um den ganzen Mittel-
meerraum herum zunehmen bis hin nach Libyen, bei all den Ländern,
die [eine] französische Kultur hätten. Deutschland komme ja sowieso
nie mehr als führende europäische Macht in Frage, und was liege da
näher, als sich eng an Frankreich anzuschließen.

Eben wurde berichtet, de Gaulle habe in der Provinz geäußert, es
sei ein Wunder, wie es selten in der Weltgeschichte vorkomme, dass
sich die alte Feindschaft zwischen Deutschland und Frankreich in eine
so enge Freundschaft zu wandeln im Begriffe sei.[234] Tatsächlich will
de Gaulle aus der jetzt kommenden Frankreich-Visite des Kanzlers[235]
eine große historische Stunde machen. Der Höhepunkt dürfte eine
gemeinsame deutsch-französische Truppenparade in Reims[236] sein,
nach einem Hochamt in der Krönungskathedrale der französischen
Könige. Dieser Kurs wird natürlich von allen Seiten mit argwöhnischen Augen verfolgt, und es ist bitter für Vater zu sehen, wie wenige
ihn darin zunächst begreifen. Das gilt sogar für die eigene Familie, die
aber zum Teil zu wenig Gelegenheit hat, ihn in Ruhe zu sehen und
seine Gedanken zu hören. Übrigens sind am meisten die Holländer
empört über eine Bemerkung Vaters, wenn sie ihren Widerstand[237]
gegen die von Deutschland und Frankreich versuchte Konzeption einer
politischen Einigung Europas nicht aufgäben, müsse man vielleicht
zunächst ohne sie weitergehen.[238] Tatsächlich habe de Gaulle bei sei-

---

[233] Nach Verhandlungen zwischen Frankreich und der FLN in Evian kamen am
18.3.1962 Vereinbarungen über die Feuereinstellung, die künftige Selbstbestim-
mung Algeriens und die Regelung der Beziehungen zustande. In der Volksab-
stimmung am 8.4.1962 in Frankreich (ohne die algerischen Departements)
sprachen sich 90,7 v. H. für die Gewährung des Selbstbestimmungsrechts Algeriens aus. Bereits am 7.4.1962 erfolgte die Konstituierung der Provisorischen
Exekutive für Algerien und des Generalsekretariats. Vgl. AdG, 32. Jg. (1962),
S. 9767–9778, 9808–9810.

[234] Vgl. dazu auch Anm. 351.

[235] Vgl. Tagebuch, 8.7.1962 und Anm. 323, 325–331, 333.

[236] Vgl. Anm. 323.

[237] In den Verhandlungen zur Gründung einer Politischen Union verhielten sich die
Regierungen Belgiens und der Niederlande reserviert und machten die Unterzeichnung eines Vertrages davon abhängig, dass der Beitritt Großbritanniens
zur EWG feststehe. Vgl. Aufzeichnung Voigt, 21.5.1962, in: AAPD 1962,
S. 964–970, insbes. S. 964 f., 968 Anm. 19.

[238] Adenauer sagte in dem Interview am 8.6.1962 (vgl. Anm. 220, hier S. 200): »Ich
vertrete den Standpunkt, man solle mit der politischen Union anfangen. Wenn
nicht alle sechs es tun, dann tun es drei; dann kommen die anderen schon nach.
Aber man sollte anfangen!«

nem hiesigen Besuch vor einem Jahr mit Vater vereinbart, einen neuen Weg der politischen Einigung Europas sozusagen von oben auszuarbeiten.[239] Man hat eine Kommission eingesetzt, die schlechte Arbeit geleistet hat.[240] Dann trafen sich die beiden in Baden-Baden und haben erneut Richtlinien aufgestellt.[241] Aber diese wurden nicht richtig von den kleineren Staaten aufgenommen und sogar von diesen heftig bekämpft, wie Vater meint, weil Holland zu England neige, und der Kern des Gegensatzes dahinter sei der Kampf Englands gegen eine fühlbare französische Hegemonie auf [dem] Kontinent.[242] Hier scheint für Vater die Sache klar zu sein: Er zieht die französische nachbarliche

---

[239] Zu dem Treffen von Adenauer mit de Gaulle am 20.5.1961 in Bonn vgl. Adenauer, Erinnerungen 1959–1963, S. 101–111, hier S. 104–109.

[240] Die Staats- und Regierungschefs der EWG-Staaten beschlossen auf ihrer Konferenz am 18.7.1961 in Bonn das Mandat zur Einrichtung einer Studienkommission, die Vorschläge über Mittel und Wege zur »Einigung ihrer Völker« in Form eines Statuts vorlegen sollte. Die Studienkommission nahm im September 1961 unter Leitung des französischen Botschafters Christian Fouchet ihre Arbeit auf, die von Beginn an mit der Forderung Belgiens und der Niederlande konfrontiert war, die Beteiligung Großbritanniens zu ermöglichen (vgl. Aufzeichnung Lang, 12.1.1962, in: AAPD 1962, S. 125–134). Ende September 1961 legte Fouchet der Studienkommission den ersten Entwurf eines Vertrages zur Gründung einer Europäischen Politischen Union vor (vgl. Europäische politische Einigung, S. 114–117), dem am 18.1.1962 ein zweiter Vertragsentwurf folgte (ebd., S. 124–126). Diesen lehnten die anderen fünf Delegationen mit der Begründung ab, der neue Entwurf bedeute einen Rückschritt gegenüber dem ersten Vertragsentwurf, auch weil darin ihre Änderungsvorschläge nicht berücksichtigt worden seien. Zu den Reaktionen des Auswärtigen Amts in Bonn vgl. Aufzeichnung Jansen, 22.1.1962, in: AAPD 1962, S. 198–205, zum Aide-mémoire der niederländischen Regierung vom 9.1.1962 und der Forderung nach Einbeziehung Großbritanniens in die Beratungen, ebd., S. 198 Anm. 4 und S. 199 f.

[241] Am 15.2.1962 trafen Adenauer und de Gaulle zu Gesprächen in Baden-Baden zusammen. Vgl. Aufzeichnung der bilateralen Unterredung und des Gesprächs unter Hinzuziehung der Außenminister Couve de Murville und Schröder, in: AAPD 1962, S. 372–395; Adenauer, Erinnerungen 1959–1963, S. 136–150, hier S. 141–149.

[242] Die Verhandlungen der Studienkommission waren am 17.4.1962 wegen der ungeklärten Forderung der Niederlande und Belgiens, Großbritannien sofort zu beteiligen, unterbrochen worden und damit gescheitert (vgl. Runderlass Jansen, 17.4.1962, und Aufzeichnung Carstens, 18.4.1962, beide in: AAPD 1962, S. 804–808, S. 154 f.). Daraufhin forderte de Gaulle am 15.5.1962 für Westeuropa »Institutionen, die es zu einem politischen Ganzen machen«, und schlug vor, »periodisch« Treffen der Staats- und Regierungschefs abzuhalten und eine »politische Kommission, eine Verteidigungs- und eine kulturelle Kommission« zu bilden (vgl. Europäische politische Einigung 1949–1968, S. 163–166, hier S. 164; auch Conférence de Presse tenue au Palais de l'Élysée, 15.5.1962, in: De Gaulle, Discours et Messages. Avec le Renouveau, 1958–1962, S. 402–417).

Freundschaft einer solchen Lösung vor, die das mit dem Commonwealth belastete England, das er nicht immer für ganz ehrlich hält, zur
Führungsmacht Europas werden lassen könnte. Hier sieht natürlich
ein Mann wie Erhard als Wirtschaftspolitiker zunächst andere Seiten
und ist daher wie Schröder mehr für das möglichst rasche Zusammengehen mit England. In der Koalition sind die Meinungen wohl geteilt.
Vor der CDU[/CSU]-Fraktion hat die Argumentation, man müsse
Frankreich davor bewahren, jemals wieder sich gegen Deutschland
mit Russland zu verständigen, und Deutschland davor bewahren, sich
mit Russland zu verständigen, offenbar Eindruck gemacht.[243] Verständigen meint hier nicht Abbau von Spannungen, sondern ein tieferes
Bündnis. Für das Verhältnis zu Amerika prägte Vater in Dortmund die
Formel: Europa müsse ein möglichst wertvoller Partner Amerikas
werden.[244] Schon jetzt ist die Europäische Wirtschaftsgemeinschaft
der größte Handelspartner der Welt. Übrigens wurde inzwischen
plötzlich bekannt, das Kindergeld werde erhöht, ein Sachverständigengremium werde eingesetzt, und die CDU verlange [die] ernsthafte
Prüfung des Investivlohns.[245] Damit rücken die drei Forderungen, an
denen ich mitgearbeitet habe,[246] rasch der Verwirklichung näher.

Nebenbei macht Vater die nette Bemerkung, man müsse sich seine
Unbefangenheit bewahren und dürfe nicht alles wissen wollen, ebenso wie man die Kunst lernen müsse, vieles zu übersehen und zu überhören.

---

[243] Die Äußerung fiel wahrscheinlich in der Sitzung am 12.6.1962. Im Protokoll
unter dem Tagesordnungspunkt »Bericht des Kanzlers« wurde lediglich vermerkt: »b) Frankreich-Besuch. Anzahl der Bündnisse zwischen Rußland–Frankreich«. Vgl. Die CDU/CSU-Fraktion im Deutschen Bundestag, 1961–1966,
S. 288 f., hier S. 288.

[244] »Wir wollen die Führung der Vereinigten Staaten, Europa soll ein wertvoller
Partner sein«, hob Adenauer in seiner Rede auf dem CDU-Bundesparteitag am
3.6.1962 hervor. Ferner glaubte er, »die Vereinigten Staaten legen auch in der
jetzigen Administration noch Wert darauf, daß Europa ein wertvoller Partner
der Vereinigten Staaten ist und bleibt«. Vgl. Christlich Demokratische Union
Deutschlands, 11. Bundesparteitag, S. 22.

[245] Der von der SPD in der Sitzung des Deutschen Bundestages am 15.6.1962
eingebrachte Initiativgesetzentwurf über die Verbesserung des Leistungsrechts
der Kindergeldgesetze wurde von der Mehrheit der Regierungsparteien abgelehnt. Vgl. Grundsätze der Sozialpolitik erörtert, in: Bulletin, Nr. 113, 26.6.1962,
S. 989; Zusammenfassung der Debatte über die Sozialversicherung und die
Haltung der CDU/CSU-Fraktion ebd., S. 989–991; zu den Diskussionen auch
Nelleßen-Strauch, Der Kampf um das Kindergeld, S. 246–270.

[246] Dazu der Beitrag von Paul Adenauer, Zur sozialethischen Bewertung eines gesetzlichen Investivlohnes, in: Freiheit und Verantwortung in der modernen Gesellschaft, S. 311–330.

Es hat nun den Anschein, dass Vater einen deutsch-französischen Pakt wünscht. Macmillan, so wird eben gemeldet, hat von Brentano in derselben Zeit der Frankreichreise des Kanzlers nach London eingeladen.[247] Die »Bild«-Zeitung greift Vater heftig wegen Globke an.[248] Vater muss morgen zum 17. Juni nach Berlin[249] und wird dort auch mit dem für die »Bild«-Zeitung verantwortlichen Herrn Springer[250] zusammentreffen, der ihm Journalisten vorstellen soll. Man muss vieles ertragen können.

Dienstag, 19. Juni 1962
Nun kommt die Rosenblüte wie eine Hochflut über den Garten. Plötzlich sieht man auch Rot in den Kirschbäumen und auf den Erdbeerfeldern, wie über Nacht. Nachts machen die Glockenfrösche ein verrücktes, unentwegtes Liebesgetöne unter dem still wandernden Mond. Ich klappe die große Scheibe meiner Schlafzimmerhälfte herunter und lasse die Nachtluft dicht über mich hinströmen, und alle Nachtgeister, Elfen, und was sonst da sich bewegen mag, schweben ungehindert durch den Raum. Ob sie es gut mit einem hilflosen Schläfer meinen? Um 5 Uhr werde ich fast jeden Morgen wach, wie ein Bauer, und möchte doch so gern mich bis 6 Uhr wieder in den Schlummer versenken. Abends wird es meist sehr spät, das Boccia-Spiel beginnt meist erst kurz vor ½ 10 Uhr, und Vater ist glücklicherweise unermüdlich.

Am 16. Juni, Samstag, macht er nachmittags seine Ansprache für die große Kundgebung in Berlin am nächsten Tage.[251] Es sind viele

---

[247] In dem Artikel »Brentano trifft am 5. Juli Macmillan« (»Frankfurter Allgemeine«, Nr. 138, 16.6.1962, S. 3) hieß es, in Bonn werde angenommen, dass von Brentano, der am 14.6.1962 ein zweistündiges Gespräch mit Adenauer hatte (Adenauer, Kalendarium), »mit Macmillan die besonderen Fragen des Beitritts Großbritanniens zur EWG erörtern« wolle. Von Brentano »dürfte dabei den Wunsch der Bundesregierung unterstreichen, Großbritannien in der EWG zu sehen«.

[248] Zu den Vorwürfen gegen Globke wegen der Beteiligung an den sogenannten »Nürnberger Gesetzen« vgl. Lommatzsch, Hans Globke und der Nationalsozialismus, in: HPM, Heft 17 (2010), S. 95–128.

[249] Zum Programm des eintägigen Besuchs in Berlin (West) am 17.6.1962 vgl. Adenauer, Kalendarium.

[250] Axel Cäsar Springer (1912–1986), Publizist, seit 1945 Zeitungs-, Zeitschriften- und Buchverleger unter anderem von »Hörzu« (1946), »Hamburger Abendblatt« (1948), »Bild« (1952), »Die Welt« und »Welt am Sonntag« (1953), »BZ« und »Berliner Morgenpost« (1960). Zum Verhältnis Adenauers zu Springer während der Berlin-Krise vgl. Schwarz, Axel Springer, S. 344–354.

[251] Vgl. Rede Adenauers auf der Feierstunde zum Tag der Deutschen Einheit in Berlin (West), 17.6.1962, in: Bulletin, Nr. 110, 19.6.1962, S. 950.

Stunden Arbeit, und als ich abends aus Unkel zurückkomme vom
Beichte hören, gegen ¼ vor 8 Uhr, sind gerade die letzten Zeilen geschrieben. Um 8 Uhr kommt im Fernsehen [s]eine eigene Ansprache
aus demselben Anlass des 17. Juni, die sehr prägnant und packend
ist.[252] Am Sonntag trinken wir um ½ 8 Uhr Kaffee draußen, 8 Uhr Abfahrt
nach Wahn, dann ein ausführliches Programm mit der Kranzniederlegung am Ehrenmal der Gefallenen des 17. Juni.[253] Ich weiß noch wie
heute, wie erschüttert ich war, als ich anlässlich der Trauerfeier nach
dem 17. Juni 1953 mit in Berlin war und die vielen, vielen Särge vor
dem Rathaus standen.[254] Inzwischen fordert die Mauer immer neue
Opfer an hilflosen Menschenleben. Von den damals, 1953, Verhafteten sind noch 5 in Haft. Damals hat man über 140 Menschen
standrechtlich erschossen.[255] Am Nachmittag des diesjährigen 17. Juni

---

[252] Vgl. Fernsehansprache Adenauers zum Tag der Deutschen Einheit am 17.6.1962,
ebd., S. 949; abgedruckt in: Adenauer: »Die Demokratie ist für uns eine Weltanschauung«, S. 194–196.

[253] Die Kranzniederlegung fand auf dem Städtischen Urnenfriedhof an der Seestraße im damaligen West-Berliner Bezirk Wedding statt (Adenauer, Kalendarium).
Dort wurden am 23.6.1953 acht Opfer des Aufstandes in Ost-Berlin beerdigt,
die in Krankenhäusern in Berlin (West) verstorben waren. Anschließend wurde
am 17.6.1955 dort ein Mahnmal für alle Opfer des Aufstandes errichtet. Vgl.
Bundesstiftung Aufarbeitung (Hrsg.), Orte des Erinnerns, S. 12 f.

[254] Am 23.6.1953 fand in Berlin (West) die Trauerfeier für die Opfer des Aufstands
am 17.6.1953 mit 125 000 Teilnehmern vor dem Schöneberger Rathaus statt
(ebd., S. 12); zur Ansprache Adenauers vgl. Schwur für das gesamte deutsche
Volk, in: Bulletin, Nr. 116, 24.6.1953, S. 985.

[255] Im Jahre 1955 bezifferte »Das Parlament« (Nr. 24, 15.6.1955) die Zahl der
Todesopfer in Folge des Aufstandes am 17. Juni 1953 in der DDR mit 489
Personen, darunter 267 tote Demonstranten, 92 standrechtlich Erschossene, 14
vollstreckte Todesurteile und 116 durch das SED-Regime getötete Personen,
ohne genauere Angaben. Der Untersuchungsausschuss Freiheitlicher Juristen
registrierte bis Juni 1962 1334 Urteile in der DDR und in Berlin (Ost) wegen
Teilnahme am Volksaufstand des 17. Juni 1953, zusätzlich drei Todesurteile und
17 standrechtliche Erschießungen. Von den Verurteilten befanden sich bis dahin
noch »über 70 Personen in sowjetzonalem Gewahrsam«. Bekannt war, dass
davon bei vier bekannten Personen ihre lebenslangen Zuchthausstrafen in Freiheitsstrafen von 10 bzw. 15 Jahren Haft umgewandelt worden waren (vgl.
Teilnehmer des Volksaufstands noch immer eingekerkert, in: Bulletin, Nr. 108,
15.6.1962, S. 934). In der vom Bundesministerium für gesamtdeutsche Fragen
herausgegebenen Veröffentlichung (Es geschah im Juni 1953. Fakten und Daten,
2. Aufl., Bonn 1965, S. 42) wurden insgesamt 507 Todesopfer genannt. Neuere
Forschungen gehen von deutlich weniger Toten, etwa 55 Personen, aus. Dazu
Ahrberg/Hertle/Hollitzer/Stiftung zur Aufarbeitung der SED-Diktatur (Hrsg.),
Die Toten des Volksaufstandes vom 17. Juni 1953, S. 5; Bericht des Bevollmächtigten des MWD der UdSSR in Deutschland über die Situation in der DDR,

ist die große Kundgebung in Berlin, Vater berichtet abends bei der
Heimkehr gegen 9 Uhr, es seien mindestens 150 000 Menschen zusammen gewesen, wahrscheinlich an [die] 200 000, und er habe noch
nie eine derartig erschütternde Kundgebung in Berlin erlebt.[256] Die
Begeisterung für ihn sei ergreifend gewesen. Immer wieder seien
Sprechchöre zu hören gewesen: »Conny, komm wieder! Conny, komm
wieder!« Man habe ihm mit Taschentüchern gewinkt, und als er
schließlich sein eigenes gezogen habe, sei es wie eine Welle über die
Tausende von Menschen mit ihren Taschentüchern gegangen. Brandt
habe sich korrekt und höflich benommen. Das Ganze sei ein erschütterndes Erlebnis gewesen, und er müsse für diesen Vorschlag dankbar
sein; der Vorschlag stammt von Dr. Krone. Fräulein Poppinga[257] hatte sich im Zusammenspiel mit Dr. Schnippenkötter[258], dem neuen
Pressereferenten, und Dr. Osterheld[259] und Dr. Barth[260] äußerst bemüht, für gute Publizität zu sorgen. Sie meint, mit der Ernennung
Schnippenkötters sei ein tüchtiger Schritt nach vorwärts geschehen, er
sei jung und wisse, an die Presse heranzukommen. Übrigens schildert
Vater heute seinen ersten Eindruck vom neuen Pressechef von Hase[261]
als ausgezeichnet. Damit wäre außerordentlich viel gewonnen, denn
es ist ein Skandal, wie wenig objektiv und innerlich engagiert die
Presse berichtet. So wird zum Beispiel von der Stimmung, die in Berlin

---

10.7.1953, in: Müller/Scherrieble/Schmeitzer (Hrsg.), Der 17. Juni 1953 im
Spiegel sowjetischer Geheimdienstdokumente, S. 124–128, hier S. 128.

[256] Vgl. Deutschland gedachte des 17. Juni. Rede des Bundespräsidenten auf dem
Hohentwiel/Der Bundeskanzler bei den Feiern in West-Berlin, in: »Frankfurter
Allgemeine«, 18.6.1962, S. 1, 4.

[257] Anneliese Poppinga (1928–2015), Dr. phil., 1958–1963 Sekretärin Konrad Adenauers im Bundeskanzleramt, 1963–1967 seine wissenschaftliche Mitarbeiterin.

[258] Heribert Schnippenkötter (geb. 1924), 1959–1962 Referent für Aktuelle Information im Presse- und Informationsamt der Bundesregierung, Juni 1962–Oktober 1963 Abordnung zum Bundeskanzleramt und dort für die Verbindung
zum Presse- und Informationsamt zuständig, 1963–1964 Leiter des Referats
Grundsatzangelegenheiten im Bundeskanzleramt, 1964–1968 Pressereferent im
Bundesministerium für Familie und Jugend.

[259] Horst Osterheld (1919–1998), Dr. jur., Diplomat, seit 1951 im Auswärtigen
Amt, 1960–1969 Leiter der Abteilung Außenpolitik im Bundeskanzleramt. – Zu
Adenauers Berlin-Besuch am 17.6.1962 vgl. Osterheld, »Ich gehe nicht leichten
Herzens ...«, S. 128.

[260] Heinrich Barth (1914–1997), 1960–1963 Ministerialdirigent und Persönlicher
Referent Adenauers im Bundeskanzleramt, 1963–1969 Staatssekretär im Bundesministerium für Gesundheitswesen.

[261] Karl-Günther von Hase (geb. 1917), Diplomat, 1958 Leiter des Pressereferats
im Auswärtigen Amt, 1961 Ministerialdirektor, 1962–1967 Staatssekretär und
Leiter des Presse- und Informationsamtes der Bundesregierung.

herrschte, aus den heutigen Berichten in der FAZ[262] nichts spürbar, es werden auch keine Zahlen über die Teilnehmer genannt. Nach der Rückkehr und dem Abendessen, gegen 9 Uhr 15 abends, verlangt Vater noch nach Boccia-Spiel, um nicht so steif zu werden und besser schlafen zu können.

Unwahrscheinliche Leistung!

Am 16. Juni bringt die FAZ einen scharfen Artikel über Schröders Linie;[263] noch nie sei die Beziehung der CDU[/CSU]-Fraktion zum Auswärtigen Amt so schlecht gewesen wie jetzt, noch nie die der SPD so gut. Es sei offensichtlich, dass Schröder eine eigene Linie suche, auch als potentieller Kanzlerkandidat, eventuell einer anderen Koalition. Vater meint ohnehin, es falle ihm nicht leicht, Schröder zu vertrauen wegen so vieler derartiger Dinge.

Vater will ein besseres, schöneres Efeu in die neuen Kübel haben, die er aus Cadenabbia mitgebracht hat, und dafür hat er sich an einem Pfeiler des Balkons eine bestimmte, schönblättrige Efeusorte ausgesucht. Ebenso hat er neue Pläne für die Bepflanzung des Grabes im Kopf.

Fronleichnamstag, 21. Juni 1962

Gestern [war die] Einführungsvorlesung [von] Professor Schreiber[264] in Köln. Hinterher berichtet Frau Uhlenbruck,[265] der verstorbene Professor Heyde,[266] bekannter Sozialpolitiker und Sozialversiche-

---

[262] Vgl. Anm. 256.

[263] Vgl. Eberhard Bitzer, Schröder und die Sozialdemokraten, in: »Frankfurter Allgemeine«, Nr. 138, 16.6.1962, S. 1.

[264] Wilfried Schreiber (1904–1975), Professor Dr., Wirtschaftswissenschaftler, 1949–1959 Geschäftsführer des Bundes Katholischer Unternehmer, entwickelte Mitte der 1950er Jahre unter dem Titel »Existenzsicherheit in der industriellen Gesellschaft« eine Konzeption freiheitlicher Sozialpolitik, den sogenannten »Schreiber-Plan«, und den Entwurf zur Reform der Gesetzlichen Rentenversicherung in der Bundesrepublik Deutschland, 1955–1962 Privatdozent für Wirtschaftstheorie, Sozialpolitik und Statistik an der Universität Bonn, 1962–1972 Ordinarius für Sozialpolitik an der Universität Köln.

[265] Ruth Uhlenbruck, geb. Padberg, verheiratet mit Professor Dr. Paul Uhlenbruck (1897–1969), 1948 Leiter der Internen Abteilung des Sankt-Vinzenz-Krankenhauses in Köln.

[266] Ludwig Heyde (1888–1961), Professor Dr., Soziologe und Nationalökonom, 1921 Herausgeber der »Sozialen Praxis«, 1924–1946 Lehrtätigkeit als Honorarprofessor für Soziologie und Sozialpolitik an der Universität Kiel, setzte sich für Sozialreformen und in den 1930er Jahren für die nationalsozialistische Arbeitserziehung ein, 1948 Honorarprofessor mit Rechten eines Ordinarius für Sozialpolitik an der Universität Köln, 1955–1961 Präsident des Bundesverbandes Deutscher Volks- und Betriebswirte.

rungsexperte, habe seine Frau[267] trotz wiederholter Mahnungen in keiner Weise für den Fall seines Todes versichert, so dass sie jetzt nur auf eine kleine Art Ehrensold oder Ehrenpension angewiesen sei. Wie muss Alo[268] heute seinen Namenstag im Himmel gefeiert haben, und wie hat er wohl die Seinen in Friesdorf[269]getröstet. Ich habe so sehr an sie denken müssen, als ich den Herrn durch Unkel tragen durfte. Vater berichtet empört von einer Predigt auf der Insel, in der Pfarrer Berchem[270] von Selhof erzählte, ein bedrückter Bischof habe Johannes XXIII.[271] seine Sorge geklagt, und dieser habe ihm geantwortet, auch er habe große, drückende Sorgen, aber sein Schutzengel habe ihm zu verstehen gegeben: »Johannes, nimm dich [nicht] zu wichtig.« Vater fand dies respektlos und blöde. So könne man nicht antworten, wenn jemand von Sorgen gequält würde. Ich versuche, den Sinn mit einer Aufforderung, tiefer zu glauben, zu deuten, werde aber nicht akzeptiert.

Beim Gespräch über die Vergangenheit wird erzählt, man habe sich früher, vor 1933, wöchentlich mit von Schröders[272] und Pferdmenges abends getroffen. Frau von Schröder, geb. von Schnitzler,[273] sei sehr gebildet gewesen. Schröder selbst habe, nach Aussagen des früheren Dienstmädchens Betty[274], an der Freilassung Vaters nach dem Röhm-

---

267  Heyde war seit 1912 in erster Ehe mit Else Heyde, geb. Zodtke verheiratet und seit 1926 in zweiter Ehe mit Sophia Heyde, geb. Seydel, Tochter des Maschinenfabrikanten Georg Seydel.

268  Vgl. Anm. 139. Namenstag des Aloisius von Gonzaga (1568–1591), katholischer Priester, SJ, starb am 21. Juni, gilt als Patron der Studierenden und bei der Berufswahl, 1726 von Papst Benedikt XIII. heiliggesprochen.

269  Anspielung auf die Arbeit des Zentralrats der deutschen Katholiken, der in Bad Godesberg-Friesdorf, Hochkreuzallee 246, sein Büro hatte.

270  Friedrich Berchem (1909–1966), katholischer Priester, 1957–1966 Pfarrer der Pfarrei Sankt Martin in Bad Honnef-Selhof.

271  Johannes XXIII., zuvor Angelo Giuseppe Roncalli (1881–1963), italienischer katholischer Priester, 1953 Kardinal, 1958–1963 Papst.

272  Kurt Freiherr von Schröder (1889–1966), Bankier, seit 1921 Mitinhaber des Bankhauses J. H. Stein, 1933 Mitglied der NSDAP und 1936 der SS, 1933–1945 Präsident der Industrie- und Handelskammer Köln. Zur Verbindung Adenauers mit von Schröder, die sich nach Bekanntwerden des Treffens von Hitler mit von Papen am 4.1.1933 im Haus von Schröders abkühlte, vgl. Schreiben Adenauer an Dora Pferdmenges, 11.5.1933, in: Freundschaft in schwerer Zeit, S. 53–56, hier S. 55; Bescheinigung Adenauers für von Schröder, 7.10.1947, in: Adenauer, Briefe 1947–1949, S. 84.

273  Edith von Schröder, geb. von Schnitzler (1892–1951), seit 1913 verheiratet mit Kurt Freiherr von Schröder.

274  Betty, Dienstmädchen im Hause des Freiherrn von Schröder.

Putsch[275] mitgewirkt.[276] Später, 1944, als Mutter[277] mit Walter[278] ihn um Hilfe bat, war er sehr distanziert und abweisend. Ich erinnere mich, wie mich der ganze Zauber bei Schröders erschreckt hatte, und wie ich in diesem Hause die Nazi-Hymne gehört habe. Ich bemerke, wie froh man sein müsse, nicht mit solchen Leuten so oft zusammen sein zu müssen, deren Motive nicht immer gerade die einer Freundschaft seien. Vater meint, meine Ansprüche seien zu hoch. Er fürchtet auch im Ernst, die Gewerkschaften wollten die Industrien mit Absicht ertragsunfähig machen, um damit einen Grund zur Überführung in Gemeineigentum zu haben. Ich bestreite das und verlange Beweise dafür. Ich glaube nicht, dass Gewerkschaften, auch wenn sie als Ziel die Sozialisierung haben, dies auf diesem Wege noch erreichen können, ohne sich im Ansehen schwer zu schaden. Übrigens soll Macmillan geäußert haben zu de Gaulle, de Gaulle wolle offenbar das Reich Karls des Großen, er, Macmillan, wolle aber lieber Europa in der Ausdehnung des Römischen Reiches sehen.[279]

Samstag, 23. Juni 1962, ¼ vor 4 Uhr morgens
Ein kleiner, blasser Mond grüßt durch mein Fenster, und meine Augenlider sind noch so schwer. Gestern wollte ich das Manuskript für den Vortrag auf dem Aloisius-Kolleg[280] unbedingt abschließen und habe den ganzen heißen Tag gebrütet, aber bin nicht weitergekommen. Es kommt mir alles so sinnlos vor. Es ist so schwer, interessant darzustellen, so schwer, irgendwie etwas Neues aus all den Texten gerade auf evangelischer Seite herauszukristallisieren, und ich spüre, dass ich

---

[275] »Röhm-Putsch« bezeichnet die Verhaftung und anschließende Ermordung der Führungsebene der SA in der Nacht vom 30.6 auf den 1.7.1934, an deren Spitze der Stabschef Ernst Röhm (1887–1934) stand. Zu den Erinnerungen Paul Adenauers an die Verhaftung seines Vaters nach dem Putsch vgl. Hagen/Moring, Adenauer, S. 59; Adenauer im Dritten Reich, S. 218.

[276] Zu den Bemühungen von Schröders schon 1933, Adenauers »Verfolgung durch die Nazis zu bremsen«, vgl. Adenauers Bescheinigung für ihn, 7.10.1947, in: Adenauer, Briefe 1947–1949, S. 84.

[277] Auguste, genannt »Gussie«, Amalie Julie Adenauer, geb. Zinsser (1895–1948), seit 1919 zweite Ehefrau von Konrad Adenauer und Mutter von Paul Adenauer.

[278] Walter Reiners (1908–1980), Fabrikant in Mönchengladbach, seit 1937 verheiratet mit Ria Adenauer und Schwiegersohn von Konrad Adenauer.

[279] Die Gespräche zwischen de Gaulle und Macmillan fanden am 2./3.6.1962 in Paris statt. Vgl. DDF 1962, Tome I, S. 554–566; Macmillan, At the End of the Day, 1961–1963, S.119–121; Kommuniqué des Treffens in: AdG, 32. Jg. (1962), S. 9896.

[280] Gemeint: Festvortrag vor dem Aloisiuskolleg am 24.6.1962 in Bad Godesberg; vgl. Anm. 285.

viel zu langweilig bin, dass ich einen Schriftstil habe und dass ich nicht wirklich das Geistig-Lebendige der Entwicklung darstellen kann. Dazu ist man müde, und in den alten Kopf will einfach nichts mehr hinein. Schließlich mache ich um ½ 11 Uhr abends Schluss – Vater ist auf einem Abendessen für Rusk[281] – und lege mich erst auf den Fußboden, um nur etwas auszuruhen, dann aber schließlich ins Bett und stelle den Wecker auf ¼ vor 4 Uhr.

Als ich gut im Bett liege, verschwinden sofort die Gedanken über meinen Vortrag, und es wandern tiefere Träume über die müde Seele dahin. So zum Beispiel die Frage nach dem, was Menschen eigentlich auf die Dauer voneinander verstehen können, was sie einander wirklich sein können, welche Rolle dabei die Mitteilung durch Worte und durch Gebärden spielt, ob nicht durch Gebärden, auch durch Gebärden der Zärtlichkeit, oft erst der Boden bereitet wird für die wirkliche, gesicherte Übernahme von Haltung. Darauf komme ich natürlich durch das Erlebnis von Clärchen und Peter,[282] die an diese Grundfrage der Begegnung immer wieder herangetrieben werden, weil Clärchen offenbar in diesen Dingen sich schwerer tut. Wer weiß, warum sie letztlich so Angst hat? Wer weiß, wie jeder Mensch sich selbst findet? Habe ich nicht gestern erlebt und erlebe es jetzt, wie man sich selber unter der Hand fragwürdig wird, wie man nicht weiß, wer man eigentlich ist, was man leisten kann, was man bedeuten kann? Ich glaube, dass hier letztlich nur die Begegnung mit dem Wort Gottes weiterhilft, vor dem jeder Mensch am Ende ist und neu beginnen muss. Glaube als Neugeburt, als Neuanfang aus dem radikalen Vertrauen auf die übermenschliche Existenz Gottes her. Dies ist eine Frage langer, langer Übung, des Sich-Loslassens auf Gott hin. Aber muss man nicht meinen, Clärchen habe dies alles zur Genüge selber bewiesen? Hat sie nicht in der Krankenpflege jahrelang gestanden? Geheimnis der Menschenseele! Und der Peter grübelt natürlich, wie er in einer relativ kurzen Zeit, da er nicht mit ihr zusammen leben kann, wirklich überzeugend ausdrücken kann, dass er für sie da ist. Wie weit darf er dabei gehen? Ihm wird immer klarer, dass er dabei viel sorgfältiger und feiner hören muss auf das, was der andere Mensch wirklich braucht,

281 Während der deutsch-amerikanischen Regierungsgespräche am 22.6.1962 in Bonn, an denen Adenauer und Rusk teilnahmen, wurden die Frage einer NATO-Atomstreitmacht sowie die Berlin-Frage diskutiert. Vgl. AAPD 1962, S. 1152–1155; FRUS 1961–1963, Vol. XIII, S. 419–422; FRUS 1961–1963, Vol. XV, S. 196–200. Abends fand ein Essen zu Ehren des Bundeskanzlers in der amerikanischen Botschaft in Bonn statt (Adenauer, Kalendarium).

282 Personen nicht identifiziert.

dass er nicht mehr so ängstlich auf sich selber reflektieren muss und
fragen darf, was darf ich, was darf ich nicht nach irgendwelchen Co-
dices oder Regeln, sondern dass er sich führen lassen muss von dem,
was dem anderen Menschen die Wahrheit und Sicherheit der Aussage
vermitteln kann. Vielleicht wird Clärchen darin auch etwas offener
und etwas deutlicher werden und wird die Zeit ihnen helfen.

Jetzt aber höchste Zeit! Es hat schon 4 Uhr geschlagen, und um 7
Uhr ist Schluss, 8 Uhr Messe, dann Beichte, dann kommen die Fern-
sehleute wieder,[283] der Vormittag wird schnell vorbei sein, die Predigt
muss gemacht werden, dann in den Beichtstuhl – und es ist Abend! Und
morgen früh muss ich mich vor den Jesuiten und alten Lehrern anständig zeigen. Wie glücklich bin ich, wenn das alles vorbei ist und ich
hinterher noch einen kurzen Privatbesuch in Godesberg machen darf.
[Dann] Abendessen in der Nuntiatur zu Ehren von Kardinal Frings.[284]

Jetzt aber ran ans Werk und weg mit allem falschen Stolz, als ob
man es vollkommen machen müsse! Das steckt wirklich dahinter, dass
man sich selber nicht gut genug vorkommt, dass man nicht den Mut
hat, auch nicht erste Klasse zu sein, nicht originell zu sein, nicht interessant zu sein, dass man nicht den Mut hat, einfach das zu schreiben
und zu sagen, was einem eventuell gegeben ist, auch wenn es nur
dritt- oder viertklassig ist. So sehe ich es jetzt deutlich, und darum
nichts wie ran jetzt!

Was mag das Clärchen jetzt machen und der Peter? Hoffentlich
schlummern sie wirklich süß und fühlen ihre Seelen füreinander.

Samstag, 30. Juni 1962
Zum Fest des Aloisius-Kollegs soll ich die Festrede halten über »Mater et Magistra und die deutsche katholische und evangelische soziale
Programmatik«.[285] Ich schwitze und brüte in heißen Tagen vor diesem
Sonntag, habe sehr viel Material und brüte nichts aus. Am Samstag
[23. Juni 1962] stehe ich [um] 4 Uhr früh auf, als die Vöglein zu singen
beginnen, denke, wer alles jetzt noch wohl schläft, und mache mich
an die Arbeit.

---

283  Ein Kamerateam des Süddeutschen Rundfunks machte am 23.6.1962 in Ade-
     nauers Haus in Rhöndorf Aufnahmen für den Fernsehfilm »Kanzler-Porträt«
     (Adenauer, Kalendarium).
284  Vgl. Tagebuch, 30.6.1962.
285  Zur Veröffentlichung der am 24.6.1962 gehaltenen Rede während des Schulfests
     vgl. Paul Adenauer, Mater et Magistra und die sozialethische Programmatik
     katholischer und evangelischer Christen in der Bundesrepublik Deutschland, in:
     Ako Heft, Dezember 1962, S. 117–124.

Am Sonntag [24. Juni 1962] nach zwei Gottesdiensten Überfahrt nach Godesberg auf meinem alten Schulweg. Seltsames Gefühl, im dicken Wagen, mit kleinem, violetten Farbtupfer am Kragen und einer mühselig zusammengestoppelten Festrede in der Tasche zur feierlichen Stadthalle in Godesberg als Festredner vor der alten Schule zu fahren. Einige meiner alten Lehrer sitzen zu meinen Füssen, so Mayershofer[286] und Pater Rodewyk[287]. Ich bin sehr aufgeregt, und das verfliegt erst, als ich die ersten Sätze gesprochen habe. Schorsch sitzt mit Freunden auch im Saal.[288] Es scheint ganz gutzugehen. Die Schüler blasen ein herrliches Orchester, ich esse feierlich mit den Patres oben im Kolleg zu Mittag. Und hinterher treffe ich meine Klassenkameraden, und wir besprechen die Probleme der Vierzigjährigen mit ihren Kindern und essen Eis dabei. Unheimlich schnell sind diese Jahre verflogen. Wie dankbar muss man sein für alle Sorge, die aufgewendet wurde von Menschen, damit man eine solche Aufgabe erfüllen kann. Alte Lehrer, meine Mutter, von der Pater Rodewyk erzählt, wie sie damals 1935 voll Sorge zu ihm kam und mich ins Internat tun wollte, weil der Weg zu weit sei. Er konnte mich aber nicht annehmen, und so ging ich mittags zu Dechant Heimbach[289] zum Essen. Auf wie viele Schultern hat man aufgebaut, wie viele Menschen haben sich gesorgt! Nachmittags will ich mich mit Kiebitz[290] wegmachen, setze ihn in der Stadt ab und will noch einen Privatbesuch machen, als Karl Heinz Chrysant[291]

---

[286] Rupert Mayershofer (1905–1984), Lehrer, unterrichtete 1935–1939 und 1945–1973 die Fächer Mathematik, Physik und Leibesübungen am Aloisiuskolleg in Bad Godesberg.

[287] Adolf Rodewyk (1894–1989), katholischer Priester, SJ, 1932–1938 Rektor des Aloisiuskollegs in Bad Godesberg.

[288] Georg Adenauer besuchte ebenfalls das Aloisiuskolleg in Bad Godesberg und legte dort 1953 sein Abitur ab. Vgl. dazu Schreiben Konrad Adenauer an Becher, 10.2.1953, in: Adenauer, Briefe 1951–1953, S. 336–338.

[289] August Heimbach (1890–1958), katholischer Priester, 1936–1958 Pfarrer der Pfarrei Sankt Marien in Bad Godesberg, 1936 Dechant, 1954 Monsignore (Päpstlicher Geheimkämmerer).

[290] Person nicht identifiziert. Möglicherweise gemeint: Rainer von Kempis, Schulfreund von Paul Adenauer.

[291] Karl Heinz Chrysant, Freund von Paul Adenauer aus Bonn, schrieb zum Tode von Konrad Adenauer am 20.4.1967 an ihn (ACDP, NL Paul Adenauer 01–1000–002/1): »Hat es einen Sinn, daß ich Dir Trost zu geben versuche? Hast Du nicht selbst Versöhnung genug, daß Du Deinen Vater bis zum letzten Atemzug seines langen und erfüllten Lebens begleiten konntest! Und in der Gewissheit, ihn wiederzusehen in der Ewigkeit, in der er jetzt lebt? Denn Du warst es, der mich aufmerksam machte, daß ein Gläubiger in Gott lebt, wenn er aus diesem Leben scheidet, als unser Freund Paul [gemeint: Alois] Kemp gestorben

am selben Hause bei Kemps[292] plötzlich aufblinkt. Wunderbares Zusammentreffen!

Am Abend desselben Tages feierliches Abendessen in der Nuntiatur zu Ehren des 20-jährigen Bischofsjubiläums von Kardinal Frings mit Bundeskanzler, Dompropst[293], stellvertretendem Generalvikar[294] und allen möglichen anderen Herren, auch zwei Botschaftern. Es ist erst sehr, sehr steif, jeder flüstert nur mit seinem Nachbarn. Ich versuche, Prälat Wissing[295] für die Fürbitten zu erwärmen. Er sagt unter anderem, er habe Frings schon für ein Lehrschreiben gewonnen, nachdem er meinen Entwurf bekommen habe.[296] Mit den Fürbitten werde es schwierig sein, er glaube leider nicht an eine Einigung. Offenbar ist er von der Dringlichkeit der Sache auch nicht so überzeugt wie ich. Dabei brennt es doch wahrhaftig unter den Nägeln. Auf einen feierlichen, etwas steifen Toast des Nuntius[297] antwortet der Kardinal frisch und munter, er sei damals bei seiner Ernennung doch ein »ärmer Höösch«[298] gewesen und habe wenig dargestellt, sei auch etwas ängstlich gewesen. Und so habe sich das Paulus-Wort erfüllt, Gott habe das, was in den Augen der Welt nichts ist, berufen, um das, was etwas ist, zu beschämen.[299] Der Bundeskanzler meint hinterher, dass mit dem »ärmen Höösch« sei eine faustdicke Lüge gewesen. Der amerikanische

war. Erinnerst Du Dich, lieber Paul, an Deine Worte? Mehr Trost kann ich Dir nicht sagen, es sei denn das Wort unserer hl. Kirche: vita mutatur, non tollitur.«

[292] Klaus Kemp (geb. 1946) und Ulrich Kemp (geb. 1948), Söhne von Paul Adenauers Schulfreund Alois Kemp.

[293] Carl Franz Viktor Gielen (1900–1987), katholischer Priester, Prälat, 1960–1978 Dompropst des Metropolitankapitel der Kirchenprovinz Köln.

[294] Hermann Jansen (1904–1980), katholischer Priester, Prälat, seit 1953 residierendes Mitglied des Metropolitankapitels der Kirchenprovinz Köln, 1962 Apostolischer Protonotar und stellvertretender Generalvikar der Erzdiözese Köln, 1963 Generalvikar.

[295] Wilhelm Wissing (1926–1996), katholischer Priester, 1946 Prälat, 1958 Leiter des Kommissariats der deutschen Bischöfe (Katholisches Büro) in Bonn, 1963 Gründer der Katholischen Zentralstelle für Entwicklungshilfe e. V.

[296] Gemeinsame Fürbitten von Katholiken und Protestanten für das Wohl des deutschen Volkes und die Überwindung der Teilung Deutschlands waren ein besonderes Anliegen von Paul Adenauer. Textentwurf der Fürbitten als Anlage zum Schreiben Paul Adenauer an Dibelius, 9.1.1963, in: AEK, DBK, KZI Nr. 31. Vgl. dazu auch Anm. 318, Anm. 319 und Anm 510.

[297] Corrado Bafile (1903–2005), Dr. jur., italienischer katholischer Priester, 1960–1975 Apostolischer Nuntius in der Bundesrepublik Deutschland.

[298] Kölnischer Dialekt in der Bedeutung von »armseliger Mensch«. Vgl. Bhatt/Herrwegen, Das Kölsche Wörterbuch, S. 317.

[299] Apostel Paulus von Tarsus (5–64), Erster Brief an die Korinther (1, 27): »Gott hat das auserwählt, was in den Augen der Welt gering ist, um so diejenigen zu beschämen, die sich selbst für weise halten.«

Botschaftsrat[300] spricht mich an. Er sei Leiter der Deutschlandabteilung im State Department unter Dulles gewesen, und er versucht, sich etwas über die Rolle Amerikas zu unterhalten, ist offenbar froh, als er von mir hört, wie positiv ich darüber denke. Ich danke Gott, dass ich nicht in den diplomatischen Dienst der Kurie eingetreten bin. Ich möchte nicht abgemalt sein in einem solchen Betrieb, und bin froh, mit Vater wieder nach Hause fahren zu können.

Am nächsten Tag [25. Juni 1962] Besuch beim Kardinal. Er spricht über die Amerikaner, über Frankreich, über Lehrergehälter und meint dann auf einmal, er hoffe, dass mein Zwist mit Müller[301] beigelegt sei. Ich sage, es sei eine traurige Sache, und wir seien aber auf dem Wege, es in Ordnung zu bringen. Er weiß über die Stundenzahlfrage Bescheid und meint, man habe mir früher ja vorgeworfen, ich sei nicht so für die KAB[302]. Ich sage ihm offen, dass diese Auffassung von Prälat Schmitt[303] verbreitet [worden] sei, der mir vorgeworfen habe, ich hätte Pater Reichel[304] damals für die Kollegenschaft Geld verschafft, und wenn dieses Geld die christlichen Gewerkschaften bekommen hätten, seien sie heute gut dran. Dies sei alles frei erfunden, und ich arbeite jetzt für die christlichen Gewerkschaften. Dies scheint dem Kardinal einzuleuchten, er scheint meinen Tätigkeitsbericht zu billigen, ohne näher darauf einzugehen. Er sieht kaum noch, sein Sekretär

---

300 Martin J. Hillenbrand (1915–2005), amerikanischer Diplomat, 1958–1962 Direktor des Buros fur deutsche Angelegenheiten im amerikanischen Außenministerium, 1962–1967 Botschaftsrat an der amerikanischen Botschaft in der Bundesrepublik Deutschland, 1963 Botschafter ad interim und anschließend Vertreter des Botschafters McGhee.

301 Vgl. Anm. 209.

302 Die Katholische Arbeitnehmer-Bewegung ist ein Sozialverband der in Deutschland, Österreich und der Schweiz Tätigen und steht in der Tradition der katholischen Arbeitervereine des 19. Jahrhunderts.

303 Vom Bearbeiter korrigiert aus: »Schmidt«. Vermutlich gemeint: Hermann-Joseph Schmitt (1896–1964), katholischer Priester, 1928–1939 Generalsekretär des Reichsverbandes der katholischen Arbeiter-und-Arbeiterinnen-Vereine Deutschlands, 1939–1944 Studentenseelsorger in Berlin, 1947–1963 Präses des westdeutschen Verbands der katholischen Arbeiterbewegung, 1956 päpstlicher Hausprälat.

304 Herbert Reichel (1913–1983), katholischer Priester, Pater, SJ, 1952 Referent in der christlich-sozialen Bildungsstätte »Franz-Hitze-Haus« in Münster, geistlicher Mentor der »Christlich-Sozialen Kollegenschaft«, die sich für die christliche Minderheit im DGB einsetzte und half, eine Spaltung der Einheitsgewerkschaft zu verhindern, als im Oktober 1955 die CGD gegründet wurde. Zu seiner Tätigkeit vgl. Schroeder, Katholizismus und Einheitsgewerkschaft, S. 390–401.

souffliert ihm bei liturgischen Gottesdiensten. Generalvikar Teusch[305] ist sehr schwer herzkrank, seine Wiederherstellung nicht abzusehen.

Am Nachmittag fahre ich schnell schwimmen und genieße Hönningen außerordentlich, dann zu Müller, dem ich unter anderem von meinem Besuch beim Kardinal berichte. Ich sage ihm, ich hätte nicht viel dort gesagt, sondern nur, dass wir eine Regelung finden würden. Er ist viel freundlicher und meint, die Reduzierung meiner Stundenzahl sei nicht definitiv, worüber ich meiner Freude Ausdruck gebe.

Klaus und Uli Kemp kommen zum Kirschenessen und Kirschenpflücken, und es ist eine Pracht, wie die Burschen sich ergötzen, man kommt sich ganz alt dabei vor. Klaus macht einen sehr umsichtigen Eindruck, nimmt sich selber nicht zu tragisch, Uli ist schwerer zu durchschauen, zu erkennen. Beide leben ziemlich in Opposition gegen ihre Umgebung, aus ihrer bisherigen Lebenserfahrung heraus. Aber es macht einen sehr soliden Eindruck. Die Mutter muss nicht über sein. Wie schön ist es, solche jungen Kerle voll Vertrauen bei sich zu sehen und für sie zu sorgen, wie sie futtern und erzählen.

An meinem Namenstag[306] kommt Eugen[307], der gute, treue, alte Freund, seit nun fast 30 Jahren. Ich erfasse dieses Mal viel mehr als sonst, wie gut er im Wesen ist, wie fröhlich, wie gern er lacht, wie er sich am guten Essen, am Wetter, am Wein, an allem Schönen freuen kann, wie er sich gegen das sture Biest von Chef durchsetzen muss, wie grundanständig der Kerl ist, wieviel er mit mir zusammen erlebt hat, wie getreu er alle Eindrücke bewahrt hat. Wie froh muss man um einen solchen Freund sein.

Ich entschließe mich zur Pilgerfahrt ins Heilige Land, und es ist kaum fasslich, dass so etwas überhaupt möglich ist. Ich spüre schon, wie mich das packen wird, wie die Gestalt des Herrn da greifbar vor meinen Augen stehen wird, und ich bin glücklich, dass ich mehr von

---

[305] Joseph Teusch (1902–1976), katholischer Priester, 1952–1969 Generalvikar des Erzbischofs von Köln, erarbeitete 1958 maßgeblich die Konzeption »Gegen Hunger und Krankheit in der Welt«, die in das »Bischöfliche Hilfswerk Misereor« mündete. Auch die 1961 ins Leben gerufene »Bischöfliche Aktion Adveniat« ging auf die enge Zusammenarbeit von Kardinal Frings und Teusch zurück, der während des Zweiten Vatikanischen Konzils Berater des Kardinals war. Vgl. Trippen, Joseph Teusch, in: Rheinische Lebensbilder Bd. 15, S. 223–246.

[306] Der 29. Juni ist der Namenstag Peter und Paul, Gedenktag an den Tod der Apostel Simon Petrus (unbekannt–65/67), erster Bischof von Rom, sowie Paulus von Tarsus.

[307] Eugen Becker (1920–2004), katholischer Priester, enger Freund von Paul Adenauer seit dem Besuch des Apostelngymnasiums in Köln.

ihm erfahren und erleben werde.[308] Wieviel Grund zum Danken für alles, für jeden Menschen, der gut ist, und dass es mir so gut geht wie seit vielen, vielen Jahren nicht.

Und Vater schuftet und schuftet bis abends spät 9 Uhr, mühsam, aber gerade geht er dann den Berg hinauf und erzählt von seinen Sorgen, wie einsam ist er doch, wie leidet er unter dem Kampf um seine Nachfolge, dem Kampf um die Beute zwischen machthungrigen Männern, um die Gefährdung des Erbes. Er ist böse, weil der Botschafter in Paris, Blankenhorn,[309] so wenig vorgesorgt hat wegen eines Geschenkes für de Gaulle, weil er unter anderem auch die deutschen Truppen bei der Abschlussparade nicht unter deutscher, sondern unter NATO-Flagge marschieren lassen wollte, und nicht einen General, wie die Franzosen, sondern nur einen Obersten dorthin rufen lassen wollte. All das musste Vater selber klären, und er besteht auf deutscher[310] gegenüber der französischen Flagge.[311]

Heute früh [30. Juni 1962] ist er ganz sorgenvoll und müde und bittet mich, Frau Schlief[312] aus den Ferien in Unkel mitzubringen, denn er wisse nicht, ob seine Anzüge in Ordnung seien. Tatsächlich müssen sie alle noch am letzten Tag, heute, von Schneider Lang[313] aufgebügelt

---

308  Vgl. Anm. 511.

309  Herbert Blankenhorn (1904–1991), Diplomat, seit 1947 enger Mitarbeiter Konrad Adenauers, 1950–1951 Ministerialdirektor und Leiter der Abteilung II in der Dienststelle für Auswärtige Angelegenheiten im Bundeskanzleramt, 1951–1955 Leiter der Politischen Abteilung im Bundeskanzleramt, 1955–1959 Ständiger Vertreter der Bundesrepublik Deutschland bei der NATO in Paris, 1958–1963 Botschafter in Frankreich.

310  Im Folgenden gestrichen:»und französischer Flagge«.

311  Auf Adenauers Frage, welche Flaggen bei der Truppenparade gehisst würden, teilte das Auswärtige Amt mit, für die deutsche Seite könne die deutsche Flagge, aber es müsse auf jeden Fall die NATO-Flagge gezeigt werden. Der Kanzler empfand dies als unnötige Brüskierung de Gaulles am letzten Besuchstag, war aber anscheinend zunächst geneigt, Blankenhorns Ratschlag zu folgen, ließ sich aber von Globke und Strauß überzeugen, dass die NATO-Flagge gezeigt werden könne, aber nicht müsse. Darauf entschied Adenauer, dass allein die deutsche Flagge für die deutsche Seite gezeigt werde. Vgl. Osterheld,»Ich gehe nicht leichten Herzens ...«, S. 130.

312  Resi Schlief (1917–2010), 1961–1967 Haushälterin Konrad Adenauers in Rhöndorf, lebte in ihrer Geburtsstadt Unkel am Rhein. Vgl. Mensing, Resi Schlief. Bonn 2014; zur Einstellung von Schlief im Hause Adenauer, die auf Vermittlung von Paul Adenauer zustande kam, Walkembach, Adenauer und die kleinen Leute, S. 97–100.

313  Eugen Lang, Schneidermeister, unterhielt eine Werkstätte für Herren- und Damenbekleidung in Köln. Zu den Arbeiten für Konrad Adenauer vgl. Paul Adenauer, Briefe Konrad Adenauers an einen Sohn im Reichsarbeitsdienst 1941/42, S. 166 Anm. 16.

werden. Vater aber muss heute und morgen seine großen Reden für Frankreich machen,[314] das Ganze sieht er als eine Sache auf Dauer an, und erzählt, der Bundespräsident habe gemeint, man müsse diese Völkerfreundschaft durch irgendeine Abmachung besiegeln.[315] Er wolle das auch, und er habe gehört, dass de Gaulle irgendein Statut wolle.[316] Was aber werde die deutsche Presse sagen, die schon jetzt voller Misstrauen sei, was die FDP, die jetzt Freitag unmittelbar vor der Reise von ihm empfangen zu werden verlange,[317] um ihn daran zu hindern, Abmachungen zu treffen?

Als es einmal ganz spät ist, Schorsch und Ulla noch kommen, gegen 10 Uhr, sagt Vater: »Ja, ich bin müde, ich arbeite, damit ihr alle leben könnt.« Ich fühle, dass das wörtlich wahr ist. Wieviel dankbarer muss man für das alles sein.

Diese Woche wird noch eines klar: Jede menschliche Erfahrung verlangt eine Vertiefung des Verhältnisses zu dem, der berufen hat, eine tiefere Hingabe, auch eine ausschließlichere, trotz aller neuen menschlichen Verantwortlichkeit. Die Spannung wächst, man muss immer, immer weiter werden.

## Sonntag, 1. Juli 1962

Frage: Verdirbt Politik den Charakter? Vater meint ja, denn ein derartiger Kampf fordere in den Menschen gerade die schlechten Eigenschaften heraus, und um sich zu verteidigen, sei man sehr versucht, auch nach minderwertigen Mitteln zu greifen. Wie schwer? Gilt es nicht in abgewandelter Form für das ganze Berufsleben? Wie soll ein Christ darin stehen?

Die Diskussion über die Fürbitten macht mich sehr traurig, die Diskussion um die gemeinsamen Fürbitten der beiden Konfessionen für die Menschen in der Sowjetzone.[318] Die Diskussion darüber mit

---

314 Adenauer stattete Frankreich vom 2. bis 8.7.1962 einen Besuch ab. Vgl. dazu Tagebuch, 8.7.1962 sowie Anm. 323, 325, 330, 331, 333.

315 Das Gespräch von Adenauer mit Lübke fand am 29.6.1962 zwischen 11.45 und 13.15 Uhr statt (Adenauer, Kalendarium).

316 Bei seinem Aufenthalt am 13.6.1962 im Bundeskanzleramt in Bonn sprach Blankenhorn mit Adenauer über das Programm des Frankreich-Besuchs und wies den Kanzler auf die Möglichkeit hin, dass de Gaulle mit dem Angebot eines Freundschaftspaktes eine deutsch-französische Achse schaffen wolle. Dabei riet Blankenhorn dem Kanzler von einer zu engen Bindung an Frankreich ab. Vgl. Osterheld, »Ich gehe nicht leichten Herzens ...«, S. 127 f.

317 Das Gespräch mit Vertretern der FDP kam am Freitag, dem 29.6.1962 offenbar nicht zustande (vgl. Adenauer, Kalendarium).

318 Klaus von Bismarck unterstützte die Anregung (vgl. dazu Anm. 296) im Hinblick auf den nächsten Evangelischen Kirchentag (Schreiben an Paul Adenauer,

Leuten, führenden Leuten der Kirche, ist sehr vielsagend: Man meint, die Frage der Abtrennung sei doch eine politische Frage, bei der man dann ja auch überlegen müsse oder könne, ob nicht die früher zum Deutschen Reich gehörigen Gebiete, die heute noch Deutsch sprechen oder verstehen, auch bedacht werden müssten, wie zum Beispiel die Schweiz! Ferner sei ja da nicht zu übersehen, dass auch zwei deutsche Staaten durchaus denkbar seien. Es wird zugegeben, dass hier ein großes seelisches, menschliches und geistiges Leid herrsche, und darin sieht man den einzigen Grund für eventuelle Fürbitten. Auf meine Fragen wird auch zugegeben, man dürfe allerdings nicht vergessen, dass das, was die Leute in der Sowjetzone erleiden, morgen uns allen blühen könne, und dass in früheren Jahrhunderten die Kirche derartige Schicksale voll und ganz in ihr Gebetsleben hineingenommen habe. Meine Frage, ob die Kirche, wenn sie zu solchen Dingen nicht ihre Stimme erhöbe, nicht in Gefahr sei, an einer Existenzfrage der Volksgemeinschaft vorbeizuleben, stößt auf Schweigen, vielleicht Nachdenken. Es wird auch bemerkt, es befinde sich eine verhältnismäßig nur noch geringe Zahl katholischer Christen in der Sowjetzone!

Was fehlt, ist die spontane, aus unmittelbarem Erleben geborene Empfindung dafür, dass hier eine elementare Not Deutschlands besteht, die die menschliche Existenz in ihren Grundrechten betrifft und die darum die Kirche als Anwalt der Menschenrechte direkt angeht. Es scheint, dass das allgemeine Fehlen eines Nationalgefühls, das auch die Gebiete östlich der Elbe ebenso lebendig umfasst, bis hinauf in führende Schichten der Kirche reicht. Offenbar zeigt sich hier deutlich eine Schwäche des allgemeinen Bewusstseins, daher auch das Unverständnis im Kreise meiner Mitbrüder, als ich mich beklagte, dass man den 17. Juni, der dieses Jahr auf einen Sonntag fiel, nicht durch Empfehlung von bestimmten Fürbitten kirchlich gewürdigt habe. Tatsächlich dürfte weiterhin gar nichts geschehen sein. Weil ich in dieser Frage eine nationale und zugleich eine religiöse Existenzfrage erblicke, nämlich inwieweit wir entscheidende Strukturen unserer Existenz als Volksgemeinschaft miterleben und wieweit das Gottesreich in diese Nöte hinein Gestalt annimmt, wieweit also hier Inkarnation reicht, deshalb lässt mich die Trauer darüber nicht los, und ich muss mich fragen, wie sie im Glauben zu bewältigen ist. Immerhin konnte ich in

9.1.1963, in: AEK, DBK, KZI 31). Am 23.12.1963 schlug Paul Adenauer Bischof Otto Dibelius (1949–1961 Vorsitzender des Rats der EKD, 1961–1966 Leiter der Evangelischen Kirche Berlin-Brandenburg) vor, gemeinsame Fürbitten beider Kirchen für Pfingsten 1964 vorzusehen (Schreiben Paul Adenauer an Dibelius mit Textentwurf der Fürbitten, ebd.). Vgl. auch Anm. 510.

Köln erreichen, dass ich beauftragt wurde, einen Entwurf von derartigen Fürbitten dem Vorsitzenden der Bischofskonferenz für die nächste Sitzung vorzulegen.[319] Eben bei der Einführung des neuen Pfarrers von Honnef, Lewicki[320], frage ich den evangelischen Pfarrer Heinemann[321] nach seiner Meinung über die Fürbitten. Er sagt, er bäte jeden Sonntag für die Brüder und Schwestern drüben und für die Not der Spaltung unseres Volkes. Er habe aber Zweifel, ob ein Gebet um Wiedervereinigung offiziell eine Überschreitung des Trennstriches zur Politik darstelle. Man müsse ja dann auch beten um Wiedervereinigung der früher zum Deutschen Reich gehörenden Gebiete, und das gehe doch nicht. Ich wende ein, was aber zu sagen sei, wenn die Wiedervereinigung das einzige Mittel sei, die furchtbare Gewissensnot von unseren Brüdern und Schwestern drüben abzuwenden. Er gibt die Berechtigung dieser Frage zu.

Sonntag, 8. Juli 1962
Heute Kirmes in Scheuren[322] bei strahlendem Wetter. Endlich wieder Sommer nach zwei Wochen herbstlicher Kälte. Ich bin in Gedanken in Reims, wo heute die französisch-deutsche Truppenparade und das Hochamt in der Krönungskathedrale der französischen Könige stattfinden.[323] Vaters Rückkehr: 15 Uhr 30. Er kommt frisch aus der Maschine und erzählt am Mikrofon vom heutigen Tage,[324] von der Bedeutung dieser Reise gegenüber der östlichen Bedrohung. Zu Hause gibt er einige Details [preis]: Gestern Abend sei er durch Verzögerungen erst

---

[319] Am 7.8.1962 hatte Paul Adenauer in der Angelegenheit an Kardinal Frings geschrieben, der ihm mit Schreiben vom 10.8.1962 (StBKAH VI c/2) dankte und versprach: »Ich werde die ›Fürbitten‹ in Fulda zur Sprache bringen.«

[320] Johannes Lewicki (1914–1965), katholischer Priester, 1962–1965 Pfarrer der Pfarrei Sankt Johann Baptist in Bad Honnef.

[321] Theodor Justus Heinemann (1912–2006), evangelischer Geistlicher, 1949–1977 Pfarrer der Evangelischen Gemeinde Bad Honnef.

[322] Ortsteil von Unkel am Rhein.

[323] Zum Ablauf der deutsch-französischen Truppenparade am 8.7.1962 auf dem Truppenübungsplatz Mourmelon-le-Grand bei Reims, an dem General Massu und Bundesverteidigungsminister Strauß teilnahmen, vgl. Truppenparade vor de Gaulle und Adenauer, in: Bulletin, Nr. 123, 10.7.1962, S. 1065 f.; auch Adenauer und de Gaulle auf dem Paradefeld, in: »Süddeutsche Zeitung«, Nr. 163, 9.7.1962, S. 3; Poppinga, »Das Wichtigste ist der Mut«, S. 441 f.

[324] Bundeskanzler Dr. Konrad Adenauer zum Beginn eines neuen Kapitels deutsch-französischer und europäischer Geschichte, BPA Abt. Nachrichten, Rundfunkaufnahme, WDR/8.7.62/1930/Ho–Woche in Bonn, 8.7.1962, in: StBKAH 16.31.

gegen ½ 9 Uhr abends in Reims angekommen und gegen 11 Uhr schlafen gegangen. Fast die ganze Nacht hindurch seien die Panzer für die Parade in der Nähe vorbeigerasselt, sodass er schlecht schlafen konnte. Und morgens sei er durch Flugzeuge ebenfalls für die Parade geweckt worden, habe sich dann im Nachthemd, es sei sehr heiß gewesen, an den Schreibtisch gesetzt und seine letzte Rede für das Bankett entworfen, und sie sei gut gelungen.[325] Gegen 8 Uhr oder ½ 9 Abfahrt, ¾ Stunde zum Paradeplatz, dort ohne Damen und ohne Bevölkerung in der einsamen Heide der Champagne der feierliche Akt, fast 1 000 Mann Franzosen und fast 1 000 Mann deutsche Truppen defilieren vor Charles de Gaulle und Konrad Adenauer, deutschen und französischen Generälen. Es sei ein wirklicher Ausdruck der Macht gewesen, fast alle motorisiert, die vielen Panzer mit ihren Staubwolken – ein etwas unheimliches Bild. Er habe sich auch gedacht, wie schnell irgendjemand ein Attentat auf die freie Tribüne hätte versuchen können. Auf diesem Paradefeld sei die letzte große offizielle Parade 1912 gewesen, von Poincaré[326] zu Ehren des russischen Zaren Nikolaus[327] abgehalten![328] Man sei dann auf der Fahrt an den unendlich weiten Gräberfeldern der großen Weltkriegsschlachten vorbeigekommen, das Ganze sei ein sehr ernster, tiefer, erschütternder Eindruck gewesen. Dies habe sich dann in anderer Weise gezeigt beim Hochamt in der Kathedrale.[329] Dort seien über zwanzig französische Könige gesalbt worden, es seien fünfzehntausend Menschen in der Kathedrale gewesen, so dass nicht einmal alle geladenen Gäste ihren Platz hätten erreichen können. Abschließend noch ein Bankett der Stadt Reims, nur mit Champagner, mit einer großen Abschiedsrede de Gaulles[330] und einer Antwort aus seinem

---

[325] Vgl. Rede Adenauers als Entgegnung auf die Tischrede de Gaulles während des Frühstücks in der Präfektur von Reims, 8.7.1962, in: Bulletin, Nr. 123, 10.7.1962, S. 1066, 1068.

[326] Raymond Poincaré (1860–1934), französischer Politiker, 1912–1913 Ministerpräsident, 1913–1920 Staatspräsident Frankreichs.

[327] Nikolaus II., Nikolaj Alexandrowitsch Romanow (1868–1918), 1894–1917 Zar Russlands.

[328] Während des Besuchs von Zar Nikolaus II. in Frankreich fand in Anwesenheit von Präsident Félix Faure (1841–1899) am 7.10.1896 eine Parade in Mourmelon-le-Grand statt. Vgl. Le Tsar à Paris, in: »L'Est Républicain«, Troisieme édition, Nr. 2638, 7.10.1896, S. 1 f., und La Revue de Chalons, ebd., S. 4. Die letzte große Parade dort vor Beginn des Ersten Weltkriegs wurde 1905 zu Ehren des spanischen Königs Alphons XIII. (1886–1941) in Begleitung des französischen Präsidenten Émile Loubet (1838–1929) abgehalten.

[329] Vgl. Anm. 323.

[330] Vgl. Tischrede de Gaulles während des Frühstücks in der Präfektur von Reims, 8.7.1962, in: Bulletin, Nr. 123, 10.7.1962, S. 1066.

Mund. Es sei beiden ganz klar geworden, de Gaulle erst richtig nach der Unterhaltung mit Vater,[331] wie bedeutungsvoll es sei, die beiden Völker immer mehr ineinander wachsen zu lassen, sodass weder eine deutsche nationalistische Richtung einen Anschluss nach Osten ernsthaft planen könne, noch eine französische Regierung oder Partei Veranlassung haben könne, gegenüber Deutschland im Osten Sicherheit zu suchen. Dies sei vor allem eine Frage der Jugend. Man müsse die Jugend beider Völker sehr eng miteinander verbinden, und er habe sich schon überlegt, was man dazu tun könne. De Gaulle sei damit ganz einig gegangen und habe sich noch immer mehr dafür erwärmt. De Gaulle habe ein sehr ausgeprägtes Autoritätsempfinden gezeigt, er habe zum Beispiel verschiedenen Ministern, aber auch General Speidel[332], nicht die Hand gegeben, letzterem nicht, weil er gegen ihn irgendwelche Vorbehalte habe. Einem französischen General gab er die Hand nicht, weil er am nächsten Tage entlassen wurde. In Bordeaux soll Vater gesagt haben, die Zeit als Oberbürgermeister sei seine glücklichste Zeit gewesen, als Staatsmann habe man so schrecklich viel mit Papier zu tun.[333] Vater macht einen sehr befriedigten, gelösten Eindruck. Man ist überrascht, wie wenig er stärkere Zeichen von Ermüdung gibt.

Gegen 6 Uhr wird der Fernsehfilm des Süddeutschen Fernsehens gezeigt,[334] für dessen Anfertigung nach vielerlei Vorbereitungen mit Kanzleramt und Presseamt viele Stunden lang Fotografen und der Regisseur sich hier bei uns und im Kanzleramt aufgehalten haben. Ich sehe mir die ersten Bilder an, es sind ausgezeichnete Aufnahmen, und rufe daraufhin Vater aus dem Garten, um es sich anzusehen. Lotte[335]

---

[331] Vgl. Adenauer, Erinnerungen 1959–1963, S. 149–174; Aufzeichnungen der Gespräche Adenauers mit de Gaulle am 3., 4. und 5.7.1962 in Paris in: AAPD 1962, S. 1194–1205, 1211–1217, 1228–1239; DDF 1962, Tome II, S. 9–16, 29–45.

[332] Hans Speidel (1897–1984), General, 1957–1963 Oberbefehlshaber der NATO-Landstreitkräfte Europa-Mitte, 1963–1964 Sonderbeauftragter der Bundesregierung für Fragen der atlantischen Verteidigung.

[333] In seiner Ansprache beim Empfang im Rathaus von Rouen am 6.7.1962 äußerte sich Adenauer beeindruckt von den ihm bei Erinnerungen an seine »Vaterstadt« weckte und »an die Tätigkeit, die ich während des größten Teils meines Lebens gehabt habe und von der ich ruhig sagen kann, daß sie die schönste gewesen ist, als ich auch tätig sein konnte in der Verwaltung meiner Vaterstadt« (Redemanuskript Adenauers in: StBKAH 02.27; BPA, Abt. Nachrichten Rundfunkaufnahme Deutsche Gruppe West SWF/7.7.62/13.00 Uhr/ Goe, in: StBKAH 16.31).

[334] Vgl. Anm. 283.

[335] Charlotte, genannt »Lotte«, Adenauer (geb. 1925), Dr. phil., erste Tochter von Konrad und Gussie Adenauer, seit 1954 verheiratet mit dem Architekten Heribert Multhaupt.

und Heribert[336] sind auch dabei. Zunächst ist es ganz gut, aber dann kommen plötzlich Bilder, die Vater sehr alt zeigen, es kommen Bemerkungen wie die, dass es schwer sei, Freunde zu gewinnen, und plötzlich heißt es, die Zeit der Außenpolitik sei vorbei, in der Innenpolitik hätte sowieso nie seine Stärke gelegen. Dann kommen Bilder von der Fronleichnamsprozession in Honnef, und als man Leute sieht, die ihm ihre Kinder zeigen, wird kommentiert, es seien eben immer noch einige Getreue da, die an ihm festhielten und stolz darauf seien, aber der Kanzler müsse ja wissen, dass sich das ändern werde, sobald ein anderer Kanzler da sein werde. Dann wird gezeigt, wie er angeblich müde und einsam seinen Berg besteigt, und es wird dazu bemerkt, er habe es in der letzten Zeit immer schwerer, da immer mehr Kämpfe kämen, und da die Zeit, da er den Zeitpunkt seines Verzichtes selber hätte bestimmen können, mit der letzten Bundespräsidentenwahl oder -kandidatur[337] vorbeigegangen sei, nun komme es wahrscheinlich so, dass andere bestimmten, wann er zu verzichten habe. Die Schlussbilder zeigen ihn ganz hart und scharf im Licht, einsam auf seinem Sofa, sodass der Gesamteindruck absolut der eines hoffnungslosen, vereinsamten und letztlich scheiternden, alten Mannes ist.

Und der arme Vater muss sich das nach einer solchen Woche, nach einem solchen Tag in seiner eigenen Vorküche ansehen. Mir läuft es heiß und kalt über den Rücken. Ich wünsche uns weit weg, und mich packt ein entsetzlicher Zorn auf diese Burschen, die sich offenbar in einem wohlangelegten Täuschungsmanöver unser aller Vertrauen erschlichen haben, um es dann auf diese Weise auszunutzen.

Vater ist ebenfalls empört, und der einzige Trost, den ich erfahren kann, ist ein Fernsehbericht über seine Frankreichreise, den wir uns daraufhin auch ansehen und der nach der »Tagesschau« gesendet wird. Dieser Bericht ist ausgezeichnet, gibt das Wesentliche, das historisch Große und Seltsame dieser Tage gut wieder, und es zeigt vor

---

[336] Heribert Multhaupt (1924–2002), Architekt und Schwiegersohn von Konrad Adenauer.

[337] Nach Ablauf der Amtszeit von Bundespräsident Heuss 1959 hatte Adenauer am 8.4.1959 zunächst seine Bereitschaft zur Kandidatur für das Amt des Bundespräsidenten erklärt. Als sich abzeichnete, dass es in der CDU/CSU-Bundestagsfraktion eine Mehrheit für Erhard als Nachfolger im Amt des Bundeskanzlers geben würde, zog Adenauer am 5.6.1959 seine Kandidatur mit der Begründung zurück, inzwischen habe sich die außenpolitische Lage verschlechtert. Deshalb sei ein Rückzug vom Amt des Bundeskanzlers nicht zu verantworten. Am 1.7.1959 wurde Lübke von der Bundesversammlung zum Bundespräsidenten gewählt. Vgl. Schwarz, Adenauer: Der Staatsmann, S. 502–526; Wagner, Die Bundespräsidentenwahl 1959, Mainz 1972.

allem Vater mit einer Energie und in einer Frische und Tatkraft, wie
es der Wahrheit entspricht. Der zwei Stunden vorher gezeigte Bericht
wird damit direkt Lügen gestraft.

Dann kommen als letztes noch enttäuschende Ergebnisse der Landtagswahl[338] aus Köln[339] und aus anderen Gebieten, die CDU scheint
überall mäßig verloren zu haben. Vater hatte sofort ein unheimliches
Gefühl, als er das gute Wetter sah, und tatsächlich liegt die Wahlbeteiligung ca. 5 Prozent tiefer[340], und das scheint fast nur auf Kosten
der CDU und zugunsten einer relativen Verbesserung der SPD gegangen zu sein. Mich packt die Dramatik, die Größe, und dieser gemeine
Angriff auf eine solche Größe tief.

Ich hatte heute Morgen schon den Gedanken, dass doch die beiden
Kirchen in Frankreich und Deutschland hätten gemeinsam beschließen
können, für den heutigen Tag überall knappe Fürbitten um eine voll-
kommene Versöhnung zwischen den beiden Völkern zu verordnen.
Aber da meint sogar Willy Brauns,[341] ob das nicht zu viel Politik sei,
gab aber zu, dass die Kirche, wenn sie weder am 17. Juni noch aus
solchen Anlässen unmittelbar sich die großen Sorgen und Freuden der
Menschen zu Eigen mache, dass sie dann am Leben der Völker in Gefahr gerate, vorbei zu leben. Nach meinem Empfinden ist dies bereits
der Fall. Man hinkt nach, man lebt ein gewisses Eigenleben oder Son-
derleben. Ich glaube, dass dies nicht der Sinn der Worte vom Sauerteig[342] und vom Licht der Welt[343] ist und dass es erst recht nicht im
Sinne der völligen Fortsetzung der Menschwerdung unseres Herrn ist.

---

[338] Bei der Wahl zum Landtag Nordrhein-Westfalens am 8.7.1962 verlor die CDU
ihre absolute Mehrheit und erhielt 46,42 v. H. (–4,1 v. H., verglichen mit der
Landtagswahl 1958), SPD 43,27 v. H. (+4,1 v. H.) und FDP 6,85 v. H. (–0,2 v. H.)
der gültigen Stimmen. Zum amtlichen Wahlergebnis vgl. Ministerialblatt des Landes Nordrhein-Westfalen, Ausgabe A, 15. Jg., Nr. 87, 21.7.1962, S. 1293–1310.

[339] In Köln hatte die CDU von 6 Mandaten 3 an die SPD verloren. Vgl. ebd.,
S. 1294 f.

[340] Die Wahlbeteiligung lag bei 73,4 v. H. und war damit um 3,1 v. H. geringer als
bei der Landtagswahl 1958 (76,6 v. H.). Vgl. Die Ergebnisse der Landtagswahlen seit 1947 in Nordrhein-Westfalen, in: Bulletin, Nr. 123, 10.7.1962, S. 1067.

[341] Wilhelm Brauns (1907–1994), katholischer Priester, 1957–1977 Pfarrer der
Pfarrei Sankt Pantaleon in Unkel, 1963 Kreisdechant.

[342] Das Gleichnis wird von den Evangelisten Matthäus und Lukas erwähnt. Bei
Matthäus (13,33) heißt es: »Das Himmelreich gleicht einem Sauerteig, den eine
Frau nahm und unter einen halben Zentner Mehl mengte, bis es ganz durchsäu-
ert war.« Nach Lukas (13, 20–21) sprach Jesus: »Womit soll ich das Reich
Gottes vergleichen? Es gleicht einem Sauerteig, den eine Frau nahm und unter
einen halben Zentner Mehl mengte, bis es ganz durchsäuert war.«

[343] Bei Matthäus (5, 14–15) sagte Jesus: »Ihr seid das Licht der Welt, eine Stadt,
die oben auf einem Berg liegt, kann nicht verborgen sein. Man zündet auch nicht

Nachtrag Frankreichreise. In Bordeaux suchten Vater der Vertreter der im Kriege Deportierten, der Vertreter der Kriegsgefangenen und die Vertreterin der Kriegerwitwen sowie der Vertreter der Widerstandskämpfer auf, um ihm ihren Gruß zu sagen.[344] Es sei erschütternd gewesen, und er habe den echten Versöhnungswillen dort mit am deutlichsten gespürt.

Montag, 9. Juli 1962
Das Endergebnis der Landtagswahl Nordrhein-Westfalen ist übel: 16 Wahlkreise verlor die CDU direkt an die SPD, an großen Städten und auch zum Beispiel im Siegkreis überall auch absolute Zunahmen der SPD um Tausende Stimmen, dazu noch der Rückgang der Wahlbeteiligung zu Lasten der CDU.[345] Ich höre heute Nachmittag aus der Fraktion, auf meine Bemerkung, ich hätte mich als CDU-Wähler und Mitglied gewundert, dass man Konrad Adenauer nicht zur Mitwirkung im Wahlkampf aufgefordert habe, das sei immer noch eine Nachwirkung der Stimmung vieler Abgeordneter, der Kanzler müsse zurücktreten und habe nicht mehr viel zu melden. In der Presse wurde der Vorgang am Samstag auch ähnlich gedeutet.[346] Nun hat man die Quittung, die Frankreich-Berichte haben die Leistungsfähigkeit und die Leistung erwiesen, für jeden unübersehbar. Und in Nordrhein-Westfalen sieht man sich gezwungen, eine Koalition einzugehen mit den Liberalen, die am Wochenende erklärt hatten, die Bonner Koalition werde unerträglich (Mende),[347] und die gegen den wahrhaftig beschei-

---

eine Lampe an und stellt sie unter den Scheffel, sondern auf den Lampenständer, und sie leuchtet allen, die im Haus sind.«

[344] Adenauer besuchte während seines Frankreich-Aufenthalts am 6.7.1962 Bordeaux. Dazu Adenauer in seinem Schreiben an Rusk, 10.7.1962 (vgl. Adenauer, Briefe 1961–1963, S. 128): »Die Reise galt der Dokumentation der Aussöhnung zwischen Frankreich und Deutschland und der engen Verbundenheit dieser beiden Nachbarstaaten. ... Auf seinen [de Gaulles] Wunsch besuchte ich Rouen, Bordeaux und Reims. Ich habe viele Menschen gesehen, die sehr freundlich zu mir waren, und mit vielen Franzosen auf den Rathäusern bei den verschiedenen Feierlichkeiten gesprochen, die ebenfalls große Freundschaft zeigten.«

[345] Vgl. Anm. 338.

[346] Vgl. Wahltag, in: »Frankfurter Allgemeine«, Nr. 155, 7.7.1962, S. 1.

[347] Mende erklärte auf einer Pressekonferenz am 6.7.1962 in Düsseldorf zum Abschluss des Landtagswahlkampfes in Nordrhein-Westfalen, »die Bonner Regierungskoalition befinde sich in einer schweren Krise«, das »gegenwärtige Klima sei für die Regierungsarbeit unerträglich«, und es sei zu »entscheiden, ob eine Fortsetzung der Zusammenarbeit noch sinnvoll sei«. Unter Katzer arbeite »der linke Flügel der CDU« auf eine Koalition mit der SPD hin, und zwar »hinter dem Rücken Adenauers und Dufhues'. Zudem propagiere er das Mehrheitswahlrecht »in mittelalterlicher Inquisitions-Manier«, um »die FDP mundtot zu

denen Hirtenbrief der Bischöfe[348] protestiert haben mit der Begründung, was wollten die Kirchen überhaupt noch (Dehler[349]).[350]

Vater [ist] jetzt doch müde nach so vielen Strapazen, aber beim gemütlichen Kaffee im Freien fragt er immer wieder: »Was kann ich nur für diese Partei noch tun? Wie kann ich die Zeit ausnutzen?« Dann sprechen wir von Frankreich und seiner viel konservativeren Gesamtstruktur, von der Bedeutung dieser acht Tage. Die Franzosen haben trotz all der Kriege noch ein gesundes Nationalgefühl, wir aber haben keines mehr. Gewisse Rückblicke de Gaulles auf die Cäsaren, das Christentum und Karl den Großen in Verbindung mit französischen Königen und sogar mit der Nazi-Idee,[351] das alles erscheint Vater zu

---

machen«. Vgl. Mende: Das Klima in der Koalition ist unerträglich geworden, in: »Die Welt«, Nr. 156, 7.7.1962, S. 1 f.; Mende spricht von schwerer Koalitionskrise, in: »Süddeutsche Zeitung«, Nr. 162, 7./8.7.1962, S. 1 f.; Mende sprach von Koalitionskrise, in: »Rheinische Post«, 17. Jg., Nr. 155, 7.7.1962, S. 2.

[348] Die katholischen Bischöfe in Nordrhein-Westfalen ließen am 1.7.1962 im Hinblick auf die Landtagswahlen am 8.7.1962 ein gemeinsames Hirtenwort in den Gottesdiensten verlesen. Darin forderten sie die Katholiken auf, nur jene Männer und Frauen zu wählen, »die durch ihr Leben und durch ihre Entscheidungen im öffentlichen Raum erkennen lassen, daß sie Christen sind und von christlichen Grundsätzen her handeln« (vgl. Bischöfe mahnen zur Wahl, Entscheidung für christliche Kandidaten empfohlen, in: »Bonner Rundschau«, Nr. 150, 2.7.1962, S. 3). Dies könne zwar als »politischer Katholizismus« aufgefasst werden. Doch habe der neue Landtag über wichtige soziale, kulturelle und schulische Angelegenheiten zu entscheiden und »es kann und darf uns nicht gleichgültig sein, wer über diese Fragen entscheidet« (vgl. Brandt und Katzer greifen die Freien Demokraten an. »Unzuverlässig und grundsatzlos« / Hirtenwort der Bischöfe zur Landtagswahl, in: »Frankfurter Allgemeine«, Nr. 150, 2.7.1962, S. 4).

[349] Thomas Dehler (1897–1967), Rechtsanwalt, 1949–1967 MdB (FDP), 1954–1957 Bundesvorsitzender der FDP, 1960–1967 Vizepräsident des Deutschen Bundestages.

[350] Dehler erklärte am 6.7.1962 gegenüber der Presse in Köln über den Hirtenbrief von Kardinal Frings zur Landtagswahl, »er sei traurig über eine solche Beeinflussung durch die Kirche, ›die doch am Ende ist – was will sie denn noch?‹« Vgl. Dehler: Kirche am Ende, in: »Bonner Rundschau«, Nr. 155, 7.7.1962, S. 1.

[351] De Gaulle wies in seiner Tischrede beim Empfangsbankett am 3.7.1962 darauf hin, dass in der Vergangenheit »Deutschland und Frankreich sich gegenseitig ihre Herrschaft aufzwingen wollten«, während beide »den alten Traum der Einheit träumten, der seit zwanzig Jahrhunderten durch die Seelen unseres Kontinents geistert«. Weiter führte er aus: »In den Ehrgeiz Karls V., Ludwigs XIV., Napoléons, Bismarcks, Wilhelm II. und Clemenceaus, ja sogar in der wütenden Leidenschaft eines verbrecherischen Regimes während des letzten Weltkriegs, wie schwer wogen darin die grandiosen Erinnerungen, die Vergangenheit der Cäsaren, der Christenheit, Karls des Großen?« Vgl. Toast adressé à M. Conrad Adenauer, in: De Gaulle, Discours et Messages. Avec le Renouveau,

phantastisch. Die Presse aber (»Die Welt«) preist gerade diese Sinnge-
bung.[352]

Donnerstag, 12. Juli 1962

Abends 10 Uhr kommt Vater im Regen sehr müde nach Hause. Den
ganzen Tag[353] Plackerei: erst der Finanzminister[354] mit all seinen
schwierigen Problemen, dann Kabinett von 10–2 Uhr[355], darunter eine
Stunde Streitereien zwischen zwei Ministern,[356] und darunter die Weigerung der großen Mehrheit des Kabinetts, gegen den Generalbundesanwalt Fränkel,[357] der bei seiner Einstellung seine Tätigkeit als Son-
derrichter in der Nazi-Zeit verschwiegen hat, disziplinarisch
vorzugehen. Vater war entsetzt darüber und hat zum Ausdruck gebracht, dass er tief erschüttert sei über die Auffassung der Herren von
Beamtenehre und Beamtenanstand. Dann den ganzen Nachmittag und
Abend Bereinigung der Streitereien zwischen CDU und FDP[358] und

---

1958–1962, S. 429 f.; De Gaulle, Memoiren der Hoffnung, S. 449–451; AdG,
32. Jg. (1962), S. 9967.

[352] Vgl. Heinz Barth, Auf den Spuren der Karolinger, in: »Die Welt«, Nr. 157,
9.7.1962, S. 3 f.

[353] Gemeint: 11.7.1962 (Adenauer, Kalendarium).

[354] Heinz Starke (1911–2001), 1953–1980 MdB (FDP, 1970 Übertritt zur CSU),
1961–1962 Bundesminister der Finanzen.

[355] Vgl. 36. Kabinettssitzung, 11.7.1962, in: Die Kabinettsprotokolle der Bundesregierung, Bd. 15 1962, S. 327–331.

[356] Am 11.7.1962 fand ab 16.30 Uhr eine Gesprächsrunde mit Bundesministern
und Vertretern der Regierungsfraktionen statt, an der von Brentano, Bucher,
Döring, Dollinger, Dufhues, Erhard, Krone, von Kühlmann-Stumm, Mende,
Lenz, Rasner, Starke, Struve, Strauß und Adenauers Persönlicher Referent Barth
teilnahmen (Adenauer, Kalendarium).

[357] Wolfgang Immerwahr Fränkel (1905–2010), Jurist, 1933 Mitglied der NSDAP,
1936–1943 wissenschaftlicher Hilfsarbeiter bei der Reichsanwaltschaft in Leipzig, wurde vorgeworfen, in 50 Fällen für die Verhängung der Todesstrafe plä-
diert zu haben. Trotz Bedenken erfolgte 1951 seine Ernennung zum Bundesanwalt und im März 1962 zum Generalbundesanwalt. Aufgrund eines Artikels im
»Neuen Deutschland« vom 24.6.1961 und der Veröffentlichung einer Broschü-
re des Ausschusses für deutsche Einheit der DDR, die in 34 Fällen Fränkels
Beteiligung aufführte, kam eine Arbeitsgruppe aus Bundestagsabgeordneten zu
dem Schluss, er habe zwar damals keine Amts- und Dienstpflichten verletzt, sei
aber aus politischen Gründen für das Amt des Generalbundesanwalts nicht
geeignet. Im Juli 1962 wurde er in den einstweiligen Ruhestand versetzt. Der
Bundesgerichtshof sah in einem Urteil vom 16.7.1965 (Dienstgericht RiSt 2/64)
die gegen Fränkel erhobenen Vorwürfe als widerlegt an und sprach ihn frei. Zur
Diskussion der Angelegenheit am 11.7.1962 im Kabinett vgl. Die Kabinettsprotokolle der Bundesregierung, Bd. 15 1962, S. 329.

[358] In der Koalitionsbesprechung mit Vertretern von CDU, CSU und FDP am
11.7.1962 standen die Auseinandersetzungen im Wahlkampf in Nordrhein-West-

bis nach 9 Uhr noch Döring[359] und wieder zum Schluss der Finanzminister. Beim Heraufgehen sagt Vater [auf] einmal:»Paul, wie können die Menschen doch gemein sein! Manchmal wird es einem doch zu viel.«Und oben, als er im Sessel sitzt, ganz erschöpft:»Man fragt sich, warum man das alles noch mitmachen soll.«Und als ich meine, vorige Woche sei es doch anders gewesen, da sagt er:»Der Unterschied ist eben zu groß.«

Es wird auch klar, dass Mende mit Erhard versucht hatte, Erhard als Kanzler durchzubringen, und nun behauptet ein Teil der FDP, er sei gar nicht dafür gewesen. Aber wer weiß, was sie jetzt nicht alles tun, um nach ihrer relativen Niederlage in Nordrhein-Westfalen noch mit Vaters Hilfe ihre Ministersessel durchzusetzen?

**Freitag, 13. Juli 1962**
Harte Tage nach der Strapaze der großen Frankreichreise; starke Zunahme der SPD in Nordrhein-Westfalen. Und dazu Mitteilungen aus Kreisen der Bundestagsfraktion, dass viele CDU-Leute aus Nordrhein-Westfalen mit Absicht Vater und andere Bonner Politiker nicht für den Wahlkampf geholt haben; bei den Koalitionsverhandlungen wurde betont keine Verbindung zu Bonn hergestellt, während die FDP das natürlich tat und sogar mit Vater Kontakt suchte.[360] Nach der Koalitionsbildung verkündet Meyers[361] stolz, dies sei ohne Einfluss von Bonn geschehen.[362] Vater hat das Gefühl, dass man ihn raushalten will, und all diese Vorgänge und seine Ermüdung von der Reise her

falen und die schwierige Zusammenarbeit der Koalitionsparteien bei der Verabschiedung von Gesetzesvorhaben über sozialpolitische Reformen im Vordergrund. Vgl. Adenauer und die FDP, S. 921–929.

[359] Wolfgang Döring (1919–1963), 1957–1963 MdB (FDP), 1961 stellvertretender Vorsitzender der FDP-Bundestagsfraktion, 1962–1963 stellvertretender Bundesvorsitzender der FDP.

[360] Vgl. dazu Schreiben Mende an Adenauer, 29.6.1962, in: Adenauer und die FDP, S. 918–921, hier S. 920.

[361] Franz Meyers (1908-2002), 1950–1970 MdL (CDU) in Nordrhein-Westfalen, dort 1958–1966 Ministerpräsident, 1960–1961 Bundesratspräsident.

[362] Nach dreitägigen Koalitionsverhandlungen billigte die CDU-Fraktion im nordrhein-westfälischen Landtag am 12.7.1962 die Koalition mit der FDP. Meyers und Dufhues hatten»übereinstimmend«erklärt,»daß die CDU-Fraktion in freier Entscheidung, ausdrücklich ohne Nachhilfe aus Bonn, der Vereinbarung mit der FDP ›im wesentlichen unter landespolitischen Gesichtspunkten‹ zustimmte. Vgl. Meyers regiert mit CDU und FDP, in:»Rheinische Post«, Nr. 160, 13.7.1962, S. 1; Adenauer beklagt diese Äußerung von Meyers bereits in der Koalitionsbesprechung am 11.7.1962 (vgl. Anm. 358); zur Regierungsbildung auch Marx, Franz Meyers, S. 302–315.

lassen ihn immer wieder die Nachfolgefrage ventilieren. Heute hat er im Bundesparteiausschuss[363] zum ersten Mal stehend eine Ovation bekommen nach seinem Frankreich-Bericht, und zwar spontan. Das hat ihn sehr ermutigt. Er hatte in seinen Ausführungen über die Zwistigkeiten mit der FDP in der letzten Zeit auch eine Bemerkung an Ministerpräsident Meyers gemacht, dass die Bonner keine Aussätzigen seien, worauf ziemlich Beifall gekommen sei. Er habe auch zum Ausdruck gebracht, dass früher einmal Meyers gerade deshalb in die Parteileitung berufen worden sei, damit die Verbindung zum größten Landesverband gesichert sei,[364] und man müsse sich die Frage stellen, wie eine Bundespartei bestehen und lebendiger werden wolle, wenn die Landesverbände und Landesregierungen in dieser Weise sich absonderten. Hier wird eine neue Gefahrenstelle in der CDU sichtbar, besonders wenn man noch an die CSU und deren interne Kämpfe denkt.

Nach vielen Stunden Kabinett am Mittwoch bis mittags 2 Uhr[365] und dann am Nachmittag 3 ½ Stunden Beilegung von Zwistigkeiten in einem CDU/FDP-Ausschuss[366] kommt Vater ganz erschossen nach Hause und sagt: »Die Menschen können doch sehr gemein sein.« Die Politik sei doch eine gefährliche Sache, und es sei nicht leicht, immer unter Politikern zu sein. Wie glücklich ist er dann in seinem Garten, wie nimmt er jede Einzelheit auf und achtet im Haus auf alle Kleinigkeiten, auch wenn er müde ist!

Wie schwierig die Situation ist, zeigt der Plan, die »Deutsche Zeitung mit Wirtschaftszeitung«, die völlig von der Industrie ausgehalten wird und entsprechend einseitig ist, zu einem sehr offiziösen Regierungsorgan und Parteiorgan zu machen. Ich setze große Bedenken in eine derartige Verquickung von Wirtschaftsinteressen mit Regierungs- oder Parteiinteressen. Andererseits sieht man nicht, woher sonst das Geld für ein derartiges Blatt kommen soll. Die große Presse engagiert sich sehr wenig. Sie befleißigt sich vornehmer Zurückhaltung.

---

[363] Im Protokoll der zweiten Sitzung des Präsidiums der CDU am 13.7.1962 um 10.00 Uhr in Bonn im Haus des Bundeskanzlers vom 16.7.1962, 1 S. (ACDP 07–001–1401), sind die im Folgenden erwähnten Sachverhalte nicht festgehalten worden.

[364] Zur Bitte Adenauers an Meyers, den CDU-Bundestagswahlkampf 1957 zu organisieren, vgl. Marx, Franz Meyers, S. 150–152.

[365] Vgl. Anm. 355.

[366] Vgl. Anm. 356.

Mein Lehrer, Professor Höffner,[367] ist Bischof von Münster geworden. Ein lauterer Wissenschaftler, ein bescheidener Mensch mit weitem, nüchternem Horizont, etwas unmusisch und zu sehr Professor,
wahrscheinlich nicht sehr entscheidungsfreudig, aber guten Gründen
zugänglich und kein zu ängstlicher Bürokrat, hoffe ich.

Samstag, 14. Juli 1962
Vater erzählt aus Reims. Dort sei Fräulein Poppinga spät am Abend
mit dem Kaffee- oder Teegeschirr in der Unterpräfektur-Villa aus dem
Wohnappartement in die Küche gegangen und habe dort die Dame
des Hauses, eine gebürtige Norwegerin, mit einer Hausangestellten
beim Spülen getroffen. Das ganz große Geschirr des festlichen Abendessens zu Ehren des Bundeskanzlers sei noch zu spülen gewesen. Und
da habe sie mitgespült, und hinterher hätten sie beide zusammen eine
Flasche Sekt getrunken. Das sind Details, die zeigen, wie vertraulich
die Atmosphäre war. Vater erzählt ferner, die Frau des Unterpräfekten
habe sich bei ihm beklagt über die Grausamkeiten, die de Gaulle in
Algerien zugelassen habe. Er habe ihr dagegen erzählt, de Gaulle habe
sich rührend um seine kranke Tochter[368] gekümmert, sei lange Zeit an
ihrem Bett immer wieder gesessen abends und habe doch jahrelang
zurückgezogen leben müssen. Daher sei auch eine gewisse Zurückge-
zogenheit erklärlich. Er müsse aber entschieden bestreiten, dass de
Gaulle etwas Grausames an sich habe. Daraufhin sei die Dame am
nächsten Morgen auf den Punkt zurückgekommen und habe sich
bedankt für diese Unterrichtung über menschliche Eigenschaften de
Gaulles, und sie habe ihr Urteil revidiert.

Vater will übermorgen [eine] Konferenz zum Problem der Geldwertstabilisierung abhalten.[369] Es wird eine große Kampagne geben.
Vater will die Sache umfassend anpacken, nicht gleich bei den Tarif-

---

[367] Joseph Höffner (1906–1987), Professor Dr. phil., Dr. theol., Dr. rer. pol., katholischer Priester, 1951–1962 Professor für Christliche Sozialwissenschaften an
der Universität Münster, 1969–1987 Erzbischof von Köln, 1969 Kardinal,
1976–1987 Vorsitzender der Deutschen Bischofskonferenz, zugleich Berater der
Bundesministerien für Familien- und Jugendfragen, für Wohnungsbau sowie für
Arbeit und Sozialordnung, hatte maßgeblichen Einfluss auf die Weiterentwick-
lung der Sozialpolitik, auf die Neuordnung und den Ausbau der Sozialversicherung, war am 9.7.1962 zum Bischof von Münster ernannt worden. Vgl. No-
thelle-Wildfeuer/Althammer (Hrsg.), Joseph Höffner. Ausgewählte Schriften,
Paderborn 2014–2016.

[368] Anne de Gaulle (1928–1948), Tochter von Charles de Gaulle und Yvonne de
Gaulle, wurde mit dem Down-Syndrom geboren und starb an einer Lungenentzündung.

[369] Vgl. Anm. 379.

partnern, sondern zunächst mit den Ressortministern und mit Blessing[370] und Butschkau[371] und anderen Bankleuten beraten.

Klug wie er ist, sagt er, ich verstehe zwar nichts von dem Ganzen und bin Laie, aber es scheint doch in der Hauptsache an der Übernachfrage zu liegen, und da hilft letztlich nur mehr sparen, und wenn es nicht anders geht, ein gesetzlich verordnetes Zwangssparen.

Noch eine unangenehme Nachricht: Karl Rahner[372] soll nur noch mit höchster Genehmigung schreiben bzw. publizieren dürfen.[373] Dagegen [kamen] von überall her Proteste, und ein Versuch, in Rom etwas dagegen zu tun. Die Sache ist auch peinlich.

Sonntag, 15. Juli 1962

Sonntagmorgen früh nach 8 Uhr komme ich in Vaters Arbeitszimmer. Da sitzt er in seinem Sessel am Fenster, einen Stoß von Akten vor sich, und ist vertieft in Material aus dem Hause Erhard für eine große Sitzung am Montag über ein Geldwertstabilisierungsprogramm.[374] Er hat allerlei Fragen an den Rand geschrieben und scheint wenig zufrieden zu sein. Dazu ist er noch müde von der Frankreichreise und von dem Samstag, der wenig erholsam war.[375] Als ich um 12 Uhr zurückkomme vom Dienst, ist er noch immer mit diesen Dingen beschäftigt und lässt mich einige Materialien sehen. Ich bin entsetzt über die

---

[370]  Karl Blessing (1900–1971), 1958–1969 Präsident der Deutschen Bundesbank.

[371]  Fritz Butschkau (1901–1971), Bankmanager, ab 1935 Mitglied und später Vorsitzender des Vorstands der Rheinischen Girozentrale und Provinzialbank, 1951–1968 Vorstandsvorsitzender und Präsident der Arbeitsgemeinschaft Deutscher Sparkassen- und Giroverbände, aus der sich 1953 der Deutsche Sparkassen- und Giroverband entwickelte.

[372]  Karl Joseph Erich Rahner (1904–1984), Professor Dr., katholischer Priester und Theologe, SJ, prägte maßgeblich die Entwicklung der katholischen Theologie mit, 1949–1964 ordentlicher Professor für Dogmatik an der Universität Innsbruck, 1961 von Papst Johannes XXIII. ernannter Konsultor für die Vorbereitung des Zweiten Vatikanischen Konzils, 1964–1967 Nachfolger von Romano Guardini auf dem Lehrstuhl für Christliche Weltanschauung und Religionsphilosophie an der Universität München.

[373]  Rahner war aufgrund seines Festvortrags »Löscht den Geist nicht aus!« auf dem Österreichischen Katholikentag am 1.6.1962 in Salzburg nicht von der Ordensleitung der Jesuiten, sondern vom Heiligen Offizium, der heutigen Glaubenskongregation, im Vatikan unter »Vorzensur« gestellt worden. In Gutachten für den Wiener Kardinal Franz König hatte Rahner an Konzilsschemata Kritik geäußert und unter anderem das Offenbarungsschema als »Wald- und Wiesenphilosophie« bezeichnet. Vgl. Wassilowsky, Als die Kirche Weltkirche wurde, S. 9.

[374]  Vgl. Anm. 379.

[375]  Zum Besuchsverlauf vgl. Tagebuch, 8.7.1962.

wenig systematische und konstruktive Arbeit aus dem Haus. Vater meint, wenn man in alledem nicht mehr Planung und mehr Programmatik zeige, werde man es nicht schaffen, denn dieser Punkt sei der innenpolitische Hauptpunkt für die nächsten Wahlen, und er sei gewillt, das jetzt klar herauszustellen. Ein Glück, dass er im Kanzleramt einige Mitarbeiter hat, die interessentenunabhängig sind. Denn was gewisse Herren in Denkschriften dazu ihm mitgeteilt haben, verrät eine ganz massive Interessentendenkweise. So verlangt man jetzt Importerschwerungen, Konjunkturstimulantia und macht in Zweckpessimismus. Darum ist es gut, dass Vater die Industrie zum Beispiel nicht bei dieser Besprechung haben will, aber er glaubt noch an eine gewisse Unabhängigkeit der Finanz (Abs, Pferdmenges)! Ich halte dies für eine Illusion, das wird sich aber schon bald zeigen, wenn diese Herren konfrontiert werden mit volkswirtschaftlich orientierten Stabilisierungsplänen. Nachmittags [sind] die Kinder und Enkel hier zum Kirschenfest. Leider regnet es, aber wir hören alle zu, wie Vater, Max[376] und Ria von der großen Begegnung mit Frankreich erzählen. Walter sagt richtig, für Frankreich bedeute die Versöhnung mit Deutschland so viel, wie für uns eine Versöhnung mit unserem Nachbarn im Osten vielleicht bedeuten würde. Was kann geschehen, um den Gegenbesuch von de Gaulle zu einem ähnlichen Erfolg werden zu lassen? Es ist prachtvoll zu sehen, wie Ria und Vater die Feinheiten des Programms, der Bemühungen, der Gastfreundschaft der Franzosen zu würdigen wissen. Wie froh und dankbar muss man sein, in einer so großen Sippe zu leben, wenn man all diese Nichten und Neffen heranreifen sieht.

Vater sagt heute früh, es sei ihm gestern Abend plötzlich erst richtig klargeworden, welch große Bedeutung sein Frankreichbesuch historisch wirklich habe. Er habe erst Abstand gewinnen müssen, um es zu begreifen. Wo ist das deutsche Nationalgefühl? Wo ist das geistige Deutschland? Wie steht es zu Frankreich?

## Montag, 16. Juli 1962
Den ganzen Vormittag Nebel und manchmal Regen, dazu Kälte wie im Oktober. Vater kommt erst gegen ½ 10 Uhr abends zurück. Ein FDP-Mann hatte ihn noch spät aufgesucht,[377] um ihn dafür zu erwär-

---

[376] Max Adenauer (1910–2004), zweiter Sohn von Konrad und Emma Adenauer, seit 1941 verheiratet mit Gisela Klein, 1948–1965 Beigeordneter der Stadt Köln im Dezernat Wirtschaft und Häfen, 1953–1965 Oberstadtdirektor von Köln.
[377] Am 16.7.1962 um 20.25 Uhr führte Adenauer noch eine Unterredung mit Döring (Adenauer, Kalendarium).

men, im Falle eines Ausscheidens von Strauß aus dem Kabinett[378]
Mende als Nachfolger zu nehmen. Er habe es nicht ganz offen ausgesprochen, aber Vater sagt von sich, er habe ihm ganz offen gesagt, das
sei ausgeschlossen.

Vormittags seien von 10 Uhr bis ¼ vor 2 Uhr die Geldwert-Leute
bei ihm gewesen.[379] Zuerst habe Erhard getönt, dann hätten Blessing
und Abs und Butschkau geredet und ihm fast in allem zugestimmt.
Pferdmenges habe geschwiegen. Es sei erschütternd gewesen, das
Durcheinander der Meinungen zu hören. Erhard habe sich vor allen
Dingen an die Tarifpartner wenden wollen und ähnlich geredet wie
Berg[380], nämlich es müsse mehr gearbeitet werden. Als ob jetzt jemand
durch Mehrarbeit die Währung sichern würde. Blessing habe plötzlich
erklärt, er habe Angst vor Arbeitslosigkeit, und sei daher nicht für
Dämpfungsmaßnahmen zu haben gewesen. Und das in direktem Gegensatz zur letzten Äußerung der Bundesbank.[381] Abs habe auch nicht
den Eindruck gemacht, als leide er [unter] der schleichenden Geldentwertung, ebenso nicht Herr Butschkau. Überhaupt hätten die Herren
ihn gebeten, doch nicht von Inflation zu sprechen. Alles in allem sei

---

378 Spekuliert wurde über ein Ausscheiden von Strauß aus dem Bundeskabinett nach
den Landtagswahlen am 25.11.1962 in Bayern, falls er anstrebe, Ministerpräsident zu werden. Dazu Eintrag Krone, 19.7.1962 (Tagebücher, Zweiter Bd.:
1961–1966, S. 78):»Globke ruft an. Strauß ist außer Rand und Band und setzt
Himmel und Hölle in Bewegung. Jetzt will er wieder in Bonn bleiben; in München steht es nicht sicher mit ihm.« Adenauer wolle »keinen Streit mit Strauß,
einfach deshalb, weil er sich keinen Streit mit Strauß leisten kann. Dabei zieht
Strauß«, so Krone weiter, »über den alten Herrn in unglaublicher Weise und
unbeherrscht her« – »und der soll und will einmal Kanzler werden? Ich bin sicher, Strauß geht aufs Ganze. Er geht über Leichen. Strauß läßt es auch auf einen
Bruch der Koalition ankommen.«

379 An der Besprechung am 16.7.1962 nahmen die Bundesminister Erhard und
Starke, Präsident Blessing, Abs, Boden, Butschkau, Dietz, Münchmeyer, Pferd-
menges sowie Globke, Selbach und Praß teil (Adenauer, Kalendarium). Zur
Gesprächsaufzeichnung Butschkaus vgl. Adenauer, Briefe 1961–1963, S. 430.

380 Adenauer war am 12.7.1962 mit Berg zu einem Gespräch zusammengetroffen
(Adenauer, Kalendarium).

381 Die Bundesbank wies in ihrem Monatsbericht vom Juli 1962 darauf hin: »Hinter
dem äußeren Erscheinungsbild einer anhaltenden Hochkonjunktur vollzieht sich
jedoch eine Abschwächung der Triebkräfte, auf denen der Boom der vergangenen
Jahre letztlich beruhte, und damit ein Wandel, der für die weitere Konjunkturen-
twicklung von entscheidender Bedeutung werden kann.« Vgl. dazu Monatsberichte der Bundesbank Juli 1962, S. 36, http://www.bundesbank.de/Redaktion/
DE/Downloads/Veroeffentlichungen/Monatsberichte/1962/1962_07_monats
bericht.pdf?_blob=publicationFile; dazu auch Konjunktur. Mark und Macht, in:
»Der Spiegel«, 16. Jg., Nr. 30, 25.7.1962, S. 13–15.

man gar nicht überzeugt gewesen, es müsse auf diesem Gebiete viel getan werden. Er habe den Eindruck gehabt, dass keiner der Anwesenden unter einer Geldentwertung wirklich direkt zu leiden habe. Genau das hatte ich ja als Argument gegen die Teilnahme von Leuten aus Wirtschaft und Finanzen eingewendet. Ferner hatte ich es für falsch gehalten, solche Leute [hin]zuzuziehen, die Gewerkschaften aber nicht. Eine Geldwertstabilisierung kann ja nicht gelingen, ohne dass die Tarifpartner in gewissem Maße guten Willen zeigen. Und das tun sie nur, wenn sie beide gleichzeitig in der richtigen Weise angesprochen werden.

Vater hat den Eindruck, als hätten die Herren alle in Erhard den kommenden Kanzler gesehen und deshalb dessen Meinung übernommen. Er werde aber nicht so schnell lockerlassen und Ende August die Herren wieder zusammenholen und Erhard jetzt exakte Fragen stellen.[382] Man habe seine sachlichen Fragen kaum beantworten können, zum Beispiel in Einzelheiten der Preisentwicklung und dergleichen. Er habe den Eindruck, dass die Leute denken, er geht doch bald, und dass man allgemein das Gefühl hat, es ist eine vorübergehende Sache. Die FAZ bringt als Schlagzeile nur, dass Verstimmung herrsche über eine unvereinbarte Meldung aus dem Kanzleramt über diese heutige Besprechung,[383] und bringt außerdem auch noch die Liste von mehr Leuten aus der Wirtschaft, zum Beispiel Münchmeyer,[384] und eines Mannes von der Gemeinschaftsorganisation der Wirtschaft.[385]

Ich bringe zum Ausdruck, dass ich das Vorgehen publizistisch und taktisch für falsch halte. Allmählich scheint sich doch endlich die Wahrheit durchzusetzen, dass alle diese Leute nicht unmittelbar unter einer schleichenden Geldentwertung leiden, sondern dass es ihnen dabei sogar besser geht. Wie einsam ist Vater mit diesem großen neuen Kampfziel. Aber ich bin froh, dass er eines richtig herausgerochen hat, dass [es] wirklich die Meinung des Volkes beschäftigt und dass [es] seiner würdig ist. Hoffentlich kann er es noch einigermaßen schaf-

---

[382] Dazu Schreiben Adenauer an Erhard, 26.7.1962 und 7.8.1962, sowie Schreiben Erhard an Adenauer, 27.7.1962, in: Adenauer, Briefe 1961–1963, S. 133 f., 139 f., 430 f.

[383] Vgl. Verstimmung vor dem Wirtschaftsgespräch bei Adenauer, in: »Frankfurter Allgemeine«, Nr. 162, 16.7.1962, S. 1.

[384] Heinrich Alwin Münchmeyer (1908–1990), Unternehmer, 1958–1962 Präsident des Deutschen Industrie- und Handelstages.

[385] Fritz Dietz (1909–1984), Kaufmann und Konsul, 1952–1962 mit Otto Fricke und 1963–1977 alleiniger Präsident des Gesamtverbands des Groß- und Außenhandels, 1964–1980 Präsident der Industrie- und Handelskammer in Frankfurt/ Main. – Zu dessen Teilnahme an der Besprechung vgl. Anm. 379.

fen! Unglaublich ist, wie die FAZ die Bundesregierung angreift wegen
Geldwert gefährdender Maßnahmen, gleichzeitig aber verschweigt,
dass Erhard das alles mitgemacht hat.

Unglaublich auch, dass Erhard
selbst diese Maßnahmen jetzt verurteilt,[386] denen er kurz vorher zugestimmt hat.

Dazu [passt] ein gemeiner Ausschnitt aus einer Illustrierten, der
Vaters Verdienste anerkennt, aber ebenso energisch jetzt den Rücktritt
fordert, damit das Bild nicht leide, unterschrieben Werner Höfer[387].
Toll auch ein Leitartikel in der »Ketteler Wacht«[388] vor der Koalitionsbildung in Nordrhein-Westfalen, in dem ganz offen die Koalition
mit der SPD angeraten wird und Bonn gewarnt wird, die Eigenständigkeit der Landespolitik nicht zu verletzen. Welch kleinen Horizont
haben diese Leute! Es wäre schlimm, wenn die katholische Arbeiterbewegung in diese Richtung gesteuert würde. Die Unterzeichner sind
führende Leute der KAB[389], ihre besten jungen akademischen Nach-
wuchskräfte.

Wie kann ich es nur erreichen, dass katholische und evangelische
Kirchen Fürbitten für unsere christlichen Kirchen oder für unsere
Landsleute in der Sowjetzone verordnen? Es scheint ziemlich schwie-
rig zu sein, obwohl ich über den Text nach sechsmonatigen Bemühun-

---

[386] Auf Bitte Adenauers legte Erhard in einer Aufzeichnung, die er dem Bundeskanzler am 12.7.1962 übermittelte, »vertraulich« seine »persönliche Auffassung zur gegenwärtigen Wirtschaftslage und zu den wirtschaftspolitischen Konsequenzen« dar und wollte sie zur Grundlage für das Gespräch am 16.7.1962
machen. Schreiben Erhard an Adenauer, 12.7.1962, in: StBKAH III/19, Bl.
107–123.

[387] Werner Höfer (1913–1997), Journalist, 1953–1987 Moderator des »Internationalen Frühschoppens« beim NWDR/WDR, 1961 Chef der Bildredaktion der
»Neuen Illustrierten« und diplomatischer Korrespondent des »Stern«. – In dem
Artikel »Adieu, Herr Bundeskanzler!« (»Neue Illustrierte«, 17. Jg. Nr. 28,
15.7.1962, S. 3) kritisierte Höfer, die »beiden betagten Staatsmänner« hätten
in Reims »ihre Eintracht in grandioser Verklärung; mit Tedeum und Parade, mit
Gottesdienst und Militärschauspiel« erlebt. »Daß der Alptraum von der Erb-
feindschaft zwischen Frankreich und Deutschland getilgt« sei, verdanke man
»ein paar mutigen und einsichtigen Männern diesseits und jenseits des Rheins«.
Nun »gefeiert wie ein König der Franken« kehre Adenauer heim und solle nun
abtreten. Er habe »etwas Bedeutsames und Beständiges geschaffen: die
deutsch-französische Verständigung. Mehr wird ihm nicht beschieden sein.«

[388] Vgl. H. B.–W[olfgang] V[ogt], Wahlen mit dem Blick auf Bonn. Koalition in
Düsseldorf nach Bonner Muster? – Kräftiger Trend zum Zwei-Parteien-System
– Die SPD avancierte zur Volkspartei, in: »Ketteler Wacht«, hrsg. vom Verband
der Katholischen Arbeiter- und Knappenvereine Westdeutschlands, 56. Jg. 14,
15.7.1962, S. 1.

[389] Wolfgang Vogt (1929–2006), Diplom-Volkswirt, 1950 aus politischen Gründen
Flucht aus der DDR, 1959 Chefredakteur der »Ketteler Wacht«.

gen Klarheit habe. Jetzt versuche ich es über das Kuratorium »Unteilbares Deutschland«[390], denn es muss von einer dritten Seite an beide Kirchenleitungen herankommen.

## Mittwoch, 18. Juli 1962

De Gaulle scheint bereit zu sein, im Falle, dass die vier europäischen Partner von Deutschland und Frankreich nicht mitmachen wollen, zunächst allein mit Deutschland die politische Union weiterzutreiben unter Offenhaltung der Beitrittsmöglichkeiten für die kleineren Vier. Das wäre ein großer Erfolg für Vater und eine gewisse Gewähr, dass es ihm doch noch gelingt, das große Ziel der politischen Einigung Europas in das entscheidende letzte Stadium zu treiben. Minister Strauß ist die bayrische Ministerpräsidentschaft angeboten worden,[391] und es gibt auch für Vater wichtige Gründe, die er diesem Herrn sagt, zum Beispiel, dass nach der Wahlniederlage in Nordrhein-Westfalen[392] eine ähnliche Entwicklung in Bayern verhindert werden müsse und dass das nur Strauß schaffen könne; ferner, dass er nicht gut als Verteidigungsminister das Bundeskanzleramt anstreben könne, eher als bayrischer Ministerpräsident. Vater verhehlt nicht, dass sein Kandidat Krone heißt, und er muss nun alles versuchen, um diese Frage noch zu regeln. Bei der letzten Popularitätsumfrage hatte Krone nur 1 Prozent, Erhard aber lag bei weitem über 40 Prozent.[393]

## Donnerstag, 19. Juli 1962

Nachrichten aus Amerika sagen, man rechnet dort mit einem sozialistischen Europa in den nächsten Jahren: in Deutschland Brandt und

---

[390]  Das »Kuratorium Unteilbares Deutschland – Ausschuss für Fragen der Wiedervereinigung e. V.«, gegründet 1954 vor dem ersten Jahrestag des Aufstandes am 17.6.1953 in der DDR, wollte das Ziel der deutschen Einheit im öffentlichen Bewusstsein wachhalten, strebte die Wiedervereinigung in Freiheit an, anfangs unter Einbeziehung der deutschen Gebiete jenseits der Oder-Neiße-Linie, und löste sich 1992 nach der Wiederherstellung der deutschen Einheit auf. Vgl. Kreuz, Das Kuratorium Unteilbares Deutschland, Opladen 1980; zu den Bemühungen Paul Adenauers um gemeinsame Fürbitten vgl. Anm. 296 und Anm. 319.

[391]  Im Vorfeld der Wahlen zum Bayerischen Landtag am 25.11.1962 wurden neben Strauß auch Alois Hundhammer, Rudolf Eberhard und Alfons Goppel als mögliche Kandidaten für das Amt des Bayerischen Ministerpräsidenten und Nachfolger von Ministerpräsident Hans Ehard gehandelt. Zu den Diskussionen vgl. Die CSU-Landesgruppe im Deutschen Bundestag, S. 342–345.

[392]  Vgl. Anm. 338.

[393]  Zu den Umfragetrends über den Amtsnachfolger Adenauers für den Zeitraum von Dezember 1961 bis Mitte April 1963 vgl. Jahrbuch der öffentlichen Meinung 1958–1964, S. 307.

SPD, in Italien Linksrutsch,[394] in England Labour Party,[395] in Frankreich nach de Gaulle etwas Ähnliches, die nordischen Staaten [sind] sowieso sozialistisch.

Vater kommt wieder spät [nach Hause], wie gestern, nachdem er gestern Abend und heute Vormittag mit Herrn Strauß sich herumgeschlagen hat,[396] der sehr zerrissen sein muss, so dass man kaum eine klare konstante Meinung zu hören [bekomme] und [es] zur Auseinandersetzung käme. Globke habe heute gesagt, zurzeit seien immer noch viele kleinere Politiker für einen sofortigen Rücktritt des Bundeskanzlers aus den verschiedensten Missstimmungen heraus. Vater glaubt, es handle sich dabei um Vorboten der Auseinandersetzungen um seine Nachfolge, man wittert Machtverschiebungen und sucht, sich irgendwie darauf einzustellen. Vater scheint das Ganze sehr leid zu sein. Er sagt, er würde am liebsten sofort alles im Stich lassen, wenn ihn nicht sein Verantwortungsgefühl zurückhielte. Es sei ihm oft sehr widerwärtig. Immer wieder werde alles konstruktive Arbeiten in Frage gestellt, unterbrochen, überwuchert von allzu menschlichen Auseinandersetzungen.

Samstag/Sonntag, 21./22. Juli 1962
Wir sprechen vom 20. Juli 1944 und wie damals Vater bewahrt wurde. Und es ist bis heute ungeklärt, warum man ihn im November dieses Jahres entlassen hat.[397]

---

[394] Bei den Stadt- und Gemeindewahlen am 10./11.6.1962 in Italien errangen die Christlichen Demokraten (DC) 31,5 v. H. (gegenüber den Wahlen von 1960 minus 1,8 v. H.), Linkssozialisten 11,7 v. H. (plus 0,3 v. H.), Sozialdemokraten 5,0 v. H. (plus 1,5 v. H.) und Kommunisten 22,9 v. H. (minus 1,0 v. H.). Zu den Ergebnissen vgl. AdG, 32. Jg. (1962), S. 9911.

[395] Führende Vertreter der Labour Partei, insbesondere der Vorsitzende Hugh Gaitskell, sprachen sich gegen die Teilnahme des Vereinigten Königreichs an einem föderativen Europa und einen Beitritt zur EWG aus. Vgl. Camps, Die Diskussion über die Politische Union, in: Die Internationale Politik 1962, S. 111–127, hier S. 118–120; Riggert, Die innere Entwicklung in Großbritannien und die Veränderungen im Commonwealth, ebd., S. 201–209, hier S. 204 f.

[396] Adenauer traf am 18.7.1962 um 19.25 Uhr und am 19.7.1962 um 10.50 Uhr, jeweils zeitweise alleine und in Anwesenheit von Globke, mit Strauß zu Gesprächen zusammen (Adenauer, Kalendarium).

[397] Nach dem Attentat auf Hitler am 20.7.1944 wurde Adenauer am 23.8.1944 verhaftet, in das Gestapo-Gefängnis auf dem Kölner Messegelände gebracht und nach zehn Tagen in das Krankenhaus Köln-Hohenlind eingeliefert. Dort gelang ihm mit Hilfe des Majors Fritz Schliebusch die Flucht nach Nistermühle bei Hachenburg im Westerwald, wo er bei Elisabeth und Josef Roedig unter dem Decknamen »K. Zennig« lebte. Den Aufenthaltsort ihres Mannes gab Gussie Adenauer, nach ihrer Verhaftung durch die Gestapo und unter Druck gesetzt,

Vater macht sich große Sorgen wegen der inneren und äußeren Zukunft des Landes. Heute bestätigt auch Hermann-Josef[398], dass schon Industrielle sich gütlich tun mit ihren Beziehungen zu führenden Sozialisten, und auf der anderen Seite steht ja dann die »Ketteler-Wacht« mit ihrer Warnung vor einer kleinen Koalition.[399] Außenpolitisch sind die Sorgen viel größer: Nasser[400] hat Mittelstreckenraketen, damit wird die Bedrohung Israels viel größer, und wenn er noch nukleare Sprengköpfe bekommt von den Russen, erfährt das ganze politische Gewicht im Mittelmeer eine starke Verschiebung.[401] Hermann-Josef berichtet aus dem nahen Orient, dass ein für die amerikanische Entwicklungshilfe reisender Professor die Auffassung vertreten habe, diese Länder seien alle für Amerika wenig wert, nicht einmal Afrika, und man müsse sich viel mehr auf die Verteidigung in der inneren Linie beschränken. Tatsache ist, dass die USA Griechenland und der Türkei kaum noch helfen und dass es schwierig ist, sie in dieser Beziehung wach zu erhalten. Dann entstehen außerdem neue Ängste wegen Berlin. Wir sprechen beim Kaffee länger darüber, und man spürt Vater an, wie er der Meinung ist, dass die Westmächte jedenfalls keinen nuklearen Krieg um Berlin riskieren werden. Was aber dann tun? Die entscheidende Dummheit bestand darin, dass die USA sich keinen Korridor nach Berlin 1945 offenhielten.[402]

---

preis. Am 25.9.1944 folgte die erneute Verhaftung Adenauers mit anschließender Unterbringung in der Strafanstalt Brauweiler bei Köln. Sein Sohn, Max Adenauer, setzte sich für die Entlassung seines Vaters ein. Am 26.11.1944 wurde Adenauer aus der Strafanstalt Brauweiler entlassen. Zu den Vorgängen vgl. Adenauer im Dritten Reich, S. 406–427, insbes. Schreiben Adenauer an Max Adenauer, 29.11.1944, S. 427 f.; Schwarz, Adenauer. Der Aufstieg, S. 420 f. Weitere Einzelheiten des Zustandekommens der Entlassungsverfügung sind bislang ungeklärt.

[398]  Hermann-Josef Werhahn (1923–2016), Kaufmann und Industrieller, Schwiegersohn Konrad Adenauers, seit 1950 verheiratet mit Libet Adenauer.

[399]  Vgl. Anm. 388.

[400]  Gamal Abd el-Nasir, genannt Nasser (1918–1970), ägyptischer Politiker, 1956–1970 Staatspräsident, 1958–1961 Staatsoberhaupt der aus Ägypten und Syrien gebildeten Vereinigten Arabischen Republik.

[401]  Zu Nassers Politik, den innerarabischen Spannungen und der Haltung Washingtons vgl. Rajewsky, Die arabischen Staaten, in: Die Internationale Politik 1962, S. 369–396, hier S. 372–387.

[402]  Zu den Verhandlungen der alliierten Mächte über das Protokoll zur Aufteilung Deutschlands in Besatzungszonen und die Verwaltung von Berlin vom 12.9.1944, die Ergänzungen zu dem Protokoll vom 14.11.1944 sowie die Regelungen der Verkehrsverbindungen von und nach Berlin 1945/46 vgl. DzD, I. Reihe/Bd. 5, passim; Berlin. Quellen und Dokumente 1945–1951, 1. Halbbd., S. 37–49, 161–193.

Was die Denkweise gewisser Wirtschaftskreise angeht, so berichtet
Vater, als man die kommunistische Zeitung »Volksstimme«[403] in Düsseldorf verboten und die Kunden- und Abonnentenlisten, das heißt die
Listen der Anzeigenbesteller, gefunden habe, habe es sich gezeigt, dass
große Industriewerke dort Anzeigen bestellt hätten. Man sucht sich
eben immer zeitig gegen alles zu versichern, um das Geschäft weitertreiben zu können.

**Montag, 23. Juli 1962**
Vater in großer Sorge wegen England, weil dort auch ein Mann wie
Eden[404] gegen die jüngste Regierungsumbildung Stellung nahm.[405] Es
wird weitere Instabilität des Regimes befürchtet und infolgedessen ein
Nachholen von Labour. Labour ist aber zum Teil noch pro-russisch
unterwandert. Die DGB-Vorsitzenden Richter[406], Rosenberg[407] und
Tacke[408] haben sich mit Vater ausgesprochen.[409] Ein Hauptpunkt der
Einigkeit war die übereinstimmende Ablehnung von Erhard, der die

---

[403]  Die Tageszeitung »Volksstimme. Zeitung für Einheit und Demokratie«, Organ
der KPD, war 1946 von Kurt Bachmann als Lizenzträger in Köln gegründet
worden. Das Erscheinen wurde aufgrund des KPD-Verbots 1956 eingestellt. Vgl.
Schmitz, 500 Jahre Buchtradition in Köln, S. 67, 142, 144; zur Finanzierung
der KPD auch Kluth, Die KPD in der Bundesrepublik, S. 86 f., 108 f.

[404]  Sir Anthony Eden, Earl of Avon (1897–1977), britischer Politiker (Konservative Partei), 1935–1938, 1940–1945 und 1951–1955 Außenminister, 1955–1957
Premierminister.

[405]  Premierminister Macmillan nahm am 13.7.1962 eine größere Kabinettsumbil-
dung vor, bei der unter anderen Schatzkanzler Selwyn Lloyd durch Reginald
Maudling und der zurückgetretene Verteidigungsminister Harold Watkinson
durch Peter Thorneycroft ersetzt wurden (vgl. Macmillan, At the End of the
Day, 1961–1963, S. 86–109). Entgegen der üblichen Gepflogenheit in der Geschichte Englands äußerte sich Lord Avon, der frühere Premierminister Anthony Eden, in einer Rede in seinem früheren Wahlkreis zur Absetzung Selwyn
Lloyds und verwies darauf, dieser sei »hart behandelt worden«, werde aber
gewiss »der Nation wieder in einem Hohen Amt dienen«. Damit kritisierte Lord
Avon Macmillan, der Selwyn Lloyd kein Amt angeboten hatte, und verschärfte
die Krise um Macmillan (vgl. Eden stellt sich öffentlich gegen Macmillan, in:
»Frankfurter Allgemeine«, Nr. 168, 23.7.1962, S. 3).

[406]  Willi Richter (1894–1972), Gewerkschaftsfunktionär, seit 1919 Mitglied der
SPD, 1956–1962 Vorsitzender des Deutschen Gewerkschaftsbundes.

[407]  Ludwig Rosenberg (1903–1977), Gewerkschaftsfunktionär, seit 1924 Mitglied
der SPD, 1959–1962 stellvertretender Vorsitzender und 1962–1969 Vorsitzender des DGB, 1963–1969 Vorsitzender des IBFG.

[408]  Bernhard Tacke (1907–1994), Gewerkschaftsfunktionär, Mitbegründer der
CDU, 1956 stellvertretender Vorsitzender des DGB, Mitglied des Bundesvorstands der Sozialausschüsse der CDA.

[409]  Das Gespräch fand am 23.7.1962 um 16.30 Uhr statt (Adenauer, Kalendarium).

Gewerkschaftler privat freundlich behandelt hat, öffentlich aber scharf angegriffen habe. Er habe ihnen auch gesagt, man solle doch die alten Begriffe des Marxismus wie Kapitalismus und dergleichen endgültig weglassen und versuchen, neue Begriffe einzuführen. Die Leute seien darauf auch eingegangen, und er habe an sich einen positiven Eindruck von ihnen gehabt. Es sei so schlimm, dass die Regierung weder durch Erhard noch durch Blank eine stetige, gute Verbindung zu den Gewerkschaften habe. Ich bejahe dieses und versuche, einen ersten praktischen Ansatzpunkt zu zeigen, nämlich den Sachverständigenrat.[410] Davon scheint Vater aber noch nicht viel wissen zu wollen.

Wir spielen auch endlich einmal wieder Boccia abends um ½ 10 Uhr in wunderbarer kühler Waldluft. Mir kommt die Waldluft so vertraut vor, als ob ich heute schon einmal irgendwo so viel davon eingeatmet hätte.

## Dienstag, 24. Juli 1962

Als ich morgens ½ 7 Uhr ins Arbeitszimmer komme, sitzt Vater schon mit einem großen Stapel Akten da und klagt, er habe nur gute vier Stunden schlafen können, er sei doch von den Strapazen der letzten vier Wochen wirklich noch überanstrengt. Dazu habe ihn ein Traum gequält, nämlich man habe sich aus Anlass des Besuches von de Gaulle hier bei uns in Ritterrüstungen präsentieren müssen! Den Grund für diese nette Vorstellung sieht er darin, dass de Gaulle gelegentlich der Panzerparade in Mourmelon[411] gesagt habe, die alten Ritterrüstungen seien auch so eine Art Panzerwaffe gewesen!

## Sonntag, 29. Juli 1962

Es scheint sich wieder allerlei zusammenzuziehen: Schröder wird für Vater unerträglich wegen seiner Selbstbesessenheit. Zum Beispiel lehnt er es ab, dem neuen Bundespressechef von Hase, der bisher Sprecher des Auswärtigen Amtes war,[412] in Zukunft die diplomati-

---

[410] Bis dahin existierte ein Wissenschaftlicher Beirat beim Bundesministerium für Wirtschaft, der erstmals am 23.1.1948 auf Einladung der Verwaltung für Wirtschaft des Vereinigten Wirtschaftsgebietes zusammentrat und die Aufgabe hatte, in voller Unabhängigkeit über alle Fragen der Wirtschaftspolitik zu beraten. Der neue Sachverständigenrat zur Begutachtung der gesamtwirtschaftlichen Lage wurde per Gesetz vom 14.8.1963 ins Leben gerufen. Vgl. Die Kabinettsprotokolle der Bundesregierung, Bd. 16 1963, S. 31.

[411] Vgl. Anm. 323.

[412] Zu den Überlegungen des Bundeskanzlers, von Hase zum Regierungssprecher zu machen, vgl. Schreiben Adenauer an Globke, 19.3.1962, in: Adenauer, Briefe 1961–1963, S. 96.

schen Telegramme zugänglich zu machen.[413] Ebenso bekommt auch der Bundesbevollmächtigte in Berlin, von Eckardt, nicht die Telegramme, die Berlin angehen. Als von Hase es endlich wieder versucht, wird ihm von Schröder gesagt, das gehe nicht, da sonst der Sprecher des Auswärtigen Amts gegenüber dem Sprecher der Bundesregierung zurückträte. Vater empfindet dies mit Recht als unerträgliches Vordrängen.[414] So gibt es noch eine ganze Reihe von Symptomen dafür, dass er tatsächlich zu sehr sich selbst im Auge hat. Unter anderem wiederholt Vater immer eine Bemerkung dieses Herrn, dass ihm die Führung des Auswärtigen Amtes viel leichter falle als die des Innenministeriums. Er meint, dass dafür die Fehleinschätzung offen spräche.

Der zweite Fall ist Erhard, der tatsächlich immer wieder erweist, dass er zu schweren Fehlern in der Lage ist, zum Beispiel in der Behandlung der Gewerkschaften, die sich weigern, mit ihm zu verhandeln, weil er privat freundlich zu ihnen tue, sie dann aber öffentlich immer wieder angreife, und zwar in diffamierender Weise. All das und anderes mehr sind nur Nachfolgekämpfe.[415] Es wiederholt sich immer häufiger, dass Organisationen, wie zum Beispiel jetzt die Kriegsopferorganisationen,[416] unter Ablehnung von Verhandlungen mit den Ressortministern den direkten Weg zum Kanzler suchen und auch dabei weiter kommen. Eine stärkere Zerrissenheit, ein Macht- und Intrigenspiel kann aber für die CDU ruinös wirken, denn dann wird es immer schwerer, das Vertrauen zu erhalten. Wie will man aber die Nachfolgefrage lösen, ohne ein Minimum an Vertrauen? Dabei wird andererseits immer wieder bestätigt, dass die deutsch-französische Versöhnung der Gipfel des Lebenswerkes des Bundeskanzlers sei.

Dazu zieht wie ein Unwetter die Unsicherheit um die künftige amerikanische Politik herauf. Kennedy soll schon weitere wirtschaftliche

---

[413]  Dazu Schreiben Globke an Krone, 27.7.1962 (ACDP, NL Krone 01-028-030/1): Adenauer habe erregt, »daß Schröder es gestern abgelehnt hat, von Hase die politischen Telegramme zur Verfügung zu stellen«. Begründet habe Schröder dies, »daß von Hase dann ja dem Pressereferenten des Auswärtigen Amts die schau wegnähme«.

[414]  Zum Verhalten Schröders gegenüber von Hase und von Eckardt vgl. Schreiben Adenauer an Schröder, 17.8.1962, in: Adenauer, Briefe 1961–1963, S. 142–146.

[415]  Vgl. dazu Schreiben Adenauer an Erhard, 7.8.1962, in: Adenauer, Briefe 1961– 1963, S. 139 f.

[416]  In diesen Verhandlungen ging es vor allem um die Gewährung einer einmaligen Überbrückungszulage an Kriegsopfer in Höhe von 30 Prozent für das Jahr 1962. Vgl. Überbrückungszahlung für Kriegsopfer, in: Bulletin, Nr. 226, 7.12.1962, S. 1921 f., hier S. 1921.

Belebungsmaßnahmen planen,[417] die [die] deutsche und die Stabilisie-
rungspolitik europäischer Länder zugleich erschweren könnten. Im
Ganzen gesehen eine wirklich harte Perspektive, die ganze Nachfolge-
regelung erscheint unter diesen Umständen schwer, sehr schwer.

Dienstag, 31. Juli 1962
Vater schuftet Tag für Tag. Er kommt erst nach 9 Uhr nach Hause und
ist wirklich hundemüde. Und in diesem Zustand fand er auf dem
Schreibtisch heute Abend von mir angefertigt den Entwurf eines Briefes[418] an Kardinal Bea[419] mit der Bitte um Überprüfung der Vorzensur
über Karl Rahner.[420] Er hatte den Brief überflogen, brachte ihn mit an
den Abendtisch, sofort exakt mit zutreffenden Korrekturen[421] versehen. Ein kleines Beispiel der Schnelligkeit und Präzision seines Denkens, auch in einer solchen Ermüdung. Dann sagte er stolz, er habe
den Gedanken bekommen, zur Dämpfung der Übernachfrage beizutragen, indem man sich vornehme, eine Million Wohnungen zu bauen,
aber im Laufe von drei Jahren und nicht wie bisher jedes Jahr eine
halbe Million. Er glaube, wenn man dieses Ziel öffentlich proklamie-
re, dann werde die darin enthaltene Dämpfung des Wohnungsbaues
nicht so unangenehm in Erscheinung treten.[422] Mir scheint das richtig

---

417  Am 17.7.1962 trat ein neues amerikanisches Exportversicherungssystem in
     Kraft, durch das Exporte erhöht und das Zahlungsbilanzdefizit der USA redu-
     ziert werden sollten. Vgl. AdG, 32. Jg. (1962), S. 9999.
418  Entwurf Paul Adenauer, Schreiben von Konrad Adenauer an Kardinal Bea,
     o. D., in: StBKAH VI c.
419  Augustin Bea (1881–1968), katholischer Priester, SJ, 1930–1949 Rektor des
     Päpstlichen Bibelinstituts, 1949–1959 Konsultor des Heiligen Offiziums, 1959
     Kardinal, 1960–1968 Leiter des Päpstlichen Sekretariats für die Förderung der
     Einheit der Christen.
420  Die Paulus-Gesellschaft setzte sich in einem Schreiben an Papst Johannes XXIII.
     dafür ein, »daß eine Einschränkung von den Werken P. Karl Rahners ferngehal-
     ten werde ...« In Kenntnis der Abschrift des Schreibens (Auszug in: Adenauer,
     Briefe 1961–1963, S. 427 f.) wandte sich Adenauer am 2.8.1962 mit der glei-
     chen Bitte an Kardinal Bea (Schreiben ebd., S. 135 f.). Rahners »publizistische
     Tätigkeit« trage »entscheidend dazu bei, die Kluft zwischen Glauben und Wis-
     senschaft, zwischen Glauben und modernem Leben zu überbrücken«. Weiter
     hieß es: »Die Wirksamkeit einer christlichen Partei, deren Zukunft mir natürlich
     Sorge machen muß, hängt weitgehend ab davon, ob führende Schichten des
     Volkes von der Bedeutung christlichen Denkens für das moderne Leben in Ge-
     sellschaft und Staat überzeugt sind.
421  Hinweise auf die von Adenauer vorgenommenen Korrekturen in dem Entwurf
     des Schreibens von Paul Adenauer, vgl. ebd., S. 427.
422  Vgl. Der soziale Wohnungsbau 1962, in: Bulletin, Nr. 132, 21.7.1962, S. 1138;
     zum Wohnungsmangel: Das rechnerische Wohnungsdefizit in den Kreisen, ebd.,
     Nr. 133, 24.7.1962, S. 1152; das Interview Lückes mit der Zeitschrift »Cons-

zu sein. Als weiteren Stabilisierungsgedanken schlägt er vor, einen
Streik erst dann als rechtmäßig anzuerkennen, wenn 60 Prozent der
Belegschaft eines Betriebes ihm zugestimmt haben, unabhängig davon,
ob sie organisiert sind oder nicht. Dies scheint mir arbeitsrechtlich
nicht mehr möglich zu sein, aber die Richtung des Gedankens ist klar.

Dienstag, 7. August 1962
Fragen, die Vater in diesen Tagen sehr bedrängen: Was soll aus der
EWG werden, wenn England mit einem Schwarm von assoziierten und
anderen Mitgliedern hineinkommt? Wird da nicht das Ganze in seinem Sinn gesprengt werden? Muss man nicht den Franzosen, die lieber
eine kleinere Lösung zuerst wünschen, jetzt beistehen, um die
deutsch-französische Freundschaft als Basis aller übrigen politischen
Schritte wirklich zu festigen, besonders gegenüber dem Osten? Der
bisherige amerikanische Botschafter in Moskau[423] hat erklärt, es gäbe
zwischen USA und der Sowjetunion direkt kaum Differenzen, diese
kämen überwiegend durch dritte Mächte.[424] Unfassliche Naivität!
Und der Mann wird engerer Berater des Präsidenten.

Weitere Fragen: Wie soll das mit dem Außenminister werden, der
sich weigert, dem Pressechef die nötigen Informationen zu geben? Der
Fraktionsvorsitzende seinerseits sagt den Kriegsopfern zu, ihre Wünsche würden berücksichtigt, mit oder ohne Regierungsvorlage.[425] Auf
der anderen Seite [bestehen] Schwierigkeiten, das innenpolitische
Hauptproblem der Geldwertstabilisierung zu lösen. Man hat noch
nicht einmal klare, sichere Statistiken. Vater geht auch der Kran-
kenstandsziffer auf den Grund, und es zeigt sich, dass man zu viel

---

tanze«, ebd., Nr. 133, 24.7.1962, S. 1151 f. sowie Paul Lücke, Bauen und
Wohnen jetzt und in Zukunft, ebd., Nr. 150, 16.8.1962, S. 1277–1279. Das
Zweite Gesetz zur Änderung des Gesetzes über die Förderung des Wohnungsbaus für Umsiedler in den Aufnahmeländern und des Wohnungsbaus für Sow-
jetzonenflüchtlinge in Berlin vom 22.8.1962 trat am 29.8.1962 in Kraft (BGBl.
I 1962, Nr. 36, S. 593 f.).
423 Llewellyn E. Thompson, Jr. (1904–1972), amerikanischer Diplomat, 1957–
1962 Botschafter der Vereinigten Staaten von Amerika in der UdSSR, ab Juli
1962–1966 Berater Kennedys und des Nationalen Sicherheitsrats, 1966–1969
wiederum Botschafter in der UdSSR.
424 Thompson erklärte am 6.8.1962 in New York, die amerikanisch-sowjetischen
Beziehungen »seien ›recht gut‹, solange nur diese beiden Mächte selbst betroffen
seien«. Schwierigkeiten träten größtenteils dann auf, wenn »andere Staaten
betroffen würden«. Vgl. Thompson berichtet Kennedy, in: »Frankfurter Allgemeine«, Nr. 182, S-Ausgabe, 8.8.1962, S. 1.
425 Vgl. Anm. 416.

Wind darum gemacht hat.[426] Es gelingt nur schwer, zur Meisterung derartig schwieriger Aufgaben die nötigen Leute heranzuziehen. Der Staatssekretär ist noch immer keine volle Kraft.[427] Die Arbeit des Wirtschaftsministeriums wird total abgelehnt, von dorther ist zunächst der Angriff abzuwehren. Wozu technischer Fortschritt? Wozu immer höhere Autoproduktion und Autokäufe? Was wird aus den Alten und Kranken? Wer will noch für sie sorgen, auch für gutes Geld? Die Unwissenheit und das Desinteresse führender Schichten, auch der Wirtschaft, ist erschreckend. Manchmal sieht man nicht, wie es gelingen soll, in erfolgreicher, geordneter Weise die Macht in gute Hände zu übergeben. Oft scheint alles in Frage gestellt, was mühselig geschaffen wurde.

Dienstag, 14. August 1962
Heute früh erzählte ich Vater davon, dass in Unkel das meiste Geld in dem Opferstock für Kerzen sei. Er lächelte darüber und meinte, hier walteten uralte Vorstellungen über die Bedeutung eines Kerzenopfers. Die Kerze verzehre sich, und das bringe der Opfernde selber in Gang, und darin liege eine Art magischer Wirkung. Dieser Gedanke beschäftigte ihn weiter beim Gang zum Auto, und er meinte, man müsse einmal eine Kulturgeschichte der Kerze und des Kerzenopfers schreiben. Damit hat er ganz Recht.

Abends ist er in diesen schwülen Tagen redlich erschossen. Und dann sieht alles oft so düster aus. Es zeigt sich immer wieder aufs Neue, dass zum Beispiel in den Wirtschaftsfragen der EWG oder in außenpolitischen Dingen er nicht so genau orientiert wurde oder dass die Betreffenden selber nicht so genau Bescheid wussten, wie es nötig gewesen wäre. Dadurch wird alles oft schwer durchschaubar und schwer greifbar. Tatsächlich kann ja auch ein Laie kaum noch die Zeitungsmeldungen über agrarpolitische Vereinbarungen der EWG mit ihren komplizierten Abschöpfungssystemen verstehen. Ist aber deshalb nun alles falsch gemacht worden? Und dabei vergehen die Tage, und ich verweise immer wieder darauf, es dürfe nicht bei einzel-

---

[426] Die Zahlen zum Krankenstand der Arbeiter 1961 und 1962 lagen in den Monaten Februar bis April und im Juni 1962 über den Vergleichsmonaten 1961 und lagen für die Monate Mai sowie Juli und August 1962 unter den Vergleichsmonaten 1961. Vgl. Der Krankenstand der Arbeiter, in: Bulletin, Nr. 214, 17.11.1962, S. 1824; Den Krankenstand nicht überschätzen. Abschluß der Tagung der Innungskrankenkassen, in: »Frankfurter Allgemeine«, Nr. 137, 15.6.1962, S. 4.

[427] Gemeint wohl: der Gesundheitszustand von Staatssekretär Globke.

nen Tropfen von Stabilisierungsbemühungen bleiben, sondern die Regierung müsse nach guter Überlegung und Absprache mit allen Beteiligten ein regelrechtes Stabilisierungsprogramm den Bürgern in richtiger Weise vorlegen. Nur so könne die kritische Zuspitzung der Stimmung gemeistert werden, der allmählich doch unheimliche Vertrauensschwund, der sogar gute Bahn- und Postbeamte ergreift.[428] An mich kommt er meistens auf dem Wege über die Briefe von um die Währung besorgten Bürgern heran, und man möchte ein ganzes Büro haben, um auf alle diese besorgten Stimmen antworten zu können.

Wie schwer wird es doch, dieses Werk regelrecht zu stabilisieren und weiterzuleiten. Man möchte viel mehr Einfälle, viel mehr Tatkraft abends haben, um hier mitzuhelfen, steht aber meistens mehr oder weniger machtlos davor.

Mittwoch, 15. August 1962
Wir kommen beim Abendessen auf den morgigen Bummelstreik der Eisenbahner[429] zu sprechen. Vater führt es allein darauf zurück, dass an leitender Stelle ein SPD-Mann sitze.[430] Ich bemerke, man hätte vielleicht durch frühzeitige Planung der Besoldungsreform einer derartigen Erhitzung der Gemüter zuvorkommen können. Man habe eben früher das Problem einer Steigerung auch der Beamtengehälter gar nicht gekannt. Erst in einer so stark wachsenden Wirtschaft mit stetig steigendem übrigen Einkommen sei das Problem immer wieder akut geworden, die Einkommen der im öffentlichen Dienst Tätigen einigermaßen an das Niveau der übrigen Arbeitnehmer-Einkommen anzupassen. Ohne den Druck des Arbeitsmarktes sei man vielleicht auch heute noch nicht zu solchen Anpassungen bereit, und solche seien bisher immer nur von der Gewerkschaft den öffentlichen Stellen ir-

---

[428] Vgl. Anm. 429.

[429] Die GdED hatte zu einer als Kampfmaßnahme gedachten Aktion »Adler« aufgerufen, um ihrer Forderung, die Beamtenbezüge der allgemeinen Einkommensentwicklung anzupassen, Nachdruck zu verleihen. Angesichts der sogenannten »Aktion Igel«, die von der Deutschen Postgewerkschaft vom 2. bis 4.7.1962 durchgeführt wurde, diskutierte das Bundeskabinett am 15.8.1962 über Gegenmaßnahmen gegen unzulässige Streiks von Beamten sowie mögliche Regressansprüche der Deutschen Bundesbahn gegen die Gewerkschaft (vgl. Die Kabinettsprotokolle der Bundesregierung, Bd. 15 1962, S. 368–371). Nach einer Erklärung der Bundesregierung, die Beamtenbezüge linear zum 1.1.1963 zu erhöhen (Die Bundesregierung zur »Aktion Adler«, in: Bulletin, Nr. 151, 17.8.1962, S. 1287), wurde die Aktion am 17.8.1962 zunächst eingestellt.

[430] Willibald Lutermann (1917–1983), 1957–1970 1. Vorsitzender der GDBA.

gendwie abgezwungen worden, statt dass man einen langfristigeren Plan wenigstens versucht hätte.

Vater ist für solche Gedanken aber nicht zu haben, er gibt zu, dass solche Anpassungen nötig seien, wirft mir aber vor, mit diesem Steigerungsdenken gerate ich auf eine sehr gefährliche Ebene. Man scheint doch das Grundproblem einer wachsenden Wirtschaft, nämlich irgendeine Art von Koordination der Einkommensentwicklung zu versuchen, noch kaum erfasst zu haben und denkt weitgehend punktuell und von Termin zu Termin. Vater fühlt das Versagen auch seiner Mitarbeiter auf diesem Gebiete und hat selbst so viele andere Aufgaben, dass er nicht weiß, wie er das alles in den Griff bekommen soll. Er glaubt mit Recht, die Bevölkerung werde auch harte Maßnahmen zur Stabilisierung verstehen, und es werde im Oktober sicher allerlei Kämpfe auch mit dem Parlament über solche Dinge geben.[431] Wenn man dann nicht auf ihn hören wolle, dann sei er wirklich geneigt, ihnen die Brocken hinzuwerfen.

Sonntag, 26. August 1962
Katholikentag in Hannover. Vater [war] am Vortag sehr müde von der Woche. Er hatte mich um einige Gedanken gebeten. Als ich Samstagabend, 25. August, von Unkel zurückkomme, sagt er ganz stolz, er habe eine total andere Ansprache gemacht und glaube, dass sie gut sei.[432] Ich muss mir wieder im Innern sagen, dass es sehr sinnvoll sein kann, wenn man Vorschläge äußert, die nur den Zweck haben, den Leser darauf hinzulenken, was er nicht sagen will. Wir starten Sonntagmittag über Wahn, in Wahn [mit einer] Bundeswehrmaschine.[433] Als wir ca. eine halbe Stunde in der Luft sind, kommt hinten aus der Maschine ein starkes Zischen, das sich schnell steigert, und während ich nach jemandem rufe, gibt es eine Explosion. Es springt jemand nach hinten hinter Vater und mich, und man sieht einen Regenmantel im Winde flattern. Offenbar ist die hintere Tür aufgegangen. Der Luftdruck in der Kabine sinkt stark ab, dieser Vorgang wird vom Piloten noch beschleunigt, um

431   Zu den Beschlüssen der Bundesregierung vgl. die Regierungserklärung Adenauers, 9.10.1962, in: Verhandlungen des Deutschen Bundestages, 4. Wahlperiode, Stenographische Berichte, Bd. 51, S. 1632–1639, hier S. 1632–1637; zur Aussprache über die Erklärung der Bundesregierung, 11.10.1962, S. 1672–1703; Maßnahmen zur Preisstabilisierung, in: Bulletin, Nr. 189, 11.10.1962, S. 1598.

432   Auf dem 79. Katholikentag vom 22. bis 26.8.1962 in Hannover hielt Adenauer auf der Schlusskundgebung eine Rede (Manuskript in: StBKAH 02.27; Auszug der Rede in: Bulletin, Nr. 158, 28.8.1962, S. 1343).

433   Das Flugzeug war am 26.8.1962 um 13.00 Uhr auf dem Flughafen Köln-Wahn in Richtung Hannover gestartet (Adenauer, Kalendarium). Vgl. dazu auch Poppinga, »Das Wichtigste ist der Mut«, S. 448.

das Zuziehen der Tür überhaupt zu ermöglichen. Dann geht die Maschine noch niedriger. Ich habe dolle Ohrenschmerzen. Vater scheint
sich nicht viel daraus zu machen aus dem Ganzen. Er sieht sich seine
Ansprache an und unterstreicht die Worte, die betont werden müssen.
Ich staune wieder über seine Kaltblütigkeit. Meine Ohrenschmerzen
gehen allmählich in rasende Kopfschmerzen über.

Auf dem Katholikentagsgelände 250 000 Menschen in einem einzigen Jubel, als Vater den Platz betritt und in die Mitte geht. Ich gehe
einige Reihen dahinter und merke auf einmal, dass hinter mir Kardinal
Bea kommt, klein, unscheinbar, aber leuchtende Augen. Während
dann die Reden gehalten werden, muss ich den Arzt unter der Tribüne
aufsuchen und nachher von ihm zum Hauptverbandsplatz geführt
werden, wo man mir Novalgin spritzt; von dort mit Malteser-Hilfs-
dienst-Wagen, Blaulicht und Sirene durch Hannover zum Flugzeug,
da es mir immer noch hundsmiserabel ist. Von der Kundgebung merke ich nur so viel, dass immer dann, wenn Redner von der notwendigen Gemeinsamkeit der Christen sprechen, sehr starker Beifall los-
bricht. Später höre ich, dass man allgemein auf katholischer Seite
begeistert war vom guten Empfang durch führende evangelische
Christen, vor allem auch durch den Landesbischof Lilje[434].

Das Echo davon kommt später, als Kardinal Bea zu einem Frühstück
im Haus des Bundeskanzlers geladen ist, an dem ich teilnehmen
darf.[435] Dort sind auch führende Protestanten wie Gerstenmaier und
einige Minister geladen, außerdem der evangelische Alttestamentler
von Bonn[436] und der katholische Neutestamentler[437]. Es ist eine aus-

---

[434] Hanns Lilje (1899–1977), D. Dr. theol., 1947–1977 Landesbischof der Evangelisch-Lutherischen Kirche von Hannover, 1948–1969 leitender Bischof der
Vereinigten Evangelisch-Lutherischen Kirche Deutschlands.

[435] Adenauer bat in seinem Schreiben an den Kardinal (vgl. Anm. 420) um ein
Gespräch, das am 27.8.1962 im Bundeskanzleramt stattfand, bei dem Adenau-
er und Kardinal Bea von 12.25 bis 13.05 Uhr allein miteinander sprachen. An
dem anschließenden Frühstück nahmen außerdem noch Prälat Dr. Kunst, Bun-
desminister Krone, Präsident Gerstenmaier, Apostolischer Nuntius Bafile, StS
Globke, Monsignore Mosconi, Professor Dr. Martini, Botschafter von Braun,
Prälat Wissing, Dr. von Brentano, Bundesminister von Merkatz, StS Lahr, Prälat
Höfer, Professor Dr. Noth, Pater Schmidt, LR I Sarrazin und MD Jansen teil
(Adenauer, Kalendarium) sowie Professor Dr. Schäfer.

[436] Martin Noth (1902–1968), Professor Dr., evangelischer Theologe, 1945–1967
Ordinarius für das Alte Testament an der Universität Bonn, 1947–1948 und
1957–1958 dort Rektor.

[437] Karl Theodor Schäfer (1900–1974), Professor Dr., katholischer Priester, 1946–
1969 Ordinarius für Neues Testament an der Universität Bonn, 1956–1957 dort
Rektor, 1966 päpstlicher Hausprälat.

gezeichnete Stimmung. Die Ansprachen sind ganz erfüllt vom Erlebnis des Katholikentages und der Gemeinsamkeit zwischen den Konfessionen sowie von dem Bewusstsein, gegenüber dem gottlosen Bolschewismus zusammen die westliche Welt verteidigen und sichern zu müssen.

Unterdessen erzählt mir dann ein Tischnachbar vom Auswärtigen Amt, dass von evangelischer Seite gegen eine kleinere EWG zu Felde gezogen würde, wobei man merke, dass das Ganze von manchen Protestanten als zu katholisch empfunden werde. Nach Tisch erzählt mir Minister von Merkatz[438] von General Franco[439] und seiner Weisheit und von dem Spanien, das man in seiner Andersartigkeit verstehen müsse, wobei er als führender Protestant, Mitglied des Johanniterordens, alles versteht, alles entschuldigt, während ich mit vielem nicht mitkam.

Besuch bei Fritz Nußbaum[440], der in einem erbärmlichen Röntgenkater daliegt und Anzeichen spürt, dass die Erkrankung in seinem Inneren weiter fortschreitet.

Vaters Sorge schon im Flugzeug um mich ist rührend, ebenso die nächsten Tage. Er selber hat gar nicht viel gemerkt, aber später zeigt sich doch, dass sein Trommelfell irgendwie angegriffen ist. Das Ganze war gefährlich, diese Maschinen werden noch nicht einmal von einem militärischen Wartungsdienst gewartet, sondern von der Lufthansa.

Dienstag, 28. August 1962
Vater bestätigt die unangenehme Nachricht, dass Evangelische gegen eine EWG ohne England seien, da sie zu katholisch sei. Es seien entsprechende Reden auch verteilt worden. Man wisse nicht, wie der Außenminister in dieser Sache denke.[441] Außerdem Enttäuschung von

---

[438] Hans Joachim von Merkatz (1905–1982), Professor Dr. jur., 1949–1969 MdB (DP, seit 1960 CDU), 1955–1962 Bundesminister für Angelegenheiten des Bundesrates.

[439] Francisco Paulino Hermenegildo Teódulo Franco y Bahamonde Salgado Pardo (1892–1975), spanischer Offizier, 1935 Generalstabschef des Heeres, 1936 Oberbefehlshaber der Nationalisten im Spanischen Bürgerkrieg, 1939–1975 Staatsoberhaupt und bis 1973 Regierungschef.

[440] Friedrich Nußbaum (1924–1963), Kaplan an der Kirche Sankt Johann Baptist in Bad Honnef.

[441] Schröder erklärte auf der 10. Jahrestagung des Evangelischen Arbeitskreises am 4.10.1962 in Wiesbaden in seiner Rede zu den »Grundlinien der deutschen Außenpolitik« im Hinblick auf eine Politische Union und den Beitritt Großbritanniens zur EWG, »dass wir bald, wenn auch bescheiden anfangen und die Anforderungen an die neuen politischen Institutionen nicht überspannen sollten, unter anderem auch, um die Mitarbeit Großbritanniens am Anfang zu erleichtern«. Zudem führte er aus: »Ebenso wie wir Verständnis für die britischen

den Gewerkschaftsführern. Sie lehnen langfristige Abkommen ab. Die Arbeitgeber ihrerseits lehnen eine Neubestimmung des Streikrechts, die auf Streikberechtigung aller Betriebsangehörigen abzielt, jedenfalls ab.[442] Damit [ist] Vater in seinem Suchen nach Stabilisierung wieder stark gebremst.

Besuch der jungen Eheleute Hundgeburth[443] mit sehr nüchternem Bericht über den radikalen Vertrauensschwund bei CDU-Leuten. Hauptursache Geldwert-Misstrauen. Außerdem sei die CDU zu lange dran, sie mache einen unentschlossenen Eindruck, die SPD habe sich gemausert, die Nachfolgefrage sei ungelöst, und überhaupt müsse man einmal etwas anderes versuchen. Die SPD führe ein rigoroses Personalregiment, ebenso die Lehrergewerkschaft, und man komme sich als Katholik oft wirklich auf einzelnem Posten vor. Dazu liegt über den beiden der Schatten der Frage, wann das erste Kind verkraftet werden kann, obwohl sie beide verdienen, setzen sie mir ihren Haushaltsplan so auseinander, dass vor dem dritten Jahr das Kind praktisch kaum möglich ist. Ich bin sehr erschüttert über das alles und habe sie gebeten, das Ganze aufzuzeichnen. Was sind das alles für Belastungen für die Zukunft. Hinzu kommt die Preisbindungsfrage[444], in der Vater auch offenbar etwas einseitig mit Stellungnahmen versorgt wird, nämlich von Leuten, die unter einer Lockerung leiden würden. Es zeigt sich überhaupt, dass die Stabilisierungsfrage äußerst schwierig ist. Manchmal sind die Perspektiven wirklich ernst, und hinzu kommt noch, wie sich Vater bis zum Letzten abrackert mit alledem, und dass man so

Probleme haben, erwarten wir Großbritanniens Verständnis dafür, dass durch seinen Beitritt die Konturen der europäischen Union nicht verschwimmen dürfen. ... Wir können es nicht verantworten, Großbritannien in die Isolierung zu drängen. Unser Ziel ist, das freie Europa zu einigen« (Redemanuskript Schröders, 72 S., hier S. 31 f., 41 f., in: ACDP, NL Schröder 01–483–053/2; Redetext auch in: ACDP 04–001–014/2). Vgl. Schröder will England den Weg zu Europa erleichtern, in: »Wiesbadener Kurier«, 18. Jg. Nr. 233, 6.10.1962, S. 1 f.

442  Vgl. dazu Anm. 429.
443  Weitere Angaben zu den Eheleuten Hundgeburth waren nicht zu ermitteln.
444  Der Deutsche Bundestag forderte in einer Entschließung vom 29.6.1962 die Bundesregierung auf, das Gesetz gegen Wettbewerbsbeschränkungen vom 27.7.1957 zu überprüfen. Das Bundeswirtschaftsministerium schlug daraufhin vor, das Preisbindungsprivileg für Markenwaren und Verlagserzeugnisse aufzuheben und Preisempfehlungen für alle Waren zuzulassen, um die Wettbewerbsfreiheit zu garantieren. Zu den Beratungen über die Preisbindungsfrage und die Maßnahmen zur Preisstabilisierung vgl. Die Kabinettsprotokolle der Bundesregierung, Bd. 15 1962, S. 351 f., 380–382, 454–456; auch die Stellungnahme des Wissenschaftlichen Beirats beim Bundesministerium für Wirtschaft, 23.6.1962, in: Bulletin, Nr. 161, 31.8.1962, S. 1367–1373.

wenig dabei helfen kann und selber oft aus körperlichen und anderen Gründen sich wenig wirksam vorkommt in diesem ganzen Ringen.

**Sonntag, 9. September 1962**
Der Besuch von de Gaulle, ein ganz unerwartet großer Erfolg für ihn, für Vater, auch für unser Volk.[445] Überall echte Begeisterung, in Bonn,[446] Köln,[447] Düsseldorf, August-Thyssen-Hütte,[448] Hamburg,[449] München,[450] Ludwigsburg,[451] Stuttgart[452]. Überall zeigt sich so spontane Zustimmung zu dem, was de Gaulle repräsentiert, dass man staunen muss über die Reserven an echter Begeisterung in unserem Volk. Das Ganze [ist] für Vater ein ganz großer Triumph, eine Bestätigung seiner Politik, wie er sie sich größer nicht wünschen kann.[453]

Am 4. September abends Empfang des Bundespräsidenten in Brühl.[454] Nach einem Verkehrschaos gegen 22 Uhr gelingt es mir, hinzuzukommen und de Gaulle und seiner Frau[455] die Hand zu geben. Er richtet sich auf, als ich komme, schaut mich scharf an und sagt auf

---

[445] Der französische Staatspräsident stattete der Bundesrepublik Deutschland vom 4. bis 9.9.1962 einen offiziellen Staatsbesuch ab. Vgl. Kommuniqué in: Bulletin, Nr. 67, 8.9.1962, S. 1417, sowie Kommuniqué zum Abschluss des Staatsbesuchs, 9.9.1962, ebd., Nr. 168, 11.9.1962, S. 1425; Adenauer, Erinnerungen 1959–1963, S. 177–184; Aufzeichnungen der Gespräche Adenauers mit de Gaulle am 5. und 6.9.1961 in: AAPD 1962, S. 1493–1509; DDF 1962, Tome II, S. 175–184; Kusterer, Der Kanzler und der General, S. 252–289; Poppinga, »Das Wichtigste ist der Mut«, S. 451–456.

[446] Zum Empfang de Gaulles auf dem Flughafen Köln/Bonn und in Bonn, 4.9.1962, vgl. Bulletin, Nr. 164, 5.9.1962, S. 1394.

[447] Ansprachen de Gaulles vor dem Rathaus in Bonn und in Köln, 5.9.1962, ebd., Nr. 166, 7.9.1962, S. 1411 f.

[448] Zum Empfang de Gaulles in Düsseldorf und in Duisburg, 6.9.1962, ebd., Nr. 167, 8.9.1962, S. 1418.

[449] Rede de Gaulles in der Führungsakademie der Bundeswehr in Hamburg-Blankenese, 7.9.1962, ebd., Nr. 168, 11.9.1962, S. 1427. Zum Besuch in Hamburg vgl. Telegramm Jeudy, französischer Generalkonsul in Hamburg, an Couve de Murville, 14.9.1962, in: DDF 1962, Tome II, S. 211–214.

[450] Zur Visite de Gaulles am 8.9.1962 in München vgl. Kusterer, Der Kanzler und der General, S. 281–284.

[451] Vgl. Anm. 477.

[452] Zu dem Verlauf der Reise und den Ansprachen de Gaulles in Hamburg, München und Stuttgart, vgl. Bulletin, Nr. 168, 11.9.1962, S. 1429–1431.

[453] Ähnliche Bewertung in dem Telegramm de Margeries an Couve de Murville, 16.9.1962, in: DDF 1962, Tome II, S. 217–219.

[454] Zu dem Empfang de Gaulles in Schloss Augustusburg in Brühl und der Tischrede von Lübke am 4.9.1962, vgl. Bulletin, Nr. 165, 6.9.1962, S. 1401 f. und S. 1403.

[455] Yvonne de Gaulle, geb. Vendroux (1900–1979), seit 1921 verheiratet mit Charles de Gaulle.

Deutsch: »Ich freue mich, dass ich Sie jetzt auch kennenlernen kann«, so dass ich ganz überrascht bin und staune über seine Konzentration. Dies macht er bei mehreren hundert Gästen. Durch ein Fenster beobachte ich nachher,[456] wie er die Sache genau und ernst durchsteht.

Vorher hatte er eine Rede gehalten über die deutsch-französische Zusammenarbeit, die geradezu klassisch formuliert war und überall Aufsehen erregt hat.[457] Als ich ihm am nächsten Tag in Rhöndorf[458] sage, es sei doch zu viel des Vorstellens gewesen, meint er, nein, denn er habe bei dieser Gelegenheit sehr viele Menschen der verschiedensten Schichten kennenlernen können, und dazu sei er ja gekommen.

In Brühl sind fast 2 000 Leute. Es wogt durcheinander, und draußen regnet es in Strömen, als kurz vor Mitternacht der große Zapfenstreich gespielt wird[459]. Ein eigenartiges Bild: die Fackel tragenden, Stahlhelm bewehrten Soldaten und auch Marine, Luftwaffe, dann diese zum Teil sehr frommen Weisen, diese Mischung von Andacht, von militärischer Kraft, von Größe vor den Augen dieses Mannes und im Bewusstsein der geschichtlichen Bedeutung dieses Vorganges. Es ist dann auch ab und zu einmal wirklich still, und man hört auf zu schwatzen und zu essen. Von Bismarck[460] spricht mich an mit seiner Frau[461] in Erinnerung an unsere früheren Gespräche und sagt, er würde sich freuen, wenn wir uns wieder treffen würden.

Am Mittwoch kommt de Gaulle nach Rhöndorf, also am 5. September. Ich darf ihn unten begrüßen und mache ihn auf die Hunderte von Rhöndorfern aufmerksam, worauf er sofort um den Wagen herumgeht und zum Entsetzen der Sicherheitsbeamten den Leuten die Hand gibt. Wir gehen herauf[462], und er sieht alles, ist aufmerksam. Er wirkt sehr zivil, aber doch sehr gestrafft. Viel Ähnlichkeit im Stil mit Vater. Oben am Teetisch sitze ich ihm schräg gegenüber. Er fragt mich

456  In der Textvorlage an dieser Stelle vermerkt: »(mit welcher Konsequenz er diese Begrüßung über sich ergehen lässt); Korrektur des Verfassers:«.

457  Vgl. Ansprache de Gaulles, 4.9.1962, in: Bulletin, Nr. 165, 6.9.1962, S. 1402.

458  De Gaulle war am 5.9.1962 nachmittags zu Besuch in Adenauers Privathaus in Rhöndorf (Adenauer, Kalendarium).

459  Vgl. Festlicher Empfang in Schloss Augustusburg am 4.9.1962, in: Bulletin, Nr. 165, 6.9.1962, S. 1403.

460  Klaus von Bismarck (1912–1997), Journalist, 1950–1995 Mitglied des Präsidiums des Deutschen Evangelischen Kirchentages, setzte sich in der evangelischen Kirche für den Dialog zwischen Arbeitern und Arbeitnehmern ein, 1961–1976 Intendant des Westdeutschen Rundfunks.

461  Ruth-Alice von Bismarck, geb. von Wedemeyer (1920–2013), seit 1939 verheiratet mit Klaus von Bismarck.

462  Gemeint: in das Wohnhaus.

nach meiner Arbeit, und wir kommen darauf zu sprechen, dass er
fünfmal aus deutscher Gefangenschaft nach dem Ersten Weltkrieg hat
fliehen wollen. Beim ersten Mal war er sieben Nächte marschiert und
ist in der achten geschnappt worden.[463] Nach diesen Erinnerungen
fängt er sich aber gleich wieder, als ob er fast schon zu persönlich
geworden sei. Frau de Gaulle wirkt außerordentlich sympathisch,
mütterlich, doch sehr, sehr damenhaft. Vater ist glücklich mit diesem
Gast. Abends dann Essen auf dem Petersberg, gegeben von Vater für
de Gaulle[464] mit ca. 100 Gästen, mit sehr ausführlichen Tischreden,
die sehr persönlich gehalten sind und in denen de Gaulle sehr langsam,
sehr Vertrauen erweckend und sehr wohlüberlegt spricht[465]. Ich beobachte Carlo Schmid mit seinem Steingesicht, Konrad[466], der neben
Frau Ollenhauer[467] sitzt, und die ganze übrige Gesellschaft. Welch eine
Geschichte! Gegen Mitternacht hat de Gaulle sich fast alle führenden
Politiker nach und nach einzeln vorstellen lassen und mit ihnen gesprochen. Er gibt sich offensichtlich die größte Mühe, persönlich Kontakt zu schlagen und zu gewinnen. Frau de Margerie[468] unterhält sich
mit mir über Petrus, Fabre[469], ihren Sohn[470], der Jesuit ist, und Teilhard de Chardin[471]. Es ist ein ganz großer Abend, und Sorge hat man

---

[463] De Gaulle wurde bei der Schlacht um Verdun am 2.3.1916 verwundet, geriet in
deutsche Kriegsgefangenschaft und kam in ein Krankenhaus nach Mainz, dann
zur Internierung nach Osnabrück und Neiße. Insgesamt unternahm er fünf
Fluchtversuche. Nach Fluchtversuchen von der Festung Rosenberg in Kronach
kam er in die Festung Ingolstadt. Als sein erneuter Fluchtversuch scheiterte,
wurde er auf die Festung Wülzburg verlegt und verbrachte dort zweieinhalb
Jahre in Gefangenschaft bis zu seiner Entlassung nach dem Waffenstillstand im
November 1918. Vgl. Hentschel, Charles de Gaulle, S. 20–22; Loth, Charles de
Gaulle, S. 18–20; Nicklas, Charles de Gaulle, S. 21–23.

[464] Vgl. Ansprache Adenauers während des Abendessens zu Ehren de Gaulles auf
dem Petersberg am 5.9.1962, in: Bulletin, Nr. 166, 7.9.1962, S. 1409 f.

[465] Zur Ansprache de Gaulles vgl. ebd., Nr. 168, 11.9.1962, S. 1428 f.

[466] Gemeint: der erste Sohn von Konrad Adenauer.

[467] Martha Ollenhauer, geb. Müller (1900–1985), seit 1922 verheiratet mit Erich
Ollenhauer.

[468] Henriette, genannt »Jenny«, Jacquin de Margerie, geb. Fabre-Luce (1896–
1991), verheiratet mit Roland Jacquin de Margerie (1899–1990), 1962–1965
Botschafter Frankreichs in der Bundesrepublik Deutschland.

[469] Jean-Henri Casimir Fabre (1823–1915), französischer Entomologe, Dichter und
Schriftsteller, Mitglied der Académie Française und der Ehrenlegion.

[470] Bertrand Jacquin de Margerie (1923–2003), französischer katholischer Priester,
SJ.

[471] Pierre Teilhard de Chardin (1881–1955), Professor Dr., französischer katholischer Priester, SJ, 1922 Priesterweihe, 1922–1926 Professor für Geologie am
katholischen Institut von Paris, erhielt wegen seiner kritischen Haltung zur

nur, wenn man die Figuren um Vater herum sieht und sich fragt, wer
soll dieses Erbe weiterführen.

Bei seinen weiteren Reisen und Ansprachen überzeugt de Gaulle
durch die langsame, ernsthafte Art, mit der er spricht. Er hat gar nichts
Hartes, Militärisches an sich. Er spricht wie ein sorgsamer Vater und
hat tatsächlich viele Ähnlichkeiten, auch in seiner Bestimmtheit, in
seinem Temperament, mit Vater. Mir fällt auf dem Petersberg ein, dass
wir in demselben Raum vor einigen Tagen Rias Silberne Hochzeit
gefeiert haben.[472] Dabei hatte Walter in seiner Rede gesagt, er sei
Vater herzlich dankbar für den Glanz, den er über die Familie gebracht
habe. Vater meinte hinterher, das sei ihm nicht angenehm gewesen,
und in seiner Antwortrede hat er auch recht deutlich diesem Glanz die
Last und Verantwortung entgegengesetzt. Vielleicht bin ich darin etwas zu hart. Aber ich habe auch dieses Bekenntnis Walters etwas
einseitig und seltsam gefunden. Denn die Verantwortung, die sich aus
der Ehre ergibt, die mit diesem Amt verbunden ist, empfinde ich mindestens ebenso schwer an Gewicht wie den sogenannten Glanz. Aber
wahrscheinlich sieht das bei einem Sohn anders aus als bei einem
Schwiegersohn.

Gestern Abend[473] sagt Vater: »Hole eine Flasche Sekt, dass wir
doch einmal auf das alles anstoßen.« Er erinnert daran, wie er zweimal einen Besuch bei de Gaulle abgelehnt habe, der in Paris stattfinden sollte, und wie man sich dann sozusagen auf halber Strecke
entgegengekommen sei.[474] Auch wie er einmal gedacht habe, de Gaulle sei nicht nüchtern genug. Jetzt müsse er dies doch revidieren. De
Gaulle habe einen Weitblick und einen Einsatzwillen gezeigt, die ihn
sehr überzeugt hätten. Wenn man bedenkt, dass die Kommunisten
darauf gehofft hatten, Frankreich zu unterwandern[475] und damit die

---

traditionellen Lehre der Erbsünde und seiner Lehre der Evolutionstheorie Pub-
likationsverbot, unterstützte die Bewegung der Arbeiter-Priester.

[472] Ria und Walter Reiners hatten am 2.9.1937 in der Abtei Maria Laach geheiratet.

[473] Samstag, 8.9.1962.

[474] Das erste Treffen Adenauers mit de Gaulle fand am 14.9.1958 in dessen Privathaus in Colombey-les-Deux-Églises statt. Vgl. dazu Adenauer, Erinnerungen
1955–1959, S. 424–436; zu den Vorklärungen des Besuchs Adenauer, Briefe
1957–1959, S. 137, 140–142, 145, 154, 158, 160 f.

[475] Nach dem Rücktritt de Gaulles als Ministerpräsident im Januar 1946 bildeten
Sozialisten (SFIO), Kommunisten (KPF) und die Republikanische Volksbewe-
gung (MPR) eine Koalitionsregierung, wodurch die Kommunisten an der Regierung beteiligt waren. Im Mai 1947 wurden die KPF-Minister zwar aus der
Regierung entlassen, die Partei erhielt bei den Wahlen zur Nationalversammlung
bis 1956 jedoch stets ein Viertel der Wählerstimmen. Vgl. Burkhardt/Niedhart,

europäische Front von hinten aufzurollen, wenn man bedenkt, wie
sehr die beiden angelsächsischen Mächte doch eng verbunden sind,
dass die direkte Telefonleitung zwischen Macmillan und Kennedy
häufig benutzt wird und dass es [ein] offenes Geheimnis ist, England
sei wirklich kein Freund einer neuerlichen Stärkung der NATO, wenn
man auch die immer mehr zutage tretende Schwäche im Innern Amerikas bedenkt, dann bekommt dieser Zusammenschluss Deutschland–Frankreich ein immer größeres Gewicht, das wir vielleicht jetzt
noch nicht in seiner vollen Bedeutung ahnen können.[476] Offenbar ist
auch in unserem Volk noch viel gutes Ehrgefühl, das de Gaulle bewusst angesprochen hat.[477] Beide Staatsmänner verstehen es sehr
geschickt, dieses Plebiszit für Frankreich und für die Politik des Zu-
sammengehens mit Frankreich herauszustreichen und einzusetzen
gegenüber den Verzögerungstaktikern auch auf deutscher Seite. Bei
dem Empfang auf dem Petersberg sagt Bruder Koko, Blankenhorn
und auch Schröder hätten ihm sehr begründete Bedenken gegen ein
zu weitgehendes oder zu exklusives Zusammengehen dargestellt. Und
das an diesem Abend! Hoffentlich werden sie durch den Gang stär-
kerer geschichtlicher Kräfte, die in diesen Tagen hervorgetreten sind,
überwunden. Es ist toll, wie im Zeitalter der Demokratie ein solches
richtiges Ansprechen der Bevölkerung eine Großmacht darstellt, auch
in Händen guter Staatsführer.

---

Frankreich, in: Wende (Hrsg.), Lexikon zur Geschichte der Parteien in Europa,
S. 173–200, hier S. 175 f.

[476] Nach dem Besuch de Gaulles (vgl. Anm. 445) schlug die französische Regierung
in einem Memorandum vom 19.9.1962 eine Intensivierung der deutsch-französischen Zusammenarbeit vor, die sich vor allem auf die Bereiche der bilateralen
Konsultationen vor internationalen Konferenzen, die Verteidigungspolitik sowie
Fragen der Erziehung und Jugend bezogen. Vgl. Aufzeichnung Jansen, 24.9.1962,
in: AAPD 1962, S. 1556–1560.

[477] In seiner Rede am 9.9.1962 in Ludwigsburg sagte de Gaulle: »Ich beglückwün-
sche Sie ferner, junge Deutsche zu sein, das heißt Kinder eines großen Volkes.
Jawohl, eines großen Volkes, das manchmal, im Laufe seiner Geschichte, große
Fehler begangen hat. Ein Volk, das aber auch der Welt fruchtbare, geistige,
wissenschaftliche, künstlerische und philosophische Wellen gespendet und sie
um unzählige Erzeugnisse seiner Erfindungskraft, seiner Technik und seiner
Arbeit bereichert hat; ein Volk, das in seinem friedlichen Werk, wie auch in den
Leiden des Krieges, wahre Schätze an Mut, Disziplin und Organisation entfaltet
hat.« Vgl. Allocution à la Jeunesse prononcée à Ludwigsburg, in: De Gaulle,
Discours et Messages. Pour l'Effort, 1962–1965, S. 15–17, hier S. 15, 17 (deutscher und französischer Text); Bulletin, Nr. 168, 11.9.1962, S. 1426 f.; AdG,
32. Jg. (1962), S. 10096.

Montag, 17. September 1962

14. September: Bischofweihe von Höffner in Münster.[478] Ich fahre am Mittwoch über Wuppertal. Pastor Leonhard[479] ist nett, aber doch sehr zurückhaltend, als ich ihm von der neuen Position erzähle.[480] Er hat zwar keine Einwände, und ich glaube, er ist nun mal so, dass er sich nicht so schnell in einer Weise mit dem Herzen begeistern kann wie ein Kölner. Das muss ich auch später denken, als er da so sitzt und mir seinen Mittagsschlaf opfert, mein alter Chef. Kein Wort von Vater, kein Wort von der Welt, in der ich sonst lebe, und das Ganze trotz aller Gastfreundschaft etwas trocken, vielleicht weil er einfach müde und mürbe ist vor Überlastung. Seine Schwester wird ihm auch zusetzen, nun geht schon die dritte Haushälterin in kürzester Zeit.

Dann Fahrt nach Münster durch das Westfalenland und Besuch bei Pater Rittmann[481] in Hiltrup, meinem alten Zimmernachbarn. Er ist ein prächtiger, ehrlicher Kerl, der die Werte der Freiheit und Kultur aus seiner zweiten Studentenzeit nicht in dem Einerlei des Männerklosters gleich opfern will.

Einfahrt nach Münster. Wie anders als vor zehn Jahren oder neun Jahren, als ich im Kabinenroller dahinschaukelte! Im Sankt-Franziskus-Hospital Schwester Vulgania[482] und Maria[483] wie früher, der Direktor[484] auch.

Am nächsten Morgen sprechen wir in Ruhe über die Verhältnisse, und er zeigt sich als ein echter, rechter Westfale mit Herz und nüch-

---

[478] Datumsangabe korrigiert aus »15.9.« Höffner erhielt am 14.9.1962 die Bischofsweihe.

[479] Kurt Leonhard (1905–1991), katholischer Priester, 1956–1965 Pfarrer der Pfarrei Sankt Remigius in Wuppertal-Sonnborn, ab 1966 Pfarrer der Pfarrei Sankt Apollinaris in Düsseldorf.

[480] Mit Wirkung vom 1.12.1962 wurde Paul Adenauer Leiter des theologischen Referats und mit den Aufgaben eines Direktors des Zentralinstituts für Ehe- und Familienfragen e. V. in Köln betraut (AEK, Personalverwaltung, Priesterkarte, Paul Adenauer). Vgl. auch Struck, Das Katholische Zentralinstitut für Ehe- und Familienfragen, S. 8.

[481] Georg Rittmann, Pater, gehörte zu den Missionaren vom Heiligen Herzen Jesu (M.S.C.) der Norddeutschen Ordensprovinz und lebte in dem 1897 gegründeten Missionshaus der Herz-Jesu-Missionare in Hiltrup.

[482] Theresia Stahl (1888–1970), 1911 Eintritt in die Ordensgemeinschaft der Krankenschwestern vom Regulierten III. Orden des hl. Franziskus, nahm 1913 den Namen »Vulgania« an, 1935–1964 Generalassistentin, Rätin der Generaloberin international des Ordens.

[483] Möglicherweise gemeint: Maria Lammers (1907–2012), bis 1980 Pastoralreferentin und Seelsorgehelferin.

[484] Johannes Pesenacker, Direktor des Sankt-Franziskus-Hospitals in Münster.

ternem Verstand. Tenhumberg[485] wäre nie in Frage gekommen als
Bischof, er organisiere zu viel, er lasse nichts richtig wachsen, er könne brutal vorgehen und wolle regieren. Es werde für den neuen Bischof
sehr schwer sein, sich gegen ihn und die alten, harten Köppe im Domkapitel durchzusetzen. Hoffentlich fände er so viel Kontakt und Rück-
halt im Volk, dass er das einsetzen könne.

Im Institut[486] alte Gesichter, die Bücher, Studenten und Studen-
tinnen, und ich fühle auf einmal, wie ich viel, viel älter geworden
bin.

Am nächsten Tag die Bischofsweihe.[487] Noch nie habe ich das
Geheimnis der Kirche eines Gebietes so erfasst, noch nie so sehr den
unsichtbaren Herrn in allem Menschlichen gespürt. Mein Lehrer
Höffner wie ein *Agnus dei*, so wird er hereingeführt, so steht er
unter dem Amt. Und dann, als er spricht, welche Kraft, welche
Klarheit. Und welch neues Verständnis des Amtes. »Ich bin euer
Weggenosse«, sagt er. »Ich bleibe Mensch und ringender Mensch
wie ihr.« Und der Schlusssatz: »Bischöfe kommen und gehen, Christus bleibt in Ewigkeit.« Es überläuft mich, als ich ihn auf der Ka-
thedra Platz nehmen sehe, diesen bescheidenen, schlichten Mann.
Wie er auf einmal Christus in der Diözese, in *dieser* Diözese Münster mit diesem dort sichtbaren Domkapitel und diesen dort sichtbaren Weihbischöfen, repräsentieren muss, wie er Mitglied des Apos-
telkollegiums ist und demnächst in Rom da sein wird. Nachmittags
die Schüler und Schülerinnen von ihm, und auch da merke ich, wie
man älter wird und führen muss. Alles drängt immer mehr auf Verantwortung, auf im Grunde väterliche Gewalt und Verantwortung
hin.

---

[485] Heinrich Tenhumberg (1915–1979), katholischer Priester, 1958 Ernennung
durch Papst Pius XII. zum Weihbischof in Münster, nahm als Konzilsvater am
Zweiten Vatikanischen Konzil in Rom teil, 1966–1969 Leiter des Katholischen
Büros in Bonn, der Vertretung der deutschen Bischöfe beim Deutschen Bundes-
tag und der Bundesregierung, 1969–1979 Nachfolger von Joseph Höffner als
Bischof von Münster.

[486] Das Institut für Christliche Sozialwissenschaften der Katholisch-Theologi-
schen Fakultät der Westfälischen Wilhelms-Universität zu Münster wurde
1951 gegründet und bis 1962 von dem ersten Direktor Höffner geleitet, seit
1960 Herausgeber des »Jahrbuchs für Christliche Sozialwissenschaften«. Vgl.
Zenz, Joseph Kardinal Höffner, in: http://www.helmut-zenz.de/hzhoeffn.
html.

[487] Freitag, 14.9.1962; vgl. Anm. 478.

Abends in Luster-Haggeneys[488] Hof mit Frau Luster[489], die das ganze Unglück […][490] mir offenbart. Der prächtige Jungbauer Franz-Josef Luster-Haggeney[491], welch ein kraftvoller, guter, bescheidener Kerl, welche Gewalt im Bauernstand!

Am nächsten Tag Rückfahrt durch das sonnige Land zur Besprechung mit Frotz[492] und Senatspräsident Friedrichs[493] in Köln. Frotz, sehr aufgeräumt, Friedrichs mir etwas zu weich und nicht ganz der Typ des Juristen, den ich schätze, zu wenig konstant irgendwie. Aber sehr verständnisvoll, sehr froh, und ich glaube, wir werden gut zusammenarbeiten. Man nimmt meine Konzeptionen und meine Bedingungen an. Frotz erzählt endlos aus Jugoslawien und entlässt uns um ¼ nach 2 Uhr ohne Mittagessen.

Abends nach der Beichte die Gäste bei Schorsch und Ulla. Der Gitarrenspieler,[494] die zweimal geschiedene Frau, seine Freundin,[495] dagegen die jungen Haags[496], Weyer[497] und seine Braut und der gute Schorsch und seine entzückende Ulla! Welche Welten, welche Geister! Und wie sitzt du als Priester dazwischen.

Sonntag, ein stiller Tag ohne Vater. Zweimal Gottesdienst, einmal Assistenz bei Professor Gamerschlag[498]. Und dann die politischen Nachrichten: Vater soll möglichst bald zurücktreten, verkündet Herr

---

[488]  Franz Luster-Haggeney (1895–1958), Landwirt, bis 1933 Mitglied der Christlich-Nationalen Landvolkpartei und der Deutschen Zentrumspartei, ab 1945 der CDU, 1946–1948 Mitglied des Zonenbeirats, 1946–1958 MdL in Nordrhein-Westfalen. – Korrespondenz von Paul Adenauer mit der Familie Luster-Haggeney in: ACDP, NL Luster-Haggeney 01–1025–001.

[489]  Hedwig Luster-Haggeney (1906–1997), Ehefrau von Franz Luster-Haggeney.

[490]  Vom Bearbeiter gestrichen: Ausführungen über persönliche Angelegenheiten.

[491]  Franz-Josef Luster-Haggeney (1935–1992), Sohn von Franz Luster-Haggeney.

[492]  Augustinus Frotz (1903–1994), Dr. theol., Dr. phil., katholischer Priester, 1944–1962 Regens des Priesterseminars in Köln, 1957 residierender Domkapitular, 1962 Ernennung durch Papst Johannes XXIII. zum Titularerzbischof von Corada-Damaskus und bis 1983 Weihbischof in Köln.

[493]  Helmut Friedrichs (1914–1995), Dr. jur., 1965–1982 Richter am Bundessozialgericht, Vorsitzender des Katholischen Zentralinstituts für Ehe- und Familienfragen e. V. in Köln.

[494]  Jürgen Deiters, Freund von Georg Adenauer.

[495]  Helga Eckert, befreundet mit Jürgen Deiters.

[496]  Franz Josef Haag (geb. 1928) und Gisela Haag (1932–2013), Freunde von Georg Adenauer aus Bad Honnef.

[497]  Karl-Heinz Weyer und Zita Weyer, geb. Brüning, Freunde von Georg Adenauer.

[498]  Heinrich Gamerschlag (gest. 1969), Senior der Erzdiözese Wien.

Döring[499]. Dasselbe hat er mit jemand anderem von von Brentano jetzt
schon verlangt, der das entschieden abgelehnt hat und öffentlich erklärt
hat, der Kanzler müsse wissen, wann er gehen wolle, und die ihn gewählt hätten, müssten ihn darin ungestört lassen und ihn achten und
keinerlei derartige Diskussionen nach außen dringen lassen.[500] Mende
aber fängt wieder damit an und verlangt [den] Rücktritt, spätestens
1963. Dazu ein großer Artikel von Georg Schröder[501] in der »Welt«
über den letzten innenpolitischen Kampf des Kanzlers, der beabsichti-
ge, bei der Bundespräsidentenwahl im Jahre 1964 Erhard durchzubringen, um [sich] dann von diesem Krone als seinen Nachfolger vorschlagen zu lassen.[502] Dies wird als der letzte innenpolitische Plan des
Kanzlers bezeichnet. Wie kommt dieser Schröder daran? Gleichzeitig
[erscheint] in der »Kölnischen Rundschau« ein Interview mit Dufhues,
der unter anderem sagt, man werde die Nachfolgefrage seitens der CDU
fest, aber klug weiterverfolgen,[503] und der sich so ausdrückt, dass die
SPD seine Ausführungen mutig nennt. In Lübeck [gibt es] zum selben

---

499   Zur Forderung Dörings nach einem vorzeitigen Rücktritt Adenauers, vgl. Wie-
      der Diskussionen über Adenauer-Nachfolge. Dufhues: Behutsam aber fest vor-
      gehen / Der FDP-Abgeordnete Döring drängt, in: »Frankfurter Allgemeine«, Nr.
      216, 17.9.1962, S. 3.
500   Auf einer Parteiversammlung der CDU am 29./30.9.1962 in Fulda bezeichnete
      von Brentano die Diskussion um die Kanzlernachfolge Adenauers als »miserabel
      und peinlich« und kündigte »leidenschaftlichen Widerstand« gegen Versuche
      an, in dieser Frage »etwas ohne oder gar gegen Adenauer zu unternehmen«.
      Vgl. Bonn. Brentano. Kuh vom Eis, in: »Der Spiegel«, Nr. 41, 10.10.1962,
      S. 23 f., hier S. 23.
501   Georg Schröder (1905–1987), Journalist, 1953–1970 Leiter des Büros der Ta-
      geszeitung »Die Welt« in Bonn.
502   Zur Forderung Mendes vgl. Georg Schröder, Adenauer und sein Kabinett, in:
      »Die Welt«, Nr. 216, 15.9.1962, S. 1 f.
503   In einem Interview mit der »Rundschau am Sonntag« (Dufhues: Kein »fauler
      Burgfrieden« mit SPD, in: »Kölnische Rundschau«, Stadt-Ausgabe am Sonntag,
      Nr. 215a, 16.9.1962, S. 1 f.) hatte Dufhues erklärt, die CDU-Führung stehe bei
      der angekündigten Parteireform »vor der entscheidenden Aufgabe, die wirt-
      schaftlichen und sozialen Verhältnisse in der Bundesrepublik stabil zu halten«.
      Zur Frage, ob die Kanzlernachfolge auch ein Problem im Zusammenhang mit
      der Parteireform sei, antwortete Dufhues, die Entscheidungen des Dortmunder
      Parteitags »würden ihren Sinn verlieren, wenn die Führung der CDU es nicht
      als ihre Aufgabe ansähe, die mit der Sicherung der Kontinuität der deutschen
      Politik zusammenhängenden Fragen – zwar mit aller Behutsamkeit, aber auch
      mit Festigkeit – in gemessener Zeit zu lösen«.

Anlass Erklärungen Mendes[504] und Ollenhauers[505] zu dieser Frage, die fast übereinstimmen. Der Rücktritt sei dringend nötig. Mende sagt ausdrücklich, man werde sich weitere Verzögerungen nicht mehr bieten lassen. Außerdem stimmen FDP und SPD in der Forderung nach Kontakten zu Ostblockstaaten überein, und die FDP legt wieder den Plan einer Außenministerkonferenz[506] mit Heranziehung von Delegationen der Bundesrepublik, der DDR und der beteiligten Ostblockländer vor.[507] Das alles muss Vater schwer bekümmern. Das gilt besonders für das Benehmen von Dufhues, das mir unverständlich erscheint. Die FAZ berichtet heute ebenfalls über die Diskussion zur Nachfolge, meint aber, man werde an Erhard natürlich nicht vorbeikommen wegen seiner Popularität.[508] Wie muss Vater das Ganze in Cadenabbia quälen, wie brutal nützt man seine Abwesenheit aus.[509]

Heute erfreulicher Anruf von Bismarcks. Er stimmt dem Fürbittenentwurf restlos zu und will die Sache bei Kirchentagsmitgliedern weiter betreiben. Kommt, [um] mich nach den Ferien [zu] sehen.[510] Es ist mir noch völlig unfasslich, dass ich in gut acht Tagen den Boden be-

---

504 Mende erklärte am 14.9.1962 in Kiel, aufgrund eines einstimmigen Beschlusses des Vorstands werde die FDP auf dem von Adenauer zugesagten Rücktritt 1963 bestehen. Andernfalls habe die Partei klare Vorstellungen von den erforderlichen Konsequenzen. Als Nachfolger Adenauers genieße Erhard »nach wie vor unser allerdings nur noch begrenztes Vertrauen«. Vgl. FDP wünscht Kanzlerschaft Erhards, in: »Frankfurter Allgemeine«, Nr. 215, 15.9.1962, S. 4.

505 Ollenhauer hatte über die Führungslosigkeit in Bonn geklagt und erklärt, die CDU fühle sich »von einer Überrundung durch die SPD« bedrängt. Vgl. CDU spricht von straffer Führung in Bonn, ebd.

506 Vgl. Berliner Erklärung der FDP, 23.5.1959, in: DzD, IV. Reihe/Bd. 2, S. 300 f.; Das ganze Deutschland soll es sein! Der Berliner Bundesparteitag 1959, Bonn o. J., S. 38 f.

507 In einer Rede auf der Mitgliederversammlung der FDP Berlin am 10.8.1962 befürwortete Mende die Wiederaufnahme der »Ost-West-Verhandlungen über Deutschland und die Fragen der europäischen Sicherheit in Berlin«, anknüpfend an den sogenannten »Herter-Plan« vom 14.5.1959 (vgl. englischer und deutscher Text in: DzD, IV. Reihe/Bd. 2 [1959], S. 74–82), und forderte die Einrichtung einer »ständigen Deutschlandkonferenz der stellvertretenden Außenminister«, um »eine weitere Auseinanderentwicklung der beiden deutschen Teile bis zu dem Zeitpunkt zu verhindern, an dem eine umfassende Lösung des deutschen Problems durch die Großmächte möglich wird«. Vgl. ebd., Bd. 8, S. 921–923, hier S. 922.

508 Zu den von Mende vertretenen Richtlinien der FDP in der Berlin- und Deutschlandpolitik vgl. Mende, Von Wende zu Wende 1962–1982, S. 40 f.

509 Adenauer machte vom 13.9. bis 2.10.1962 Urlaub in Cadenabbia (Adenauer, Kalendarium). Vgl. dazu Poppinga, »Das Wichtigste ist der Mut«, S. 457–460.

510 Vgl. Anm. 296 und Anm. 318. Dazu auch Schreiben von Bismarck an Paul Adenauer, 9.1.1963, in: AEK, DBK, KZI 34.

treten soll, den der Sohn Gottes mit seinen Füßen betreten hat, auf dem er geruht hat, den er geschaut hat, der ihn getragen hat.[511] Wie komme ich dazu? Wie werde ich die Verantwortung gegenüber den Nachfolgern der Apostel in Deutschland als Leiter eines Zentralinstituts für Ehe- und Familienfragen bewältigen können? Wie wenig weiß ich davon, wie schwierig sind diese Fragen, wie drängen sie?

Sonntag, 4. November 1962
Wieder einmal Koalitionskrise![512] Die ganzen Tage bis spät in die Nacht Ärger. Morgens Vater geordnet, unentwegt zu seinem Dienst. Aber am Sonntagabend und heute Morgen meinte er: »Wenn mir nur kein Kurzschluss passiert, dass ich es einfach nicht mehr ertragen kann, unter solchen Umständen noch zu arbeiten. Dieser Tiefstand von Moral und Umgangsformen ist für einen Mann wie mich äußerst schwer erträglich.« So sagte er sinngemäß. Und er erzählte von Allerseelen, dass sie früher auf dem Rückweg vom Friedhof, wenn sie nach Hause kamen, zum ersten Mal bei Petroleumlampen Kaffee getrunken hätten. Es war das Zeichen dafür, dass der Winter da war. Und dann sagt er von seiner Mutter, sie habe ihre Kinder jeden Morgen mit einem Lied geweckt. Sie sei eine so heitere Frau gewesen. Und dann jetzt [erlebt Vater] ein Alter so voll unentwegter Kämpfe und unerhörter Nervenproben!

---

[511] Paul Adenauer reiste am 29.9.1962 nach Israel. Dazu Schreiben Konrad Adenauer an Paul Adenauer, 30.9.1962, in: ACDP, NL Paul Adenauer 01–1000–001/1.

[512] Aufgrund der Veröffentlichung des »Spiegel«-Artikels »Bedingt – abwehrbereit« über die geheime NATO-Übung »Fallex 62« kam es zu Ermittlungen gegen den »Spiegel« wegen des angeblichen Verrats militärischer Geheimnisse. In der Nacht vom 26. auf den 27.10.1962 wurden die Redaktionsräume durchsucht sowie der Herausgeber Augstein und weitere Redakteure wegen Verdachts des Landesverrats verhaftet. Angesichts des Verhaltens von Bundesverteidigungsminister Strauß in der »Spiegel«-Affäre forderte die SPD-Bundestagsfraktion am 13.11.1962 die Entlassung des Ministers. Nachdem Mende am 16.11.1962 erklärt hatte, die FDP werde nicht mehr mit Strauß in einer Regierung tätig sein, traten am 19.11.1962 die FDP-Bundesminister Hans Lenz, Wolfgang Mischnick, Walter Scheel, Wolfgang Stammberger und Heinz Starke von ihren Ämtern zurück. Zahlreiche Hinweise in: Adenauer, Briefe 1961–1963, S. 174, 177, 180, 183 f., 450–452, 459–463; Informationsgespräch, 12.11.1962, in: Adenauer, Teegespräche 1961–1963, S. 277–294, hier S. 286, 576 f.

Montag, 10. Dezember 1962, nach 11 Uhr nachts
Den ganzen Tag ist in Bonn wieder Koalitionsbesprechung.[513] Diesmal
mit dem großen Kanzlernachfolger Erhard, der sich in der »Welt am
Sonntag« ganz groß mit einer neuen Ära angekündigt hat.[514] Er sei es
nicht gewesen, der vom Untergang Deutschlands im Falle einer
SPD-Regierung gesprochen habe. Er werde für [einen] neuen Stil in
der Bundesrepublik sorgen usw., usw. Mit diesem Mann, der Vater vor
acht Tagen die Bedingung stellte: »Entweder Sie geben Ihren Rücktrittstermin an, oder ich werde nicht Mitglied Ihres neuen Kabinetts«,
mit diesem Mann, der immer wieder in den letzten Monaten bei den
schwierigsten Lagen Vater bedrängt hatte, ihn als Nachfolger zu nominieren, der alles nun fertig gebracht hat wie über Nacht.

Heute sagte Dufhues, sozusagen zwischen zwei Zigarettenzügen, [er
werde versuchen,] den amtierenden Bundeskanzler und Parteivorsitzenden radikal zu seinen Gunsten abzuwerten, indem durch seine und
seiner Leute Agitation Vater dazu gezwungen würde, einen exakteren
Rücktrittstermin bekanntzugeben, und dies mit der Erklärung verbinden zu lassen, dass Erhard in Zukunft an allen personellen Besprechungen teilnehmen werde. Diese Mitteilung sei von der Fraktion teils
mit frenetischem Beifall, teils, wie die Presse behauptet, mit Ergriffen-

---

[513] Angesichts der Regierungskrise (vgl. Anm. 512) fanden zwischen dem 22.11.
und 1.12.1962 Sondierungsgespräche von CDU, CSU und SPD über eine mögliche große Koalition statt. Am 30.11.1962 verzichtete Strauß auf ein Ministeramt in der neuen Regierung. Präsidium und Bundesparteivorstand der CDU
sprachen sich am 4.12.1962 trotz einiger Bedenken für die Aufnahme von
Koalitionsverhandlungen mit der SPD und die Prüfung der Möglichkeiten zur
Fortsetzung der Koalition mit der FDP aus (vgl. Fraktionssitzung, 4.12.1962,
in: Die CDU/CSU-Fraktion im Deutschen Bundestag, 1961–1966, S. 466–482,
hier S. 466). Da die SPD eine Reform des Wahlrechts ablehnte, scheiterten am
7.12.1962 die Verhandlungen. Am gleichen Tag stand bei dem anschließenden
Gespräch mit der FDP der Termin für den Rücktritt Adenauers und seine Nachfolge im Mittelpunkt. Adenauer erklärte dann seine Absicht, »im nächsten Jahr
nach den Parlamentsferien endgültig sein Amt zur Verfügung zu stellen« (vgl.
Fraktionssitzung, 7.12.1962, ebd., S. 483). Zur Abfolge der Gespräche der
CDU/CSU-Verhandlungskommission und der Koalitionsgespräche am
10.12.1962 vgl. Adenauer, Kalendarium; Schwarz, Adenauer: Der Staatsmann,
S. 791–810.
[514] Vgl. Interview mit Erhard: Der Kanzlernachfolger verspricht »neuen Stil«, in:
»Welt am Sonntag«, Nr. 49, 9.12.1962, S. 1; »Die Opposition würdigen«.
Wortlaut des Erhard-Interviews – »Die Ereignisse weisen nicht nur negative
Züge auf«, ebd., S. 2. Dazu Eintrag Krone, 27.11.1962 (Tagebücher, Zweiter
Bd.: 1961–1966, S. 122 f., hier S. 123): »Erhard sieht sich als den, der Lösung
und Erlösung bringt. Ich bin deprimiert.«

heit und Schweigen quittiert worden.[515] Aber es ist kein einziger aufgetreten einschließlich des Vorsitzenden, der seine Stimme gegen diese
Abwertung des Mannes geltend gemacht hätte,[516] der [die] CDU und
[die] Bundesrepublik bisher nach oben geführt hat.

Es wäre der Mühe wert, festzustellen, in welcher anderen Demokratie es in einem solchen Falle von unbestrittener Leistung und an-
haltender Leistungsfähigkeit einen Zwang aus den eigenen Reihen
gibt, gegen den Willen des amtierenden Chefs einen Rücktrittstermin
zwischen zwei Wahlen öffentlich festzusetzen, und dies noch zugunsten eines Mannes, der von sehr weiten Kreisen als Nachfolger nicht
für geeignet angesehen wird, weil er zwar Wirtschaftsmann sei, aber
nicht das Format eines Kanzlers habe.

Heute sind es drei Wochen [her], dass die Krise ausbrach.[517] Damals
wurde bekannt, wie Strauß sich benommen hatte, und die FDP zog
ihre Minister zurück. Welch eine Tragödie in diesen drei Wochen! Für
Vater [ist] fast an keinem Abend vor Mitternacht Arbeitsschluss. Und
dann pausenlos den ganzen Tag Gerede, Gerede, Besprechungen, Besprechungen! Und welche Geister [sind] um ihn herum! Leute, von
denen es keiner wagt, für ihn vor die Front zu treten, außer einem
Mann wie Paul Lücke, der es bisher überbekam. Musste die große
Koalition scheitern an der Wahlrechtsfrage? Allerdings sagt Erler[518]
jetzt, dass auch die Kanzlerfrage bewusst von der SPD aufgeworfen
worden sei und dass man sich nicht einfach habe unter den Wehner-
schen Vorschlag, es bei Kanzler Adenauer ohne Bedingungen zu lassen,
habe einigen können.[519] Herbert Wehner und Konrad Adenauer scheinen tatsächlich die beiden zu sein, die am meisten zu leiden hatten
unter den ganzen Kämpfen.[520] Wehner erlitt eine Art Herzinfarkt,
nachdem die große Koalition nicht mehr möglich war. Er hatte tatsächlich alles getan, um sie ernsthaft vorzubereiten und in Gang zu
bringen.

---

[515] Vgl. Anm. 513.
[516] Zur vorherigen Haltung von Brentanos vgl. Anm. 500.
[517] Vgl. Anm. 512.
[518] Fritz Erler (1913–1967), 1949–1967 MdB (SPD), 1957 stellvertretender Vorsitzender der SPD-Bundestagsfraktion, 1964–1967 Fraktionsvorsitzender und
stellvertretender Parteivorsitzender.
[519] Diesbezügliche Diskussionen in der SPD-Bundestagsfraktion fanden am 5., 6.
und 7.12.1962 statt. Vgl. Die SPD-Fraktion im Deutschen Bundestag. Sitzungsprotokolle 1961–1963, S. 178–197.
[520] Zur Rolle Wehners bei den Gesprächen vgl. Schreiben Adenauer an Freiherr zu
Guttenberg, 28.11.1962, in: Adenauer, Briefe 1961–1963, S. 191, 463 f. und
Schreiben Adenauer an Ollenhauer, 5.12.1962, ebd., S. 199, 466 f.

Lücke auf der anderen Seite wird von Erhard und seinen Mannen indirekt, von der FAZ direkt, angegriffen, die die FDP in Schutz nimmt und die CDU warnt, zu viel von der FDP zu verlangen.[521] Es ist ein wahrer Hohn, wie ein solches angesehenes Blatt auf diese bunt zusammengewürfelte Schar von seltsamen Typen setzt, die kaum noch eine gemeinsame Konzeption verbindet, außer der, eine möglichst große Rolle spielen zu wollen. Und auf diese Leute muss Vater nun wieder zurückkommen, mit ihnen muss er sich jetzt herumschlagen, nachdem er tatsächlich auch in der Auslandspresse durch die Angabe des Rücktrittstermins viel an Achtung eingebüßt hat (Achtung nicht im Sinne menschlicher Achtung, sondern politischen Gewichts). Und es wird sich auch hier zeigen, dass alle Leute sehr schnell den »großartigen« Nachfolger auf den Schild erheben und ihm nachlaufen, um dabei etwas zu werden oder gut weiter zu verdienen, so die Industrie. Es ist erschütternd, dass man mit Leuten, die keinerlei echtes Verhältnis zum Staat haben und die rücksichtslos und dreist ihre Zünglein-an-der-Waage-Rolle missbrauchen, dass man wieder mit ihnen eine ernsthafte Politik versuchen muss.

Ich habe das dunkle Gefühl, dass die 80-prozentige Mehrheit, die sich bei einer Befragung durch die »Bild«-Zeitung für die große Koalition aussprach,[522] auch in Zukunft ein noch zunehmender Faktor der öffentlichen Meinung sein wird, die im Grunde diese Koalition ablehnt und dann unbarmherzig entweder eine reine SPD-Regierung oder später eine große Koalition erzwingen wird. Die CDU aber wird in diesem Zusammengehen mit der FDP immer noch mehr Blut verlieren und sich verwirren, und es besteht die Gefahr, dass bei der Ablösung durch den großen Erhard die CDU kaum noch zusammenzuhalten ist, zumal wenn sie den nächsten Wahlkampf verlieren würde. Erschütternd ist als Ergebnis ferner auch, dass sich tatsächlich keiner der Männer um Vater nach vorne wagt, auch ein Mann wie Heinrich Krone nicht. Die eine Zeitung (FAZ) nennt ihn offen den Kanzlerkandidaten des Kanzlers.[523] Aber andere wieder schreiben, er

---

[521] In einem Kommentar empfahl Günther Gillessen (Der Sinn einer Koalition, in: »Frankfurter Allgemeine«, Nr. 287, 10.12.1962, S. 1) der CDU, sie tue »gut daran, sich künftig mehr Geduld im Umgang mit der FDP aufzuerlegen, auch wenn diese unbequem« sei.

[522] Bei einer Umfrage der »Bild«-Zeitung zu einer Großen Koalition aus CDU, CSU und SPD sprachen sich in einem Zwischenergebnis 78 v. H. für eine CDU/CSU-SPD-Regierung aus und 21 v. H. dagegen. Vgl. BILD-Leser wollen Große Koalition, in: »Bild«-Zeitung, Ausgabe Hamburg, Nr. 286, 7.12.1962, S. 1.

[523] Vgl. Jürgen Tern, Kandidat des Kanzlers, in: »Frankfurter Allgemeine«, Nr. 244, 19.10.1962, S. 1.

wolle nicht, und von ihm selbst hört man in entscheidenden Momenten kein Wort. Ja, manchmal ist er, wie Vater erzählt, gar nicht da. Jedenfalls tritt er nicht vor die Front, wenn es darauf ankommt. Vater selbst ist von einer großartigen und fast unheimlichen Souveränität in all diesen unwahrscheinlichen Strapazen. Jeden Morgen ist er früh auf, manchmal schon um ½ 6 Uhr oder um 6 Uhr, macht Wassertreten in der kalten Badewanne, setzt sich dann in seinen Sessel und sucht mit seinen Gedanken fertigzuwerden nach kurzem Schlaf. Und dann geht es den ganzen Tag hindurch, und dabei verliert er nicht seinen Humor und verliert nicht seine Gelassenheit, die Freude an den Erzählungen von Schorsch, die Freude am Scherz mit seinen Töchtern, die Sorge für alle Kleinigkeiten der Weihnachtsvorbereitungen, alles das wird ganz genau von ihm weiter durchgehalten, dass man es manchmal kaum fassen kann, wie er alles im Auge behält. Dabei steht doch tatsächlich die Zukunft seines ganzen Werkes, seines Erbes, mit auf dem Spiel. Einmal sagt er:»Weißt Du, ich möchte auch nicht mehr immer so im Gerede sein, so als ob meine Person bei dieser ganzen Geschichte die entscheidende Frage sei. Das ist mir geradezu peinlich. Es kommt doch auf die Sache an.«

Mittwoch, 12. Dezember 1962[524], 23 Uhr 30
Um 20 Uhr oder kurz davor sah ich schon die Liste des neuen Kabinetts im Fernsehen in Friesdorf, zugleich mit einer Entschuldigung des Bundeskanzlers, dass durch eine Indiskretion die neue Regierung früher bekanntgeworden sei, als es richtig war, noch bevor die ausgeschiedenen Minister offiziell benachrichtigt waren und die Bundestagsfraktion Mitteilung erhalten hatte[525]. Trotzdem kommt Vater eben erst ¼ vor 11 Uhr nach Hause, bleibt unten im Wege stehen und sagt noch ganz erregt:»Man hat mich in der Fraktion gemein behandelt. Es gab Gelächter, als ich auf diese Indiskretion zu sprechen kam,[526] und es gab Gelächter, als ich den Satz in der Erklärung vorlas, es dürfe nun in absehbarer Zeit keine Krise mehr geben.[527] Dann zogen alle, beson-

---

[524]  Die nachfolgenden Ausführungen beziehen sich auf die Ereignisse am Dienstag, dem 11.12.1962 (Adenauer, Kalendarium).

[525]  Adenauer hatte die neue Kabinettsliste in der Sitzung der CDU/CSU-Fraktion am 11.12.1962 bekanntgegeben. Vgl. Die CDU/CSU-Fraktion im Deutschen Bundestag, 1961–1966, S. 485–496, hier S. 490.

[526]  In der Sitzung der CDU/CSU-Bundestagsfraktion (vgl. ebd., S. 487) ging Adenauer auf die zeitlichen Abläufe der Regierungskrise, beginnend mit der Verhaftung Augsteins (vgl. dazu Anm. 512), ein.

[527]  Eingangs seiner Darlegungen vor der Fraktion sagte Adenauer:»Noch einmal eine Koalitionskrise verträgt die Partei nicht!« Nach Verlesung der Kabinettsliste wie-

ders die Berliner, wütend zu Felde gegen die Ernennung von Barzel zum gesamtdeutschen Minister, und Krone, der ihn empfohlen hatte, saß dabei und sagte keinen Ton. Ebenso schwieg auch von Brentano, der Fraktionschef, während dieses unwürdigen Benehmens mir gegenüber. Nur Wuermeling[528] hat mir imponiert. Er kam beim Empfang später (ich hatte noch die Hälfte der Fraktion mit Damen bei mir abends im Kanzlerhaus) zu mir, gab mir die Hand und sagte: ›Ich danke Ihnen, dass Sie mir die Freiheit wiedergegeben haben. Nun werde ich draußen im Lande für meine Sache kämpfen!‹ Aber das Ganze war doch wirklich schmachvoll. Und doch, es war eine saure Arbeit gewesen, eine saure Arbeit! Jetzt genau drei Wochen und einen Tag! Und es wäre heute noch um ein Haar gescheitert, da sich die CSU zurückzog, und da Strauß Schwierigkeiten machte.[529] Glücklicherweise wurde er aber total überstimmt und hat von Hassel[530] als Verteidigungsminister zugesagt.[531] Schön, dass ich gerettet war. Ich hätte sonst nicht gewusst, was werden sollte. Es wäre katastrophal geworden.«

Damit sind diese drei Wochen zu Ende, drei Wochen zermürbenden Kampfes, drei Wochen, in denen man Vater übel mitgespielt hat, in denen seine Freunde sich durch Feigheit auszeichneten!

Sonntag, 30. Dezember 1962
Diese letzten Wochen nach Beendigung der Regierungsneubildung[532] sind von vielen ernsten Sorgen überschattet. Im Vordergrund steht seit

---

derholte er: »Noch eine Krise würde der größte Schaden für unsere Partei sein, und deswegen darf unter keinen Umständen noch eine Krise vor 1965 stattfinden.« Vgl. Die CDU/CSU-Fraktion im Deutschen Bundestag, 1961–1966, S. 487, 491.

528 Franz-Josef Wuermeling (1900–1986), Dr., 1949–1969 MdB (CDU), 1953–1962 Bundesminister für Familien- und Jugendfragen.

529 Dazu Eintrag Krone, 10. und 11.12.1962 (Tagebücher, Zweiter Bd.: 1961–1966, S. 130 f., hier S. 130): »Strauß schweigt, grollt, tobt; wenn er schon fallen soll, dann auch der Kanzler. Der Bundespräsident hat mit Strauß unter vier Augen gesprochen und ihm ins Gewissen geredet. Über Globke höre ich, daß Strauß in diesem Gespräch hören konnte, daß seine Wiederbenennung erst nach 1965 in Frage kommen könne.«

530 Kai-Uwe von Hassel (1913–1997), 1953–1954 und 1965–1980 MdB (CDU), 1954–1962 Ministerpräsident Schleswig-Holsteins, 1955–1964 dort CDU-Landesvorsitzender, 1956–1969 stellvertretender Bundesvorsitzender der CDU, 1963–1966 Bundesminister der Verteidigung, 1966–1969 Bundesminister für Vertriebene, Flüchtlinge und Kriegsgeschädigte.

531 Vgl. dazu die Äußerung Adenauers in der Fraktionssitzung, 11.12.1962, in: Die CDU/CSU-Fraktion im Deutschen Bundestag, 1961–1966, S. 496.

532 Am 14.12.1962 wurden die neu ernannten Bundesminister vereidigt. Vgl. Verhandlungen des Deutschen Bundestages, 4. Wahlperiode, Stenographische Berichte, Bd. 52, S. 2331–2333.

dem Abkommen von Nassau zwischen den USA und England[533] die
Sorge um eine ernste Gefährdung des westlichen Verteidigungssystems
und darum, dass die Bundesrepublik viel leichter zum Kriegsschau-
platz im Ernstfall werden kann als früher. Obwohl Vater erst kürzlich
bei Kennedy war,[534] ist ihm kein Wort von den neuen Umrüstungsplä-
nen gesagt worden. Und was eigentlich nun die neue Konzeption der
westlichen Verteidigung ist, ist überhaupt nicht genau herauszube-
kommen. Jedenfalls soll eine Art Dreier-Atomklub[535] unter absoluter
Vorrangstellung der USA herauskommen, wobei die Bundesrepublik
in einem Gliede mit allen übrigen Nicht-Atommächten stände,[536] wobei ferner England sogar das Zugeständnis gemacht wurde, in einem
von der englischen Regierung zu definierenden und zu erklärenden
nationalen Notstand die von den Engländern verwalteten Atomstreit-
kräfte herauszuziehen und entweder für sich zu verwenden oder überhaupt nicht mit einzusetzen an anderen Stellen.[537] Ferner wird von der
Bundesrepublik eine weitere Erhöhung der konventionellen Streitkräfte verlangt, wobei man das Gefühl hat, dass durch die Verlagerung der
Atomschildfunktion auf Unterseeboote mit Polaris-Raketen die Bundesrepublik nicht mehr so unmittelbar und notwendig wie bisher bei
einem Angriff von Osten her sofort atomar verteidigt werden müsste.
Es gibt sogar Deutungen, die davon ausgehen, dass die Bundesrepublik die Aufgabe habe, mit konventionellen Waffen den Gegner so

---

533  Während ihres Treffens vom 18. bis 21.12.1962 in Nassau auf den Bahamas
     vereinbarten Kennedy und Macmillan, die Skybolt-Raketen durch Polaris-Ra-
     keten zu ersetzen und eine multilaterale Kernwaffen-Streitmacht der NATO
     (MLF) zu schaffen. Vgl. FRUS 1961–1963, Vol. XIII, S. 1091–1112, 1115;
     Kommuniqué in: DzD, IV. Reihe/Bd. 8, S. 1505 f.; Macmillan, At the End of the
     Day, 1961–1963, S. 553–555; Osterheld, »Ich gehe nicht leichten Herzens …«,
     S. 168–171.
534  Adenauer hielt sich am 14./15.11.1962 zu Gesprächen mit Kennedy in Was-
     hington auf. Zu dem bilateralen Gespräch und dem Delegationsgespräch am
     14.11.1962 vgl. AAPD 1962, S. 1903–1917; zum Gespräch am 14.11.1962,
     FRUS 1961–1963, Vol. XV, S. 427–443 und FRUS 1961–1963, Vol. XIII,
     S. 450–454; zu dem Gespräch Adenauers mit Rusk und dem Delegationsge-
     spräch am 15.11.1962 AAPD 1962, S. 1930–1945.
535  Kennedy und Macmillan boten am 20.12.1962 de Gaulle die Mitwirkung in
     dieser Multilateralen Kernwaffen-Streitmacht an. Vgl. Telegram From the De-
     legation to the Heads of Government Meeting to the Embassy in France,
     20.12.1962, in: FRUS 1961–1963, Vol. XIII, S. 1112–1114.
536  Vgl. Schreiben Kennedy an Adenauer, 21.12.1962, in: Adenauer, Briefe 1961–
     1963, S. 473 f.; Schreiben Adenauer an Kennedy, 24.12.1962, ebd., S. 208, und
     Adenauers Notizen dazu S. 208, 215, Faksimile S. 209–214.
537  Vgl. Memorandum Kennedy an Macmillan, 21.12.1962, in: FRUS 1961–1963,
     Vol. XIII, S. 1115.

lange aufzuhalten, dass nicht unbedingt aus einem mit konventionellen Waffen geführten Angriff ein atomarer Krieg entstehen müsse.

Jedenfalls ist aber das Vertrauen Vaters in die USA erschüttert, und er sieht seine ganze bisherige Politik gefährdet, weil natürlich eine militärpolitische Position nicht ohne Wirkung auf die außenpolitische Behandlung bleiben kann, was etwa für die Frage der Verteidigung Berlins oder einer Milderung des Schicksals der Ostzone von direkter praktischer Bedeutung werden könnte. Da man nicht weiß, inwieweit hier die Amerikaner noch alte Vorstellungen ernsthaft und mit allen Konsequenzen vertreten.

Dann war vom Osten her gleichzeitig ein Brief von Chruschtschow[538] [eingetroffen,] achteinhalb Schreibmaschinenseiten lang voller Schmähreden, voller Wutausbrüche, voller Hohn als Antwort auf einen guten Brief Vaters vor fünf Monaten[539] anlässlich der Ermordung, der Verblutung des jungen Mannes Peter Fechter[540] im Draht an der Mauer. Der Schlusssatz dieses Briefes Chruschtschows enthält die schöne Formel davon, dass die Bundesrepublik wie eine Kerze ausgeblasen werden könnte.[541] Und das zu Weihnachten. Hinzu kommt, dass Vater die Auffassung hat, das Auswärtige Amt vertrete eine eigene und von seiner Denkweise abweichende Linie, indem es vor allem darauf aus sei, England in die EWG hineinzuführen. Ohne dass Vater etwas davon wusste, stand eine Schlagzeile in der Zeitung[542]: Außenminister Schröder fliegt nach Chequers zu Macmillan,

---

[538] Schreiben Chruschtschow an Adenauer, 24.12.1962, in: StBKAH III/1; abgedruckt in: DzD, IV. Reihe/Bd. 8, S. 1505–1509.

[539] Vgl. Schreiben Adenauer an Chruschtschow, 18.8.1962, ebd., S. 976.

[540] Peter Fechter (1944–1962), Bauarbeiter aus Berlin (Ost), wurde bei seinem Fluchtversuch am 17.8.1962 von Grenztruppen der DDR an der Mauer angeschossen und verblutete wegen ausbleibender Hilfe auf dem Gebiet des Ostsektors der Stadt. Vgl. Erklärung des Senators Albertz und die Mitteilung des Ministeriums des Innern der DDR, beide vom 17.8.1962, sowie Schreiben des amerikanischen Stadtkommandanten an den amtierenden sowjetischen Stadtkommandanten, 18.8.1962, ebd., S. 948–950.

[541] Chruschtschow beendete sein Schreiben (vgl. Anm. 538, hier S. 1509) mit der Hoffnung, dass auch Adenauer »sich guten Taten für den Frieden und die Sicherheit der Völker zuwenden werde, denn sollte der Krieg entfesselt werden, auf den Ihr gegenwärtiger politischer Kurs abzielt, würde die Deutsche Bundesrepublik gleich in den ersten Stunden dieses Krieges verbrennen wie eine Kerze. Das muß Ihnen klar sein.«

[542] Vgl. Schröder bespricht mit Macmillan die Fortsetzung der Europapolitik. Am 7. Januar in Chequers / Adenauer schreibt an Präsident Kennedy / Vor harten Nato-Verhandlungen, in: »Frankfurter Allgemeine«, Nr. 300, 27.12.1962, S. 1; Bonn fürchtet für sein Prestige in der NATO. Die Bundesregierung fühlt sich durch die Bahama-Beschlüsse zurückgesetzt und dringt auf eine multilaterale

um mit ihm zu konferieren,[543] und zwar vor dem Besuch von Vater bei de Gaulle Mitte Januar[544].

Man hat hier das Gefühl, dass die Leute schon ohne Vater ihre eigene Politik machen. Vater sagt an einem Abend:»Noch nie hatte [ich] das Gefühl, so überflüssig zu sein, so ohnmächtig zu sein wie in diesen Tagen.« Tatsächlich überlegt er sich mit allen Einzelheiten, wie sein Leben sich nach seinem Rücktritt gestalten soll. Dabei zeigt er ein außerordentlich großes Verständnis für die berufliche und menschliche Lage der einzelnen Menschen um ihn herum, zum Beispiel von Frau Köster[545], die sich weigert, dann mit der Bahn nach Bonn ins Büro zu fahren.

Innenpolitisch, das kam am deutlichsten in einem Gespräch mit Pater Gundlach[546] am 28. Dezember hier in Rhöndorf [547]zum Ausdruck, bewegt Vater ganz die Sorge, was aus dieser Demokratie werden soll, da nicht ein Minimum an Staatsbewusstsein die Repräsentanten des Staates, besonders auch in der Fraktion, erfülle, und vor allem die Macher der öffentlichen Meinung zu diesem Staat kein Verhältnis hätten. In der Fraktion muss sehr viel Faulheit herrschen, sehr viel Mittelmäßigkeit, keine Führung, kurzum ein bestürzendes Bild. In der Partei im Ganzen sind die Nachfolgekämpfe in vollem Gange. Viele glauben, dass das Christliche keinen Werbewert, wie [es] Gerstenmaier einmal gesagt hat, mehr besitzt.[548] Und dann steht da als Nachfolger, als Kanzler von einer christlichen Partei gestellt, ein liberaler Wirtschaftsprofessor namens Erhard und hinter ihm noch

---

NATO-Atommacht / Adenauer will Kennedy um Auskünfte bitten / Schröder am 7. Januar nach London, in:»Süddeutsche Zeitung«, Nr. 310, 27.12.1962, S. 1.

543  Schröder sprach am 8.1.1963 mit dem britischen Außenminister Lord Home über die Ergebnisse der Konferenz von Nassau (vgl. Anm. 533). Vgl. Fernschreiben von Etzdorf, London, an Schröder, 9.1.1963, in: AAPD 1962, S. 39–42.

544  Vgl. Tagebuch, 22.1.1963.

545  Lucie Homann-Köster, geb. Homann (1912–1993), 1946–1967 Privatsekretärin von Konrad Adenauer in Rhöndorf.

546  Gustav Gundlach (1892–1963), Professor Dr. phil., katholischer Priester, Pater und führender katholischer Sozialethiker, SJ, 1929 Professor für Sozialphilosophie und Sozialethik an der Philosophisch-Theologischen Hochschule Sankt Georgen in Frankfurt/Main, 1934–1962 zugleich Professor für Sozialphilosophie und Soziologie an der Päpstlichen Universität Gregoriana in Rom, begründete 1962 die Katholisch-Soziale Forschungsstelle in Mönchengladbach. Vgl. Rauscher (Hrsg.), Gustav Gundlach, München 1988.

547  Das Gespräch Adenauers mit Pater Gundlach fand um 17 Uhr statt (Adenauer, Kalendarium).

548  Vgl. Anm. 217.

andere schwächere Figuren. Vater ist heute der Meinung, dass von Brentano der geeignetste Nachfolger wäre, weil er außenpolitisch am sichersten ist und die Außenpolitik gerade durch die Erschütterungen der letzten Wochen weiterhin unser Schicksal beherrschen wird. Gundlach teilt die Sorge von Vater, glaubt aber, dass die Partei heute auch durch ihre Zerrissenheit ein sehr schlechtes Bild biete. Daher müsse man die Leute formen. Vater stimmt dem zu und sagt, wenn wir in einer Fraktion von 200 Mann nur 20 gute, gewissenhafte Leute hätten, die wirklich für ihre Sache stehen und Idealisten sind, dann wäre die ganze Fraktion tadellos zu gebrauchen, und er bittet Gundlach, die Abgeordneten und Politiker, die er in Exerzitienkursen hat, doch zu Aposteln zu machen, damit es nicht nur ein Parlament der Wirtschaft und des Geldes sei, das wir hier haben, leider vielleicht auch deshalb, weil die Kulturfragen alle Sache der Länder sind.

Alles in allem, ein sehr düsteres Bild und wenige Ansätze zu einer Besserung innerhalb der noch verbleibenden Monate. Es scheint, dass Vater diese Bitterkeit ganz auskosten muss. Er ist an sich so weit, dass er am liebsten jetzt schon alles hinlegen würde, glaubt aber, das nicht verantworten zu können. Man würde es als Feigheit verstehen. Dann aber bleibt kein [anderer] Weg, als diese immer bitterer erscheinenden Monate durchzustehen.

Was dann aus der CDU wird und aus dem Werk, ist wirklich zweifelhaft. Und die Sorgen erscheinen auch mir nur allzu berechtigt. Nimmt man dazu die Außenpolitik, dann kann man schon um seinen Schlaf kommen, wie es Vater jetzt oft geht, dass er nachts um 2 Uhr, um 4 Uhr, um 5 Uhr in die kalte Badewanne mit Wasser steigt, um sich seine Kopfschmerzen zu vertreiben. Dann liegt er still in seinem Sessel im Arbeitszimmer, und morgens früh ist er schon am Arbeiten, wenn ich ihn begrüßen komme.

Mittwoch, 2. Januar 1963

Die Situation in der Politik verdüstert sich noch mehr, je mehr klar wird, dass die Amerikaner offenbar ohne gründliche Vorbereitung den Pakt von Nassau[549] geschlossen haben und dass sie ferner in der Frage der Wiedervereinigung gleichgültiger werden. Hinzu kommt, dass das Auswärtige Amt glaubt, gleichzeitig England und Frankreich gewinnen zu können und dadurch in Gefahr gerät, dass wir ganz aus dem Kreis der drei Atommächte herausfallen und endgültig minderen Ranges und damit minderen Schutzes werden. Endlich schreibt der

---

[549] Vgl. Anm. 533.

gute Erhard Artikel über Artikel, in denen zum Teil grobe Unklugheiten enthalten sind, und die NZZ beurteilt die ganze Lage in einer
Vaters Gesichtspunkten kaum Rechnung tragenden Weise.[550] Vater
selbst meint manchmal:»Es ist mir allmählich wirklich alles egal!«
Man spürt, wie bitter es für ihn sein muss, dass sein Werk ihm gleichsam unter den Händen zu zerrinnen droht, dass er am liebsten das
Amt möglichst schnell niederlegen würde, um dies nicht länger ertragen zu müssen. Aber sein Pflichtgefühl hält ihn davon ab. Als ich ihn
jetzt einmal (ich glaube, es war Sonntag früh) morgens im Sessel [an-]
traf mit Akten und sagte:»Wie fühlst Du Dich?«Da sagte er:»An sich
nicht übel. Aber was soll aus unserem Volke werden, was soll aus
unserem Lande werden? Ich habe die größte Sorge. Was haben die
Amerikaner sich gedacht? Wie kommt Chruschtschow zu einem derart
üblen Brief?«[551] Und so weiter, und so weiter.

Hätte ich doch noch mehr Fassungskraft, ein noch größeres Herz,
um all das aufnehmen, verkraften und dabei noch Licht und Mut
ausstrahlen zu können: die Politik, die Sorge mit dem Institut, die
menschlichen Sorgen hier des Personals im Hause, dazu die menschlichen Sorgen im Institut mit einer kranken Sekretärin und was da
alles ist und dazu noch, aber das ist im Moment fast das Erfreulichste,
[Bad] Godesberg-Friesdorf. Könnte man da nur mehr hin!

### Dienstag, 22. Januar 1963

Wie gut war Vater, und wie gut waren andere Freunde zu meinem
40. Geburtstag[552]! Vater blieb an dem Abend, als wir zusammen gefeiert haben, bis nach Mitternacht bei uns unten, obwohl er den Kopf
voller Sorgen hatte. Denn bis zum letzten Moment hatte er nicht das
Material zur Vorbereitung des Besuches bei de Gaulle[553] in Händen,
das er brauchte. Es ist unerfindlich, warum es an so etwas fehlt. Ich
selbst vermute, weil der Leiter des Auswärtigen Amts[554] nicht so
denkt, wie Vater denkt. Hinzu kommt, dass man Vater bis in die eigenen Reihen hinein unter einen gewissen moralischen Druck setzen will,
zwischen de Gaulle und England eine Vermittlerrolle zu versuchen,[555]

[550]　Vgl. Jahreswende, in:»Neue Zürcher Zeitung«, Nr. 1, 1.1.1963, S. 1.
[551]　Vgl. Anm. 538.
[552]　Paul Adenauer hatte am 18.1.1963 Geburtstag.
[553]　Adenauer hielt sich vom 20. bis 23.1.1963 zu Besprechungen mit de Gaulle und
　　　zur Unterzeichnung des Deutsch-französischen Vertrages in Paris auf (Adenau-
　　　er, Kalendarium).
[554]　Gemeint: Bundesaußenminister Schröder.
[555]　In einer Pressekonferenz am 14.1.1963 erhob de Gaulle große Bedenken gegen
　　　den Beitritt Großbritanniens zum Gemeinsamen Markt. Vgl. Conférence de

was ihm selbst zuwider ist. Auch ein Mann wie von Brentano nimmt da keine andere Position ein, und Ollenhauer geht so weit, das regelrecht vom Regierungschef zu verlangen.[556] Und Vater hatte sich doch diesen Besuch so ganz anders gedacht, gleichsam als die Besiegelung in Form eines Vertragswerkes[557] von all dem, was nun an gemeinsamen Unternehmen zwischen unseren beiden Ländern möglich ist, um den Vollzug der endgültigen Versöhnung zwischen den Völkern zu demonstrieren und festzuhalten.[558] So geht er Tag für Tag, Abend für Abend seinen Weg und muss nun sehen, wie er diese vielleicht letzte große, bedeutende Auslandsreise seiner Regierungstätigkeit meistert. Es tut einem weh zu sehen, dass gerade in diesem Punkte schon die Nachfolgekämpfe eine große Rolle spielen, dass Vater das fühlt, wie man darüber im Ausland denkt und diesen Dingen ein Gewicht beimisst. Ein Glück, dass wenigstens Charles de Gaulle hier nobler ist und persönlicher denkt als andere Leute. Wenn man sich klarmacht, zum Beispiel mit einem Artikel von Robert Ingrim[559] von 21. Janu-

---

Presse tenue au Palais de l'Élysée, in: De Gaulle, Discours et Messages. Pour l'Effort, 1962–1965, S. 61–79; AdG, 33. Jg. (1963), S. 10357; zum möglichen Abbruch der Verhandlungen mit Großbritannien über den EWG-Beitritt vgl. Aufzeichnung Lahr, in: AAPD 1963, S. 105–108, und zu den Auswirkungen im Hinblick auf das deutsch-französische Abkommen, Aufzeichnung Jansen, 20.1.1963, ebd., S. 108 f.

[556] Vor seiner Reise nach Paris führte Adenauer am 18.1.1963 ein Gespräch mit Bundestagspräsident Gerstenmaier, den drei Fraktionsvorsitzenden im Deutschen Bundestag, von Brentano, Mende und Ollenhauer, sowie Bundesaußenminister Schröder und Bundesminister Krone. In einer Entschließung der Fraktionsvertreter wurde die Festigung der deutsch-französischen Beziehungen begrüßt, aber auch darauf gedrungen, die deutsche Politik müsse »Hindernisse beseitigen helfen, die dem Beitritt Großbritanniens« zur EWG »im Wege stehen«. Vgl. Krone, Tagebücher, Zweiter Bd.: 1961–1966, S. 147 f. Adenauer wurde um Intervention bei de Gaulle gebeten, mehr Verständnis für Großbritannien aufzubringen. Vgl. AdG, 33. Jg. (1963), S. 10377.

[557] Vgl. Vertrag zwischen der Bundesrepublik Deutschland und der Französischen Republik über die deutsch-französische Zusammenarbeit, 22.1.1963, in: BGBl. II 1963, S. 706–710; dazu auch Niederschrift über die Konferenz im Elysée, 21.1.1963 und 22.1.1963, beide in: AAPD 1963, S. 124–128, 148–151.

[558] Vgl. Aufzeichnung der Gespräche Adenauers mit de Gaulle am 21. und 22.2.1963 in: AAPD 1963, S. 111–123, 137–148; Adenauer, Erinnerungen 1959–1963, S. 198–211; dazu auch Kusterer, Der Kanzler und der General, S. 306–313, 321–326; Osterheld, »Ich gehe nicht leichten Herzens …«, S. 189–193.

[559] Franz Robert Ingrim (1895–1964), Dr. jur., amerikanischer Publizist, aus Österreich stammend, arbeitete in den 1950er Jahren für den »Rheinischen Merkur« und »Christ und Welt«, veröffentlichte 1962 das Buch »Hitlers glücklichster Tag: London, am 18. Juni 1935«.

ar[560], worum es letztlich bei dem ganzen Spiel geht, nämlich um die
Konsolidierung Europas und sein inneres Zusammenwachsen, ungestört und nicht aufgehalten von eventuellen Manövern vom Inselvolk
England her, und was das bedeutet gegenüber Russland und dem Sa-
tellitengürtel, die gerade jetzt durch Chruschtschows Besuch[561] zeigen,
wes Geistes Kind sie sind. Wenn man das bedenkt, dann versteht man
die Sorge Vaters, dass er nicht nur innenpolitisch, sondern auch außenpolitisch nicht das nötige Maß an Stabilität erreichen könnte, das
er sich vorgenommen hat zum Abschluss seiner Tätigkeit.
Nun ist auch Dr. Korte[562] klar. Er wird gehen, und ich stehe dann
allein und muss ihn auch noch ersetzen. Wie solch[563] einen Mann
finden? Aber wahrscheinlich ist es gut, dass er geht. Ich hätte wahrscheinlich zu viel Ärger gehabt trotz all seiner Fähigkeiten.

## Dienstag, 5. Februar 1963

Ich war zwei Tage fort, in Nürnberg und Frankfurt, komme gegen
23.15 Uhr zurück. Da sitzt Vater noch in seinem Arbeitszimmer im
Sessel. Er ist gerade nach Haus gekommen und erzählt tolle Dinge: De
Gaulle habe ihn warten lassen, die Amerikaner begünstigten einen
Regierungswechsel in Deutschland, die Engländer ebenfalls. Und die
Sache solle in den nächsten Wochen schon akut werden. Er habe dies
für unsinnig gehalten,[564] bis am Montag oder Dienstag ein Interview
von Erhard in der »Süddeutschen Zeitung« erschienen sei, in dem
dieser erklärt habe, er sei zur Übernahme des Kanzleramtes im Herbst
bereit. Er sei zwar bisher gegen eine große Koalition gewesen, sei jetzt

---

560 Vgl. Robert Ingrim, De Gaulles hohes Spiel, in: »Bonner Rundschau«, Nr. 17,
     21.1.1963, S. 2.
561 Chruschtschow besuchte vom 10. bis 14.1.1963 Polen und hielt sich anschlie-
     ßend während des VI. Parteitags der SED in Berlin (Ost) auf. Vgl. AdG, 33. Jg.
     (1963), S. 10359, 19361; Auszug aus seiner Parteitagsrede am 16.1.1963, in:
     DzD, IV. Reihe/Bd. 9, S. 38–46.
562 Bernhard Korte (geb. 1920), Dr. med., 1952–1962 wissenschaftlicher Leiter des
     Zentralinstituts für Ehe- und Familienfragen e. V. in Köln, 1962–1963 dort
     Leiter des medizinisch-anthropologischen Referats (Bescheinigung Friederichs/
     Thienel, 8.6.1963, in: AEK, DBK, KZI, Nr. 395). Vgl. auch Struck, Das Katho-
     lische Zentralinstitut für Ehe- und Familienfragen, S. 8.
563 Möglicherweise auch gemeint: »Wie soll ich …«
564 Der französische Botschafter de Margerie informierte Adenauer am 4.2.1963
     »aus absolut sicherer Quelle«, die Regierung in Washington wolle anlässlich der
     Einbringung des Deutsch-französischen Vertrages in den parlamentarischen
     Gesetzgebungsprozess mit Unterstützung der britischen Regierung »innerhalb
     von 14 Tagen in Bonn eine Regierungskrise auslösen«. Vgl. Gespräch Adenau-
     er mit de Margerie, 4.2.1963, in: AAPD 1963, S. 244–249, hier S. 244 f.

aber notfalls auch dazu bereit.[565] Der ganze Artikel sei so unwürdig
gewesen, wie nur denkbar. Man habe dann daran denken müssen, dass
eine Beziehung zwischen den Gedanken des Artikels und den Warnungen von Seiten Frankreichs bestehe. Nun sei aber heute eine Sitzung
der Bundestagsfraktion gewesen, in der Vater sich vorgenommen hatte, außer den Grundgedanken der Regierungserklärung auch zur Frage dieses Interviews kurz Stellung zu nehmen. Nun hat er es aber total
vergessen.[566] Da sei Süsterhenn aufgestanden und habe den anwesenden Erhard nach einem Lob für Vaters klare Darlegungen aufs schärfs-
te attackiert[567] mit Gedanken wie, wer nun eigentlich die Richtlinien
der Politik bestimme, wie er dazu komme, sich in dieser Weise aufzu-
spielen, und dergleichen mehr. Zur größten Überraschung für Kenner
früherer Fraktionssitzungen habe Süsterhenn dafür den fast vollständigen Beifall der gesamten Fraktion gefunden.[568] Erhard habe daraufhin nur erklären könne, er habe nach seinem Gewissen gehandelt.[569]
Er habe dabei aber einen fast bemitleidenswerten Eindruck gemacht.
Jedenfalls sei der Nimbus dahin, und das sei ein absolutes Novum.

Ich kann mit Vater diese Enthüllung der tatsächlichen Leistungsfähigkeit des Mannes nur begrüßen. Es ist ein regelrechter Hoffnungs-
schimmer, dass nun doch wenigstens ein etwas besserer Nachfolger
zum Zuge kommt. Im Zuge nach Nürnberg hatte mir schon Professor
Öster[570] geklagt, während man früher mit Erhard gut habe reden
können, sei dies nun in den letzten Monaten nicht mehr möglich gewesen. Er komme einfach nicht mehr zum Nachdenken. Er werde
regelrecht getrieben.

---

[565] Vgl. »Wir wollen nicht auf zwei Schultern tragen«, in: »Süddeutsche Zeitung«,
Nr. 31, 5.2.1963, S. 3.

[566] Vgl. Fraktionssitzung, 5.2.1963, in: Die CDU/CSU-Fraktion im Deutschen Bundestag, 1961–1966, S. 542–569, zu den Ausführungen Adenauers S. 550–560.

[567] Vgl. dazu von Hehl, Adolf Süsterhenn, S. 558 f.

[568] Süsterhenn bat Adenauer und Erhard »dringend, sich auf eine gemeinsame Linie
zu einigen. Die Linie könne nur die des Bundeskanzlers sein, ... da er die Richtlinie der Politik bestimme (Beifall)«. Vgl. Die CDU/CSU-Fraktion im Deutschen
Bundestag, 1961–1966, S. 562 f., hier S. 563.

[569] Erhard entgegnete, was er zu den deutsch-französischen »Verhandlungen gesagt
habe ...«, habe er aus innerer Gewissensnot gesagt, weil es habe gesagt werden
müssen«. Vgl. ebd., S. 563.

[570] Nicht identifiziert. Möglicherweise gemeint: Heinz Maria Oeftering (1903–
2004), Dr. jur., 1949–1957 Ministerialdirektor, Leiter der Abteilung II Allgemeine Finanzpolitik und öffentliche Finanzwirtschaft im Bundesministerium für
Wirtschaft und Ständiger Vertreter des Staatssekretärs, 1957 Präsident des Bun-
desrechnungshofes, 1957–1972 Erster Präsident und Vorstandsvorsitzender der
Deutschen Bundesbahn.

Übrigens war Vater auch am Sonntag und in den Tagen vorher voll tiefer Verärgerung über das Verhalten Amerikas, Kennedys seiner Person gegenüber.[571] Am Sonntagmorgen um ½ 8 Uhr, als ich zu ihm ins Zimmer kam, war das Zimmer leer. Ich dachte, er sei noch am Schlafen, gehe hinunter und finde ihn am Tisch des Esszimmers sitzend an seiner Regierungserklärung[572] arbeiten. Er sagt, er habe schlecht geschlafen und sei schon nach 5 Uhr aufgestanden und habe sich an die Arbeit gemacht. Der ganze Tisch war mit Akten bedeckt, und viele Blätter hatte er mit seiner steilen, klaren Handschrift gefüllt. Es war ein regelrechtes Stück Handwerksarbeit, was er da geleistet hat.[573] Aber man merkte ihm an, wie tief ihn auch gegenüber seiner Person die Haltung der Amerikaner getroffen hat und dass hier sich eine Gegenreaktion bildet, die nicht nur oberflächlicher Art ist. Auf der anderen Seite erzählte er, dass es für ihn selbstverständlich sei, gegenüber Frankreich zu vertreten, dass wir England ebenso wie Amerika dringend bräuchten und dass er darum annehme, auf die Dauer werde man England hereinnehmen müssen.

Als wir um ¼ vor 8 Uhr zusammen Kaffee trinken, kommt die Nachricht vom Bundeskanzleramt, es habe jemand von der amerikanischen Botschaft in der Nacht durchgegeben, Kennedy sei einem Herzinfarkt erlegen. Ich bekomme einen Schrecken, weniger wegen Kennedy, als wegen der Wirkung auf Vater, versuche sofort etwas beim Nachrichtendienst zu erfahren und bitte dann, wegen der Erfolglosigkeit dieses Bemühens, Globke, sich zu vergewissern. Glücklicherweise ist es ein übler Fastnachtsscherz gewesen. Aber einen Augenblick lang fühlte man, wie sehr das Gleichgewicht der Welt an solchen Dingen hängt.

Vaters tiefe Verärgerung und Ermüdung infolge dieser neuen Unsicherheiten hält den ganzen Tag über bis in den Abend hinein an, und

---

[571] In seinem Schreiben vom 19.1.1963 legte Kennedy Adenauer das Konzept der multilateralen NATO-Atomstreitkraft dar, »an der die Bundesrepublik in vollem Maße teilhaben soll« (Übersetzung des Schreibens in: StBKAH III/045; Auszug in: Adenauer, Briefe 1961–1963, S. 483; dazu auch Krone, Tagebücher, Zweiter Bd.: 1961–1966, S. 153). Adenauer sagte Kennedy in seinem Antwortschreiben vom 22.1.1963 »Unterstützung« zu, »in der Überzeugung, daß die atlantische Gemeinschaft als Einheit anzusehen ist« und »weiter zu stärken« sei. Zugleich wies er auf die Unterzeichnung sowie die Inhalte des Deutsch-französischen Vertrages hin (ebd., S. 227 f.).

[572] Vgl. Regierungserklärung Adenauers, 6.2.1963, in: Verhandlungen des Deutschen Bundestages, 4. Wahlperiode, Stenographische Berichte, Bd. 52, S. 2574–2583.

[573] Materialien zur Regierungserklärung Adenauers am 7.2.1963 in: StBKAH III/8.

auch am nächsten Morgen, am Montagmorgen, als ich mich verabschiede, ist er so gezeichnet von dieser Sorge, dass alles andere demgegenüber zurücktritt. Wie stark ist das alles doch sein Lebenselement,
wie überdenkt er es pausenlos, wie lebt er darin!

**Freitag, 8. Februar 1963**
Nun scheint es auch in der Fraktion klar zu sein, dass Erhard nicht
der geeignete Nachfolger ist. Die ganze Szene von der Fraktionssitzung
vor einigen Tagen mit der heftigen Attacke Süsterhenns gegen Erhards
Eigenwilligkeit unter dem Beifall fast der ganzen Fraktion kam in die
Presse,[574] und dann musste Vater am nächsten Tage seine Regierungserklärung[575] abgeben, an der man unter Hochdruck drei Tage lang
gearbeitet hatte. Dabei unterlief es ihm, dass er an einer Stelle sagte:
»Über diese Fragen wird Herr Bundeskanzler Erhard berichten!« Sofort in dem ganzen vollbesetzten Hause tosendes Gelächter, das sich
kaum beruhigen konnte und wieder aufbrandete, als Vater feststellte,
er habe doch wirklich nur versehentlich so gesprochen, und als er dann
weiter sagte, es tue doch gut, eine so langweilige Regierungserklärung
mit einer Lachpause zu unterbrechen.[576]
Am nächsten Tage, es wurde abends immer gegen ½ 10 Uhr erst,
heute Essensbeginn 10 Uhr abends, am nächsten Tage also Debatte
über die Erklärung mit heftigen Angriffen des Herrn Erler[577], der
schwarz in schwarz malte. Vater sagte dazu:»Ihnen will ich einmal
etwas sagen. Sie sind der größte Prophet seit Christi Geburt!«[578] Und
dann hat er ihn noch anschließend kräftig weiterbehandelt. Abends
kam er erschöpft, aber zufrieden nach Hause. Die CDU/CSU-Fraktion
war wieder einmal zusammengewachsen und einig.

**Sonntag, 10. Februar 1963**
Erler, so erzählte Vater heute, hatte die Frechheit, bei der Bundestags-
sitzung zu behaupten, die SPD sei nur deshalb gegen die Montanunion gewesen, weil ein Zusammenschluss von Kohle und Eisen ihr zu

---

[574] Vgl. Tagebuch, 5.2.1963, insbes. Anm. 566–568.
[575] Vgl. Anm. 572.
[576] Vgl. Verhandlungen des Deutschen Bundestages, 4. Wahlperiode, Stenographische Berichte, Bd. 52, S. 2578.
[577] Zur Aussprache über die Regierungserklärung am 7.2.1963 vgl. ebd., S. 2594–
2643, zu den Ausführungen Erlers S. 2621–2629.
[578] Adenauer in seiner Antwort auf Erler (ebd., S. 2629–2631, hier S. 2630) wörtlich: »... wenn Sie sich nicht hier hingestellt hätten als ein Prophet, wie seit
Christi Geburt keiner mehr auf die Welt gekommen ist«.

wenig an Zusammenschluss gewesen sei.[579] Da sei er aber wütend geworden wegen dieser elenden Heuchelei und Lügerei, und er habe Herrn Erler gesagt: »Wissen Sie denn noch, wer Ihre Bundesgenossen damals waren, als Sie die Montanunion abgelehnt haben? Ihre Bundesgenossen waren die Herren von der Ruhrindustrie! Das heißt also, nicht diese Gründe waren es, sondern es war das allgemeine Nein. Es war die Richtung, die damals in allem Europäischen etwas Klerikales, Katholisches sah.«[580]

Heute kommt in der Presse durch, dass von Hassel in einem vertrauteren Kreise von sich gegeben habe, der Bundeskanzler habe große Sorge, dass, wenn England und andere mehr sozialistische Staaten in die Europäische Gemeinschaft kämen, ein neutralistischer Kurs sich durchsetzen könne.[581] Tatsächlich will Vater die ganze Frage einer Strategie des Zusammenschlusses neu zur Diskussion stellen, ob man es wirklich vertreten kann, in diesem Stadium schon und auch überhaupt eine Gemeinschaft einschließlich all dieser Länder England,[582] Dänemark,[583] Schweden,[584] Norwegen,[585] Island,[586] Irland[587] usw., Österreich[588] zu machen, ob dann nicht der Charakter der Sache total verfälscht werde.

[579] Vgl. Anm. 577.

[580] Vgl. Anm. 578.

[581] Von der SPD wurde mit Bezug auf einen Informationsbrief des CDU-Landesverbandes Schleswig-Holstein eine Äußerung von Hassels verbreitet, der am 26.1.1963 bei einer CDU-internen Tagung erklärt haben soll, »der Bundeskanzler habe die politische Besorgnis, in Europa könnte nach dem Beitritt sozialistisch regierter oder neutraler skandinavischer Staaten zur EWG der Sozialismus tonangebend sein«. Von Hassel erklärte anschließend zu der Mitteilung, »seine Äußerungen zu einem EWG-Beitritt Englands seien sinnentstellend wiedergegeben worden«. Vgl. Befürchtet Adenauer eine sozialistische EWG? Heftige Diskussion um eine Äußerung Hassels zum Beitritt Englands und der skandinavischen Länder, in: »Süddeutsche Zeitung«, Nr. 36, 11.2.1963, S. 1; Streit um Äußerungen Hassels, in: »Die Welt«, Nr. 35, 11.2.1963, S. 1, Kein Kommentar zur Rede Hassels. Bundesregierung »weiterhin für Beitritt Großbritanniens«, ebd., S. 4.

[582] Vgl. Amn. 227.

[583] Vgl. Anm. 229.

[584] Die schwedische Regierung ersuchte gemeinsam mit der Regierung Österreichs und der Regierung der Schweiz am 12.12.1961 den amtierenden Präsidenten des (Minister-)Rats der EWG, Erhard, um den Abschluss eines Assoziierungsabkommens mit der EWG und gab am 28.7.1962 dazu eine Erklärung des schwedischen Handelsministers Gunnar Lange vor dem (Minister-)Rat ab. Vgl. Dokumentation der Europäischen Integration, Bd. 2, S. 58 f., 152–158.

[585] Vgl. Anm. 232.

[586] Vgl. Anm. 230.

[587] Vgl. Anm. 231.

[588] Österreichs Regierung stellte zusammen mit den Regierungen Schwedens und der Schweiz am 12.12.1961 das Ersuchen um ein Assoziierungsabkommen mit

Vater äußert auch immer wieder Sorgen über die wirtschaftliche und
soziale Entwicklung. Er meint, man habe zu schnell aufgebaut, zu
viele Wohnungen auf einmal gebaut.[589] Dadurch sei man in den Eng-
pass hereingekommen, und nun wisse man nicht, wie es mit der sogenannten Sozialen Marktwirtschaft weitergehen solle. Ich selbst kann
nur davor warnen, diesen Begriff zu diskriminieren. Man muss ihn
vielmehr mit besserem Inhalt füllen, besser propagieren.

Mittwoch, 13. Februar 1963
Vater hat Besuch aus der CDU-Fraktion gehabt. Dort herrsche eine
seltsame Stimmung, weil man auf einmal deutlich sehe, dass Erhard
kaum das Format eines Nachfolgers habe, und weil man andererseits
sehe, wie gut Vater seine Sache versteht, und dann das Vakuum vor
Augen hat, wenn er tatsächlich in verhältnismäßig wenigen Monaten
geht. Ähnlich schreibt die »Bild«-Zeitung zu dem amerikanischen
Fernsehfilm, man könne, ob Freund oder Feind, nur wehmütig werden, wenn man daran denke, was werden solle, wenn dieser alte Mann
geht.[590] Der Abgeordnete hat sich heftig darüber beschwert, dass die
Fraktionsführung Vater jetzt wieder so sehr festgenagelt habe auf den
Rücktrittstermin.[591] Man könne doch eine solche Sache nicht in der

der EWG, gab dazu unter Leitung von Außenminister Bruno Kreisky und Han-
delsminister Fritz Bock am 28.7.1962 eine Erklärung ab und drängte in der
Folgezeit auf den raschen Abschluss der Verhandlungen. Der (Minister-)Rat der
EWG erteilte darauf am 2.4.1963 einer Kommission den Auftrag zu Sondie-
rungsverhandlungen mit Österreich. Vgl. Dokumentation der Europäischen
Integration, Bd. 2, S. 58 f., 150–152, 334.

[589]  Zum Gesetzentwurf über Wohnbeihilfen der CDU/CSU-FDP-Koalition vgl.
Deutscher Bundestag, 4. Wahlperiode, Drucksachen, Nr. 974, 13.2.1963; Der
Abbau der Wohnungszwangswirtschaft, in: Bulletin, Nr. 46, 13.3.1963,
S. 413 f., 416, sowie Wohnungsdefizit wird neu berechnet, ebd., Nr. 52,
21.3.1963, S. 465.

[590]  Am 6.2.1963 wurde »über mehrere hundert amerikanische Fernsehstationen«
erstmals das am 21.8.1962 geführte Interview Adenauers mit dem Korrespondenten von CBS, Daniel Schorr, ausgestrahlt (Stenographische Niederschrift der
Fernsehaufnahme in: StBKAH 02.27). Vgl. Aufnahme im Palais Schaumburg,
in: »Frankfurter Allgemeine«, Nr. 31, 6.2.1963, S. 4; Wer weiß, wann ich zurücktrete … Konrad Adenauer in einem US-Fernseh-Interview, in: »Bild«-Zei-
tung, Ausgabe Hamburg, Nr. 34, 8.2.1963, S. 2.

[591]  Am 12.2.1963 sprach Adenauer mit dem CDU-Abgeordneten Karl Kanka,
(1904–1974), 1957–1965 MdB, über den Termin des Rücktritts vom Amt des
Bundeskanzlers und machte deutlich:»Ich möchte bleiben, solange nicht die
Nachfolgefrage gut gelöst ist. Das ist nicht nur wegen der Außenpolitik, es ist
auch wegen der Innenpolitik nötig« (Mein Gespräch mit dem Bundeskanzler
am 12. Februar 1963, 7 S., hier S. 5, in: ACDP, NL Kanka 01–061–006/2).

Weise festnageln, wenn die Alternative so wenig überschaubar sei. Ob
der Bundeskanzler auch gehen werde, wenn der gesamte Vorstand ihn
bitte, noch zu bleiben? Vater hat geantwortet: »Ich werde tun, was
meine Pflicht ist.«

**Sonntag, 17. Februar 1963**
Heute viele politische Sorgen. Wiederholt fängt Vater davon an, was
werden solle im Herbst. Jetzt in zwei Jahren sei man schon im Wahlkampf für die nächste Wahl, und wenn die CDU bis dahin durch seinen
Rücktritt eine furchtbare Zerrissenheitsperiode mitmache, dann werde die Wahl sicher verloren gehen. Was das für unser Land und für die
Entwicklung des Weltzustandes bedeute, könne man sich vorstellen.
Es sei darum für ihn eine sehr ernste Frage, eine echte, quälende Gewissensfrage, was er zu tun habe, wenn er körperlich gut bei Kräften
sei, wenn ihn die Fraktion bitten sollte zu bleiben. In den letzten Tagen
seien wiederholt angesehene Leute der Partei bei ihm gewesen, um
darüber zu sprechen. Man sei alle möglichen Kandidaten für die Nachfolge durchgegangen und [habe] sie als ungeeignet befunden. Krone
habe es noch am ehesten gekonnt, sei aber dieser Aufgabe ausgewi-
chen. Er habe sie nicht auf sich nehmen wollen. Dies habe er ihm
kürzlich auch einmal ganz deutlich gesagt. Er vermute, dass Krone
dabei durchaus einen bestimmten Grund habe, den er nicht als sehr
edel betrachten könne. Jedenfalls hätte er diesem Mann, der gutes
Ansehen in der Fraktion hatte und als absolut honorig gilt, seine volle Unterstützung geliehen. Was aber solle nun werden? Es bleibe
schließlich noch Schröder übrig, und er habe noch relativ wenig Erfahrung. Außerdem wisse man nicht, ob er wirklich Gefolgschaft in
der Partei habe. Er, Vater, habe sich damit abgefunden gehabt, zurückzutreten,[592] habe sich innerlich darauf eingestellt. Aber nun kämen
alle die Zweifelsfragen wieder auf, und er werde sich, falls die Fraktion ihn bitte, darauf einrichten müssen, sogar notfalls noch den nächsten Wahlkampf zu führen.

Er erzählt noch eine Episode von den Engländern, nämlich die
Franzosen hätten damals, als Hitler die linke Rheinseite besetzte, in
England angefragt, ob man Widerstand leisten solle. Die Engländer
aber hätten abgeraten.[593] Heute brüste sich ein maßgebender Engländer damit, England habe immer das Beste für Europa getan, indem es

---

592  Vgl. Anm. 513.
593  Am 7.3.1936 befahl Hitler den Einmarsch der deutschen Wehrmacht in das
     entmilitarisierte Rheinland und widersetzte sich damit dem Vertrag von Versail-
     les (1919) und dem Vertrag von Locarno (1925). Zum Konflikt zwischen Frank-

Napoleon[594] getroffen habe,[595] Hitler verjagt habe usw. Was Amerika angeht, so hat er auch da seine Sorgen. Er erinnert einmal daran, welche Fehler Amerika in der Behandlung Frankreichs bei der Algier-Frage gemacht habe. Als Eisenhower[596] damals hier bei ihm in Bonn gewesen sei,[597] habe er fast eine ganze Stunde versucht, ihm klarzumachen, dass die USA doch in der UNO für die französischen Vorschläge stimmen sollten. Schließlich habe Eisenhower ihm zugestimmt und sein Einverständnis erklärt, dass Vater unmittelbar von seinem Schreibtisch aus nach Paris Bescheid gebe. Dies habe er auch getan. Aber der französische Vertreter habe dann in der UNO sich im letzten Moment doch der Stimme enthalten.[598] Es ist unheimlich, alle diese Zukunftsperspektiven richtig zu durchdenken. Sie lassen sich auch, weil so viele neue Faktoren auftreten können, nicht wirklich kalkulieren. Wenn man es nur richtig macht, und wenn die Würde gewahrt bleibt!

## Dienstag, 19. Februar 1963

Heute trotz rasender Kopfschmerzen Besuch auf dem Venusberg bei Fritz Nußbaum, der kaum noch richtig sprechen kann, der in zwei Fällen sogar Dinge hervorholte, als wenn er in Trance wäre und sich

---

reich und England über die Rheinlandbesetzung vgl. Wolz, Die Rheinlandkrise 1936, S. 434–460.

[594] Napoleon Bonaparte, eigentlich Napoleone Buonaparte (1769–1821), 1804–1814 und 1815 als Napoleon I. Kaiser der Franzosen.

[595] Anspielung auf die Niederlage Napoleon I. in der Schlacht von Waterloo am 16.6.1815 gegen die alliierten Truppen unter Führung von General Arthur Wellesley, 1. Duke of Wellington.

[596] Dwight David Eisenhower (1890–1969), amerikanischer General und Politiker, 1950–1952 Oberkommandierender der NATO-Streitkräfte, 1953–1961 34. Präsident der Vereinigten Staaten von Amerika.

[597] Am 26./27.8.1959 besuchte Präsident Eisenhower Bonn und traf am 27.8.1959 zu Gesprächen mit Adenauer zusammen (Gesprächsaufzeichnung in: StBKAH III/57). Vgl. von Eckardt, Ein unordentliches Leben, S. 589–601; Schwarz, Die Ära Adenauer 1957–1963, S. 103 f.; AdG, 29. Jg. (1959), S. 7898–7900.

[598] Der Lenkungsausschuss der 14. Session der UNO-Vollversammlung billigte am 15.9.1959 die Behandlung der Situation in Algerien durch die UNO-Vollversammlung ohne Abstimmung und Widerspruch. Daraufhin erklärte der Vertreter Frankreichs, sein Land werde sich rechtlich nicht an die Beschlüsse der UNO-Vollversammlung zu Algerien gebunden fühlen. Bei der Abstimmung der Vollversammlung über die Resolution zu Algerien am 14.12.1959 kam die für die Annahme erforderliche Zweidrittelmehrheit nicht zustande. Frankreich boykottierte die Diskussion und die Abstimmung mit dem Argument, die Algerienfrage sei ein innerstaatliches Problem Frankreichs. Vgl. AdG, ebd., S. 7943, 8111.

nicht klarmachte, dass ich da sei, und der dem Tode geweiht ist.[599] So ist das Menschenleben! Und dann kommt Vater abends um 21 Uhr 45 todmüde und gegen das Licht blinzelnd herauf, spricht nicht auf dem Wege nach oben. Ich merke schon, es ist etwas Böses passiert. Oben isst er nichts mehr. Er trinkt nur etwas Cognac und Tee und erzählt, es habe heute eine Fraktionsvorstandssitzung stattgefunden, auf der gegen Schluss von Brentano und Gerstenmaier gekommen seien und vorgeschlagen hätten, es wäre richtiger, wenn der Bundeskanzler doch noch vor den Parlamentsferien zurücktrete, damit der Nachfolger mehr Zeit habe.[600] Zugleich wolle man aber Erhard nur noch als Wirtschaftsminister lassen. Es sei von keinem der Anwesenden ein Widerspruch laut geworden, noch nicht einmal von Blank, der zweimal in den letzten Tagen bei Vater war,[601] um ihm klarzumachen, er dürfe nicht gehen und er müsse ja sagen, wenn man an ihn heranträte, noch etwas zu bleiben, bis ein tüchtiger Nachfolger sich zeige. Es ist ganz unfassbar, wie diese Leute in einer solchen Form, ohne mit Vater zu sprechen, solche Dinge beschließen zu können glauben. Und ich glaube nicht, dass draußen jemand Verständnis dafür haben wird, dass man diesen ohnehin gefährlichen Termin nur auf zwei oder drei Monate nach vorn ziehen will. Vater ist über die Feigheit und Undankbarkeit und Dummheit der Leute sehr niedergeschlagen. Mir ist es oft völlig unbegreiflich, was man mit einer solchen Aktion in diesem Stil bezweckt. Die Aussichten für den zukünftigen Stil, das Niveau führender Parteimitglieder sind jedenfalls erschütternd.

---

[599] Nußbaum starb am 28.3.1963.

[600] Von Brentano forderte in der Sitzung, vor der »Sommerpause« die Kanzlernachfolge zu klären. Gerstenmaier wies auf das Wort des Bundeskanzlers hin, »zum 1. Oktober 1963 mit einem Brief an den Bundespräsidenten zurückzutreten«; die Kanzlerwahl könne erst in der ersten Oktober-Woche stattfinden. »Die Fraktion muß sich rechtzeitig für einen Nachfolger entscheiden.« Balke befürchtete, der Bundeskanzler werde »nicht freiwillig« zurücktreten. Von Brentano schlug vor, »Partei und Fraktion müssen eine Entscheidung treffen und diese dann auch einmütig vertreten«. Über die Diskussion im Vorstand wollte man »schweigen«, doch den Kanzler unterrichten. Vgl. Protokoll der Fraktionsvorstandssitzung, 19.2.1963, in: Die CDU/CSU-Fraktion im Deutschen Bundestag, 1961–1966, S. 587–589, hier S. 587 f.; Krone, Tagebücher, Zweiter Bd.: 1961–1966, S. 162.

[601] Die Gespräche Adenauers mit Blank fanden am 18.2.1963 um 17.00 Uhr und am 19.2.1963 um 17.50 Uhr statt (Adenauer, Kalendarium). Dazu Krone (Eintrag 18.2.1963, in: Tagebücher, ebd., S. 161): »Blank und Johnen waren beim Kanzler, der bleiben möchte. Blank stimmt dem zu; Johnen riet dem Kanzler zu gehen, wenn der deutsch-französische Vertrag vom Bundestag angenommen« worden sei. »Das wäre im Juni. Johnen sieht die Dinge klarer, als Blank das tut.«

Es ist 23 Uhr 10. Die Augen fallen zu. Hoffentlich kommt morgen nicht wieder die elende Dame Mi[602] mit ihrer unverschämten Zudringlichkeit.

Sonntag, 24. Februar 1963
Seltsame Zeit voller Spannungen. Draußen in der Nacht geht der Frost bis zu minus 10 Grad [Celsius]. Und dann am Morgen eine frühe und schon so warme Sonne mit Vogelgezwitscher wie im Vorfrühling. Und in diesen Spannungen die Spannung des eigenen Menschen! Hinzu kam zum dritten Mal in acht Tagen ein Ohnmächtig-werden von Fräulein Vossenkuhl[603] im Büro, Nicht-Herr-Werden über die Arbeit, nachts wachwerden mit den Dingen, die unerledigt sind im Kopf, mit der Angst, sie zu vergessen oder einen Termin zu verpassen, nicht Herr über die ganze Sache zu werden, in dieser ganzen Sache zu versagen. Aber wem erzähle ich das alles? Darf das überhaupt irgendjemand hören? Denn das gehört zu meiner Existenz, das Verschweigen-können das Fertig-werden-müssen mit so vielem.

Und dann die andere, viel elementarere, gefährlichere Spannung! Vater, der erfahren muss, dass er an vielem, womit er sich herumquält, nichts mehr ändern kann, weil sich Gruppen [aus]machen und fest kalkuliert haben, wieweit er noch selber handeln kann, wieweit er nicht mehr zu fürchten ist. Auf der anderen Seite das Gefühl für seine Pflicht, bis zuletzt alles tun zu müssen, zum Beispiel um den Vertrag mit Frankreich ratifiziert zu bekommen, wenigstens jetzt im Laufe des Jahres. Und dazu angespannt zu sein, unbarmherzig zwischen der Notwendigkeit, Bestimmtes noch durchbringen zu müssen und darum nicht einfach alles hinwerfen zu können, und die Ohnmacht gegenüber den Geschehnissen. Immer tiefer frisst sich dies Bewusstsein der Ohnmacht in Dingen seiner Verantwortung in ihn hinein.

Kristallisiert hat es sich in der Tatsache, dass man am Dienstag im Verlaufe einer Fraktionsvorstandssitzung über die Frage seines Rücktritts und einer Nachfolge beriet,[604] und zwar mit einer Reihe von Ministern und führenden Leuten, obwohl man ihm vorher gesagt hatte, es werde nichts Wichtiges dort besprochen, er könne ruhig fernbleiben. Am nächsten Tage stand in der Presse ein ganz ausführ-

---

[602] Mit »Dame Mi« war die starke Migräne gemeint, unter der Paul Adenauer gelegentlich litt.

[603] Vossenkuhl, Mitarbeiterin im Zentralinstitut für Ehe- und Familienfragen e. V. in Köln.

[604] Vgl. Anm. 600.

licher, spaltenlanger Bericht über diese Sache,[605] der einige Dinge nicht enthalten haben soll. Dann wieder kommen angesehene Industrielle zu Vater, Leute aus dem Land, aus der Politik, beklagen sich über ein Versagen des Wirtschaftsministers, und er weiß nicht, was [er] tun [soll]. Er will jeden Anschein vermeiden, als ob er Erhard bekämpfe oder mit ihm unzufrieden sei. Lieber, so sagt er, wolle er alles hinlegen. Gestern plötzlich hat er von diesen Klagen im Lande berichtet. Man habe ihm den Vorschlag gemacht, eine Art Sachverständigengremium zu berufen. Er habe aber gesagt, ein solches sei ja bereits von Seiten der Fraktion durch eine gute Initiative der CSU in Vorbereitung im Bundestag, sei schon zum Teil beschlossen.[606] Daraufhin habe ich in einer gewissen Fröhlichkeit, und weil ich nicht merkte, was ihn unter diesen Bemerkungen alles quälte, es begrüßt und gesagt, man habe oft behauptet, dass diese ganze Idee gescheitert sei am Widerstand des Bundeskanzleramtes. Tatsächlich wird dies seit Jahren behauptet. Tatsächlich hält auch Vater von der Wirksamkeit dieser Einrichtung nicht viel, ist aber wenigstens dafür und will sie jetzt vorantreiben. Aber er erregt sich sehr über diesen Punkt, sieht eine Inflation als unvermeidlich an und darauf[hin] den Rückschlag und damit die Erschütterung alles dessen, was in all den Jahren an Wohlstand geschaffen wurde, auch an Sozialleistungen. Das wirft ihn regelrecht nieder, und diese Sorgen drücken ihn Abend für Abend, und man fühlt, wie ihn das physisch quält, wie er leidet unter immer härterem Widerspruch zwischen dem, was er noch verantworten zu müssen glaubt, und dem, was er wirklich noch ändern kann.

Und immer wieder in der Zeitung neue Redensarten, auch aus den eigenen Reihen, über Rücktrittstermine, frühere Rücktrittstermine, Nachfolger und dergleichen. Es ist die bitterste Periode seiner ganzen Tätigkeit, die jetzt im Gange ist, und sie wird an Bitterkeit noch zunehmen. Wenn man es dann nur menschlich richtig macht, dass nur gegeben wird!

Man möchte so viele andere Seiten in einem Menschen entdecken und ansprechen, lichtere, freundlichere, hellere, und dann fühlt man sich von den Gewalten, von der Größe dieser Vorgänge so selber beladen und weiß nicht, wie man dagegen angehen soll, denn sie sollen nicht bagatellisiert werden. Man kann sie nicht immer einfach weg-

---

[605] Vgl. Die Kanzlerpartei drängt nach Klarheit über den künftigen Kurs. Beratung des Fraktionsvorstands / Klausurtagung nach Ostern / Adenauer-Nachfolge und Europa-Politik als Themen, in: »Frankfurter Allgemeine«, Nr. 43, 20.2.1963, S. 1, 4.

[606] Vgl. Anm. 410.

drücken. Welche Freude hat er dann dabei an Weiberfastnacht und
dem Treiben von Frau Köster und Frau Schlief mit ihren harmlosen
Masken und an dem Treiben der alten Marktweiber, von denen er
erzählt, früher, als er noch Oberbürgermeister war, und noch früher,
als er das Marktdezernat[607] [inne]hatte. Wie schön war das, wenn die
da sich mal als die Herren des Tages präsentierten und unter sich alles
auf den Kopf stellten und die Herren einmal Mores lehrten.

Den Rhöndorfer Pastor[608] wiederum, meint er, könne man nur so
zu mehr Einsicht bringen, dass man ihm sagt, die Leute husteten immer
mehr, je weniger er heize. Das Husten sei das Einzige, was den wirklich
beeindrucke. Ach, Vater! Was für ein weiter Horizont! Was für ein
Jammer, dass diese Kräfte in einer solchen Weise paralysiert werden!

## Samstag, 19. Oktober 1963

Heute Jahrgedächtnis für Vaters erste Frau[609]. Nach dem Frühstück
Gespräch Vaters mit seinen vier Söhnen in seinem Arbeitszimmer. Ich
war im Garten gewesen und kam später dazu. Vater saß müde in
seinem Sessel und war am Ende seiner Ausführungen, die auf die
Frage hinausliefen, was er jetzt in Zukunft tun solle. Die Memoiren[610]
erforderten an sich seine ganze Kraft, wenn er sie termingemäß ablie-
fern solle, und auf der anderen Seite verlangten die Leute der Fraktion
und der Partei in Bonn ganz dringend seine Mithilfe. Am Montag sei
von Schröder der außenpolitische Arbeitskreis der Fraktion zusammengebeten worden, und es solle dort die außenpolitische Linie besprochen werden.[611] Er sei von einigen Teilnehmern des Arbeitskreises
dringend gebeten worden, dort hinzukommen, um ein Gegengewicht

---

607 Adenauer war in seiner Zeit als Beigeordneter der Stadt Köln auch für die Wo-
chenmärkte und Markthallen zuständig. Vgl. Kleinertz, Konrad Adenauer als
Beigeordneter der Stadt Köln (1906–1917), in: Stehkämper (Hrsg.), Konrad
Adenauer, S. 43 f.
608 Martin Heinrich Lemmen (1894–1976), katholischer Priester, 1952–1975 Pfarrer der Pfarrei Sankt Mariä Heimsuchung in Bad Honnef-Rhöndorf.
609 Johanna Wilhelmine Caroline Emma Adenauer, geb. Weyer (1880–1916), seit
1904 Ehefrau von Konrad Adenauer, war am 6.10.1916 verstorben. Vgl. Mensing, Emma, Gussie und Konrad Adenauer, in: Zimmer (Hrsg.), Deutschlands
First Ladies, S. 33–62.
610 Zur Entstehung und Konzeption vgl. Küsters, Die »Erinnerungen« Konrad
Adenauers, S. 133–157, hier S. 135 f.; Mensing, Die Adenauer-Memoiren,
S. 396–411; Poppinga, Konrad Adenauer und seine Memorien, S. 103–118.
611 Der Arbeitskreis V der CDU/CSU-Bundestagsfraktion tagte am 21. und
22.10.1963 und beriet über den außenpolitischen Teil der Regierungserklärung.
Kurzbericht über die Sitzungen des Arbeitskreises, o. D., in: ACDP 08-001-
040/1. Zu den Meinungsverschiedenheiten dpa-Meldung 175 vd, 21.10.1963,

zu schaffen gegen die weiche Linie Schröders. Aber er wolle selbst nicht hingehen, habe aber eine Reihe von Freunden, Krone, Lücke und andere, gebeten, hinzugehen. Frage: Was soll aus alledem werden? Max nimmt sofort das Wort und führt aus, es werde notwendig sein, sich ganz auf die Memoiren zu konzentrieren, da sie sonst nicht zu bewältigen seien. Eine Betätigung in der Politik, vor allem als Vorsitzender der Partei auch nach dem nächsten Parteitag, werde so sehr Vater mit kleinkariertem Parteizwist beschäftigen, dass ein Streit mit Erhard unvermeidbar sei. Vater habe einen großartigen Abgang gehabt,[612] und dieser Glanz werde verdunkelt werden dadurch. Denn man werde jede Schuld an Fehlern Erhards ihm in die Schuhe schieben, und Erhard selber werde gern die Entschuldigung gebrauchen, dass man ihn nicht habe sich auswirken lassen. So werde 1965 die Lage für die Wahl ernst werden. Etwas anderes sei es nur, wenn eine gewisse Harmonisierung stattfinden könne. Dafür seien jedoch die Aussichten schlecht. Infolgedessen solle Vater sich lieber nur als Abgeordneter betätigen, nicht aber mehr als Parteivorsitzender, und sich im Übrigen den Memoiren widmen.

Konrad schließt sich dem an und meint außerdem, es gehe über Vaters physische Kraft, sich beides zuzumuten, besonders weil auch die ganze Sache sehr wenige Aussichten auf Erfolg habe. Es sei doch so, dass bei dem letzten Parteitag man ihn nur quasi unter der Annahme noch einmal gewählt habe, dass er nächstes Mal nicht mehr kandidieren werde[613] und dass dann Dufhues an seine Stelle käme.

Vater widerspricht hier heftig. Das sei weder Dufhues' noch seine Auffassung jemals gewesen, und er könne sich auf solche Interpretation nicht einlassen. Er weist auch darauf hin, dass die ganze Entwicklung doch eine Frage einer Bedrohung auf Leben und Tod für unser

---

19.23 [Uhr], in: ACDP 2/201/2–0, PA, CDU-Fraktion 1957–1963. Vgl. auch Majonica, Das politische Tagebuch, S. 300 f.

[612] Zum Rücktritt Adenauers vom Amt des Bundeskanzlers am 15.10.1963 vgl. Schreiben Adenauer an Lübke, 10.10.1963, in: Adenauer, Briefe 1961–1963, S. 312; Faksimile in: Adenauer, Erinnerungen 1959–1963, S. 177; Adenauer, Teegespräche 1961–1963, S. 454; Verhandlungen des Deutschen Bundestages, 4. Wahlperiode, Stenographische Berichte, Bd. 53, 15.10.1963, S. 4161–4167. Protokoll der Fraktionssitzung, 15.10.1963, in: Die CDU/CSU-Fraktion im Deutschen Bundestag, 1961–1966, S. 815–820; Konrad Adenauer und sein Werk, in: Bulletin, 15.10.1963, Nr. 182, S. 1585–1588.

[613] Auf dem Bundesparteitag der CDU am 5.6.1962 in Dortmund war Adenauer erneut zum Bundesparteivorsitzenden gewählt worden. Vgl. Christlich Demokratische Union Deutschlands (Hrsg.), 11. Bundesparteitag der CDU, S. 310–312, hier S. 311.

Land sei, weil jeder Anfang, jeder kleine Schritt in Richtung auf Er-
weichung hin, den russischen Einfluss ausdehnen werde und damit
Europa mit seinen starken kommunistischen Parteien in Frankreich
und Italien sehr gefährde, zumal die Westmächte, vor allem Amerika
und England, in diesem Punkt sich nicht so betätigen könnten oder
würden. Er könne in einer solchen Sache, in der es auf Leben und Tod
geht und man an die Kinder und Kindeskinder und deren Schicksal
denken müsse, die Erfolgsfrage nicht so im Vordergrund sehen. Wenn
seine Söhne meinten, dass man Tendenzen wehrlos herankommen
lassen solle, sobald die Aussicht, ihnen zu begegnen, nicht mehr sicher
sei, dann könne er das nicht teilen. Man müsse dann für seine Sache
einstehen, koste es, was es wolle.

Dem stimmt Max auch zu, wenn Vater den inneren Auftrag, die
Aufforderung verspüre, in dieser Sache aktiv zu werden, dann müsse
man das eben als Tatsache sehen, dem gerecht werden. Aber beide sind
sich mit Vater darin nicht einig.

Ich selbst äußere, dass Vater sich jetzt nicht distanzieren könne in
dem theoretisch geforderten Umfang, sondern er sei noch Parteivorsitzender und müsse als solcher die Meinung der Partei auch gegenüber
einer stark liberal durchsetzten Bundesregierung herausarbeiten, pro-
filieren. Das müsse man als Parteimitglied vom amtierenden Parteivorsitzenden erwarten. Dem stimmen auch Max und Konrad zu, wobei sie aber wohl der Meinung sind, Vater solle den Parteivorsitz dann
nicht mehr aufs Neue anstreben.

Konrad bemerkt, dass die ganze Weltlage doch sich auch am ändern
sei und dass nun einmal die Menschen es begrüßten, wenn von Entspannung die Rede sei, und wenn solche Tendenzen allgemein durch
die Stimmung und die Entwicklung begünstigt seien, dann sei es natürlich viel schwieriger.

Das ruft Vaters heftigen Widerspruch hervor. Man müsse für manche Dinge absolut einstehen, und er könne hier nicht schweigen, wenn
er sich Entwicklungen abzeichnen sehe, die von solcher Tragweite und
Gefährlichkeit seien.

Vater fragt mich später, ob nach meiner Meinung eine solche Unterhaltung mit seinen Söhnen sinnvoll sei. Ich sage ja. Denn es ist
namentlich für die Söhne, die nicht in der Nähe wohnen, gut, einmal
die Gedanken ihres Vaters zu hören, auch wenn der Vater einen eigenen Gedanken gerade im Widerspruch zu den Söhnen klärt und fest-
legt. Vater scheint enttäuscht zu sein und meint, er werde wohl doch
ein Mann der einsamen Entschlüsse bleiben müssen. Max und Konrad
stellen beim Abschied dieselbe Frage und meinen, Vater habe ja doch

seine Meinung mehr oder weniger fest. Ich glaube das nicht ganz. Aber
sie scheint sich zu befestigen, sobald er Schwäche in der Argumentation seiner Gesprächspartner merkt, macht er sie sich der Stärkung
seiner eigenen Position zunutze, und zwar mit Recht.

Am Abend wird berichtet, wie die Leute um Erhard sich im neuen
Hause aufführen, welche Rivalitäten unterhalb Erhards dort herrschen, wie schwierig es sein werde, sich von der Politik zu distanzieren.
Das Programm der nächsten Woche ist vollgepackt mit Sitzungen und
Gesprächen, auch mit einer Rede,[614] und ich bin froh darüber, dass
das zunächst jetzt in diesem Tempo geht, bis nach und nach Vater sich
den Memoiren widmen kann.

Acheson[615] war bei Vater.[616] Er war der erste Außenminister, der
damals nach der Wahl zum ersten Bundeskanzler bei Vater war.[617]
Er ist auch der erste Besucher jetzt in der neuen Situation gewesen.
Seine Rede in [Bad] Godesberg[618] ist allerdings in einer Weise gegen
de Gaulle [gerichtet gewesen], dass Vater kaum einverstanden sein
wird. Vater meint, dass Acheson seine Auffassung über Entspannung
und dergleichen teilt. Es wird sich zeigen müssen. Leider hat er
keinen großen Einfluss in den Vereinigten Staaten. Dieser Kampfgeist ist großartig. Es ist genau das, was den Staatsmann unterschei-
det von einem Kaufmann oder ähnlichen Leuten, den Kämpfer
von einem Bürokraten. Aber wie das werden wird, das ist schwer
zu sagen. Die Frage ist, wie sich innerhalb der Partei die Linie ab-
zeichnet.

---

[614] Vgl. Anm. 619.

[615] Dean Acheson (1893–1971), amerikanischer Rechtsanwalt und Politiker, 1949–
1953 Außenminister der Vereinigten Staaten von Amerika, ab 1953 wieder als
Rechtsanwalt tätig, politischer Berater der Präsidenten Kennedy und Johnson.

[616] Zum Gespräch Adenauers mit Acheson, 18.10.1963, vgl. Adenauer, Die letzten
Lebensjahre, Bd. I, S. 35–38.

[617] Aufzeichnung über die Aussprache zwischen Adenauer und Acheson,
13.11.1949, in: StBKAH III/96; abgedruckt in: DzD, II. Reihe/Bd. 2, S. 784–
786.

[618] In seiner Rede vor der Deutsch-Amerikanischen Gesellschaft am 18.10.1963 in
Bad Godesberg wies Acheson auf die Alternative hin, ob die Bundesrepublik
Deutschland die Lösung der Teilung Deutschlands und Europas »auf dem Wege
einer Solidarität zwischen Deutschland und Frankreich und einer westeuropäi-
schen Organisation suchen wolle« oder »mit einer Fortsetzung der Politik der
atlantischen Zusammenarbeit und Integration Europas«. Er fügte hinzu: »Die
gegenwärtige französische Politik vergößere die Schwierigkeiten für die Allianz,
indem sie gemeinsamen Maßnahmen Widerstand entgegensetze, die gemeinsamen Interessen dienen sollten«. Vgl. Acheson warnt vor dem Weg de Gaulles,
in: »Frankfurter Allgemeine«, Nr. 243, 19.10.1963, S. 3.

Am Abend wird noch zwischen uns die Frage ventiliert, was Vater bei den Besprechungen der nächsten Woche oder in seiner Rede in Sachen Regierungserklärung[619] sagen könne. Er meint, es gäbe nur die Alternative, entweder überhaupt nicht hinzugehen. Aber das gehe nicht, da man ihn als Senior und natürlich als Parteivorstand bzw. Fraktionsvorstand erwarte, und er könne da nicht schweigen, ohne darin eine zu weitgehende Kritik an seinem Nachfolger auszudrücken. Auf der anderen Seite wird [es] aber auch nicht angehen zu sagen, dass eine Regierungserklärung für zwei Jahre von zwei Stunden schwierig sei, zu lang sei oder dergleichen, sondern er kommt zu der Auffassung, dass es nottut, das Profil der CDU durch eine entsprechende Ausdeutung der Passagen, besonders der außenpolitischen Passagen der Regierungserklärung, scharf herauszuheben, um so Erhard, der mehr ein liberales als ein CDU-Kabinett hat, zu einer klaren Position zu veranlassen. Hier wird die Partei jetzt sofort gezwungen werden, Stellung zu beziehen und eigene Vorstellungen zu entwickeln. Dabei kann Vaters Aufgabe eine große [Rolle] spielen. Ich glaube, es hat nicht den Anschein, dass er sich dem entziehen kann und entziehen will. Das ist fürs Erste auch sicher richtig. Denn das Schrecklichste wäre, tatenlos zusehen [zu] müssen, wie allzu schnell sein Erbe gefährdet wird.

Allerseelentag, Samstag, 2. November 1963
Ich bin von London zurück. Es waren herrliche, erfüllte Tage. Sehr anstrengend mit meinem erbärmlichen Englisch, aber sehr lehrreich und voll menschlicher Freundlichkeit.

Vater finde ich bei meiner Rückkehr am Abend des 31. Oktober sehr müde aus dem Auto steigen und mühsam hinaufgehen. Er hat seit mehreren Tagen abends Temperatur, und man weiß nicht, was es ist. Jetzt ist ein neues Penicillin-Präparat gefunden worden. Das scheint ihm zu helfen. Aber es nimmt ihn mit, wenn er sich auch wenig anmerken lässt.

Heute früh setzt er sich im Bademantel im Arbeitszimmer hin. Als ich zurückkomme, sagt er: »Weißt Du, es ist so schwer, wenn man sieht, wie brenzlig die Situation wird. Ich bin davon überzeugt, dass jetzt eine einzigartige Gelegenheit bestünde, die Russen wirtschaftlich

---

[619] Nach seiner Wahl zum Bundeskanzler am 16.10.1963 (vgl. Verhandlungen des Deutschen Bundestages, 4. Wahlperiode, Stenographische Berichte, Bd. 53, S. 4171 f.) gab Erhard am 18.10.1963 seine Regierungserklärung ab (ebd., S. 4192–4208). In der Aussprache über die Regierungserklärung am 24.10.1963 ergriff Adenauer nicht das Wort (ebd., S. 4244–4287).

auf die Knie zu zwingen. In 14 Tagen soll der NATO-Rat darüber entscheiden, ob aus dieser Lage Konsequenzen zu ziehen sind.[620] Aber der Außenminister ist mit dem Bundespräsidenten unterwegs in Südostasien,[621] von Brentano ist krank, und ob sonst eine Vorbereitung geschehen wird, scheint mir zweifelhaft. Ich weiß nicht, was ich machen soll in dieser Lage. Es hat keinen Sinn, eine Initiative gegenüber der Regierung in Gang zu bringen, wenn nicht sicher ist, dass solide Arbeitsunterlagen dort bereitgestellt werden können. Sonst verläuft alles wieder. Aber erst muss ich sehen, dass ich wieder gesund werde. Jetzt schaffe ich es doch noch nicht. Was will man machen? Man muss halt dieses Leben geduldig weiter ertragen.« Er nimmt sehr teil am Tode von Frau von Petersdorff[622] und daran, dass Gisela[623] darüber keine Mitteilung erhalten darf in ihrer Nervenklinik.

Heute früh kommen dann noch evangelische Kinder und singen ihm fromme Lieder. Er meinte, es sei sehr schön gewesen, nur habe er sich schließlich dann noch ein paar andere Lieder gewünscht. Das sei doch typisch evangelisch, in solch einem Fall nur fromme [Lieder] darzubringen.

---

[620] Im Juli 1963 hatte die Bundesregierung im Wirtschaftskomitee der NATO das Problem Kreditgarantien westlicher Staaten an die UdSSR aufgeworfen. Daraufhin führte der amerikanische Unterstaatssekretär George W. Ball in der Zeit vom 11. bis 19.11.1963 Gespräche in Bonn, London und Paris mit der NATO und der OECD über die Limitierung von Krediten an die UdSSR auf fünf bzw. sieben Jahre (vgl. Gespräch Carstens mit Ball, 11.11.1963, in: AAPD 1963, S. 1429–1433, hier S. 1431–1433). Am 18.11.1963 fand eine Sondersitzung des Ständigen NATO-Rats statt (ebd., S. 1480 Anm. 10 und Anm. 12), in der die britische Regierung eine unnachgiebige ablehnende Haltung einnahm, weil dies eine Diskriminierung der Ostblockstaaten bedeute. Obwohl bei den deutsch-französischen Konsultationen am 13.12.1963 Übereinstimmung bestand, »daß der sowjetischen Regierung langfristige Kredite nicht eingeräumt werden sollten« (ebd., S. 1623), konnte in der Sitzung des NATO-Ministerrats am 16.12.1963 aufgrund der britischen Position keine Einigung erzielt werden. Vgl. AdG, 33. Jg. (1963), S. 10932 f., hier S. 10933.

[621] Bundespräsident Lübke besuchte auf seiner zweiten großen Asienreise vom 23.10. bis 23.11.1963 den Iran, Indonesien, Hongkong, Japan und die Philippinen. Vgl. Reise des Bundespräsidenten nach Iran und Ostasien, in: Bulletin, Nr. 188, 23.10.1963, S. 1643 f.; Morsey, Heinrich Lübke, S. 381 f.

[622] Bereits am 8.4.1963 hatte Konrad Adenauer aus Cadenabbia seinem Sohn Paul geschrieben (Schreiben in: ACDP, NL Paul Adenauer 01–1000–001/1), Libet habe ihm gesagt, Frau von Petersdorff sei schwer an Krebs erkrankt.

[623] Gisela von Petersdorff (geb. 1918), Tochter von Frau von Petersdorff. Korrespondenz mit Paul Adenauer in: StBKAH VI c/2.

Montag, 4. November 1963
In den Zeitungen steht, dass Erhard durchblicken lässt gegenüber amerikanischer Zeitung, man könne jetzt nicht im Sinne von Vater die Frage der Wirtschaftshilfe an Russland als Kittel der Politik behandeln.[624] Das sei erst zu einem späteren Zeitpunkt eventuell möglich. Dann wird ein Interview Vaters mit Marguerite Higgins[625] in der »Frankfurter Allgemeinen« übel wiedergegeben[626] und kritisiert.

Am Abend kommt Vater zeitig nach Hause und berichtet, dass er bis jetzt noch keinerlei Informationspapiere vom Auswärtigen Amt habe bekommen können und dass er sich nach den Terminen der Leute richten müsse. Früher hätten sich die Leute nach seinen Terminen gerichtet. Dann hört er Musik, schließt die Augen und sieht so abgekämpft aus, so müde. Aus allem gewinne ich das Gefühl, dass die Meinungsmacher jetzt erst recht gegen ihn sind.

Am Tag von Kennedys Ermordung[627]
Freitag, 22. November 1963
…[628] hinter sich gebracht und nun gehofft, die Früchte dieser Lehren, zum Teil bittere Früchte, nutzen zu können. Nun sei das schon am Ende. Gleich nach seiner Ankunft oben[629] nimmt Vater sich Papier und Feder und formuliert die Beileidstelegramme, in denen er von

---

624 In einem Interview mit CBS erklärte Erhard, »für eine Ausweitung des Handels mit der Sowjetunion« sehe er »keine Möglichkeiten«, zumal der neue Handelsvertrag »kaum Chancen für einen größeren Handel« offenließe. Dabei widersprach er Adenauers Haltung, »bei den Weizenlieferungen des Westens an die Sowjetunion politische Konzessionen zu verlangen«. Nur bei einer »engeren Zusammenarbeit« seien »wirtschaftliche Fortschritte« möglich. Vgl. Kein deutscher Vorstoß für die Wiedervereinigung in Moskau, in: »Frankfurter Allgemeine«, Nr. 256, 4.11.1963, S. 3.

625 Marguerite Higgins (1920–1966), amerikanische Journalistin, seit 1958 Diplomatische Chefkorrespondentin der »New York Herald Tribune« in Washington. Vgl. Informationsgespräch Adenauers mit Higgins, 30.10.1962, in: Adenauer, Die letzten Lebensjahre, Bd. I, S. 52–68.

626 Vgl. Adenauer greift die Regierung Kennedy an. »Verantwortlich für den Bau der Mauer« / Interview mit einer amerikanischen Zeitung, in: »Frankfurter Allgemeine«, 4.11.1963; Faksimile des Zeitungsartikels in: Adenauer, Die letzten Lebensjahre, Bd. I, S. 62.

627 Kennedy fiel an diesem Tage in Dallas (Texas) einem Attentat zum Opfer. Zur Dokumentation der Vorgänge vgl. National Archives [and Records Administration], JFK Assassination Records, Report of the President's Commission on the Assassination of President Kennedy (Warren Commission), http://www. Archives.gov/research/jfk/warren-commission-report/index.html.

628 Zu Beginn des Abschnitts vermerkt: »(Anfang fehlt)«.

629 Gemeint: im Wohnhaus.

Bewunderung und Dankbarkeit spricht, in denen er das Wort vom
Märtyrer der Freiheit überlegt[630] und es ablehnt, der Presse eine Ver-
lautbarung zu geben, da er dazu noch zu erschüttert sei[631]. Er bittet
um etwas Rotwein, weil ihn die Sache doch sehr gepackt hat. Mir
geht es ebenso. Vater hatte noch gerade diese Woche davon gesprochen, dass es nicht leicht sei mit Kennedy, weil man nicht wisse, wie
er weiter handeln werde. Er habe zu viele Ratgeber. Die Sache mit
Kuba[632] sei sehr fahrlässig lange Zeit behandelt worden, und auch
hinterher habe man keine absolute Sicherheit, was die Abwesenheit
russischen Personals und die Rüstungsvorhaben dort angehe. Kennedy habe zugesichert, dass er gegen das Regime dort, auch ein kom-
munistisches Regime, nichts tun werde. Überhaupt seien noch über
vierzig, ich glaube, neunundvierzig, unveröffentlichte Briefe zwischen
Kennedy und Chruschtschow da,[633] wie irgendeine Zeitung schreibt.
Eine einzige Hoffnung gäbe es jetzt, dass Johnson[634], der Nachfolger,
handfester sei, sich nicht so viel Rat bei Professoren holen werde,
sondern mehr die Berufspolitiker hören werde, die mehr Erfahrungen
hätten.

Übrigens scheint Vater nach wie vor in der Überzeugung sich zu
befestigen, dass Amerika doch eine Verbindung zur SPD, zu Brandt,

---

[630]  Vgl. Telegramm Adenauer an Jacqueline Kennedy, 22.11.1962, in: Adenauer,
       Die letzten Lebensjahre, Bd. I, S. 82.
[631]  Adenauer sagte, als er am nächsten Morgen um eine Erklärung im Fernsehen
       zum Tod Kennedys gebeten wurde: »Das hat doch sehr aufgerüttelt. Ich habe
       die ganze Nacht nicht geschlafen. Mit dem Fernsehen, das kann ich jetzt nicht.
       Das würde keine gute, würdige Sache werden.« Vgl. Bonn. Kennedy-Begräbnis.
       »Was sagen Sie?«, in: »Der Spiegel«, 17. Jg., Nr. 49, S. 21, 23, hier S. 21.
[632]  Zwischen dem 14. und 28.10.1962 spitzte sich die Konfrontation zwischen den
       Vereinigten Staaten von Amerika und der Sowjetunion um die Stationierung
       sowjetischer Mittelstreckenraketen auf Kuba zu. Moskau sah darin die Antwort
       auf die Stationierung amerikanischer Mittelstreckenraketen vom Typ Jupiter in
       der Türkei. Die Kennedy-Administration forderte den Abzug der sowjetischen
       Mittelstreckenwaffen von Kuba und drohte, notfalls Atomwaffen einzusetzen.
       Chruschtschow lenkte ein und sagte zu, die Raketen zu entfernen. Kennedy
       stimmte im Gegenzug dem Abzug der amerikanischen Jupiter-Raketen in der
       Türkei zu. Vgl. FRUS 1961–1963, Vol. XI, zum Abzug der Raketen ins-
       bes. S. 136, 148, 253–256, 275, 564; Greiner, Die Kuba-Krise, S. 91–112.
[633]  Zur vollständigen Korrespondenz von Kennedy und Chruschtschow zwischen
       dem 9.11.1960 und 10.10.1963 vgl. FRUS 1961–1963, Vol. VI, S. 1–311.
[634]  Lyndon B. Johnson (1908–1973), amerikanischer Politiker, 1949–1961 Senator
       von Texas, 1951–1961 Fraktionsvorsitzender der Demokraten im Senat, 1961–
       1963 Vizepräsident, 1963–1969 36. Präsident der Vereinigten Staaten von Ame-
       rika.

gesucht habe,[635] dass deshalb Johnson abgelehnt habe, ihn nach Errichtung der Mauer im Flugzeug mit nach Berlin zu nehmen,[636] und dass auch bei dem Komplott zu der Erzwingung von Vaters Rücktritt, das in Cadenabbia zustande gekommen sei, auswärtige Einflüsse mitgespielt hätten, wie er aus sicherer französischer Quelle erfahren habe.[637] Er sei regelrecht von dort gewarnt worden, dass etwas im Gange sei. Der Grund sei, dass die Amerikaner hofften, es mit der SPD leichter zu haben, vielleicht auch wegen der starken Rolle, die Vater Frankreich beimisst. Erschütternd ist in dem ganzen Zusammenhang außer der menschlichen Tragödie die Unsicherheit, die sich offenbart. Zum Beispiel sind McNamaras[638] Aufstellungen über die Stärkeverhältnisse der freien Welt und der Sowjets von der NATO erheblich zu Ungunsten der freien Welt korrigiert worden.[639]

Heute höre ich, dass überall Alarmbereitschaft war. Man kann ja nie wissen, ob die Sowjets nicht einen solchen Moment zu einer Überraschungsoffensive, zu einer Art Handstreich, benutzen. Zumindest gilt dies für die Operationen des Herrn Ulbricht. Rätselhaft, dass Attentate auf Hitler nicht ihr Ziel erreichten,[640] dass Chruschtschow

635 Vgl. zu den Kontakten Willy Brandt, Begegnungen mit Kennedy, S. 72 f.; Prowe, Der Brief Kennedys an Brandt vom 18. August 1961, S. 373–383, hier S. 380–382; Antwortschreiben Kennedy an Brandt, 18.8.1961, in: FRUS 1961–1963, Vol. XIV, S. 352 f.
636 Am 19.8.1961 besuchte der amerikanische Vizepräsident Johnson in Begleitung von General a. D. Lucius D. Clay zunächst Adenauer in Bonn, bevor er weiter nach Berlin (West) reiste und dort mit Brandt sprach. Vgl. Bericht Johnson über seinen Besuch, o. D., in: FRUS, ebd., S. 354–358, zum Gespräch mit Adenauer S. 354 f.; Lucius D. Clay, Adenauers Verhältnis zu den Amerikanern und die deutsch-amerikanischen Beziehungen nach 1945, in: Konrad Adenauer und seine Zeit, S. 466–476, hier S. 473; Brandt, Begegnungen mit Kennedy, S. 86–89; Schwarz, Adenauer: Der Staasmann, S. 667 f.
637 Vgl. Anm. 564.
638 Robert S. McNamara (1916–2009), amerikanischer Manager und Politiker, 1960 Präsident der Ford Motor Company, 1961–1968 Verteidigungsminister.
639 In einer Rede am 18.11.1963 vor dem Economic Club in New York betonte McNamara die Überlegenheit der NATO bei konventionellen Streitkräften wie auch bei taktischen und strategischen Atomwaffen und Raketen gegenüber dem Ostblock. Auf der Ministerratstagung der NATO am 16./17.12.1963 in Paris wies McNamara darauf hin, »daß doch noch vorhandene Mängel der konventionellen Rüstung der NATO nicht ausgeglichen werden müßten«. Als »größte unmittelbare Gefahr« sah er einen lokal begrenzten kommunistischen Angriff an, »dessen begrenztes Ziel vor einem Gegenschlag erreicht werden und als Verhandlungsgrundlage benutzt werden könnte«. Vgl. AdG, 33. Jg. (1963), S. 10911–10913, 10971 f.; McNamara hält an der Truppenstärke in Europa fest, in: »Frankfurter Allgemeine«, Nr. 270, 20./21.11.1963, S. 3.
640 Vgl. dazu Berthold, Die 42 Attentate auf Adolf Hitler, München 1981.

und Ulbricht unbehelligt bleiben, aber ein Mann wie Kennedy fallen muss. Geheimnis Gottes! Vater beginnt immer wieder von der Sache den Tag über. Man merkt, wie sie ihn beunruhigt. Er schläft schlecht und fühlt, wie die Erschütterung, die Ungewissheit von Amerika her sich im westlichen Lager weiter ausbreiten wird.

Sonst kümmert sich Vater genau um den Fortgang des Baus, seines Memoiren-Hauses,[641] und um den Garten. Er ist dahinterher, dass das Vogelfutterhaus aufgestellt wird. Er lässt den Tisch abmessen des Esszimmers, den er zum Zwecke der Arbeit an seinen Memoiren im jetzigen Frühstückszimmer aufstellen will. Er ist schmerzlich berührt davon, dass Heribert seinen ursprünglichen Termin der Fertigstellung des Memoirenhauses von Dezember nicht einhält, sondern einfach Mitte Januar als möglichen Termin benennt, und hält ihm entgegen: »Und das geht alles von meinem Leben ab!« Man spürt, wie er unbedingt an diese Arbeit will aus einem tiefen Gefühl heraus, sehr viel Zeit zu brauchen und nicht zu wissen, ob es zu schaffen ist.

Sonntag, 22. Dezember 1963

Vater leidet entsetzlich unter seiner Hilflosigkeit, während er mit ansehen muss, wie sein Werk gefährdet wird. So hat jetzt Schröder erklärt, dass gewisse englische Entspannungsbemühungen das volle deutsche Vertrauen genießen und im Einvernehmen mit Deutschland geschähen,[642] während er dem Deutsch-französischen Vertrag gegenüber wohl bemerkt hat, es sei doch ein sehr junges Kind und man

---

641 Während seines Urlaubs im März 1963 in Cadenabbia entwickelte Adenauer die Idee zum Bau eines Pavillons im Garten seines Wohnhauses in Rhöndorf und beauftragte seinen Schwiegersohn, den Architekten Heribert Multhaupt, mit dem Bau nach seinen Skizzen. Vgl. Konrad Adenauer. Dokumente aus vier Epochen deutscher Geschichte, 3. Aufl., S. 208; Unterlagen zum Bauvorhaben des Pavillons einschließlich des Bauantrags in: StBKAH VI(b)/17.

642 Der britische Premierminister Alec Douglas-Home betonte auf dem Jahresbankett des Lord–Mayors der Stadt London seine Überzeugung, »daß Moskau den Krieg nicht mehr als ein Instrument der Politik ansieht und daß diese Einsicht einem Umdenken der sowjetischen Pläne für die Zukunft des Kommunismus anheimkommt« (vgl. Butlers Mission, in: »Frankfurter Allgemeine«, Nr. 286, 10.12.1963, S. 1). Schröder erklärte beim Empfang des britischen Außenministers Butler auf dem Flughafen in Köln/Bonn, »im Schatten« des Todes von Kennedy sei es »doppelt wichtig«, »eine gemeinsame Politik zu erarbeiten« (vgl. Schröder bespricht sich mit Butler in Bonn, ebd.).

könne noch nichts darüber sagen. Natürlich hat de Gaulle sich sofort den deutschen Botschafter[643] kommen lassen.[644] Ähnlich geht es auf anderen Gebieten. Es ist doch sehr schwer erträglich, das alles mit ansehen zu müssen und nicht handeln zu können. Nun kommt hinzu der Tod von Heuss,[645] auch in irgendeiner Hinsicht der Tod Ollenhauers,[646] dann die plötzliche Lebensgefahr für von Brentano, wobei Vater daran denkt, ob er es verantworten kann, selber den Parteivorsitz niederzulegen oder sich nicht mehr aufstellen zu lassen, wenn ein Mann wie von Brentano ausfällt. Und es kommt heute zum Beispiel hinzu, dass er miterlebt, wie Frau Pferdmenges, die er seit vielen Jahrzehnten kennt,[647] mit Recht von sich selbst sagt, dass ihr Gehirn lädiert sei. Das alles sind Dinge, die ihn stark niederdrücken. Er sitzt manchmal, wenn wir uns unterhalten, so da, als wenn es ihm schwer erträglich sei, zuzuhören. Es wird nicht leicht sein, den Übergang zu finden zu der Zeit, wo er in seinen Memoiren aufgeht. Wäre es doch schon so weit, dass er sich richtig dazu entschließen kann, Bonn nur noch als Nebenaufgabe zu betrachten und sich darauf zu konzentrieren. Aber er ist anscheinend noch nicht so weit. Er war mit allen Fasern seines Wesens dort verhaftet. Er kann sich nicht so schnell lösen.

## Freitag, 27. Dezember 1963

Endlich kommt Vater heute Morgen herunter, geht ins alte Esszimmer und will dort seinen Arbeitsplatz für die Memoiren aufschlagen, bis der Pavillon fertig ist. Ich überrede ihn dazu, doch in das Frühstücks-

---

[643] Manfred Klaiber (1903–1981), Dr. jur., Diplomat, 1957–1963 Botschafter in Italien, 1963–1968 in Frankreich.

[644] Zum Gespräch de Gaulles mit Klaiber, 21.12.1963, vgl. Aufzeichnung Jansen, 23.12.1963, in: AAPD 1963, S. 1667 f.

[645] Theodor Heuss (1884–1963), Professor Dr. rer. pol., Publizist und Politiker, Mitbegründer der Demokratischen Volkspartei, aus der die FDP hervorging, 1948–1949 Vorsitzender der FDP, 1949–1959 Bundespräsident, war am 12.12.1963 in Stuttgart verstorben. Zum Verhältnis zu Adenauer vgl. Heuss Adenauer. Unserem Vaterlande zugute. Der Briefwechsel 1948–1963; Adenauer Heuss: Unter vier Augen; Gespräche aus den Gründerjahren 1949–1959.

[646] Adenauers Pressemitteilung vom 14.12.1963 zum Tode Ollenhauers, der am 11.12.1963 in Bonn verstorben war: »Ich beklage seinen Tod sehr. Er war ein offener und ehrlicher Charakter. Aussprachen mit ihm waren immer vorteilhaft und ein Gewinn. Er wird im politischen Leben Deutschlands schwer zu ersetzen sein.« Vgl. Adenauer, Die letzten Lebensjahre, Bd. I, S. 99.

[647] Veröffentlichung des Briefwechsels: Freundschaft in schwerer Zeit. Die Briefe Konrad Adenauers an Dora Pferdmenges 1933–1949, Bonn 2007.

zimmer, die sogenannte Kajüte[648], zu gehen. Er stimmt zu. Gleich nach dem Kaffee räumen wir die Tische um. Vater lässt sich noch einen Teppich unter den Stuhl legen für seine Füße, dass er den guten nicht beschädigt. Dann holen wir die Lampe herbei, und er sieht sich die Sache ganz befriedigt an. Aber er ist noch müde und niedergedrückt und genießt dann umso mehr den herrlichen Sonnenschein, die Wärme, die heute plötzlich herrschen, und spielt ordentlich Boccia. Die Sonnenuntergänge sind von einer fast exotischen Schönheit. Ein brennendes, leuchtendes Rot kommt ganz unerwartet spät über den ganzen Horizont und vergeht allmählich in einem bräunlichen Ton, während der Abendstern in immer herrlicherem dunklen Blau funkelt. Wir sitzen meistens schweigend beim Tee und schauen dem Schauspiel zu. Fräulein Poppinga versucht nach und nach, die vergleichbaren Memoiren als Quellen heranzuziehen. Vater stimmt schließlich zu, dass sie geholt werden, dass ich ihm mein Diktiergerät vorführe. Dann zieht er sich zurück nach oben. Vor dem Abendessen seufzt er einmal tief auf und sagt: »Et jitt kei größer Leid, als wat der Minsch sich selvs andät.[649] Ich mit meinen Memoiren!« Und dann meint er mal zwischendurch: »Man muss ja allmählich ganz groß von sich denken, dass man sogar Memoiren schreibt.«

Während er sich dann Musik anhört, liest Fräulein Poppinga in den Akten. Vorher wurde noch einmal der Arbeitsraum besichtigt. Auf dem Tisch liegen jetzt schon Bücher, die er lesen will. Er bespricht auch in den Einzelheiten, welches Papier er haben will, ob er mit Tinte schreiben will usw. Während sie in den Akten blättert, stößt sie auf die Berner Rede von 1949[650] und findet sie so dramatisch, dass sie beginnt, sie vorzulesen. Vater hört gern zu, und das Ganze legt sich. Sie ist auch tatsächlich von fabelhaftem Mut, innerer Schärfe und Konsequenz. Schließlich erhebt sich diese und jene Rückfrage, und Vater kommt so langsam in die Sache hinein, dass er am Schluss auch lächelt, als er sich zurückzieht, und meint: »Da kriegt man doch all-

---

[648] Der »Kajüte« genannte Raum im Wohnhaus war ursprünglich eine Terrasse, die später überdacht und als Zimmer in das Haus integriert wurde, mit südlichem Ausblick auf das Rheintal, in dem Konrad Adenauer gewöhnlich sein Frühstück einnahm. Vgl. Konrad Adenauer. Dokumente aus vier Epochen deutscher Geschichte, 4. Aufl., S. 206.

[649] Spruch im Kölner Dialekt: »Es gibt kein größeres Leid als das, was sich der Mensch selber antut.«

[650] Manuskript der Rede Adenauers vor der Interparlamentarischen Union in Bern, 23.3.1949, in: StBKAH 02.05. Teilabdruck in: Adenauer, Erinnerungen 1945–1953, S. 182–190; auch http://www.konrad-adenauer.de/dokumente/reden/rede-bern.

mählich wieder Mut.« Damit scheint die Wende da zu sein. Es ist zu
hoffen, dass er jetzt tatsächlich beginnt.

Neujahrsnacht, Mittwoch, 1. Januar 1964
Gestern, Silvester 1963, will Vater mit mir nach dem Frühstück über
ernste Sachen sprechen. Es geht ihm um die Frage, ob er es verantworten kann, den Parteivorsitz beim nächsten Parteitag nicht mehr anzustreben. Auf der anderen Seite würde ihm von Krone wiederholt versichert, es sei klar, dass dann Erhard Parteivorsitzender wird. Vater ist
überzeugt und bestätigt es mir auf meine Frage ausdrücklich, dass
sonst kein anderer ernsthafter Kandidat sichtbar sei. Wenn aber Erhard Parteivorsitzender würde, werde die CDU eine liberale Partei und
damit existenzgefährdet. Der Stamm von Mitgliedern und Wählern,
der von den Christlichen kommt, würde sich auf die Dauer eine solche
Entwicklung nicht bieten lassen. Vater sagt, dass er vorläufig der einzige sei, der in der Lage wäre, die Partei auch entgegen manchen
Tendenzen seitens Erhards und seiner Leute im echten Sinne zu erhalten. Wenn er selbst das Feld räume, sei die andere Entwicklung unvermeidlich. Was sei da nun wichtiger, die Memoiren oder die Partei.

Das Gewicht der Frage wird für ihn noch dadurch verstärkt, dass
er auf internationalem Gebiet eine allgemeine Vernebelung und Ver-
harmlosung feststellt, ein »Gut-Wetter-machen«, eine Tendenz zu
Selbsttäuschungen gegenüber den unveränderten Zielen des Weltkommunismus. Die Formulierungen nach dem Besuch von Erhard bei
Johnson[651] bestätigen ihm dies. Erhard habe den Amerikanern allerhand zugesagt, ohne entsprechende Zusage der Amerikaner außer
[den] bereits bestehenden Verpflichtungen. Er habe ihm in der Frage
Entspannungspolitik zu weitgehend freie Hand gelassen. Chruschtschow habe vor einiger Zeit beim Besuch der französischen Sozialis-
tenführer, unter anderem Mollet,[652] diesen ganz klar die Alternative
vorgestellt, dass Frankreich sich doch an Russland halten solle, andernfalls würde sonst Russland auf die Dauer dem ganz sicher [auf-]
kommenden deutschen Interesse an Russland entgegenkommen. Denn

---

[651] Bundeskanzler Erhard hielt sich am 28./29.12.1963 zu Gesprächen und Regierungsbesprechungen mit Präsident Johnson auf seiner Ranch in Stonewall
(Texas) auf. Vgl. Aufzeichnungen der Gespräche in: AAPD 1963, S. 1672–1712;
Kommuniqué in: Bulletin, Nr. 1, 3.1.1964, S. 5 f.; Ausführungen Erhards nach
der Rückkehr vor der Presse in Bonn, 30.12.1963, ebd., S. 6 f.

[652] Vom 26.10. bis 4.11.1963 weilte eine Delegation der SFIO unter Leitung von
Generalsekretär Guy Mollet auf Einladung des Zentralkomitees der KPdSU zu
Gesprächen in Moskau. Vgl. den Auszug aus dem Kommuniqué sowie Mollets
Ausführungen auf einer Pressekonferenz, in: AdG, 33. Jg. (1963), S. 10895 f.

die Deutschen hätten einen feinen Sinn dafür, dass in Russland wirtschaftlich allerhand zu machen sei und würden sich dies nicht entgehen lassen wollen.

Dabei scheint Vater nun auch mit dem Gedanken zu spielen, den Parteivorsitz weiterzuführen und dabei außerdem noch die Memoiren zu schreiben. Auf den ersten Blick eine ziemlich utopisch erscheinende Angelegenheit. Er meint aber, es ließe sich ein Instrument der Führung der Partei auch in personeller Hinsicht schaffen, das es ihm erlaubt, nur wenige Tage der Woche damit zuzubringen und doch die Sache im Wesentlichen zu leisten. Er macht aber auch die Bemerkung, dass er fühle, wie er mit seinen Kräften rechnen müsse und sehen müsse, seine Memoiren zeitig unter Dach und Fach zu bekommen. Diese Pflichtenkollision zermürbt ihn zurzeit. Andererseits kehrt er schon immer wieder zu einzelnen Komplexen der Memoiren zurück und beschäftigt sich stark damit. Er hat auch am Sonntagnachmittag zum ersten Mal Fräulein Poppinga etwas diktiert. Das heißt also, am 29. Dezember hat er praktisch mit dem Schreiben der Memoiren begonnen.

Donnerstag, 2. Januar 1964
Vater sehr niedergeschlagen. Berichte, von Brentano gehe es wieder schlechter. Er werde deshalb wohl noch Parteivorsitzender bleiben müssen. Aber seine Kraft habe nachgelassen gegenüber früher, und er wisse nicht, wie er es schaffen solle.

...[653] – ich habe mir die Biesterei schon lange gedacht. Es konnte nicht gutgehen auf die Dauer – die Gruppe der alten Roosevelt-Leute[654] seien wieder mit Chancen nach oben gekommen, und diese Leute betrachteten die Russen als verirrte Brüder, hätten nichts dazugelernt. Hinzu käme, dass nun Schröder die Bindung an Frankreich sich lockern ließe, und damit sei die Gefahr da, dass wir schließlich sowohl von Amerika wie auch von Frankreich gelockert seien und allein da-

---

[653] Im Folgenden wegen der Unvollständigkeit des Satzes in der Textvorlage vom Bearbeiter gestrichen: »... Das eine steht fest ... Stein (?), der einige Wochen in Amerika und Asien gewesen sei, dieser habe gehofft«.

[654] Franklin Delano Roosevelt (1882–1945), amerikanischer Politiker, 1933–1945 32. Präsident der Vereinigten Staaten von Amerika, versuchte die Auswirkungen des Börsenzusammenbruchs am 24.10.1929 durch die Politik des sog. »New Deal« in den 1930er Jahren zu überwinden (vgl. Galbraith, Der große Crash 1929, München 2005). – Mit »Roosevelt-Leute« waren junge Nachwuchspolitiker wie John F. Kennedy, Lyndon B. Johnson, Hubert Humphrey und Robert Kennedy gemeint, die das Programm des »New Deal« erneuerten und »New Frontier- und die Great Society-Programme« konzipiert hatten (vgl. Arthur M. Schlesinger, Jr., The Turn of the Cycle, in: »The New Yorker«, 16.11.1992, S. 46–54).

stünden auf weiter Flur. Außerdem ist Vater von einer sehr hochstehenden Persönlichkeit gesagt worden, dass Schröder die Absicht habe, für den von ihm erwarteten Fall, dass die CDU für die nächste Regierungsbildung auf eine Koalition mit der SPD angewiesen sei, selber Bundeskanzler zu werden, um mit der SPD gemeinsame Außenpolitik zu machen. Ein Ministerialdirektor aus dem Auswärtigen Amt sagte beim Empfang, dass Schröder die Politik der Bindung an Frankreich nach und nach unterminiere und die ganze Entwicklung sehr verhängnisvoll sei. Dann ist die Sorge Vaters gut zu verstehen um sein Werk. Er ist dabei von einer fabelhaften Haltung der Liebenswürdigkeit und des Humors trotz aller deprimierenden Dinge.

Samstag, 1. Februar 1964

Inzwischen hat de Gaulle Rotchina anerkannt.[655] Vater hält diesen Schritt deshalb für gut, weil damit Frankreich als Weltmacht an Gewicht gewinnt, damit Europa gegenüber Amerika und England ebenfalls an Gewicht gewinnt, vor allem aber, weil dadurch Russland noch mehr eingedämmt oder jedenfalls geschwächt wird. Als allerdings diese Woche anlässlich des Besuches des französischen Finanzministers[656] bei Chruschtschow auch noch die Nachricht kam, de Gaulle gebe einen langfristigen Kredit an Russland und liefere ihm Materialien für eine chemische Industrie, da war Vater doch tief deprimiert und meinte, er müsse nun so kurze Zeit nach seinem Rücktritt erleben, wie das westliche Bündnis in die Binsen gehe und man allgemein nur noch in Entspannung mache. Die Nachricht stellte sich am nächsten Tag als Irrtum heraus. Es handelte sich nur um normale Handelsvertragsabmachungen ohne Erweiterung des Handelsvolumens.[657]

Das Verhältnis Frankreich–Deutschland sei aber noch nie so schlecht gewesen wie zurzeit, und das liege überwiegend an Schröders kühler Distanz zu Frankreich. Natürlich sei es in Frankreich übel vermerkt

---

[655] Nachdem de Gaulle am 16.12.1963 gegenüber Rusk angekündigt hatte, Frankreich plane keine Anerkennung der Volksrepublik China, sondern bemühe sich nur um bessere Wirtschaftsbeziehungen (vgl. AdG, 33. Jg. [1963], S. 1964), gaben die Regierungen in Paris und in Peking am 27.1.1964 die Aufnahme diplomatischer Beziehungen bekannt. Vgl. ebd., 34. Jg. (1964), S. 11034; L'Année politique 1964, S. 213 f.

[656] Valéry Marie René Giscard d'Estaing (geb. 1926), französischer Politiker, 1962 zunächst Staatssekretär im Finanzministerium, dann bis 1966 Finanzminister, 1974–1981 Staatspräsident.

[657] Zum Besuch Giscard d'Estaings vom 23. bis 29.1.1964 in Moskau und den Verhandlungen über langfristige Handelsvereinbarungen vgl. AdG, 34. Jg. (1964), S. 11036; L'Année politique 1964, S. 218.

worden, dass auf einer Pressekonferenz der Regierungssprecher bemerkt habe, die Bundesregierung sei von dem Plan de Gaulles, China anzuerkennen, nicht konsultiert worden.[658] Der Sprecher bekräftigte, er habe Anweisung vom Bundeskanzler, dies zum Ausdruck zu bringen. Es wurde dann von französischer Seite aus nachgewiesen, dass Schröder zweimal mit Couve de Murville[659] über dieses Thema gesprochen hat.[660] Der »Rheinische Merkur« wirft Schröder diese Haltung offen als Verrat an der Erhardschen Linie der Weiterführung einer Freundschaft mit Frankreich vor und schlägt ihm vor, zurückzutreten.[661]

Presseberichte, wonach Vater beim nächsten Parteitag wieder als Vorsitzender der CDU kandidieren wird, hat er nicht dementiert,[662] ebensowenig eine Bemerkung Gerstenmaiers bei der Parteiausschusssitzung, es bliebe alles beim Alten in diesem Punkt.[663] Er scheint zu hoffen, dass es ihm gelingt, den Parteivorsitz mit der Arbeit an den Memoiren zu kombinieren. Er will jetzt endlich mit den Memoiren anfangen bei unendlichem Ärger über das schöne, neue Glashaus bzw.

---

[658] Regierungssprecher von Hase erklärte am 27.1.1964 zur Aufnahme diplomatischer Beziehungen zwischen Frankreich und der Volksrepublik China vor der Presse, »die Bundesregierung habe bei der Ankündigung dieses französischen Entschlusses gesagt, welchen Wert sie der Erhaltung der westlichen Bündnisgemeinschaft beimesse. Sie hätte es begrüßt, wenn der Beschluß und seine möglichen Folgen rechtzeitig mit den Verbündeten beraten worden wären.« Vgl. Bonner Befürchtungen zu de Gaulles China-Politik, in: »Frankfurter Allgemeine«, Nr. 23, 28.1.1964, S. 4.

[659] Maurice Couve de Murville (1907–1999), französischer Diplomat und Politiker, 1956–1958 Botschafter in Bonn, 1958–1968 Außenminister.

[660] Das Thema war Gegenstand des Gesprächs zwischen dem französischen Botschafter de Margerie und Staatssekretär Carstens am 15.1.1964 (vgl. Aufzeichnung Carstens, 15.1.1964, in: AAPD 1964, S. 42–45) und während der deutsch-französischen Regierungskonsultation am 21.1.1964 in Bonn (ebd. S. 90–101, hier S. 96–101).

[661] Paul Wilhelm Wenger fordert in seinem Artikel »Der isolierte Außenminister« (»Rheinischer Merkur«, Nr. 5, 31.1.1964, S. 1 f.) Erhard auf, »die Realisierung« der »außenpolitischen Richtlinie energisch in die Hand zu nehmen und den deutsch-französischen Pakt durch Taten endlich zum ›bewegenden Element‹ seiner Politik werden zu lassen«. Sollte ihm Schröder dabei nicht »folgen können, so wäre es besser, wenn er selbst die erforderliche Konsequenz ziehen würde«.

[662] Vgl. Adenauer. Zuwenig Freundschaft, in: »Der Spiegel«, Nr. 6, 5.2.1964, S. 19.

[663] In der ersten Sitzung des Bundesparteiausschusses der CDU am 25.1.1964 in Bonn warf Theodor Wengler, 1963–1965 Mitglied des Bundesvorstandes der Jungen Union, die Frage nach dem Ausgang der Wahl des Ersten Bundesvorsitzenden der CDU auf dem Bundesparteitag 1965 auf, die Gerstenmaier mit dem Satz beantwortete: »Zerbrechen Sie sich den Kopf nicht allzu sehr, meine Damen und Herren, ich würde schätzen, wie seither auch!« (Stenographischer Bericht, 129 S., hier S. 111, 113, in: ACDP 07–001–022/4).

den Memoiren-Pavillon wegen der schlechten Lüftung. Dies ist immer
eine neue Quelle des Ärgers und berechtigter Klagen über die modernen Architekten.

Heute fragt Fräulein Poppinga nach dem Sinn von »liberal« und
nach Bismarck[664]. Vater spricht sich noch einmal mit aller Schärfe
gegen Bismarcks junkerhafte Innenpolitik aus, bei der es reine Willkür
und kein notwendiges Maß an demokratischer Freiheit gegeben habe.
Er habe Katholiken und Sozialdemokraten in die Opposition getrieben. Es hätte sonst vielleicht, so meint er, eine größere liberale Partei
gegeben, in der auch die Katholiken eine Heimat gefunden hätten. Mir
scheint dies unwahrscheinlich. Denn ich sehe nicht, wie eine solche
liberale Partei die notwendigen sozialen Maßnahmen hätte schaffen
können. Zur Überwindung des Früh- und reiferen Kapitalismus gehörte wohl mehr als eine liberale Partei. Da war das Zentrum doch
schlagkräftiger und ideenreicher.

## Montag, 10. Februar 1964

Inzwischen zeigt sich immer mehr, welche Fehler der Unachtsamkeit
die Amerikaner begangen haben, zum Beispiel in der Sache Wasserleitung für ihren Stützpunkt auf Kuba.[665] Sie hätten längst dafür sorgen
müssen, dass sie eine eigene Wasserversorgung bekommen, die Castro[666] nicht zugänglich ist. Jetzt kann er sie damit unter Druck setzen.
Ähnlich ist es mit dem Panamakanal.[667] Und was wird in Südostasien
werden? Hat de Gaulle vielleicht doch Recht gehabt? Johnson soll in
einer Rede der Idee einer Neutralisierung ganz Vietnams oder auch

---

[664] Otto Fürst von Bismarck-Schönhausen (1815–1898), 1871–1890 Reichskanzler. – Zu Adenauers Urteil über Bismarck vgl. Adenauer, Die letzten Lebensjahre, Bd. I und Bd. II, passim.

[665] Am 3.2.1964 brachte die amerikanische Küstenwache kubanische Fischereiboo-
te vor Florida wegen Verletzung der Hochheitsgewässer auf. Daraufhin sperrte
Kuba am 6.2.1964 die Wasserleitungen zum US-Stützpunkt Guantanamo. Vgl.
AdG, 34. Jg. (1964), S. 1109 f.; Kein Durst in Guantanamo. Sturm in der ku-
banischen Wasserleitung, in: »Die Zeit«, Nr. 7, 14.2.1964.

[666] Fidel Castro Ruz (geb. 1926 oder 1927–2016), kubanischer Revolutionär und
Politiker, 1959–2008 Ministerpräsident, 1965–2011 Erster Sekretär der Kommunistischen Partei, 1976–2006 Staatspräsident Kubas.

[667] Im Zuge der Streitigkeiten zwischen Panama und den Vereinigten Staaten von
Amerika über den Panamakanal kam es vom 9. bis 11.1.1964 zu antiamerika-
nischen Demonstrationen und Ausschreitungen mit Toten und Verletzten. Dar-
aufhin brach Panama am 10.1.1964 die diplomatischen Beziehungen ab. Zum
Verlauf des Konflikts und zu den Bemühungen zur Streitbeilegung vgl. AdG, 34.
Jg. (1964), S. 11149 f.

noch weiterer Räume dort sogar zugestimmt haben.[668] Man fragt sich dann natürlich, was von den amerikanischen Garantien und von dem gesamten Paktsystem schließlich noch übrigbleibt. Man fragt sich auch, inwieweit die immer wieder neu auftauchenden Gerüchte, Amerika wolle seine Überseetruppen reduzieren, einen Boden haben, etwa in der Unzufriedenheit mit der schlecht ausgeglichenen Zahlungsbilanz. Ist der Isolationismus wirklich tot? Glaubt man an eine Periode der Entspannung? Glaubt man schließlich vielleicht daran, dass China Sowjetrussland genügend beschäftigen wird? Wird damit den USA eine Milderung ihrer Rüstungslast ermöglicht?

Auf der anderen Seite de Gaulle, der zwar eine sehr weitreichende Politik treibt, der aber doch wenigstens stellenweise eine Auffassung von der überragenden Autorität seiner eigenen Person nach außen hin vertritt, die einem die Frage nahelegt, wie es einmal werden soll, wenn er das nicht mehr machen kann. Es muss doch auch in einer Demokratie eine gesunde Opposition geben. Es muss doch eine Art Kräftespiel geben. Ist die Ordnung wirklich stabil, in der ein Mann in dieser Form alle Macht bei sich selber feststellt? Die ganze Entwicklung ist jedenfalls für Vater äußerst beunruhigend und zermürbend, und er sieht die Frucht seiner Arbeit stark gefährdet. Er sieht auch so wenige Ansatzmöglichkeiten, seine Auffassung noch richtig zu vertreten.

In Bonn ist bisher noch jeder Tag voll besetzt. Erst heute kam es zu einer Absprache, dass in Zukunft wenigstens um 8 Uhr abends gegessen werden soll hier in Rhöndorf. Mal sehen, wie oft es gehalten wird. Der wirkliche Zugriff zu den Memoiren scheint noch nicht zu gelingen. Es ist schwer, die ganze Sache rückwärts anzupacken, wenn man noch so mit der Sicht nach vorn beschäftigt ist.

Das Vorhaben Frankreichs, seine Armee auf eine Berufsarmee von 300 000 Mann umzustellen und im Übrigen mit Reservisten zu arbeiten,[669] scheint Vater für ungefährlich hinsichtlich der Verteidigungskraft der NATO zu halten. Ich vermag da nicht zu folgen. Denn bis die Reservisten da sind, sind nach meiner Meinung die sowjetzonalen Panzerverbände, die zur Erhaltung des Friedens und der Demokratie hier bei uns eines Tages vorstoßen können, längst am Rhein und werden sie dann zurücktreiben. Vater sieht doch sonst die Welt in einer

668 Johnson sagte auf einer Pressekonferenz am 1.2.1964, falls die Neutralisierung von Nord-Vietnam und Süd-Vietnam erreichbar sei, würde es mit Sympathie in Erwägung gezogen werden. Aber er sehe dafür momentan keine Anzeichen. Vgl. PPPUS, Lyndon B. Johnson, 1963–64, Book I, S. 254–260, hier S. 257.
669 Zu den Reorganisations- und Modernisierungsplänen der französischen Armee bis 1970 vgl. AdG, 34. Jg. (1964), S. 11237.

Weise voller Gefahren und die Situation so voller Schwierigkeiten, wie man es von ihm früher sonst in der Form nicht hörte. Er entschuldigt sogar das Versagen des Parlaments oder die Schwierigkeiten zu regieren in diesen besonders undurchsichtigen und komplizierten Zeiten.

**Freitag, 28. Februar 1964**
Inzwischen hat der Parteivorstand einstimmig die Nominierung Vaters zum ersten Vorsitzenden anlässlich des nächsten Parteitages beschlossen.[670] Vater freut sich darüber, aber zugleich ist ihm doch schwer ums Herz, weil er nicht sieht, wie er dieses Amt mit dem Schreiben der Memoiren verbinden soll. Er lässt immer wieder durchblicken, dass seine Schaffenskraft durch die Art und Weise, wie man ihn zum Rücktritt gezwungen habe, einen Knacks bekommen habe. Er sieht auch kaum, wer ihm in der Partei helfen soll, den gefährlichen Zerrissenheitstendenzen entgegenzuwirken. Andererseits wird ihm von allen Seiten klargemacht, dass es ohne ihn nur noch einen schnelleren Zerfall und einen sicheren Zerfall geben würde. Diese ganze Sache quält ihn unentwegt, namentlich in den frühen Morgenstunden. Ehe er wieder einmal zur Erholung weg war, ist [an] eine Änderung dieser angespannten Zerreißsituation kaum zu denken.
Die einzigen richtigen Lichtblicke zwischendurch ergeben sich, wenn er auf die Vergangenheit sieht, zum Beispiel anlässlich eines großen Fernsehgesprächs über die Geschichte der Stadt Köln in diesen Tagen.[671] Heute berichtet er von dem Beschluss der Regierung Stresemann[672] 1923, die rheinischen Obrigkeiten aufzufordern, zwecks Gewährung der Finanzhoheit beim französischen Hochkommissar[673]

---

670 Der CDU-Bundesvorstand hatte auf seiner Sitzung am 25.2.1964 unter zeitweiser Abwesenheit von Adenauer über die Kandidatur für den Bundesvorsitz auf dem nächsten CDU-Bundesparteitag beraten. Dufhues erklärte, Adenauer habe ihm »gegenüber seine Bereitschaft erklärt«, zugleich die notwendigen »Entlastungen« in seinem Amt erwähnt und ihn gebeten, die »Funktion wahrzunehmen, die mit dem Amte des Geschäftsführenden Vorsitzenden verbunden« seien. Der Bundesvorstand beschloss daraufhin einstimmig, Adenauer zu bitten, sich erneut »zur Wahl als Ersten Vorsitzenden« der CDU »zur Verfügung zu stellen«. Vgl. Adenauer: »Stetigkeit in der Politik«, S. 607–677, hier S. 669–672.
671 Für den Film »Ein Kölner Oberbürgermeister« wurde Adenauer am 28.2.1964 in der Industrie- und Handelskammer Bonn interviewt (Adenauer, Kalendarium).
672 Gustav Stresemann (1879–1929), 1918 Mitbegründer und bis 1929 Vorsitzender der DVP, 1923 Reichskanzler, 1923–1929 Reichsaußenminister.
673 Paul Tirard (1879–1945), französischer Verwaltungsbeamter, 1918 Leiter der alliierten Besatzungsverwaltung im Rheinland, 1920–1930 französischer Hoher Kommissar im Rheinland und zugleich Präsident der Interalliierten Rheinlandkommission.

vorstellig zu werden.[674] Das bedeutete praktisch einen Verzicht auf diese beiden deutschen Provinzen. Denn die Franzosen waren mit mehreren Divisionen im Ruhrgebiet, es gab starke separatistische Tendenzen, und an demselben Tage, an dem den rheinischen Politikern in Berlin dieser Beschluss des Kabinetts eröffnet werden sollte, war morgens von Dorten[675] in Aachen die Rheinische Republik ausgerufen worden.[676] Vater traf, wie er erzählt, am Morgen dieses Novembertages in der Reichskanzlei den preußischen Ministerpräsidenten Braun[677], einen Sozialdemokraten, und fragte ihn, ob er an der Kabinettssitzung gestern teilgenommen habe und ob tatsächlich dieser Beschluss gefasst worden sei. Braun bestätigte das, und als Vater ihm sagte: »Wie sehen Sie es als vereinbar mit Ihren Pflichten als preußischer Ministerpräsident an, zwei preußische Provinzen dem Feinde auszuliefern?«, da zuckte er nur mit den Schultern.[678]

---

674 Zur Sitzung des Reichskabinetts am 12.11.1923 und den Diskussionen über Maßnahmen, die besetzten Provinzen Rheinland und Westfalen der Finanzhoheit des Präsidenten der Interalliierten Kommission, Tirard, zu unterstellen, vgl. Aufzeichnung Luther, Kabinettsprotokoll, Schreiben Luther an Stresemann sowie Schreiben Reichswirtschaftsminister und Reichsernährungsminister an sämtliche Landesregierungen, 12.11.1923, in: Die Kabinette Stresemann I u. II, Bd. 2, S. 1027–1042; Darstellung der Vorgänge bei Schwarz, Adenauer: Der Aufstieg, S. 268–278.

675 Hans Adam Dorten (1880–1963), Dr. jur., Separatistenführer im Rheinland und in Hessen-Nassau. 1919 »Präsident« der ausgerufenen »Rheinischen Republik«, die nach wenigen Tagen scheiterte, versuchte 1923 erneut vergeblich, eine Rheinische Republik zu gründen, anschließend Flucht nach Frankreich. Vgl. zu den Vorgängen 1919 Erdmann, Adenauer in der Rheinlandpolitik, passim; Recker, Adenauer und die englische Besatzungsmacht, in: Stehkämper (Hrsg.), Konrad Adenauer, S. 99–121, 669-682; Schwarz, ebd., S. 202–229.

676 Im Zuge unterschiedlicher separatistischer Bewegungen zur Schaffung einer »Rheinischen Republik« besetzten Separatisten unter der Führung des Fabrikanten Leo Deckers am 21.10.1923 das Rathaus in Aachen und riefen dort die »Freie und unabhängige Republik Rheinland« aus. Vgl. dazu Morsey, Rheinische Volksvereinigung 1920–1923/24, in: Historisches Lexikon Bayerns (https://www.historisches-lexikon-bayerns.de/Lexikon/Rheinische_Volksvereinigung,_1920-1923/24).

677 Otto Braun (1872–1955), 1913–1918, 1921–1933 MdL in Preußen (SPD), 1920–1932 MdR, 1920–1933 (mit Ausnahmen 1921 und 1925) preußischer Ministerpräsident, 1933 Emigration in die Schweiz.

678 Fast wortgleiche Darstellung Adenauers seiner Frage an Braun und dessen Antwort: »Braun bestritt nichts. Er sagte nur achselzuckend: ›Sie dürfen überzeugt sein, daß auch mir der Entschluß schwer genug gefallen ist. Aber es geht wirklich nicht anders, wir können, bei der schwachen Deckung der Rentenmark, Rheinland-Westfalen finanziell nicht durchhalten.‹« Vgl. Weymar, Konrad Adenauer, S. 120 f.; Manuskript in: ACDP, NL Theile/Theile-Schlüter 01–1024–002–004; dazu auch Theile-Schlüter (Wie die Kanzler-Biographie entstand, in: Deutsches

Als Vater dann in den Konferenzraum kam, begleitet von einigen anderen Rheinländern, zum Beispiel auch Mönnig[679], da sah er die Herren Luther[680] und Schacht[681] im Hintergrund auf und ab gehen und ihn mit bösen, argwöhnischen Blicken besehen. Der Grund war, dass diese Herren gerade die Rentenmark eingeführt hatten[682] und nun die Befürchtung hegten, das Ruhrgebiet und die Aufgaben des Wiederaufbaus dort würden sofort an der Lebenskraft der eingeführten neuen Währung derart zehren, dass sie zum Scheitern verurteilt sei.[683] Aus diesem Grunde, um dieser Last zu entgehen, waren sie auch für die Abtrennung der rheinischen Provinzen eingetreten.

Monatsblatt, Januar 1956, S. 43–45, hier S. 44): »Auch wörtlich zitierte Erinnerungen Dr. Adenauers, z. B. an die Pläne im Jahre 1923 zum zeitweiligen Herauslösen der Provinzen Rheinland und Westfalen aus dem Verband des Deutschen Reiches, fanden später ihre Stütze in persönlichen Aufzeichnungen.«

[679] Hugo Mönnig (1864–1950), Jurist und Politiker, 1902–1933 mit kurzen Unterbrechungen Stadtverordneter in Köln (Deutsche Zentrumspartei), seit 1913 dort Fraktionsvorsitzender, 1908–1933 Mitglied des Provinziallandtags Rheinprovinz, 1921–1933 Mitglied des Preußischen Staatsrats, seit 1922 Vorsitzender der rheinischen Deutschen Zentrumspartei und stellvertretender Vorsitzender der Deutschen Zentrumspartei, 1946 Mitbegründer der »Kölnischen Rundschau«.

[680] Hans Luther (1879–1962), Professor Dr. jur., 1918–1922 Oberbürgermeister von Essen, 1922–1923 Reichsminister für Ernährung, 1923–1924 für Finanzen, 1925–1926 Reichskanzler, 1930–1933 Reichsbankpräsident, 1933–1937 Botschafter in Washington, 1953–1954 Leiter des Sachverständigenausschusses für die Neugliederung des Bundesgebietes, beauftragt von Adenauer.

[681] Hjalmar Schacht (1877–1970), Dr. phil., Bankier und Politiker, 1924–1929 und 1933–1939 Reichsbankpräsident, 1934–1937 Reichswirtschaftsminister, 1937–1944 Reichsminister ohne Geschäftsbereich, 1944–1945 in Haft, 1946 Freispruch im Nürnberger Kriegsverbrecherprozess, 1947 Verurteilung in einem Entnazifizierungsverfahren zu acht Jahren Arbeitslager, 1950 Entlassung.

[682] Nachdem im Sommer 1923 mit Papiernotgeld versucht wurde, die hohe Inflation zu bekämpfen, war auf maßgebliche Initiative von Reichsbankpräsident Schacht und Reichskanzler Stresemann die Deutsche Rentenbank gegründet worden (Verordnung über die Errichtung, 15.10.1923, in: RGBl. I, S. 963–966), die im November 1923 die Rentenmark als Inhaberschuldverschreibung der Rentenbank ausgab. Die Rentenmark war jedoch kein gesetzliches Zahlungsmittel. Vgl. Beusch†, Währungszerfall und Währungsstabilisierung, S. 8–86.

[683] In der Sitzung des Reichskabinetts am 9.11.1923 berichtete der Reichsminister für die besetzten Gebiete, Hans Fuchs, bei einem kürzlichen Besuch in Barmen habe er die verzweifelte Stimmung in den besetzten Gebieten feststellen können. Die Hilfe des Reichs und Preußens, »soweit es nur irgend möglich ist«, sei zwar »dankbar anerkannt« worden. Man sei sich aber darüber im Klaren gewesen, daß es der Reichsregierung und den Regierungen der Länder nicht möglich ist, »Zahlungen immer weiter zu leisten«. Vgl. Die Kabinette Stresemann I u. II, Bd. 2, S. 1000–1007, hier S. 1001–1005.

Bei der den ganzen Tag andauernden Kabinettssitzung,[684] sagt Vater, sei er dann mit heller Empörung Stresemann entgegengetreten und habe ihm klargemacht, wie lange die Rheinlande deutsch seien und dass es Verrat sei, wenn man so vorgehen wolle, und dass er nicht ruhen und rasten und durch das ganze deutsche Land ziehen würde, um diesen Verrat als solchen bloßzustellen. Schließlich sei es dann dazu gekommen, dass aus der ganzen Sache nichts mehr geworden sei. Im anderen Falle wären tatsächlich die Rheinlande unter französische Hoheit geraten.[685] Die Briten hätten sich von Anfang an aus der Geschichte herausgehalten. Glücklicherweise hat Vater gerade jetzt von Professor Eschenburg[686] Mitteilung bekommen, dass Notizen von Stresemann gefunden worden sind, in denen auch von dieser Kabinettssitzung die Rede ist und in denen von Vater als einem rheinischen Föderalisten und Zentrumsmann geredet wird, der die Sache vereitelt habe.[687] Überhaupt, so sagt er, habe er dann im Jahre 1925 die Jahr-

---

[684]  Zur Darstellung Adenauers über die Verhandlungen der Vertreter der rheinischen Bevölkerung mit Reichskanzler Stresemann sowie Reichsinnenminister Karl Jarres und Reichsfinanzminister Hans Luther am 13.11.1923 in der Reichskanzlei in Berlin, in der, wie Adenauer notierte, »von seiten der Vertreter der Reichsregierung erklärt« wurde, »daß das Rheinland nicht de jure[,] aber de facto einen eigenen Staat bilden solle«, sowie der Kontroverse zwischen Adenauer und Stresemann vgl. Sitzung von Reichskabinett, beteiligten Ländern und Fünfzehnerausschuß über Fragen des besetzten Gebiets, 13.11.1923, in: Die Kabinette Stresemann I u. II, Bd. 2, S. 1042—1049, 1051–1055; Weymar, Konrad Adenauer, S. 120–125; Erdmann, Adenauer in der Rheinlandpolitik, S. 121–135, zum vorgesehenen Kabinettsbeschluss, der unterblieb, S. 131–134, zur Notiz Adenauers S. 131 Anm. 14; dazu auch Luther, Politiker ohne Partei, S. 177–183, insbes. zu der Sitzung am 13.11.1923 S. 181 f.; Schreiben Adenauer an Reichskanzler i.R. Wilhelm Marx, 2.9.1933, in: Adenauer im Dritten Reich, S. 171 f.

[685]  Vgl. dazu die Aufzeichnung Erdmanns über das Gespräch mit Adenauer, 9.3.1965, in: Adenauer, Die letzten Lebensjahre, Bd. I, S. 398–404, zu den Vorgängen der Kabinettssitzung am 9.11.1923, dem gleichen Tag des Putsches von Hitler in München, und die Proteste Adenauers am 13.11.1923 gegen die Überlegungen der Reichsregierung, das Rheinland vorübergehend preiszugeben, S. 400.

[686]  Theodor Eschenburg (1904–1999), Professor Dr., Politikwissenschaftler und Staatsrechtslehrer, 1933 Mitglied der SS, 1947–1951 Stellvertreter des Innenministers von Württemberg-Hohenzollern, 1951 Honorarprofessor, 1952–1973 Ordinarius für Politikwissenschaft an der Universität Tübingen.

[687]  Eschenburg hatte Adenauer wahrscheinlich bei einer Begegnung am Rande der Trauerfeier für Theodor Heuss am 17.12.1963 in Stuttgart auf die Vorgänge im Jahre 1923 angesprochen. Vgl. dazu Schreiben Adenauer an Eschenburg, 24.1.1964, in: Adenauer, Die letzten Lebensjahre, Bd. I., S. 131, sowie S. 555 Anm. 2.

tausendfeier der Rheinlande[688] und später auch die Messe[689] und die Pressa[690] veranstaltet, um das Selbstbewusstsein der Rheinländer zu stärken und damit einer eventuellen Abtrennungstendenz entgegenzuwirken.

Samstag, 14. März 1964

Heute ½ 10 Uhr fuhr Vater ab nach Hannover zum letzten Parteitag der CDU[691] vor den nächsten Bundestagswahlen. Dort soll er zum Parteivorsitzenden wiedergewählt werden. Dieser Parteitag lag ihm schon seit Weihnachten auf dem Magen, und er hatte mich schon oft zwischendurch gefragt: »Was soll ich da sagen, um das Erbe der Partei wieder lebendig zu machen und weiterzugeben? Kannst Du mir nicht für einen Anfang, der über die weltanschauliche Basis der Partei handeln soll, eine Ausarbeitung vorlegen?«

Ich kannte diese Bitte, die aus dem Gefühl kommt, dass er sich auf dem Gebiete von Grundsatzerklärungen in weltanschaulicher Hinsicht

---

[688] Die Jahrtausendfeier der Rheinlande fand im Jahre 1925 aus Anlass der im Jahre 925 abgeschlossenen Einverleibung des mittelfränkischen Lotharingien in das ostfränkische Reich unter König Heinrich I. statt. Für die »Jahrtausend-Ausstellung im Rheinlande«, die vom 15.5. bis 15.8.1925 in Köln stattfand, hatte sich Adenauer besonders in den Provinzialorganen engagiert. Vgl. den Katalog: Jahrtausendausstellung der Rheinlande – Köln 1925, Köln 1925.

[689] Adenauer stellte am 8.4.1920 das Projekt einer Messe für die geplante »Rheinische Musterschau« vor, um damit die wirtschaftliche Vorrangstellung Kölns im Rheinland wiederherzustellen. Am 2.3.1922 billigte die Stadtverordnetenversammlung den Bau des Messegeländes auf dem Deutzer Ufer. Eröffnet wurde die Messe am 11.5.1924 in Anwesenheit von Reichspräsident Ebert und Reichskanzler Marx. Ms. Manuskript mit hs. Korrekturen der Rede Adenauers zur Eröffnung in: StBKAH 01.04; abgedruckt in: Konrad Adenauer 1917–1933, S. 76–78.

[690] Am 12.5.1928 eröffnete Oberbürgermeister Adenauer auf dem Messegelände in Köln die sechsmonatige Internationale Presse-Ausstellung, »Pressa« genannt, die bis Oktober 1928 auf dem Messegelände in Köln-Deutz gezeigt wurde (Rede Adenauers zur Eröffnung, ms. Manuskript mit hs. Korrekturen, in: StBKAH 01.04; abgedruckt in: Konrad Adenauer 1917–1933, S. 82–84). Im Geleitwort Adenauers zum Band der Ausstellung (vgl. Pressa. Köln 1928, Berlin o. J., S. 9) heißt es: »Die Bedeutung des Ausstellungsgebiets, die Verflechtung des ›vervielfältigten und verbreiteten Wortes‹ mit allen Gebieten menschlicher Tätigkeit ist auch für die Sachkenner viel größer und interessanter, als man bisher annahm, die Beteiligung von 43 Auslandsstaaten und des Völkerbundes ist in der Geschichte, wenigstens des deutschen Ausstellungswesens, bisher einzig.« Dazu auch: Internationale Presse-Ausstellung Köln, Mai bis Oktober 1928, o. O. und o. J.; Marschall (Hrsg.), Führer durch die Katholische Sonderschau der Pressa, Köln 1928.

[691] Zum Protokoll vgl. 12. Bundesparteitag der CDU, Hamburg o. J.

nicht wohlfühlt und nicht zu Hause fühlt. Er ist ganz ein Mann der Tat und vor allen Dingen außenpolitischer Überlegungen. Realist ist er aber für alle Gebiete des Lebens, und das ist eigentlich das Größte an ihm, dass er das Gefühl für die Rangordnung der Wirklichkeiten hat und besonders für das, was jetzt im Augenblick notwendig ist, und für die Mittel, die man zur Erreichung dieses Zieles jetzt sofort ansetzen muss. Langfristige Grundsatzüberlegungen und Erklärungen, die mehr theoretischen Charakter haben, sind ihm im Wesen schon zuwider, weil sie nicht seiner Art entsprechen. Er wittert darin auch leicht eine gewisse Einbildung, die sich gestattet, von den notwendigen Erfordernissen des Tages abzusehen. Auf dem Gebiet der Außenpolitik ist es etwas anderes. Da sieht er langfristig in Jahrzehnten. Da wird er selbst zum Theoretiker.

Aus diesen inneren Gründen seines Wesens hat er auch schon früher, wenn solche Reden vor der Tür standen, um Material gebeten. Ich hatte mir dann manches zusammengesucht, manchmal etwas geschrieben, und meistens war es dann beiseite gelegt worden, ohne dass es eine Spur hinterlassen hätte. Dieses Mal aber hatte ich angenommen, es stecke mehr dahinter, nämlich sein Gefühl dafür, dass die Partei an einem so kritischen Punkt ihrer Existenz angekommen sei, dass notwendig eine neue Fixierung der Basis erfolgen müsse. Man kann ja auch dieselben Grundsätze mit diesem oder jenem Akzent in dieser oder jener Formulierung zum Ausdruck bringen. Vor allem galt es deshalb, weil er befürchtete, dass durch Erhard und andere Veränderungen die CDU eine mehr liberalistische Note bekommen würde. Er war daher auch hingegangen und hatte schon vor Monaten einen Gesprächskreis zusammengebeten, der das Parteiprogramm oder programmatische Zusatzerklärungen für den Parteitag entwerfen sollte.[692]

Er hatte mich um Nennung von Namen gebeten, und ich habe damals Pater Reichel genannt, weil sonst mir niemand hier in der Nähe zur Verfügung schien. Pater Reichel ist dann auch zu ihm gebeten worden und hat an einer Sitzung teilgenommen zusammen mit jüngeren Fraktionsmitgliedern und einigen anderen Leuten. Es ist dann auch über diesen Auftrag gesprochen worden. Aber als ich Pater Reichel

---

[692] Adenauer führte am 23.10.1963 eine Besprechung mit den CDU-Abgeordneten Aenne Brauksiepe, Luise Rehling und Marie-Elisabeth Klee »wegen der Zusammensetzung und Klärung unserer Programme und Entschließungen und eines Aktionsprogrammes«. Zudem ließ er durchblicken, Barzel gebeten zu haben, den Vorsitz zu übernehmen. Darüber habe er auch mit Dufhues gesprochen. Vgl. Schreiben Adenauer an Barzel, 29.10.1963, in: Adenauer, Die letzten Lebensjahre, Bd. I, S. 51.

vor drei Tagen wieder traf, hörte ich, dass aus alledem überhaupt nichts geworden sei, weil man nicht darauf zurückgekommen sei. Wohl habe er von sich aus Kontakt mit Dr. Barzel aufgenommen, und es habe auch ein Gespräch mit Herrn Dufhues stattgefunden. Bei jedem der beiden habe man zuerst den Eindruck gehabt, sie seien an solchen Grundsatzüberlegungen sehr interessiert. Es sei dann aber nie etwas Weiteres daraus gefolgt. Er selbst habe den Eindruck, dass jeder in dieser Sache nur das im Moment Nötigste tun wolle, und zu dem Nötigsten gehöre auch gerade die Schaffung seiner eigenen Hausmacht. Eine Koordinierung der CDU-Führungskräfte in dieser Angelegenheit sei überhaupt nicht erfolgt.

Mir ist übrigens klar, dass Vater diese von sich aus bei seiner jetzigen Organisationskonstruktion gar nicht leisten kann. Heute Morgen, als er voll Sorge meinte, wie er das alles schaffen solle – er fühlte sich in Folge einer Erkältung mit Heiserkeit und etwas Temperatur schlecht und müde –, da meinte ich, er müsse doch versuchen, in der Parteizentrale wenigstens einen Mann zu haben, der für ihn arbeite und seine Angelegenheiten weiter durchführe. Das könne doch Fräulein Poppinga nicht allein schaffen. Es müsse doch jemand seine Anregungen aufgreifen und weiterführen, um sie gegebenenfalls wieder vor ihn zu bringen. Er meinte aber, das sei Sache von Herrn Dufhues und im Übrigen sei das kleine Fräulein Poppinga ihm viel mehr wert als irgendein neuer Mensch seiner Umgebung. Damit war klar, dass er wohl sich nicht mehr in der Lage fühlt, irgendeine neue Konstruktion zu versuchen, und dass er vielleicht instinktiv fühlt, dass dafür die Kräfte nicht da sind in der CDU. Es ist für ihn einfach ein Stein, der zu schwer ist oder den er als solchen von Gewicht im Moment gar nicht realisiert. Er weiß wohl auch, dass die wirklichen Kraftströme mehr von der Bundesregierung ausgehen.

Kurz und gut, zurück zu dieser Programmformulierung: Ich habe dann ihm angeboten, zum Thema Familie etwas zu machen, worum er eigens gebeten hatte, habe durch Herrn Rüberg[693] von unserem Institut die Sache knapp und gut ausarbeiten lassen und ihm vor 1 ½ Wochen gegeben.[694] Aber vor einigen Tagen hatte er es noch gar nicht gelesen, und ich fand in dem Manuskript seiner Rede, das er mir gestern Abend zu lesen gab, auch nicht eine einzige Spur davon. Es fehl-

---

[693] Rudolf Rüberg (geb. 1927), Diplom-Volkswirt, 1962–1971 Referent für Familienbildung im Katholischen Zentralinstitut für Ehe- und Familienfragen e. V. in Köln.

[694] Zur Arbeit des Instituts in diesem Bereich vgl. Struck, Das Katholische Zentralinstitut für Ehe- und Familienfragen, S. 23 f.

te jeder Hinweis auf die Zukunftsaufgaben der Familienpolitik, außer dass er sagt, Wohnungsbau sei gute Familienpolitik,[695] was natürlich stimmt, aber jetzt wahrhaftig nicht mehr genügt.

Als nun vor 14 Tagen eine Reihe von Symptomen kamen, dass die SPD durch den Besuch beim Papst[696], durch Artikel und Ähnliches sich wieder als mit der katholischen Lehre vereinbar hinstellen wollte,[697] da habe ich erneut Pater Reichel gebeten, er möge zum Punkte »Unterscheidung von der SPD in weltanschaulicher Hinsicht« etwas sagen. Er hat dies in einer kurzfristigen und schnellen Arbeit getan, innerhalb von zwei Tagen, und ich habe die Arbeit für gut gehalten, weil sie deutlich zeigt, dass außer dem marxistischen Gehalt in der SPD auch noch eine Reihe anderer schwerwiegender und mit christlichem Denken unvereinbarer Elemente stecken, desto mehr nach vorne treten, je mehr vom Marxismus abgerückt wird. Diese Gehalte sind von Pater Gundlach schon scharf erkannt und formuliert worden.[698]

Ich habe von diesen Dingen Vater berichtet und habe ihm diesen Extrakt vorgelegt und habe auch darauf aufmerksam gemacht, dass man nach meiner Meinung jetzt in einer neuen Weise begründen müsse, warum eine Weltanschauungspartei und eine christliche Weltanschauungspartei überhaupt noch notwendig sei. Das sei für die Parteimitglieder und auch für die Wähler durchaus nicht klar. Die CDU gerate aus diesem Grunde immer mehr in rein pragmatische Fragen herein, wo sie schnell unterlegen werden könne. Das gelte besonders bei ihrer Auseinandersetzung mit den liberalen Koalitionspartnern.

Obwohl ich heute einen brummenden Schädel habe und daher zum Pessimismus neige, muss ich doch feststellen, dass es erschütternd ist, dass alle diese Dinge in der Rede des Parteivorsitzenden nur ganz teilweise und schwach und dann in längst überkommen und allzu

---

695 »Der Wohnungsbau«, führte Adenauer in seiner Rede am 14.3.1964 aus, »ist die Grundlage einer jeden Familienpolitik«. Ohne Wohnung gebe es keine Familie. Betrachte man »den Wohnungsbau als einen notwendigen Bestandteil der Familienpolitik«, »können wir mit großer Befriedigung auf die Erfolge unserer Familienpolitik hinweisen«. Vgl. 12. Bundesparteitag der CDU, S. 18–33, hier S. 23.

696 Paul VI., eigentlich Giovanni Battista Enrico Antonio Maria Montini (1897–1978), italienischer katholischer Priester, 1958 Kardinal, 1963–1978 Papst.

697 Am 5.3.1964 empfing Papst Paul VI. eine Delegation der SPD im Vatikan zu einer Privataudienz. Vgl. AdG, 34. Jg. (1964), S. 11098.

698 Vgl. Gundlach, Katholizismus und Sozialismus, in: Forster (Hrsg.), Christentum und demokratischer Sozialismus, S. 9–27; Ders., SPD – Kirche, katholisch gesehen, in: Politisch-Soziale Korrespondenz, Sonderdruck Dezember 1959, S. 11 f.; abgedruckt in: Rauscher (Hrsg.), Gustav Gundlach, S. 84–88.

bekannten Formulierungen zu finden sind. Zu der Frage einer Wandlung der SPD wird überhaupt nur mit einem Witz Stellung genommen mit dem Hinweis auf ihre früheren Wandlungen, um sie als unzuverlässig hinzustellen.[699] Es wird aber sonst nichts gesagt. Es fehlt am Anfang jeder Rückblick auf die Entstehung der Partei. Es kommen nur am Schluss ein paar knappe und mehr katholisch-liberale als katholisch-soziale Erklärungen zur weltanschaulichen Haltung, so hinten drangeflickt, um einen schönen, feierlichen Schluss zu finden. Von christlich verstandener Sozialordnung oder Solidarität natürlich kein Wort, nur die üblichen Erklärungen über die Achtung vor der Würde des einzelnen Menschen und Ähnliches mehr.

Der außenpolitische Teil ist natürlich der beste und auch klar mitreißend formuliert. Das Innenpolitische ist äußerst dürftig, am besten nur die klare Position der Geschlossenheit hinter der Bundesregierung und des Angriffswillens gegen die SPD, ohne dass aber eigentlich die Ziele in praktischer Hinsicht, nämlich in der Lösung praktischer Aufgaben, genannt werden. Äußerst kümmerlich wirkt dabei, dass nur die Agrarpolitik genannt wird, natürlich wegen der landwirtschaftlichen Wähler, ohne irgendetwas Inhaltliches zu sagen, ebenso zum Mittelstand und einige Worte zu Herrn Blank und Herrn Lücke, zu der gesamten Innenpolitik kein einziges weiterführendes Wort. Von der Eigentumspolitik überhaupt keine Rede, obwohl gerade zu diesem Punkt zum ersten Mal in der Geschichte des sozialen Christentums eine gemeinsame Erklärung der beiden Kirchen vorliegt[700] und darauf wartet, von der christlichen Partei ergriffen und realisiert zu werden. Kein Wort wird darauf verwendet. Ich habe versucht, es noch hereinzubringen, aber es hieß, man könne nicht alles bringen. Ich habe gesagt, dass aber doch auch andere Themen genannt würden. Darauf kam nur die Antwort, es sei nun genug der innenpolitischen Themen.

Erstaunlich, wie selbstkritisch Vater dabei doch ist. Er bezeichnet seine letzte Parteitagsrede als Mist. Er bezeichnete gestern Abend auch

[699] In seiner Parteitagsrede (vgl. Anm. 695, hier S. 26) wies Adenauer auf die Aussage Wehners hin, das 1959 verabschiedete Godesberger Programm der SPD erschwere oder verbiete es den Sozialdemokraten nicht, »das zu tun, was sie für notwendig halten, wenn sie die Macht haben«. Adenauer schlug der SPD vor, »sich nach einem Wappentier umzusehen«, und zwar einem »Erdlöwen«, die Übersetzung des Wortes »Chamäleon«.

[700] Die Arbeitsgemeinschaft evangelischer und katholischer Sozialwissenschaftler hatte am 14.1.1964 in Bonn »Empfehlungen zur Eigentumspolitik« veröffentlicht. Vgl. Weber, Die »Empfehlungen zur Eigentumspolitik« einer Arbeitsgemeinschaft evangelischer und katholischer Sozialwissenschaftler, in: Zeitschrift für Evangelische Ethik, Bd. 8, Heft 1, Februar 1964, S. 174–179.

seine handschriftlich formulierten weltanschaulichen Schlusssätze als
Mist, bezeichnet aber die ihm gegebenen schriftlichen Anregungen als
kompletten Mist. Ich habe ihm zugegeben, dass man nicht wörtlich
dies in eine Parteitagsrede übernehmen könne, dass sie aber inhaltlich
von großer Bedeutung seien und wert [seien,] umformuliert zu werden.
Es änderte aber nichts an seinem Urteil.

Alles in allem eine erschütternde Bilanz, die mich für die Zukunft
der CDU nur eine Rettung sehen lässt: nämlich die noch größere
Dummheit und innere Uneinigkeit sowie bornierte Führung der SPD.
Im Grund aber [ist es] das alte Bild, dass die Erfolge in der Praxis der
CDU auch diesmal noch die Wähler bestimmen, ihr die Stimmen zu
geben. Aber der ideologische Zerfall der Partei wird unaufhaltsam
weitergehen, und die CDU wird über kurz oder lang von Interessen-
gruppen zerrieben werden.

Krone wird auf dem Parteitag nicht da sein, weil er in Freiburg in
einer Klinik zur Beobachtung sein muss. Von Brentano ist wieder
schwer krank im Krankenhaus, und so sind überhaupt keine Figuren
mehr zu sehen, außer etwa dem jungen Barzel, der zu vielen Seiten
gerecht werden muss, die an einer Sammlung des weltanschaulichen
Ferments der Partei noch Interesse hätten oder Zeit dafür opfern
könnten. Vater selbst scheint dazu zu wenig in der Lage zu sein wie
früher.

Meine Annahme, dass er wenigstens die Notwendigkeit einsähe und
durch andere dafür sorgen ließe, war illusionär, weil er nicht in der
Lage ist, zusätzlich solche Leute an die Arbeit zu bringen und das
Ganze zu pflegen. Dufhues scheint in solchen Dingen ein völliger
Versager zu sein, ein leerer Schwätzer, wenn auch guter Schwätzer
zeitweise, und im Übrigen machte ich sogar bei einem alten Kämpfer
wie Pater Ostermann[701] in Köln die Beobachtung, dass er feststellte,
er sähe kaum noch, wie man die Unterschiede zur SPD richtig hervor-
kehren wolle. Ein entsprechender Artikel von Herrn Klüber[702], dem
früheren Assistenten Höffners, jetzt Professor für Christliche Sozialethik in Regensburg, in dem er nachweist, dass die CDU fast noch

---

[701]  Heinrich Ostermann (1912–1973), katholischer Priester, SJ, 1946 Stadtmänner-
       seelsorger in Köln, gründete im Katholischen Männerwerk das Soziale Seminar,
       die spätere Akademie für Erwachsenenbildung, 1965–1971 Provinzial der Nie-
       derdeutschen Ordensprovinz der Jesuiten. Nachruf http://con-spiration.de/syre/
       files/melaten/tb/ostermann.html.

[702]  Franz Klüber (1913–1989), Professor Dr. jur., Dr. rer. pol., 1952–1958 Assistent
       von Joseph Höffner am Institut für Christliche Sozialwissenschaften, 1958–
       1978 Ordinarius für Katholische Soziallehre an der Universität Regensburg.

weniger wählbar sei für den Christen als die SPD, und den er ausgerechnet in der SPD-Ideologenzeitschrift »Die Neue Gesellschaft« veröffentlicht,[703] ...
Wie jämmerlich wirkt die Entrüstung von CDU-Leuten über das
Schweigen der Kirche gegenüber Annäherungsversuchen der SPD oder
gegenüber den Stimmen, die die SPD als wählbar für den Katholiken
hinstellen, oder den Empfang des Papstes für die SPD-Parteispitze,[704]
wie jämmerlich wirkt das alles, wenn man selber an sich nicht mehr
glaubt, die Mühe machen zu sollen, die eigene weltanschauliche
Grundlage neu zu formulieren und in die praktischen Fragen hinein
anzuwenden. Es ist erschütternd, wie selbstverständlich und ohne
Zögern man aus dem Kernpunkt der Sozialreform in punkto Krankenversicherung das Selbstbeteiligungsprinzip herausoperieren ließ.[705]
Wie man sich jetzt aufregt über die Arbeitnehmerschaft, die mit großer
Mühe ihren Leuten gerade mit christlichem Denken diese an sich für
die Arbeitnehmerschaft unangenehme Pille seit Jahren verabreicht
hatte und die nun erbost ist darüber, dass das alles einfach auf einen
kaum noch erwähnenswerten Rest zusammengedrückt werden soll,
nur um dem Koalitionspartner zu gefallen und die Dummheiten des
Arbeitsministers[706], die Unklugheiten, die er taktisch begangen hat,
nicht zu einem völligen Fiasko für die Bundestagsfraktion werden zu
lassen. Man weiß kaum noch einen einzigen Punkt zu nennen, an dem
die CDU sagen könnte, dass sie wegen ihres christlichen Charakters
für diese oder jene Maßnahme sei. Die CDU ist sich selbst dieser Unfähigkeit, von ihrem weltanschaulichen Boden her zu praktischen
Fragen Stellung zu nehmen, kaum noch bewusst, und nur gelegentlich

---

[703] Vgl. Klüber, Freiheitlicher Sozialismus und katholische Gesellschaftslehre in der
Begegnung, in: Die Neue Gesellschaft, 11. Jg. (1964), S. 48–64.
[704] Vgl. Anm. 697.
[705] Die Fraktionen von CDU/CSU und FDP hatten sich bei drei Gesetzentwürfen
zur Lohnfortzahlung für Arbeiter im Krankheitsfall, der Neuordnung des Kin-
dergeldrechts und der Neuregelung der Krankenversicherung darauf geeinigt,
dass die Grenze der Versicherungspflicht von 660 DM auf 850 DM Monatsein-
kommen angehoben würde, die auch für Arbeiter gelten sollte und damit An-
gestellten gleichgestellt wurden. Der geplante Individualbeitrag sollte entfallen.
Kritisiert wurde, dass somit ein zentrales Anliegen der Krankenversicherungs-
reform, nämlich die Selbstverantwortung mittels Eigenleistung der Versicherten
zu stärken, aufgegeben worden sei. Zu den Diskussionen am 4.2.1964 vgl. Die
CDU/CSU-Fraktion im Deutschen Bundestag, 1961–1966, S. 976–996, hier
S. 981–996.
[706] Blank verteidigte den Kompromiss in einer Stellungnahme. Vgl. »Kein Auf-
schnüren des Sozialpakets«, in: Bulletin, Nr. 26, 12.2.1964, S. 229.

wird es noch von einigen Leuten, die weltanschaulich lebendig sind,
als Mangel empfunden.

Bei der Jugend wird sich das aber zweifellos stark auswirken auf die
Dauer, wenn das Taktieren und das rein pragmatische Denken zu
[sehr] überhandnehmen. Wäre ich nicht durch viele Bande der CDU
verbunden, auch als dem Werk meines Vaters, dann wäre bald der
Zeitpunkt, wo ich der Sache völlig überdrüssig wäre und nicht mehr
sähe, warum man ausgerechnet aktiver Christ sein müsste, um an
dieser Partei mitzuarbeiten. Und das alles in demselben historischen
Augenblick, wo sich die SPD tatsächlich mehr und mehr öffnet, aus
welchen Motiven auch immer.

Das [geschieht] in einem Augenblick, in dem die ganze Weltpolitik
in gefährliche Bewegung zu geraten scheint, in dem mir Vater selber
einen Leitartikel der »Deutschen Zeitung« von gestern[707] zeigt, in dem
behauptet wird, dass de Gaulle die Zuständigkeit der Bundesregierung
für Berliner Fragen bestreitet, dass maßgebende Franzosen mit Ostzo-
nen-Leuten Handelsabkommen schließen wollen,[708] dass eine Annäherung Frankreichs an Chruschtschow und umgekehrt im Gange ist.

Die ganze Situation ist zum Weinen, und ich sehe praktisch für alle
Ziele, die ich als Mann der christlich-sozialen Lehre und der christlich-sozialen Bewegung noch habe, kaum eine echte Chance der Realisierung, noch nicht einmal den ernsthaften Willen zu ihrer Anerkennung in dieser Partei. Ich wäre froh, wenn meine Prognose falsch wäre,
wenn das Verhalten Vaters, der sich über alle diese Dinge hinwegsetzt,
weil er vielleicht seiner inneren Kraft und seinen äußeren Verhältnissen
nach nicht anders mehr kann, und der sich auf reine Taktik beschränkt,
richtig wäre. Vielleicht ist es wahr, wie Ostermann meint, dass auch
in den echt katholischen Familien man nur damit noch die Leute vom

---

[707] Vgl. Erhards Kompetenz für Berlin wird in Paris bestritten, in: »Deutsche Zeitung mit Wirtschaftszeitung«, Nr. 62, 13.3.1964, S. 1. Adenauer erwähnte diesen Artikel auch in seiner Parteitagsrede (vgl. 12. Bundesparteitag der CDU,
S. 28).

[708] Otto Winzer, stellvertretender Außenminister der DDR, bemerkte in einem Interview mit »Le Monde« am 2.3.1964, das am 11.3.1964 veröffentlicht wurde,
»die Möglichkeiten des Handels zwischen Frankreich und der DDR« seien
»noch nicht ausgeschöpft«. Zugleich bot er an, dass »Frankreich in Berlin eine
Handelsvertretung einrichtet« mit dem Ziel, den bilateralen Handel zu erweitern. Vgl. Auszug aus dem Interview in: Dokumente zur Außenpolitik der DDR
1964, S. 452–460, hier S. 459 f.; zu den Interventionen des Auswärtigen Amts
bei der französischen Regierung, »die bisher bekanntgewordene Kreditgewäh-
rung Frankreichs an die SBZ« möge »wirklich Ausnahme bleiben«, Aufzeichnung Lahr, 29.3.1965, in: AAPD 1965, S. 628 f.

Sozialismus abschrecken kann, dass man sagt und beweist, dass Herr
Brandt ungeeignet und unfähig sei, nicht aber mehr aus weltanschaulichen Gründen. Vielleicht geht tatsächlich die Entwicklung dahin,
dass das Weltanschauliche in der Politik mehr und mehr, wenigstens
scheinbar und für die Meinungsbildung der Wähler, zurücktritt.
Ostermann scheint dieser Meinung zu sein und sieht anscheinend den
Auftrag der Kirche nicht mehr in einer Durchsetzung konkreter sozi-
aler Anliegen, wobei ich mit »Kirche« nicht den Klerus meine, sondern
vor allen Dingen die Laien der Kirche. Richtig ist, dass viele Aufgaben,
die man als Christ vor zehn Jahren der Politik nennen musste, in einem
hohen Maße erfüllt sind.

Vater sagt triumphierend, dass eine Befragung jetzt ergeben habe,
70 Prozent der Menschen seien zufrieden, wenn sich ihre Verhältnisse
in den nächsten fünf oder zehn Jahren nicht änderten.[709] Ich selbst
kann nicht anders, als skeptischer darin zu sein, weil ich in diesem
Prozess nur eine Einhebung und eine Vernebelung echter Wahrheits-
momente sehe, die sich zu gegebener Zeit schwer rächen wird, wenn
die Gefährdung des Menschen aus den Tendenzen des modernen Gesellschaftslebens heraus schlagartig zunehmen kann. Dann wird sich
zeigen, wieviel an Substanz einfach hinter all diesen faulen Kompro-
missen verloren gegangen ist, wieviel man sich selber vorgemacht hat.

Haben wir nicht nach 1933 einen ähnlichen Prozess erlebt, war
nicht die Wehrlosigkeit, die Anfälligkeit der breitesten Schichten des
Bürgertums für den Naziterror bedingt dadurch, dass man keinerlei
weltanschaulich klare Positionen mit Geltung für das soziale und
politische Leben mehr kannte? Eine Gesellschaft von bequemen An-
passern, von reinen Taktikern wird das beste Material für eine neue
Despotie sein. Sie braucht sich nicht mehr sehr zu ändern, wenn die
Despotie einmal von anderen Leuten ausgeübt wird und wenn sie
plötzlich brutal wird. Wie soll das Christentum in einer solchen gesellschaftlichen Welt noch das Salz der Erde sein, nicht nur im rein
privaten Leben von Mensch zu Mensch? Für Deutschland sehe ich seit
gestern und heute die Chancen dafür schwinden.

Bei alledem ist zu berücksichtigen, dass Vater nach den enormen
Strapazen seiner Verabschiedung keinen Urlaub gehabt hat und dass
seit November der Arzt in Sorge ist wegen seines Herzens. Zwar hat
er sich bisher immer wieder erstaunlich auf entsprechende Behandlun-

---

[709] Zur Entwicklung der Zufriedenheit der Bevölkerung, wenn ihre wirtschaftliche
Lage in dem genannten Zeitraum unverändert bliebe, vgl. Noelle/Neumann
(Hrsg.), Jahrbuch der öffentlichen Meinung 1965–1967, S. 273.

gen hin regeneriert, aber es traten doch auch immer wieder sehr deutliche Ermüdungserscheinungen auf, die ihn selbst natürlich entsprechend pessimistisch stimmten. Überhaupt nehmen gewisse depressive Züge in seiner Veranlagung jetzt im hohen Alter gelegentlich so zu, dass er neulich zum Beispiel ohne einen adäquaten Anlass, als Fräulein Poppinga und ich in einer sachlichen Angelegenheit widersprachen und als ich die Partei von Fräulein Poppinga dabei ergriff, er sich sehr erregte und sagte: »Ich bekomme hier nichts als Widerspruch. Ich kann sagen, was ich will, es wird immer widersprochen ...«

Das ist sachlich unrichtig. So oft es mir möglich ist, erkenne ich an, mehr als früher, und sage das auch dabei, damit sich nicht die Vorstellung festsetzt, er erfahre nur Kritik. Aber es gibt Angelegenheiten, bei denen ich es nicht verantworten kann, meine abweichende Meinung zu äußern, besonders wenn ich ausdrücklich danach gefragt werde. Es ist nicht leicht, das zu tun, und man muss sich ja auch immer wieder fragen, welche Wirkungen [es hat], die von diesen Menschen ausgehen, die bedeutend sind für seine Partei und die Erhaltung seines Werkes. Wahrscheinlich sind das nicht seine Grundsatzausführungen bei Reden, sondern es ist seine Persönlichkeit, sein Kampfwille, seine klare, übersichtliche, weitblickende, stetige Art, sein Maßvermögen, seine Realistik und Nüchternheit. Die Kraft zu diesen Dingen inmitten des zermürbenden Zustandes, dass er nicht zu seiner eigentlichen Arbeit, die Memoiren, kommt und dass er andererseits mit dem Parteivorsitz sachlich nicht viel ausrichten kann, das alles muss dazu veranlassen, Anerkennung und Kritik vernünftig zu dosieren.

Bitter ist, dass ich nun für alles das, was ich doch im Laufe der Jahre an Aufgaben für die CDU sehe, kaum noch einen Adressaten habe, nachdem die Verbindung zu Krone und dem Kreis um die PSK[710] sehr dünn geworden ist. Denn dieser Kreis lebt praktisch doch wohl von Krone, und dieser ist krank und hat nicht die Kräfte, aus dem Kreise ein wirkliches Integrationszentrum zu machen. Herr Dr. Tschirn aber hat es leider auch nicht [geschafft], so dass die recht heterogenen Mitglieder des Herausgeberkreises keinen eigentlichen sachlichen Zusammenhalt haben.[711] Was nützen alle guten Überlegungen und Arti-

---

[710] Korrigiert aus: »Beska ?«, gemeint: »Politisch-Soziale Korrespondenz«.
[711] Auf der Vorstandssitzung am 5.12.1963 in Bonn, an der Berger, Krone, Rothkranz, Tschirn, und Wallraff teilnahmen, waren die Umwandlung der Gemeinschaft für christlich-soziale Schulung und öffentliche Meinungsbildung e. V. in eine Gesellschaft mit beschränkter Haftung sowie die Geschäftsordnung einschließlich einer Regelung der Vollmachten für Tschirn diskutiert worden. Entwurf der Niederschrift der Vorstandssitzung, 10.12.1963, und Entwurf eines

kel, wenn man das Gefühl hat, dass ein eigentlicher energischer Wille in der Parteiführung, ordentliche Anregungen aufzugreifen, nicht recht sichtbar wird, dass man nicht recht weiß, wo noch solche Dinge mit durchdacht und der Durchführung näher gebracht werden, ohne dass sie vorher von Interessenten oder anderen Richtungen regelrecht kastriert werden. Auf der anderen Seite will sein Glück, dass man in einer solchen Situation ein Arbeitsfeld hat, das »Ehe und Familie« heißt und nicht im Katholisch-Sozialen Institut in Bad Honnef verankert ist, wo es viel schwerer sein würde mit dem Gefühl im Hintergrund, dass man keine rechte Chance sieht, wie dort die Leute politisch die Möglichkeit haben werden, diese Dinge durchzusetzen, dass man auf bohrende Fragen nach den Bemühungen und Plänen der CDU nur in wenigen Fällen eine klare und befriedigende Antwort geben kann.

Ostern, Sonntag, 29. März 1964
Es ist ein Wetter wie im November. Vater hat sich noch nicht erholen können von seiner Erkältung mit Fieber vom Parteitag[712] her. Er ist nun ganz überrascht, dass plötzlich der Pavillon bezugsfertig geworden ist. Die Vorhänge sind drin. Das eine Fenster ist oben zugemacht worden, und es fehlen jetzt als Hauptprobleme noch eine Lampe oben, ein Schrank, wohin er den Mantel hängen kann, und wie man das Regenwasser dran hindern kann, vorne auf die Steine aufzuplatschen und dann das ganze Holz und die Scheiben zu verschmutzen. Dann überlegt er genau, welche Läufer er hineintut. Er hat schon zwei drin liegen. Und wie er den Schreibtisch aufstellen will, damit er gut arbeiten kann mit dem Blick auf die Ferne Richtung Maria Laach. Dabei bedrückt ihn aber jetzt die ungeheure Arbeit immer mehr. Wenn er auf seine Ferien zu sprechen kommt, kann er sich nicht freuen, weil er zuerst nur die Arbeit sieht, die da begonnen werden muss.

Heute Nachmittag, so gegen ½ 7 Uhr, ist er aber dann tatsächlich an seine Papiere gegangen und hat angefangen, in einem nicht veröffentlichten Gutachten oder Bericht von Hans Buchheim[713] über die

Gesellschaftsvertrags, Entwurf für Sitzung am 14.2.1964 in Bonn, beide in: ACDP, NL Heck 01–022–019/1; Materialien zu den Aktivitäten der »Gemeinschaft« in der Zeit von 1962 bis 1970, darunter auch Korrespondenz mit Paul Adenauer, in: ACDP, NL Krone 01–028–061/1.

712 Vgl. Anm. 691 und Anm. 695.

713 Hans Buchheim (1922–2016), Dr. phil., Politikwissenschaftler, 1963–1966 Mitarbeiter im Bundeskanzleramt, 1966–1990 Ordinarius für Politikwissenschaft an der Universität Mainz.

erste Zeit der deutschen Politik bis zum Petersberger Abkommen[714]
zu lesen.[715] Er muss feststellen, dass ihm vieles davon auch entfallen
war und dass er doch sehr viel nachlesen muss, um ein richtiges Bild
zu kriegen. Auf der anderen Seite freut es ihn, dass er durch die spätere Zeit seine damalige Politik bestätigt findet, die nicht wie nach dem
Ersten Weltkrieg auf ein Alles-oder-nichts hinauslief, sondern mit dem
Petersberger Abkommen begann als einer Basis, die dann ausgebaut
werden sollte.

Heute macht ihm große Sorge, wie sein Nachfolger sich nachlässig
äußert über sein Verhältnis zu de Gaulle, wie er etwa vor der Presse
darüber spricht, dass man Meinungsverschiedenheiten ohne Weiteres
offen habe aussprechen können,[716] und ähnliche Dinge mehr, die de
Gaulle nach Vaters Meinung als verletzend empfinden könnte. Es sind
auch Fragen, wieweit man solche Dinge, die das intimere Verhältnis
zwischen zwei solchen Staatsmännern betreffen, vor der Presse immer
wieder mit einer gewissen Nonchalance preisgeben soll. Vater glaubt,
dass de Gaulle in diesen Dingen äußerst empfindlich ist und mehr
Respekt verlangt und nicht vergessen kann, wenn ihm dieser nicht
entgegengebracht wird.

Dann berichtet er – unter dem Siegel der Verschwiegenheit, das
unbedingt hierbei zu beachten ist – davon, dass Eisenhower beabsichtigt habe, als Wahlparole der Republikanischen Partei einen Abzug
der amerikanischen Truppen aus Europa zur Einsparung von Geld in
Aussicht zu stellen.[717] Er sei sich aber nicht sicher gewesen, inwieweit
das zu vertreten sei, und habe darum bei Vater angefragt. Vater hat
ihm einen sieben Seiten langen Brief geschrieben, in dem er begründet

---

[714] Vgl. Niederschrift der Abmachungen zwischen den Alliierten Hohen Kommissaren und dem Deutschen Bundeskanzler auf dem Petersberg bei Bonn (Petersberger Abkommen), 22.11.1949, in: DzD, II. Reihe/Bd. 2, S. 274–277.

[715] Manuskript in StBKAH nicht überliefert. Ausarbeitungen Buchheims zur
Deutschland- und Ostpolitik in: ACDP, NL Globke 01–070–025. Vgl. auch
dessen Darstellung zu den außenpolitischen Aufgaben und Zielen der ersten
Bundesregierung unter Adenauer: Deutschlandpolitik 1949–1972, S. 9–22.

[716] Bei ihrem Zusammentreffen am 14.2.1964 in Paris »begrüßten« Erhard und de
Gaulle »diese Gelegenheit zu freimütigem Meinungsaustausch«. Vgl. AAPD
1964, S. 203–215, hier S. 203.

[717] Im Juli 1956 wurden Pläne des Vorsitzenden der Vereinigten Stabschefs, Admiral Arthur William Radford (1896–1973), bekannt, eine Reduzierung der amerikanischen Streitkräfte um nahezu 800 000 Mann vorzunehmen. Vgl. dazu
Anthony Leviero: Radford Seeking 800 000 Men Cut. 3 Services Resist, in: »The
New York Times«, 13.7.1956; [Radford,] From Pearl Harbor to Vietnam,
S. 327–330; zu den Reaktionen der Bundesregierung Adenauer, Erinnerungen
1955–1959, S. 197–214; Grewe, Rückblenden, S. 276–281.

hat, warum nach seiner Meinung eine derartige Maßnahme nicht in Frage kommen könne.[718] Eisenhower habe sofort geantwortet, dass Vaters Argumente ihn überzeugt hätten und er später ausführlicher antworten werde.[719] Von solchen Dingen abgesehen, [emp]findet Vater sich aber immer mehr als ein Mensch ohne Arme und Beine, der nicht handeln kann. Das gilt vor allem auch für Fragen der Außenpolitik, insofern als Schröder nach wie vor ihm keinerlei geheimere Nachrichten zukommen lässt, wie es an sich vereinbart war.

Bei Tisch, wenn Schorsch und Ulla da sind, kommen wir oft auf die Vergangenheit zu sprechen. Vater berichtet davon, dass früher in seinem elterlichen Hause natürlich noch keine Kanalisation gewesen sei, sondern eine Senke, die dann nachts durch eine Pumpe mit Handbetrieb geleert worden sei. Es sei dann eine große Neuerung gewesen, als man Dampfmaschinen für diese Pumpen eingesetzt habe. Es habe auch ein schönes Spottlied darauf gegeben. Er wisse auch noch genau, dass er ein einziges mittelgroßes Schokoladenei zu Ostern bekommen habe als Junge, das er dann auf der Fensterbank hinterlassen habe. Als man dann am Karfreitag vom Spaziergang in die Stadt zurückgekommen wäre, bei dem man verschiedene Kirchen besucht habe und anschließend einen neuen Hut gekauft habe, da sei dann später der Osterhase gekommen und habe dieses besagte Ei gebracht. Das sei dann in der Sonne zerschmolzen. Er habe bis heute diesen Schmerz nicht vergessen.

Kleinigkeiten des Alltags sind, wie er ahnungslos tut, als wir von dem verflossenen Fräulein Irma[720] erzählen, wie verrückt diese vor Feiertagen gewesen sei, sich umgebracht habe mit Arbeit, zum Beispiel die Kristallkronleuchter alle mit Spiritus abgewaschen habe bzw. habe abwaschen lassen und bis in die Nächte hinein gebrasselt[721] habe. Demgegenüber wird festgestellt, dass ein an sich guter Schmorbraten, den es heute gab, doch eigentlich kein völliges Mittagsgericht darstelle, und warum man nicht mehr engere Kragen für ihn anschaffe, da er doch

---

[718] Wohl gemeint: Schreiben Adenauer an Dulles, 22.7.1956, in: Adenauer, Briefe 1955–1957, S. 216 f.

[719] Zu der mit Eisenhower abgestimmten Antwort vgl. Schreiben Dulles an Adenauer, 11.8.1956, in: FRUS 1955–1957, Vol. XXVI, S. 139–143.

[720] Irma Göbel (geb. 1922), 1959–1961 Hauswirtschafterin im Privathaus von Konrad Adenauer.

[721] Im rheinischen Sprachgebrauch verwandter Ausdruck im Sinne von »geschäftig, sich beeilend oder gar überstürzend, unruhig, geräuschvoll schwer arbeiten, wühlen, vielerlei arbeiten müssen (halb anerkennend oder völlig tadelnd oder im Ärger gemeint)«. Vgl. Rheinisches Wörterbuch, S. 914 f.; Bhatt/Herrwegen, Das Kölsche Wörterbuch, S. 134.

magerer geworden sei und dies nicht gern am Kragen sehen lassen könne. Es ist auch schwer für ihn zu verstehen, dass Frau Schlief am ersten Ostertag nach Hause geht, weil ja am zweiten Ostertag unsere Geschwister kommen, und sie dann nicht mehr weg kann. Er meint, sie müsse dann immer hier sein. Und es ist ihm bitter zu fühlen, dass eben auch außerhalb des Hauses echte Schwerpunkte des Lebens von solchen Menschen sein müssen. Als dann aber abends die Schwestern, das heißt also die Töchter, anrufen, da erzählt er ihnen köstlich am Telefon, wie herrlichen Sonnenschein, ja sogar Gewitter wir gehabt hätten, obwohl es den ganzen Tag erbärmlich kalt und regnerisch war. Er lacht sich kaputt, wenn er das Erstaunen am anderen Ende der Leitung hört. Hoffentlich kommt er bald ans Schreiben seiner Memoiren.

Dann spielt er auch mit dem Gedanken, eine Einladung zum Besuch des Heiligen Landes anzunehmen.[722] Wäre das herrlich, noch einmal mit ihm zusammen dahin zu gehen!

### Dienstag, 31. März 1964

Gestern waren die Geschwister hier mit Ausnahme von Ria, das erste Mal seit vielen Jahren, weil doch sonst Vater meist Ostern in Cadenabbia war. Nun ging es los! Koko beklagte sich über die schlechte Rechtfertigung der Politik de Gaulles. Es fing mit dem Oberst Argoud[723] an. Vater erzählte noch einmal, was Guy Mollet in einer Rede vor der Auswärtigen Gesellschaft hier berichtet hatte,[724] dass nämlich Chruschtschow ihm bei seinem Besuch[725] klargemacht habe, die Deut-

---

[722]　Der Leiter der Israel-Mission in Köln, Felix Shinnar, hatte in einem Gespräch mit Adenauer am 28.5.1963 die Einladung Ben Gurions zu einem Besuch Israels ausgesprochen. Vgl. Aufzeichnung des Gesprächs in: AAPD 1963, S. 593–596, hier S. 596.

[723]　Antoine Argoud (1914–2004), französischer Offizier, im Zweiten Weltkrieg Mitglied der Résistance, 1956 Oberst im Algerienkrieg, wegen Beteiligung an einem Attentat auf Präsident de Gaulle im August 1962 zum Tode verurteilt, im Februar 1963 von Fremdenlegionären aus Deutschland nach Paris entführt, Ende 1963 zu lebenslanger Haft verurteilt und 1968 im Zuge einer Generalamnestie begnadigt und freigelassen. Vgl. Operation Tirolerhut, in: »Der Spiegel«, Nr. 11, 13.3.1963, S. 20–28; Pierre Viansson-Ponté: Les méthodes du colonel Argoud, in: »Le Monde«, 18.10.1974.

[724]　Vgl. Guy Mollet, La politique de la France dans le contexte européen et atlantique. Vortrag, gehalten in Bad Godesberg, 9.1.1964, als Manuskript gedruckt, Deutsche Gesellschaft für Auswärtige Politik e. V., Bonn 1964; auch in: StBKAH II/110; Bericht über den Vortrag in: Europa-Archiv, 19. Jg. (1964), S. 71.

[725]　Vom 26.10. bis 4.11.1963 besuchte eine Delegation der SFIO unter Leitung von Mollet die UdSSR. Zum Kommuniqué (Auszug) vgl. AdG, 33. Jg. (1963), S. 10895 f.

schen, die einen guten Instinkt hätten, wo Geld zu verdienen sei,
würden bald an der Entwicklung der russischen Wirtschaft mitarbeiten wollen, und wenn die Franzosen das nicht wollten, dann sollten
sie selbst sich mit Russland wieder zusammenschließen. Darin sieht
Vater den Schlüssel für das, was zu tun ist: auf alle Fälle de Gaulle und
Frankreich stärken, weil nur darin wir fester werden können gegenüber solchen russischen Taktiken.

Er bekommt in seinem skeptischen Urteil über Kennedys tatsächli-
che Leistung Recht, wenn er aus der Zeitung aus einem Korrespon-
dentenbericht der FAZ von Amerika zitiert, in dem Kennedy als pro-
metheisch und augusteisch bezeichnet wird, im gleichen Atemzug aber
berichtet wird, wer ihm als »alter ego« die Reden gemacht habe, und
darüber geklagt wird, dass nun die ewige schöpferische Unruhe, das
prinzipielle Unruhigsein, gewichen sei zugunsten eines mehr alltäglichen Regierungsgeschäftes unter Johnson.[726]

Als Koko meint, de Gaulle lasse sich doch zu sehr vom Gedanken
an die »Gloire de la France« leiten, da macht Vater ihm klar, wie der
Hintergrund aussieht. Er selbst habe einmal versucht, de Gaulle dazu
zu bewegen, dass er mehr Truppen der NATO unterstelle. De Gaulle
habe ihn nur zurückgefragt: »Ich weiß nicht, was Sie von Generalen
halten?« Und als er daraufhin fragend ihn angesehen habe, habe er
gesagt: »Bei der NATO hat man sie noch weniger in der Hand!« Man
dürfe nicht vergessen, dass die Armee zu einem großen Teil in ihren
Führungskräften scharf gegen de Gaulle gewesen sei und mehrere
Attentate auf ihn verübt habe. Außerdem habe de Gaulle den Amerikanern nicht folgendes vergessen: Es habe in der UNO eine Abstimmung stattfinden sollen über eine Verdammung der französischen
Kolonialpolitik, und de Gaulle habe Vater beschworen, er möchte
doch tun, was er könne bei den kleineren Mächten, damit diese nicht
auf dieses Begehren eingingen.[727] Vater hat dann den Besuch Eisenho-

---

[726] Vgl. Jan Reifenberg, Johnsons Vertraute übernehmen das Weiße Haus. Die
Übergangszeit nach Kennedys Tod geht dem Ende entgegen, in: »Frankfurter
Allgemeine«, Nr. 75, 31.3.1964, S. 2.

[727] Beim Besuch Eisenhowers am 2./3.9.1959 in Paris kündigte der Sprecher des
Weißen Hauses, James C. Hagerty, an, dass eine öffentliche Erklärung de
Gaulles zu Algerien zu erwarten sei. Am 16.9.1959 versprach der französische
Staatspräsident Algerien spätestens vier Jahre nach Befriedung des Landes die
Gewährung des Selbstbestimmungsrechts. In einer Rede vor der UNO-Vollver-
sammlung am 30.9.1959 nannte Außenminister Couve de Murville Sezession,
Französisierung und eine Regierung in Algerien in enger Union mit Frankreich
als Gegenstand eines Referendums. Vgl. AdG, 29. Jg. (1959), S. 7916, 7946,
7976.

wers gehabt und hat mit ihm über die Sache gesprochen.[728] Eisenhower sei sehr unzugänglich gewesen, weil Amerika an seinem oft unrealistischen Antikolonialismus festhalten zu müssen glaubte. Vater hat aber nicht locker gelassen. Schließlich habe Eisenhower sich bereit erklärt, den französischen Botschafter[729] entsprechend zur Zurückhaltung zu ermahnen [und] anzuhalten. Vater hat Eisenhower gefragt, ob er diese seine Antwort in seiner Gegenwart nach Paris an unseren Botschafter[730] zur Weitergabe an die Franzosen durchtelefonieren dürfe. Eisenhower habe zugestimmt. Er habe telefoniert. Dann seien die Italiener an den amerikanischen Chefdelegierten herangetreten und hätten erklärt, sie wollten [ab]stimmen wie Amerika. Als die Vereinigten Staaten dann gewusst hätten, dass genug Stimmen da sein würden, um den Antrag auf Verdammung der französischen Kolonialpolitik abzulehnen, da hat sich Amerika der Stimme enthalten. Das habe zu einer neuen Welle im Algerienkrieg gegen Frankreich geführt und die ganze Sache dann auf ein neues Gleis gebracht. De Gaulle könne das Amerika nicht vergessen. Er sei äußerst empfindlich in diesem Punkt.

Auch heute Abend kommt Vater niedergeschlagen nach Hause, weil er sagt:»Ich habe tausenderlei Kram zu erledigen und komme nicht zu meiner eigentlichen Arbeit.« Er fühlt auch, dass er nicht mehr die Nervenkräfte hat. Er war ja überhaupt noch nicht fort zur Erholung nach all den Rücktrittsstrapazen. Es sei doch ein äußerst hartes Jahr gewesen, meint er. Das Schlimme sei, dass es jetzt mit Deutschland in der Gradlinigkeit und Entschiedenheit einer Politik mit Frankreich für Europa abwärts gehe. Früher hatte er auch auf die üble Rolle der Holländer hingewiesen, an denen allein es läge, dass es mit einer politischen Union nicht weitergekommen sei. Insbesondere sei das das Verdienst des Herrn Luns[731] von der Volkspartei (katholischen) in Holland.

Vater erzählt vom Besuch einer englischen Historikerin, Professorin in Oxford,[732] die er von früher her kennt, mit der er sich über die

---

[728] Vgl. Anm. 597 und Anm. 598.

[729] François Seydoux Fornier de Clausonne (1905–1981), französischer Diplomat, 1958–1962 und 1965–1970 Botschafter Frankreichs bei der Bundesrepublik Deutschland, 1962–195 Ständiger Vertreter bei der NATO.

[730] Vollrath von Maltzan, Freiherr zu Wartenburg und Penzlin (1899–1967), Dr. jur., Diplomat, 1955–1958 Botschafter der Bundesrepublik Deutschland in Frankreich.

[731] Joseph Marie Antoine Hubert Luns (1911–2002), Dr. jur., niederländischer Diplomat und Politiker, 1952–1971 Außenminister (1952–1956 ohne Portefeuille zusammen mit Johann W. Beyen), 1971–1982 Generalsekretär der NATO, trat 1972 aus der Katholischen Volkspartei aus.

[732] Agnes Headlam-Morley (1902–1986), Professor Dr. phil., Historikerin, lehrte seit 1948 am Somerville College in Oxford.

Schwierigkeiten der englischen Politik unterhalten hat.[733] Sie hat ihn gefragt, worauf er denn eigentlich das besondere Missgeschick im Verhältnis Europa–England zurückführe. Vater habe ihr geantwortet, auf die Dummheit Macmillans. Und sie habe nicht umhin gekonnt, ihm zuzustimmen.

Ähnlich stolz ist er darauf, dass er heute, als er erfuhr, dass Franco 25 Jahre an der Macht ist, ihm telegrafiert hat mit den Worten: »Sie haben Ihrem Lande Frieden gebracht.«[734] Er freut sich jetzt schon darauf, wie die SPD darüber toben wird. Ein richtiger alter Kämpe!

Freitag, 3. April 1964
Gestern Morgen kommt Vater zum Kaffee und sagt: »Drei wichtige Dinge stehen in der Zeitung. 1. Sieh Dir das an, was Herr Schröder aus dem Evangelischen Arbeitskreis in der CDU macht. 2. In Brasilien droht Bürgerkrieg.[735] 3. In der Passierscheinfrage[736] scheinen die Amerikaner mit Brandt gegen die Bundesregierung zu gehen.«

---

[733]  Das Gespräch Adenauers mit Headlam-Morley fand am 26.3.1964 statt (Adenauer, Kalendarium). In einer Notiz vom gleichen Tage hielt Adenauer dazu fest, er »habe mit ihr in der Hauptsache über das Verhältnis England–Deutschland–Europa gesprochen«. Vgl. Adenauer, Die letzten Lebensjahre, Bd. I, S. 586 Anm. 18.

[734]  Vgl. Telegramm Adenauer an Franco, 31.3.1964, ebd., S. 166.

[735]  Aufgrund von Enteignungsdekreten und beabsichtigten Verfassungsänderungen von Staatspräsident João Goulart, die eine Landenteignung ohne Entschädigungen, ein erweitertes Wahlrecht und die Zulassung der Kommunistischen Partei vorsahen, sowie der Revolte von Marinesoldaten zur Durchsetzung der Reformen drohte in Brasilien ein Bürgerkrieg, der am 14.4.1964 durch die Ernennung von General Humberto de Alencar Castelo Branco zum neuen Staatspräsidenten verhindert werden konnte. Zum Verlauf der Ereignisse von Mitte März bis Mitte April 1964 vgl. AdG, 34. Jg. (1964), S. 11172 f.

[736]  Ungeachtet der Nichtanerkennung der DDR durch die Bundesrepublik Deutschland unterzeichneten am 17.12.1963 Unterhändler der Senatsverwaltung von Berlin und der Regierung der DDR mit Billigung der Bundesregierung und der drei Westmächte das Passierscheinprotokoll. Auf Antrag wurden an Bürger aus Berlin (West) Passierscheine ausgegeben, die zwischen dem 19.12.1963 und dem 5.1.1964 Besuche bei Verwandten im Osteil der Stadt erlaubten. Über den Jahreswechsel nutzten etwa 700 000 West-Berliner 1,2 Millionen Mal die Besuchsmöglichkeiten. Das Angebot der DDR, die Regelung zu verlängern, stieß in der Bundesregierung auf die Befürchtung einer allmählichen Änderung der Deutschlandpolitik. Vgl. Passierscheine von der Reichsbahn. Spiegel-Gespräch mit dem Regierenden Bürgermeister von Berlin, Willy Brandt, in: »Der Spiegel«, Nr. 11, 11.3.1964, S. 25–33; auch Rede Erhards auf dem 12. Bundesparteitag der CDU, S. 100–123, hier S. 109 f.; zur Haltung der Westmächte, insbesondere der amerikanischen Regierung, die explizit den Standpunkt der Bundesregierung nicht teilte, Berlin (West) sei ein Land der Bundesrepublik Deutschland, Schreiben Carstens an Westrick, 31.3.1964, in: AAPD 1964, S. 380 f.

Die erste Sache lese ich mir durch, und es wird darin berichtet von der elften oder zwölften Jahressitzung des Evangelischen Arbeitskreises in der CDU, der sich zur Aufgabe gestellt habe, zu wichtigen Fragen der Politik aus evangelischer Verantwortung heraus Stellung zu nehmen.[737] Schröder wolle darin ein großes Referat über [die] Außenpolitik halten.[738] Schröder ist der Vorsitzende dieses Arbeitskreises. Ich äußere die Auffassung, dass ich das an sich vernünftig fände, dass der CDU nottäte, aus ihren Grundsätzen heraus an die Politik neu heranzugehen, vor allem evangelische Kräfte an sich zu binden.

Vater ist ganz empört und sagt, es gäbe keine evangelische und katholische Auffassung in der CDU nebeneinander zu dulden. Als Bezeichnung von amtlichen Einrichtungen der CDU sei das damals nur in den ersten Jahren ein Zugeständnis gewesen. Es bringe die Gefahr mit sich, dass katholische Kreise misstrauisch würden. Vor allen Dingen sei es doch aber jetzt nur ein Versuch Schröders, sich eine Hausmacht zu schaffen, weil er fühle, dass er an Anhang verliere. Das sei eine gefährliche Tendenz. Man müsse es zusammen sehen mit seinen Tendenzen, sich an England und die angelsächsischen Mächte zu halten, die von vielen Protestanten geteilt werde, unter anderem auch aus einer gewissen Reserve gegenüber dem katholischen Frankreich heraus. Insofern sei diese Angelegenheit sehr gefährlich, und man werde ihr große Aufmerksamkeit schenken müssen. Er selbst habe als Parteivorsitzender überhaupt keine Einladung zu diesem Arbeitskreis bekommen, obwohl Herr Dufhues als geschäftsführender Vorsitzender sogar dort teilnähme. Dufhues habe ihn überhaupt nicht orientiert, und es gehe so mit ihm nicht weiter. Ich rate, dass Vater auf alle Fälle ein Grußtelegramm hinschickt, wie es auch Erhard getan hat.[739] Aber Vater scheint nicht zu wollen.

[737] Die 11. Bundestagung des Evangelischen Arbeitskreises der CDU/CSU fand vom 2. bis 4.4.1964 in München unter dem Thema »Geist – Ordnung – Macht« statt und befasste sich »mit der besonderen evangelischen Verantwortung für Politik und Gesellschaft«. Grußwort des stellvertretenden Landesvorsitzenden der CSU, Rudolf Eberhard, sowie Berichte zum Tagungsverlauf in: ACDP 04–001–016/2.

[738] Evangelischer Arbeitskreis der CDU/CSU, III. Referat, Gerhard Schröder: »Deutschlands Lage und Zukunft«, 3.4.1964, ebd.; abgedruckt in: Bulletin, Nr. 58, 7.4.1964, S. 503–507; DzD, IV. Reihe/Bd. 10, S. 452–455.

[739] Erhard sandte am 1.4.1964 ein Telegramm zu Händen Schröders an die Teilnehmer der 11. Bundestagung des Evangelischen Arbeitskreises der CDU/CSU in München (ACDP, NL Schröder 01–483–052/2), in dem er seine Freude ausdrückte, »mit welcher regen Aktivitaet sich die evangelischen Mitglieder unserer Partei mit aktuellen Problemen des geistigen und politischen Lebens

Mit sichtlichem Vergnügen erzählt er davon, dass er sich über eine Stunde lang mit Vertretern des »Spiegel« unterhalten hat.[740] Die Leute haben sich seit Wochen um einen Termin bei ihm bemüht, um ihm die Originale von Äußerungen berühmter Zeitgenossen zu seinem Rücktritt in wunderbarem Leder gebunden[741] zu überreichen. »Der Spiegel« hat zweitausend Exemplare dieser Sammlung faksimilieren lassen und an Bibliotheken und überallhin verschickt.[742] Vater bekommt eine ganze Menge [Exemplare] für Verwandte und Bekannte. Bei der Gelegenheit habe man offen über die großen Fragen der Politik gesprochen. Die Leute seien sehr beeindruckt gewesen und hätten ihn gebeten, ob sie nicht von Zeit zu Zeit kommen dürften unter der Zusicherung, dass nichts davon in den »Spiegel« käme. Vor allem bitte Herr Augstein[743] darum. Die Sache ist natürlich sofort bekanntgeworden, und die ganze Presse bestürmte das Vorzimmer, um festzustellen, was Vater mit den »Spiegel«-Leuten [zu besprechen] habe. Er stellt als Ergebnis nur fest, dass er glaube, dass der »Spiegel« ihn in der nächsten Zeit nicht besonders angreifen werde. »Der Spiegel« habe jetzt eine Auflage von über 270 000 Stück, liege in den Wartezimmern aus und stelle eine gewaltige geistige Macht dar, mit dem man sich infolgedessen einigermaßen gut halten müsse, solange es vertretbar sei.

Allerheiligen, Sonntag, 1. November 1964
Vorgestern abends spät komme ich zurück aus Königstein. Ich bin nun wieder für einige Wochen hier im Hause. Vater kommt gegen 9 Uhr todmüde nach Hause. Er erzählt nicht viel. Er hat es in Bonn schwer, weil Fräulein Poppinga …[744] in Königstein im Sanatorium liegt, wo ich sie am Freitag vor meiner Rückfahrt besucht habe.

---

auseinandersetzen«. Als »Grundprinzip ueber aller unserer Parteiarbeit« stehe »die Verpflichtung zu christlicher Gesinnung«.

[740] Der Verlagsdirektor des »Spiegel«, Hans Detlef Becker, und Chefredakteur Claus Jacobi überreichten Adenauer am 1.4.1964 schriftliche Originale von Würdigungen anlässlich seines Rücktritts am 15.10.1963, die zugleich in einem Sonderheft veröffentlicht wurden. Vgl. Spiegel-Verlag / Hausmitteilung, Betr.: Adenauer-Besuch, 6. April 1964, in: »Der Spiegel«, Nr. 15, 8.4.1964, S. 3.

[741] Schreiben von Becker und Jacobi an Adenauer, 1.4.1964, sowie die gebundene Sammlung der 42 Briefe von Persönlichkeiten, in: StBKAH II/8.2.

[742] Vgl. Konrad Adenauers vierzehn Jahre, »Der Spiegel«, 17. Jg., Nr. 41, 9.10.1963.

[743] Rudolf Augstein (1923–2002), Journalist, Publizist und Verleger, seit 1947 Herausgeber des Nachrichtenmagazins »Der Spiegel«.

[744] Vom Bearbeiter gestrichen: Ausführungen über private Angelegenheiten.

Es ging ihr schon besser, und sie war relativ guten Mutes. Vater hat der Sonntagszeitung »Bild am Sonntag« ein Interview gegeben,[745] in dem er seiner Sorge über den Gang der deutschen Politik offen Ausdruck gegeben hat. Die Sache hat ihm Spaß gemacht. Er ist gut gefragt worden, und er spürt, dass er so an große Volksschichten herankommt, zu denen er sonst keinen Zugang mehr hätte.

Am Samstag ist wieder den ganzen Tag Nebel wie heute auch und wie die ganzen Tage vorher. Die Sonne kommt nicht durch. Vater ist tief besorgt, weil er nun das Programm für seinen Pariser Besuch[746] bekommen hat und feststellen muss, dass die Zeit seiner Aussprache tête à tête mit de Gaulle von über zwei Stunden auf eine halbe Stunde reduziert worden ist, ohne dass ein Grund dafür angegeben wurde. Er versuchte nun über den deutschen Botschafter Klaiber, eine Zeit für eine ausführliche Aussprache mit de Gaulle noch zu gewinnen.

Der zweite Punkt, der ihm Sorge macht, ist der Wortlaut des Glückwunschtelegramms, das de Gaulle an Mikojan[747] zu dessen neuen Amt gesandt hat[748] und in dem die Rede ist von gemeinsamen Leiden, die Frankreich und Russland durchgemacht haben, die also den letzten Krieg betreffen und uns als gemeinsame Ursache haben. Außerdem gibt Frankreich Siebenjahres-Kredite[749] an den Osten, während die EWG nur Fünfjahres-Kredite und in bestimmten Grenzen vorsieht. Auch von anderen Seiten kommen weitere Abkühlungsnachrichten. Vater ist tief deprimiert, sieht nicht, wie man [da] heraus[kommen]

---

745 Zum Interview Adenauers mit dem Journalisten Herbert G. Haake vgl. So schafft es Erhard nicht!, in: »Bild am Sonntag«, 1.11.1964.

746 Vgl. zum Verlauf des Besuchs Tagebuch, 15.11.1964.

747 Anastas Iwanowitsch Mikojan (1895–1978), sowjetischer Politiker, 1935–1966 Mitglied des Politbüros des Zentralkomitees der KPdSU, 1955–1964 einer der Ersten Stellvertretenden Ministerpräsidenten der Sowjetunion, 1964 am Sturz Chruschtschows beteiligt, 1964–1965 Vorsitzender des Präsidiums des Obersten Sowjets und damit Staatsoberhaupt der UdSSR.

748 Anlässlich des 40. Jahrestages der Aufnahme diplomatischer Beziehungen zwischen Frankreich und der UdSSR hatte Mikojan in einer Botschaft an de Gaulle am 28.10.1964 auf den »großen Beitrag« verwiesen, der damit »zur Gewährleistung der Sicherheit in Europa und des Weltfriedens« geleistet werde. De Gaulle antwortete am 29.10.1964 mit dem Hinweis, dass beide »Nationen zutiefst verbunden sind durch eine dauerhafte Freundschaft«. Vgl. AdG, 34. Jg. (1964), S. 11505; französische Fassung der Antwort in: De Gaulle, Lettres, Notes et Carnets, 1958–1970, S. 669 f.

749 Am 30.10.1964 wurde ein neuer französisch-sowjetischer Handelsvertrag für die Jahre 1965 bis 1969 unterzeichnet, der einen von Frankreich gewährten Kreditzeitraum von sieben Jahren vorsah. Damit überschritt erstmals ein EWG-Mitgliedstaat die vereinbarte Höchstkreditdauer von fünf Jahren. Vgl. AdG, 34. Jg. (1964), S. 11505.

kann. Schröder ist seit längerer Zeit auf Bühler Höhe, gibt keinen Ton von sich. Er lässt verbreiten, dass die Ärzte gesagt hätten, wenn er eine Zeitung zur Hand nähme, könne er umfallen.

Als er, Vater, seine Auffassung darüber, dass in einer Zeit derartiger weltbewegender Ereignisse das ganze Außenministerium lahm sei, Erhard übermittelt habe,[750] da habe Erhard zu erkennen gegeben, dass ihm das noch nicht einmal aufgefallen sei.

Heute kommt nun das alles offen zum Austrag, als Konrad kommt, der das Interview gelesen hatte. Vater wird herausgefordert zur Stellungnahme und erklärt scharf: »Machst Du Dir klar, was geschehen ist: Chruschtschow gestürzt,[751] und zwar nach einem wohlvorbereiteten Plan über Monate hinweg, von dem keine westliche Geheimorganisation, kein Nachrichtendienst irgendeine Ahnung hatte. Das heißt, die Möglichkeiten zur Geheimhaltung sind in Russland außerordentlich groß, und diese Macht hat die Atombombe! Frage: Glaubst Du, dass die Amerikaner unseretwegen Atombomben einsetzen werden zu unserem Schutz, wenn Russland plötzlich vorrücken würde? Was geschieht, wenn Frankreich sich tatsächlich in gewisser Hinsicht mehr nach Osten hin orientiert, wenn auch nur, um dadurch innerhalb des Westblocks eine größere Macht zu erringen, größere Selbständigkeit zu gewinnen? Sitzen wir nicht dazwischen? Von überall her kommen Nachrichten, die die Führungslosigkeit in Bonn betreffen.«

Heute, als ich vor der Garage am Wagen etwas suchte, hielt ein Mann aus Gelsenkirchen, offenbar ein treuer CDU-Mann, ein Einzelhändler. Er erkundigte sich nach dem Befinden des Altbundeskanzlers und wetterte dann los: »Die machen uns alles kaputt in Bonn. Man zerschlägt alles, was mühsam aufgebaut worden ist. Es ist eine Schande, dass ein Genie, wie Professor Erhard es sein soll, so schlecht beraten wird.«

Der persönliche Referent von Minister Blank hat vor westfälischen Jungen-Union-Leuten erklärt, das Durcheinander sei grenzenlos.[752]

---

[750] Möglicherweise bei den persönlichen Gesprächen zur Vorbereitung der Paris-Reise Adenauers, vgl. Anm. 795.
[751] Am 14.10.1964 beschloss das Plenum des Zentralkomitees der KPdSU, Chruschtschow aus allen seinen Ämtern zu entlassen und durch Leonid Iljitsch Breschnew als Nachfolger in der Funktion des Ersten Sekretärs des Zentralkomitees der KPdSU zu ersetzen. Neuer Ministerpräsident wurde Alexej Nikolajewitsch Kossygin. Vgl. Adschubej, Gestürzte Hoffnung, S. 326–331; auch Gespräch Erhard mit dem sowjetischen Botschafter Smirnow, 16.10.1964, in: AAPD 1964, S. 1158–1160.
[752] Zu Vorgängen im Bundesministerium für Arbeit und Soziales vgl. Volk ans Papier, in: »Der Spiegel«, Nr. 48, 25.11.1964, S. 38–44, 47; Kalte Enteignung,

Der Bundeskanzler selbst macht einen unsicheren Eindruck. Das Vertrauen zu ihm hat rapide nachgelassen. Man fühlt, dass höchste Gefahr im Verzuge ist. Man versucht aber auf der anderen Seite, Geschlossenheit zu mimen.

Hier ist Vater nun am Ende seiner Geduld, und er spricht offen davon, wie er es als Vorsitzender der Partei ohne Gegenwehr geschehen lassen könne, dass die Dinge so weitertreiben. Er erwägt, ob er nicht häufiger durch Interviews in der »Bild«-Zeitung mit ihrer Viereinhalb- bis Fünfmillionen-Auflage eine gewisse öffentliche Meinung zugunsten der CDU entwickeln solle, die auch die unteren und mittleren Schichten eines Parteivolkes selber wieder zum Angriff auf die SPD verführen solle. Ich bestärke ihn darin, so auch Konrad und Ria, Fräulein Poppinga und ganz scharf auch Schorsch. Er selbst stöhnt und weiß nicht, wie er es schaffen soll, wie er daneben noch die Memoiren durchbringen soll, während Fräulein Poppinga vier bis sechs Wochen ausfällt. Aber auf der anderen Seite belebt ihn die Aussicht auf Kampf.

Für morgen erwartet er eine heftige Auseinandersetzung in der Bundestagsfraktion über den weiteren Kurs der Regierung.[753] Er hat schon seine Leute alarmiert. Er hat Gerstenmaier gebeten zu kommen, Guttenberg[754], Strauß, und lässt sich auch Material bereit legen, das die Unfähigkeit des Auswärtigen Amts insbesondere dartun soll, die Unmöglichkeit, in dieser Weise weiter fortzufahren. Gegenüber England sei man immer zahm und geduldig, gegenüber Frankreich lasse man alles verkommen, und wenn die Welt das Schauspiel erlebe, dass die deutsch-französische Freundschaft wieder abbröckele, dann werde man es nicht ohne Grund auf Deutschland schieben, und damit werde die Partnerschaftsfähigkeit, die Bündnisfähigkeit Deutschlands, des Nach-Adenauer-Deutschlands, in der ganzen Welt in Zweifel geraten, zumal noch immer durch den Auschwitz-Prozess[755] und alle anderen ähnlichen Prozesse das Erbe in der Welt seine Wirkung tue. Wir würden dann wieder zwischen den Stühlen hängen, und die Weltmächte

---

ebd., Nr. 25, 17.6.1964, S. 32 f.; Abgang Müller, ebd., Nr. 35, 29.8.1962, S. 17 f.

[753] Vgl. Anm. 760 und Anm. 762.

[754] Karl Theodor Freiherr von und zu Guttenberg (1921–1972), 1957–1972 MdB (CSU), 1961–1972 Mitglied des CSU-Parteivorstands.

[755] Am 20.12.1963 begannen vor dem Schwurgericht in Frankfurt/Main sechs Strafprozesse gegen Täter im nationalsozialistischen Konzentrations- und Vernichtungslager Auschwitz, die sich bis 1966 hinzogen. Vgl. Gross/Renz (Hrsg.), Der Frankfurter Auschwitz-Prozess (1963–1965), Frankfurt/Main–New York 2013.

würden über unseren Kopf hinweg weiterverhandeln. Das gälte jetzt besonders, weil China die Atombombe habe[756] und sich in Russland die neuen Herren[757] alle Freiheit offen ließen. Es sei die größte Gefahr für Deutschland, wenn es so weitergehe. Die CDU geht dabei kaputt. Alle stimmen Vater zu. Keiner kann ihm etwas entgegenhalten.

Vater sagt auch: »Ich bin mir klar darüber, dass mein Rücktritt vom Vorsitz der Partei die Wahlchancen weiter verschlechtern würde, und das ist gerade meine Waffe, die ich jetzt brauchen werde.«

Er hat mit Barzel telefoniert,[758] ein längeres Gespräch, indem er ihm ausführlich seine Sorgen klargemacht hat. Barzel hat zunächst widersprochen und an die Geschlossenheit erinnert, aber Vater wurde energisch. Barzel habe dann schließlich sich auch angepasst. Was morgen wird, muss man sehen. Wahrscheinlich wird alles etwas aus den Fugen geraten und aus der künstlichen Einigkeit herausbrechen. Aber das ist für Vater eine gewisse Befreiung und Lösung; die Untätigkeit, die falsche Harmonie, der Friede war ihm unerträglich, und die Tatenlosigkeit, die Hilflosigkeit macht ihn mürbe und kaputt.

Es ist eine außerordentlich bittere, schmerzliche Zeit für Vater. Hoffentlich gelingt es mir, ihn ein wenig zu ermutigen und zu stärken.

## Montag, 2. November 1964

Heute war die erste Auseinandersetzung nach dem Interview.[759] Um ½ 3 Uhr eine Vorbesprechung in kleinerem Kreise, dann um ½ 4 Uhr Fraktionsvorstand[760], erweitert um einige prominente Mitglieder. Vor Tisch, gegen ½ 1 Uhr, waren noch Barzel und Rasner bei Vater,[761] zunächst auf hohem Ross, allmählich bescheidener, nachdem Vater ihnen mitgeteilt hat, was er von einem hohen, zuverlässigen Gewährsmann erfahren hat, dass nämlich Schröder diesem erklärt habe, es gäbe Situationen in der Außenpolitik, da werde es brenzlig, da sei es das

---

756 Die Volksrepublik China zündete am 16.10.1964 die erste selbstgebaute Atombombe. Die Regierung erklärte zugleich, dass »China nie, zu keiner Zeit und unter keinen Umständen, zuerst Kernwaffen einsetzen« werde. Zur Erklärung vgl. AdG, 34. Jg. (1964), S. 11482 f.
757 Vgl. Anm. 751.
758 Der Zeitpunkt des Telefonats von Adenauer mit Barzel ist in Adenauers Kalendarium nicht nachgewiesen. Ein persönliches Gespräch fand am 26.10.1964 statt (ebd.).
759 Vgl. Anm. 745.
760 In der Sitzung des Fraktionsvorstands der CDU/CSU-Bundestagsfraktion, die am 2.11.1964 um 15.30 Uhr begann, erfolgte eine »längere Aussprache mit Kritik an Bundeskanzler [a. D.] Adenauer«. Vgl. Die CDU/CSU-Fraktion im Deutschen Bundestag, 1961–1966, S. 1243.
761 Das Gespräch begann um 12.50 Uhr (Adenauer, Kalendarium).

Beste, sich ganz zurückzuziehen, um abzuwarten, wohin der Kurs sich entwickeln werde. Man könne sonst sehr danebentappen. Das hat Lübke Vater berichtet. Und siehe da!

Heute auch Schröder plötzlich in Bonn und hat den Entwurf für das Kommuniqué nach der Sitzung vorbereitet gehabt,[762] nachträglich auch noch etwas verändert, nämlich da, wo gesagt wurde, die Politik der Bundesregierung werde weitergeführt werden auf den bewährten Grundlagen. Da hieß es zunächst »die durch Bundeskanzler Adenauer gelegt worden sind«, sinngemäß. Dies ist aber dann fortgestrichen worden. Vater hat also praktisch ¼ vor 2 Uhr gegessen, dann von ½ 3 Uhr bis ½ 8 Uhr fast pausenlos konferiert und dabei heftige Auseinandersetzungen mit Erhard gehabt, der ihm vorgeworfen hat, Vater habe sein Ansehen im Inland und Ausland ruiniert, und er verlange volle Wiederherstellung seines Rufes. Vater hat sich darauf nicht eingelassen, hat auch es abgelehnt mit Zustimmung anderer maßgeblicher Leute, dass in das Kommuniqué hineinkam, dass man auch ferner die Politik der Bundesregierung billige. Wie könne man das, nachdem gerade solche Auseinandersetzungen im Gange seien. Vater hat ihm schließlich gesagt: »Wissen Sie, was Sie sind? Sie sind zu eingebildet!« Allgemeines Schweigen und keine Antwort von Seiten Erhards. Vater hat ihn auch daran erinnert, dass Erhard gedroht hatte, aus dem Kabinett auszuscheiden, wenn Vater nicht zurücktrete. Erhard hat das abgestritten. Es sei kein Wort davon wahr. Krone, den Vater als Zeugen berief, drückte sich an einer Antwort vorbei. Er sei im Ganzen natürlich auch von der Angst der Leute befallen worden, die Uneinigkeit könne tödlich werden. Und es sei erschütternd gewesen, dass nach dem Weggang Erhards eine ganze Reihe von Mitgliedern der Konferenz zu ihm gekommen seien und sich bitter über die Regierung beklagt hätten, so dass er schließlich aufgestanden

---

762 Im Protokoll der Fraktionsvorstandssitzung vom 2.11.1964 wurde dazu nur festgehalten: »Dr. Barzel gibt kurzen Bericht und verliest die formulierten Erklärungen der Bundes[tags]fraktion.« Vgl. Die CDU/CSU-Fraktion im Deutschen Bundestag, 1961–1966, S. 1243; dazu auch Eintrag Majonica, 2.11.1964 (Das politische Tagebuch, S. 356): »Mißstimmung über Adenauers Interview. Fraktionsvorstand, der später begann, da erst Einigungsbemühungen zwischen Adenauer und Erhard. Schröder hatte seinen Urlaub unterbrochen. Lebhafte Debatte. Ich warf Adenauer vor, daß die Streitfragen zwischen Paris und Bonn schon zu seiner Zeit entstanden seien. Darum dürfe er Erhard keine Vorwürfe machen. Das Schlimmste für das deutsch-französische Verhältnis sei es, wenn de Gaulle glaube, Hilfskräfte in Deutschland zu haben. Dann sei die Vertretung eines deutschen Standpunktes unmöglich.«

sei und gesagt habe: »Meine Herren, ich gehe jetzt. Sonst mache ich
noch ein neues Interview.« Man könne sich kaum erklären, dass die Menschen derartige Furcht
hätten. Die Hilflosigkeit Erhards sei erschütternd. Hohmann[763] sei
wohl sein Geist, und nicht immer sein guter. Barzel habe ihn angefleht,
er (Barzel) könne doch nicht seine letzten Kräfte dauernd zur Beilegung
solchen Streites verbrauchen. Er sei auch am Ende, und er habe ihm
dann Mut gemacht. Vater war nicht glücklich mit der Sache, aber auch
nicht unglücklich. Im Ganzen geht natürlich die Geschichte weiter.
Vater war noch ganz belebt vom Kampf. Er hatte um 2 Uhr ein
Pervitin genommen, und nun nimmt er seine 15 verschiedenen Schlafmittel und andere Medikamente in einem Löffelchen, um schlafen zu
können. Wie soll das alles weitergehen? Frau Schlief schläft wieder schlecht und hetzt sich ab. Es kommt
immer mehr Arbeit dazu. Jetzt sollen die Wege gekehrt werden, dazu
das Tempelchen[764], dazu diese oder jene Kleinigkeit. Und sie sieht oft
nicht darüber. Dazu der Hund[765], der täglich zweimal herausgeführt
werden will, und dazu der Mangel an Anerkennung, das Gefühl, nicht
richtig sprechen zu können, weil immer dieses Lastende in Bonn über
allem ruht, das Gefühl, dass man den armen Mann nicht behelligen
will. Auf der anderen Seite aber doch auch diese Missstimmung, weil
man nicht über den Dingen steht, weil man nicht durchkommt. Ich
habe ihr geraten, sie solle doch bestimmte Aufgaben fest an die beiden
anderen[766] abgeben, damit nicht zu viel gemeinsam gemacht werden
müsse. Aber sie behauptet, es gehe nicht, es müsse alles Hand in Hand
gehen. Ich weiß, wie es ist, wenn man kaum ein Wort außer einem
kritischen hört. Die Menschen hungern alle nach Sonne. Ein bisschen
Anerkennung und ein bisschen Anregung, es wird zu selbstverständ-

---

[763] Karl Hohmann (1916–2003), Dr. rer. pol., 1958–1963 Leiter des Referats Öf-
fentlichkeitsarbeit und Information im Bundesministerium für Wirtschaft,
1963–1966 Leiter des Kanzlerbüros im Bundeskanzleramt.

[764] Bezeichnung für den Pavillon im Garten, in dem Adenauer an seinen »Erinnerungen« arbeitete.

[765] Cäsar (vgl. Anm. 202) musste im Sommer 1964 aus Altersgründen eingeschläfert
werden (vgl. Poppinga, Meine Erinnerungen an Konrad Adenauer, S. 101 f.).
Daraufhin erwarb Adenauer den 24 Wochen alten schwarzen Rottweiler »Brando vom Poppelsdorfer Schloss« (dazu Schreiben Adenauer an Schlief, 5.9.1964,
in: Adenauer, Die letzten Lebensjahre, Bd. I, S. 283, 619; Poppinga, ebd., S. 164;
Mensing, Resi Schlief, S. 29 f.).

[766] Eugenie Balling, später verheiratete Roth (geb. 1940), war von Januar 1959 bis
31.5.1965 Hausgehilfin; Monika Hurth (geb. 1927) von 1963–1967 Hausan-
gestellte im Privathaus von Adenauer.

lich hingenommen. Man ist sich der glücklichen Umstände nicht bewusst, dass man drei solche Leute hier im Hause hat. Wenn einer davon ausfiele, bräche das Ganze zusammen. Wahrscheinlich fühlen sie sich alle auch noch unterbesoldet.

## Dienstag, 3. November 1964

Vater hatte sich heute nach Tisch hingelegt. Da erreichte ihn ein Zettel, dass die Fraktionssitzung[767] angefangen habe, mitgeteilt von Herrn Rasner. Es sei aber nicht nötig, dass er hinkomme. Daraufhin hat er sofort nochmal Pervitin genommen und ist hingegangen, gerade als in Anwesenheit von Erhard Herr Majonica[768] eine Rede schwang, in der er darzulegen versuchte, die Schwierigkeiten Erhards mit Frankreich gingen auf das Konto Adenauers zurück.[769] Vater ist ihm sofort entgegengetreten und hat die Dinge richtiggestellt,[770] bekam dabei erheblichen Beifall. Dann hat Gerstenmaier eine große [Rede] auf Vaters Werk gehalten[771] und auf die Möglichkeit, jetzt bei seinem Besuch in Frankreich wieder die Aussöhnung zu betreiben. Er erntete tosenden Beifall der Anwesenden, was natürlich auch zugunsten Vaters war. Krone sei um ihn herumgeschlichen, und er werde morgen Dufhues erklären müssen,[772] was nun wirklich seine Absicht sei, was aus dem Ganzen werden solle.

Der Kampf hat ihn erstaunlich belebt und verjüngt. Es ist großartig zu sehen, wie der Kampf seine Kräfte alarmiert und immer neue Reserven findet.

---

[767] Am 3.11.1964 diskutierte die Fraktion ausführlich über die »Konflikte in Regierung, Koalition, Fraktion und Partei«. Vgl. Die CDU/CSU-Fraktion im Deutschen Bundestag, 1961–1966, S. 1243–1262, hier S. 1243–1259.

[768] Ernst Majonica (1920–1997), Dr. jur., 1950–1955 Vorsitzender der Jungen Union Deutschlands, 1950–1972 MdB (CDU), 1959–1969 Vorsitzender des Arbeitskreises Außenpolitik der CDU/CSU-Bundestagsfraktion.

[769] Zu den Ausführungen Majonicas vgl. Die CDU/CSU-Fraktion im Deutschen Bundestag, 1961–1966, S. 1246; auch Eintrag Majonica, 3.11.1964 (Das politische Tagebuch, S. 356): »Lange Aussprache über Adenauers Interview. Als ich gerade sagte, wir hätten die Schwierigkeiten mit Paris von Adenauer geerbt, erschien der alte Herr. Nahm mich dann sehr liebenswürdig an (›Der Herr Majonica ist ja schließlich nicht irgendwer‹). Nachher gut formulierte Rede von Gerstenmaier, antwortete ihm.«

[770] Vgl. Stellungnahme Adenauers in: Die CDU/CSU-Fraktion im Deutschen Bundestag, 1961–1966, S. 1248 f. und 1252.

[771] Zu den Ausführungen Gerstenmaiers, für die am Ende »starker Beifall« protokolliert wurde, vgl. ebd., S. 1254–1257.

[772] Adenauer traf am 4.11.1964 um 17.05 Uhr mit Dufhues zu einem Gespräch zusammen (Adenauer, Kalendarium).

Samstag, 7. November 1964
Es ist der Vorabend der Reise nach Paris.[773] Die Tage sind voll großer
Sorge. Denn de Gaulle hat dieses bewusste Glückwunschtelegramm
an Mikojan gesandt,[774] das auf die Leiden anspielt, die Frankreich und
Russland durch uns gemeinsam erduldet haben. Außerdem hat Vater
einen Hinweis über einen Mann aus der Wirtschaft, Friedrich[775], bekommen, der einen Vertrauten von de Gaulle kennt, dass de Gaulle
die Lage wie folgt sehe: Die Zukunft werde weitgehend bestimmt von
Wirtschaft und Technik, die große Räume brauchten. Solche Räume
seien in Amerika und Russland gegeben, kaum aber in Europa. Es
komme darauf an, Russland bei einer solchen Entwicklung Hilfe zu
leisten und sich mit ihm zu verbinden, so dass man Einfluss auf es
nehmen könne. Daher auch sein Kredit jetzt an Russland,[776] daher
auch sein Versuch mit Mikojan. Wenn er mit Deutschland nicht vor-
ankomme, werde er sich noch mehr an Russland wenden, um auf
diese Weise wenigstens in einem der beiden großen Räume mit dabei
zu sein; denn Amerika gegenüber habe er eine gewisse Abneigung und
[ein gewisses] Misstrauen.[777]

Das alles wirkt so phantastisch und unseriös, dass man es entweder
als eine Zweckmeldung, vielleicht von russischer Seite, betrachten
könnte oder aber dass man sich sagen müsse, de Gaulle werde stark
unrealistisch, das heißt aber vielleicht senil. Es könnte der Eindruck
entstehen, als ob er etwa auch in Ahnung seines Todes oder einer
schweren Krankheit [sei] – viele Leute behaupten, man habe die Operation an ihm, um die es Anfang des Jahres ging, gar nicht durchgeführt, weil eine bösartige Geschwulst sich gezeigt habe, und darum
habe man gleich zugemacht –, als ob er also nur seines Todes oder
seines Rücktritts [wegen] irgendetwas Spektakuläres oder jedenfalls
die Nachwelt Beschäftigendes tun wolle. Wenn das alles auch nur ein

---

[773] Vgl. Tagebuch, 15.11.1964.

[774] Vgl. Anm. 748.

[775] Otto A. Friedrich (1902–1975), Dr. rer. pol. h. c., 1939–1965 Vorstandsmitglied
der Phoenix Gummiwerke AG in Hamburg-Harburg, seit 1966 persönlich haf-
tender geschäftsführender Gesellschafter der Friedrich Flick KG.

[776] Vgl. Anm. 749.

[777] Friedrich hatte Adenauer die Aufzeichnung »einer mehr als vierstündigen Unterredung« mit dem französischen Industriellen François Saar-Demichel zukommen lassen, der in einem engen Verhältnis zu de Gaulle stand (vgl. Adenauer,
Die letzten Lebensjahre, Bd. I, S. 632). Daraufhin führte Adenauer am 7.11.1964
mit Friedrich ein Telefonat (Aufzeichnung Friedrich, 7.11.1964, in: ACDP, NL
Friedrich 01–093–012/1; abgedruckt in: Adenauer, Die letzten Lebensjahre,
ebd., S. 315 f.).

wenig Wahrheit hätte, dann wäre es das Ende des Versuchs, mit dem Frankreich de Gaulles als ersten und wichtigsten Bündnispartner zusammenzugehen. Dann wäre die ganze Rechnung Vaters in diesem Punkt irrig, und man könnte sich nur noch an Amerika anschließen. Vater fühlt die Gefahr, die hier womöglich liegt, und dass er de Gaulle dazu veranlassen muss, Farbe zu bekennen. Tatsächlich hat de Gaulle ja in seiner Außenpolitik sich immer seltsam verhalten. Es wäre eine furchtbare, ja die schlimmste Enttäuschung für Vater, ein Triumph derjenigen, die ihn immer vor de Gaulle gewarnt haben.

Gerade am heutigen Tag veröffentlicht die »Bild«-Zeitung ein sehr umfangreiches Interview Gerstenmaiers,[778] der Vater an die Seite tritt und scharf verlangt, man müsse dem Volk reinen Wein einschenken, unbedingt die französisch-deutsche Freundschaft retten, in der Getreidepreisfrage[779] nachgeben, in den anderen Fragen [dies] mit überlegen und nötigenfalls auch das Angebot, sich an der Atomrüstung Europas zu beteiligen,[780] falls es von de Gaulle tatsächlich käme oder schon gekommen sei, annehmen. Kennedy habe die Europäer zur Einheit [auf]gerufen,[781] und Amerika wolle mit einem vereinigten Europa am liebsten zu tun haben.

---

778 Gerstenmaier forderte in dem Interview mit der »Bild«-Zeitung (Wir sind in Gefahr!, Nr. 261, 7.11.1964, S. 1, 6) eine Lösung der Getreidepreisfrage. Dazu auch Gerstenmaier, Streit und Friede hat seine Zeit, S. 523 f.

779 Die Bundesregierung übermittelte am 4.11.1964 der französischen Regierung Vorschläge zur Europapolitik (Fernschreiben Klaiber, Paris, an Auswärtiges Amt, 4.11.1964, in: AAPD 1964, S. 1233–1235). Während Adenauer für ein Nachgeben in der Frage der Festsetzung gemeinsamer Getreidepreise gegenüber Frankreich plädierte, lehnte Krone dies aus innenpolitischen Gründen ab (Fernschreiben Klaiber, an Auswärtiges Amt, 9.11.1964, ebd., S. 1248–1250).

780 Im Dezember 1960 schlug der amerikanische Außenminister Christian Herter die Bildung einer multilateralen Atomstreitmacht der NATO vor, die von Kennedy beim Treffen mit Macmillan auf den Bahamas im Dezember 1962 wieder aufgegriffen wurde. An dem Aufbau einer solchen Streitmacht sollten sich neben den Vereinigten Staaten die Bundesrepublik Deutschland, Großbritannien und Italien beteiligen. Vgl. Aufzeichnung Carstens, 4.1.1963, in: AAPD 1963, S. 5–8; Aufzeichnung Müller-Roschach, 10.1.1963, ebd., S. 51–54; Aufzeichnung von Schmoller, 12.1.1963, ebd., S. 64–67.

781 Kennedy kündigte anlässlich des 186. Jahrestages der Unabhängigkeitserklärung am 4.7.1962 in Philadelphia an, die Vereinigten Staaten von Amerika seien bereit »zu einer Erklärung der gegenseitigen Abhängigkeit« und wollten »mit einem vereinten Europa die Mittel und Wege zur Bildung einer konkreten atlantischen Partnerschaft« erörtern. In einem »starken und geeinten Europa« sähen die Vereinigten Staaten »nicht einen Rivalen, sondern einen Partner«. Vgl. PPPUS, John F. Kennedy, 1962, S. 537–539, hier S. 538; Dokumentation der Europäischen Integration, Bd. 2, S. 140–142, hier S. 141 f.

Vater stellt fest:»Eine saftige Sache! Darüber werden sich viele sehr ärgern, und Gerstenmaier präsentiert sich als möglicher Kanzlernachfolger!« Aber er ist froh, dass Gerstenmaier nach nicht acht Tagen ebenso wie er an die»Bild«-Leser kommt und zur Wachsamkeit aufruft angesichts der ungeheuren Gefahr, die sich im Stillen, aber unaufhaltsam zeigt, dass wir nämlich in der Isolierung landen, in einer Neutralisierung, und dann dem Zugriff des Ostens ausgesetzt sind.

Vater stellt fest, er habe in der Fraktionsvorstandssitzung am Montag[782] noch keinen gehabt, der ihm an die Seite getreten sei, auch Leute wie Lücke, Krone und andere hätten geschwiegen. Inzwischen sei er doch des Streites müde, und er bemerkt gestern auch, er sei zu alt, um sich da herumzuzanken. Mit gefesselten Händen lässt sich eben schlecht streiten, und man werde eben ihm jede Art von Vorwurf doppelt und dreifach anlasten. Dabei solle er nun die Partei führen und das alles auch noch decken. Er wisse nicht, wie das gehen solle.

## Sonntag, 8. November 1964
Vater heute morgen früh mit Kopfschmerzen im Sessel. Er überliest seine Rede vor der Französischen Akademie[783] und hat den Kopf voller Sorgen. Als er dann aus der Kirche kommt und ich ihn treffe, sagt er:»Mir ist zumute wie damals einem anderen Herrn. Für mich gilt auch:›Mönchlein, Mönchlein, du gehst einen schweren Gang!‹«[784] Ich habe darauf geantwortet, vielleicht entspränge daraus auch eine Reformation. Tatsächlich bedrückt ihn die Ungewissheit über de Gaulles wahre Absichten außerordentlich, zusammen mit seiner Ohnmacht gegenüber der deutschen Regierung und in der Partei, für die er aber dann doch seinen Namen hergeben soll. Als ich ihn jetzt kürzlich fragte, wie eine engere Unterredung mit Dufhues über die Rolle der Partei und seine eigene Rolle ausgegangen sei,[785] da schüttelte er

---

782  Vgl. Anm. 767.
783  Vgl. Anm. 826.
784  Der Ausspruch wird Georg von Frundsberg, auch George oder Jörg von Fronsberg oder Freundsberg (1473–1528), Landsknechtsführer in Diensten des Kaisers Maximilian I., zugeschrieben. Er soll zu Martin Luther, als dieser am 17.4.1521 in den Sitzungssaal des Reichstags zu Worms geführt wurde, um sich der Anhörung zu stellen, gesagt haben:»Münchlein, Münchlein, du gehest jetzt einen gang, einen solchen stand zu thun, dergleichen ich und mancher Oberster auch in unsern allerernsten Schlachtordnungen nicht gethan haben.« Vgl. Baumann, Georg von Frundsberg, S. 204, Hinweise auf die historisch umstrittene Äußerung S. 339.
785  Das Gespräch Adenauers mit Dufhues fand am 4.11.1964 statt (Adenauer, Kalendarium).

abends todmüde den Kopf und meinte:»Ich bin zu alt für diese Strei-
terei.« Fügte aber dann hinzu:»Nicht, als ob ich nicht durch den Streit
wieder Lust bekommen könnte.«»Aber«, so habe ich dann ergänzt,
»ein Kampf mit gefesselten Händen ist eben nicht die Art von Kampf,
die dir entspricht.« Und da hat er mir Recht gegeben.

Sonntag, 15. November 1964[786]
Sonntagmittag [8. November 1964], 4.15 Uhr. Start mit einer Maschine der Bundeswehr, Very Important Person, mit der wir damals zum
Katholikentag nach Hannover geflogen sind, als sich hinten eine Tür
losgerissen hatte, der Druck in der Maschine abgefallen war und Vater
einen Ohrenschaden und ich natürlich prompt scharfe Migräne davon-
trug.[787] In der Maschine ein schwerer Sessel mit allerhand Instrumen-
tenkästen davor für den Chef der ganzen Fluggäste. Dann auf der anderen Seite ein Tisch mit zwei gepolsterten Bänken und dann zwei
längsstehende Bänke. Es wird uns Tee serviert. Der Start ist gut. Es sind
mit im Flugzeug: Ria, Walter, dann durch die Tür hindurch im vorderen
Raum Herr Selbach,[788] Herr Kusterer,[789] der Dolmetscher, Fräulein
Werkmeister[790] und Herr Viola[791]. Vater hat Sorge. Man sieht auf das
herrliche Land draußen im Sonnenschein. Die letzten Herbstfarben
leuchten herauf, von der Eifel und den Ardennen. Die Wasserläufe
glänzen im Abendschein. Wir fliegen über das Gebiet der schweren
Kämpfe 1945, das Gebiet der letzten wahnsinnigen Ardennen-Offensi-
ve Hitlers, die uns noch so viel Blut unnötig gekostet hat. Dann schwenken wir ab über die Eifel nach Süden Richtung Luxemburg, von dort
im geraden Westkurs auf Paris zu. Die Sicht ist wunderbar. Wir fliegen
3 000 m hoch. Aber man kann fast jedes Auto erkennen. Ein herrliches
Land. Friedlich liegt es dort.

---

[786] Datum vom Bearbeiter eingefügt, da im Folgenden »heute« mit dem »15.11.«
datiert ist.
[787] Vgl. Anm. 433.
[788] Josef Wilhelm Selbach (1915–2010), Beamter, 1952–1963 Leiter des Kanzlerbüros, 1963–1967 Persönlicher Referent Adenauers.
[789] Hermann Kusterer (geb. 1927), 1951–1971 Dolmetscher im Auswärtigen Amt,
übersetzte fast alle Gespräche von Adenauer und de Gaulle.
[790] Monika Werkmeister (geb. 1942), Sekretärin, April–Oktober 1963 im Vorzimmer des Bundeskanzlers tätig, arbeitete nach dessen Rücktritt am 15.10.1963
in Adenauers Büro im Bundeshaus.
[791] Viola, Beamter der Sicherungsgruppe Bonn, die für die Sicherheit Konrad Adenauers zuständig war (vgl. Hermann Schreiber, Die Situation ist da, in:»Der
Spiegel«. Nr. 51, 16.12.1964, S. 31).

Vater erzählt von seinen Sorgen. Es sind drei große Komplexe im Moment. 1. Die Gesamtlage ist: schwere Verstimmung, Abkühlung des Verhältnisses zu de Gaulle durch Fehler, Unterlassungsfehler, und ein Mangel an Eifer und Wärme bei den deutschen Stellen in derselben Art, wie es mir Herr Pater Maurus Sabel[792] geschrieben hatte von seinem Projekt eines Völkerehrenmals zwischen Frankreich und Deutschland auf dem Schaumberg bei Tholey, wofür er von Seiten Frankreichs wärmste Unterstützung gefunden hat bis hinauf zu höchsten Leuten, bei uns zwar Freundlichkeit, aber keine Wärme vom Auswärtigen Amt und vom Kanzleramt.[793]

Vater hat einen Brief bekommen von Friedrich, Phönix Rhein-Ruhr, in dem dieser von einer vierstündigen Unterredung mit einem französischen Industriellen berichtet, der de Gaulle nahesteht und auch für ihn in Paris war. Man könne gegenüber Amerika nur gleichziehen, so sei de Gaulles Meinung, wenn man auch für Europa die weiten Flächen Russlands bis zum Ural wirtschaftlich mit in Anspruch nähme. Daraus ergäbe sich alles Übrige[794] (siehe 7. November!). Das ist die erste schwierige Position.

2. Die Gefahr der Isolierung Deutschlands. Es sei jetzt nochmals von Regierungsseite aus geprüft worden, ob wir wirklich im Falle eines Angriffs von Osten her sofort mit entsprechenden Gegenschlägen der Amerikaner zu rechnen hätten. Das Ergebnis sei mager.

3. Vater hat zwar in allen Einzelheiten, wie es heißt, seine Position mit de Gaulle mit Erhard vorbesprochen.[795] Erhard hat aber dann auf Befragen, ob Vater eine diplomatische Mission habe, ausdrücklich erklärt, er habe diese nicht. Und er hat sich ebenfalls nicht dazu herbeilassen können, Vater einen Brief an de Gaulle mitzugeben. Lediglich

---

[792] Maurus Sabel (1912–2012), katholischer Priester; 1936 Eintritt in den Orden der Benediktiner, 1952 Gründer und Leiter der Tholeyer Sängerknaben.

[793] Als Organist und Cellerar warb Sabel öffentliche Mittel zur Renovierung der seit 150 Jahren brachliegenden Abtei Tholey ein. Auf dem Schaumberg beabsichtigte er, eine Freundschafts- und Begegnungsstätte für Deutsche und Franzosen zu errichten, die jedoch nach Adenauers und de Gaulles Tod aus Mangel an finanzieller Unterstützung nicht mehr weiterverfolgt wurde. Biographia Benedictina. Dictionary of Benedictine Biography online (http://www.benediktiner lexikon.de/wiki/Sabel,_Maurus).

[794] Vgl. Anm. 777.

[795] Adenauer war mit Erhard am 26.10.1964 und am 5.11.1964 zu Gesprächen zusammengetroffen (Adenauer, Kalendarium). Vgl. dazu Aufzeichnung Adenauer »Mein Aufenthalt in Paris 8.–10. November 1964«, in: Adenauer, Die letzten Lebensjahre, Bd. I, S. 321–323, 325, 328 f., hier S. 321.

ist Krone als Regierungsmitglied ohnehin in Paris,[796] und insofern stellt er eine gewisse Begleitung für Vater dar, was ihn außer seiner Persönlichkeit legitimieren kann. Auch hier also keinerlei Versuch der deutschen Regierung, diese Gelegenheit offiziell und klar für die Wiederherstellung der Harmonie zwischen den Ländern auszunutzen. Positiv hat Vater im Gepäck bei sich die »Bild«-Zeitung vom Samstag mit dem großartigen Interview Gerstenmaiers[797], in dem dieser mutig vor die Front trat und klarmachte, dass unsere gesamte Entwicklung in Gefahr sei, wenn es uns nicht gelänge, die französische Freundschaft zu erhalten, und dass man notfalls mit Frankreich allein voranmachen müsse, wenn die anderen zögerten. Später erzählte er, dass er dies Exemplar de Gaulle überreicht habe und dieser darüber doch sehr erfreut gewesen sei.

Bei der Landung auf dem Flugplatz Orly ist ein roter Teppich ausgelegt. Es ist die Spezialpolizei angetreten, Posten im Abstand von etwa zehn Metern mit weißem Koppelzeug. Der Präfekt des Départements, auf dem Orly liegt, Seine-et-Oise,[798] ein barocker Kerl mit herrlichem Bart, voller Ordensbrust und köstlicher Erscheinung, bringt frohbewegt den Satz hervor: »Wirr bewundärn Sie!« Dann wird Vater im Flughafengebäude in einen Empfangsraum geführt, wo sofort die Jupiterlampen und die Presse von einer Tribüne herunter sich auf ihn richten. Er wird von Jacquet[799], dem Minister, empfangen, den er von früher her wohl gut kennt, und macht eine gute Figur, als er seine Begrüßungssätze den Leuten sagt. Er erwähnt, dass er zum dreißigsten Mal nach Paris komme und wie sehr er sich auf die Ehrung freue. Dann geht es in einer Polizeieskorte, die raffiniert den ungeheuren Sonntagabendverkehr abschneidet, über eine Umgehungsstraße nach Paris herein. Die französischen Polizisten fahren halsbrecherisch, aber sicher. Die Disziplin ist hervorragend. Man glaubt zu spüren, dass Frankreich wieder Selbstbewusstsein gewonnen hat, wie es wieder Ordnung gewonnen hat, Stabilität, wie es wieder eine Macht geworden ist.

---

[796] Zu dem Gespräch Krones mit dem französischen Verteidigungsminister Pierre Messmer, 9.11.1964, vgl. AAPD 1964, S. 1262–1265.

[797] Vgl. 778.

[798] Paul Demange (1906–1970), französischer Politiker, 1956–1967 Präfekt des Département Seine-et-Oise.

[799] Korrigiert aus: »Joques (?)«. Vermutlich gemeint: Marc Jacquet (1913–1983), französischer Politiker, 1958–1973 Abgeordneter der Nationalversammlung (UNR, später UDR), 1962–1966 Minister für Arbeit und Transport in der Regierung Pompidou.

Vater erzählt später, wie es früher war, wenn er dann empfangen wurde und man genau wusste, dass die Leute, die ihn begrüßten, beim nächsten Mal durch andere ersetzt wären, wie man jedes Mal auf die Leute im Hintergrund zeigte, die beim nächsten Mal wahrscheinlich die Begrüßenden sein würden, wie es doch de Gaulle gelungen sei, ein gewisses Maß von Kontinuität und Stabilität hereinzubringen, während auf der anderen Seite der Kommunismus drohte oder der Bürgerkrieg durch [die Vorgänge in] Algier und die Armee.

Inzwischen war auch klar, dass die Zeit des Gesprächs mit de Gaulle, die von ursprünglich zwei Stunden auf eine knappe halbe Stunde reduziert worden war, nun doch wieder wenigstens auf 50 Minuten verlängert worden ist, nachdem Vater ausdrücklich darum gebeten hat.[800] Ob er [ihn] am Dienstag noch einmal würde sprechen können, war allerdings noch unklar.[801]

Abends waren wir zusammen aus. Vater war bei François-Poncet[802] mit einigen Geschwistern, und wir gingen ins Quartier Latin, in die Nähe von Saint-Germain-de-Prés, in ein persisches oder iranisches Restaurant im ersten Stock. Alles mit Teppichen verkleidet und behangen, rote Lampen und dergleichen, aber wenigstens frei für uns. Ein hervorragendes Essen, das sich fast [in] allen Schattierungen Kuskus nannte. Wir, Schorsch und Ulla, Libet[803] und Hermann-Josef und ich, haben es uns ordentlich gütlich getan und die deutsch-französische Freundschaft hochleben lassen. Als wir zurückkamen, war Vater noch nicht da. Kam aber dann bald und war ganz guter Stimmung.

Am Morgen, als ich ¼ vor 8 Uhr vor der Messe in seine Wohnung ins Hotel kam (ich schlief neben ihm in einer riesen Wohnung, in der ich einen Salon hatte, ein riesiges Schlafzimmer und eine Badeabteilung), da war Vater – der zunächst unten drei Zimmer hatte und dann eine Treppe hoch sein Schlafzimmer, Bad usw. mit einem Balkon über den Dächern von Paris –, da war Vater beim Teetrinken. Durch das

---

[800] Zum Gespräch Adenauers mit de Gaulle, 9.11.1964, vgl. AAPD 1964, S. 1255–1262, dazu auch Aufzeichnung Adenauer »Mein Aufenthalt in Paris 8.–10. November 1964« (vgl. Anm. 795), S. 321–323, Faksimile einer hs. Passage S. 324, Aufnahmen des Besuchs S. 326 f.

[801] Vgl. Aufzeichnung des Gesprächs von Adenauer mit de Gaulle, 10.11.1964, in: AAPD 1964, S. 1267–1272.

[802] André François-Poncet (1887–1978), französischer Diplomat, 1931–1938 Botschafter in Berlin, 1949–1955 Hoher Kommissar in Deutschland, 1955 Botschafter in Bonn.

[803] Elisabeth Werhahn, genannt »Libet«, geb. Adenauer (geb. 1928), Tochter von Konrad und Gussie Adenauer, seit 1950 verheiratet mit Hermann-Josef Werhahn.

Fenster sah man in nächster Nähe von ein paar hundert Metern die
große Trikolore auf dem Elysée-Palast und in der Ferne im Morgen-
licht die Türme von Notre Dame, ein wunderbares Bild. Es versprach,
ein schöner, sonniger Herbsttag zu werden. Vater saß allein da, war
müde und gespannt, was der Tag bringt.

Ich ging dann, [um] die Messe [zu] halten in Saint-Philippe-du-Rou-
le, einer museumsartigen Kirche, einer Pfarrei mit 23 000 Seelen und
fünf Geistlichen, an einem Nebenaltar. Ich habe die Messe für Frankreich und seine Regierung, insbesondere für de Gaulle und auch für
seine Familie dargebracht und habe mich dabei besonders an die Jungfrau von Orléans[804] und an die kleine Theresia[805] gewendet, dass
dieser Mission Erfolg beschieden sei. Diese beiden sind ja meine alten
Vertrauten, wenn ich das sagen darf.

Als ich zurückkam, zeigte mir Herr Selbach, der im Flur stand, in
Vaters Wohnung die ersten Morgennachrichten und Zeitungen mit
einer schauderhaften Geschichte von Schröder. Er hatte in einer kleinen »Mainzer Allgemeinen Zeitung« ein Interview gegeben,[806] in dem
er davor warnte, sich zu sehr mit Frankreich einzulassen, indem er vor
den Hegemonieansprüchen Frankreichs warnte, in dem er Vater und
Gerstenmaier fast direkt angriff und kritisierte und damit praktisch
die Verhandlungen schwer belastete. Die ersten Nachrichten von diesem Interview waren über das französische Radio gesendet worden.
Selbach hatte eine Information des Inhalts, eine Wiedergabe, aber
noch nicht im Originaltext, die schlimm genug wirkte. Vater erfuhr

---

[804] Jeanne d'Arc (1412–1431), auch Johanna von Orléans bzw. Jungfrau von Orléans genannt, französische Nationalheldin, verhalf im Hundertjährigen Krieg
den Truppen des Dauphins Karl (1422–1461 König Karl VII. von Frankreich)
bei Orléans zum Sieg über Engländer und Burgunder, 1909 Seligsprechung,
1920 Heiligsprechung.

[805] Marie-Françoise-Thérèse Martin, genannt Thérèse von Lisieux, nannte sich
Thérèse de l'Enfant Jésus et de la Sainte Face (1873–1897), Nonne im Orden
der Unbeschuhten Karmelitinnen, 1923 Seligsprechung, 1925 Heiligsprechung,
Patronin der Weltmission.

[806] Schröder hatte zur Haltung Adenauers in dem Interview erklärt, »selbstverständlich« sei er »für eine enge Freundschaft und Zusammenarbeit« mit Frankreich. Doch »einiges, was wir in der letzten Zeit aus Paris hören mußten, widerspricht dem Geist der Freundschaft«. Die Haltung der Regierung in Paris,
eine »Alternative zu konstruieren, Getreidepreis gegen Schutz durch die Vereinigten Staaten oder gegen eine Zusammenarbeit mit einer Anzahl von Partnern
im Rahmen der MLF«, schien ihm »wenig sachlich«. Vgl. Außenminister Schröder kritisiert Adenauer, in: »Allgemeine Zeitung« (Mainz), Nr. 261, 9.11.1964,
S. 1 f.

die Sache erst etwas später beim gemeinsamen Frühstück [und] war
entsetzt. »Das Ganze ist eine große Biesterei!«[807] So fuhr Vater zum Elysée, und wir kamen etwas später hin zum
Mittagessen mit de Gaulles Familie. Dort traf ich Krone, der sofort
von der Sache anfing und mir klarmachen wollte, es sei in Wirklichkeit
gar nicht so schlimm. Schröder habe den Vertreter dieser Zeitung in
der Woche vorher empfangen. In Wirklichkeit habe dieser Journalist
namens Grüssen[808] aus der ganzen Sache viel mehr gemacht, als Schröder habe machen wollen. Das Ganze sei aufgebauscht, und er, Krone,
habe entsprechend auch bei seinem Gespräch mit Ministerpräsident
Pompidou[809] die Sache zurechtgerückt.[810]

Später, am späten Nachmittag, habe ich dann den Originaltext gesehen und musste feststellen, dass er fast genauso schlimm war, wie
man am Morgen in den Meldungen gesagt hatte, und dass offenbar
Krone durch eine Zweckinformation seitens des Herrn von Danwitz[811]
getäuscht worden war und dass er damit auch die Sache in Falsch
heruntergespielt hatte, ein wahrscheinlich nicht untypischer Fall; denn
es ist etwas die Art von Krone, die Sache zu verharmlosen. Es ist leider
ein Hang von Krone, zu verharmlosen, zu verkleistern, und das ist
wahrscheinlich die Kehrseite seiner großen Fähigkeit, Einigkeit wiederherzustellen, zu verbinden und zu vermitteln.

Im Elysée war es herrlich, voll Glanz, voll warmen Sonnenlichtes
auf den wunderbaren Gobelins und Leuchtern. Ich saß an der langen
Tafel, nicht weit von de Gaulle, und zwar neben seiner Schwiegertochter[812], der zweiten Dame rechts von ihm, der Schwiegertochter, der

---

[807] Adenauer telegraphierte darauf am 9.11.1964 über die Deutsche Botschaft,
Paris, an Erhard: »Während ich hier versuche, Ihren Auftrag zu erfüllen, erscheint das Interview des Bundesaußenministers, das eine Ihrem Auftrag völlig
entgegengesetzte Wirkung hat und mich auf das empfindlichste diskreditiert.«
Vgl. Adenauer, Die letzten Lebensjahre, Bd. I, S. 317.

[808] Korrigiert aus »Krüsen«. Wohl gemeint: Hugo Grüssen (1914–1965), Journalist, seit 1948 Korrespondent verschiedener Zeitungen, u. a. für die »Allgemeine Zeitung« (Mainz). Vgl. Nachruf in: »Mannheimer Morgen«,
5.7.1965.

[809] Georges Pompidou (1911–1974), französischer Politiker, 1962–1968 Premierminister, 1969–1975 Präsident der Französischen Republik.

[810] Zum Verlauf des Gesprächs von Krone mit Pompidou, 9.11.1964 vgl. Schreiben
Krone an Erhard, 9.11.1964, in: AAPD 1964, S. 1265 f.

[811] Ludwig von Danwitz (1910–1981), Journalist, 1956–1975 Leiter des Studio
Bonn des WDR.

[812] Henriette de Gaulle, geb. de Montalembert de Cers (1929–2014), seit 1947
verheiratet mit Philippe de Gaulle.

Frau seines Sohnes Philippe[813], des Fregattenkapitäns, der auch einen prächtigen Eindruck macht. Die Frau hat vier Jungen, war reizend, erzählte von den Schwierigkeiten der Ferien mit den Jungen und wie gern sie zu Hause sei und wie sehr sie sich von dem übrigen offiziellen Leben am liebsten drücke. De Gaulle hielt eine Ansprache auf Vater, sehr knapp, »auf unseren Freund von gestern, von heute und morgen«, sehr warmherzig. Vater erlaubte sich zu antworten in derselben frischen und guten Manier.[814] Man konnte allerdings daraus nicht auf das Gespräch[815] schließen.

Es war, wie ich später hörte, noch offen, ob de Gaulle Vater nochmals empfangen würde, und zwar auf Grund dieser Meldungen von der Attacke Schröders. De Gaulle hat zu verstehen gegeben, dass er ja in diesem Falle nicht wisse, wie sich die deutsche Regierung nun tatsächlich stelle, und dass er aus dem Grunde zögere, Vater nochmals zu empfangen. Das ist aber dann doch geschehen, nachdem nachmittags Erhard von Hamburg, vom Kulturkongress der CDU[816], aus auf Betreiben von Krone Vater angerufen hat und ihm versichert hat, dass alles bliebe, wie er es mit ihm verabredet habe, und auch einen Satz sagte: »Wir müssen das dann eben zusammen machen.« Vater hat den letzten Satz voll Erstaunen gehört und sich dann nochmals durch Rückfrage vergewissert, und er hat dann nochmal gesagt: »Ja, wir müssen dann eben es zusammen machen.« Vater war darüber erleichtert, und de Gaulle hat daraufhin zugesagt, ihn am Dienstag noch einmal zu empfangen.[817]

Vom Elysée aus, das mittags in der Sonne ein wunderbares Bild bot und das auch durch die feine, schlichte Art von Frau de Gaulle sehr angenehm war, gingen wir dann oder fuhren wir dann zum Institut de France im Palais Mazarin[818]. Vor dem Elysée stand die Republikaner-Garde mit gezogenem Degen, den sie sich vor die Nase hielten. Ein großartiges Bild! Das Palais Mazarin ist ein herrlicher Renaissance-

---

[813]  Philippe de Gaulle (geb. 1921), Marineoffizier, Sohn von Charles und Yvonne de Gaulle.

[814]  Die Ansprachen wurden während des von de Gaulle gegebenen Frühstücks am 9.11.1964 gehalten (Adenauer, Kalendarium).

[815]  Vgl. Aufzeichnung des Gesprächs von Adenauer mit de Gaulle, 9.11.1964, in: AAPD 1964, S. 1255–1262.

[816]  Der 3. Kulturpolitische Kongress der CDU/CSU fand vom 9. bis 10.11.1964 in Hamburg statt. Manuskripte der Plenarsitzungen in: ACDP 007–004–445.

[817]  Zum Gespräch Adenauers mit de Gaulle, 10.11.1964 vgl. die Aufzeichnung in: AAPD 1964, S. 1267–1272.

[818]  Das zwischen 1635 und 1658 erbaute »Palais Mazarin« heißt heute »Palais de l'Institut de France« und ist Sitz der französischen Akademien.

bau, ein riesiger, ovaler Saal, unten wie ein Hörsaal mit ansteigenden Sitzen, ausgestattet mit Lederpolstern. Der innere Raum ist nicht sehr groß. Das Ganze wirkt einerseits intim, weil es nicht so riesig ist, andererseits sehr feierlich wegen der Säulen, wegen der umliegenden Säulenhallen, wegen des ganzen Formats und weil das Licht durch hohe Fenster von oben her warm in den Raum hineinfällt.

Zur festgesetzten Zeit, wir saßen ziemlich gut vorn, ertönte ein dumpfer Trommelwirbel, der sehr geschickt gemacht war aus dem Hintergrund, unsichtbar, und es kamen nun fast im Gänsemarsch die Mitglieder des Instituts herein in ihren Fräcken, die wunderbar grün bestickt waren. Alles ältere Herren, zum Teil Greise, zwischen denen Vater später in seiner Haltung fast jugendlich wirkte, zum Teil sehr gute Köpfe, unter anderem Gabriel Marcel[819], d'Ormesson[820] und Mauriac[821], und eine Reihe andere, die ich nicht kannte. Im Ganzen eine glänzende Repräsentation französischen Geistes! Das Institut de France, von der die Académie des sciences morales et politiques einen Teil bildet,[822] ist eine Einrichtung der Aufklärung, die aber dann später weitergepflegt wurde und dem französischen Geistesleben eine offizielle Repräsentanz, eine offizielle Bühne sichert. Vor Vater waren zuletzt an auswärtigen Mitgliedern aufgenommen worden: Winston Churchill und Eisenhower,[823] beide aber nicht unter der Kuppel, was als besondere Ehre gilt, und nicht in Anwesenheit des Staatspräsidenten.

Als alle da waren, kam de Gaulle herein, von einer anderen Seite, vom Quai de la Seine her, setzte sich in einen großen, gewaltigen Ses-

---

[819] Gabriel Marcel (1889–1973), französischer Philosoph, führender Vertreter des christlichen Existenzialismus, seit 1952 Mitglied der Académie des sciences morales et politiques.

[820] Korrigiert aus:»Dormaison«. Gemeint: Wladimir d'Ormesson (1888–1973), französischer Schriftsteller, Mitglied der Académie française sowie Botschafter Frankreichs in Rom und Buenos Aires.

[821] François Mauriac (1885–1970), französischer Schriftsteller, führender Vertreter des»Renouveau catholique«, der seit 1890 sich etablierenden Bewegung, die sich an der katholischen Soziallehre orientierte, erhielt 1952 den Nobelpreis für Literatur, Mitglied der Académie française.

[822] Korrigiert aus:»Die ganze Akademie, von der das Institut Des. Et Polit. einen Teil bildet«. Die»Académie des sciences morales et politiques« (Akademie der Moralischen und Politischen Wissenschaften), am 25.10.1795 per Gesetz gegründet und durch Dekret vom 26.10.1832 als»Institut« bezeichnet, ist eine Gesellschaft französischer Gelehrter der fünf Akademien des Institut de France.

[823] Der Académie des sciences morales et politiques gehörten damals 40 ordentliche, 10 freie, 12 assoziierte und 50 korrespondierende Mitglieder an. Zu den damaligen ausländischen assoziierten Mitgliedern gehörten Winston Churchill und Dwight D. Eisenhower (Vermerke Osterheld, 2. und 4.11.1964, beide in: ACDP, NL Osterheld 01-724-007).

sel in der Mitte dieses Ovals und dann ertönte die Marseillaise. Er
stand auf, und diese Musik schallte wunderbar aus dem Hintergrund,
flott gespielt, durch den Raum. Es war wirklich, als ob der Genius
Frankreichs gegenwärtig sei, und ich dachte mir, wie oft dieser Mann
mit all seinen großen und rätselhaften Seiten diese Musik gehört hat
und wie er dabei an seine Nation denkt. Die Marseillaise »stand«
regelrecht im Raum wie ein einziger aufrüttelnder Fanfarenstoß. Sie
ist mir noch nie so frisch und großartig vorgekommen, und auch Vater sagte später, sie sei herrlich gewesen. Ich habe ihm dann, obwohl
einige der Geschwister dagegen waren, Platten mit der Marseillaise
geschenkt, und er hat sie sich an den Tagen danach abends immer
wieder auflegen lassen, wenn die Schatten kamen. Als nun de Gaulle
da war, wurde Vater hereingeführt vom Präsidenten der Versammlung[824]. Aber dieser war gebrechlicher als Vater, obwohl er wahrscheinlich viel jünger war. Vater half ihm in sehr feiner Weise die
Stufen hinunter auf seinen Platz. Er saß neben François-Poncet, in ganz
strammer Haltung, hörte brav zu, als der Vorsitzende dann die Sitzung
eröffnete, einen kurzen Bericht gab und dann schließlich eine ausführliche Begründung gab für das Vorhaben, Vater in die Académie des
sciences morales et politiques des Institut de France aufzunehmen.[825]
Ich habe nicht viel davon verstanden. Es muss aber sehr gut gewesen
sein, und zwar wurde auch, so viel ich verstehen konnte, auf die
menschlichen Eigenschaften angespielt. Der Beifall war sehr stark.

Vater ging dann ans Pult. Er konnte leider schlecht sehen. Das Licht
war schlecht, und es war ein Glück, dass er seine Rede[826] mit sehr
großen Buchstaben geschrieben hatte. Er hatte sie am Freitag in Bonn
gemacht, mitten in all dem vielen Durcheinander und bei dem Ausfall
von Fräulein Poppinga. Sie war hervorragend. Er begründete, warum
es ihm eine solche Ehre darstelle. Er begründete, inwiefern er dem
Geist dieser Akademie verbunden sei. Das Ganze war so klar, so überzeugend, kraftvoll und frisch, dass die Leute wirklich mitgerissen

---

[824] Georges Davy (1883–1976), Professor Dr. rer. pol., seit 1944 Ordinarius für
Soziologie an der Universität Sorbonne, seit 1952 Präsident der Académie des
sciences morales et politiques sowie Präsident des Institut International de Philosophie Politique.

[825] Vgl. Rede Davys, deutsche Übersetzung, in: ACDP, NL Osterheld 01–724–007;
Auszug in: Adenauer, Die letzten Lebensjahre, Bd. I, S. 635.

[826] Vgl. Rede Adenauers anlässlich der Aufnahme in die Académie des sciences
morales et politiques in Paris, 9.11.1964, in: Adenauer, Die letzten Lebensjahre,
Bd. I, S. 317 f., 319–321, Faksimile der Urkunde S. 318; Bulletin, Nr. 165,
11.11.1964, S. 1519; auch in: Konrad Adenauer, »Die Demokratie ist für uns
eine Weltanschauung«, S. 206–209.

waren und ihm eine Ovation darbrachten. De Gaulle ging dann, als er anschließend als Mitglied deklariert worden war, spontan auf ihn zu und gratulierte ihm als Erster. Dann zog er sich mit seinen Ministern zurück. Er machte bei dem Ganzen einen sehr bürgerlichen Eindruck, gar keinen triumphalen.

Ich musste daran denken, wie sehr uns etwas Derartiges fehlt, wie sehr die Repräsentanten des geistigen Lebens in Deutschland doch dem Staat mit Misstrauen, Verachtung, Zweifel, Skepsis und Unkenntnis gegenüberstehen, wie sehr unsere Nation innerlich zerrissen ist.

Die Tatsache, dass der »Spiegel« über 200 000 Auflage hat und das politische Informationsblatt des sogenannten geistig gebildeten Menschen ist, spricht ja Bände. Der »Spiegel«-Bericht, besonders der Kommentar des Herrn Augstein[827], zu der ganzen Angelegenheit war erschütternd, voller Hass gegen diese Welt, die Frankreich und die Vaters Werk an europäischem Geist repräsentiert. Das ist ein Abgrund des Positivismus und des Nihilismus, der sich überlegen dünkenden Skepsis des frei schwebenden Intellektualismus. Wenn das die Mentalität unserer Gebildeten ist, dann kann aus dieser Nation nichts werden. Vater hat nicht umsonst und aus denselben Empfindungen heraus bei dem folgenden großen Festessen von dem Wert der Tradition gesprochen. Vater beschwor regelrecht die Teilnehmer an dem Essen, an der Tradition, die sich unter anderem in der Académie ausgeprägt hat, festzuhalten und den europäischen Geist, auf den die Welt nach wie vor angewiesen sei, auf diese Weise mit zu erhalten. Tatsächlich war dieser Akt der Aufnahme eines Deutschen nach Churchill und Eisenhower an dieser Stelle an der Seine in dieses erhabene Gremium ein unerhörter, historischer Vorgang, wenn man bedenkt, dass der letzte Deutsche von Humboldt[828] war, der in den 60er Jahren des vorigen Jahrhunderts, also vor fast hundert Jahren, dieser Ehre teilhaftig geworden ist,[829] und wenn man bedenkt, was

---

[827] Vgl. CDU-Krise. Hin und her und her und hin, in: »Der Spiegel«, 18. Jg., Nr. 46, 11.11.1964, S. 31–34, 37 f.; zum Kommentar von Rudolf Augstein, Casser la baraque?, ebd., S. 32.

[828] Friedrich Wilhelm Heinrich Alexander Baron von Humboldt (1769–1859), Naturforscher, jüngerer Bruder von Wilhelm von Humboldt.

[829] Seit Bestehen der Académie des sciences morales et politiques waren folgende Deutsche assoziierte Mitglieder: der Philosoph Friedrich Wilhelm Joseph Schelling (1835), der Rechtsgelehrte Friedrich Carl von Savigny (1837) und der Historiker Leopold von Ranke (Vermerk Osterheld, 2.11.1964, in: ACDP, NL Osterheld 01-724-007). Friedrich Wilhelm Heinrich Alexander von Humboldt gehörte nicht der Académie des sciences morales et politiques an, sondern war ab dem 6.2.1804 korrespondierendes Mitglied erster Klasse des damaligen

in der Zwischenzeit alles zwischen diesen Ländern geschehen war. Tatsächlich haben aber alle diese Erschütterungen offenbar Frankreich nicht in dem Maße innerlich zerstören und aushöhlen können, wie es in der deutschen Gesellschaft der Fall ist, die einen viel kränkeren und für den Materialismus anfälligeren Eindruck macht. Infolge des bisschen Weines, den ich beim Mittagessen zu mir genommen hatte beim Anstoßen, bekam ich natürlich prompt Migräne, trotz aller Vorsichtsmaßnahmen, und verdrückte mich nach dem Tee, schoss scharfe Munition dagegen ab, aber es gelang mir nicht, zeitig zum Empfang bei der deutschen Botschaft um 18 Uhr wieder up to date zu sein, und ich blieb kurzerhand liegen. Ich kam eine Stunde später hin. Der Empfang wurde von Hunderten Menschen besucht, und er dauerte fast zwei Stunden. Ich erwischte den gastgebenden Botschafter Klaiber gleich und traf sofort Peter Hermes[830], den ich vor allem treffen wollte, sowie August von Kageneck[831], meinen anderen Klassenkameraden, der eine Französin mit drei Kindern geheiratet hat und dann noch ein Zwillingspärchen mit ihr bekam und der dann auf das Wohl von Hopmann[832] mit uns trinken wollte, was wir ablehnten. Wir sollten lieber auf Becher[833] trinken, meinten wir, und haben uns verdrückt, Peter Hermes und ich, in die große Allee, die Fortsetzung der Champs Élysée. Dort gingen wir im Dunkeln eine Stunde spazieren, was meinem Migränekopf guttat.

Peter Hermes stellte mir seine ganze Position dar. Er ist Legationsrat erster Klasse bei der OECD-Botschaft, bekommt allerhand mit, will aber mit Gewalt in die Politik zurück. Seine Frau[834] erwartet ihr sechs-

»l'Institut national (section de physique générale)« und vom 14.5.1810 an assoziiertes ausländisches Mitglied der Académie des sciences, die seit 1666 besteht (http://www.academie-sciences.fr/en/Table/Membres/Liste-des-memb res-depuis-la-creation-de-l-Academie-des-sciences/).

830  Peter Hermes (1922–2015), Dr. jur., Botschafter, 1961–1965 Leiter des Referats für Handelspolitik, Agrarpolitik und Fischerei bei der OECD in Paris.
831  August Graf von Kageneck (1922–2014), Journalist, lebte in den 1960er Jahren in Frankreich und war Korrespondent für »Die Welt«.
832  Heinrich Hopmann (1897–1968), Zentrumspolitiker und Lehrer, bis 1939 Lehrer am Aloisiuskolleg in Bad Godesberg, 1946 Mitbegründer der CDU in Bad Godesberg, 1948–1963 dort Bürgermeister.
833  Hubert Becher (1885–1962), Dr. phil., Pater und Kirchenhistoriker, 1938–1939 und 1945–1955 Direktor des Aloisiuskollegs in Bad Godesberg, 1939–1941 und ab 1955 Mitarbeiter der Zeitschrift für christliche Kultur »Stimmen der Zeit«. Zu Konrad Adenauers Kontakten zu Becher vgl. Adenauer, Briefe 1945–1947, S. 260 f., 354, 478 f., 485 f.; Adenauer, Briefe 1951–1953, S. 336–338.
834  Maria Hermes, geb. Wirmer (geb. 1929), seit 1955 verheiratet mit Peter Hermes.

tes Kind inzwischen, und er weiß nicht, wie er das alles schaffen soll.
Er fühlt, dass er das Erbe seines Vaters[835], der voriges Jahr gestorben
ist, zu verwalten hat und dass er insofern auch der CDU in ihrer äu-
ßersten Gefährdung einen Dienst schuldet. Aber man habe ihm im AA,
dort ist ein katholischer Personalmann[836], gesagt, es sei schwer mit
Katholiken, man müsse da Geduld haben. Peter Hermes erzählt von
de Gaulle. Es sei nicht wahr, wie zum Beispiel Koko behauptet hat,
dass de Gaulle überhaupt nicht zu sprechen sei, dass man mit ihm
nicht reden könne. In Wirklichkeit höre er sich den Rat von guten
Leuten sehr wohl an, entscheide dann allerdings selbständig und halte zäh und unbeirrbar an einer Meinung fest, die er sich gebildet habe.
Er habe sich hervorragende Fachleute herangezogen, unter anderem
sei Pompidou ein ausgezeichneter Mann, der durchaus einmal der
Nachfolger werden könne, wenn auch vielleicht als Repräsentant der
dann wieder in den Vordergrund tretenden Mittelparteien. Im Ganzen
sei überhaupt die französische Intelligenz, die politisch tätig sei, der
deutschen wahrscheinlich weit überlegen. Tatsächlich machten diese
Leute bei dem Essen und bei den Empfängen einen bei weitem nicht
so behäbigen, schwerfälligen und bürokratischen Eindruck, sondern
eher den Eindruck von intelligenten Ingenieuren, sehr sportlichen,
disziplinierten, jüngeren Figuren. Ich habe mich gefreut, dass sogar in
der »Welt am Sonntag« des heutigen Tages, des 15. November, dieses
Urteil geäußert wurde.[837]
    Hermes sagte, mit Schröder sei nichts zu machen, was Frankreich
angehe. Das wisse jeder hier. Es bliebe alles liegen. Man reagiere kaum.
Aber er meinte, mit Gerstenmaier könne es auch nicht viel besser
werden. Er habe das bloß getan, um selber hochzukommen. Ich habe
ihm da widersprochen. Denn es gehörte Mut dazu, so aufzutreten.
Ferner meinte Hermes, es sei schwierig mit dem gemeinsamen Atomschutz durch Frankreich, weil de Gaulle keinen an der Force de frappe beteiligen wolle. Über die politische Gefährdung der CDU waren
wir einer Meinung.

---

835 Andreas Hermes (1878–1964), Staatswissenschaftler, seit 1920 Mitglied der
    Deutschen Zentrumspartei, 1921–1923 Reichsfinanzminister, 1945 Mitbegrün-
    der der CDU, 1948–1954 Präsident des Deutschen Bauernverbandes. Vgl. Her-
    mes, »Mit unerschütterlichem Gottvertrauen und zähem Kämpfergeist«, Sankt
    Augustin 2012.
836 Paul Raab (geb. 1902), Dr., Ministerialdirektor, 1961 Leiter der Abteilung Z
    Personal und Verwaltung im Auswärtigen Amt.
837 Vgl. A. R. König, Wirbel in Bonn um Frankreich, in: »Welt am Sonntag«, Nr.
    46, 15.11.1964, S. 17 f., hier S. 18.

Es wurde schließlich kurz vor 8 Uhr. Wir kamen zum Pavillon Dauphine, in dem ein großes Essen der Association France-Allemagne, einer gaullistischen Neugründung,[838] sein sollte. Als Vater in dieser Geschichte ankam, schloss ich mich einfach an. Es waren fast 400 Gedecke. Ich hatte zur Linken den Kabinettsdirektor von Couve de Murville, einen sehr netten Mann,[839] und auf der rechten Seite eine ebenso nette ältere Dame, die die außenpolitische Kommentatorin des französischen Fernsehens ist und die Außenpolitik von Couve de Murville vertritt. Das Gespräch war sehr aufschlussreich, behandelte die Fragen, was die Wahl 1965 bringen würde, wie man den Osten zu beurteilen habe, dass die Völker zusammengehen wollten und ähnliche Dinge, dann meine Tätigkeit und die Tätigkeit der beiden Nachbarn. Vater wurde außerordentlich herzlich begrüßt und hielt abends um 11 Uhr eine großartige Rede[840] auf die Begrüßung hin. In der Begrüßung waren unter anderem besonders die Qualitäten des Herzens, les qualités du cœur, von dem Redner, einem Schwager von de Gaulle,[841] angesprochen worden, etwas, was ich sonst nie gehört hatte, und an dieser Stelle bekam der Redner den meisten Beifall. Vater hat dann so entschlossen, so frisch gesprochen, dass es eine wahre Pracht war, die Leute hinriss. Besonders hat er Couve de Murville gelobt, was diesem zum ersten Mal seit Monaten, wie die Beobachter sagen, eine Freundlichkeit und ein Lächeln entlockt hat und ihn auch aufgeschlossen gemacht hat offenbar für die weiteren Unterhaltungen.

Inzwischen war auch das zweite Gespräch mit de Gaulle gesichert[842] und Vater insofern erleichtert. So kamen wir denn nach Mitternacht zurück, und er erzählte die ganze Geschichte.

Am nächsten Morgen, dem 10. November, saß er morgens früh noch müde und erschöpft wieder allein vor seinem Tee. Ich ging auch

---

[838] Die im Juli 1963 in Paris gegründete »Association France-Allemagne« war eine Gesellschaft mit dem Ziel der Förderung und Koordination von deutsch-französischen Initiativen zur Verbesserung der Zusammenarbeit in den Bereichen Politik, Kultur, Wirtschaft, Austausch und Partnerschaften, vor allem die Entwicklung ihrer geistigen und materiellen Beziehungen. Vgl. Großmann, Die Internationale der Konservativen, S. 236.

[839] Philippe Malaud (1925–2007), französischer Diplomat und Politiker, 1961–1967 Kabinettschef des Außenministers Couve de Murville.

[840] Ausführungen Adenauers während des Abendessens, gegeben von der Association France–Allemagne am 9.11.1964 (Adenauer, Kalendarium), in StBKAH nicht überliefert.

[841] Jacques Vendroux (1897–1988), französischer Industrieller und Politiker, Bruder von Yvonne de Gaulle, der Frau von Charles de Gaulle, 1963 Gründer der »Association France-Allemagne«.

[842] Vgl. Anm. 817.

mal und sah mir sein Schlafzimmer an, wo er oben ganz allein hauste, über den Dächern von Paris, und wo er seine Sorgen mit sich herumtrug, wo die Informationsfernschreiben herumlagen. Bei dem Kaffee, den wir dann mit etwas Familientumult zusammen einnahmen, ein herrliches Bild in einem der Räume von Vater, war Vater ziemlich still und brach dann auch plötzlich unvermerkt auf, um zu de Gaulle zu gehen, nein, um zunächst einmal französische Widerstandskämpfer und eine andere Gruppe zu empfangen[843] und um sich anschließend zu de Gaulle zu begeben. Wir fuhren dann zum Louvre, wo wir Vater trafen, und dort wurde er von Malraux[844] geführt. Wir haben herrliche Rembrandts gesehen, besonders den Philosophen in seiner Klause[845]. Vater fragte nach einem bestimmten Bild, das den hl. Hieronymus[846] darstellt, gemalt von Tizian[847], und der französische Minister musste leider bekennen, dass dieses Bild weggehangen worden sei, weil es eine Fälschung war. Vater sieht sich dann an, was man an Niederländern[848] da hat, und ist erschrocken über die schlechte Aufhängung. Herrlich ist beim Herausgehen, beim Verlassen des Louvre, der Gang durch die letzte Halle, in der frühfranzösische große Steinplastiken stehen von Kathedralen: ein herrliches Kruzifix, wunderbare Madonnen, eine Würde, eine Pracht, die einem schlagartig vor Augen führt, welcher Geist in diesem Volk gelebt hat und vielleicht noch nachwirkt. Wieviel hat Frankreich uns Deutschen gegeben?

Dann kommt als letztes ein Herrenessen beim Cercle Franco-Allemand.[849] Das sind die Vertreter der Mittelparteien, Industrielle und

---

[843] Am 10.11.1964 traf Adenauer mit Generalsekretär Ferdinand Paloc und weiteren Vertretern der FILDIR zusammen. Vgl. Schreiben Adenauer an Paloc, 20.11.1964, mit dem Dank »für die Plakette der Ihrem Verband angehörenden Organisation ›Ceux de Rawa Ruska‹. Es ist für mich eine große Ehre, daß Sie mich mit dieser Plakette ausgezeichnet haben.« Die Auszeichnung erfolgte für Adenauers »Tätigkeit zugunsten der Opfer des Nazi-Regimes«. Schreiben und Bericht über den Empfang in: ACDP, NL Osterheld 01–724–007.

[844] Vom Bearbeiter korrigiert aus: »Marot«. Gemeint: Georges André Malraux (1901–1976), französischer Schriftsteller, Politiker und Intellektueller, 1959–1969 Staatsminister für kulturelle Angelegenheiten.

[845] Das Bild Rembrandts »Der Philosoph«, auch »Meditierender Philosoph« genannt, datiert von 1632 und ist signiert mit »RHL-van Rijn«.

[846] Sophronius Eusebius Hieronymus (347–420), Priester, Gelehrter und Theologe, spätantiker Kirchenlehrer.

[847] Tiziano Vecellio, genannt Tizian (um 1488–1576), venezianischer Maler der Hochrenaissance.

[848] Gemeint: Gemälde niederländischer Maler.

[849] Der christlich-demokratisch ausgerichtete »Cercle Franco-Allemand« war im Februar 1963 gegründet worden (vgl. Großmann, Die Internationale der Kon-

andere Deutschenfreunde, auch ein paar Hundert Menschen. Es findet statt im Cercle de l'Union interalliée,[850] in einem großen, stattlichen, schlossartigen Gebäude, in der Nähe des Elysée-Palastes, das den Alliierten als Clubhaus diente und das jetzt noch in einem angrenzt an Gebäude der britischen Botschaft, an Räume der britischen Botschaft.

Hier also, auf demselben Boden, auf dem Amerikaner, Engländer und Franzosen im Kriege und nach dem Kriege sich trafen, auf diesem Boden wird nun Vater in einer prächtigen Weise Dank und Verehrung gezollt. Und er antwortet nach all diesen Strapazen mit einer solchen Frische, dass die Franzosen, die Industriellen, die neben mir am Tische sitzen, die Augen aufreißen, als sei ihnen ein Geist erschienen, und in einen ganz starken Beifall ausbrechen. Vater vermeidet klug, den Namen de Gaulles überhaupt zu nennen, weil es hier nicht opportun ist. Aber er spricht auch hier wieder von der Tradition, die Frankreich verkörpert, und von dem, was wir gemeinsam schaffen müssen, was die Geschichte jetzt von uns verlangt.

Dann geht es schnell ins Bristol-Hotel zurück, wo die Sachen schon abgeholt sind. Dort wartet die Presse noch. Vater macht es kurz, hinein ins Auto und ab zum Flughafen. Ich fahre auf dem Wege zum Hotel mit dem zugeteilten Mann der Securité, und er sagt mir auf meine Frage hin, die Kommunistische Partei sei zur Zeit doch nicht mehr in der Verfassung wie unter der Führung von Thorez[851], dem großen Kommunistenführer, und er glaube auch nicht, dass sie jemals wieder die starke Volkspartei werde,[852] die sie gewesen ist, weil das Volk inzwischen ein anderes Regiment als wohltätig erlebt habe.

Am Flughafen wieder roter Teppich, wieder die Einsatzpolizei in ihren schmucken Uniformen und als Flugzeug eine etwas größere Düsen-Propellermaschine, Turboprop-Maschine, mit einem gemütlichen Innenraum, die sich dann bald in die Lüfte erhebt, und zwar gegen 5 Uhr. Das Land hüllt sich in Dunkelheit. Wir fliegen Richtung Osten und stoßen schnell durch die Wolkendecke durch. Es ist diesig an diesem zweiten Tage, nebelig, aber über den Wolken ist ein wun-

---

servativen, S. 236). Das Essen fand am 10.11.1964 um 13 Uhr statt (Adenauer, Kalendarium).

[850] Der »Cercle de l'Union interalliée« ist ein 1917 gegründeter Pariser Club in der Rue du Faubourg-Saint-Honoré im 8. Arrondissement, dem vor allem Führer großer Wirtschaftsunternehmen, politische Persönlichkeiten, Diplomaten, Bürgermeister und Rechtsanwälte angehören. Deren Präsident war 1959–1975 Prinz Jean-Louis de Faucigny-Lucinge.

[851] Maurice Thorez (1900–1964), französischer Politiker, 1930–1964 Generalsekretär der KPF.

[852] Vgl. Anm. 475.

derbarer, freier, klarer Himmel, und die Wolken liegen so still, dass
man den Eindruck hat, es sei eine Schicht von Polareis, die sich unendlich hin dehnt bis zum Nordpol irgendwo. Am Horizont versinkt
die Sonne und bietet über eine halbe Stunde lang ein grandioses Far-
benschauspiel auf dieser wie Eis aussehenden unendlichen Fläche. Alle
Farben des Spektrums erscheinen einzeln betont nacheinander, und
das Ganze lagert wie eine Bank auf diesem Horizont. Es ist zauberhaft
schön. Später dann, als wir niedriger gehen, sieht man in Deutschland
die Martinsfeuer überall im Lande brennen.

Unterdessen ist Vater erleichtert. Er scheint doch nicht unzufrieden
zu sein, und das Verhalten der Franzosen in den nächsten Tagen zeigt
es, dass er etwas erreicht hat. Die Franzosen sprechen nicht mehr
davon, dass eine Erklärung zum Getreidepreis notwendig sei, um bei
den Brüsseler Verhandlungen über die Ausnahmelisten für die Kenne-
dy-Runde zu einem Übereinkommen zu gelangen.[853] Die Deutschen
sind etwas zurückhaltender mit ihrer Stellungnahme zur MLF,[854] [der]
multilateralen Atomflotte der Amerikaner, die die Franzosen ablehnen
und durch die die Franzosen in eine gewisse Isolierung geraten könnten mit ihrer Force de frappe. Tatsächlich hat aber auch de Gaulle
wohl bisher noch nicht eine deutsche Mitwirkung bei der Erstellung
oder bei der Verwaltung dieser Force de frappe angeboten, so dass uns
im Moment gar kein anderer Weg bleibt. Immerhin ist aber Zeitge-
winn hier schon viel. Schon am Dienstag in Brüssel hat sich die entge-
genkommendere Haltung der Franzosen gezeigt als erste Frucht der
Unterhaltung Vaters mit de Gaulle.

---

853   Die Ministerkonferenz des GATT setzte auf ihrer 20. Session vom 16. bis 21.5.1963
       in Genf einen Ausschuss für Handelsverhandlungen ein, um die von den Vereinig-
       ten Staaten vorgeschlagenen Grundsätze zur linearen Zollsenkung von 50. v. H.
       auszuarbeiten. Diese als »Kennedy-Runde« bezeichneten Verhandlungen wurden
       besonders von den EFTA-Staaten unterstützt. Der EWG-(Minister-)Rat versuchte
       eine Koordinierung der Position der sechs Mitgliedstaaten und konnte sich am
       25.3.1964 zwar über einen Mindestpreis und einen Höchstpreis für Milch einigen.
       Eine Vereinheitlichung des Getreidepreises kam jedoch nicht zustande. Vgl. AdG,
       33. Jg. (1963), S. 10584, und 34. Jg. (1964), S. 11136 f., 11209 f.; zu den Vor-
       schlägen der Bundesregierung und der Initiative der Kommission 1964 auf der
       Tagung des EWG-(Minister-)Rats vom 10. bis 15.11.1964, ebd., S. 11533; dazu
       auch Aufzeichnung Lahr, 13.11.1964, in: AAPD 1964, S. 1289 f.
854   Auf der Sitzung am 11.11.1964 beschloss der Vorstand der CDU/CSU-Bundes-
       tagsfraktion zur MLF: »Im Augenblick besteht wegen schwebender Verhand-
       lungen in der Sache kein Anlaß, auf die Beschleunigung des Abschlusses ent-
       sprechender Abkommen über die MLF, an deren Entwicklung wir interessiert
       sind, von deutscher Seite in besonderer Weise zu drängen.« Vgl. AdG, 34. Jg.
       (1964), S. 11523.

Nun erzählt Vater Krone davon, wie er aufgenommen worden sei, insbesondere davon, dass de Gaulle mit ihm immer am Kamin spreche und nicht von seinem Schreibtisch aus, wie er es sonst mit seinen Besuchern macht. Dann überlegt man, ob es klug sei, dem Drängen von Herrn Barzel nachzugeben und heute Abend Herrn Barzel noch zu informieren, bevor am nächsten Morgen Bundeskanzler Erhard informiert wird. Man meint, es sei nicht klug. So wird noch etwas hin und her geredet. Dann schlafen die beiden Herren etwas ein. Es ist eigenartig, ihrer beider Profile im Schlaf zu sehen, beleuchtet vom Abendlicht am Fenster des Flugzeuges. Man macht sich seine Gedanken über diese beiden Gefährten, die so seltsame Wege schon miteinander gegangen sind.

Als wir landen, steht Barzel bereit, stürzt sich auf Vater zusammen mit Westrick[855], dann allein,[856] redet auf Vater ein und teilt ihm mit, es sei eine Anfrage der SPD am nächsten Morgen zu erwarten, 14 oder noch mehr Punkte zur Außenpolitik, sehr brenzlig.[857] Herr Schröder wolle eigens zur Beantwortung von Brüssel zurückkommen, er müsse jeden Moment landen. Der Wagen stand schon da. Was man tun solle? Man müsse doch darüber beraten, was jetzt zu geschehen habe. Vater, nach einigem Zögern, todmüde, nachdem er noch Erklärungen abgegeben hat bei der Landung,[858] entschließt sich, die Herren nach Rhöndorf mitzunehmen.

Wir fahren, Schorsch und ich mit Herrn Ackermann[859] von der Pressestelle der Fraktion, hinterher. Herr Ackermann redet auch von

---

[855] Ludger Westrick (1894–1990), Dr. jur., 1951–1963 Staatssekretär im Bundesministerium für Wirtschaft, 1963–1964 Staatssekretär des Bundeskanzleramts, 1964–1966 Bundesminister für besondere Aufgaben und Chef des Bundeskanzleramts.

[856] Nach der Begrüßung, zu der Barzel, Globke und Westrick erschienen waren, führte Adenauer ein viertelstündiges Gespräch mit Barzel und Westrick. Vgl. dpa-Meldung 195 id, adenauer wieder in bonn, 10.11.1964, in: ACDP, Pressearchiv, Adenauer, Reise-Paris.

[857] Zur Fragestunde (Drucksachen IV/2709, IV 2715) am 11.11.1964 vgl. Verhandlungen des Deutschen Bundestages, 4. Wahlperiode, Stenographische Berichte, Bd. 56, S. 7157–7170.

[858] Bei seiner Ankunft auf dem Flughafen Köln-Wahn am 10.11.1964 erklärte Adenauer gegenüber Journalisten: »Es war gut, dass wir dagewesen sind. Wenn ich sage wir, so meine ich auch Herrn Minister Krone, der eine Reihe von guten Unterredungen in Paris hatte.« Zu den Ausführungen vgl. dpa-Meldung 195 id (vgl. Anm. 856) sowie den Artikel von A. R. König, Wirbel in Bonn um Frankreich, in: »Welt am Sonntag«, Nr. 46, 15.11.1964, S. 17 f., hier S. 17.

[859] Eduard Ackermann (1928–2015), Dr. phil., 1958–1982 Pressesprecher der CDU/CSU-Fraktion im Deutschen Bundestag.

der gefährdeten Einigkeit wieder. Ich mache ihm klar, dass nach meiner Meinung nur eine Klärung und eine Klarheit in der Sache auf die Dauer diese Einigkeit schaffen können und nicht ein dauerndes Zukleistern, das mit Recht im Volk als Theater empfunden würde, als Vortäuschung von Einigkeit.

Vater spricht dann mit Barzel in seinem Arbeitszimmer zuerst, eine seltene Ehre. Er lässt sich eine Flasche Wein heraufbringen, zeigt dem jungen Mann seine Bilder. Dann gelingt es mir, die beiden zum Essen nach unten zu holen, während Krone, Westrick und Rasner sich von Bonn aus auf den Weg machen, um auch noch nach Rhöndorf zu kommen. Schließlich gegen 8 oder 9 Uhr ist alles zusammen. Ich hatte Auftrag, beste Weine heraufzuholen. Ich gebe ihnen einen schweren Wein, damit, wie Vater sagt, die Sache vorangeht. Offenbar führe es auch zu einer gewissen Entkrampfung und Entspannung, aber zwischendurch wird Vater sehr heftig. Ich höre es beim Weineinschenken. Er versucht mit allem Ernst, die Gefährlichkeit der Entwicklung klarzumachen, die durch das Verhalten von Schröder, durch dessen antifranzösischen Komplex, heraufbeschworen wird. Insbesondere gilt das gegenüber Herrn Rasner, dem er sagt, er sei doch sehr beeinflusst. Schließlich kommt man so weit, dass dem Bundeskanzler, der sich auf diesen Rat von vornherein verlassen hat, empfohlen wird, die Beantwortung der Fragen am Mittwoch abzulehnen und auf Freitag zu verschieben, dass auch Schröder also nichts sagen kann, damit man erst untereinander klarkommt, wie man sich äußern will. Diese Einigkeit wird dann bis Mitternacht ungefähr erzielt. Vater stößt aber mit seinen Warnungen, Herrn Schröder weiter so gewähren zu lassen, offenbar auf wenig Gegenliebe, auch bei Krone und Barzel, die eben vor den Wahlen Schwierigkeiten befürchten und nur daran denken.

Um Mitternacht begleite ich die Herren zum Auto, und sie schaukeln heim, Vater nach dieser wahnsinnigen Schlacht todmüde in sein Bett.

Morgens verzichtet er aber darauf, in den Bundestag zu gehen, und fährt gleich zu Erhard, um ihm zu berichten.[860] Wie ich höre, hat sich Erhard bei ihm nicht entschuldigt wegen des Torpedos von Schröder.[861] Es gab dann auch noch schwere Auseinandersetzungen in den

---

860 Das Gespräch Adenauers mit Erhard fand am 11.11.1964 statt (Adenauer, Kalendarium).

861 Gemeint: das Interview Schröders mit der »Allgemeinen Zeitung« (Mainz), vgl. Anm. 806.

folgenden Tagen in der Fraktion über den Kurs[862], den man steuern wolle, und die Leute der Einigkeit obsiegten schließlich mit dem Argument, dass eben sonst die CDU zu sehr gefährdet wäre. Möglichkeiten zu einer Klärung der sachlichen Differenzen sind bisher nicht angeboten worden, und so war denn am Freitag die Fragestunde eine regelrechte Show für Herrn Schröder, der seine Sache, vom Standpunkt der Einheit der Partei aus gesehen, gut machte, brillant parierte, aber keinerlei Neues oder Wegweisendes, Voranweisendes in der Substanz bot.[863] Erhard hat sich schlecht benommen. Auf eine Frage nach der Rolle Adenauers, ob dieser, wie die Zeitungen schrieben, Sonderberater werden solle, antwortete er, die Beziehung der Regierung zum Abgeordneten Adenauer sei so wie zu den anderen Kollegen auch, so dass sogar die Basler »National-Zeitung« schreibt, diese Auskunft werde der Rolle eines Elder Statesman nicht gerecht.[864] Keinerlei Dank ist an Vater, soviel ich weiß, offiziell bei diesen Gelegenheiten ausgesprochen worden, wohl von der Presse, wohl von denen, die in Brüssel erlebt haben, dass die Franzosen sich etwas geändert haben. Überflüssigerweise hat Erhard auch noch erklärt, dass er überhaupt keinen Ministerwechsel vornehmen werde, also auch nicht einen anderen, wohl um seine Leute an sich zu binden und Beruhigung zu schaffen.

Im Ganzen erscheint Schröder als der maßgebende Mann; und wie dieses Deutschland aus der Gefahr des Isoliert[-seins] herausgeführt werden soll, ist völlig rätselhaft. Auf England ist gar kein Verlass. Die Amerikaner haben genug eigene Sorgen.

Vater abends, als er todmüde zurückkommt von einem Besuch von Fräulein Poppinga, die doch angeschlagen ist, sich langsam erholt, lässt sich die Marseillaise vorspielen, die ihm wohltut. Er weiß nicht, wie er die ganze Sache wieder in eine ernsthafte Diskussion zwingen

---

862 Zum Verlauf der Fraktionsvorstandssitzung am 11.11.1964 vgl. Die CDU/ CSU-Bundestagsfraktion im Deutschen Bundestag 1961–1966, S. 1273 f.

863 In der Fragestunde am 11.11.1964 wurde Schröder ausführlich zu seiner Außenpolitik und der Haltung der Bundesregierung befragt. Vgl. Verhandlungen des Deutschen Bundestages, 4. Wahlperiode, Stenographische Berichte, Bd. 56, S. 7229–7240.

864 In dem Artikel des Pariser Korrespondenten wurde erwähnt, es sei »nicht Adenauer, der die westdeutsche Aussenpolitik macht, es sind Erhard und Schröder. Zu den Merkwürdigkeiten dieses Besuchs gehört also unter anderen, dass dem Besucher gleichzeitig mitgeteilt wurde, er sei gar nicht ›zuständig‹. Natürlich könnte er trotzdem die Differenzen aufhellen, aber dazu kann die Zeit nicht gereicht haben.« Vgl. Hans Klein, »Der Adenauer-Tag in Paris«, in: National-Zeitung« (Basel), 122 Jg., Nr. 520, 10.11.1964 Morgenblatt, S. 1.

soll. Die Einheitsapostel stehen überall im Weg mit ihren Kleistertöp-
fen. Nur die »Welt am Sonntag« hat heute, am 15. November, einen
großartigen, zutreffenden Überblickartikel gebracht von einem König,
in dem die ganze Lage Frankreich–Deutschland richtig gewürdigt wird
und die Regierung schlecht abschneidet.[865] Wie könnte man das Parteivolk der CDU informieren, wie könnte man die Menschen veranlassen, auf die Gefahr aufmerksam zu werden und diesem Kurs in den
Zügel zu fallen?

Heute, am 15. November, am Sonntagmorgen, spricht Vater wieder,
der früh um 5 Uhr wachgeworden ist, voll[er] Sorge von einer mehr
östlichen Orientierung Frankreichs. Er erzählt, dass ihm im Traum
Gerstenmaier erschienen sei in einem sehr desolaten Zustand und ihm
gesagt habe, er müsse ihm eine traurige Mitteilung machen, die CDU
sei kaputt. Da sei er wachgeworden. Er habe sich alles überlegt, und
er müsse sagen, in der Lage von de Gaulle, der in Gefahr komme,
isoliert zu werden, weil wir nicht mehr mitmachen wollten und weil
er mit den Angelsachsen ohnehin nicht könne, sei es sehr verständlich,
zu dem früheren, jahrzehntelang geübten freundschaftlichen Verhältnis zu Russland zurückzukehren. Dadurch würde Frankreich potenter,
Russland würde es begrüßen natürlich, und wir säßen dazwischen.
Was das bei einer [anderen Person,] je nach der Nachfolge von de
Gaulle, bedeuten würde, ist nicht abzusehen. Man könne sich darauf
verlassen, so sagte er, dass diese Entwicklung eintreten werde, wenn
wir nicht unseren Kurs entschlossen auf die Freundschaft mit Frankreich hin antreten. Aber Vater hat wohl von de Gaulle keine klare
Antwort bekommen hinsichtlich der Möglichkeit einer engeren Beteiligung an einer gemeinsamen europäischen Atommacht, um auch in
dieser Hinsicht Europa als Partner gegenüber Amerika hinzustellen.[866]
So wird es in einem Artikel von von Guttenberg in derselben »Welt
am Sonntag« heute dargestellt als Aufgabe. Man müsse die MLF so
konstituieren, rechtlich so fassen, dass [sie] eine europäische Partnerschaft mit Amerika beinhalte und nicht nur das Modell der amerikanischen Hegemonie verewige. Dann sei es etwas hoch, wenn auch
Frankreich mitmachen könne.[867]

---

[865] Vgl. Anm. 837.

[866] Zur Diskussion zwischen Adenauer und de Gaulle über die MLF vgl. Aufzeichnung über deren Gespräch, 9.11.1964, in: AAPD 1964, S. 1258–1262.

[867] Vgl. [Karl Theodor] Freiherr zu Guttenberg, MLF – was steht auf dem Spiel?
Keine Entscheidung zwischen zwei Freunden, in: »Welt am Sonntag«, Nr. 46,
15.11.1964, S. 2.

Montag, 16. November 1964
Es ist eine äußerst schwierige Situation für Vater. Am Sonntag saß er
nachmittags um 4 Uhr im Esszimmer an seinen Memoiren und schrieb.
Er möchte gern alles möglichst rasch klar bekommen, weil er ab Freitag so tief deprimiert war von seiner Begrenzung, etwas an den Zu-
ständen zu ändern, und von dem Zustand von Fräulein Poppinga. Er
sagt von ihr, sie sei so ergeben in ihr Geschick, habe sich kaputtge-
schuftet und erdulde nun diese Zeit so selbstverständlich. Zwischendurch sagt er immer wieder: »Paul, besorge dir zeitig einen Platz im
Irrenhaus! Die Welt wird verrückt. Die Menschen sind den Ansprüchen der Zeit nicht mehr gewachsen.« Oder er zitiert morgens, wenn
er die Treppe heruntergeht, oft »Zar und Zimmermann«: »Ach, ich
bin klug und weise und mich betrügt man nicht!« [868] Oder den Spruch
daraus, dass der Zar ein steinernes Denkmal bekommt, aber kein
Denkmal in den Herzen der Menschen. [869] So versucht er immer wieder, die Anwandlungen von Schwermut durch seine Arbeit zu überwinden, jetzt gerade, als von Brentano stirbt [870], sein guter Weggefähr-
te, so viel jünger.
    Dann das ganze Problem Frau Schlief, die entsetzlich leidet, dass er
sie fühlen lässt, sie schafft es nicht immer richtig. Sie weiß nicht, wie
sie es besser machen soll, fühlt sich allem nicht gewachsen und trägt
das mit sich herum.

Dienstag, 17. November 1964
Morgens früh ein Regentag. Tags zuvor schauderhaftes Unwetter.
Regen peitschte in die Haustüre hinein. Vater kommt spät zurück aus
Bonn und erzählt: »Ich habe Erhard und seiner Frau [871] Blumen zu

---

[868]   Ausspruch »Oh, ich bin klug und weise, / Und mich betrügt man nicht«, oft
        scherzhaft und ironisch gemeint, stammt aus der Arie beim ersten Auftritt des
        Bürgermeisters in Saardam, van Bett, (»O sancta justitia! Ich möchte rasen«) im
        Ersten Aufzug, Sechster Auftritt, der komischen Oper »Zar und Zimmermann«
        von Albert Lortzing (1801–1851). Vgl. Lortzing, Zar und Zimmermann, S. 41–
        47, hier S. 41.
[869]   Im Dritten Aufzug, Fünfter Auftritt, beklagt Peter I., Zar von Russland: »Und
        endet dies Streben und endet die Pein / So setzt man dem Kaiser ein Denkmal
        von Stein. / Ein Denkmal im Herzen erwirbt er sich kaum, / Denn irdische
        Größe erlischt wie im Traum. / Doch rufst du, Allgüt'ger: ›In Frieden geh ein!‹
        / So werd ich beseligt dein Kind wieder sein.« Vgl. ebd., S. 155, 157, hier S. 157;
        dazu auch Poppinga, »Das Wichtigste ist der Mut«, S. 483.
[870]   Heinrich von Brentano war am 14.11.1964 in Darmstadt gestorben.
[871]   Luise Erhard, geb. Lotter, verw. Schuster (1893–1975), seit 1923 verheiratet mit
        Ludwig Erhard.

ihrem neuen Heim[872] geschickt, und er hat mir sofort handschriftlich
gedankt und darin geschrieben, dass wir beide zusammenarbeiten
müssten und dass dann wir auch den Wahlsieg erringen würden.«[873]
Heute fügt er hinzu, er habe ihm gesagt, er, Vater, sei bereit dazu, aber
dann müsse man auch kritisieren können, worauf Erhard geantwortet
habe:»Wenn wir allein sind!« Krone, dem Vater das erzählt habe, sei
entsetzt gewesen. Aber [für] Vater ist es nur ein Beweis mehr für die
Angst, die Erhard vor ihm hat, für die Hilflosigkeit. Aber außerdem
mag auch eine Rolle dabei spielen, dass Erhard sich keine Zeugen
wünscht. Im Grunde natürlich alles Schwäche! Wie soll aber in einer
solchen Haltung ein echter Austrag der sachlichen Differenzen in den
Grundfragen der deutschen Außenpolitik möglich sein, ohne dass
Vater seine Zuflucht nach draußen nimmt, um seinem Wort auch
Gewicht zu geben durch die Zustimmung derer, die eben seine Meinung dann auch hören können, nicht nur bei einem Tête-à-tête, wo
keine Zeugen dabei sind?

Ich sage Vater, ich sähe nicht klar mit Frankreich. Warum de Gaulle uns nun nicht angeboten habe, an seiner Atommacht mit zu schaffen, und warum er nicht mit uns einen regelrechten Vertrag auf diesem
Gebiet schließen wolle? Vater sagt, er habe ihn danach gefragt, ob eine
europäische Macht (er hätte nicht sagen wollen, wer) an seiner Force
de frappe teilhaben könne. De Gaulle habe darauf, wie er meint, aus-
weichend geantwortet: Sobald es eine europäische Autorität gäbe, das
heißt, die europäische, politische Einigung gediehen sei, dann sei das
durchaus möglich. Im Grunde ist es ein großer Jammer.

Zwischendurch zwingt sich Vater immer wieder an seine Memoiren.
Morgens früh, als ich zum Kaffee komme, sitzt er unten im Esszimmer
am großen Tisch in Morgenrock, Unterhosen und schreibt mit seiner
großen Schrift an den Rand der Seiten tiefgebeugt und versunken über
die Papiere. Dann steht er auf, als ich Kaffee trinke, und lehnt in der
Tür, sieht mir etwas zu und sagt:»Es ist ein Jammer, es ist ein Leid.«

---

[872] Erhard hatte den mit ihm befreundeten Architekten Sep Ruf beauftragt, ein
repräsentatives und modernes Gebäude in der Tradition der klassischen Moderne im Park des Palais Schaumburg in Bonn zu errichten. Dieser Kanzlerbungalow diente von 1964 bis 1999 als Wohn- und Empfangsgebäude des Bundeskanzlers. Vgl. Adlbert, Der Kanzlerbungalow, Ludwigsburg–Stuttgart–Zürich
2009.

[873] Telegramm Adenauer an die Familie Erhard, 12.11.1964, in: LES, NE I. 1)
10+11) sowie Dankschreiben Erhard an Adenauer, beide 12.11.1964, in:
StBKAH II/49.

Es ist der Tag, an dem für von Brentano der Staatsakt stattfindet,[874] und er sieht nicht, wie es ihm gelingen soll, zu einer Aussprache in der Partei über diese Grundsatzfragen zu kommen. Zu einer Aussprache, die wirklich geeignet ist, Klarheit zu schaffen.

Gestern war er auch empört über McCloy[875], der ihn besucht hatte und ununterbrochen zornig auf ihn eingeredet haben muss,[876] ihm Vorhaltungen gemacht haben muss wegen de Gaulle usw., dass Vater ihn dann schließlich ruhig gefragt hat, nachdem er sich beherrscht hat und sich nicht ebenfalls erregt hat: Ob er sich mal überlegt habe, was geschehen würde, wenn Frankreich sich Russland annähern würde? Wie sich dann die gesamte Lage verändern würde? Da habe McCloy zugeben müssen, dass er sich das noch nicht überlegt habe. Offenbar sei McCloy beauftragt gewesen, mit ihm so zu reden, und habe etwas von der Stimmung der amerikanischen Regierung zum Ausdruck gebracht.

Ich habe ihm heute berichtet, was ich in der »Frankfurter Allgemeinen Zeitung« gelesen habe, dass in Amerika eine Gruppe von Fachleuten schon seit Jahren dabei sei, das Schreckgespenst einer deutschen Atombewaffnung an die Wand zu malen und als Hauptmittel dagegen die multilaterale Atomflotte predige.[877] Diese solle einen dreifachen Zweck verfolgen: zunächst durch gemeinsames amerikanisch-deutsches Vorgehen de Gaulle [zu] isolieren; zweitens, Deutschland daran hindern, selber Atommacht zu werden, und drittens, die amerikanische Zahlungsbilanz [zu] verbessern. An der alleinigen Entscheidungsgewalt des amerikanischen Präsidenten über den Einsatz der Atomwaffe werde sich gar nichts ändern. Das Ganze werde ohne allzu viel

---

874 Anlässlich des Todes von Brentanos (vgl. Anm. 870) fanden auf Anordnung des Bundespräsidenten am 17.11.1964 im Bundeshaus in Bonn ein Staatsakt und anschließend das Staatsbegräbnis statt. Vgl. Bulletin, Nr. 168, 17.11.1964, S. 1548.

875 John Jay McCloy (1895–1989), Dr. jur., amerikanischer Politiker, 1941–1945 Unterstaatssekretär im Kriegsministerium, 1947 Präsident der Weltbank, 1949–1952 Hoher Kommissar in Deutschland, 1953–1965 in der Wirtschaft tätig, 1961 Leiter der zentralen Abrüstungsbehörde.

876 Vgl. Aufzeichnung des Gesprächs von Adenauer mit McCloy, 16.11.1964, in: Adenauer, Die letzten Lebensjahre, Bd. I, S. 332–334, auch: AAPD 1964, S. 1336–1338; Telegramm McGhees an das amerikanische Außenministerium, 17.11.1964, in: FRUS 1964–1968, Vol. XV, S. 169–171, hier S. 170.

877 In dem Artikel »Amerika erwartet Vertrag über die Atomschiffe im Januar« (»Frankfurter Allgemeine«, Nr. 268, 17.11.1964, S. 4) heißt es: »Fachleute, die in der Schaffung der ›MLF‹ ein Allheilmittel« für die »gelockerte atlantische Allianz« sähen, suchten »die Bundesrepublik und Amerika als Gegengewicht zu de Gaulle zu nutzen, den Übergang von Kernwaffen in deutsche Hände zu vermeiden und die zeitweilige Goldabflußprobleme Amerikas zu steuern«.

Aufwand Amerika entsprechende Vorteile bieten. Die Briten ihrerseits versuchen auf diesem Wege auch, allerhand Einfluss in Europa zu erreichen, den sie bisher als Gegenleistung nicht erreichen konnten. Wir sind diejenigen, die am meisten angeblich dabei gewinnen sollen. Eine schauderhafte Situation. Vater ist es zu viel.

Buß- und Bettag, Mittwoch, 18. November 1964
Vater erzählt, wie er jetzt das zweite Kapitel seiner Memoiren begonnen habe.[878] Er glaubte nämlich, die Begründung dafür, dass man 1945 eine neue Partei, die CDU, gegründet habe, müsse man früher ansetzen, nicht nur als eine Reaktion auf die Nazi-Zeit, sondern auch aufgrund von Überlegungen aus den Jahren [vor] 1933, vor der Nazi-Herrschaft. Es sei doch erschütternd, wenn man sich die ganze Zeit vor Augen halte, wie schnell die Demokratie, die Weimarer Republik, zugrundegegangen sei, und wie oft aus Schwäche einzelner Menschen.

Man habe zum Beispiel in Hindenburg einen Mann gewählt,[879] von dem Brüning[880] später fast öffentlich habe sagen können, er sei zeitweise nicht im Besitze seiner geistigen Kräfte, ein Mann, über den viele gelacht hätten, weil er angeblich jeden Fetzen Papier unterschrieb. Dann hätten aber auch die Sozialdemokraten in der preußischen Regierung versagt, besonders Severing[881] und Braun[882]. Er sei zu Braun hingekommen als Präsident des Preußischen Staatsrates und habe ihn gewarnt und habe ihn aufgefordert, etwas zu tun. Er habe ihn gefragt,

---

[878] Das zweite Kapitel des ersten Bandes der »Erinnerungen 1945–1953« lautet: »Die Christliche Demokratische Union, ihre Grundsätze und Forderungen« (vgl. S. 48–62).

[879] Bei dem zweiten Wahlgang der Wahl des Reichspräsidenten am 26.4.1925 errang der 77-jährige parteilose ehemalige Generalfeldmarschall Paul von Hindenburg 48,3 v. H. der abgegebenen gültigen Stimmen und damit 3 v. H. mehr als der Zentrumspolitiker Wilhelm Marx. Vgl. Pyta, Hindenburg, S. 461–476.

[880] Heinrich Brüning (1885–1970), Professor Dr. phil., führender Politiker der Zentrumspartei, 1921–1930 Geschäftsführer des Deutschen Gewerkschaftsbundes, 1924–1933 MdR (ab 1929 Fraktionsvorsitzender), 1930–1932 Reichskanzler, ab 1934 im Exil, 1937–1951 Professor für Politische Wissenschaft an der Harvard-Universität, 1951–1955 Professor an der Universität zu Köln, 1955 Rückkehr in die Vereinigten Staaten von Amerika.

[881] Carl Wilhelm Severing (1875–1952), 1907–1912 und 1920–1933 MdR (SPD), 1920–1926 und 1930–1933 preußischer Innenminister, 1928–1930 Reichsinnenminister.

[882] Zum Verhältnis Adenauers zu Braun und deren Konflikte vgl. Anm. 678, auch Schreiben Adenauer an Hans Heinrich Knoth, 21.7.1948, in: Adenauer, Briefe 1947–1949, S. 281 f.; Gespräch Adenauer mit Golo Mann, 18./19.4.1966, in: Adenauer, Die letzten Lebensjahre, Bd. II, S. 195–206, hier S. 200.

ob er sich klar sei, welche Gefahr da heraufzöge. Aber Braun habe sich nie entschließen können, die Nazis zu verbieten. Er habe nur das Uniform-Tragen verboten. Und auch Severing, der Innenminister, sei zu feige gewesen, zum Beispiel als von Papen[883] Reichskommissar für Preußen von Hitlers Gnaden geworden sei[884] und dann einen Beauftragten, einen früheren Oberbürgermeister von Essen[885], zu Severing, dem die gesamte preußische Polizei unterstand, geschickt habe. Da habe Severing diesem Manne erklärt: »Ich weiche nur der Gewalt!« Da habe der ihm die Hand auf die Schulter gelegt und ihm gesagt: »Betrachten Sie dies bitte als Gewalt!« Daraufhin habe Severing seinen Hut genommen und sei gegangen.

Damals habe der preußische Innenminister die stärkste faktische Macht in Händen gehabt. Denn er hätte 10 000 Mann bestens ausgebildete, sogar für den Straßenkampf ausgebildete, Schutzpolizei in Berlin unter sich gehabt, während das Reich nur die Reichswehr gehabt hätte, die vergleichsweise in Berlin schwach gewesen sei. Man hätte damals ohne Weiteres die Nazis und Leute, die vorher schon vor der sogenannten Machtübernahme entsprechend sprachen, festsetzen können. Aber man sei zu feige gewesen, und man habe es auch nicht für möglich gehalten, dass unmittelbar derartige Verbrecher sich in Amt und Würden schwingen würden.

Darum habe man nach 1945 eben eine wahre Volkspartei schaffen wollen, um auch zu verhüten, dass jemals wieder so breite Massen des Volkes derartigen Verführern zum Opfer fielen. Aber, als er einmal Macmillan sein Leid mit den Nazis geklagt habe,[886] habe dieser ihm gesagt: »Trösten Sie sich, es wäre in England nicht anders gegangen.«

---

[883] Franz von Papen (1879–1969), Zentrumspolitiker, spielte beim Sturz von Reichskanzler Brüning eine Rolle, 1932 Reichskanzler, 1933–1934 Vizekanzler unter Hitler.

[884] Nachdem Reichskanzler von Papen am 20.7.1932 die Regierungsgewalt in Preußen übernommen hatte (sogenannter »Preußenschlag«), klagte Preußen beim Staatsgerichtshof gegen die Reichsexekution. Dieser bestätigte im Urteil vom 25.10.1932, das Kabinett Braun sei die rechtmäßige Regierung, beließ aber die Exekutivgewalt beim Reichskommissar. Vgl. Morsey, Zur Geschichte des »Preußenschlags« vom 20.7.1932, in: VfZ, 9. Jg. (1961), S. 430–439.

[885] Clemens Emil Franz Bracht (1877–1933), Jurist, 1923–1924 Staatssekretär in der Reichskanzlei, 1924–1932 Oberbürgermeister der Stadt Essen, Juli–Oktober 1932 zugleich stellvertretender Reichskommissar für Preußen und mit den Geschäften des Preußischen Ministers des Innern beauftragt, Oktober–Dezember 1932 Reichsminister ohne Geschäftsbereich, Dezember 1932–Januar 1933 Reichsinnenminister.

[886] Dazu Schreiben Adenauer an Macmillan, 31.3.1959 (Adenauer, Briefe 1957–1959, S. 229), in dem er darauf hinwies, »welch starke Stellung bei Verhand-

Er hat dann in seinem Pavillon heute Morgen hintereinander ein paar Seiten hingeschrieben und hat sie mir zu lesen gegeben. Sie sind tadellos, bedürfen nur geringer Änderungen.

Die arme Fräulein Poppinga, die in Königstein noch immer im Sanatorium ist, ...[887] ist seine [Vaters] beste Mitarbeiterin. ...[888] Am Abend, als wir von der Hauseinweihung von Maxens Neubau zurückkommen, stellt Vater fest, dass unser Hund doch bedeutend schöner sei als der von Max, und meint dann bei einem Rückblick auf das Amt, das Max nun nächstes Jahr verlassen wird,[889] um in eine Kreditbank zu gehen, es seien doch zu seiner Zeit als Oberbürgermeister noch große Dinge zu tun gewesen, 1917. Zunächst habe er, um der Stadt wieder Mut zu geben, und auch für den Fall, dass die Franzosen Köln bekommen würden, [und um] ein geistiges Zentrum dort aus deutschem Geist zu haben, die Handelshochschule zur Universität gemacht,[890] und habe auch diese Begründung dem preußischen Kultusminister Becker[891] vorgetragen.[892] Der habe sie auch akzeptiert. Dann habe er die Jahrtausendausstellung 1925 gemacht,[893] um vor aller Welt darzutun, dass dieses Land immer deutsch gewesen sei. Das sei eine ganz große Sache gewesen. Er habe den Niehler Hafen[894]

---

lungen ein Diktator hat«. In der nationalsozialistischen Zeit habe er »lernen müssen, wie schwer es war, die Einigkeit unter den freien Völkern dem Diktator Hitler gegenüber herbeizuführen«.

[887] Vom Bearbeiter gestrichen: Ausführungen über private Angelegenheiten.

[888] Ebd.

[889] Max Adenauer war von 1953 bis 1965 Oberstadtdirektor der Stadt Köln.

[890] Die 1389 gegründete Universität zu Köln wurde von den französischen Militärbehörden nach der Rheinlandbesetzung durch Napoleon im April 1798 geschlossen. Nach dem Ende des Ersten Weltkriegs setzte sich Adenauer für die Wiedereröffnung der Universität ein. Rede anlässlich der Eröffnungsfeierlichkeiten während des Festaktes im Gürzenich, 12.6.1919, in: Schwarz (Hrsg.), Konrad Adenauer. Reden, S. 38–41, auch: Schulz (Hrsg.), Konrad Adenauer, S. 72–75.

[891] Carl Heinrich Becker (1876–1933), Dr. phil., 1908–1913 Ordinarius für Geschichte und Kultur des Vorderen Orients an der Universität Hamburg, 1913–1916 Ordinarius für orientalische Philologie an der Universität Bonn, 1916 an der Universität Berlin, 1921 und 1925–1930 preußischer Kultusminister (parteilos).

[892] Zu Adenauers Verhandlungen mit Becker über den Plan zur Neugründung der Universität vgl. Düwell, Universität, Schulen, Museen, in: Stehkämper (Hrsg.), Konrad Adenauer, S. 167–206, insbes. S. 171, 191.

[893] Vgl. Anm. 688.

[894] Korrigiert aus »Niederhafen«. Am 16.3.1921 beschloss der Rat der Stadt Köln, den Niehler Hafen anzulegen. Bis 1925 erfolgte der erste Teilausbau, 1926/27 entstanden die Hafeneinfahrt mit dem Westkai und das Becken. Zudem bekam

angelegt und Worringen eingemeindet,[895] um Köln von da an den Verkehr anzuschließen und weil Belgien das Recht hatte, einen Kanal in den Rhein zu machen, der bei Worringen münden konnte. Er habe den Grüngürtel gegen den härtesten Widerstand angelegt, gegen den Willen seiner Zentrumsfreunde Bollig[896], Mönnig und eines Dritten und auf Grund einer großen Enteignungsaktion gerade im richtigen Moment, als dieses Land als Bauland freigegeben werden sollte.[897] Sonst wäre diese Chance verstrichen.[898] Dann habe er die Pressa gemacht,[899] um Verkehr nach Köln zu ziehen. Kurzum, er hätte seinen Leuten keine Ruhe gelassen. Alles wäre dauernder Kampf gewesen. Es wäre ein schönes Schaffen gewesen.

Dann im Familienkreis bei Max machte er klar, wie er die Gefahr sieht, dass Frankreich sich nach Osten hin orientiert und dass wir dazwischengeraten.

### Sonntag, 22. November 1964

Wie weit gibt es überhaupt ein Verstehen? Das frage ich mich oft, wenn ich Vater in seinem Alter mit all seiner Vitalität erlebe. Dieser Tage konnte mir ein 65-jähriger Gärtnermeister nicht einmal mehr die Nummer seines eigenen Telefons nennen. Vater, 24 Jahre älter, sitzt da samstags abends, wenn ich aus Unkel heimkomme, im erleuchteten Tempel, ganz still für sich, krault sich hinten am Kopf und schreibt an seinen Memoiren, vertieft in seine Arbeit in seiner Klause, den Rücken zur Tür, den Kopf leicht geneigt. Nach dem Essen schafft er weiter.

Am nächsten Morgen ist er ab 4 Uhr wach, und wenn ich dann gegen 7 Uhr runterkomme, ist er schon wieder am Schreiben. So schafft er fleißig wie ein Junge an seiner Examensarbeit. Er spürt dabei,

---

das Vorbecken ein Lagerhaus. Vgl. Schulz (Hrsg.), Konrad Adenauer 1917–1933, S. 31, 58 f.

[895] Nach langwierigen Verhandlungen wurde am 1.4.1922 die Bürgermeisterei Worringen in die Stadt Köln eingemeindet. Damit war die Erweiterung des Nordteils von Köln zu einem Industriestandort verbunden. Vgl. Pabst, Konrad Adenauers Personalpolitik und Führungsstil, in: Stehkämper (Hrsg.), Konrad Adenauer, S. 249–294, hier S. 290; Schulz (Hrsg.), Konrad Adenauer, S. 31.

[896] Fritz Bollig (1863–1930), Gutsbesitzer, Landesökonomierat und rheinischer Führer der Bauernschaft, seit 1908 Mitglied der Stadtverordnetenversammlung der Stadt Köln, 1920–1930 Abgeordneter des Rheinischen Provinziallandtags.

[897] Zu diesen Vorgängen, an denen Johann Baptist Rings (1856–1950) beteiligt war, vgl. Schümann, Adenauers Ansichten zur Architektur im Spiegel der Akten, in: Stehkämper (Hrsg.), Konrad Adenauer, S. 155–166, hier S. 156 f.

[898] Vgl. Stadt Köln, Grünflächen-Plan zur Erinnerung an die Fertigstellung des südlichen Teils des großen linksrheinischen Grüngürtels 1929, ebd., S. 158.

[899] Vgl. Anm. 690.

wie schwer es ist, die ganze Sache richtig darzustellen, dass alles sein Gewicht hat, dass er nichts Wesentliches vergisst. Fräulein Poppinga fehlt ihm sehr. Er muss sich so behelfen.

Das Konzil[900] mit seinen Schwierigkeiten ist für Vater eine eigenartige Sache. Er meint, der Heilige Geist habe so viel Arbeit, wie er die Kerle alle zusammenhauen könne, zusammenhalten könne. Als er hört, dass der Papst der Minderheit, der kleinen Minderheit, in der Frage der Religionsfreiheit nachgegeben habe und seine Meinung durch Tisserant[901] in der Konzilsaula bekanntgegeben habe, da sagte er: »Das begreife ich nicht. Ich hätte mir dann den Führer der Mehrheit«, das war Kardinal Frings, »kommen lassen – Kardinal Frings, der für 1 400 Bischöfe sprach[902] – und hätte mit ihm die ganze Angelegenheit beredet, aber nicht auf diese Art! Aber dieser Tisserant, der machte mir schon immer den Eindruck eines Schnäuzekowski!« (Herrlicher Ausdruck »Schnäuzekowski« für einen Unteroffizier in Köln!) Tisserant habe lange stillgehalten, um jetzt hervorzutreten und da diese seltsame Minderheit anzuführen.[903]

Als Lotte mit Heribert abends da ist und ein Bild betrachtet wird, auf dem angeblich der Heilige Johannes vom Kreuz[904] von einem Engel

---

900 Das Zweite Vatikanische Konzil fand vom 11.10.1962 bis 8.12.1965 in Rom statt. Papst Johannes XXIII. hatte nach der Ankündigung am 15.1.1959 das Konzil offiziell am 25.12.1961 für das nächste Jahr mit dem Auftrag zu pastoraler und ökumenischer Erneuerung einberufen. Vgl. Alberigo, Vatikanische Konzilien B, in: Kasper (Hrsg.), Lexikon für Theologie und Kirche, Sp. 561–566, hier Sp. 561.

901 Eugène Gabriel Gervais Laurent Tisserant (1884–1972), italienischer katholischer Priester, 1951–1971 Kardinaldekan und Kardinalpräfekt der Congregatio Caeremoniarum, leitete die Papstwahlen 1958 und 1963.

902 Zur maßgeblichen Rolle von Kardinal Frings bei der Vorbereitung und Durchführung des Zweiten Vatikanischen Konzils vgl. Trippen, Josef Kardinal Frings, Bd. II, S. 210–511.

903 Eine kleine Gruppe von 17 Kardinälen erklärte am 11.10.1964, ihr Appell an den Papst hinsichtlich der Erklärung zur Religionsfreiheit sei erfolgreich gewesen, doch gebe sich die opponierende Gruppe »nicht geschlagen«. Über diese sollte vor Beendigung der laufenden Sitzungsperiode des Konzils abgestimmt werden. Es sollte eine Versöhnung der Positionen erfolgen. Kardinal Tisserant sagte aufgrund einer Eingabe spanischer, italienischer und später amerikanischer Bischöfe die für den 19.11.1964 angesetzte Abstimmung ab, was zu einem Eklat führte. Der Papst gab daraufhin die Zusicherung, die Deklaration als ersten Punkt auf das Programm der vierten Sitzungsperiode zu setzen, und ließ diese Zusage durch Kardinal Tisserant wiederholen. Zu dem Vorgang, der als »schwarzer Donnerstag« bekannt wurde, und den Hintergründen vgl. ebd., S. 443–449.

904 Juan de Yepes Álvarez, genannt Johannes vom Kreuz (1542–1591), Mystiker und Kirchenlehrer, gehörte zu den Unbeschuhten Karmeliten, 1675 Seligsprechung, 1726 Heiligsprechung.

mystische Mitteilungen empfängt, dabei aber ein recht trübseliges Gesicht macht, da meint Vater:»Der kommt wohl auch gerade vom Konzil zurück!« Und er erzählt herrlich, wie er morgens in der Kapelle des
Mütterheimes[905] hinter den Vorhängen auf seinem Sonderplatz geschlafen habe, während der Pfarrer mit der eintönigen, säuselnden Stimme
unendlich lang gepredigt habe, wie aber nur so ein Filou von Messdie-
ner immer zu ihm herüber gespinxt und ihn dadurch gestört habe.

Erleichtert ist er heute, dass de Gaulle in Frankreich bei der Zwan-
zigjahrfeier der Befreiung Straßburgs keine Entgleisungen gemacht
hat, sondern sich ganz und gar zum Freundschaftsvertrag mit Deutschland bekannt hat,[906] allerdings mit einer unüberhörbaren Warnung an
Deutschland, sich als Hilfsmacht einer transatlantischen Macht zu
betrachten, deren Interessen nicht immer notwendig mit denen Europas identifiziert werden könnten. Zugleich spricht aber de Gaulle auch
davon, Europa sei auch deshalb notwendig, weil es ja Westeuropa
einigen müsse und weil man bei den Vorgängen im Osten auch sehen
könne, dass vielleicht einmal eine Auflockerung käme und die osteuropäischen Völker sich wieder zu ganz Europa vereinigen würden.
Diese Perspektiven schienen mir allerdings stark optimistisch und
verfrüht, gelinde gesagt.

Herrlich ist auch, was Vater zu den Porträts sagt, die Herr Hansing[907], der Hofmaler von Libet und Hejo[908], von ihm gemacht hat.[909]
Er hat ihm nur gesagt, das eine sei besser als das andere. Er fand sie
beide entsetzlich. Aber der Maler hat sich bei ihm tief dafür bedankt.

---

[905] Adenauer hielt sich von November 1935 bis April 1936 im Erholungsheim Pax
in Unkel/Rhein auf, da er das Spielen des Badenweiler Marsches der Feuerwehrkapelle während des Schützenfestes in Rhöndorf vor seinem Haus zugelassen
hatte und durch den Regierungspräsidenten aus dem Regierungsbezirk Köln
ausgewiesen worden war. Vgl. Ausweisung, 10.8.1935 sowie Aufzeichnung zur
Ausweisungsverfügung und zu den Vorkommnissen vom 8.7.1935, beide in:
Adenauer im Dritten Reich, S. 257–259; dazu auch Schreiben Adenauer an
seinen Bruder, Domkapitular Johannes Adenauer, 5.10.1935, ebd., S. 268 f.
[906] De Gaulle forderte in der Rede anlässlich des 20. Jahrestages der Befreiung der
Stadt Straßburg am 22.11.1964 die Mitgliedstaaten der EWG auf,»sobald wie
möglich auf politischem Gebiet, d. h. vor allem auf dem der Verteidigung, eine
Organisation ins Leben zu rufen, die zwar mit der neuen Welt verbunden ist,
die aber ganz ihre eigene ist mit eigenen Zielsetzungen, eigenen Mitteln und
eigenen Verpflichtungen«. Vgl. De Gaulle, Discours et Messages. Pour l'Effort
1962–1965, S. 312–316; AdG, 34. Jg. (1964), S. 11546.
[907] Ernst Günter Hansing (1929–2011), Künstler, lebte seit 1966 in Rhöndorf.
[908] Abkürzung des Vornamens von Hermann-Josef Werhahn.
[909] Dazu Hansmann,»Das ist ein kühnes Unternehmen!«, in: Ders./Wink: Konrad
Adenauer in Bildnissen von Ernst Günter Hansing, S. 9–34, Bildnisse S. 37–55.

Montag, 29. November 1964[910]
Am 27. November tagte der Parteivorstandsausschuss.[911]

Donnerstag, 3. Dezember 1964[912]
Draußen werden die Nachtwolken dicht über dem Hause von einem kalten Dezemberwind gejagt. Unter mir[913] der alte Vater geht zu Bett. Er ist gestern Abend erst gegen Mitternacht zurückgekommen. Heute Morgen nach dem Kaffee war er so müde, dass er sich am liebsten zu Bett gelegt hätte. Aber er hatte ein langes Programm: Vormittags Arbeit, zu Mittag ein Essen mit dem Klub der internationalen Presse, der Auslandspresse,[914] danach von ½ 3 Uhr bis ½ 5 Uhr unter seinem Vorsitz Sitzung des Parteipräsidiums[915], danach weitere zwei Stunden Sitzung des Wahlkampfausschusses unter seinem Vorsitz und dann noch 1 ½ Stunden Arbeit in seinem Zimmer. Dann kam er nach Hause, stieg aus und ging in dem scharfen, harten Dezemberwind etwas zusammengezogen, in sich zusammengezogen vor Kälte und Müdigkeit, den Berg hoch. Er war so müde, dass er fast nichts mehr essen konnte. Er setzte sich in den Sessel auf seinen Platz. Als die Schwägerin Ulla kam, da kamen ihm die Lieder wieder aus der Studentenzeit [in den Sinn], und er sagte die Strophen vor sich hin trotz all seiner Müdigkeit, während ich kein einziges [Lied] mehr [auf]sagen könnte.

Aber neulich war er böse, als ich ohne Nebenabsicht etwas von ihm als Patriarchen sagte. Es flammte in ihm auf, dass man ihm seinen Lebensmut doch raube, wenn man so von seinem Alter spreche, dass er am liebsten doch alles hinwerfen würde, weil er denken müsste, dass man

---

910  In der Vorlage vermerkt:»29.11.1965«.
911  Gemeint: Sitzung des CDU-Bundesparteivorstands am 27.11.1964. Vgl. Wortlaut des Protokolls in: Adenauer:»Stetigkeit in der Politik«, S. 735–806.
912  Datum vom Bearbeiter eingefügt. In der Vorlage vermerkt:»Datum fehlt [/] Im Dezember«. Zu den im Folgenden beschriebenen Vorgängen vgl. Adenauer, Kalendarium, 3.12.1964.
913  Vgl. Anm. 205.
914  Gemeint: Presse-Lunch mit dem Verein der Auslandspresse (Adenauer, Kalendarium). Adenauer betonte bei dieser Gelegenheit, eine gemeinsame Politik der NATO sei wichtiger,»als sich in die Frage einer nuklearen Streitmacht (MLF) zu verbeißen«. Das Bündnis sei reformbedürftig, vor allem die politische Arbeit. Zuversicht äußerte er im Hinblick auf den europäischen Zusammenschluss und forderte die Bundesregierung auf, in der Getreidepreisfrage einzulenken. Für die Bundestagswahl 1965 prophezeite er einen Wahlsieg der CDU. Vgl. Adenauer: NATO ist wichtiger als MLF, in:»Bonner Rundschau«, Nr. 282, 4.12.1964, S. 1.
915  Protokoll der 34. Sitzung des Präsidiums der CDU, 3.12.1964, die von 15.30 Uhr bis 17.30 Uhr dauerte, 7.12.1964, in: ACDP 07–001–1401.

zueinander sagt:»Seht den Alten, wenn er doch bloß ginge!« Aber er glaubt, dass er doch Erfolge hatte diese Woche, und war nicht unzufrieden. Er meint, er habe von Rasner selbst gehört, dass dieser mit dahintergesteckt hat, als dieser seinen Torpedo nach Paris abfeuerte.[916] Er ist auch erschüttert von einem unverschämten Artikel der »[Kölnischen] Rundschau« mit der Überschrift »Das Tragische um Adenauer«[917], wo man versucht darzutun, dass er selbst die fehlende absolute Mehrheit bei den letzten Wahlen[918] schuld gewesen sei, dass infolgedessen die Präambel in dem Deutsch-französischen Vertrag hätte hineingenommen werden müssen[919] und dass damit das gesamte Werk der deutsch-französischen Freundschaft schon im Anfang zum Scheitern verurteilt gewesen sei, dass er jetzt, wenn er noch einmal zu Interviews greife, eine zweite Tragik an diese Welle reihen würde, weil das die CDU mit Sicherheit total erschüttern könnte.

Schorsch, der wackere Bursche, hat einen Leserbrief entworfen, und ich habe ihm abends spät dabei geholfen. Tatsächlich wird dieser Brief abgedruckt.[920]

---

[916] Gemeint das Interview, das Schröder zuvor mit Wissen Rasners gegeben habe. Vgl. Anm. 806.

[917] Vgl. Willy Nissel, Das Tragische um Adenauer, in: »Kölnische Rundschau«, Nr. 279, 1.12.1964, S. 2.

[918] Anspielung auf den Verlust der absoluten Mehrheit von CDU und CSU bei der Bundestagswahl am 17.9.1961, die zusammen 45,4 v. H. der abgegebenen gültigen Stimmen errangen (https://www.bundeswahlleiter.de/de/bundestagswah len/fruehere_bundestagswahlen/btw1961.html).

[919] Der Deutsche Bundestag hatte den Entwurf des Gesetzes zu der Gemeinsamen Erklärung und zum Deutsch-französischen Vertrag vom 22.1.1963 (Drucksache IV/1157) in Erster Lesung am 25.4.1963, in Zweiter und Dritter Lesung am 16.5.1963 beraten und nach einer Erweiterung der Präambel gebilligt, »mit der Feststellung, daß durch diesen Vertrag die Rechte und Pflichten aus den von der Bundesrepublik Deutschland abgeschlossenen multilateralen Verträgen unberührt bleiben; mit dem Willen, durch die Anwendung dieses Vertrages die großen Ziele zu fördern, die die Bundesrepublik Deutschland in Gemeinschaft mit den anderen ihr verbündeten Staaten seit Jahren anstrebt und die ihre Politik bestimmen, nämlich die Erhaltung und Festigung des Zusammenschlusses der freien Völker, insbesondere einer engen Partnerschaft zwischen Europa und den Vereinigten Staaten von Amerika«. Vgl. Verhandlungen des Deutschen Bundestages, Stenographische Berichte, 4. Wahlperiode, Bd. 53, S. 3417–3445.

[920] In dem Leserbrief (Ein Echo aus Rhöndorf. »Welchen Sinn soll dieser Artikel haben«, in: »Kölnische Rundschau«, Nr. 282, 4.12.1964, S. 10) äußerte sich Georg Adenauer »als Mitglied der Christlich-Demokratischen Union« »erschüttert« über den Abdruck des besagten Artikels in der »Kölnischen Rundschau« (vgl. Anm. 917), der »allenfalls« im kommenden Wahlkampf den »politischen Gegnern dienen« könne und »als weiteres Beweisstück für die Uneinigkeit in den Reihen der CDU und für das angebliche Versagen des ersten CDU-Vorsit-

Zwischendurch geht es im Hause manchmal hin und her: Mal will die eine gehen, mal die andere, mal alle drei.[921] Vater trägt seine Last und geht seinen Gang, so gut es geht.

Freitag, 4. Dezember 1964
Vater entpuppte sich bei der gestrigen Pressekonferenz der Auslandspresse[922] vor 150 Leuten wieder in seiner ganzen Großzügigkeit. Er lehnt es ab, als frankophil zu gelten, er sei Europäer. Ebenso sei auch doch Erhard Europäer, obwohl er ein Bayer sei. Und dann hat er Präsident Johnson ein Glückwunsch- und Danktelegramm zu dessen großer Europarede in Georgetown geschickt,[923] weil darin Europa von Amerika herausgefordert und gewünscht wurde. Heute 16.40–18 Uhr Besuch bei Kardinal Frings. Ich habe ihm Dr. Struck[924] vorgestellt. Wir kamen ins Erzählen. Er erzählte von seiner Kaplanszeit, wie da die Schaffner immer Salierring anstelle Salierring und Theophanu[925] statt Theophanu-Kirche oder -Pfarre gesagt hätten. Darauf kam er, weil wir erzählten, wie froh wir seien, nun am Karolingerring zu wohnen und das kölsche Volksleben im »Fringsvedel«, Severinsviertel, wieder mitzuerleben. Er hält sich straff und spricht frisch. Man merkt ihm die Strapazen der Konzilkämpfe kaum an. Er

zenden verwandt« werde, da »dieser als Totengräber seines eigenen Werkes« erscheine. »Der scheinbare logische Gedankengang des Artikels« beruhe »in Wirklichkeit auf einer ungerechtfertigten und tendenziösen Vermischung von unbewiesenen Behauptungen und Teilwahrheiten«.

921 Zu dem Umgang von Konrad Adenauer und Resi Schlief und deren gelegentlichen Äußerungen, das Privathaus Adenauer verlassen zu wollen, vgl. Mensing, Resi Schlief, S. 16 f.
922 Vgl. Anm. 914.
923 Johnson verwies in seinen Ausführungen anlässlich des 175. Jahrestages der Eröffnung der Georgetown University am 3.12.1964 in Washington auf die Bedeutung einer »wachsenden Einheit Europas als Schlüssel für die Stärke des Westens« und als »Barriere für ein Wiederaufleben und Erodieren des Nationalismus«. Er forderte stärkere Verbindungen zwischen Nordamerika und Europa zur Schaffung einer »atlantischen Zivilisation« und die Sicherstellung, dass die »Bundesrepublik Deutschland als ein ehrenwerter Partner in Angelegenheiten des Westens« behandelt werde. Vgl. PPPUS, Lyndon B. Johnson, 1963–64, Book I, S. 1632–1635, hier S. 1633; Telegramm Adenauer an Johnson, 4.12.1964, in: StBKAH II/46.
924 Günter Struck (geb. 1923), Dr. med., Facharzt für Neurologie und Psychiatrie, Psychotherapie, Dozent für allgemeine Psychiatrie und Psychopathologie, 1964–1968 stellvertretender Direktor, 1968–1974 Direktor des Katholischen Zentralinstituts für Ehe- und Familienfragen e. V. in Köln.
925 Theophanu (955 oder um 960–991), seit 972 verheiratet mit Kaiser Otto II., 985 Regentin des römisch-deutschen Reiches, gestorben in Nimwegen, beigesetzt in der Kirche Sankt Pantaleon in Köln.

spricht von den versengten, verbrannten Kindern hier in Köln.[926] Er erkundigt sich bei Dr. Struck danach, wie man sie so hat heilen können.

Aber er meint, man wisse nicht, ob man die Gestorbenen oder die Überlebenden mehr bedauern solle, da die Kinder doch entsetzliche Qualen und Beschwernisse leiden und über lange Zeit noch vor sich haben. Er fragte dann, wo die Kinder liegen. Es sei daran zu denken, ihnen zu Weihnachten etwas zu schenken. Dann erkundigt er sich nach unserer Arbeit. Er hat von Dr. Struck einen guten Eindruck. Er meint, die Wuppertaler seien zuverlässig, feste Leute, und er scheine die kölsche Art doch auch zu schätzen. Später erzählt er vom Konzil und meint, dass die offenen Gegner, offenen Kämpfer, doch die besseren seien, wie zum Beispiel Kardinal Ottaviani[927], dass aber doch im Ganzen die Einmütigkeit der Konzilsväter überraschend groß geworden sei, dass man den Papst am Schluss nicht habe verstehen können, dass dieser sich schwertue, weil er ja aus denselben Leuten der Kurie herkomme und sich nun über sie erheben müsse. Er bedauert, dass es ihm nicht gelungen sei, mich wieder mit Prälat Müller vom Katholisch-Sozialen Institut zu versöhnen, und sieht keine Möglichkeit für mich, mit diesem zusammenzuarbeiten. Er sei zu verhärtet. Man merkt, wie unangenehm ihm das ist. Aber ich gebe nicht mehr so viel darauf. Die neue Aufgabe ist dafür zu groß.[928]

---

[926] Am 11.6.1964 verübte der an Lungentuberkulose erkrankte Walter Seifert (geb. 1922) mit einem selbstgebauten Flammenwerfer einen Amoklauf in der Katholischen Volksschule in Köln-Volkhoven, tötete zwei Lehrerinnen, verletzte 28 Kinder größtenteils schwer, nahm vor seiner Festnahme Gift ein und starb daraufhin (vgl. Das Motiv des Amokläufers von Köln, in: »Frankfurter Allgemeine«, Nr. 135, 12.6.1964, S. 18). Kardinal Frings besuchte am 13.6.1964 die schwerverletzten Kinder im Krankenhaus und zelebrierte am 20.6.1964 ein Requiem für die Todesopfer. Adenauer richtete an den Kölner Oberbürgermeister Theo Burauen und den Oberstadtdirektor Max Adenauer (Sohn von Konrad Adenauer) Kondolenzschreiben (vgl. Drei Kinder ringen mit dem Tode, ebd., Nr. 136, 15.6.1964, S. 7; auch Elf Brandverletzte noch in Lebensgefahr, ebd., Nr. 141, 22.6.1964, S. 8).

[927] Alfredo Kardinal Ottaviani (1890–1979), italienischer katholischer Priester, 1953 Kardinaldiakon, 1959 Sekretär des Heiligen Offiziums, 1962 Bischofsweihe, verkündete als Kardinalprotodiakon die Wahl von Papst Paul VI. und nahm die Papstkrönung vor, 1963–1965 Kardinalsekretär, 1965–1968 Präfekt der 1965 neu gegründeten Kongregation für die Glaubenslehre als Nachfolge des Heiligen Offiziums.

[928] Paul Adenauer war am 25.11.1964 als Subsidiar an Sankt Pantaleon in Unkel entpflichtet worden, um sich ganz den Aufgaben des Direktors am Zentralinstitut für Ehe- und Familienfragen widmen zu können, die er nach Ausscheiden des bisherigen Direktors, Bernhard Korte, zum 31.3.1963 offiziell am 16.4.1963 übernahm (AEK, Personalverwaltung, Priesterkartei, Paul Adenau-

Samstag, 12. Dezember 1964
Ich lese Camus'[929] »Briefe an einen deutschen Freund« aus der Kriegs-
zeit.[930] Es ist ein erschütterndes Dokument der Größe französischen
Geistes und der Pervertierung des Geistes im damaligen Deutschland.
Sie sind in ihrem Ausblick auf die Aufgabe Europas ebenfalls erschütternd, jetzt in einem Augenblick, wo Vater feststellt, die Stunde scheint
vorbei zu sein, dass Deutschland in der Weise, wie es von ihm gemeint
und vorbereitet war, mit Frankreich kooperiert. Der Vorschlag heute
in der Zeitung, dass man zu einer neuen multilateralen Atomstreitmacht kommen wolle, in der die Force de frappe von de Gaulle auch
ein eigenes Element darstellen solle, klingt ja wie ein Hohn.[931] Diesen
Vorschlag haben die Engländer offenbar Herrn Schröder gemacht.[932]
Er steht jetzt als das Modell vor der Weltöffentlichkeit, offenbar auch
mit Billigung der Amerikaner, ohne dass man sich vorher mit de Gaulle darüber abgesprochen hat.
    Einen Tag vorher war Schröder in Paris[933] und wusste hinterher in
einem Kommuniqué nichts Besseres zu sagen, als dass man nichts

---

er). Vgl. auch Struck, Das Katholische Zentralinstitut für Ehe- und Familienfragen, S. 8.

[929] Albert Camus (1913–1960), französischer Schriftsteller und Philosoph, erhielt
1957 den Nobelpreis für Literatur.

[930] Camus' vier fingierte »Briefe an einen deutschen Freund« waren 1945 in Paris
erschienen. Er selbst hatte sich »ihrer Verbreitung im Ausland stets widersetzt«,
weil er sie nicht erscheinen lassen wollte, »wie sie verstanden werden müssen«.
Daher wurde nur der Vierte Brief aus dem Juli 1944 ins Deutsche übersetzt. Vgl.
Camus, Unter dem Zeichen der Freiheit, S. 209–214.

[931] In dem Artikel »Neues Projekt einer Nato-Atommacht mit England und
Frankreich« (»Frankfurter Allgemeine«, Nr. 259, 12.12.1964, S. 1) wurde
berichtet, die MLF sei aufgegeben worden. An dessen Stelle solle das »Projekt
einer erweiterten Streitmacht treten«, das »Teile der amerikanischen strategischen Bomberkommandos« (S.A.C.) und einer »Alliierten atlantischen
Streitmacht« (A.A.F.) umfasse. Mit Zustimmung de Gaulles solle »die französische nationale Atommacht als dritter Faktor der neuen Planung ein selb-
ständiges, aber zugleich eingegliedertes Element dieser erweiterten Allianz
werden«.

[932] Zu den Überlegungen von Staatssekretär Carstens, die Force de frappe an die
MLF zu binden und einen »Atlantischen Nuklear-Rat« (ANR) zu bilden, vgl.
Aufzeichnung Pfeffer, 16.11.1964, in: AAPD 1964, S. 1320–1324. In dem Gespräch Schröders mit dem britischen Außenminister Gordon Walker am
11.12.1964 war der Vorschlag der britischen Regierung einer »Atlantic Nuclear Force« (ANF) diskutiert worden. Vgl. ebd., S. 1498–1509.

[933] Zur Begegnung Schröders mit Couve de Murville am 9.12.1964 in Paris, bei der
auch die Frage der MLF besprochen wurde, vgl. ebd., S. 1463–1479, insbes.
S. 1474–1479.

gefunden hätte, worin man übereinstimme.[934] In der »Welt« stand
gestern, dass Präsident Johnson sich beklagt habe, weil er von seinem
State Department immer nur die antigaullistischen Papiere bekomme,
wo er doch eine Verständigung mit de Gaulle suche.[935] Gestern bei der Sitzung der »Politisch-Sozialen Korrespondenz«
waren Krone und Heck[936] anwesend. Ich erkundigte mich, weil ich zu
spät gekommen war, ob auch die Frage »Europa und Außenpolitik«
bei den Überlegungen für die Bereitstellung von Material für den
Wahlkampf eine Rolle gespielt habe. Aber man sagte mir, es sei das
wohl genannt worden, [man] habe aber keinen Beschluss zu dieser
Frage gefasst, das heißt, man wolle auf eine Initiative offenbar verzichten.

Vater berichtet selbst, dass Krone es kaum wage als Vorsitzender
des Bundesverteidigungsrates[937], mit de Gaulle als Vorsitzendem des
französischen Verteidigungsrates eine Kooperation anzugehen. Er suche zu diesem Zweck zunächst noch Rückendeckung, die aber Vater
offiziell ihm nicht in einer Form geben zu können glaubt, dass man
ihn wieder einer Nebenregierung verdächtigen kann.

Vater hat gestern mit Globke überlegt, ob man bis zu den Wahlen
noch irgendetwas von seiner Seite tun könne, um die weitere Abkühlung
des Verhältnisses zu Frankreich zu verhindern. Sie sind zu dem Ergebnis
gekommen, es sei keine Möglichkeit mehr da, ohne dass es zu größeren
Schwierigkeiten führe. Gleichzeitig hat Vater wieder Nachricht bekom-

---

934 Nach der Unterredung von Schröder und Couve de Murville wurde kein Kommuniqué herausgegeben. Vgl. Schröder beendete Gespräche in Paris, in: »Kölnische Rundschau«, Nr. 287, 10.12.1964, S. 2.

935 Marguerite Higgins berichtete (LBJ und MLF, in: »Die Welt«, Nr. 289,
11.12.1964, S. 3), Johnson habe geklagt, einige Vertreter des State Departments,
die ihn »über de Gaulle informieren, verfolgen nur eine Politik: abzuwarten, bis
de Gaulle stirbt, und zu hoffen, daß sich dann die Dinge ändern werden. Was
ist das für eine Politik?« Diese Leute hätten vergessen, wie die Situation in
Frankreich war, bevor de Gaulle an die Macht kam, er jedoch nicht.

936 Bruno Heck (1917–1989), Dr. phil., 1957–1976 MdB (CDU), 1962–1968 Bundesminister für Familie und Jugend, 1967–1971 CDU-Generalsekretär, 1968–
1989 Vorsitzender der Konrad-Adenauer-Stiftung.

937 Am 13.7.1964 wurde das Bundesministerium für Angelegenheiten des Bundes-
verteidigungsrates als eigenständiges Bundesministerium errichtet und von der
CDU/CSU-SPD-Koalition am 1.12.1966 wieder aufgelöst. Bundesminister
Heinrich Krone, der den Vorsitz im Bundesverteidigungsrat führte, war für die
Koordination der Geheimdienste BND, das Amt für Sicherheit der Bundeswehr
(später MAD) und das BfV zuständig. Vorher und im Nachhinein hatte das
Bundeskanzleramt die Aufgaben wahrgenommen. Vgl. Eichhorn, Durch alle
Klippen hindurch zum Erfolg, S. 133; Knoll, Das Bonner Bundeskanzleramt von
1949–1999, S. 150–157.

men über Friedrich, Phoenix, dass die Hinneigung de Gaulles zu einer
Verständigung auf verschiedenen Gebieten mit Russland Fortschritte
mache. Wenn man das alles zusammennimmt und sieht, wie keiner
davon spricht, wie die Kirchen auch ihrerseits schweigen, wie einfach
durch das stetige, negative Wirken der Leute Schröders das Ganze ab-
gebaut wird oder jedenfalls erkaltet, wenn man spürt, wie empfindlich
der Geist in diesen Fragen ist, wenn man das merkt aus diesen Briefen
von Camus, wenn man sieht, wie hellsichtig sie sind gegenüber deutschem Wesen, an dem Europa genesen soll, dann kann einem Angst und
Bange werden. Man fragt sich, wieweit der Geisteszustand unseres
Landes sich wirklich verändert hat. Allerdings habe ich auch als Kritik
gegenüber Camus zu bemerken, dass mir sein Selbstbewusstsein, seine
Bedingungslosigkeit sich selbst gegenüber etwas übertrieben vorkommt.
Aber es ändert nichts daran, dass er mit den meisten Aussagen Recht
hat und dass wir eben in der Beziehung es viel schwerer haben. Warum,
wenn die Engländer mit den Amerikanern Geheimabsprachen treffen,
gehen wir nicht mit Frankreich zusammen? Vater sagte heute Morgen:
»Kannst Du verstehen, wie das alles für mich wirkt, der ich seit Jahrzehnten darum gekämpft habe und zuletzt diese großen Erfolge auf dem
Gebiet hatte? Aber mir sind die Hände gebunden.«

Dienstag, 29. Dezember 1964
Folgende Nachrichten auf einer Seite der Zeitung: »Russische Stimmen
schätzen Frankreichs Position hoch ein«.[938] Johnson wird vielleicht de
Gaulle treffen, und dann hört man gleichzeitig, dass die Lieferung der
Amerikaner von Material, eine ganze Kunststofffabrik, nach der Sowjetzone von 10 auf 20 Millionen [Dollar] zugenommen hat in diesem
Jahr und dass sie bis 1970 auf ca. 150 Millionen Dollar weiter anstei-
gen soll.[939] Es erscheinen Ausblicke auf die deutsche Außenpolitik, wie
in einem Blatt der »[Kölnischen] Rundschau«[940], die deutlich dartun,

---

[938] In dem Bericht »Moskau lockt Paris: Klima bessert sich. Starkes sowjetisches
Interesse an Frankreichs Politik«, in: »Kölnische Rundschau«, Jg. 19, Nr. 301,
29.12.1964, S. 1, kam die »große Zufriedenheit« beider Seiten über das Gespräch des sowjetischen Ministerpräsidenten Kossygin mit dem französischen
Botschafter Philippe Baudet am 28.12.1964 zum Ausdruck, in dem die Einladung an de Gaulle zum Besuch der Sowjetunion erneuert wurde.

[939] Zur Entwicklung der Handelsbeziehungen zwischen den Vereinigten Staaten
von Amerika und der DDR in den 1960er Jahren vgl. Matthes, David und
Goliath, in: Balbier/Rösch (Hrsg.), Umworbener Klassenfeind, S. 40–58, hier
S. 48–50.

[940] Vgl. Werner von Lojewski, Außenpolitik im neuen Jahr, in: »Kölnische Rundschau«, Nr. 300, 28.12.1964, S. 2.

dass inzwischen durch das Dazwischentreten der Engländer und Franzosen zwischen Amerika und Deutschland diese Vision, besser gesagt, diese Chimäre eines Zweier-Zusammengehens zwischen USA und der Bundesrepublik wie ein Nebel verflogen sei und dass wir praktisch mit allem hinterher hängen. Man müsse froh sein, wenn am Ende des nächsten Jahres unsere Position sich nicht verschlechtert habe gegenüber der schlechten Position, auf die wir jetzt abgesunken seien. Es scheint, dass sich in ganz kurzer Zeit das alles erfüllt, was Vater befürchtet hat: dass unsere Position in der Welt bedeutungsloser wird. »Natürlich«, sagt Vater mit Recht, »sind wir viel mehr auf die Franzosen angewiesen als die Franzosen auf uns«. Es ist wahr, dass wir in der europäischen Verteidigung keinen Schritt vorankommen ohne Frankreich. Es ist kaum zu ertragen, dass einfach durch Nichtstun oder durch dumme, undisziplinierte Bemerkungen des Herrn Schröder wie neulich in Paris, wo er gesagt hat: »Ich lasse mich nicht weiter erpressen![941] …«, dass dadurch alles das aufs Spiel gesetzt wird, was mühsam an Zutrauen und Gemeinsamkeit geschaffen wurde.

Heute liest man, dass die russische Regierungszeitung zu einem Jahrestag der Aufnahme von Beziehungen mit Frankreich nach dem Kriege oder wann [immer auch] die Politik de Gaulles begrüßt, ihn anerkennt und auf eine weitere Entwicklung hindeutet.[942] Überall gewinnt natürlich de Gaulle trotz allem [an] Boden und Beachtung.

Vater macht die Zunahme von Blutzucker zu schaffen. Er ist müde. Er versucht, seine Memoiren termingemäß fertigzubringen. Er hat auch die erste Lieferung den Verlegern übergeben zur Übersetzung[943]

---

[941] Schröder bezweifelte, dass de Gaulle bereit sei, die Force de frappe zum Schutz Europas einzusetzen und zur militärischen Stärkung der Bundesrepublik beizutragen, indem das Land Zugang zu atomaren Waffen erhalte. Zugleich forderte er von den drei Westmächten eine Erklärung, wieder in Verhandlungen mit der Sowjetunion über Deutschland einzutreten. Aufgrund der Weigerung von amerikanischer und britischer Seite brach Schröder das Gespräch darüber ab und suchte die Schuld der französischen Regierung zu geben, die zunächst mehr Höflichkeit im Umgang verlangte. Daraufhin ließ Schröder durch seinen Pressesprecher »ein eigenes Kommuniqué verlesen« und verbreiten, er lasse sich nicht erpressen. Zu den Verstimmungen während des Besuchs von Schröder in Paris und der Unterredung mit Couve de Murville vgl. Dieter Schröder, Gerhard Schröders einsamer Kampf. Bonns Außenpolitik und die Gaullisten, in: »Der Spiegel«, Nr. 4, 20.1.1965, S. 20–28, insbes. S. 27.

[942] Zum Kommentar von Juri Schukow, der sich in der »Prawda« zu den französisch-sowjetischen Beziehungen äußerte, vgl. den Artikel »Moskau lockt Paris: Klima bessert sich« (vgl. Anm. 938).

[943] Adenauer teilte am 10.8.1964 Charles Orengo vom Verlag Librairie Hachette, Paris, mit, seine Darstellung der Entscheidungen über die Jahre des Neuanfangs

und arbeitet nun mit aller Gewalt an weiteren Teilen aus den Jahren 1945/46.

Am Sonntag [27. Dezember 1964] hatte er seine Kinder und Enkel hier, 23 Enkel, Kinder und Schwiegerkinder. Sie waren da von ½ 5 bis abends ½ 11 Uhr, bis die letzten gingen. Vater war fast dauernd dabei. Es wurde nachher zu toll. Die Kinder waren übermüdet, fröhlich, ausgelassen, es ging alles durcheinander. Aber das strapazierte Vaters Nerven doch sehr.

Schorsch leidet darunter, dass er nicht genügend Kraft hat, um sich der Kommunalarbeit zu widmen; dass man so viele Kompromisse in der Kommunalpolitik machen muss und es nicht gelingen will, eine gewisse Grundsatzfestigkeit bei seiner Fraktion im Stadtrat zu erreichen. Die Leute sind einfach verfilzt und versippt, durch Interessen miteinander verflochten. Mit Grundsatzüberlegungen kann er nicht landen. Das zerreibt ihn. Er nimmt die Sache sehr ernst als Gewissensfrage. Vater meint nur noch, er müsse es mehr mit dem Wööderkläuchen[944] machen und den Leuten nicht zu viele Schimpfreden halten. Natürlich ist das richtig, aber es ist viel schwerer. Schorsch sagt dazu mit Recht, dass man dazu wohl mehr Erfahrung brauche.

Wenn man [es] so nimmt, welches Bild in diesen Tagen, in den letzten Tagen des Jahres geboten wird, dann muss man froh sein, eine so schöne Arbeit zu haben, wie ich sie habe, und derartige Mitarbeiter und Mitarbeiterinnen, wie ich sie habe.

Freitag, 1. Januar 1965

Vater ist voll Sorge. Er ist müde, offenbar durch seinen Blutzucker. Er freut sich aber doch an den Christrosen, die am Vogelhäuschen stehen. Er freut sich an den Hyazinthen mit ihren Farben und erzählt, dass es zu seiner Jugendzeit noch nicht mal Hyazinthen mit vollen Dolden gegeben habe, sondern nur solche mit einzelnen Blüten und viel später in der Jahreszeit. Er freut sich an Brando und dem, was man von ihm zu erzählen hat. Er freut sich sogar, dass die Glocken

---

1945 bis 1949 werde nicht in einem Band erscheinen können. Zur zeitlichen Zäsur des zweiten Bandes ließ Adenauer nichts verlauten, kündigte jedoch an, bis Jahresende 1964 werde der erste Band druckfertig sein. Schreiben Adenauer an Orengo, 10.8.1964, in: ACDP, NL Globke 01–070–017/2.

944 Der Begriff setzt sich zusammen aus den beiden kölnischen Wörtern »Wööder« und »kläue« für das hochdeutsche »Wort« im Plural »Wörter« und das Verb »klauen« im Deminutiv und bezeichnet »Wörterklauen« im Sinne von »die von den Menschen verwendeten Begriffe sich zu Eigen machen«. Vgl. zu den beiden kölschen Begriffen Bhatt/Herrwegen: Das Kölsche Wörterbuch, S. 345, 632.

heute Nacht mal geläutet haben. Aber der Pastor[945] sei doch unver-
besserlich. Dann erzählt er davon – das hat ihn offenbar sehr berührt
–, er habe gehört, dass die Geisteskranken zu 50 in einem Saal unter-
gebracht seien vielfach, dass ihre Versorgung personalmäßig eben
nicht mehr möglich sei; dass in seiner Jugend der Nervenarzt Hermkes[946] sogar in Andernach Einzelzimmer gehabt habe; dass dieser
ganze Sektor überhaupt bei uns völlig gefährdet sei: alles, was mit
[der] Pflege von Alten und Kranken zusammenhänge. Als ich dann
versuche, [ihm] klarzumachen, dass das auch eine Lohnfrage sei und
dass man immer die Gehälter der öffentlichen und gemeinnützigen
Einrichtungen habe nachhinken lassen in den letzten Jahren, da wird
das Thema gewechselt.

Wir kommen auf Frankreich, auf Amerika zu sprechen. Vater hat
eine Meldung über de Gaulles Neujahrsrede[947] da und sagt, wenn er
das so lese, wie da de Gaulle von der Unabhängigkeit Frankreichs
spreche, wie Frankreich immer mehr zu seiner Unabhängigkeit komme
und Selbständigkeit, dann zweifle er oft wirklich an seinem Freund
etwas. Auf der anderen Seite macht er sich heute früh offenbar große
Sorgen und Gedanken wegen der Partei. Er sagt, die Parteiorganisati-
on sei schlapp. Dufhues widme sich der Sache nicht genügend, weil er
eben seine Praxis nicht vernachlässigen dürfe.[948] Der Wahlkampfaus-
schuss sei immer nur unregelmäßig zusammen und mit wechselnder
Besetzung, zwölf Leute. Er wisse nicht, wie er die ganze Geschichte
strategisch fest und richtig in die Hände bekommen könne. Er glaube,
dass man dafür in den einzelnen Ländern Beauftragte haben müsse,
die sich der Sache annehmen. Dann müsse sichergestellt sein, dass die
Leute alle genügend gutes Material in der Hand haben, auch [um] auf
Fragen des Gegners zu antworten. Er sei entsetzt gewesen, dass Herr

---

945  Wohl gemeint: Pfarrer Lemmen der Pfarrei Sankt Mariä Heimsuchung in
      Rhöndorf.
946  Carl Hermkes (1874–1945), Dr. med., Neurologe, 1928 Obermedizinalrat,
      Direktor der Heil- und Pflegeanstalt Eickelborn in Westfalen.
947  In seiner Neujahrsrede betonte de Gaulle die »Unabhängigkeit« Frankreichs, wies
      »jedes System« zurück, das »unter dem Deckmantel des ›Supranationalen‹ oder
      der ›Integration‹ oder auch des ›Atlantismus‹« das Land »in Wirklichkeit unter
      der bekannten Hegemonie halten würde«, und erklärte sich bereit, »den Zusam-
      menschluß Westeuropas« zu »fördern«. Vgl. AdG, 35 Jg. (1965), S. 11615 f.
948  Dufhues unterhielt eine Rechtsanwaltspraxis. Zur Biographie vgl. Becker, Josef
      Hermann Dufhues, in: Först (Hrsg.), Land und Bund, S. 194–209; dazu auch
      vielfältige Bezüge bei Marx, Franz Meyers, S. 177–185, 291–293, 439–443,
      452–458; auch Hitze, »Kein Ehrengrab für den SS-Mann und Nazi-Helfer«, in:
      HPM, Heft 22 (2015), S. 231–251.

Neumann,[949] Abgeordneter der CDU und Demoskop, neulich gesagt habe, man solle als Parole die Parole der SPD nehmen und noch weitergehen.[950] Stattdessen fragt uns Vater, was wir davon hielten, von den Parolen: Sicherheit, Stetigkeit, Freiheit. Sicherheit gebe es nicht ohne Stetigkeit und Freiheit nicht ohne Sicherheit und Stetigkeit. Er glaube, dass man daran den Gegensatz zur SPD auch gut aufzeigen könne. Er erkundigt sich nach Leuten, fragt, wer ihm helfen könne. Kurzum, er ist und bleibt ein Kämpfer trotz seiner Müdigkeit und seiner Abseitsstellung, die ihn entsetzlich schmerzt.

## Dienstag, 16. Februar 1965

Vater berichtet [über] immer neue Beispiele der Abnahme des Ansehens der Bundesregierung durch ihr Lavieren, ihre Unfähigkeit zu konsequenten Positionen und dergleichen. Heute sei der Chefredakteur der Illustrierten »Quick«[951] bei ihm gewesen[952] und habe ihm von einem Besuch bei Außenminister Rusk und Verteidigungsminister McNamara berichtet, und zwar aus seinem Notizbuch. Diese Herren hätten gesagt, Deutschland sei ein lästiges Anhängsel für Amerika. Amerika müsse zwar Ostasien und auch den Westen Europas beschützen, aber es könne nicht beides gleichzeitig in derselben Stärke [tun]. Darum müsse Europa im Augenblick zurückstehen. Außerdem leisteten wir selbst nicht genügend zu unserem eigenen Schutz hinsichtlich der Stärke der Bundeswehr und ihrer Waffen. Die Idee der Wiedervereinigung sollten wir uns aus dem Kopf schlagen. Daran sei doch nicht zu denken. Kurz und gut, es sei weitaus schlimmer, als Vater es in seiner Unterredung mit dem Korrespondenten der »New York Times«, Sulzberger[953], zum Ausdruck gebracht hat, das in Amerika und Deutschland so Aufsehen erregt hat und in dem er seine Sorge zu er-

949  Erich Peter Neumann (1912–1973), Journalist und Meinungsforscher, 1946 Gründer des Instituts für Demoskopie (Allensbach), Herausgeber des Jahrbuchs der öffentlichen Meinung, 1961–1965 MdB (CDU).

950  Zu den Wahlparolen von CDU und SPD im Vorfeld des Bundestagswahlkampfes 1965 vgl. Besser ist besser, in: »Der Spiegel«, Nr. 29, 14.7.1965, S. 23.

951  Karl-Heinz Hagen (1919–1994), Journalist, 1960 Chefredakteur der Zeitung »Bild«, 1962–1966 Chefredakteur der Illustrierten »Quick«, 1965 gleichzeitig Herausgeber der »Revue«, begründete 1966 die Zeitschriften »Eltern« und dann »Jasmin«.

952  An dem Gespräch am 16.2.1965 nahm auch der Journalist Horst Fust (1930–2003) teil (Adenauer, Kalendarium).

953  Cyrus Leo Sulzberger (1912–1993), amerikanischer Journalist, 1944–1954 Leiter des Auslandsdienstes von »The New York Times«, führender Kolumnist, bekam 1951 den Pulitzer-Preis.

kennen gab.[954] Vater fügt jetzt hinzu: »Es ist erschütternd. Man sieht, wohin das treiben kann. Eisenhower hatte noch eine gewisse Beziehung zu Europa, weil er europäischer NATO-Oberkommandierender war. Aber Johnson, dieser Krämer, hat das eben nicht. Er ist nicht in der Lage, eine Pressekonferenz abzuhalten. Amerika wird zwanzig Jahre nach dem Kriege Deutschland nicht Deutschlands wegen, sondern nur Amerikas wegen helfen.« Das habe ihn weiter nicht überrascht, und er habe immer versucht, klarzumachen, dass eben Amerika bedroht sei, wenn Russland Westeuropa und Deutschland hinzugewänne oder in seinen Machtbereich einbeziehen könne. Vater sagt jetzt, es sei nicht ausgeschlossen, dass eine künftige deutsche Generation, die nationalistischer sei oder nationalbewusster, sich dann eher an Russland anlehnen würde als an die Amerikaner, die so desinteressiert seien. Dann würden aber auch die Amerikaner ihr blaues Wunder erleben. Hinzu kommt über allem eine gewisse Wolke des Zweifels an de Gaulle wegen seiner weitgespannten Rede auf der Pressekonferenz, in der er von Europa vom Atlantik bis zum Ural gesprochen hatte[955] und in der er so tat, als ob [man] sich ohne Weiteres über Deutschlands Zukunft einigen könne.

Donnerstag, 18. Februar 1965
Vater hat gestern die Auseinandersetzungen im Bundestag über die Waffenlieferungen an Israel gut angenommen und gut bestanden. Er hat Erhard zu seiner Rede[956] beglückwünscht und ihm gesagt, es sei

---

[954]  Vgl. Gesprächsaufzeichnung Adenauer mit Sulzberger, 5.2.1965, in: Adenauer: Die letzten Lebensjahre, Bd. I, S. 376–383. Veröffentlichung des Interviews: Foreign Affairs: Gloomy Watch on Rhine, in: »The New York Times«, 10.2.1965, sowie Bonn's Social Democrats Score de Gaulle on his Anti-U.S.-Stand, in: »The New York Times«, International Edition, 11.2.1965.

[955]  Während einer Pressekonferenz am 4.2.1965 erklärte de Gaulle zur deutschen Frage, Deutschland selbst müsse anerkennen, »daß jede Regelung notwendigerweise auch die Regelung seiner Grenzen und seiner Bewaffnung durch die Einigung mit allen seinen Nachbarn, im Osten wie im Westen, einschließt«. Die sechs EWG-Staaten müssten »es fertig bringen, sich auf dem Gebiet der Politik und der Verteidigung zu organisieren, damit ein Gleichgewicht unseres Kontinents möglich« werde. »Europa« müsse »vom Atlantik bis zum Ural erstehen, in Eintracht zusammenarbeiten, um seine gewaltigen Hilfsmittel zu entwickeln«, und »damit es gemeinsam mit Amerika« »die Rolle spielt, die ihm zukommt, um 2 Mrd. Menschen zu dem dringend benötigten Fortschritt zu verhelfen«. Vgl. zur Rede de Gaulle AdG, 35. Jg. (1965), S. 11675–11678, hier S. 1167; De Gaulle, Discours et Messages. Pour l'Effort, 1962–1965, S. 325–342, hier S. 341.

[956]  In der Zweiten Lesung über den Entwurf des Haushaltsgesetzes am 17.2.1965 war Bundeskanzler Erhard in seiner Rede auf die Lage im Nahen Osten und

die beste Rede gewesen, die er bisher von ihm gehört hätte. Er hat mehrmals in meiner Gegenwart die Leistung dieser Rede gewürdigt. Sie sei klar und knapp gewesen, auch gut vorgetragen.

Manchmal fragt er sich morgens:»Wie komme ich dazu, mit 89 Jahren mich so unter die Leute zu setzen und mitzumachen?«Ich weiß selbst manchmal nicht, wie weit sein Selbstbewusstsein doch eine dünne Eisschicht darstellt.

Heute kam er müde den Weg herauf, abends um ½ 9 Uhr, sprach keinen Ton und erzählte nur, dass Herr Strauß sich um 6 Uhr für 5 Minuten angemeldet habe, dann aber bis 8 Uhr geblieben sei. Später gab er zu, dass er selber Strauß durch Fragen auf bestimmte Probleme hingelenkt habe. Offenbar hat ihn aber diese Sache sehr mitgenommen. Dazu kommen wohl Nachwirkungen der Anti-Grippe-Spritze, die er vor einigen Tagen bekam und die drei bis vier Wochen brauchen, bis sich der Körper immunisiert hat. Er aß nichts, war todmüde, legte sich aufs Sofa und ging dann bald zu Bett, wollte von nichts etwas wissen, von keinem Essen und nichts. Beschwerden hat er sonst nicht, nur diese Müdigkeit und auch eine Übelkeit, das heißt ein Widerwillen gegen Essen. Frau Bebber ist selber sehr krank und liegt zu Bett, und man weiß nicht, was aus ihr werden soll. Es handelt sich nach meinem Urteil um eine rätselhafte Angelegenheit. Sie hat Schwindelzustände und Schmerzen oben im Nacken, wo die Nervenstränge aus dem Rückgrat heraustreten, [sie] solle einen der Wirbel drücken und dadurch Durchblutungsstörungen im Bereich des Ohres und des Gleichgewichtsorganes hervorrufen. Jedenfalls ist sie stark angeschlagen.

In dieser Lage ist Fräulein Poppinga großartig ...⁹⁵⁷ Sie gab gestern zu, dass es notwendig sei, dass sie noch drei Wochen vor Cadenabbia⁹⁵⁸ wieder nach Königstein geht, aber sie wisse nicht, wie sie das Vater zumuten solle, wenn er mit ihrer Mithilfe bei den Memoiren hier im Hause rechnet. Ich habe sie darin bestärkt, vorzubeugen gegen einen Rückfall bei ihr, der sie dann für die Hauptarbeit in Cadenabbia arbeitsunfähig machen könnte.

Vater bringt heute einen Brief mit nach Hause, eines Herrn Nolte⁹⁵⁹ aus Berlin, in dem dieser schreibt, es dränge ihn sehr, Vater mitzuteilen,

---

die Ausrüstungshilfe für Israel eingegangen. Vgl. Verhandlungen des Deutschen Bundestages, 4. Wahlperiode, Stenographische Berichte, Bd. 57, S. 8103–8105.
⁹⁵⁷ Vom Bearbeiter gestrichen: Ausführungen über private Angelegenheiten.
⁹⁵⁸ Adenauer hielt sich vom 6.4. bis 7.5.1965 in Cadenabbia auf (Adenauer, Kalendarium).
⁹⁵⁹ Schreiben Nolte an Adenauer, 17.2.1965, in: StBKAH II/21.

dass er, der sonst nicht gerade sehr religiös sei, unter der Regierung von Erhard zum Beten zurückgefunden habe.⁹⁶⁰ Auf der anderen Seite erzählt mir heute Herr Neumann vom Allensbacher demoskopischen Institut, dass zum ersten Mal bei den Umfragen Ende vorigen und Anfang dieses Jahres die Zahl der unentschiedenen Wähler außerordentlich auffällig zurückgegangen sei, was wahrscheinlich nicht gut für die CDU sein würde. Außerdem habe er festgestellt, dass die katholischen Frauen in stärkerem Maße SPD wählen würden, was sich allerdings noch wandeln könne. Er rät mir dringend an, mit dafür zu sorgen, dass die Kirchen eine große Umfrage über die religiöse Aktivität der Bevölkerung in Auftrag geben sowie über den Glaubenshintergrund.

## Sonntag, 21. Februar 1965

Vater zeichnet heute beim Sonntagstee ein Bild der Situation, wie er sie sieht. Er beginnt mit der Verteidigungsfrage. Als er bei Kennedy gewesen sei im November 1962, habe er Kennedy vorgetragen die Auffassung des General Heusinger⁹⁶¹, dass ohne Mittelstreckenraketen die deutsche Bundeswehr praktisch wehrlos sei und wie in ein Schlachthaus getrieben würde. Er habe dann Kennedy vorgeschlagen, dass General Taylor,⁹⁶² der damals Berater Kennedys war, und General Heusinger sich während des Besuchs von Vater in Washington zusammensetzen und diese Frage objektiv prüfen sollten. Kennedy sei einverstanden gewesen.⁹⁶³ Die Prüfung habe stattgefunden.⁹⁶⁴ Heu-

⁹⁶⁰ Adenauer antwortete am 18.2.1965 (ebd.): »Sehr geehrter Herr Nolte! Beten ist immer gut. Hochachtungsvoll A[denauer]«.

⁹⁶¹ Adolf Heusinger (1897–1982), General, 1931–1944 im Generalstab des Heeres, seit 1950 militärischer Berater Adenauers, 1952 Leiter der Militärabteilung der Dienststelle Blank, 1955 Vorsitzender des militärischen Führungsrates im Bundesverteidigungsministerium, 1957 Leiter der Abteilung Gesamtstreitkräfte, 1957–1961 Generalinspekteur der Bundeswehr.

⁹⁶² Maxwell Davenport Taylor (1901–1987), amerikanischer Offizier und Diplomat, 1961 Berater Kennedys, maßgeblich an der Formulierung der NATO-Strategie der »Flexible response« beteiligt, 1962 Vorsitzender der amerikanischen Stabschefs, 1964–1969 Berater Johnsons für Vietnam-Fragen. – Zur Diskussion um die Entwicklung der Mittel- und Langstreckenraketen vgl. Taylor, Und so die Posaune undeutlichen Ton gibt, S. 128–141.

⁹⁶³ Vgl. Aufzeichnung des Gesprächs von Adenauer mit Kennedy, 14.11.1962, in: AAPD 1962, S. 1909–1917, hier S. 1914–1917, und Deutsch-amerikanisches Regierungsgespräch, 14.11.1962, ebd., S. 1917–1922, hier S. 1917.

⁹⁶⁴ Am 16.11.1962 führte der amerikanische Sicherheitsberater, Bundy, mit Heusinger in seiner Eigenschaft als Vorsitzender des Militärausschusses der NATO ein Gespräch über den Einsatz von taktischen Atomwaffen. Vgl. ebd., S. 1917 f. Anm. 5.

singer habe ihm berichtet, dass man zu einer Bestätigung seiner Auffassung gekommen sei. Er habe das Kennedy mitgeteilt, und dieser habe ihm gesagt, General Taylor habe ihm dasselbe gesagt und Deutschland bekäme die Mittelstreckenraketen. Nach einem halben Jahr habe er sich erkundigt, und es sei nicht mehr die Rede davon gewesen. Es sei noch nichts geschehen gewesen, und seither sei man nicht mehr darauf zurückgekommen. Er erkläre sich das damit, dass Amerika tatsächlich, wie Johnson jetzt dem Gewährsmann Vaters, dem Chefredakteur der »Quick«, gesagt hat, seine Kraft auf Asien werfen könne, und an Europa müssten wir selbst mehr tun.

Was die Aussichten der CDU angeht, so meint Vater, in Schleswig-Holstein seien sie ganz gut wegen der Bauern, die dort mit der Brüsseler Lösung zufrieden seien.[965] Dann komme Niedersachsen, wo man nichts sagen könne, weil dort alles durcheinandergehe.[966] Dann komme Nordrhein-Westfalen, wo man jedenfalls große Sorgen haben müsse, besonders auch seitdem die katholische Kirche, vor allem der jüngere Klerus, nicht mehr so recht aktiv mitziehen wolle.[967] Des Saargebiets[968] und Rheinland-Pfalz' könnte man einigermaßen sicher sein, auch Württemberg-Badens und auch Bayerns. Aber es werde doch im Ganzen ein Kopf-an-Kopf-Rennen geben. Er selbst sei der Meinung, man müsse auch die Leistungen der CDU dem Volke wieder klarmachen. Man dürfe zum Beispiel nicht sagen, man brauche noch 50 Krankenhäuser, sondern man solle sagen, wir brauchten vor fünf Jahren 150 Krankenhäuser, 100 wurden bereits geschaffen, 50 werden noch geschafft werden, damit das Volk sehe, dass man eine solche Planung habe und auf dem richtigen Wege sei.

Als Unterscheidungsmerkmal gegenüber der SPD komme er immer wieder darauf zurück, dass der Sozialismus doch dem Staat alles zutraue, während wir auf die einzelne Persönlichkeit abstellen, auf ihre Personenwürde. Schorsch und ich sind nicht der Meinung, dass das

---

[965] Der (Minister-)Rat der EWG hatte auf seiner Tagung am 14./15.12.1964 die Einführung eines gemeinsamen Getreidepreises und zu leistende Ausgleichszahlungen durch die EWG beschlossen. Vgl. das Kommuniqué, 15.12.1964, in: Europa-Archiv, 20. Jg. (1965), S. D1–D8.

[966] Zur Situation der CDU in Niedersachsen, wo die DP allmählich zerfallen, der BHE bei der Landtagswahl 1962 an der Fünf-Prozent-Sperrklausel gescheitert, die NDP 1964 in Hannover gegründet und am 26.2.1965 ein Konkordat mit dem Heiligen Stuhl unterzeichnet worden war, vgl. Zick, Ein starkes Land im Herzen Europas, S. 103–114.

[967] Vgl. Gruber, Die CDU-Landtagsfraktion in Nordrhein-Westfalen 1946–1980, S. 324–328.

[968] Zum Ausgang der Landtagswahl 1965 vgl. Anm. 1101.

eine zugkräftige Unterscheidung darstellt, da die meisten Leute sich
gerade vom Staat sehr viel erwarten: Straßenbau, Wohnungsbau,
Krankenhausbau, Technik, Verteidigung und das alles. Es ist kaum
noch etwas denkbar, das ohne öffentliche Mittel geschaffen werden
kann. Ich schlage demgegenüber vor, man solle darstellen, dass der
Mensch und seine Familie in der heutigen Zeit sehr gefährdet seien
und in dieser so gefährdeten Welt von einer Partei nicht viel erhoffen
können, die sich nicht an letzte Werte gebunden fühle. Vater erscheint
das zu theoretisch. Aber jedenfalls macht er sich darüber Gedanken,
über den Wahlkampf. Er hat schon Sorge, wie er das alles schaffen
soll, was er im Wahlkampf an Reden halten soll, und er sieht dem
Ganzen klaren Auges entgegen. Das Erscheinen des ersten Memoi-
ren-Bandes ist auf Ende April festgelegt.[969] Dann kommt es zwar für
unseren Wahlkampf leider nicht mehr in Frage, wohl aber kommt es
zeitig in den USA[970] – Weihnachtsverkauf.
    Ich erfahre allerhand schwierige Dinge über die Einsamkeit von
Frau Dr. Bebber während ihrer Krankheit jetzt. Ferner macht Fräulein
Poppinga anhaltend Sorge ...[971] Von den anderen Fragen, nämlich
Nachfolgerin für Eugenie,[972] und allem anderen gar nicht zu reden.

Freitag, 5. März 1965
Gestern Abend kommt Vater entsetzt aus Bonn zurück. Er zeigt das
Ergebnis einer Umfrage des demoskopischen Instituts Allensbach über

---

[969]    Am Rande seines Aufenthalts am 10. November 1964 in Paris bestätigte Ade-
    nauer gegenüber dem DVA-Vertreter Kurz und Orengo seine Absicht, den ersten
    Band vor den im September 1965 anstehenden Bundestagswahlen erscheinen
    zu lassen. Orengo schlug vor, die ersten 100 Manuskriptseiten und dann weite-
    re Zug um Zug zu bekommen und nicht kapitelweise, damit die Korrekturen
    bei der Übersetzung schon gemacht werden könnten (Schreiben Orengo an
    Adenauer, 16.11.1964, in: ACDP, NL Globke 01–070–017/2). Am 20.2.1965
    einigten sich Adenauer, Kurz und Orengo in Rhöndorf auf ein Konzept, das
    insgesamt vier Bände vorsah: Zwei Bände für die Jahre 1945 bis 1963 und einen
    Band für die Zeit bis zum Kriegsende 1945 und einen Dokumentenband
    (Besprechungsvermerk, 20.2.1965, ebd.; auch Schreiben Kurz an Adenauer,
    23.2.1965, mit Anlage: Besprechungs-Vermerk Orengo, Kurz, o. D., in: StBKAH
    II/122).
[970]    Orengo versuchte mit dem Argument, er benötige für den Verkauf der Lizenz-
    rechte in den Vereinigten Staaten den Anfang des Manuskripts sowie den Plan
    des Werkes, um den Vorabdruck zu sichern, ein weiteres Mal im Dezember 1964
    von Adenauer einen ersten Teil des Manuskripts zu bekommen (Schreiben
    Orengo an Adenauer, 8.12.1964, in: StBKAH II/122).
[971]    Vom Bearbeiter gestrichen: Ausführungen über private Angelegenheiten.
[972]    Margarete, genannt »Margit«, Schmid, war ab dem 1.6.1965 im Hause Ade-
    nauers beschäftigt (StBKAH VI/63).

die Fragen: Welcher Partei würden Sie Ihre Stimme geben? Sind Sie im Großen und Ganzen mit der Politik Erhards einverstanden?[973] Ein erschütternder Rückgang des Einverständnisses mit Erhard von über 10 Prozent seit der letzten Befragung vor einem Monat. Ein Rückgang der Stimmung der CDU, die 4 Punkte unter der SPD liegt, während sie vor einem Monat darüber gelegen hatte. Zunahme der Stimmung für die SPD auf 47 Prozent, CDU-Rückgang auf 42 Prozent, also sogar 5 Punkte darunter![974] Innerhalb der CDU-Wähler ein Abrücken von Erhard, gleichermaßen bei Männern und Frauen.

Dazu [passen] die Meldungen aus dem Radio gestern, dass das Kabinett nach ganztägiger Sitzung keinen Beschluss in der Frage der diplomatischen oder auch der wirtschaftlichen Beziehungen zu Ägypten, vor allem diplomatische, habe fassen können.[975] In den Zeitungen [finden sich] Berichte darüber, wie die einzelnen Minister wahrscheinlich gestimmt hätten;[976] dass der härtere Kurs, das heißt, der Kurs für den Abbruch politischer diplomatischer Beziehungen, aus dem engeren Kreis um Adenauer stamme, während die anderen zu Schröder hielten.

Vater ist der Meinung, dass dieser starke Einbruch bei den Wählern eine Sache ist, die sich bis zu den Wahlen kaum wird reparieren lassen

---

[973] Auf diese Frage antworteten im Februar 1965 33 v. H. der Befragten »Einverstanden«, 34 v. H. »Nicht einverstanden« und 33 v. H. »Unentschieden, kein Urteil«. Bei der Befragung im Januar 1965 äußerten sich 45 v. H. H. der Befragten »Einverstanden«, 23 v. H. »Nicht einverstanden« und 32 v. H. »Unentschieden, kein Urteil«. Zu den Ergebnissen vgl. Noelle/Neumann (Hrsg.), Jahrbuch der öffentlichen Meinung 1965–1967, S. 198/199 Faltblatt.

[974] Im Januar 1965 hatten auf die Frage »Können Sie mir sagen, welche Partei Ihren Ansichten am nächsten steht?« 46 v. H. der Befragten »CDU/CSU« und ebenso 46 v. H. »SPD« genannt. Im Februar 1965 antworteten 47 v. H. »SPD«, 42 v. H. »CDU/CSU«. Vgl. zu den Angaben ebd.

[975] Aufgrund des Besuchs von Ulbricht in Kairo vom 24.2. bis 2.3.1965, bei dem er den Anspruch auf ein Alleinvertretungsrecht der DDR für alle Deutschen reklamierte, beriet das Bundeskabinett am 4.3.1965 über die Lage im Nahen Osten und einen möglichen Abbruch der diplomatischen Beziehungen zur Vereinigten Arabischen Republik. Beschlossen wurde, »daß der Herr Bundeskanzler die Vorsitzenden aller Fraktionen des Bundestages über den Stand der Beratungen unterrichtet«. Zur Kabinettssitzung vgl. Die Kabinettsprotokolle der Bundesregierung, Bd. 18 1965, S. 118–121, hier S. 118 f.; zur Besprechung Erhards mit Erler am 5.3.1965 vgl. Die SPD-Fraktion im Deutschen Bundestag 1961–1966, S. 597 f.; Hansen, Aus dem Schatten der Kastrastrophe, S. 743–749.

[976] Vgl. [Georg] Sch[röder], Acht Stunden heiße Diskussionen im Kabinett wegen Nasser. Abbruch der Beziehungen umstritten, in: »Die Welt«, Nr. 54, 5.3.1965, S. 1 f.; Bonn entscheidet heute über das Verhältnis zu Kairo, in: »Frankfurter Allgemeine«, Nr. 54, 5.3.1965, S. 1, 4.

und nur wenig zu verbessern sein wird; dass man überlegen müsse, wie man Erhard ersetzt. Nach seiner Meinung kommt als einziger in Frage: Gerstenmaier, der auch unter Umständen bereit wäre. Aber [die] Frage [ist], ob Erhard und seine Berater die Lage auch so ernst sehen. Heute, am 5. März, nach wiederum fast ganztägiger Beratung des Kabinetts[977], [folgt] wieder ein Vertagungsbeschluss bis auf Dienstag. Die Sozialisten werfen der Regierung völlige Rat- und Hilflosigkeit vor. Vater ist in seiner Überzeugung bestärkt, dass Erhard gehen muss, und das, obwohl Erhard sich jetzt für den Abbruch diplomatischer Beziehungen zu Ägypten entschieden hat.[978] Aber er hat keine Mehrheit im Kabinett hinter sich bringen können und will von seinem Recht, die Richtlinien der Politik zu bestimmen, keinen Gebrauch machen. Es war schon eine Reihe von Leuten bei Vater in dieser Notsituation, unter anderem auch Rasner und Krone.[979] Sie haben Vaters Auffassungen von der Gefährlichkeit der Situation nicht ohne Weiteres zugestimmt, vor allem Rasner nicht, erst gegen Ende der Unterredung. Barzel kommt erst morgen früh aus den USA zurück.[980] Er ist nicht früher zurückgekommen, weil er an einem Abendessen bei Jacqueline

---

[977] Vgl. zur Besprechung Erhards mit Erler, Schmid sowie Schröder und Westrick von Seiten der Bundesregierung am 5.3.1965 den Bericht Erlers in der Fraktionssitzung, 9.3.1965, in: Die SPD-Fraktion im Deutschen Bundestag 1961–1966, S. 597–611, hier S. 597 f.; zur Besprechung des Bundeskanzlers mit den stellvertretenden Vorsitzenden der FDP-Bundestagsfraktion Wolfgang Mischnick und Fritz-Rudolf Schultz am 5.3.1965 vgl. AAPD 1965, S. 453 Anm. 6.

[978] In den Gesprächen mit den Fraktionen am 5.3.1965 sprach sich Erhard für den Abbruch der diplomatischen Beziehungen aus. Vgl. AAPD 1965, S. 453 Anm. 6; Osterheld, Außenpolitik unter Bundeskanzler Erhard 1963–1966, S. 160–168; Das Kabinett vertagt die Entscheidung, in: »Frankfurter Allgemeine«, Nr. 55, 6.3.1965, S. 1, 4. [Georg] Sch[röder], Offener Gegensatz zwischen Erhard und Schröder wegen Ägypten, in: »Die Welt«, Nr. 55, 6.3.1965, S. 1 f.

[979] Am 2.3.1965 führte Adenauer verschiedene Gespräche mit Gerstenmaier, Krone, Blank, Kraske und zeitweise auch mit Erhard (Adenauer, Kalendarium). Tags darauf informierte er Erhard über einen Telefonanruf von Hallstein, der sich für einen sofortigen Abbruch der diplomatischen Beziehungen aussprach. Adenauer teilte »die Ansicht von Herrn Hallstein« und fügte an Erhard gerichtet hinzu: »Ich weiß nicht, wie Sie und die Mehrheit des Kabinetts beschließen werden. Ich rate Ihnen dringendst, vor der Entscheidung des Kabinetts eine Aussprache mit den Vertretern der Fraktionen oder der Parteien stattfinden zu lassen.« Adenauer hielt die Entscheidung für »sehr schwer. Sie kann oder wird sogar wahrscheinlich von außerordentlich großer Tragweite sein.« Vgl. dazu Schreiben Adenauer an Erhard, 3.3.1965, in: Adenauer, Die letzten Lebensjahre, Bd. I, S. 396 f.

[980] Zu Barzels Besuch in den Vereinigten Staaten vom 4. bis 6.3.1965 und seinem Gespräch mit Erhard nach der Rückkehr vgl. Barzel, Auf dem Drahtseil, S. 43–

Kennedy[981] glaubt, teilnehmen zu müssen, was Vater als schlechtes Pflichtgefühl erkennt, wenn einer in einer solchen Brandsituation nicht sofort zurückkehre. Was soll nun werden? Einige Minister kamen zu Vater und wollten von ihm, er solle zu Erhard gehen, dass der morgen schon eine Entscheidung so oder so in der Ägypten-Angelegenheit treffe, damit weiterer Schaden verhütet wird. Vater wird das aber nicht tun, weil er sich dadurch auch die Hände binden würde für die weitere Frage nach einem neuen eventuellen Kanzler.[982] Er hat das Parteipräsidium für Montag, den 8. März, also einberufen[983] und scheint kämpfen zu wollen. Eine schauderhafte Situation! Deutschland weitgehend isoliert von seinen Freunden, im Innern der CDU diese schwere Schlappe, die Regierung hilflos! Eine Situation, wie wir sie noch nie nach dem Kriege gehabt haben.

Vater kommt nach Hause gegen 9 Uhr, todmüde, aber aufrecht. Er isst noch etwas und hört sich dann Erb-Lieder[984] an, diese herrlichen Lieder, in denen Erb singt, wie man sich zum Schlafen bereitet und so ...[985]

---

47; Ausführungen Barzels in: Küsters (Hrsg.), Adenauer, Israel und das Judentum, S. 205 f.; Hansen, Aus dem Schatten der Katastrophe, S. 753–755.

[981] Jacqueline Lee Kennedy, geb. Bouvier (1929–1994), seit 1953 verheiratet mit John F. Kennedy, 1968–1975 verheiratet mit Aristoteles Onassis.

[982] Am 5.3.1965 sprach Adenauer von 18.30 bis 20.30 Uhr (Adenauer, Kalendarium) wiederum mit Gerstenmaier, Rasner und Krone (Tagebücher, Zweiter Bd.: 1961–1966, S. 351 f., hier S. 352) über die Frage:»Soll Erhard gehen? Wer dann sein Nachfolger? Ich lehne ab. Gerstenmaier: Der würde es vielleicht tun; doch ich weiß es nicht. Rasner sagt, die Fraktion stürzt Erhard nicht; doch wenn er zurückträte, würde die Fraktion Barzel wählen. Das Gespräch war mehr ein quälendes Wissen um das Unvermögen des Kanzlers, um sein Zögern, als Wille und Absicht, einen neuen Kanzler zu nehmen. Am weitesten ging der alte Kanzler. Er verwies auf den rapiden Vertrauensschwund in der Öffentlichkeit. Am nächsten Tag soll mit Erhard gesprochen werden.«

[983] Das Präsidium der CDU diskutierte in der Sitzung am 8.3.1965 über die Nahostpolitik der Bundesregierung und unterstützte die»Bestrebungen« zur Aufnahme diplomatischer Beziehungen zu Israel»nachdrücklich«. Ebenso wurden die Maßnahmen gegenüber der Vereinigten Arabischen Republik»gebilligt« als »eine geeignete Grundlage für die künftige Politik im Nahen Osten wie auch für den Abbau der Spannungen in diesem Raum«. Dazu CDU Presse-Mitteilungen, Bericht über die Präsidiumssitzung vom 8.3.1965, in: ACDP 07–001–1401.

[984] Karl Erb (1877–1958), Tenor. Karl Erb Lieder Album in: http://www.gramo phone.co.uk/review/karl-erb-lieder-album. – Zu Adenauers Vorliebe, Lieder von Erb auch während seines Aufenthalts in Cadenabbia zu hören, vgl. Poppinga, Meine Erinnerungen an Konrad Adenauer, S. 240 f.

[985] Möglicherweise gemeint das Lied von Eduard Mörike (1804–1875)»An den Schlaf!«, das von Erb gesungen wurde. Vgl. dazu Hötzer, Mörikes heimliche Modernität, S. 204–206.

Es ist nicht leicht. Man muss sehen, wie man mit seiner eigenen Arbeit und den Sorgen fertig wird. Die Verantwortung, die unser Institut[986] für die Kirche hat, wird mir immer schwerer und größer bewusst. Dazu die personellen Schwierigkeiten mit [der] Schreiberin. Der dauernde Kampf gegen Schluderei, gegen Ungenauigkeiten, gegen den Schlamm in unserem Betrieb aus früheren Zeiten, der immer noch seine Spuren hinterlassen hat; die Frage, ob wir Fräulein Vossenkuhl halten können, ob sie ernsthaft und konsequent und sauber die neue Geschäftsverteilung mit[durch]zieht. Dazu hier im Hause die ganze Personalnot. Monika liegt seit zwölf Tagen im Bett, Frau Schlief hat die Pflege. Dazu sind die Schreibkräfte im Haus und wollen ihren Kaffee haben. Fräulein Poppinga ist auch da. Sie hilft zwar, aber immerhin, sie muss mitversorgt werden. Frau Schlief hat ihre ganze Erholung wieder heruntergewirtschaftet. Sie ist am Ende ihrer Kraft, zittert nachts in den Beinen, wird zu früh wach. Eugenie sieht schlecht aus. Sie, Frau Schlief und Moni, sagen wieder, dass sie gehen wollten. Es wäre ihnen einfach unmöglich, alles zu schaffen. Eugenie will schon lange gehen. Kurzum! Es ist alles ein einziges Spiel mit vielen, vielen Bällen. Und man muss sehen, dass man sich nicht umwerfen lässt und zwischen allem noch einigermaßen Mensch bleibt.

## Mittwoch, 24. März 1965

Heute früh lässt Vater sich die Ärztin holen, weil er sich übel fühlte. Er hatte erhöhten Blutdruck, 190, obwohl am Samstag das EKG und auch die übrigen Befunde so gut waren wie lange nicht mehr. Dann hielt er mir heute früh beim Kaffee die Zeitung hin und zeigte eine Meldung von einem Abschiedsessen, das de Gaulle dem russischen Botschafter[987] gegeben hat, und bei dem de Gaulle erklärt hat, er begrüße den wachsenden Bereich des Einvernehmens zwischen den beiden Ländern und danke dem scheidenden Botschafter die großen Verdienste, die er an dieser langfristigen Entwicklung einer Annäherung zwischen den beiden Ländern habe.[988] Es gäbe keine großen Probleme

---

[986]  Katholisches Zentralinstitut für Ehe- und Familienfragen in Köln, dessen Direktor Paul Adenauer bis 1967 war.

[987]  Sergei Alexandrowitsch Winogradow (1907–1970), sowjetischer Diplomat, 1953–1965 Botschafter in Frankreich.

[988]  De Gaulle sagte in einem Toast auf Winogradow am 23.3.1965 in Paris:»Si, fort heureusement, la politique de votre Gouvernement et celle du Gouvernement française comportent aujourd'hui une zone commune et grandissante d'entente et de coopération, nous savons que vous n'avez jamais cessé de le souhaiter et d'y travailler.« Vgl. De Gaulle, Discours et Messages. Pour l'Effort, 1962–1965, S. 348 f. Dazu sagte Adenauer in seiner Rede auf dem

gegensätzlicher Natur zwischen diesen beiden Ländern mehr. In diesem Stil! Heute Abend hören wir, dass er sogar den Ausdruck »Entente« gebraucht hat in Erinnerung an die alte »Entente cordiale«. Vater sagt: »Das ist das Ende unserer Politik, und so weit hat es Schröder systematisch kommen lassen!« Tatsächlich ist es auch unglaublich, was Schröder versäumt hat. Er hat zum Beispiel den Franzosen keine Kopie des Vertrages über die multilaterale Atomflotte angehen lassen, das heißt des Vertragsentwurfes,[989] den andere Länder wohl hatten, so dass die Franzosen sich diesen Text bei den Engländern holen mussten, während Holländer, Belgier und andere europäische Staaten ihn von uns bekamen.

Die Sache veranlasst Vater endgültig, eine öffentliche Rede anlässlich des Parteitages der CDU in Düsseldorf am Sonntag abzusagen[990] und Barzel dafür reden zu lassen. Er will auf Distanz gehen zu dieser Regierung, ohne dass es zu sehr auffällt. Er sieht nicht, wie er sich für diese Dinge mitverantwortlich machen kann. Auf der anderen Seite hat er kaum eine Möglichkeit, die Verantwortlichen zur Rechenschaft heranzuziehen als Parteivorsitzender.

Leider passierte mir heute Abend noch der Lapsus, dass ich sagte: »Wie schade, dass Du, der Du diesen Mann geholt hast, ihn nicht auch wieder wegbefördern kannst!« Er wollte es gar nicht wahrhaben, dass

---

CDU-Bundesparteitag am 28.3.1965 in Düsseldorf: De Gaulle habe Winogradow »eine besonders große Auszeichnung, ein großes Diner, gegeben. Er hat seinen Trinkspruch auf den russischen Botschafter mit folgenden Worten geschlossen: ›Auf das Wohl Seiner Exzellenz, des Herrn Winogradow, und der traditionellen, nun aber zu neuem Leben erweckten Freundschaft zwischen Rußland und Frankreich!‹« Vgl. die Ausführungen Adenauers auf der Öffentlichen Kundgebung am 28.3.1965 in Düsseldorf in: Christlich-Demokratische Union Deutschlands (Hrsg.), 13. CDU-Bundesparteitag. Düsseldorf, S. 19–27; Auszug in: Adenauer, Die letzten Lebensjahre, Bd. I, S. 410–413, hier S. 411 f.

[989] Gemeint wohl der deutsch-amerikanische Entwurf einer MLF-Charta, 1.9.1964, der von der MLF-Arbeitsgruppe, die über den amerikanischen Plan, britische Vorschläge und Stellungnahmen weiterer Regierungen beraten hatte, erarbeitet worden war. Vgl. Aufzeichnung Krapf, 2.3.1965, in: AAPD 1965, S. 426–428, hier S. 427 Anm. 8; dazu auch Fernschreiben Knappstein an Auswärtiges Amt, 8.1.1965, ebd. S. 41–44, insbes. S. 43 Anm. 9, 11 und 13.

[990] Adenauer sprach auf der Öffentlichen Kundgebung vor Beginn des CDU-Bundesparteitags 28.3.1965 (vgl. Anm. 988) und eröffnete am 29.3.1965 den Parteitag, hielt dort jedoch keine weitere Rede. Vgl. Christlich-Demokratische Union Deutschlands (Hrsg.), 13. CDU-Bundesparteitag, S. 43–49.

er selbst sich Schröder geholt hat. Er meint, die FDP habe ihm den Mann aufgedrängt.[991] Vater kommt zurück um ½ 9 Uhr. Wir essen um 9 Uhr bis 20 [Minuten] nach 9 Uhr. Es ist alles sehr spät, ernst, müde. Vater marschiert etwas schwankenden Schrittes die Stufen herauf, tapfer gegen einen kalten, hässlichen Wind am Hause vorbei. Ich denke, wie viele Kämpfe dieser Mann durchgestanden hat, und schäme mich meiner eigenen Niederlagen bzw. weniger der Niederlagen als des Kleinmutes angesichts von relativ geringfügigen Angelegenheiten wie zum Beispiel der Enttäuschung des ersten Tages nach der Rückkehr von Fräulein Vossenkuhl aus dem Urlaub, wo sie ordentlich versagt, dann später zu verstehen gibt, dass sie starke Schmerzen gehabt habe. Es ist immer dasselbe Spiel in solchen Fällen.

Tatsächlich brachte gestern auch die 10 Pfennigs-»Bild« einen großen Artikel: Zusammenstellung der Fehler Schröders. Sie bezeichnete ihn in einer Schlagzeile als den größten Versager des Jahres.[992] Ein Mann mit einigermaßen Taktgefühl hätte schon längst etwas dagegen unternommen. Aber es scheint, dass Erhard und auch Schröder selbst über alle diese Dinge einfach hinwegrollen wollen. Es ist für Vater eine schauderhafte Situation, und sie wird noch immer schlimmer werden, je näher es auf die Wahlen zugeht. Denn nachher muss er ja Wahlreden halten, die Verdienste der CDU preisen. Und das bei solchen Fehlern!

Ein Lichtblick! Heute habe ich Frau Reusch[993], unsere neue Putzfrau, begrüßen können. Frau Schlief scheint ganz mit ihr zufrieden zu sein. Nun sind sie also zu viert glücklich hier am Werk gewesen! Man muss als Mann jedenfalls sich wundern, um es vorsichtig auszudrücken. Aber man muss froh sei, wenn sie selbst zurechtkommen und Frau Schlief vor allem wieder hochkommt. Eugenie aber drängt ernsthaft weg und scheint nicht zu halten zu sein.

---

[991] Schröder war am 20.10.1953 von Adenauer als Bundesminister des Innern in sein zweites Kabinett berufen worden und wurde am 14.11.1961 auf Drängen der FDP im vierten Kabinett Adenauer als Nachfolger von Heinrich von Brentano Bundesminister des Auswärtigen.

[992] Mit Bezug auf die Münchner Illustrierte »Quick«, die einen ungenannten »Politiker« zitierte, der »aus eigener Anschauung um die Vorgänge im Auswärtigen Amt weiß«, wurde Schröder »mangelndes Interesse für entscheidende Probleme«, »Überheblichkeit«, »offensichtliche Fehlentscheidungen« und »Entschlußlosigkeit« vorgeworfen. Vgl. »Minister Schröder – der Versager des Jahres«, in: »Bild«-Zeitung, Hamburger Ausgabe, Nr. 69, 23.3.1965, S. 1, 10.

[993] Maria Reusch (1913–1977), seit 1965 im Haus der Familie Adenauer tätig.

Sonntag, 16. Mai 1965
Ich war fast acht Tage unterwegs, allerdings mit einer Pause, erst in Düsseldorf im Interkonfessionellen Arbeitskreis[994], dann in Bochum im Deutschen Arbeitskreis mit den Evangelischen, um gemeinsame Thesen zu finden,[995] von Bochum nach Königstein zum Kursus für Referenten der Ehevorbereitung mit Heinrich Klomps[996] und Herrn L.[997], Herrn Rüberg und Peter Nettekoven[998]. Dann wartet das Manuskript für den AZD Nr. 3 über »Moraltheologische Bewertung der Empfängnisregelung«[999], eine immense Arbeit, wo ich fast jeden Morgen 5, 6 Uhr raus muss, um etwas geschafft zu bekommen. Gestern, am Samstag, und heute, am Sonntag, jede freie Stunde wurde ausgenutzt. Und zwischen alles dieses hinein das Erlebnis Vaters! Vater, dessen Zug »Rheingold« auf der Rückfahrt von Cadenabbia[1000] einen Sattelschlepper anfährt, hinter Koblenz, den der Schrankenwärter noch herüberlassen wollte. Der Zug bremst, Teile des Sattelschleppers lösen sich, und der Zug fährt darüber, andere Teile fliegen durch ein Fenster, Scheiben [gehen] kaputt, Vater fliegt nach vorn, verletzt [sich] nicht, stößt nirgendwo an, trägt aber einen psychischen Schock davon, so

---

[994] Seit Anfang 1964 existierte ein »Interkonfessioneller Arbeitskreis für Ehe- und Familienfragen«. Gegründet worden war der Arbeitskreis zum einen auf Initiative des Katholischen Zentralinstituts für Ehe- und Familienfragen in Köln, zum anderen zunächst von der Evangelischen Konferenz für Familien- und Lebensberatung in Stuttgart, deren »Federführung« dann das Evangelische Zentralinstitut für Familienberatung in Berlin übernahm. Dem Arbeitskreis gehörten von katholischer Seite Paul Adenauer, Franz Böckle, Norbert Greinacher, Johanna Läpple und Johannes Neumann an. Vgl. Frieling, Ökumene in Deutschland, S. 130; auch Eheverständnis und Ehescheidung. Empfehlungen des Interkonfessionellen Arbeitskreises für Ehe- und Familienfragen, Mainz–München 1971.

[995] Gemeint: der Ökumenische Arbeitskreis evangelischer und katholischer Theologen. Zu dessen Arbeit vgl. Schwahn, Der Ökumenische Arbeitskreis evangelischer und katholischer Theologen von 1946 bis 1975, S. 47–53.

[996] Heinrich Franz Klomps (geb. 1924), Dr. theol., Moraltheologe, 1958–1963 Subregens, 1963 Professor am Erzbischöflichen Priesterseminar Köln, 1966 Privatdozent an der Theologischen Fakultät der Universität Bonn.

[997] Möglicherweise gemeint: Romanus Lawetzki (geb. 1922), Studentenpfarrer beim Vorstand der KDSE, oder Hubert Luthe.

[998] Peter Nettekoven (1914–1975), katholischer Priester, 1961–1966 Bundespräses der Bischöflichen Hauptarbeitsstelle für Frauenjugend in Düsseldorf, 1966–1969 Leiter der Abteilung für Seelsorgefragen im Erzbischöflichen Generalvikariat des Erzbistums Köln.

[999] Vgl. Probleme der Empfängnisregelung aus verantworteter Elternschaft in theologischer Sicht, AZD, 2/3, April–September 1965.

[1000] Vgl. Anm. 958.

dass er nicht mehr weiß, wie die Straßen waren, durch die er von Bonn aus nach hier gefahren ist. Er hat sie nicht wiedererkannt. Schwanken und dazu ein Schielen, das allerdings schon vorher in Cadenabbia vor einigen Wochen eingetreten war.

Man führt es zunächst auf das viele Arbeiten in Cadenabbia am frühen Morgen von 7–10 Uhr zurück, wo er Schreibmaschinenblätter zu lesen hatte. Aber es scheint sich doch etwas anderes dahinter zu verbergen, was allerdings ebenso heilbar ist und irgendeine Durchblutungsstörung bedeuten kann. Die Wirkung davon kombiniert mit den Wirkungen dieses Schocks, der, wie mir unterwegs Professor Loeffler[1001] von seiner Tochter[1002] erzählte, ein bis zwei Wochen andauern kann, das gibt ein regelrechtes Krankheitsbild. Frau Bebber hat große Sorge, wie sie Fräulein Poppinga und mir mitteilt. Vater muss sich ganz ruhighalten, darf keine Treppen im Garten steigen, nicht viel herumlaufen, möglichst nur sitzen. Er ermüdet schnell, trägt eine Sonnenbrille, und es strengt ihn alles sehr an. Dazu hat er häufiger Kopfschmerzen und schläft schlecht. Eines Tages zum Beispiel, am Samstag, also gestern, war er morgens früh um 4 Uhr wachgeworden und lag da und überlegte sich, was alles aus der Welt werden sollte. Nun sucht ihn ein pessimistischer Aspekt nach dem anderen heim.

Er sieht, wie sich die außereuropäische Menschheit vermehrt, wie Europa demgegenüber schon zahlenmäßig ins Hintertreffen gerät; außerdem, wie Frankreich von Deutschland sich entfernt und damit die europäische Einigung schwieriger wird. Er sieht die Unfähigkeit seines Nachfolgers, der es fertigbrachte, so viel an Vertrauen schon wieder zu verlieren. Dazu sieht er in der Kirche selbst den üblen Zeitgeist am Werk, der blindlings reformiert und wertvolle Traditionen in Form der Kultsprache zu schnell aufgibt.

Hinzu kommt, dass er nun Einzelheiten übel weiterspinnt, zum Beispiel wenn Frau Bebber-Buch berichtet, dass die modernen Ärzte so schlecht seien, weil sie nur noch nach Anweisungen der pharmazeutischen Fabriken verordnen, keine Rezepte mehr selber zusammenstellen können. Oder wenn er hört, dass die neue Ruhruniversität

---

[1001] Möglicherweise gemeint: Wilhelm Löffler (1887–1972), Professor Dr. med., Schweizer Internist, 1937–1957 Ordinarius für Innere Medizin und Direktor der Medizinischen Klinik der Universität Zürich. Vgl. Frick, Professor Dr. Wilhelm Löffler, in: Universität Zürich, Symmetrie und Polarität, S. 106–108.

[1002] Susanna Woodtli-Löffler (geb. 1920), Dr. phil., Schweizer Germanistin, Historikerin und Feministin, kandidierte 1975 auf einer unabhängigen Frauenliste für das Schweizer Parlament, sah jedoch aus Gesundheitsgründen von weiterer politischer Tätigkeit ab.

Bochum[1003] auf 18 000 Hörer berechnet werden soll, dann sieht er dies als eine Vernachlässigung der Volksschulbildung an. Hinzu kommt die Unterschätzung des Kommunismus in vielen Ländern. Kurz und gut, er sieht in Wirklichkeit die Welt, in der er groß geworden ist, wieder nochmal zusammenbrechen, nachdem er sie schon so oft hat beben und wanken und stürzen sehen in den Kriegen und im Nationalsozialismus. Eigentlich muss man sich wundern, dass er diese Zeichen der Zeit als Zusammenbruch einer Welt von ähnlicher Bedeutung wie die Völkerwanderung nicht so versteht oder meint, erst jetzt ginge es richtig abwärts. Ich selber muss dann an mich halten. Wir sehen uns ja so selten und können uns über diese schwierigen Fragen nur mühsam verständigen. Ich sehe auch genügend unheimliche Aspekte, so zum Beispiel die Herrschaft des Rationalismus überall, des Spezialistentums, die Vermassung, den Mangel an Freimut bei einzelnen Menschen und alle sonstigen Dinge, die Manipulierbarkeit von allem und jedem bis hin zu den Robotern im Rhöndorfer Hotel Wolkenburg, die ich eben sah, die der neue Eigentümer des Hotels, dieses gediegenen alten Weinhauses, aufgestellt hat. Es brennen Kerzen im leeren Tanzsaal, es sind nur zwei Paare da, aber die Roboterkapelle steht da und spielt gespenstisch wie gepanzerte, unheimliche Mondwesen auf Bestellung von 50 Pf. ihr Spiel. Ein unheimliches Bild!

Zu alledem kommt noch, dass Frau Schlief immer mehr am Ende ihrer Kräfte ist und einfach nicht mehr kann. Monika klebt an ihr. Nur Eugenie ist aufgelebt und hat sogar gesungen, aber eben deshalb, weil sie bald nach Hause geht und hier eine Nachfolgerin bekommen soll.

Ferner kommt hinzu, dass Fräulein Vossenkuhl gekündigt hat auf eine so wenig menschliche Weise. Aber wahrscheinlich kann sie nicht anders und glaubt, sich das schuldig zu sein.

Hinzu kommt, dass meine Aufgaben, die ich bisher im Institut habe, sich von mir lösen, und zwar mit guten Gründen, so dass ich nun freiwerde für andere Dinge, die aber viel schwieriger in menschlicher Hinsicht anzufassen sind, das heißt vor allem die Betreuung des Klerus, Information des Klerus. Wie da herankommen? Wie das richtig anfassen? Es wird eine große Aufgabe sein, zusammen mit Fräulein Pop-

---

[1003] Nach der Entscheidung des Landtags von Nordrhein-Westfalen am 18.7.1961 begannen am 2.1.1964 die Bauarbeiten der Ruhr-Universität Bochum, die am 30.6.1965 offiziell als erste neu gegründete Universität in der Bundesrepublik Deutschland den Lehrbetrieb aufnahm. Vgl. Stallmann, Euphorische Jahre, Essen 2004; Ders., Am Anfang war Bochum, in: Die Hochschule 1/2004, S. 171–184.

pinga das zu bedeuten, was man kann, und zugleich die Wurzeln des eigenen Wesens weiterzuentwickeln in den Jahren der Lebensmitte, auf die ich zugehe. Dabei ist Vater zwischendurch herrlich. Er sagt Gedichte auf aus der Jugendzeit, zum Beispiel das von den Schwabenstreichen[1004], das er in großen Teilen auswendig konnte. Er erzählt von einer Auseinandersetzung mit den Hohen Kommissaren, aus den Memoiren.[1005] Er hat die Memoiren bis auf einen kleinen Rest im ersten Band fertiggestellt, und Fräulein Poppinga ist großartig dabei zur Hand gegangen.[1006] Das alles schafft er. Aber nun muss er in den Zeitungen lesen vom »versteinerten Parteivorsitzenden«,[1007] und er muss an sich die Wehrlosigkeit erfahren und die Lähmung seiner Kräfte. Und das alles vor einem Wahlkampf, in dem es auf Biegen oder Brechen geht! Es ist eine schauderhafte Lage. Vater sagte nicht ohne Grund, seine Weltansicht sei leider so sehr viel trauriger als die meine. Und er stimmte zu, dass ein Kritiker von Erhard, Martini,[1008] sagte, Erhard könne kein Bundeskanzler sein, weil er zu optimistisch sei. Ein Politiker müsse aber pessimistisch denken, ein Wirtschaftler natürlich optimistisch. Vater gibt dem Volk ganz Recht, und ich kann alles so sehr verstehen.

Eine große Freude ist ein neues Bild, das er im Tausch erworben hat, das aus der Schule El Grecos[1009] stammen könnte: ein Spanier mit warmen, feurigen Augen[1010]. Das ist eine wahre Freude für ihn.

Gestern, am Samstag, kam es zu einem heftigen Disput von seiner Seite aus. Er erregte sich sehr, weil ich in der Deutung der Entwicklung der Kirche im Verhältnis zu den farbigen Völkern nicht mit ihm übereinstimmte. Er sah da in meiner Meinung einen so gefährlichen Irrtum,

---

[1004] Vgl. die Ballade des schwäbischen Dichters Johann Ludwig Uhland (1787–1862) »Schwäbische Kunde«, in: Gedichte von Ludwig Uhland, S. 287 f., unter Verwendung des Begriffs »Schwabenstreiche«, irrtümlich auch als »Der wackere Schwabe« bezeichnet.

[1005] Zu Adenauers Auseinandersetzungen mit den alliierten Hohen Kommissaren vgl. Adenauer, Erinnerungen 1945–1953, S. 233–236, 252–284, 360–362, 388–392, 450–459, 474–489; AAPD, Adenauer und die Hohen Kommissare 1949–1951, passim; Adenauer und die Hohen Kommissare 1952, passim.

[1006] Vgl. Anm. 1071.

[1007] Ein entsprechender Artikel konnte nicht ermittelt werden.

[1008] Gemeint sein könnte Paul Martini (1889–1964), Ordinarius für Innere Medizin an der Universität Bonn und ärztlicher Ratgeber Adenauers.

[1009] El Greco, eigentlich Domínikos Theotokópoulos (1541–1614), griechischer Maler, Bildhauer und Architekt, prägte den spanischen Manierismus und die Endphase der Renaissance.

[1010] Möglicherweise gemeint: das Bild El Grecos »Porträt eines Herren«. Vgl. Kisters, Adenauer als Kunstsammler, S. 118 f.

dass er sich sehr aufgeregt hat. Am Abend sagte er, er sei eben ein
kranker Mann zurzeit, und man merkte, wie es ihm Leid tat. Zugleich
aber glaube ich doch zu merken, wie sehr er darunter leidet, dass sein
eigener Sohn, der mit ihm lebt, ihm so oft widersprechen zu müssen
meint, und dabei stimme ich oft doch zu, wo ich kann. Aber vielleicht
sollte ich mehr schweigen? Oder sollte mehr das Positive sehen, auf
das ein so alter Mensch ein enormes Anrecht hat! Ich sollte meine
Kritik zurückstellen! Wahrscheinlich ist das der Sinn solcher Prozesse.

Dienstag, 18. Mai 1965
Vater ist sehr missmutig. Es geht ihm nicht viel besser. Er muss sich
wahrscheinlich länger als zwei Wochen ruhig halten. Er fühlt, dass es
nicht nur von dem Unfallschock[1011] kommt, sondern die Ursachen für
die Sehstörungen mit seinem Auge zusammenhängen. Er sieht recht
armselig aus, wie er das Auge zukneift, und wirkt in sich zusammengezogen.

Er hat am Sonntag Besuch von Erhard bekommen, nachdem Erhard
in der Zeitung hatte schreiben lassen, er habe Vater Blumen geschickt
und ihm geschrieben, ohne dass es geschehen war.[1012] Daraufhin ist
er dann am Sonntag selbst gekommen. Vater hatte ihn zum ersten Mal
hier.[1013] Er sagte, es wäre doch schlimm für ihn, seinen Nachfolger zu
erleben. Er könne ihn kaum für die deutsch-französische Freundschaft,
für eine neue Initiative erwärmen. Es sei sehr mühsam damit. Auf der
anderen Seite bezeichnet Erhard dann den Besuch der Königin[1014] als
ein enorm wichtiges Ereignis für beide Völker.[1015] Vater ist sehr bedrückt und deprimiert. Er spricht auch nicht viel.

Als ich heute Abend heimkomme, da zieht er sich bald zurück, geht
dann noch ein paar Schritte in den Garten, hört dann Musik. Aber es
liegt doch viel Einsamkeit um ihn, an die man nicht heran kann, durch

---

[1011] Vgl. Tagebuch, 16.5.1965.
[1012] Unter dem Titel »Adenauer erlitt Unfallschock« berichtete die »Kölnische Rundschau« (Nr. 109, 11.5.1965, S. 1): »Erhard schickte seinem Vorgänger Blumen
ins Haus und wünschte ihm handschriftlich rasche Erholung. Erhard hatte sich
schon am Wochenende von Berlin aus telefonisch nach dem Befinden Dr. Adenauers erkundigt.«
[1013] Erhard besuchte Adenauer am 16.5.1965 in Rhöndorf (Adenauer, Kalendarium). Vgl. dazu auch »Frankfurter Allgemeine«, Nr. 113, 17.5.1965, S. 4 und
»Bonner Rundschau«, Nr. 114, 17.9.1965, S. 2.
[1014] Elisabeth II. Alexandra Mary (geb. 1926), seit 1952 Königin des Vereinigten
Königreichs von Großbritannien und Nordirland.
[1015] Königin Elisabeth II. besuchte vom 18. bis 28.5.1965 die Bundesrepublik
Deutschland. Vgl. das Besuchsprogramm in: Bulletin, Nr. 67, 14.4.1965,
S. 538–540.

die man ihn so schwer erreichen kann, während gleichzeitig jetzt 2 000
Gäste beim Empfang für Queen Elisabeth sind und die Königin ihm
50 schöne, dunkelrote Rosen hat bringen lassen.[1016] Nur dieses treue Fräulein Poppinga hält bei ihm aus und arbeitet
bis zur Gefährdung ihrer Gesundheit an den Memoiren mit. Sie hat
endlich auch Erfolg bei ihrem Geschichtsprofessor[1017] gehabt. Er hat
ihre Arbeit gelobt und will sie dann nächstes Semester voll hineinneh-
men ins Seminar.

Gute Nachricht auch über den Ersatz für Eugenie: Ein Mädchen aus
Kaufbeuren, das jetzt zum 1. Juli antritt.[1018] Frau Schlief und Monika
hängen mir in den Ohren, sie wollten auch heraus. Wo man einen Pass
bekäme, hier herauszukommen? Frau Schlief kann nicht mehr, ist am
Ende ihrer Kräfte und weint, wenn sie mich sieht abends. Sie weiß
nicht, ob sie es noch aushält, die Neue einzuarbeiten. Es ginge nicht
mehr so weiter, und so weiter. Sie wagt auf der anderen Seite nicht,
zwei, drei Tage auszuspannen, weil es dann Monika zu schlecht ginge.
Es ist schon eine schwierige Sache. Ich bin froh, dass der erste Schritt
jetzt getan ist und man die anderen dann folgen lassen kann.

## Sonntag, 23. Mai 1965

Heute vor 16 Jahren trat das Grundgesetz in Kraft. Als ich aus den
Gottesdiensten zurückkomme, sitzt Vater beim Kaffee mit zwei Zei-
tungsausschnitten vom Vortage, die er bereits aufgeklebt in Händen
hat, und zwar aus der »Rheinischen Post« in Düsseldorf. Er berichtet,
dass er Nachricht bekommen habe von einer exklusiven Pressekonferenz, die Schröder seinen vertrauten Journalisten am Donnerstag gegeben habe. Bei dieser habe Schröder derart gegen Frankreich gehetzt,
dass es einem der Journalisten namens von Danwitz zu viel geworden

1016 Vgl. das Dankschreiben Adenauers an Elisabeth II., 18.5.1965, in: Adenauer,
Die letzten Lebensjahre, Bd. I., S. 433.

1017 Während ihrer Mitarbeit an den »Erinnerungen« Konrad Adenauers nahm
Poppinga an der Universität München ihr Promotionsstudium auf. Nach dem
Tod Adenauers bereitete sie noch den nicht fertiggestellten vierten Band der
»Erinnerungen 1959–1963« für die Veröffentlichung vor. Nachdem sie 1969
ihr unterbrochenes Studium der Politikwissenschaft, der Neueren Geschichte
und des Völkerrechts fortsetzte, promovierte sie 1974 zum Dr. phil. bei Professor Dr. Nikolaus Lobkowicz (geb. 1931), tschechischer Philosph und Hoch-
schullehrer, 1960–1967 Professor der Philosophie an der University of Notre
Dame in Indiana (USA), 1967 Ordinarius für politische Theorie und Philosophie
an der Universität München. Zur Veröffentlichung ihrer Dissertation vgl. Poppinga, Konrad Adenauer. Geschichtsverständnis, Weltanschauung und politische Praxis, Stuttgart 1975.

1018 Vgl. Anm. 972.

sei und er Schröder einen Protestbrief geschrieben habe, dessen Inhalt Vater gesehen hat. Nun findet er in der weitverbreiteten »Rheinischen Post«, einer führenden CDU-Zeitung, zwei Artikel eines Chefredakteurs Kremp[1019], einmal aus Paris, einmal hier aus Deutschland lokalisiert,[1020] in denen folgender Gedankengang zu lesen steht: Frankreich habe die Absicht, sich mehr und mehr aus der NATO zu lösen. Es sehe die Zukunft in einem Europa, das sich allein genügen könne. Zwar wünsche es die weitere Anwesenheit amerikanischer Truppen, solange das nötig sei, aber nicht im Rahmen eines Bündnisses mit übernationalen Verpflichtungen und übernationalen Vollmachten der entsprechenden Exekutivgewalten. Es habe bestimmte Pläne dafür bereit und habe einen derartigen Grad an Selbstgewissheit und Selbstsicherheit, dass dagegen nichts mehr ankomme. Die Frage, ob Deutschland an der französischen Atomrüstung beteiligt werden könne, sei noch offen. Jedenfalls aber sei die bisherige Konzeption der deutschen Verteidigung innerhalb der NATO mit dieser neuen französischen Konzeption, die latent schon länger am Wirken sei, völlig unvereinbar. Der Korrespondent behauptet, diese Auffassung aus unmittelbaren Informationen maßgebender Stellen sowohl in Bonn wie in Paris erhalten zu haben.

Vater ist entsetzt und erklärt Schröder auf Grund dieser Vorgänge für regelrecht irrsinnig. Es könne keine andere Ursache dafür geben, dass jemand so freventlich das ganze Sicherheitssystem unseres Landes aufs Spiel setze. Er versucht nun, auf irgendeine Weise Schröder zu umzingeln, um weiteren derartigen Entwicklungen vorzubeugen, was natürlich wegen der bevorstehenden Wahl schwierig ist.

Morgen kommt Couve de Murville hierher,[1021] um den nächsten Besuch von de Gaulle in Bonn[1022] vorzubereiten. Es ist gelungen, dass der Bundespräsident ihn auch zu sich kommen lässt, weil er sich natürlich auch als Verhandlungspartner, zumindest als Gastgeber de Gaulles betrachten kann.[1023] Erhard scheint solchen Machenschaften

[1019] Herbert Kremp (geb. 1928), Journalist und Publizist, 1961 Korrespondent der »Rheinischen Post« in Bonn, 1969 deren Chefredakteur.
[1020] Vgl. Herbert Kremp, Bricht die NATO auseinander? Paris gegen jeden ausländischen Einfluß, in: »Rheinische Post«, Nr. 119, 22.5.1965, S. 1; Ders., Bonn und Paris – weit auseinander, ebd., S. 2, 4.
[1021] Zu dem Gespräch Schröders mit Couve de Murville und den deutsch-französischen Konsultationsbesprechungen in Bonn, 24.5.1965, vgl. AAPD 1965, S. 864–896.
[1022] Vgl. Anm. 1072.
[1023] De Gaulle stattete nach den ersten Besprechungen am 11.6.1965 Bundespräsident Lübke in der Villa Hammerschmidt einen Besuch ab. Vgl. Bulletin, Nr. 101, 12.6.1965, S. 809.

Schröders gegenüber viel zu dumm und zu hilflos zu sein. Er sieht die Gefahr entweder nicht oder hat nicht die Intelligenz, ihr zu begegnen, vielleicht auch nicht die Energie. Außerdem leide er, wie man jetzt wieder hört, tatsächlich an einer gefährlichen Selbstsicherheit, die zeitweise doch zurückzutreten schien, nachdem er echte Misserfolge nicht mehr übersehen konnte. Inzwischen scheint sie aber wieder, ob bewusst forciert oder aus ihm selber heraus wachsend, um sich [herum] Platz zu ergreifen. Das ist natürlich äußerst gefährlich.

Vater dagegen liegt vor Qual nachts da und sieht, wie sein Werk unterspült wird und wie er nicht die Kraft hat, dagegen anzugehen. Morgen zum Beispiel hätte er bei einem Kongress mit dabei sein sollen. Er hätte ferner beim Evangelischen Arbeitskreis der CDU, den Schröder als eine Art Hausmacht betrachtet, sprechen sollen, aber alles das ist ihm nicht möglich. Eine äußerst zermürbende Situation!

Ich selbst habe endlich den Diskussionsbericht über die Empfängnisregelung[1024] abgeschlossen und entdecke nun, als ich zur Zeitung greife, wie sehr ich doch die Kunst brauche und eine andere Welt, die derjenigen der wahren Religiosität näher verwandt ist als die Welt der Wissenschaft und die Welt des Organisierens, deren ich mich sonst oft bedienen muss, und wie oft dasjenige in mir erst lebendig ist, das das Leben des Religiösen als natürliche Strömung tragen muss, devot oder zu eng oder zu unterernährt sich entwickeln lässt. Hoffentlich gelingt es mit der Zeit, da eine andere Art Blutzufuhr zu finden, einen Stil, der entsprechend anspruchsvoll, aber auch fruchtbar ist.

Ich bin tief beeindruckt von der Disziplin des Denkens und des Stils und der Form, die in Besprechungen von neuen Büchern über Picasso[1025] oder Hemingway[1026] in der »Frankfurter Allgemeinen«[1027] hervortreten. Diese Art Feinheit des Ausdrucks, Feinheit des Empfindens gegenüber Lebensvorgängen und dem darin waltenden Gewichten ist etwas für die Darstellungen und Erfassungen religiöser Vorgänge Un-

---

[1024] Vgl. Anm. 999.

[1025] Pablo Ruiz Picasso (1881–1973), spanischer Maler, Grafiker und Bildhauer, Mitbegründer des Kubismus.

[1026] Ernest Miller Hemingway (1899–1961), amerikanischer Schriftsteller, erhielt 1953 den Pulitzer-Preis und 1954 den Nobelpreis für Literatur.

[1027] Zur Ankündigung des »vollständigen Abdrucks des Erinnerungsbuches« von Françoise Gilot/Carlton Lake, Leben mit Picasso, München 1965, vgl. »Frankfurter Allgemeine«, Nr. 117, 21.5.1965, S. 2. Zur Rezension des Bandes von Ernest Hemingway, Paris – ein Fest fürs Leben. Erinnerungen, Reinbek bei Hamburg 1965 vgl. Günter Blöcker, Ein bewegliches Fest. Ernest Hemingways Pariser Erinnerungen, in: »Frankfurter Allgemeine«, Nr. 118, 22.5.1965, Literaturblatt.

erlässliches. Es ist etwas, worin ich kaum eine Schulung und kaum eine Fortbildung erfahre. Beim Mittagessen sprechen wir von der »Spiegel«-Affäre. Ich frage Vater, wie es noch damals gewesen sei mit Gehlen. Der frühere Minister Stammberger[1028] hat jetzt behauptet, Vater habe in seiner Gegenwart davon gesprochen, Gehlen sei im Zimmer nebenan im Kanzleramt und müsse verhaftet werden.[1029] Vater berichtet, damals sei eine Hausdurchsuchung im »Spiegel«-Verlag angeordnet worden. Augstein sei vorher von einem Obersten Wicht[1030] vom Nachrichtendienst davon informiert worden. Er habe dann Herrn Gehlen kommen lassen und ihn gefragt, mit wem er über den Hausdurchsuchungsbefehl gesprochen habe. Dieser habe drei oder vier Personen genannt. Vater habe ihn dann gefragt: »Können Sie mir eine Erklärung dafür geben, dass Ihr Untergebener Oberst Wicht vorher diese Mitteilung gemacht hat?« Gehlen habe gesagt, nein. Vater habe ihm dann gesagt: »Dann warten Sie bitte hier in meinem Zimmer eine Stunde und überlegen,

---

[1028] Wolfgang Stammberger (1920–1982), Dr. jur., 1953–1969 MdB (FDP, ab 1964 SPD), 1961–1962 Bundesminister der Justiz (FDP).

[1029] Einer dpa-Meldung zufolge hatte Adenauer »am Wochenende die Richtigkeit eines Berichts des ›Spiegels‹ bestritten, wonach er im November 1962 die Verhaftung« Gehlens »verlangt habe. Die CDU/CSU-Bundestagsfraktion teilte mit, daß Adenauer in einem Telefongespräch mit dem parlamentarischen Geschäftsführer der Fraktion diese Behauptungen als ›von A bis Z erfunden und erlogen‹ bezeichnet habe.« Stammberger erklärte »gegenüber dpa, er sei im November 1962 während der ›Spiegel‹-Affäre zusammen mit Bundesanwalt Kuhn von Adenauer von Karlsruhe nach Bonn beordert worden, und Adenauer habe ihm dort erklärt, im Nebenzimmer sitze Gehlen: ›Verhaften Sie ihn.‹ Er habe aber geantwortet, daß dazu keine Veranlassung bestehe.« Vgl. Sollte Gehlen verhaftet werden?, in: »Frankfurter Allgemeine«, Nr. 112, 17.5.1965, S. 5.

[1030] Adolf Wicht (1910–1996), Brigadegeneral, seit 1952 Mitarbeiter im Bundesnachrichtendienst, 1958–1968 als Generalstabsoffizier bei der Bundeswehr, Pressereferent der BND-Dienststelle in Hamburg. Zu seiner Rolle in der »Spiegel«-Affäre vgl. Schwarz, Adenauer. Der Staatsmann, S. 783, 788 f. Am 28.2.1967 entschuldigte sich Adenauer in einem Schreiben an Wicht (Adenauer, Die letzten Lebensjahre, Bd. II, S. 397 f.): »Lange Zeit nach meinem Ausscheiden aus dem Amt des Bundeskanzlers habe ich inzwischen Kenntnis davon erhalten, daß der Generalbundesanwalt auf Grund seiner Ermittlungen das gegen Sie anhängige Verfahren eingestellt hat, da auf Grund seiner eingehenden Ermittlungen ein hinreichender Tatverdacht gegen Sie nicht habe bejaht werden können. Ich stehe deshalb nicht an, Ihnen zu erklären, daß ich meine damalige Äußerung bedaure. Ich erkläre Ihnen hiermit, daß Sie auch in meinen Augen von dem Verdacht, im Zusammenhang mit der ›»Spiegel«-Affäre‹ eine strafbare Handlung begangen zu haben, gereinigt sind und daß Sie bei Ihren, gegenüber dem »Spiegel«-Redakteur Becker gemachten Äußerungen nicht ›schuldhaft ein Geheimnis offenbart haben‹.«

ob Sie nicht doch eine Erklärung finden können.« Er habe ihn dann nach einer Stunde wieder gefragt. Gehlen sei dabei geblieben. Ihn, Vater, habe das Ganze sehr bestürzt. Und nun erinnere ich mich – Fräulein Poppinga bestätigt dies –, dass Vater im Gespräch geäußert hat, er habe sich gefragt, ob man nicht in einer solchen Situation den Chef des Nachrichtendienstes selber festnehmen lassen müsse, wenn er solche Dinge geschehen lasse und keine Erklärung dafür abgeben könne. Übrigens sei über die Unterredung mit Gehlen ein Protokoll im Kanzleramt angefertigt worden.[1031] Er kommt dann auf das Verhältnis Amerika–Deutschland usw. zu sprechen. Vater hat eine Tischkarte gefunden von Winston Churchill bei seinem Besuch dort im Jahre 1953, wo Churchill aufgezeichnet hatte, wie er sich das Zusammenspiel zwischen Amerika, dem vereinten Europa und dem britischen Commonwealth denkt. Es waren drei geschlossene Kreise: Amerika, die vereinigten Staaten von Europa und das britische Commonwealth als eigener Kreis, und die drei griffen ineinander wie drei olympischen Ringe.[1032] Schon damals war es ganz klar, dass England nicht daran dachte, sich Europa einzugliedern. Das englische Parlament ist [die] absolut letzte Souveränität für das englische demokratische Denken. Eine übernationale Autorität ist unvorstellbar. Als der außenpolitische Berater Johnsons, Bundy,[1033] Vater am Comer See besucht hat vor einiger Zeit und sie dann zusammen ein Stück zurückgeflogen sind[1034] – ich weiß nicht, ob nach hier –, da sei wieder die Rede darauf gekommen. Vater habe ihm gesagt: »Ich will Ihnen sagen, wie es mit den Kräfteverhältnissen ist. Deutschland

---

[1031] Das Gespräch Adenauers mit Gehlen fand am 12.11.1962 statt. Eine Aufzeichnung konnte nach Auskunft des Bundesarchivs vom 13.10.2016 an den Bearbeiter nicht ermittelt werden; zur Entstehung vgl. Äußerung Bachmann in: Schwarz (Hrsg.), Konrad Adenauers Regierungsstil, S. 71; dazu auch Eintrag 11.–17.11.1962 in: Krone, Tagebücher, Zweiter Bd.: 1961–1966, S. 115–117, hier S. 115; Schwarz, Adenauer. Der Staatsmann, S. 789 f.; Dülffer, Der Bundesnachrichtendienst in der SPIEGEL-Affäre 1962, in: Doerry/Janssen (Hrsg.), Die SPIEGEL-Affäre, S. 124 f.

[1032] Zeichnung Churchills auf einer Tischkarte zum Verhältnis von Europa, dem Commonwealth und den Vereinigten Staaten von Amerika, 14.5.1953, in: StB-KAH III/1; Faksimile in: Adenauer, Erinnerungen 1945–1953, S. 512.

[1033] McGeorge Bundy (1919–1996), 1961–1966 Nationaler Sicherheitsberater der amerikanischen Präsidenten Kennedy und Johnson.

[1034] Zu dem Besuch Bundys am 2.10.1962 bei Adenauer in dessen Urlaubsort Cadenabbia sowie dem gemeinsamen Rückflug nach Köln/Bonn am gleichen Tag (Adenauer, Kalendarium) vgl. Osterheld, »Ich gehe nicht leichten Herzens ...«, S. 147 f.; Kusterer, Der Kanzler und der General, S. 292 f. (dort mit falscher Datumsangabe »2. August 1962«).

kann Europa nicht führen nach dieser Vergangenheit. Also bleibt nur
Frankreich als führende Macht übrig. England will nicht die führende
Macht Europas sein, weil es sich als Vormacht des Commonwealth
versteht. Aber England will auch nicht, dass Frankreich die führende
Macht Europas ist. Daher haben wir diese Schwierigkeiten.« Da sei
Bundy aufgesprungen und habe gesagt:»Die Führung Europas, das
sei in den nächsten 15 Jahren doch wohl die Sache Amerikas!«[1035]
Tatsächlich überschwemmt nun amerikanisches Kapital Europa, besonders Deutschland. Es werden immer neue Anteile erworben und
sogar ganze Werke gebaut. De Gaulle schützt sich dagegen, indem er
Gold verlangt. Aber bei uns geschieht nichts, und man kann das nicht
einfach hinnehmen. Der Einfluss Amerikas auf unsere Wirtschaft würde damit mit der Zeit zu stark werden. Damit würde unsere Wirtschaft
ein Anhängsel an die amerikanische Wirtschaftspolitik werden können
oder jedenfalls stark in deren Einflussbereich geraten. Es gehöre aber
ein gewisses Maß von Selbstständigkeit zu jeder nationalen Wirtschaft
dazu.

## Montag, 24. Mai 1965

Lotte erzählt, Herr Schulze-Vorberg[1036] habe ihr in Brühl, oder es muss
später gewesen sein, gesagt, Bundeskanzler Erhard verbreite von seinem Besuch bei Vater am letzten Sonntag[1037] den Eindruck, Vater sei
gar nicht in der Lage gewesen, mit ihm richtig zu sprechen. Er habe
auf seine, Erhards, Darlegungen bezüglich eines Treffens mit Johnson[1038] und des Besuchs von de Gaulle[1039] nur sehr spärlich reagiert
und sei praktisch nicht mehr in der Lage, eine bedeutendere Rolle zu
spielen. Der frühere Landtagspräsident Johnen[1040], mit dem Vater
viele Jahre vieles zusammen getan hat, hat in einem Kreis von mehre-

---

[1035] Den Notizen Kusterers zufolge (ebd., S. 293, 468) sagte Bundy, eine Rivalität
zwischen England und Frankreich hätte ohnehin»nichts zu bedeuten, denn ›auf
sehr lange Zeit werden weder England noch Frankreich noch irgendein anderes
europäisches Land Europa führen, sondern nur Amerika‹«. Dazu hielt Osterheld
(ebd., S. 148) fest:»›Während der nächsten 15 Jahre‹, fügte er hinzu, ›wird ohnehin keines dieser drei Länder«, womit die Bundesrepublik Deutschland gemeint
war,»die Führungsmacht in Europa sein, sondern das werden die USA sein‹«.

[1036] Max Schulze-Vorberg (1919–2006), Dr. jur., Journalist und Politiker, seit 1948
Korrespondent des Bayerischen Rundfunks in Bonn, 1965–1976 MdB (CSU).

[1037] Vgl. Anm. 1013.

[1038] Zum geplanten Gespräch Erhards mit Johnson am 4.6.1965 in Washington vgl.
AAPD 1965, S. 961–967.

[1039] Vgl. Anm. 1072.

[1040] Wilhelm Johnen (1902–1980), Rechtsanwalt, 1945–1971 Landrat des Kreises
Jülich, 1947–1966 MdL in Nordrhein-Westfalen, 1951–1963 Landesvorsitzen-

ren Leuten Konrad sinngemäß gefragt, ob der Alte nicht allmählich
tot sei. In der Presse wird vom »versteinerten Parteivorsitz[enden]«
geschrieben.[1041] Es liegt auf der Hand, dass Leute, denen Vaters Meinung unbequem ist, es nunmehr auf sein Alter oder auf den erlittenen
Schock schieben, ihn auf diese Weise als nicht mehr voll aktionsfähig
abstempeln, um sich dadurch seines Widerstandes zu entledigen. Dies
in demselben Zeitpunkt, wo Vater glaubt, dass er die Partei noch
einmal zu einer Abwehr der Schröderschen Machenschaften aktivieren
muss. Es wird eine sehr ernste Kraftprobe werden.
Vater war heute besser bei Kräften, aber doch noch sehr stark ermüdet. Zwar ist sein Blutdruck besser geworden, auch das EKG ist
besser, aber er leidet doch noch sehr stark unter schneller Ermüdbar-
keit. Die ganze Situation ist unerfreulich und sehr besorgniserregend.
Vater zeigt mir stolz eine Meldung von den Departements-Reisen von
de Gaulle. De Gaulle hat dort erklärt, es sei kein Grund, die frühere
französisch-russische Allianz[1042] wieder aufleben zu lassen. Denn die
Gefahr, die diese habe bestehen lassen, existiere nicht mehr, vielmehr
sei die Gefahr für Frankreich eher im Osten gelegen als bei Deutschland, und darum gelte es, die deutsch-französische Freundschaft zu
vertiefen. Dass de Gaulle gerade jetzt diese Äußerung tut, ist natürlich
ein Glück. Hoffentlich handelt er in Zukunft auch weiter danach.
Wenn er dann weiterhin spricht von der Weltgeltung Frankreichs, von
der Aufgabe Frankreichs, zwischen den Blöcken zu vermitteln und
einen Ausgleich zu schaffen, weil es selber freie Hände habe, dann
muss man sich allerdings fragen, ob hier nicht eine Überschätzung der
französischen Möglichkeiten besteht. Aber die Hauptsache ist ja diese
offene Absage an eine Fortsetzung der früheren russisch-französischen
Entente.
    Es ist eine unheimliche Situation: Erhard, weitgehend doch wohl
unfähig, wie er von einer ganzen Reihe vernünftiger Beobachter geschildert wird, Schröder bis hin zur Infamie und Hinterhältigkeit un-
einsichtig, arrogant, eingebildet, Erhard an taktischen Künsten weit
überlegen und mit dem ganzen Apparat des AA im Rücken. Auf der
anderen Seite [steht] wer? Vater in diesem mitgenommenen Zustand,
vielleicht Barzel, vielleicht, aber wieweit mit offenem Kampf, Krone,
von dem aber nicht viel zu erwarten ist! Das ist die Situation, und sie

---

der der CDU Rheinland, 1959–1966 Präsident des Landtags Nordrhein-Westfalen.
[1041] Vgl. Anm. 1007.
[1042] Vgl. Anm. 223.

kann über die Entwicklung unserer außenpolitischen Situation sehr weittragende Folgerungen einleiten.

Oft beschleicht mich auch das Gefühl, wenn ich schlafen gehe, als könne Vater plötzlich sterben. Man macht es sich gar nicht genügend klar, wie kostbar vielleicht jeder Tag ist, den man mit ihm verlebt, weil er selber diese Möglichkeit so gar nicht ins Auge fasst, vielmehr voller Aktivitäten steckt, voller Bewusstsein, notwendig zu sein und dies und jenes schaffen zu müssen.

Nebenbei bemerkt: Heute Marcel[1043] und Antje[1044], die Kinder von Lotte. Welch eine Wohltat mit diesem Burschen, einem Kerlchen von 7 Jahren, einen Spaziergang zu machen, von der Quelle zu erzählen, ihm eine richtige Quelle zu zeigen. Er hat zum ersten Mal erfasst, dass Wasser so ohne auf- und abzudrehen immerzu aus dem Berg strömt. Wie herrlich ist das, die Welt mit den Augen eines solchen Kindes neu zu sehen!

Dienstag, 25. Mai 1965

Vater ist entschlossen, vor dem Besuch von de Gaulle[1045] eine Aussprache seitens der Parteiführung mit Erhard zu arrangieren,[1046] und hat dazu das Einverständnis auch vom Bundespräsidenten, gestern von Herrn Dufhues, heute von Herrn Barzel bekommen. Die Sache soll dann so vor sich gehen, dass Erhard gebeten wird, vor dem Parteivorstand und einigen Herren des Fraktionsvorstandes über den De-Gaulle-Besuch zu berichten und einen Meinungsaustausch zu haben. Es wäre das das erste Mal, dass es gelungen wäre, Erhard vor das Forum der Partei zu bekommen und ihn bzw. Schröder in irgendeiner Weise

---

[1043] Marcel Friedrich Konrad Multhaupt (geb. 1957), Dr. med., Sohn von Lotte und Heribert Multhaupt.

[1044] Anna, auch genannt »Antje«, Multhaupt (geb. 1955), Tochter von Lotte und Heribert Multhaupt.

[1045] Vgl. Anm. 1072.

[1046] Das Gespräch von Adenauer und den Mitgliedern des CDU-Präsidiums mit Erhard fand am 8.6.1965 von 16.00–19.30 Uhr statt (Adenauer, Kalendarium). Krone (Tagebücher, Zweiter Bd.: 1961–1966, S. 382) notierte über das Treffen zum Thema »De Gaulle-Besuch«: »Es hat sich nicht gelohnt. Zwischen Adenauer und Schröder kam es zu einem harten Wortgefecht, bei dem beide nicht an Vorwürfen sparten. Der Alte hatte angefangen. Erhard plauderte. Nur erfuhr man wenig, wie er sich sein Gespräch mit den Franzosen dachte. Schröder schwieg, und Gerstenmaier war sich mit mir einig, daß man jetzt den schweren Brocken im Gespräch mit den Franzosen nicht aufgreifen solle. Der alte Herr hatte das Gespräch mit den schlechten Aussagen der Demoskopen über die Bundestagswahl begonnen. Er wird in seinen Meinungen und Worten immer härter.« Dazu auch Majonica, Das politische Tagebuch, S. 378 f.

festzulegen. Ob das gelingt, muss sich zeigen. Eine Umfrage soll ergeben haben, dass auch die Frage: »Wen halten Sie für den besseren
Bundeskanzler? Adenauer oder Erhard?« – 59 [Prozent] für den alten
und nur 9 [Prozent] für den neuen [Bundeskanzler] waren.[1047] Wenn
das wahr ist und Erhard es zu hören bekommt, wäre das eine schwierige Sache für [ihn], damit fertig zu werden.

Vater hat trübe Tage, das »ärme Dier«,[1048] Kopfschmerzen. Er sieht
nicht, wie er vorankommen soll. Fräulein Poppinga schafft trotz
schlechten Gesundheitszustandes fabelhaft und macht offenbar ausgezeichnete Vorlagen und Entwürfe für die Arbeit an den Memoiren.[1049] Sie ist von einer außerordentlichen Disziplin und schöpferi-
schen Kraft.

Vater beginnt mit mir zu sprechen über seine Hinterlassenschaft. Er
möchte gern, dass das Haus in irgendeiner Weise doch der Tradition
der CDU dienen soll, am liebsten auf dem Wege über eine Stiftung[1050],
wobei er meint, dass ich eine Rolle dabei zu spielen hätte. Er legt mir
nahe, eine Professur in Bonn anzustreben. Das hat er früher schon
getan und mir dies in den erfreulichsten Farben geschildert. Er meint,
ich sei inzwischen durch meine bisherige Entwicklung und auch durch
meine Lebensumstände aus dem normalen Pfarrdienst herausgewach-
sen und könne darin keine Befriedigung mehr finden und würde dann
auch der Kirche Fähigkeiten vorenthalten, die selten so gegeben sind.
Ich sage dazu, dass ich wahrscheinlich schon aus gesundheitlichen
Gründen nicht hier wohnen bleiben werde, sondern höher wohnen
möchte, dass ich im Übrigen mir schwer vorstellen kann, wie ich ohne
Verantwortung für bestimmte Menschen eines bestimmten Gebietes
einigermaßen befriedigt schaffen könne. Vater hat dafür wenig Verständnis und weist auf die Zusammenbrüche in seinem eigenen Leben
hin, auf die Bitterkeit, die er mitgemacht hat, wobei vor allen Dingen
die letzte ihn am meisten schmerzt, dass seine eigene Fraktion ihn vor
die Tür gesetzt hat. Er sagt, dass er das noch lange nicht verwunden
habe.

---

[1047] Vgl. dazu http://chroniknet.de/extra/was-war-am/?ereignisdatum=21.5.1965.

[1048] Im kölnischen Dialekt gemeint: »Armes Tier«, im Sinne von »trübsinnig,
schwermütig sein« oder werden, kann auch bedeuten »Depressionen haben«.
Vgl. Bhatt/Herrwegen, Das Kölsche Wörterbuch, S. 150.

[1049] Vgl. Anm. 1071.

[1050] Die »Stiftung Bundeskanzler-Adenauer-Haus« wurde durch Gesetz vom
24.11.1978 als »rechtfähige Stiftung des öffentlichen Rechts« errichtet (BGBl.
I, S. 1821) und durch Artikel 74 der Verordnung vom 29.10.2001 (ebd., S. 2785)
geändert. Zur Entstehung und Rechtsgrundlage vgl. Krekel, Stiftung Bundeskanzler-Adenauer-Haus, S. 31–43.

Zwischendurch hat er so wunderbare Momente, wo er sich der
Schönheit einer Pflanze vor dem Fenster erfreut, einer Aralie im Wohn-
zimmerfenster, oder an der Schönheit eines Bildes und an anderen
Dingen. Er versteht es, sich bei Kräften zu halten und seinen inneren
Haushalt gut wiederherzustellen, auch an trüben Tagen.
Mir wird bei alledem immer klarer, dass ich auf die Dauer wieder
mehr zu den Menschen gehöre und ohne eine solche Verantwortung
langfristiger Art für bestimmte Menschen es mir schwer sein wird,
nicht zu verdorren. Aber da muss der gute Geist der Amtsgnade helfen.

Donnerstag, 3. Juni 1965
Es ist 11 Uhr. Ich habe bis jetzt noch geschuftet, weil heute Herr Kardinal[1051] Vater besucht hat (Krankenbesuch). Die Herren kamen so
gut ins Gespräch, [so]dass es bis 7.15 Uhr wurde, von ca. ½ 5 Uhr an.
Herr Kardinal, jetzt 78 Jahre alt, hat sich wieder gut erholt. Er war
nach der letzten Konzilssession stark erschöpft und hatte auf Rat
seines Arztes den Vorsitz der Bischofskonferenz niedergelegt,[1052] der
jetzt bei Kardinal Döpfner liegt,[1053] und hat sich in Freudenstadt, im
Reizklima, innerhalb von drei Wochen wieder prima erholt. Begleitet
wurde er vom Geheimsekretär Hubert Luthe,[1054] 38 Jahre alt, mit dem
ich mich gut verstehe.
Die Herren sprachen unter anderem über de Gaulle. Danach fragte
der Kardinal Vater. Vater rechtfertigte de Gaulle mit dem Hinweis auf
die Unzuverlässigkeit Amerikas. Amerika unter Kennedy habe ihm
noch Mittelstreckenraketen über 2 000 km Distanz für Europa und
zum Schutze Deutschlands versprochen. Deren Notwendigkeit sei damals bei seinem Besuch bei Kennedy gemeinsam vom deutschen militärischen Chef, der bei Vater war, und dem amerikanischen Generalstabschef festgestellt worden. Kennedy habe sie zugesagt, und man

---

[1051] Gemeint: Kardinal Frings.
[1052] Kardinal Frings kündigte am 8.3.1965 an, im Herbst 1965 vom Vorsitz der
Bischofskonferenz zurückzutreten. Vgl. Trippen, Josef Kardinal Frings, Bd. I,
S. 633.
[1053] Bis zu seiner Wahl am 2.12.1965 zum Vorsitzenden der nunmehr so bezeichne-
ten »Deutschen Bischofskonferenz« durch die deutschen Bischöfe während des
Zweiten Vatikanischen Konzils in Rom leitete Kardinal Döpfner die Bischofskonferenz bereits kommissarisch. Vgl. ebd.
[1054] Hubert Luthe (1927–2014), Dr. theol., katholischer Priester, 1955–1968 Geheimsekretär bei Kardinal Frings, nahm wegen dessen allmählicher Erblindung
mit Sondergenehmigung von Papst Johannes XXIII. als Kaplan an den Beratungen des Zweiten Vatikanischen Konzils teil, 1969 Weihbischof von Köln.

habe dann nie etwas davon gehört.[1055] Sie seien noch nicht einmal für
diesen Zweck speziell weiterentwickelt worden. Vor einigen Wochen
habe Johnson erklärt, man habe keine derartigen Zusagen gemacht.[1056]
Amerika denke viel zu sehr nur an Ostasien[1057] und vergesse Europa. Für Deutschland gäbe es daher als Hauptinteressenten für den
eigenen Schutz nur Frankreich. Er habe selbst einer Konferenz zwischen Macmillan, de Gaulle, Eisenhower beigewohnt, in der Eisenhower und Macmillan sehr zurückhaltend gewesen wären gegenüber der
Wiedervereinigung, während de Gaulle sich ausgesprochen dafür eingesetzt habe, und zwar mit dem Argument, er habe kein Interesse
daran, eines Tages mitgeteilt zu bekommen, dass die Russen am Rhein
ständen. Frankreichs Vorfeld werde natürlich bei einem wiederverei-
nigten Deutschland entsprechend gewachsen sein und die Verteidigung
leichter sein.[1058] Man kommt dann auf das Konzil zu sprechen. Vater ist wie immer
skeptisch. Er erzählt insbesondere von Kardinal Bea, der eine Verbindung zu den deutschen Sozialdemokraten sucht und gefunden habe.

Man kommt auch auf Ehe und Familie zu sprechen. Der Kardinal
meint, sein Professor Böckle[1059] gehe doch etwas zu weit. Es gäbe dann

[1055] Vgl. Anm. 963 und Anm. 964.
[1056] Bei dem Gespräch am 13.5.1965 in London erklärte Rusk gegenüber Schröder,
es sei für die amerikanische Regierung »unerläßlich«, gegenüber dem Kongress
auf die Unterstützung des MLF-Projekts »durch die Deutschen, die Engländer
und die Italiener hinweisen« zu können. Wenn aber der Bundeskanzler vor den
Bundestagswahlen »nicht auf einen Abschluß der Sache drängen wolle, wäre es
für die amerikanische Regierung verhängnisvoll, wenn sie den Eindruck erweckte, sie sei deutscher als die Deutschen« (vgl. AAPD 1965, S. 822–834, hier
S. 829). In separaten Gesprächen mit McGeorge Bundy und Rusk am 17.3.1965
sowie McNamara am 18.3.1965 in Washington machte Krone deutlich, dass
die Frage des Besitzes von Nuklearwaffen allein die Vereinigten Staaten von
Amerika, Großbritannien und Frankreich angehe. Deutscherseits bestehe das
Interesse darin, rechtzeitig in Überlegungen zur Planung und zum Einsatz dieser
Waffen mitwirken zu können und durch die Mitwirkung die permanente Präsenz
zu sichern. Eine Entscheidung der Bundesregierung über die Mitwirkung an der
MLF sei vor der Bundestagswahl nicht zu erwarten (Gesprächsaufzeichnungen
und Materialien zur USA-Reise Krones vom 16.–26.3.1965, in: ACDP, NL
Krone 01–028–005/4).
[1057] Korrigiert aus: »Austrasien (?)«.
[1058] Adenauer traf mit de Gaulle, Eisenhower und Macmillan vom 19. bis 21.12.1959
in Paris zu Besprechungen zusammen. Gesprächsaufzeichnung in: StBKAH
III/57; vgl. dazu auch Adenauer, Erinnerungen 1959–1963, S. 23–28; DDF
1959, Tome II, S. 749–782; FRUS 1958–1960, Vol. IX, S. 1–158; Macmillan,
Pointing the Way, S. 100–115.
[1059] Franz Böckle (1921–1991), Professor Dr. theol., schweizerischer katholischer
Priester, 1952 römisch-katholischer Moraltheologe am Priesterseminar Sankt

einen Dammbruch und kein Halten mehr. Keine Methode sei im Grunde dann mehr zu verwerfen, wobei er wohl etwas ganz Richtiges wittert, obwohl Böckle das nicht ausdrücklich sagt. Vater meint und Frings stimmt ihm darin zu, die Natur gehe doch ihre eigenen Wege, und es gäbe auch wieder Zeiten, wo eine große Zahl der Menschen sich ohne spezielle Planung verhalten werde, und werde einfach Freude am spontanen Verkehr haben, auch wenn mehrere Kinder daraus, ungewollt zunächst und unbeabsichtigt, hervorgingen, insbesondere wenn das wohnungsmäßig leichter sei und einkommensmäßig. Vielleicht läge in einer solchen Bevorzugung des Spontanen doch ein großer Wert. Ich habe allerdings Böckles Meinung vertreten und die Auffassung, dass bei einer stärkeren Zurückverlagerung der Verantwortung auf das Gewissen der Eheleute man einen Dammbruch zu befürchten habe. Dieser Dammbruch hat in Wirklichkeit längst stattgefunden. Nur sind die Gewissen gespalten, und das ist an sich noch schlimmer, weil die Gewissensfunktion als Ganzes dadurch überhaupt beeinträchtigt wird. Der Kardinal forderte mich beim Abschied auf, ihn noch einmal zu besuchen.

Vater hat dann noch einmal die große Bedrohung Europas klargemacht durch die Russen. Er hat dann die Bedeutung der Wahlen [auf-] gezeigt, und dass er zunächst einmal skeptisch sei gegenüber dem Wahlausgang, dass er eher einen Verlust annähme wegen der Faulheit und der falschen Siegesgewissheit der CDU. Dann wies er die Ansicht zurück, dass man die SPD, wenn sie einmal gewonnen habe, wieder herausbringen könne. Darin war man sich überhaupt einig, dass das wahrscheinlich nicht gelingen würde jemals wieder.

Pfingstsonntag, 6. Juni 1965
Gestern bekam Schorsch vom Oberlandesgerichtspräsidenten die Mitteilung, dass seine Bewerbung um eine Notarstelle in Königswinter oder in Hennef abgelehnt sei. Vater hatte alles Mögliche versucht, um ihm dazu zu verhelfen.[1060] Er wäre ohnehin nicht weit von dieser Ernennung gewesen, und es sind Fälle von jüngeren Notars-Assessoren bekannt, die schon Notariate vergleichbarer Einkünfte bekommen haben. Dies gilt sicher für Königswinter.

Vater empfindet die Kränkung, die darin liegt, dass seine früheren Mitkämpfer ihn hier sitzen gelassen haben, wo er doch so gern seinen

---

Luzi (Chur), 1953–1963 Lehrtätigkeit am Moraltheologischen Seminar in München, 1963–1986 Ordinarius für Moraltheologie an der Universität Bonn.
[1060] Georg Adenauer wurde 1969 zum Notar in Schleiden/Eifel bestellt.

jüngsten Sohn in seiner Nähe gehabt hätte, sehr schmerzlich. Er sieht daraus auch die Schwäche der ganzen CDU. Hinzu kommt das üble Novemberwetter, die Nachrichten von Erhard.[1061] Kurz und gut, es sieht mies aus. Vater wettet 10 zu 1, dass die Wahl[1062] verlorengeht. Er schaut zurück auf seine Freunde und muss feststellen, dass sogar ein Mann wie von Brentano sein Feind gewesen sei und geheuchelt habe.[1063] Er erzählt Schorsch, als er mit ihm überlegt, was nun zu tun sei, sein Leben in kurzen Zügen und schließt damit: »Dann hat meine Fraktion mich herausgeworfen!« Die Bitterkeit über diese Kränkung sitzt sehr tief. Er ist verzweifelt, wenn er sieht und hört, dass man sich nicht viel Mühe mit dem Wahlkampf gibt.

In der Bundesgeschäftsstelle wird berichtet, dass die Wahlkampfkandidaten auch nicht viel tun. Man segle sanft auf den Wellen des Optimismus von oben her in die Reisewochen hinein. »Und in drei Monaten«, so stellt Vater fest, »sind die Wahlen!« Er weiß nicht, wie er in die ganze Gesellschaft noch Schwung hineinbekommen soll. Er glaubt, dass ein Teil dieser Schwunglosigkeit seinen Grund darin hat, dass man dem Kabinett Erhard nicht viel zutraut und daher von da kein Kampfesmut kommt.

Es ist wahr, wenn er jetzt an seiner Biographie arbeitet und den Weg in die Verantwortung schildert, wie er sich gegen die Begünstigung der Sozialdemokraten seitens der Engländer und Amerikaner hat nach oben kämpfen müssen, wie alles noch angegriffen und umstritten war, dann ist die jetzige Situation demgegenüber äußerst nebelig zu nennen, wie das Wetter draußen. Es kann sicher ein grausames Erwachen geben, und dann dürfte die CDU kaum jemals wieder in der Lage sein, an die Regierung zu kommen. Sie wird dann in Interessentengruppen zerfallen, zum Teil auch in konfessionell oder landsmannschaftlich dominierte Gruppen.

---

[1061] Angesichts der Ankündigung de Gaulles am 27.4.1965, Frankreich werde sich wieder stärker auf die eigenen Kräfte besinnen (vgl. De Gaulle, Discours et Messages. Pour l'Effort, 1962–1965, S. 354–362), bat Adenauer Erhard am 28.5.1965 (Schreiben in: Adenauer, Die letzten Lebensjahre, Bd. I, S. 437) um ein Gespräch vor dem Besuch de Gaulles am 11./12.6.1965 in Bonn im Rahmen der deutsch-französischen Konsultationen (vgl. dazu AAPD 1965, S. 1002–1008, 1016–1025, 1029–1038). Über Westrick ließ Erhard Adenauer am 31.5.1965 mitteilen, dass er »inzwischen nach Amerika abgeflogen« sei (vgl. dazu AAPD ebd., S. 913–917, 947–967) und am Pfingstdienstag, dem 8.6.1965, wie Adenauer vorgeschlagen habe, zu einem Gespräch zur Verfügung stehe (zu dieser Mitteilung vgl. Adenauer, ebd., S. 694 Anm. 4).
[1062] Zum Ergebnis der Bundestagswahl 1965 vgl. Anm. 1147.
[1063] Vgl. Tagebuch, 3.11.1961, sowie Anm. 88 und Anm. 90.

Fräulein Poppinga macht ihm demgegenüber Mut und erinnert an das Jahr 1949 mit seinen Kämpfen. Vater sieht sich einen Bildband an, den das Presseamt von seiner Epoche herausbringt,[1064] wie ein Blick auf lange vergangene Zeiten. Es ist schwer, alt zu werden mit so viel Vitalität, mit so viel geistiger Kraft!

**Donnerstag, 10. Juni 1965**

Vater überlegt sich, was zu tun ist, wenn die CDU die Wahlen verliert: Ist sie dann lebensfähig eher als Oppositionspartei oder wird sie eher zusammenhalten als Koalitionspartei? Er hält das letztere für das kleinere Übel. Er glaubt, dass Herr Brandt, der sich bei ihm angemeldet hat,[1065] nicht nur mit ihm über das sprechen will, was de Gaulle ihm gesagt hat,[1066] sondern auch über diese Frage. Inzwischen hat er irgendwoher erfahren, was de Gaulle Brandt gesagt hat, und zwar auch schriftlich.[1067] Er ist erschüttert, tief erschüttert darüber, dass de Gaulle in einer so offenen Weise mit Brandt gesprochen und seiner Enttäuschung über Deutschland Ausdruck gegeben hat. Er schließt daraus, dass de Gaulle Brandt als künftigen Regierungschef betrachtet, und außerdem, dass er der Meinung ist, mit dieser jetzigen Regierung sei eben nichts zu machen. Unter anderem hat Charles [de Gaulle] auch erklärt, die Tatsache, dass es Schröder gelungen sei, vor den Freundschaftsvertrag eine Präambel zu bringen,[1068] in der auf die Pflege der Beziehungen Deutschlands zu Amerika und anderen Ver-

[1064] Vgl. Regierung Adenauer 1949–1963, Wiesbaden o. J.

[1065] Das Gespräch Adenauers mit dem Regierenden Bürgermeister von Berlin, Brandt, fand am 18.6.1965 in Bonn statt (Adenauer, Kalendarium). Zuvor hatte Erhard in einem Schreiben vom 10.6.1965 Adenauer gewarnt, Brandt aufgrund des Gesprächs, das er mit de Gaulle führte, zu empfangen (vgl. Adenauer, Die letzten Lebensjahre, Bd. I, S. 698 f.). Adenauer wies den Hinweis in einem Schreiben an Erhard vom 14.6.1965 (vgl. ebd., S. 448 f.) zurück:»Herr Brandt hat als Vorsitzender der SPD durch sein Vorzimmer bei meinem Vorzimmer um eine Besprechung mit dem Vorsitzenden der CDU gebeten. Den Zweck des Gespräches hat er in dem Telefongespräch nicht angegeben. Ich sehe daher keinen Grund, warum ich Herrn Brandt nicht empfangen soll. Ich habe auch stets Herrn Ollenhauer empfangen.« Erhard erwiderte am 18.6.1965 Adenauer (vgl. ebd., S. 699), Brandt habe öffentlich nach dem Besuch erklärt, er müsse mit Adenauer darüber sprechen.»Dem gegenüber halte er ein Gespräch mit mir nicht für nützlich.«

[1066] Zum Besuch Brandts in Paris am 2./3.6.1965 und dem Gespräch mit de Gaulle vgl. Brandt, Begegnungen und Einsichten, S. 142–147.

[1067] Adenauer erwähnte in dem Gespräch mit Lübke am 10.6.1965, er habe von Botschafter Klaiber ein Telegramm über das Gespräch von de Gaulle und Brandt erhalten. Vgl. Adenauer, Die letzten Lebensjahre, Bd. I, S. 439 f., hier S. 439.

[1068] Vgl. Anm. 919.

bündeten hingewiesen wird, habe den Vertrag in französischen Augen bereits sehr entwertet.[1069] Vater weiß selber manchmal nicht, was er von de Gaulle halten soll, ob er nicht doch gelegentlich übertreibt oder ob er irgendwie seinen Tod vor Augen sieht, nachdem wieder diese Verschwörung aufgedeckt worden ist; ob er dadurch vielleicht auch zu viel riskiert? Jedenfalls sind solche Vorgänge natürlich schwer zu verkraften. Vater stellt heute Morgen fest, dass der Unfall[1070] ihn doch habe altern lassen. Er sei noch immer nicht ganz wieder der Alte. Als ich ihm dann Mut machen wollte, weil er doch jetzt oft sehr deprimiert ist damit, dass der erste Band der Memoiren, das heißt über 1 000 Schreibmaschinenseiten-Reinschrift und wieviel mehr im Unreinen und an Materialsammlung, termingemäß jetzt fertig werde in wenigen Tagen,[1071] da sagte er: »Ich kann es nicht mehr hören!« – als ob er sagen wollte: Was nützt das alles! Was nützt diese Vergangenheit, wenn die Gegenwart wieder alles abbröckeln lässt, was damals aufgebaut worden ist!

Dienstag, 15. Juni 1965
Vater war aufgelebt durch den Besuch von de Gaulle[1072], wenn auch der Besuch von Charles [de Gaulle] direkt keine besonders guten Ergebnisse brachte. Immerhin die Möglichkeit für beide Seiten, das Gesicht nach außen hin zu wahren und den Bruch zu vermeiden.

Am Sonntag hatte ich noch zu predigen und eine Einführung zu halten im Kreuzkolleg. Erfahre von Herrn Wenger[1073], dass dieser

---

[1069] Brandt (Begegnungen und Einsichten, S. 143) zufolge sagte de Gaulle in dem Gespräch: »Er habe den Eindruck gehabt, daß er sich mit Adenauer über die Elemente einer gemeinsamen Politik einig gewesen sei. Die Präambel, mit der wir [die Deutschen] den Vertrag versehen hätten, habe das Vertragswerk weitgehend entwertet, denn sie habe das gemeinsame Handeln von anderen abhängig gemacht. Aus dem Vertrag sei eine mehr sentimentale als politische Angelegenheit geworden.«

[1070] Vgl. Tagebuch, 16.5.1965.

[1071] Am 12.6.1965 wurden die letzten Manuskriptteile an die Deutsche Verlags-Anstalt und den französischen Verlag Hachette übersandt, damit der erste Band der »Erinnerung« Konrad Adenauers noch rechtzeitig am 12.9.1965, eine Woche vor der Bundestagswahl, erscheinen konnte. Vgl. Poppinga, Meine Erinnerungen an Konrad Adenauer, S. 219, 221–224.

[1072] Im Rahmen der deutsch-französischen Konsultationen kam de Gaulle vom 11. bis 12.6.1965 zu einem Arbeitsbesuch nach Bonn. Zu den Gesprächen Erhards mit de Gaulle vgl. AAPD 1965, S. 1002–1008, 1016–1025, 1029–1038.

[1073] Wahrscheinlich gemeint: Paul Wilhelm Wenger (1912–1983), Journalist, seit 1948 Bonner Redakteur des »Rheinischen Merkur« (Köln).

einen führenden englischen Geheimdienstmann hier in Deutschland
gefragt hat, ob es nun notwendig gewesen sei, dass die Königin bei
ihrem Besuch und der Durchfahrt durch Kaub auf den Übergang
Blüchers[1074] bei Kaub und Waterloo zu sprechen gekommen sei,[1075]
Wellington[1076] gegen Frankreich, was die Franzosen so verärgert hatte, da habe dieser Engländer geantwortet:»Das Europa, das Ihr wollt
mit Frankreich, das geht kaputt!«
Vater hat neue Umfrageergebnisse. Die Differenz zwischen CDU
und SPD ist zugunsten der letzteren.[1077] Dann hat Erhard ihm verboten oder abgeraten, vielmehr dagegen protestiert, dass er Brandt empfängt, der um eine Unterredung mit Vater nachgesucht hat. Vater hat
ihm heute von Bonn aus geantwortet in drei Sätzen,[1078] dass Herr
Brandt nachgesucht hatte, dass er ihn ebenso empfangen würde wie
früher Herrn Ollenhauer und dass er im Übrigen hinweist auf Seite
soundso des Buches»Ludwig Erhard«, in dem von der Fairness Erhards die Rede ist, wie er Herrn Brandt gegenüber den unqualifizierten
Angriffen Adenauers in Schutz nimmt.[1079] Vater amüsiert sich könig-

---

[1074] Gebhard Leberecht von Blücher, Fürst von Wahlstatt (1742–1819), preußischer
Generalfeldmarschall, verfolgte die Vorwärtsstrategie, überquerte im Winter
1813/14 die Rheingrenze, setzte den Vormarsch auf Paris durch und beschleu-
nigte dadurch die Niederlage der französischen Truppen.

[1075] Am 20.5.1965, dem dritten Tag ihres Staatsbesuchs in der Bundesrepublik
Deutschland, passierte Königin Elisabeth II. auf der Fahrt nach Koblenz Kaub.
Beim Empfang durch den rheinland-pfälzischen Ministerpräsidenten Peter Al-
meier erinnerte Elisabeth II.»an die vielen alten Verbindungen zwischen diesem
Land und Großbritannien«,»besonders an den Rheinübergang Blüchers bei
Kaub« als einen»Wendepunkt der Geschichte vor 150 Jahren«, der den»briti-
schen Truppen unschätzbare Unterstützung brachte«. Vgl. Bulletin, Nr. 89,
21.5.1965, S. 705 f.

[1076] Arthur Wellesley, 1. Duke of Wellington (1769–1852), britischer Feldmarschall
und Politiker, besiegte in der Schlacht von Waterloo 1815 die Truppen Napoleon Bonapartes.

[1077] Nach Mitteilung des Sprechers der SPD sprachen sich bei einer EMNID-Umfra-
ge im Mai 1965 36 v. H. für die SPD, 32 v. H. für CDU und CSU und 7 v. H.
für die FDP aus; 23 v. H. äußerten keine Meinung. Bei Nichtberücksichtigung
der letzten Gruppe hätten 46 v. H. für die SPD, 42 v. H. für CDU und CSU, 9
v. H. für die FDP votiert. Vgl. Emnid: Die SPD weiter vorn, in»Frankfurter
Allgemeine«, Nr. 136, 15.6.1965, S. 3.

[1078] Vgl. Anm. 1065.

[1079] Lukomski (Ludwig Erhard, der Mensch und Politiker, S. 235) behauptete, Adenauer habe nach dem Mauerbau 1961»seinen politischen Feldzug gegen Willy
Brandt« mit»persönlichen, verleumderischen Bemerkungen« fortgesetzt. Erhard mit einem»Sinn für das, was er für fair hält«, hätte eine»solche Haltung
nicht dulden können« und»sah sich gezwungen, gegen die von seinem Parteiführer angewandten ›persönlichen Verunglimpfungen‹ zu protestieren«.

lich, und mit Recht, über diese Antwort. [»]Ich würde zu gern sehen, wie der dicke Erhard den Brief bekommt.[«]

Die Sonntagsfreude Vaters ist eine Karikatur in der »Welt am Sonntag«, in der Schröder Erhard über die Brüstung eines Balkons hebt, damit dieser unten sieht, wie im Park Vater und de Gaulle spazieren gehen wie zwei gute, alte Freunde. Schröder fragt: »Sprechen sie über Politik?« Und Erhard ruft zurück: »Nein, von Ihnen!«[1080] Die Sorge Vaters ist nur zu berechtigt. Dann hat er Blutdruckschwankungen. Morgen geht Fräulein Poppinga endlich 14 Tage zu ihrer Mutter[1081] und ihrem Bruder[1082]. Ich muss nach Lausanne. Dann wird Vater seine Einsamkeit doppelt erleben. Dazu sagt er, er fühle, dass er noch nicht wieder der Alte sei. Sein Auge ist besser, aber er ist doch noch schnell ermüdbar. Und dann steht ihm ein Wahlkampf bevor mit diesen Strapazen. Es ist schon eine unheimliche Aufgabe. Man sieht, wie die Stimmung ist und wie wenig im Übrigen die CDU von Kampfgeist erfüllt ist und etwas tut. Überall hört man, dass geschlafen wird, dass man nichts merkt. Auch Dr. Frerichs[1083] berichtet gestern Morgen im selben Sinne.

## Mittwoch, 23. Juni 1965

Die Tage in der Schweiz waren schön. Nur im Hintergrund die Unruhe, was mit Vater geschieht. Fräulein Poppinga ist in ihrer Heimat. In der Schweiz sagte mir ein Taxifahrer, er freue sich, dass er mich fahren dürfe. Er bewundere meinen Vater seit Jahren, weil er Deutschland so emporgeführt habe, und er habe auch seine Mitarbeiter auszuwählen gewusst. Erhard könne das ja nicht so, weil er eben nur ein Mann der Wirtschaft sei. Es sei an meinem Vater das Große gewesen, dass er alles übersehen habe und weit vorausgeschaut habe. Herrlich waren die Schneeberge des Grand Combin[1084], die Dents du Midi, die Berner

---

[1080] Die Karikatur »Sprechen sie von Politik?« – »Nein, über Sie ...!«, in: »Welt am Sonntag«, Nr. 24, 13.6.1965, S. 3, erschien über dem Artikel von Meinhardt Ingrim, Guten Morgen, Herr Bundeskanzler. Adenauer über sein 70-Minuten-Gespräch mit de Gaulle: Wir haben nichts ausgelassen.

[1081] Hertha Pauline Theodora Poppinga, Mutter von Anneliese Poppinga.

[1082] Gerhard Poppinga (1926–1993), Diplomat, Bruder von Anneliese Poppinga.

[1083] Göke Frerichs (geb. 1923), Dr. rer. pol., 1951–1969 für den Bundesverband des Deutschen Groß- und Außenhandels e. V. (BGA) tätig, zuletzt als Hauptgeschäftsführer, 1953–1969 Mitglied des Stadtrats und Vorsitzender der CDU-Fraktion in Bad Godesberg, Geschäftsführer der Industrie- und Handelskammer Bonn, 1965–1975 MdB.

[1084] Korrigiert aus: »Grand Comwell (?)«.

Alpen, der Brünnelistock[1085] und die Glarner Alpen. Dann die Begegnungen auf dem Kongress, insbesondere Madame Falisse[1086], in seiner Art auch Struck, dann Hunziker[1087], mit dem ich Musik hörte und [der] im Sempachersee sein erstes Bad nahm für dieses Jahr.

Zurückgekehrt am Montagabend berichtet Vater, es habe eine Vorstandssitzung stattgefunden. Man habe Beschlüsse gefasst zur formierten Gesellschaft.[1088] Ihm sei berichtet worden, dass dieses ganze Projekt sogar in der Bundesgeschäftsstelle ausgebrütet worden sei. Er habe mit einem anderen als einziger dagegen gestimmt, weil ihm die christlichen Grundsätze des Gesellschaftslebens darin fehlten. Nachdem er gesehen habe, dass alle anderer Meinung waren, müsse er daraus die Konsequenzen ziehen. Man habe ihn mit der ganzen Sache schon in Düsseldorf überfallen und jetzt wiederum, und die Leute, Dufhues und andere, die das vorbereitet haben und dafür eintraten, seien noch am Freitag voriger Woche bei ihm gewesen.[1089] Man merkt, wie er mit sich ringt, wie ihn dieses ganze Verfahren verletzt.

Am nächsten Morgen ruft er mich und zeigt mir einen Briefentwurf an Herrn Dufhues,[1090] in dem er ihm sagt, dass er kein Vertrauen mehr zur Zusammenarbeit mit ihm habe, dass er den Eindruck habe, man wolle ihn ausschalten, dass ihm das christliche Element fehle und das

---

[1085] Möglicherweise gemeint; korrigiert aus:»Henri Ritstock (?)«.

[1086] Marie-Françoise Falisse widmete sich Fragen der katholischen Familienerziehung und veröffentlichte mit ihrem Mann, Gaston Falisse, Unser behindertes Kind, Luzern 1964.

[1087] Gratian Hunziker (1899–1990), Kapuzinerpater, begründete die Genossenschaft Haus Sankt Josef in Lungern, Diözese Chur (Schweiz), als Sozialwerk, das er lange Jahre leitete. Vgl. Arnold/Hunziker, Kapuziner, Olten, in: Schweizerische Kirchenzeitung (1990) 5, 1.2.1990, S. 69.

[1088] Erhard verkündete in seiner Parteitagsrede den Plan eines»Deutschen Gemeinschaftswerkes«, der als sein Konzept einer»formierten Gesellschaft« bekannt wurde (vgl. Christlich-Demokratische Union Deutschlands [Hrsg.], 13. CDU-Bundesparteitag. Düsseldorf, S. 700–721, insbes. S. 711 f.). Der CDU-Bundesparteivorstand diskutierte in seiner Sitzung am 21.6.1965 darüber und fasste einen entsprechenden Beschluss (vgl. Adenauer:»Stetigkeit in der Politik«, S. 906–974, insbes. S. 968, 971, zu den Ausführungen Adenauers S. 918).

[1089] Das Gespräch Adenauers mit Dufhues fand am 18.6.1965 statt (Adenauer, Kalendarium).

[1090] Adenauer kritisierte in dem Schreiben an Dufhues vom 22.6.1965 (vgl. Adenauer, Die letzten Lebensjahre, Bd. I., S. 455 f.), dieser habe ihm als Parteivorsitzenden»weder etwas über Ihre Absichten, noch über die zu deren Verwirklichung getroffenen Vorbereitungen auch nur ein Wort mitgeteilt. Der Beschluß über die formierte Gesellschaft enthält nichts über das, was für jedes CDU-Mitglied maßgebend und unentbehrlich sein muß, über die christlichen Grundwahrheiten als Grundlage einer Gesellschaftsordnung.«

Ganze nur darauf abgestellt sei, eine Koalition mit der SPD zu machen.
Das sei ein verheerender Schaden für die Partei. Er könne das nicht
mitmachen. Er werde darum, da eine Niederlegung seines Amtes als
Vorsitzender jetzt nicht in Frage komme, sein Amt bis nach den Wahlen nicht ausüben. Durchschrift an den Bundespräsidenten, an Barzel
und den Bundestagspräsidenten[1091]. Was ich davon halte, fragt er mich
wiederholt. Ich sage ihm:»Ich stimme zu, wenn die Lage so ist, und
dass Du keine Meinungsbildung dagegen herbeiführen kannst, dass
man Dich in dieser Weise überrumpelt hat, dann sehe ich auch keinen
anderen Weg. Und ich finde den Anlass würdig, wo Du auch aus inhaltlichen Gründen dem Projekt nicht zustimmen zu können glaubst.«
Ich fahre dann mittags noch einmal zu Vater, um mit ihm zu essen,
von Köln aus. Ich bin überrascht über den Raum: die sakrale Gewalt
der Madonna, die er sich da aufgestellt hat, wie ein Altar! Den ganzen
Raum erfüllt eine wunderbare Holzmadonna.[1092] Es ist, glaube ich,
ein Geschenk des ersten Kabinetts an ihn. Er macht dann die Unterschriften dieses Briefes fertig an die ganzen Leute. Er drängt darauf,
dass sie noch herausgehen. Dann ist die Sache getan, und er fühlt sich
einerseits erleichtert, andererseits sieht er voll Sorge, wie das Ganze
werden soll, wie es mit den Wahlen gehen soll. Krone gebe nun auch
die Wahlen verloren.[1093] In der»[Bonner] Rundschau« findet man
einen auffälligen Artikel zugunsten der großen Koalition.[1094]

Heute Mittag ruft Vater mich an hier in Rhöndorf und teilt mit,
dass Barzel und Gerstenmaier ihn beschworen hätten, sein Amt auszuüben, da das nicht verborgen bleiben könne und dadurch die Wahlen schwer beeinträchtigt werden könnten. Sie würden Dufhues entsprechend Bescheid sagen als Vorstandsmitglieder und sich dafür

---

[1091] Ein Durchschlag mit Begleitschreiben vom 22.6.1965 erging an den Vorsitzenden der CDU/CSU-Bundestagsfraktion Barzel, Bundestagspräsident Gerstenmaier, Bundespräsident Lübke und an den CSU-Vorsitzenden Strauß. Vgl. ebd., S. 455.

[1092] Die»Madonna mit Kind«, eine Schnitzarbeit aus Bayern, die um 1500 geschaffen wurde, erhielt Adenauer als Geschenk von den Mitgliedern des Kabinetts zu seinem 75. Geburtstag am 5.1.1951; sie steht heute im Esszimmer Adenauers in seinem Haus in Rhöndorf. Vgl. Konrad Adenauer. Dokumente aus vier Epochen, 4. Aufl., S. 206, Foto S. 205 unten.

[1093] Krone (Tagebücher, Zweiter Bd.: 1961–1966, S. 386) hielt dazu fest:»Im Parteivorstand in Bonn Diskussion um Erhards formierte Gesellschaft. Mit Recht harte Kritik. Wir können jetzt nichts dagegen setzen, weil der Wahlkampf gewonnen sein will. Erhards formierte Gesellschaft ist liberaler Aufguß christlichen Gesellschaftsgutes.«

[1094] Vgl. Willy Nissel, Bundeskanzler Erhard und die schwache Koalition, in:»Bonner Rundschau«, Nr. 142, 22.6.1965, S. 2.

einsetzen, dass die Akademie Eichholz[1095] mehr in den Dienst einer Grundsatzschulung des Erbes der Partei gestellt werde (über die Chancen der Bildungsarbeit hatte Vater gestern Pater Reichel[1096] ausführlich berichtet) und dass sein Wille und seine Position mehr respektiert werde. Vater hat dann schweren Herzens daraufhin zugestimmt und seine Amtsniederlegung im Sinne eines Verzichtes auf die Ausübung seines Amtes zurückgenommen.[1097] Er sagte heute Abend, man hätte sonst später auf ihn gezeigt und hätte ihm eine eventuelle Wahlniederlage in die Schuhe geschoben. Ohnehin würde er nicht mehr kandidieren für's nächste Mal. So würde vielleicht eine würdige Form des Wechsels im Parteivorsitz kommen. Krone, der gestern bei ihm war,[1098] hätte bemerkt, dann würde die Frage akut, ob der Parteivorsitz mit dem Kanzlerposten wiederum gekoppelt werden solle. Er sei sonst nicht besonders überrascht gewesen und habe der Sache Verständnis entgegengebracht. Das war alles!

Morgen und übermorgen reist Vater an die Saar für Wahlreden. Heute Abend ist er müde vom Lärm unter seinem Fenster. Er sitzt im Garten und macht sich Notizen für die Wahlreden. Es ist schon ein hartes Werk, weil er fühlt, wie er so wenig noch ausrichten kann. Früher, wenn Leute bei ihm waren und er Zusagen machte, dann konnten die Leute mit den Ministern und anderen verhandeln. Jetzt weiß er nicht mehr, was geschieht. Er hat keinen Apparat unter sich. Er fühlt, dass Dufhues unehrlich ist und ihn beiseite schieben will. Er fühlt, dass er das, was er für richtig hält, nicht mehr durchsetzen kann. Eine außerordentlich harte Situation! Ein Glück, dass er mit sich umzugehen weiß, sich ruhig in den Garten setzt, und dass er weiß, was

---

[1095] Konrad Adenauer eröffnete am 12.4.1957 in Schloss Eichholz bei Wesseling die politische Bildungsstätte der Gesellschaft für christlich-demokratische Bildungsarbeit e. V., die 1958 in »Politische Akademie Eichholz e. V.« umgewandelt wurde und seit dem 13.10.1964 den Namen »Konrad-Adenauer-Stiftung für politische Bildung und Studienförderung e. V.« trug. Vgl. Beaugrand, Die Konrad-Adenauer-Stiftung, S. 21–36.

[1096] Das Gespräch Adenauers mit Pater Reichel fand am 22.6.1965 in Bonn statt (Adenauer, Kalendarium).

[1097] Krone (Tagebücher, Zweiter Bd.: 1961–1966, S. 390) hielt dazu am 4.7.1965 fest: »Globke sagt mir immer wieder, ich müsse im nächsten Jahr, wenn Konrad Adenauer vom Parteivorsitz zurücktrete, diesen Posten übernehmen. Auch Eugen Gerstenmaier denkt so. Wie die Dinge lägen, müsse ein Katholik die Partei übernehmen. Auch zur Wahrung und Stärkung des grundsätzlichen Fundus, mit dem wir angetreten seien, denn der verliere in unseren Reihen an Kraft.«

[1098] Das Gespräch Adenauers mit Krone fand am 22.6.1965 statt (Adenauer, Kalendarium).

er seinem Leib und seiner Gesundheit schuldet, dass er klug ist und
bescheiden mit sich selbst.

## Freitag, 2. Juli 1965

Heute vor acht Tagen, am 25. Juni, kam Vater gegen ¼ nach 10 Uhr
abends von der zweitägigen Wahlreise ins Saargebiet zurück.[1099] Er
brauchte von unten bis oben hier ins Haus fast eine Viertelstunde. Er
schwankte und taumelte vor Müdigkeit und Erschöpfung. Er hatte 25
Ansprachen gehalten in den verschiedensten Dörfern des Saarlandes,
hatte zwei Reden über eine halbe Stunde lang gehalten. Das Ganze oft
in glühender, greller Sonnenhitze, so dass seine Augen brannten vor
Schmerz. Dazu in der Nacht, zwar in einem wunderbaren Gastzimmer
eines Gästehauses,[1100] wo es aber keine festen Gardinen oder Rolllä-
den gab, so dass die Sonne ihn um 5 Uhr weckte. Aber der Einsatz hat
sich gelohnt. Die Wahl wurde mit einer knappen Mehrheit von 2
Prozent zugunsten der CDU gewonnen,[1101] und zwar besonders auch
da, wo er geredet hatte. Er war tief befriedigt. Er berichtete sogar bei
dem mühsamen Aufstieg am Abend davon, dass es ihm eine Genugtuung gewesen wäre, diese wilde Begeisterung der Menschen und
diese Dankbarkeit zu erleben. Das hätte ihm noch einmal gutgetan.
Er brachte Wein mit. Überall hätten die Pastoren in den Orten auch
bereit gestanden neben dem Bürgermeister und ihm gratuliert. Man
solle sich in ein solches Land flüchten, wenn es anderswo zu schlimm
würde, meinte er.

Am nächsten Tag hat er dann bis 9 oder 10 Uhr geschlafen, nachmittags nochmal drei Stunden, und hat eigentlich seine Reserven erstaunlich schnell wieder aufgefüllt.

Dann kam am Sonntagabend Fräulein Poppinga zurück. Nach einer
kurzen Zeit zu Hause ist ihr Freiheits- und Selbstständigkeitssinn

---

[1099] Auf seiner Wahlkampfreise in das Saarland am 24./25.6.1965 besuchte Adenauer Nohfelden, die Benediktinerabtei Tholey, Saarwellingen, Losheim, Mettlach,
Merzig, Hilbringen, Dillingen, Heusweiler und Sankt Wedel (Adenauer, Kalendarium).

[1100] Adenauer übernachtete in Mettlach im Gästehaus von Franz von Boch-Galhau-
des, Gesellschafter des Familienunternehmens Villeroy & Boch AG in 7. Generation (Adenauer, Kalendarium).

[1101] Bei der Wahl zum 5. Saarländischen Landtag am 27.6.1965 errang die CDU
42,7 v. H. (23 Sitze), die SPD 40,7 v. H. (21 Sitze), die FDP 8,3 v. H. (4 Sitze),
die SVP 5,2 v. H. (2 Sitze) der abgegebenen gültigen Stimmen. Franz-Josef Röder
bildete eine Koalition aus CDU und FDP und wurde zum Ministerpräsidenten
wiedergewählt. Vgl. Der Präsident des Landtages des Saarlandes (Hrsg.),
40 Jahre Landtag des Saarlandes, S. 111.

wieder erwacht, und sie wollte für die Sekretärinnen und für sich jetzt beim zweiten Band der Memoiren[1102] Wohnung außerhalb nehmen, um hier nicht Frau Schlief zu sehr auf den Wecker zu fallen. Aber Vater konnte das nicht ertragen, und sie meinte, sie dürfe ihn jetzt nicht verlassen, wenn er das so als Verlassenheit empfinde. Tatsächlich ist es das.

Unglückseligerweise fing Vater Montag früh noch davon an, ob Frau Schlief die Rosenbeete mal etwas durchhacken könne bzw. Monika und die kleine Margit. Frau Schlief war erschüttert und verzweifelt. Er habe noch immer nicht erfasst, was sie alles zu tun habe. Obwohl ich das alles mit ihr besprochen hatte, was zur weiteren Entlastung geschehen könnte, ging sie dann doch hin und arbeitete fast jeden Tag dieser Woche im Garten. Das ist nicht zu machen.

Vater sieht eine zunehmende Fäulnis in unserer Gesellschaft sich ausbreiten. Es würde immer weniger gearbeitet und dafür mehr an Genuss verlangt. Es sei eine zunehmende Schwächung des Charakters festzustellen. Ich weiß nicht, ob dem so ist. Aber es ist möglich, dass es schlimmer ist, als man gelegentlich denkt.

## Samstag, 17. Juli 1965

Vater geht es inzwischen Gott sei Dank wieder besser. Er fährt entweder nach Bonn oder arbeitet am zweiten Band seiner Memoiren. Er war auf dem französischen Nationalfeiertag bei Seydoux[1103] im Haus Ernich[1104]. Er ist dort sehr gefeiert worden und bekam sogar von einer Dame einen Kuss. Plötzlich habe der russische Botschafter Smirnow[1105] hinter ihm gestanden. Genau dieselbe Szene habe sich vor einem Jahr abgespielt. Er habe ihm gesagt, wie sehr man es in Moskau

---

1102 Die Bearbeitung des Manuskripts für den zweiten Band von Adenauers »Erinnerungen 1953–1955« begann im Juni/Juli 1965 und wurde im Juni/Juli 1966 abgeschlossen. Vgl. StBKAH, Memoirenunterlagen I, Akte 35–38 Band II 1953–1955 Erledigte, von Herrn Bundeskanzler korrigierte Manuskripte 1965/1966; Akte 39–42 Band II 1953–1955 Verschiedene Unterlagen I–III; Unterlagen betr. Israel; Akte 25–27 Band II 1953–1955 Originale der Manuskripte, abgegeben Juni/Juli 1966.

1103 Adenauer nahm am 14.7.1965 an dem Empfang des französischen Botschafters aus Anlass des Nationalfeiertages teil (Adenauer, Kalendarium).

1104 Schloss Ernich, neobarockes Gebäude in Remagen, Landkreis Ahrweiler, war von 1949–1955 Residenz des französischen Hohen Kommissars in Deutschland und anschließend bis 1999 des französischen Botschafters.

1105 Andrej Andrejewitsch Smirnow (1905–1982), sowjetischer Diplomat, 1956–1966 Botschafter der UdSSR in der Bundesrepublik Deutschland, 1966–1969 in der Türkei.

bedaure, nicht mehr so wie früher mit ihm verhandeln zu können, und ob es nicht möglich sei, mit ihm zu sprechen. Vater ist nicht abgeneigt, so gut es geht, auf die Politik noch Einfluss zu nehmen. So war schon Seydoux heute hier[1106] und wird auch noch einmal wiederkommen.[1107] Vater versucht, was er kann, um die Freundschaft zwischen Frankreich und Deutschland zu kitten. Nach seiner Auffassung ist die ganze Angelegenheit von uns nicht richtig eingeschätzt worden. De Gaulle habe sich von Anfang an dagegen gewehrt, dass man in einem zu frühen Stadium der Entwicklung übernationale Körperschaften schaffe, die dann mit Stimmenmehrheit zum Beispiel der kleinen Länder Luxemburg, Belgien, Niederlande über wesentliche wirtschaftspolitische Eingriffe bei den großen Partnern beschließen könnten.[1108] Dies galt besonders, seitdem der holländische Außenminister immer wieder versucht, England ins Spiel zu bekommen[1109] und damit Europa in der ursprünglichen Gestalt zu verändern. Darum war de Gaulle immer dafür, dass die EWG eine wirtschaftliche Sache bleiben solle und man die politische Union nur stufenweise über ein jahrzehntelanges Wachstum anstreben könne, wobei die kulturelle Eigenart der Länder zu respektieren sei. Nun habe man auf deutscher Seite diesen Dingen nicht genügend Bedeutung beigemessen, und vor allen Dingen habe auch die EWG-Kommission unter Herrn Hallstein selber sich zu einem auch politischen Machtzentrum ausgebildet und wolle nun etwa über die Verteilung der Finanzmittel maßgebend mitbestimmen, welche die Länder dort einzuzahlen haben.[1110]

---

[1106] Das Treffen mit Seydoux am 17.7.1965 ist nicht in Adenauers Terminkalender vermerkt (Adenauer, Kalendarium).

[1107] Auch ein mögliches weiteres Gespräch Adenauers mit Seydoux wurde nicht in Adenauers Terminkalender (ebd.) notiert.

[1108] Zur Haltung de Gaulles gegenüber der europäischen Integration vgl. De Gaulle, Memoiren der Hoffnung, S. 239–242.

[1109] Vgl. Kersten/Bergman, Luns, S. 318–325.

[1110] Auf der Tagung des (Minister-)Rats der EWG vom 28. bis 30.6.1965 in Brüssel war es über die Finanzierung des gemeinsamen Agrarmarktes, der aufgrund der Beschlüsse vom 14.1.1962 über die Gründung eines Europäischen Ausrichtungs- und Garantiefonds für die Landwirtschaft ab dem 1.7.1965 geregelt werden sollte, zu einem Streit über den Zeitplan für die stufenweise Neuregelung gekommen. Die EWG-Kommission unter Leitung von Hallstein schlug am 31.3.1965 vor, einen eigenen Haushaltsetat der Gemeinschaft zu schaffen und die Kompetenzen des Europäischen Parlaments zu erweitern. Die französische Regierung lehnte dies ab, ließ die Verhandlungen scheitern und praktizierte fortan die sogenannte »Politik des leeren Stuhls«. Vgl. Aufzeichnung Lahr, 3.7.1965, in: AAPD 1965, S. 1101–1105; von der Groeben, Aufbaujahre der Europäischen Gemeinschaft, S. 250–263.

Inzwischen ist noch eine weltpolitische Veränderung vor sich gegangen. Es scheint, als ob die USA mit den Russen zu Abkommen
oder Übereinkommen hindrängen in der Richtung, dass Russland es
nicht ungern sieht, wenn Amerika in Vietnam das chinesische Prestige schwächt. Denn die Chinesen treten immer offener für Nord-
Vietnam ein.[1111] Auf diese Weise würde dann Moskau in der kommunistischen Welt wieder mehr Bedeutung gewinnen, aber Europa
würde an Bedeutung für beide Länder verlieren, während Vater immer gehofft hatte, dass die Russen gezwungen sein würden, um sich
gegen die Chinesen abzusichern, sich in Europa den Rücken freizu-
halten und aus diesem Grunde vielleicht auch Zugeständnisse in der
deutschen Frage zu machen. Das wäre nun durch diese Situation il-
lusorisch.

Überhaupt sieht Vater für Europa nicht ohne Gründe immer wieder
schwere Sorgen heraufziehen. Er behauptet, dass wir zur Zeit ohne
effektiven Schutz durch die Amerikaner seien, weil nicht genügend
Mittelstreckenraketen hier stationiert seien, die Kennedy ihm noch
zugesagt habe,[1112] während die Russen solche Raketen fertig abschuss-
bereit drüben hätten und außerdem eine sehr überlegene Landstreit-
macht besäßen.[1113] Wenn die Amerikaner nicht ihre eigenen Leute hier
zu schützen hätten, wären wir völlig schutzlos. Darum muss man
daran denken, was es bedeutet, wenn in Italien und in Frankreich die
kommunistischen Parteien so stark sind und wenn in Deutschland
vielleicht ein Nationalismus mit der Zeit sich wieder entwickelt, dem
auch der Weg über eine Anlehnung nach Osten recht ist, um entsprechend zur Geltung zu kommen, oder auch, weil man im Westen nicht
die Anerkennung findet, von der man träumt.

Hier liegen schwierige Dinge, und im Ganzen macht die Bundesregierung einen völlig zufälligen Eindruck. Mal spricht dieser, mal jener

---

[1111] Vgl. Pachter, Das Ost-West-Verhältnis und die amerikanischen Interventionen
in der Dominikanischen Republik und Vietnam, in: Carstens/Mende/Rajewsky/
Wagner (Hrsg.), Die Internationale Politik 1964/1965, S. 21–58, hier S. 38–43,
47–53.

[1112] Vgl. Anm. 963 und Anm. 964.

[1113] Nach Angaben des Instituts für strategische Studien in London (»Die militärische Bilanz 1964/65«), die am 13.11.1964 veröffentlicht wurden, besaß die
Sowjetunion etwa 750 Mittelstreckenraketen und 1400 Bomber mittlerer
Reichweite. Dagegen verfügten die Vereinigten Staaten von Amerika über
1100 strategische Bomber sowie Großbritannien über 180 V-Bomber. Die
sowjetischen konventionellen Streitkräfte wurden mit 140 Divisionen angegeben, von denen die Hälfte Kampfstärke besaß. Vgl. AdG, 34. Jg. (1964),
S. 11532.

durcheinander. So erklärt Schröder heute auf einmal, die Bundesregierung halte nicht nur den Verzicht auf [die] Produktion von Atomwaffen[1114] aufrecht,[1115] sondern wolle auch keine kaufen,[1116] eine Frage, die durchaus zu prüfen wäre. Denn wie will man auf die Dauer verantworten, dass Deutschland die meisten Soldaten zur Verteidigung Europas stellt, ohne zugleich auch ein entsprechendes technisches Potential zu haben? Wir geraten dadurch in eine Minderwertigkeit hinein, die mit unserem tatsächlichen Gewicht unvereinbar ist und erst recht mit einem erwachsenden nationalen Selbstbewusstsein unvereinbar sein würde.

---

[1114] Nach zähen Verhandlungen erklärte Adenauer auf der Londoner Neunmächte-Konferenz am 2.10.1954 »im Namen der Bundesrepublik« die Bereitschaft, »freiwillig auf die Herstellung von A-, B- und C-Waffen« zu »verzichten, nicht aus Gründen der strategisch gefährdeten Gebiete, sondern ganz freiwillig«. Vgl. DzD, II. Reihe/Bd. 4, S. 347; auch Küsters, Souveränität und ABC-Waffen-Verzicht, in: VfZ, 42. Jg. (1994), S. 499–536.

[1115] In einem Interview mit dem Korrespondenten der »Düsseldorfer Nachrichten«, Wolfgang Wagner, sagte Schröder am 3.7.1965 zur Diskussion um das Nonproliferationsabkommen, der ABC-Waffenverzicht der Bundesrepublik Deutschland 1954 könne »mit Fug und Recht als eine Vorstufe der Nichtverbreitung atomarer Waffen angesehen werden«. Damit werde ein »nicht atomar gerüstetes Land gegen atomare Erpressung und Aggression geschützt«, und als Mitglied der NATO habe Deutschland angesichts der geographisch exponierten Lage und der Bedrohung »durch die auf Westeuropa gerichteten Mittelstreckenraketen der Sowjetunion« einen »Anspruch« auf eine Regelung im Bündnis. »Ich meine«, fügte Schröder hinzu, »daß eine Form der atomaren Organisation gefunden werden muß«. Wenn dies durch die Schaffung einer »Multilateralen Atlantischen Abschreckungsmacht oder eine gleichwertige Lösung« geschehe, »könnte Deutschland seinen Alliierten gegenüber auf den Erwerb eigener Atomwaffen verzichten«. Zum Wortlaut des Interviews vgl. Verzicht Deutschlands auf ABC-Waffen, in: Bulletin, Nr. 117, 9.7.1965, S. 948 f., hier S. 949; Dokumentation zur Abrüstung und Sicherheit, Bd. III 1964–1965, S. 246 f.; Auszug in dem Artikel »Bonner Ueberlegungen zu Schröders Aeußerungen« in: »Frankfurter Allgemeine«, Nr. 160, 14.7.1965, S. 4.

[1116] Angesichts der Besorgnisse, die das Interview Schröders bei der britischen Regierung auslöste (vgl. Auch der Abrüstungsminister greift das Schröder-Interview auf, in: »Frankfurter Allgemeine«, ebd.), dementierte die Bundesregierung die Annahme, »die Bundesrepublik wolle in jedem Fall und in naher Zukunft Atomwaffen erwerben«.

Montag, 13. September 1965
De Gaulle hat den polnischen Ministerpräsidenten Cyrankiewicz[1117]
ausführlich mit einer Unterhaltung oder mehreren beehrt.[1118] Cyrankiewicz hat hinterher de Gaulle gedankt für das Verständnis bzw.
für die Zustimmung dafür, dass die polnische Westgrenze die zurzeit polnisch verwalteten Gebiete des deutschen Staatsgebietes einschließen
müsse.[1119] Die französische Regierung hat bisher auf entsprechende
Proteste von deutscher Seite geschwiegen.[1120] Außerdem hat de Gaulle die Reorganisation der NATO verlangt und die EWG weiter in
Frage gestellt.[1121] Es sieht trübe aus. Er spricht offenbar mit den Polen

[1117] Józef Cyrankiewicz (1911–1989), polnischer Politiker, 1947–1952 und 1954–
1970 Ministerpräsident, 1947–1972 Abgeordneter des Sejm, 1948–1971 Mitglied des Politbüros des Zentralkomitees der Polnischen Vereinigten Arbeiter-
partei.
[1118] Vom 9. bis 16.9.1965 hielt sich Cyrankiewicz zu einem offiziellen Besuch in
Frankreich auf. Zur Unterredung de Gaulles mit Cyrankiewicz am 14.9.1965
vgl. DDF 1965, Tome II, S. 327–331; zu dem Kommuniqué AdG, 35. Jg. (1965),
S. 12064 f.
[1119] Bereits auf einer Pressekonferenz am 25.3.1959 hatte de Gaulle erklärt, die
»Wiedervereinigung der beiden gegenwärtig getrennten Teile zu einem Deutschland, das völlig frei wäre, betrachten wir als das Ziel und das normale Schicksal
des deutschen Volkes, vorausgesetzt, daß es seine gegenwärtigen Grenzen im
Westen, Osten, Norden und Süden nicht in Frage stellt« (vgl. De Gaulle, Discours et Messages. Avec le Renouveau, 1958–1962, S. 82–86; Auszug in: DzD,
IV. Reihe/Bd. 1, S. 1266–1269, hier S. 1268; Dokumentation zur Deutschland-
frage, Hauptbd. II, S. 181 f., hier S. 182; De Gaulle, Memoiren der Hoffnung,
S. 374–379). Cyrankiewicz erklärte am 10.9.1965 nach dem Gespräch mit de
Gaulle: Die Einstellung des Generals de Gaulle zum Problem der Westgrenze
Polens ist so bekannt, daß es abgeschmackt wäre, nochmals Fragen aufzuwerfen,
die zu keinerlei Mißverständnis Anlaß gegeben können. Ich konnte dem General gegenüber ganz einfach unsere Dankbarkeit zum Ausdruck bringen« (vgl.
DzD, IV. Reihe/Bd. 11, S. 793; AdG, 35. Jg. (1965), S. 12064).
[1120] Erhard bezeichnete die Äußerungen Cyrankewiczs »über die deutsche Ostgren-
ze« als »Behauptungen«, »die seinem Wunschdenken entsprechen, mit der
Rechtslage aber unvereinbar« seien. Es werde »so lange keine von allen Deutschen als rechtens anerkannte Grenze zu unserem Nachbarvolk Polen geben,
bis dieser nicht entsprechend dem Potsdamer Abkommen in einer Friedenskon-
ferenz von Gesamtdeutschland zugestimmt wird« (vgl. Grenzregelung nur durch
Friedensvertrag, in: Bulletin, Nr. 152, 14.9.1965, S. 1227; DzD, IV. Reihe/Bd.
11, S. 793; dazu auch Erklärung des Sprechers der Bundesregierung, Werner G.
Krueger, 13.9.1965, in: Bulletin, Nr. 153, 15.9.1965, S. 1236 f.; DzD, ebd.,
S. 794 f.). In der Unterrichtung des französischen Außenministeriums gegenüber
dem deutschen Botschafter Klaiber über die französisch-polnischen Gespräche
wurde lediglich auf die Äußerung de Gaulles vom 4.2.1965 (vgl. Anm. 955)
verwiesen (vgl. AAPD 1965, S. 1435–1438, hier S. 1437).
[1121] Vgl. dazu das Gespräch Schröder mit Couve de Murville, 24.5.1965, in: AAPD
1965, S. 864–878. Am 25.5.1965 unterrichtete Carstens die Auslandsvertretun-

über die gemeinsame Bedrohung. Der Pole reist im eigenen Flugzeug de Gaulles umher und spricht von den paar hundert Kilometern, die Frankreich und Polen voneinander trennen, die aber doch voller Gefahren seien.[1122] Kurz und gut, es scheint, als ob nun de Gaulle tatsächlich endgültig von uns abgeschwenkt ist und sich auf die alte polnisch-französische Allianz gegen Deutschland wirft. Was er sonst im Schilde hat, weiß man nicht.

Vater ist erschüttert. Die Sache kann uns den Wahlsieg kosten. Er sagt: »Meine ganzen Bemühungen sind gescheitert. Ich habe diesen Weg gehen müssen im Vertrauen auf diesen Mann. Aber ich bin wie einer von vielen anderen, die er gebraucht hat und dann beiseite gestellt hat. Es ist richtig, dass Frankreich vor und vor allem unter de Gaulle versucht hat, mit uns zusammenzugehen, dass wir dann nach meiner Absetzung Schwierigkeiten gemacht haben bzw. mit dem Herzen nicht dabei waren und dass vor allen Dingen im vorigen Jahr beim französischen Besuch hier de Gaulle schwer verletzt war, weil die Deutschen nicht [auf ihn] eingingen. Er sprach ja damals: ›Wir kehren als Jungfern zurück‹,[1123] das heißt also, wie aus einer zwar formal

---

gen über das Gespräch mit dem Hinweis zum Thema NATO: »Die französische Seite wiederholte die früher oft gehörte These, daß Frankreich bis 1969 wohl die Organisation des Bündnisses zu ändern, das Bündnis selbst aber zu erhalten wünsche« (vgl. ebd., S. 945 Anm. 19).

[1122] Während seines Besuchs in Toulouse erklärte Cyrankiewicz am 12.9.1965, »abgesehen von den Entfernungen« bestehe immer »derselbe geopolitische Bezug«. Es seien »nicht die paar hundert Kilometer«, die Frankreich und Polen »trennen«; es gibt zwischen uns eine Nation, die bisher immer noch nicht ganz gelernt hat, friedlich zu leben und sich zu verhalten«. Vgl. AdG, 35. Jg. (1965), S. 12064.

[1123] Am 3./4.7.1964 hielt sich de Gaulle im Rahmen der deutsch-französischen Konsultationen in Bonn auf (vgl. AAPD 1964, S. 713–787, Aufzeichnung der Unterredung, die Adenauer während des Besuchs am 3.7.1964 mit de Gaulle führte, S. 749–755). Am 4.7.1964 traf Adenauer erneut mit de Gaulle zu einem Frühstück in der Residenz des französischen Botschafters auf Schloss Ernich bei Bonn zusammen (Adenauer, Kalendarium). Bei seiner Rückkehr nach Rhöndorf, so berichtete Poppinga (Meine Erinnerungen an Konrad Adenauer, S. 112) später, sagte Adenauer: »De Gaulle habe ihm bei der Verabschiedung gesagt, die Ehe zwischen Frankreich und Deutschland sei zwar geschlossen, aber er fahre als Jungfrau nach Paris zurück.« Adenauer berichtete später auch Otto Schumacher–Hellmold (Gespräch, 20.1.1965, in: Adenauer, Die letzten Lebensjahre, Bd. I, S. 357–364, hier S. 359), de Gaulle habe ihm »unter vier Augen gesagt: Man kehrt wieder als Jungfrau nach Paris zurück.« Damit spielte de Gaulle auf seinen Appell am Vortrag an, »in der Praxis die vertraglich festgelegte Zusammenarbeit zu stärken und damit unmerklich zu einer immer engeren Annäherung zwischen den beiden Regierungen zu gelangen« (vgl. AAPD 1964, S. 738 f.). Zudem bot er in einem Gespräch mit Carstens am 4.7.1964 der Bundesregierung, die gegen die Pläne der amerikanischen Regierung »Einfluß auf die nuk-

geschlossenen, aber nicht vollzogenen Ehe. Nun zieht er die Konsequenzen, und Spaak[1124] hat erklärt, dass man sich nicht wundern dürfe, wenn nun der deutsche Nationalismus wieder erwache, wenn die Deutschen im Osten die Bedrohung sähen[1125] und die Absage im Westen von Seiten des Nachbarvolkes, wenn gleichzeitig von Polen und dem polnischen Episkopat unter Wyszyński[1126] die Gebietsforderungen erhoben werden[1127] und was so alles zusammenkommt.« Vater hatte heute den Parteivorstand zusammen.[1128] Aber er meint, die Herren hätten sich weiter nicht von der Sache beunruhigen lassen

leare Planung und auf die nuklearen Entscheidungen zu erhalten« suchte, Zusammenarbeit mit Frankreich an.»Bei uns können Sie einen weit größeren Anteil erhalten (oder: weit mehr beteiligt werden)«, fügte der Präsident hinzu (ebd., S. 768). Zu dem Angebot de Gaulles der nuklearpolitischen Kooperation und den ausbleibenden Reaktionen Erhards und Schröders vgl. Kusterer, Der Kanzler und der General, S. 419 f.; Osterheld,»Ich gehe nicht leichten Herzens ...«, S. 94–100; dazu auch Eintrag 1.11.1965, in: Krone, Tagebücher, Zweiter Bd.: 1961–1966, S. 425.

1124 Paul-Henri Spaak (1899–1972), belgischer Politiker; 1954–1957 und 1961–1966 Außenminister, 1957–1961 Generalsekretär der NATO.

1125 Spaak, der sich schon 1961 für die Anerkennung der Oder-Neiße-Grenze ausgesprochen hatte, meinte jedoch 1964, die Frage der deutschen Ostgebiete sollte erst in einem Friedensvertrag mit einer gesamtdeutschen Regierung geregelt werden. Vgl. Polen. Oder-Neiße-Grenze. Das große Tabu, in:»Der Spiegel«, Nr. 48, 22.11.1961, S. 54–56, 58–60, 62–66, 68, 70 f., hier S. 56; Meldung dpa 101 id, jaksch: forderung nach oder-neisse-anerkennung politisch unüberlegt, 12.5.1964, in: ACDP, PA 0/074; Deutsch-belgische Regierungsbesprechungen, 22.3.1965, in: AAPD 1965, S. 569–574, hier S. 573.

1126 Stefan Kardinal Wyszyński (1901–1981), polnischer katholischer Priester, seit 1924 Priester, 1946 Bischof von Lublin, 1948 Erzbischof von Gnesen und Warschau.

1127 Das polnische Episkopat feierte am 27.6.1965 in Stettin die»Rückkehr der Diözese Pommern« nach Polen. Der Primas von Polen, Kardinal Wyszyński, unterstrich anlässlich der gleichen Feierlichkeit der ostpreußischen Diözese Ermland am 20.6.1965 in Allenstein und der bevorstehenden Feier in Breslau:»Wir können mit Autorität feststellen, daß es in unseren Augen und in den Augen der Kirche und des Heiligen Stuhls keine kanonischen Differenzen zwischen diesen (Diözesen in den polnischen ›Westgebieten‹ und den Diözesen in Mittelpolen gibt.« Zudem wies er darauf hin,»daß die Diözesen in den polnisch verwalteten deutschen Ostgebieten jenen entsprächen, die im Jahr 1000 auf dem Kongreß von Gnesen auf Anweisung Papst Sylvesters geschaffen worden seien«. Vgl. Wyszyński feiert in Allenstein, in:»Frankfurter Allgemeine«, Nr. 141, 22.6.1965, S. 1; Warschau feiert seine Marine, ebd., Nr. 146, 28.6.1965, S. 5. Zu dem daraufhin in den letzten Tagen des Zweiten Vatikanischen Konzils folgenden Briefwechsel polnischer und deutscher Bischöfe im November/Dezember 1965 im Vorfeld der 1966 geplanten 1000-Jahr-Feier der Christianisierung Polens vgl. Trippen, Josef Kardinal Frings, Bd. II, S. 490–499.

1128 Das Parteipräsidium der CDU tagte am 13.9.1965 zum letzten Mal vor der Bundestagswahl. Zusammenfassendes Protokoll: ACDP 07–001–053/1.

außer Krone, der erschüttert gewesen sei.[1129] Es sei auch vielleicht gut, wenn die Männer ungebrochen in den letzten Tagen des Wahlkampfes vorgingen. Er habe darum auch nicht weiter insistiert darauf. Es könne sein, dass der allgemeine Beifall, der ihm entgegenschlägt, ihren Blick trübe. Er selber müsse sagen, dass de Gaulle zwar in manchen Dingen verständlich sei und in seinem Stolz verletzt sei, dass er aber auch andererseits regelrecht falsch berichtet habe, zum Beispiel, als er von der Montanunion gesprochen habe und behauptet habe, dass wir doch das Verfügungsrecht über Kohle und Eisen wiederbekommen hätten.[1130] Das stimmt zwar, aber doch nur unter gegenseitiger Kontrolle in Form der Hohen Behörde der Montanunion. Davon aber habe de Gaulle geschwiegen. Ebenso sei es auch mit anderen Dingen. Er sei tief enttäuscht, und praktisch sei durch seine Absetzung – denn wenn er geblieben wäre, hätte er es zu verhindern gewusst – sein ganzes Werk jetzt schon am Scheitern.

Schröder sei es in der Hauptsache schuld, der neulich gefragt wurde von einem guten Gewährsmann, warum er eigentlich so gegen Frankreich sei. Er habe dann geantwortet, er habe von klein auf eine unüberwindliche Abneigung gegen Frankreich. Und das von einem Außenminister! Außerdem hat de Gaulle dem amerikanischen Staatssekretär Ball[1131] bei seinem letzten Besuch zu verstehen gegeben, dass er Wert darauf lege, dass Deutschland nicht an den Atomdrücker mit herankomme, obwohl die Amerikaner das vorhatten.[1132] De Gaulle

---

[1129] Vgl. Krone, Tagebücher, Zweiter Bd.: 1961–1966, S. 407.

[1130] Zu den Aufgaben und Zielen der Europäischen Gemeinschaft für Kohle und Stahl, die der am 18.4.1951 auf 50 Jahre geschlossene Vertrag zwischen Belgien, der Bundesrepublik Deutschland, Frankreich, Italien, Luxemburg und den Niederlanden in Ersten Titel vorsah, vgl. BGBl. II 1952, S. 447–504, hier S. 448–450.

[1131] Korrigiert aus »Bowle«. Gemeint: George W. Ball (1909–1994), 1961 Unterstaatssekretär für Wirtschaftsfragen im amerikanischen Außenministerium, 1961–1966 stellvertretender amerikanischer Außenminister. Über das Gespräch mit Adenauer am 13.9.1965 notierte Krone (Tagebücher, Zweiter Bd.: 1961–1966, S. 407): »Am Nachmittag hörte ich von Konrad Adenauer, daß Ball in seinem kürzlichen Gespräch mit de Gaulle diesem gesagt habe, daß man den Deutschen auf die Dauer atomare Waffen nicht versagen könne, das sei die amerikanische Auffassung. De Gaulle habe diesen Vorschlag mit einem klaren Nein beantwortet. Der alte Bundeskanzler hat diese Information mit dem französischen Botschafter Seydoux besprochen; doch eine Antwort auf seine Fragen habe er bisher nicht bekommen.«

[1132] Ball unterrichtete am 12./13.7.1965 den NATO-Rat in Paris über die Vietnampolitik der amerikanischen Regierung. Der Ständige Vertreter der US-Regierung bei der NATO, Tim Finletter, sagte am 12.7.1965 Couve de Murville, mit der MLF könnten nuklearpolitische Ambitionen der Bundesrepublik kontrolliert

hat offenbar Angst vor uns, und da er sieht, dass er nicht mit uns gehen kann oder wir nicht mit ihm, will er uns nun auch möglichst kleinhalten.

Vater erklärt mir noch einmal in aller Ausführlichkeit, dass vor allen Dingen der Holländer Luns und die Italiener unter Fanfani[1133], getrieben von den Engländern, damals den entscheidenden Schritt zur politischen Union Europas verhindert haben, als de Gaulle mit Vater anfangen wollte. Damals hätten die aber Schwierigkeiten gemacht. Er hätte auch später dann begonnen: Der fertige Entwurf de Gaulles läge noch in den Akten der Auswärtigen Ämter.[1134] Man hätte ruhig anfangen sollen, auch mit wenigen Leuten. Die anderen wären nachgefolgt. Aber das sei nun nicht geschehen, und damit sei alles auf Eis gelegt. Man könne jetzt nicht absehen, wie es weitergehen soll.

Wenn einem dann in Köln im Büro die Wahlillustrierten[1135] begegnen, wo von Schröder und Erhard behauptet wird, sie setzten Vaters Politik fort, wo man sieht, wie die SPD immer nein gesagt hat zur deutsch-französischen Aussöhnung[1136] und zu allem und so fort, und

---

werden. Couve de Murville entgegnete, Frankreich glaube, wenn man den Interessen der Deutschen nachgebe, dass dies nur der erste Schritt zum Aufbau einer deutschen »force de frappe« sei. Finletter antwortete: »The most likely way of getting a German force de frappe was to deny her any joint and indivisible interest in nuclear arms, in which event as a matter of national pride she would be compelled to go out and get them on her own somehow.« Vgl. Schreiben Finletter, Paris, an Rusk, 12.7.1965, in: FRUS 1964–1968, Vol. XIII, S. 231–233, hier S. 232. Zur Haltung Schröders und des Auswärtigen Amts vgl. Telegramm d'Aumale an Couve de Murville, 30.7.1965, in: DDF 1965, Tome II, S. 173–175.

[1133] Amintore Fanfani (1908–1999), Professor, Dr., italienischer Wirtschaftshistoriker und Politiker (DC), 1954, 1958–1959, 1962–1963, 1982–1983 und 1987 Ministerpräsident, 1965–1968 Außenminister.

[1134] Vgl. Anm. 240 und Anm. 242.

[1135] Möglicherweise gemeint: »Unsere Sicherheit. Wahlzeitung der Christlich Demokratischen Union (CDU/CSU)« – Unabhängige Zeitung, hrsg. vom Ludwig-Erhard-Freundeskreis, Frankfurt/Main ohne Jahr (ACDP 07–001–5036). Die CDU gab »'65 Eine Zeitung für jedermann« heraus, über die die SPD aufgrund des Zusatzabkommens zur Vereinbarung über die Führung eines fairen Wahlkampfes und über die Begrenzung der Wahlkampfkosten vom 9.1.1965, das CDU, CSU, FDP und SPD am 6.5.1965 unterzeichnet hatten und für die Zeit vom 1.5. bis 31.12.1965 galt, bei der eingerichteten Schiedsstelle Beschwerde führte (Materialien dazu in: ACDP 07–001–5062).

[1136] Die SPD-Fraktion im Deutschen Bundestag verweigerte am 24.11.1949 dem Beitritt der Bundesrepublik Deutschland zur Ruhrbehörde ihre Zustimmung, lehnte am 11.1.1952 die Ratifizierung des EGKS-Vertrags und am 19.3.1953 den Deutschland-Vertrag und den EVG-Vertrag ab. Ebenso stimmten die Sozialdemokraten am 27.2.1955 mehrheitlich gegen die Ratifizierung der Pariser

bedenkt, dass die ganze Sache in Wirklichkeit schon fast tödlich getroffen ist, dann kann es einen fast zu Tränen bringen.
Vater ist von bewundernswürdiger Fassung. Aber es geht ihm sehr,
sehr nahe. Er weiß nicht, was man weiter tun soll. Jetzt freut er sich
darauf, dass er zu Strauß hin kann,[1137] und hofft, dass er sich mit
Strauß verbünden kann, um wenigstens, wenn möglich, die Wieder-
kehr Schröders zu verhindern, wenn man schon Erhard wieder als
Kanzler kommen lassen muss.[1138] Hoffentlich gelingt ihm das. Er ist
von einer großartigen Objektivität gegenüber de Gaulle. Aber das
kann er nicht leugnen, wie tief die Enttäuschung geht. Und doch hat
er neulich in Stuttgart, in Schwäbisch Hall, in Rottweil gesprochen.[1139]
Er ist nachts um 2, 3 Uhr nach Hause gekommen, umjubelt von den
Menschen. Es ist erschütternd, wenn das alles hinweg sein soll und
wenn jetzt ein neuer Nationalismus aufbricht, so wie Herr Strauß
erklärte:»Wir werden keinen Quadratmeter deutschen Bodens preisgeben, wir werden um jeden Quadratmeter kämpfen.« Entsetzliche
Töne, die da wiederkehren! Wehner muss ähnlich gesprochen haben.[1140] Deutschland, wohin gehst du?

Verträge (150 von 157 Gegenstimmen), die den Beitritt zur NATO und zur WEU
sowie die Beendigung des Besatzungsstatuts vorsahen.

[1137] Adenauer absolvierte am 15.9.1965 in Nürnberg gemeinsam mit Strauß einen
Wahlkampfauftritt (Adenauer, Kalendarium).

[1138] In einem Gespräch mit Staatssekretär Berger am 11.9.1965 nannte Adenauer
als mögliche Kanzlerkandidaten »die Politiker Dr. Barzel, Dr. Gerstenmaier, Dr.
Kiesinger und Lücke«. Barzels »Karriere verlaufe zu schnell. Im Übrigen sei er
ein befähigter Politiker. Er sei durchaus kein Gegner einer Kanzlerkandidatur
Dr. Barzels«, meinte Adenauer.»Entscheidend komme es jedoch auch auf die
Haltung der CSU an.« Zugleich hegte er gegenüber »der Person von Gersten-
maier« aber »wegen dessen Sprunghaftigkeit starke Bedenken«. Vgl. Adenauer,
Die letzten Lebensjahre, Bd. I, S. 498–502, hier S. 500.

[1139] Adenauer hielt am 9.9.1965 Wahlkampfveranstaltungen in Schwäbisch Hall
und Rottweil ab (Adenauer, Kalendarium). Zu seinen Äußerungen vgl. Altbun-
deskanzler Dr. Adenauer in Schwäbisch Hall: »Wir von der CDU können vor
die Augen eines jeden Richters treten und zeigen, was wir geleistet haben«, in:
»Haller Tagblatt«, 10.9.1965, S. 8 f.; auch StBKAH II/60; Schreiben Adenauer
an Kiesinger, 10.9.1965, in: Adenauer, Die letzten Lebensjahre, Bd. I, S. 497 f.

[1140] Regierungssprecher von Hase nahm am 30.8.1965 zur »Frage der Nützlichkeit
der Diskussion eines Friedensvertrages« Stellung und betonte, der Abschluss
eines solchen Vertrages könne für die Bundesregierung »seinen Sinn nur in der
Beseitigung der Teilung Deutschlands haben« (vgl. Auszug aus der Erklärung
in: DzD, IV. Reihe/Bd. 11, S. 782–788, hier S. 782). Daraufhin forderte Wehner
am 31.8.1965, »die deutsche Frage wieder in das internationale Gespräch zu
bringen«. Auf der Grundlage eines vom SPD-Präsidium verabschiedeten Aufrufs
verlangte Brandt am gleichen Tag, »mit der Arbeit für einen Friedensvertrag zu
beginnen, bei dem man um jeden Quadratmeter deutschen Bodens ringen wer-

Dann hört man noch dazu, dass Walter einen führenden tschechoslowakischen Handelsmann bei sich empfangen hat, in der Tschechoslowakei war und offenbar mit diesen Leuten Geschäfte schließen will. Es ist entsetzlich, wie wir in der Verrottung drinstecken!

Und dann habe ich mit Kemps die Ausstellung über Karl den Großen gesehen in Aachen,[1141] wie für Europa der Grund gelegt wurde, wie es wuchs, wie die Klöster gebaut wurden, das große Metz, die Bischofssitze der Klöster, welche Kunst, welche Schätze, welche Kultur in diesen Gegenden! Und jetzt droht Europa wieder zu zerfallen und diesem entsetzlichen Nationalismus wieder anheimzufallen. Dann wäre die Enttäuschung in unserem Lande schrecklich, und es ist dann nicht abzusehen, wie wir dann vor den Türen der Sowjetunion liegen würden! Dass Vater das noch erleben muss, ist schlimm! Ob es noch eine Umkehr gibt? Vater sagt manchmal, er glaube, dass de Gaulle doch eine Alterserscheinung hat. Er kann sich einfach nicht vorstellen, dass er das mit klarem Verstand alles sagt und tut. Aber er habe schon in seinen Memoiren[1142] manchmal seltsame Dinge geschrieben.

Eisenhower hat klug reagiert über de Gaulle, als er ihn als einen großen Führer bezeichnete, der das Land vor dem Kommunismus gerettet habe. Aber er könne nicht sehen, wie es jetzt schon so weitergehen solle, und was dann werden solle, wenn man die NATO aufgebe.[1143] De Gaulle hat auch von einem großen Erneuerer gesprochen, vielmehr von einem Conföderator, den Europa brauche, und er hat als letzten in der Reihe deutscher Conföderatoren sich nicht gescheut,

de«. Auf einer Wahlveranstaltung in Föhringen im Allgäu sprach sich Strauß »entschieden gegen einen Friedensvertrag zum jetzigen Zeitpunkt« aus, solange die Sowjetunion den Verzicht auf die Oder-Neiße-Gebiete, die Anerkennung der DDR, den Status West-Berlins als Freie Stadt und einen politisch-militärischen Sonderstatuts für die Bundesrepublik Deutschland fordere. Vgl. Wehner möchte die deutsche Frage wieder ins Gespräch bringen, in:»Frankfurter Allgemeine«, Nr. 202, 1.9.1965, S. 4.

[1141]»Karl der Große. Werk und Wirkung. Die Zehnte Ausstellung unter den Auspizien des Europarates« (Düsseldorf o. J.) wurde vom 26.6.1965 bis 19.9.1965 in Aachen im Rathaus und im Kreuzgang des Doms gezeigt.

[1142] Bis 1965 erschienene Bände: Charles de Gaulle, Mémoires de guerre. L'Appel 1940–1942, Paris 1954; L'Unité 1942–1944, Paris 1956; Le Salut 1944–1946, Paris 1959; deutsche Ausgabe: Memoiren. Bd. 1 Der Ruf 1940–1942, Berlin-Frankfurt/Main 1955; Bd. 2 Die Einheit 1942–1944 und Bd. 3 Das Heil 1944–1946 als Gesamtband, Gütersloh o. J.

[1143] Dwight D. Eisenhower bezeichnete in seinem Artikel »What is Leadership?« Adenauer als einen der wenigen Führer seines Landes, der Hitler widerstanden habe. General de Gaulle sei ein weiteres Beispiel für große Hingabe. Obwohl die amerikanische Regierung derzeit große Probleme mit ihm habe, bewundere er ihn. Vgl.»Reader's Digest«, June 1965, S. 49–54.

Herrn Adolf Hitler zu nennen.[1144] Ob er sich wohl als den Nächsten betrachtet? Das bleibt offen. Es ist ein wahres entsetzliches Trauerspiel, das einem das Herz abkrampfen kann. Was muss noch geschehen, damit die Europäer begreifen, in welcher Gefahr sie sind? Damit die Völker erwachen und zueinander finden können und die hinwegfegen, die sie in romantischer Weise verführen! Die einzige reale Hoffnung scheint jetzt bei den französischen Bauern zu liegen, die auch nicht mehr länger die EWG gefährdet sehen wollen,[1145] auf die sie sich jetzt völlig eingestellt haben. Das könnte noch eine Hoffnung sein.

Sonntag, 19. September 1965[1146]

Es ist lange her, dass einmal etwas drauf kam. Die Abende waren zu kurz, und der Sprecher [war] zu müde. Das Geschehen war zu dramatisch, als dass man es gleich hätte irgendwo auf ein Band sprechen mögen. Es war, als ob man vor seiner Unaussprechbarkeit, vor seiner Einmaligkeit hätte verhalten mögen. Vater hat 105 Ansprachen und Reden in diesem Bundestagswahlkampf mit seinen 89 ½ Jahren gehalten. Er hat sich geschlagen wie ein tapferer Soldat bis zum letzten Tag und wirklich bis zu seiner letzten Kraft.

Dann ist er wählen gegangen. Am Abend haben wir zusammen auf die Ergebnisse gewartet. Als es gegen 11 Uhr klar war, dass kein Erdrutsch zu Lasten der CDU kam, sondern sie in etwa ihre Position gehalten hat,[1147] zog sich Vater zurück. Denn er wusste, dass ein schwerer Tag bevorstehen würde und schwierige Verhandlungen we-

[1144] In einer Pressekonferenz am 9.9.1965 hob de Gaulle zur zukünftigen Entwicklung der europäischen Gemeinschaften hervor, es gebe die »Konzeption von einer europäischen Föderation«, in der »die Länder ihre nationale Persönlichkeit verlieren würden und in der in Ermangelung eines Einigers – wie es, jeder auf seine Art, im Westen Cäsar und seine Nachfolger, Karl der Große, Otto, Karl V., Napoleon und Hitler, und im Osten Stalin zu sein versuchen – ein technokratischer staatenloser und niemandem verantwortlicher Areopag regieren würde«. Vgl. AdG, 35. Jg. (1965), S. 12047–12050, hier S. 12047; auch Conférence de Presse tenue au Palais de l'Èlysée, 9.9.1965, in: De Gaulle, Discours et Messages. Pour l'Effet, 1962–1965, S. 372–392, hier S. 379.
[1145] Der französische Bauernverband (FNSEA) warf der Regierung vor, sie habe die Verhandlungen im Rahmen der EWG »nicht aus landwirtschaftlichen, sondern aus rein politischen Gründen verlassen«. Vgl. Französische Bauern greifen Regierung an, in: »Die Welt«, Nr. 246, 22.10.1965, S. 4.
[1146] Datum vom Bearbeiter eingefügt.
[1147] Bei den Wahlen zum 5. Deutschen Bundestag am 19.9.1965 errangen CDU 38,0 v. H., CSU 9,6 v. H., FDP 9,5 v. H. und SPD 39,3 v. H. der abgegebenen gültigen Stimmen. Vgl. Der 5. Deutsche Bundestag, in: Bulletin, Nr. 155, 21.9.1965, S. 1249.

gen der Regierungsneubildung. Tatsächlich war der Wahlsieg von 47,5
Prozent pro CDU[/CSU] unerwartet hoch und geht sicher zu einem
nicht unerheblichen Teil auch auf seinen persönlichen Einsatz, auf den
Eindruck, dass man es bei der Partei Erhards auch mit der Partei
Adenauers zu tun hat.

Montag, 20. September 1965[1148]
Aber am Morgen nach dem Wahlsonntag ist Vater höchst erregt. Als
ich ihm kurz gratulieren will, lehnt er schon erregt ab:»Was soll das?«
Und er will nichts davon wissen, als ob er sagen wollte: Es hat doch
alles keinen Sinn! Wie sollen wir jetzt die Probleme danach lösen? Er
spricht von der finanziellen Pleite, die bevorsteht. Er sieht die Unfähigkeit Erhards vor Augen. Er sieht die Schwierigkeit, den Außenminister auszuwechseln und damit den Entfremdungsprozess mit de
Gaulle rückgängig zu machen.

In der Wahlnacht hatte der französische Korrespondent auf Befragen erklärt, es sei ja bekannt, dass de Gaulle sich besser mit Brandt
und Wehner verstehe als mit der amtierenden Regierung. Herr Meyers
konnte es nicht unterlassen, in der Wahlnacht am Fernsehen festzustellen, dass er für das Verbleiben von Schröder als Außenminister[1149]
auf die Barrikaden gehen werde. Eine Frechheit dieses Kurfürsten!
Woher nimmt er das Recht zu so weitreichenden Äußerungen?

Vater geht dann auch in der richtigen Stimmung los,[1150] und ich
habe die größte Sorge, dass er gegenüber der Siegesstimmung eiskalt
sein wird und von vornherein einen Graben dadurch schaffen wird,
der es unmöglich macht, dass er mit seinen Leuten konstruktiv wei-
terkommt. Aber am Abend sieht es Gott sei Dank besser aus.

Ich entnehme der Zeitung, dass er zunächst einmal Erhard zur Wahl
gratuliert hat, was ich nicht erwartet hätte, und ferner, dass der Vorstand zwar beschlossen habe,[1151] Erhard vorzuschlagen (offenbar hat
Vater die früher öfters geäußerte Illusion, jemand anderes lancieren zu
können, schnell aufgegeben), dass aber außerdem eine kleine Kommission dem Bundeskanzler vom Parteivorstand an die Seite gegeben

---

[1148] Datum vom Bearbeiter eingefügt.
[1149] Zur Diskussion um die erneute Ernennung Schröders zum Bundesminister des
Auswärtigen vgl. Oppelland, Gerhard Schröder, S. 638–656.
[1150] Am 20.9.1965 tagte um 10 Uhr das CDU-Parteipräsidium und um 15.20 Uhr
der CDU-Bundesvorstand (Adenauer, Kalendarium).
[1151] Zum Beschluss des CDU-Bundesvorstands in der Sitzung am 20.9.1965, eine
Kommission einzurichten, vgl. Kiesinger:»Wir leben in einer veränderten Welt«,
S. 21–28.

wird für die Beratung in Frage der Regierungsbildung und auch des Regierungsprogramms.[1152] Außerdem will man erst die sachlichen Differenzen klären und dann danach erst personelle [Fragen behandeln] und die Ministerliste aufstellen.[1153] Herr Strauß hält sich diesmal sehr viel klüger zurück als bei der letzten Wahl, wo er Vater die Schwierigkeiten gemacht hat. Nur der »Spiegel« streckt seine Fühler nach Vater aus.

Mittwoch, 24. September 1965[1154]
Vater sieht jedenfalls wieder positiver. Wenn auch nach dem heutigen Tag, als er dem früheren Fraktionsvorstand[1155] seine Auffassungen für die künftige Regierungsperiode dargelegt hat, allgemein der Eindruck vernichtend ist. Es seien derartige Gemeinplätze gewesen, dass gar kein Mensch hätte etwas dazu sagen können, völlig nichtssagend.

Vater erholt sich von Abend zu Abend, indem er sich nach der Rückkehr aus Bonn etwa gegen ¼ nach 7 Uhr oder ½ 8 Uhr bis zum Abendessen um 8 Uhr im Dunkeln an den schönen Herbstabenden draußen hinlegt und frische Luft schöpft. Damit kommt er wieder hoch und regeneriert sich. Ein Glück, dass er auf diese Art jetzt konstruktiv sein kann, mehr als bisher. Es wäre sonst übel geworden. Im letzten Moment hat er immer wieder die richtige Nase und kann sich auch so weitgehend überwinden und entspannen und lockern, dass er die Leute dann doch zusammenführt und eine Atmosphäre gemeinsamer Beschlüsse schafft. Solange er diese Kunst noch hat, braucht einem nicht bange um ihn zu sein, dass er sich isoliert.

Sonntag, 26. September 1965
Es ist unwahrscheinlich, was ein Mensch erleben kann! ...
Heute sieht die Situation klarer aus: Schröder hat im Fernsehen verlangt, dass er wieder Außenminister wird. Sonst könne die Politik nicht fortgeführt werden, und ein anderes Ministeramt komme für ihn nicht in Frage.[1156] Das ist zu begrüßen, weil es manche seiner

---

[1152] Vgl. Anm. 1174 und Anm. 1177.
[1153] Vgl. dazu Schreiben Adenauer an Barzel, 12.10.1965, in: Adenauer, Die letzten Lebensjahre, Bd. II, S. 25 f.
[1154] Datum vom Bearbeiter eingefügt.
[1155] Zu den Ausführungen Adenauers in der Sitzung des CDU-Parteipräsidiums mit Vertretern der CDU/CSU-Bundestagsfraktion und des CSU-Vorstands, 24.9.1965, vgl. Adenauer, Die letzten Lebensjahre, Bd. II, S. 14–19.
[1156] Schröder sagte am 24.9.1965 in einem Fernsehinterview, »er wolle auch in der neuen Bundesregierung Außenminister bleiben und werde keinen anderen Kabinettsposten annehmen«. Vgl. Schröder möchte Außenminister bleiben. Der

Freunde doch ernüchtern wird. Andererseits ist zu begrüßen, dass
der holländische Außenminister Luns, der schon häufig echt europäische Fortschritte torpediert hat, öffentlich erklärt hat, Schröder sei
wohl der richtige Außenminister.[1157] Allerdings steht auch fest, dass
Bischof Kunst viele Leute beeinflusst zugunsten von Schröder mit
dem Hintergrund, dass er so ein evangelischer Christ sei und dass
auch der Evangelische Arbeitskreis zusammentreten solle zu diesem
Zweck, dessen Vorsitzender Schröder ist. Lübke wiederum soll erklärt haben, dass er eine Ernennungsurkunde für Schröder nicht
unterzeichnen würde.[1158] Er könne in einer so wichtigen Sache nicht
blind handeln.

Vater und seine Leute hoffen darauf, mit Gerstenmaier mehr Glück
zu haben als mit Kiesinger[1159], der sich selber unmöglich gemacht hat,
weil er erklärt hat, er wäre zur Übernahme des Amtes des Außenministers bereit, wenn er in Übereinstimmung sei mit dem Bundeskanzler,
der überwiegenden Mehrheit der Fraktion und dem Koalitionspartner.[1160] Letzteres ist ja vollendeter Unsinn und unmöglich. Schade um
eine solche Dummheit! Aber vielleicht gut, dass sie nicht später bei
wichtigeren Dingen offenbar wurde.

Vater erklärt die Abneigung Schröders gegen Frankreich damit, dass
sein Vater[1161] Zollbeamter im Saarland gewesen sei und von dort
ausgewiesen worden sei.[1162]

Übrigens ist aus Kreisen der deutschen Botschaft in Moskau Vater
beglückwünscht worden zu seinem Alarmruf gegenüber den Genfer
Vereinbarungen.[1163] Er sei der einzige gewesen, der die Situation
durchschaut habe!

CDU-Politiker will keinen anderen Kabinettsposten annehmen, in: »Die Welt«,
Nr. 223, 25.9.1965, S. 2; Schröder: Koalition als solide Basis. Meinungsstreit
um die Person des Außenministers hält an, ebd., Nr. 224, 27.9.1965, S. 2.
[1157] Vgl. Anm. 1149.
[1158] Zu den Vorbehalten Lübkes gegen eine erneute Ernennung Schröders zum Außenminister vgl. Morsey, Heinrich Lübke, S. 462–467.
[1159] Kurt Georg Kiesinger (1904–1988), 1958–1966 Ministerpräsident von Baden-Württemberg, 1966–1969 Bundeskanzler.
[1160] Vermerk Kastl, 22.9.1965, in: ACDP, NL Schröder 01–483–273/2; vgl. auch
Oppelland, Gerhard Schröder, S. 642 f. Anm. 414.
[1161] Jan Schröder (1882–1945), Beamter, tätig bei den Königlich Preußischen Staatseisenbahnen, verheiratet mit Antina Schröder, geb. Duit, Vater von Gerhard
Schröder.
[1162] Vgl. dazu Oppelland, Gerhard Schröder, S. 26–31; Eibl, Politik der Bewegung,
S. 29 f.
[1163] Am 17.8.1965 legten die Vereinigten Staaten dem 18-Mächte-Komitee der
Genfer Abrüstungskonferenz den Entwurf eines Vertrages zur Verhinderung

Wie das ganze Ringen nun weitergeht, ist kaum abzusehen. Vater ist verzweifelt, dass die konfessionellen Gesichtspunkte und anderes, zum Beispiel die Landtagswahlen,[1164] da hereinmischen. Aber er ficht ruhig weiter. Heute hat er zum ersten Mal wieder Boccia gespielt. Ein Glück! Und er fängt auch wieder an, spazieren zu gehen. Es war heute auch ein schöner Tag. Wahnsinnig geärgert hat er sich über Pfarrer Lemmen, der Reinhildis[1165] erklärt haben soll, die Einrichtung eines Kindergartens habe keinen Zweck, da die Jugend ohnehin mit der Schulentlassung verlorengehe.

Vater fängt immer wieder vom Bewahren an, von der Tradition, von der Gefährlichkeit von Neuerungen. Er sieht die Zukunft der Menschen düster. Er glaubt, dass sie immer kränker werden. Er selbst leidet schrecklich unter dem Baulärm vor seinem Bonner Zimmer, wo eine Betonmaschine steht seit vielen Wochen, fast Monaten. Er kann die Fenster bis fünf Uhr nicht öffnen. Das ist für ihn ein Martyrium. Außerdem dringt der Lärm trotzdem durch. Aber tapfer hält er durch und versucht, sich dann hinterher hier wieder etwas zu erholen. Auch die Zigarrenraucherei des Herrn Erhard fällt ihm schwer auf die Nerven und ebenso die entsetzliche Luft bei manchen Besprechungen, die er jetzt mitmachen muss, wo man nicht mehr auf ihn Rücksicht nimmt.

---

der Ausbreitung von Nuklearwaffen (sogenannter »Atomwaffensperrvertrag«) vor (Wortlaut in: Documents on Disarmament 1965, S. 347–349; Dokumentation zur Abrüstung und Sicherheit, Bd. III 1964–1965, S. 270–273). In Artikel 1 wurde festgelegt, »Kernwaffen weder unmittelbar noch mittelbar durch ein Militärbündnis der nationalen Verfügungsgewalt eines Nichtatomstaats zu unterstellen«. Zudem sollte sich jeder »Atomstaat, der Partei dieses Vertrags ist«, verpflichten, »einem Nichtatomstaat bei der Herstellung von Kernwaffen keine Unterstützung zu gewähren«. Adenauer schien der Vorschlag »für uns außerordentlich gefährlich zu sein« (vgl. Schreiben an Barzel, 18.8.1965, in: Adenauer, Die letzten Lebensjahre, Bd. I, S. 476; dazu grundsätzlich Schwarz, Adenauer und die Kernwaffen, in: VfZ, 37. Jg. [1989], S. 567–593).

[1164] Anspielung auf die bevorstehende Landtagswahl in Nordrhein-Westfalen am 10.7.1966; zu dem Ergebnis und weiteren Verlauf der Wahl des Ministerpräsidenten vgl. Anm. 1462.

[1165] Reinhildis Schlüter, später verheiratete Bertel (geb. 1933), Dr. jur., Tochter von Johannes Schlüter (1878–1951), 1920–1935 Beamter im Preußischen Kultusministerium, 1935–1941 im Reichsministerium für kirchliche Angelegenheiten, und Maria Schlüter-Hermkes (1889–1971), Schriftstellerin, die im Nachbarhaus der Familie Adenauer in Rhöndorf wohnten.

Donnerstag, 30. September 1965
Gestern war ich bei Herrn Kiesinger in Stuttgart in der Villa Reitzen-
stein, herrlich gelegen über der Stadt. Strahlendes Wetter. Ein im Ba-
rockstil gebautes Schlösschen. Kleine schlossartige Villa mit einem
hübschen Garten. Ich war eine halbe Stunde zu früh da und bin dann
oben im Garten hinter einer Hecke Brevier betender Weise um einen
guten Außenminister auf und ab gegangen. Dann saß ich dem Herrn
gegenüber, und es ergab sich das Gespräch natürlich gleich zu der
Außenpolitik. Er erklärte mir, wie er sein Interview wirklich gehalten
habe,[1166] über das Vater und andere sich so erregt hatten, weil es
klingen konnte, als ob er den Koalitionspartner, die FDP, und auch
den Bundeskanzler unnötig hochgespielt hätte. Am besten hätte er sich
ganz zurückgehalten. Tatsächlich sieht er etwas zu schön aus, und man
weiß nicht recht, woran man ist, obgleich er nicht unsympathisch ist.
Nebenan hatte er jemanden vom »Spiegel« sitzen und war nun äußerst
überrascht, als man ihm meldete, dass dieser »Spiegel«-Mann, mit
dem er schon vorher geredet hatte,[1167] zu dem er zurückkehren wollte, inzwischen schon wusste, dass ich da sei.
   Vater lehnt heute die Dummheit dieses Herrn nochmals restlos ab,
er sei damit erledigt. Er meint im Übrigen, es könne doch gelingen,
einen anderen Außenminister zu bekommen. Aber auf einmal, als wir
allein sind, bricht es aus ihm heraus: »Wir sind am Ende unserer
Hoffnungen! De Gaulle wendet sich von uns ab. Ich glaube, er hat
Angst vor den Deutschen. Weil er weiß, dass wir an herkömmlichen
Truppen und Waffen stärker sind, behält er die Atombombe für sich,
auch um sich gegen uns zu schützen. Soweit sind wir gekommen. Die
Amerikaner haben sich mit den Russen abgesprochen, eine Art Still-

---

[1166] Kiesinger hatte »erklärt, daß er das Amt des Außenministers annehmen würde,
wenn die sachlichen Vorbedingungen geklärt werden können«. Diese Äußerung,
berichtete »Der Spiegel« (Regierungsbildung, Formierte Gesellschaft, 19. Jg.,
Nr. 40, 29.9.1965, S. 23–28, hier S. 28), habe »ihm in Bonn sehr geschadet«.
Am 22.9.1965 ließ er gegenüber Journalisten in Stuttgart zu Spekulationen, ob
er das Amt des Bundesministers des Auswärtigen übernehme, verlauten, es
dränge ihn nicht »zu dem Bonner Amt«. Er sehe »als Ministerpräsident eines
Bundeslandes in der zukünftigen Gestaltung des deutschen Bundesstaates eine
ganz wichtige Aufgabe.« Aus »Karriere-Ehrgeiz« werde er der Aufgabe »nicht
untreu werden«. Vgl. Ministerpräsident Kiesinger zieht es nicht in das Auswärtige Amt, in: »Die Welt«, Nr. 221, 23.9.1965, S. 2.
[1167] Gegenüber dem »Spiegel« erklärte Kiesinger: »Ich habe ganz klare Vorstellungen, die europäisch determiniert sind. Ich würde das Amt jedoch nicht annehmen, wenn es nur darum geht, eine Lücke auszufüllen, die dadurch entsteht,
daß irgendwer irgend jemandes Kopf fordert« (vgl. ebd.).

haltcabkommen,[1168] dessen Opfer wir sind. Wir kommen nicht an Atombewaffnung und Atomschutz für unser Land und sinken in den Rang einer Nation zweiten Grades, zweiter Klasse ab. Was das für die Wiedervereinigung bedeutet, ist klar. Die Hoffnung daran kann man aufgeben. Und was es bedeuten wird für eine weitere Zunahme von Pressionen seitens der Sowjetzone, ist auch klar. Dafür hat man nun alle die Jahre geschuftet, dass diese Idioten das so verkommen lassen, alles durcheinander schlagen.« Es ist schon schwer und bitter für ihn. Morgens ist er ganz gereizt und mit Spannung geladen. Dann sitzt er in seinem Büro mit dem Baulärm und versucht seine Pflicht zu tun, so gut er kann, während hier am zweiten Memoirenband fleißig geschafft wird.

Sonntag, 17. Oktober 1965
Heute gegen 18 Uhr kommt Herr Strauß mit Herrn Leo Wagner[1169] die Treppe herauf. Vater geht vor die Haustür, ihm entgegen. Strauß ruft schon auf der Treppe: »Grüß Gott! Herr Bundeskanzlerrrrr!«

Ergebnis der 1 ½ Stunden: drei Alternativen: Entweder Mende wird nicht gesamtdeutscher Minister oder aber die Schröder-Frage wird wieder akut, wenn Mende gesamtdeutscher Minister doch werden soll,[1170] weil beide zusammen die deutsche Außenpolitik in einer zu weitgehenden Weise verändern würden. Denn hinter Mende steht Dehler nach der Presse mit einem bestimmten Plan, und Dehler sieht Vater als den gefährlichsten Mann an, weil er gegenüber dem Osten nicht klar ist. Dritte Alternative: Wenn weder 1 noch 2 gehen, worauf Strauß bestehen will, dass [dann] ein Europa-Ministerium gebildet wird und dass dann Herr zu Guttenberg dieses Amt bekommt.[1171] Strauß ist

---

[1168] Der sowjetische Außenminister Gromyko übermittelte der UN-Vollversammlung am 24.9.1965 den Entwurf eines Vertrages über die Nichtverbreitung von Nuklearwaffen (sogenannter »Atomwaffensperrvertrag«) mit der Bereitschaft, darüber zu verhandeln. Vgl. Documents on Disarmament 1965, S. 443–446.

[1169] Leo Wagner (1919–2006), 1946–1971 Vorsitzender des CSU-Kreisverbandes Günzburg, 1949–1964 dort Mitglied des Stadtrats, 1963–1975 Vorsitzender des CSU-Bezirksverbandes Schwaben, 1961–1976 MdB, 1963–1975 Parlamentarischer Geschäftsführer der CSU-Landesgruppe.

[1170] Zu dem Angebot Erhards an Mende, statt das Amt des Bundesministers für gesamtdeutsche Fragen das des Bundesministers des Innern zu übernehmen, vgl. Mende, Von Wende zu Wende 1962–1982, S. 201.

[1171] Überlegungen von Seiten der CSU, das Ministerium für gesamtdeutsche Fragen in ein neu zu schaffendes »Europaministerium« einzubetten oder ein »Ministerium für internationale Zusammenarbeit« zu errichten, scheiterten vor allem am Widerstand der Verfechter einer stärkeren atlantischen Zusammenarbeit. Der CSU wäre dadurch eine verstärkte Mitsprache in außen- und sicherheits-

empört, weil man wieder mit dem Kesseltreiben gegen ihn beginnt, um ihn einzuschüchtern. Wenn aber die CSU den Kanzler nicht mitwählt, kann es kritisch werden. Außerdem, wenn sie ihn mitwählen würde und später Schwierigkeiten machen würde, kann es auch kritisch werden. Gut, dass Strauß schon an einem anständigen Hebel sitzt. Aus dem Palais Schaumburg bittet man Vater noch, dorthin zu kommen, um an den Beratungen teilzunehmen. Erhard, Westrick und seine Mannen wissen nicht, was sie machen sollen. Vater rät immer nur zu Geduld und sieht nicht ein, warum man unbedingt schon übermorgen oder am Mittwoch den Kanzler wählen muss.[1172] Das Ganze ist ein erbärmliches Spiel.

Strauß war immerhin der einzige, der in der Öffentlichkeit eine Rückkehr zur alten Linie der Außenpolitik verlangt hat. Allerdings in der Fraktionsvorstandssitzung ist er auch nicht Vater beigetreten, vielleicht um seine Position für die anderen Schritte zu verbessern.[1173]

Was Vater sonst berichtet, ist erschütternd. Am Montagabend, also am 11. Oktober, abends nach dieser Vorstandssitzung und anschließenden Fraktionssitzung[1174] und anschließender Fortsetzung, die Vater aber nicht mehr besucht hatte, der er ostentativ ferngeblieben ist, kommt er nach Hause, relativ heiter, und sagt:»Dein Vater ist völlig isoliert gewesen.« Und am nächsten Morgen sagt er:»Dein Vater ist, wie man so sagt, ein toter Mann! Glücklich ist, wer vergisst, was nun nicht zu ändern ist![1175]«

---

politischen Fragen eröffnet und die administrative Behandlung der Außenpolitik im Auswärtigen Amt unter damaliger Führung der CDU aufgesplittet worden. Dazu Schreiben Carstens an Schröder, 20.10.1965, in: ACDP, NL Schröder 01–483–273/2; auch Geiger, Atlantiker gegen Gaullisten, S. 385.

[1172] Vgl. Anm. 1195.

[1173] Zu den Ausführungen Adenauers in der Fraktionsvorstandssitzung am 11.10.1965, in denen er vor der»Einkreisungspolitik« warnte und»auf die Bedeutung der nuklearen Waffen« hinwies (»Staaten, die sie haben, sind Staaten 1. Ranges, und die sie nicht haben, 2. Ranges«), vgl. Die CDU/CSU-Fraktion im Deutschen Bundestag, 1961–1966, S. 1567–1575, hier S. 1569. Strauß nahm in der Sitzung nur zu Erklärungen Blumenfelds zur Oder-Neiße-Linie Stellung. Vgl. ebd., S. 1570.

[1174] Vgl. dazu die Ausführungen Adenauers über die Arbeit der Verhandlungskommission zur Regierungsbildung in der Sitzung des CDU-Bundesvorstands, 15.10.1965, ebd., S. 35–48; Bericht Barzels über die Koalitionsverhandlungen, 18.10.1965, in: Die CDU/CSU-Fraktion im Deutschen Bundestag, 1961–1966, S. 1575–1580, hier S. 1576–1580.

[1175] Das Zitat aus der Operette»Die Fledermaus« von Johann Strauß (1825–1899) lautet:»Glücklich ist, wer vergisst, was doch nicht zu ändern ist« und entspricht dem Wahlspruch Kaiser Friedrich III. (1415–1493)»Rerum irrecuperabilium felix oblivio«.

Aber diese äußerliche Gelassenheit war nicht echt. Denn als Fräulein Poppinga und ich Fragen stellten, wie man das als Parteivorsitzender der CDU decken könne, was da geschieht, wie man der wirklichen Diskussion der Sachprobleme ausweicht und so tut, als wenn sie klar wären, um Herrn Erhard in die Lage zu versetzen, an seinem Schröder festzuhalten, da wird Vater zornig und sagt: »Und ich habe mir überlegt: Ich weiß nicht, was ich anders machen soll: Wenn ich jetzt niederlege, wird Erhard Vorsitzender werden. Und was ist damit gewonnen? Es ist besser, es geschieht dann später und nicht im Zusammenhang mit dieser Sache. Sonst wird man es mir als persönliche Rache auslegen. Das muss ich wegen des Schadens für die Partei vermeiden.«

Prompt schreiben auch die Zeitungen in den nächsten Tagen davon, dass Bonner informierte Politiker bereits längst überlegt haben, wer Vaters Nachfolger werden soll als Parteivorsitzender und ob er nicht jetzt schon gehen solle. Es ist gemein, in welcher Weise man über ihn herfällt. Keine einzige Stimme in der Öffentlichkeit, die sich für ihn ausspricht. Alle seine Freunde schweigen, seine sogenannten.

Dann am Abend des Montags noch diktiert Vater einen Brief an Herrn Barzel,[1176] in dem er Herrn Barzel als Vorsitzenden der Zehnerkommission zur Regierungsbildung anspricht und ihm vorhält, dass er sich nicht orientiert fühle über die Vorgänge um die Außenpolitik und um Herrn Schröder, dass er darum auch nicht an der Sitzung des Parteivorstandes sowie des Präsidiums am Freitag teilnehmen könne.[1177]

Sofort kommen dann [Leute wie] Barzel ihm nachgelaufen,[1178] orientieren ihn, ziehen ihn jetzt zu, auch Herr Erhard. Aber in Wirklichkeit ist es äußerliches Getue. Ich selbst konnte auch nicht anders, als Herrn Barzel ehrlich in einem kurzen Brief mitzuteilen,[1179] dass

---

[1176] Vgl. Schreiben Adenauer an Barzel, 12.10.1965, in: Adenauer, Die letzten Lebensjahre, Bd. II, S. 25 f., Faksimile des Entwurfs (Auszug), ebd., S. 24.

[1177] Vgl. Protokoll der Sitzung des CDU-Bundesvorstands, 15.10.1965, in der über den Bericht der Verhandlungskommission zur Regierungsbildung diskutiert wurde, in: Kiesinger: »Wir leben in einer veränderten Welt«, S. 35–59. Ein Protokoll der Präsidiumssitzung an diesem Tag liegt nicht vor, lediglich eine Zusammenfassung der Sitzungen vom 9.8.1965 bis 13.1.1966 (ACDP 07–001–053/1).

[1178] Am 12.10.1965 sprach Adenauer mit Krone und Barzel (vgl. Krone, Tagebücher, Zweiter Bd.: 1961–1966, S. 420 f.). Außerdem fand am 14.10.1965 ein Gespräch Adenauers mit Barzel statt (Adenauer, Kalendarium).

[1179] Schreiben Paul Adenauer an Barzel, 13.10.1965, in: BArch, NL Barzel N1371 Akte 170, S. 16, sowie Schreiben Barzel an Paul Adenauer, 28.10.1965, ebd. (Dank an Kai Wambach für den Hinweis auf das Schreiben im Bundesarchiv).

mein Vertrauen zu ihm aus dem Grunde erschüttert sei, weil er die
Meinung der Minderheit der Fraktion gegenüber Schröder, die Bedenken gegenüber seiner Politik nicht genügend vertreten habe. Es
wird allgemein angenommen, dass Barzel Parteivorsitzender werden
will und es daher nicht darauf ankommen lassen will, gegen die
Mehrheit der Partei, insbesondere auch die protestantischen Wähler,
die für Schröder sind, aufzutreten. Barzel selber spricht auf Befragen
der Presse in einer solchen Situation mit Vater nur davon, dass der
Zug fahrplanmäßig fahren werde, aber etwas mehr quietsche, als er
angenommen habe.[1180] Diese üble, saloppe Ausdrucksweise ist bezeichnend für diesen Herrn, der zu sehr nur paktiert und auf den
Erhard [setzt und auf den] die zweitgrößte Verantwortung für die
Entwicklung der deutschen Außenpolitik durch das Verbleiben Schröders im Amte ruht.

Dienstag, 19. Oktober 1965
Vater kommt heute ganz erschöpft nach Hause. Er hat gestern darauf
verzichtet gehabt, die Nachtsitzung im Hause Erhard mitzumachen.
Heute Morgen wird bekannt, dass man sich geeinigt hat.[1181] Es geht
aus allen verschlüsselten Mitteilungen hervor, dass Herr Mende sich
durchgesetzt hat. Dann hätte also die FDP fast fünf Minister, die CSU
will auch fünf haben, und die CDU kommt nicht auf ihre Kosten.[1182]
Inwieweit sie in die Lage kommt, überhaupt auf den Gang der Außenpolitik und Deutschlandpolitik Einfluss zu nehmen, steht dahin. Jedenfalls eine Gewissensfrage für Vater!

---

[1180] Vor Beginn der offiziellen Koalitionsverhandlungen zwischen CDU, CSU und
FDP am 12.10.1965 äußerte sich Barzel zu den Querelen um die erneute Berufung Schröders zum Bundesaußenminister,»eine gewisse Lautstärke sei jetzt
erreicht, aber der Zug fahre planmäßig, nur quietsche er etwas mehr, als er
vorausgesehen habe. Er habe schon früher darauf aufmerksam gemacht, daß
alle von der Partei und der Fraktion vergebenen Ämter auch wieder von ihnen
zurückgenommen werden könnten.« Vgl. Gerstenmaier soll wieder Bundestagspräsident werden, in:»Frankfurter Allgemeine«, Nr. 237, 12.10.1965, S. 1, 4,
hier S. 1.
[1181] Zu Verlauf und Ergebnis der Koalitionsverhandlungen vgl. Anm. 1180; Fraktionssitzung, 19.10.1965, in: Die CDU/CSU-Fraktion im Deutschen Bundestag,
1961–1966, S. 1580–1585.
[1182] Erhard willigte schließlich ein, dass die CSU ein fünftes Ressort bekam und die
FDP vier Ministerposten behielt. Mende stellte dazu fest (Von Wende zu Wende
1962–1982, S. 201):»CDU/CSU-Kreise reagierten mit bitterer Ironie.« Denn
der FDP sei es»gelungen«,»Mendes Position in der Regierung zu erhalten,
Strauß' Eintritt in das Kabinett zu verhindern und Schröders Verbleiben im
Auswärtigen Amt mit durchzusetzen«.

Heute früh Pontifikalmesse mit Kardinal Jaeger[1183] in Deutsch,[1184] aber dabei doch noch Anziehen und Ausziehen der Pontifikalien. Vater neben Herrn Mende, der extra ein dickes Gebetbuch bei sich hatte und lauthals gesungen hat. Er habe das im Quickborn[1185] gelernt. Vater hat sich gefreut, dass die Leute vor dem Münster ihn mehr begrüßt haben als Lübke.

Dann hat er die Fraktionssitzung mitgemacht,[1186] die nur kurz war, und um 4 Uhr als Alterspräsident die konstituierende Sitzung des 5. Bundestages eröffnet.[1187] Als er hinterher Herrn Barzel sagt: »Wie soll das nur werden? So geht das doch nicht mit diesem Kompromiss,[1188] den Sie da vereinbart haben.« Da habe der bemerkt, der Bundespräsident habe ihm, Barzel, auch angeboten, er solle doch Außenminister werden. Aber er, Barzel, habe keine Lust, in diesen »Laden« einzusteigen![1189]

[1183] Lorenz Jaeger (1892–1975), katholischer Priester, 1941–1973 Erzbischof von Paderborn, 1965 Ernennung zum Kardinalpriester, zelebrierte in der Münsterkirche in Bonn.

[1184] Das Zweite Vatikanische Konzil hatte »Allgemeine Grundsätze zur Erneuerung und Förderung der Heiligen Liturgie« beschlossen, die unter C) Regeln aus dem belehrneden und seelsorgerischen Charakter der Liturgie in Abschnitt 36. § 2 bei der Messe, bei der Sakramentenspendung und den übrigen Bereichen der Liturgie neben den bisher üblichen lateinischen Riten den »Gebrauch der Muttersprache« gestatteten. Vgl. Vatikanum II, S. 24 f.

[1185] »Quickborn« nannten sich ab 1913 katholische Abstinenzverbände, die aus abstinenten Gymnasiastengruppen erstmals 1909 in Breslau und Neiße entstanden waren und den Ursprung der katholischen Jugendbewegung darstellten.

[1186] Zur konstituierenden Sitzung am 18.10.1965 vgl. Die CDU/CSU-Fraktion im Deutschen Bundestag 1961–1966, S. 1575–1580.

[1187] Als ältestes Mitglied des Deutschen Bundestages eröffnete Adenauer am 19.10.1965 die konstituierende Sitzung des 5. Deutschen Bundestages und bemerkte nach der Frage, »ob ein älteres Mitglied – Dame oder Herr – da ist«: »Ich stelle fest, daß ich ganz offenbar einzig bin.« Vgl. Verhandlungen des Deutschen Bundestages, 5. Wahlperiode, Stenographische Berichte, Bd. 60, S. 1.

[1188] Unverändert umstritten war die erneute Ernennung Schröders zum Bundesminister des Auswärtigen, wogegen nicht zuletzt Lübke persönliche und sachliche Bedenken wegen der Denkschrift der Evangelischen Kirche (»Die Lage der Vertriebenen und das Verhältnis des deutschen Volkes zu seinen östlichen Nachbarn – Eine evangelische Denkschrift«, in: Odin [Hrsg.], Die Denkschriften der EKD, S. 65–128) hegte. Um Schröder als Außenminister durchzusetzen, versprach Erhard in einer Besprechung am 18.10.1965 Lübke, sich »selbst stärkstens der Außenpolitik« zuzuwenden und den Außenminister »›stärker als bisher‹ an seine Richtlinienkompetenz zu binden«. Vgl. Morsey, Heinrich Lübke, S. 465; Eintrag 26.10.1965 in: Krone, Tagebücher, Zweiter Bd.: 1961–1966, S. 421–423.

[1189] Vgl. dazu Morsey, ebd.

Vater hat Lübke auch noch einen dringenden Brief geschrieben, heute Abend.[1190] Im Fernsehen wurde mitgeteilt, dass der Parteivorsitzende der CDU morgen in der Vorstandssitzung[1191] gegen diesen Kompromiss Front machen wolle. Vater glaubt aber, dass er da völlig allein auf weiter Flur stehen werde, und die Haltung des Herrn Barzel, der diesen »Laden« herbeigeführt hat und so laufen lässt, um sich selber für den Parteivorsitzenden und Erhards Nachfolger bereitzuhalten, ist natürlich so kaum verständlich. Vater ist tief deprimiert. Er kann abends fast eine Stunde lang nichts essen, dann nur etwas Fleischsuppe. Dann ist er oben in seinem Zimmer.

Fräulein Poppinga packt ihre Koffer noch.[1192] Sie ist den Tag über nicht dazu gekommen. Unten in der Küche bessert Moni noch Kragenknopflöcher aus. Die kleine Margit sitzt dabei und will Moni beim Packen ihrer Koffer helfen, die sie auch morgen mitgeben muss. Brando, das arme Biest, war den ganzen Tag nicht herausgekommen und sprang fast wie eine Kugel in die Luft, als ich ihn herausließ.

»Adenauers letzter Kampf«, so schreibt »Der Spiegel«,[1193] mit Recht! Es ist wirklich hart. Vater sitzt im Sofa und stellt fest: »Man ist überaltert. Man wird als solcher behandelt. Die Entwicklung geht an einem vorbei. Aber man muss hingehen, und ich glaube doch, dass ich protestieren muss. Es ist ein frivoles Spiel, das dort getrieben wird, auch dass man den Eindruck erweckt, als müsse unbedingt morgen der Kanzler gewählt werden. Man hat es ja offensichtlich darauf abgestellt, dass von dem genauen Inhalt des Kompromisses nichts bekannt wird, bis Erhard seine Wahl in der Tasche hat. Denn dann hat er ja praktisch Blankovollmacht und kann machen, was er will. Das ist der ›möglichst wenig quietschende fahrplanmäßige Zug‹ des Herrn

---

[1190] Adenauer bat nach seinem Gespräch mit dem Bundespräsidenten am 14.10.1965 in dem Schreiben vom 19.10.1965 Lübke eindringlich, von der erneuten Ernennung Schröders zum Außenminister abzusehen, da de Gaulle es »als einen Faustschlag empfinden« werde. »Allein mit Frankreich können wir eine Zukunft haben. Diese Aussichten nimmt uns die Ernennung Schröders. Ich flehe Sie an: Verweigern Sie die Ernennung Schröders. Sie haben das Recht dazu, machen Sie davon Gebrauch!« Vgl. Adenauer, Die letzten Lebensjahre, Bd. II, S. 34.

[1191] Gemeint war wohl die Fraktionssitzung am 20.10.1965 (vgl. Die CDU/CSU-Fraktion im Deutschen Bundestag, 1961–1966, S. 1586–1598). Adenauer sprach in der Sitzung die Personalfragen nur im Hinblick auf die beabsichtigte Ernennung von Dahlgrün zum Bundesfinanzminister an (vgl. ebd., S. 1594 f.)

[1192] Adenauer hielt sich vom 25.10. bis 25.11.1965 in Cadenabbia auf (Adenauer, Kalendarium).

[1193] Vgl. Parteichef contra Kanzler: Adenauers letzter Kampf, in: »Der Spiegel«, Nr. 43, 20.10.1965, Titelbild; dazu auch: Bonn. Regierungsbildung, Als der Regen kam, ebd., S. 31, 33 f., 37 f., 40, 42–44.

Barzel,[1194] von dem keiner weiß, wohin er fährt, auch er selbst nicht,
in den er selbst aber nicht einsteigen will.«

Fräulein Poppinga hat Recht, wenn sie meint, dass nur Vater uns
davor bewahrt hat, nach 1945 schon wieder Verhältnisse wie in der
Weimarer Republik zu bekommen, Vater und einige andere. Koko
meint am Telefon, die Deutschen wollten offensichtlich eine Diktatur.
Funktionieren sei alles, sachliche Diskussion sei kaum erwünscht.
Nach diesem Prinzip habe man die ganze Sache auch aufgezogen. Es
ist tatsächlich eine ganz schlimme Sache.

Der arme Vater hat die letzte Nacht nur mit schweren Kopfschmerzen zugebracht, von heute Morgen fünf bis heute Abend um acht Uhr
mit einer Viertelstunde Nachmittagsruhe verging der Tag, so dass er
total erschöpft ist. Und morgen hat er noch diesen Tag vor sich![1195]
Wenn er nur gut in Cadenabbia wäre! Aber dann wird ihn auch die
Depression heimsuchen, meint Fräulein Poppinga, mit einer ungeheuren Gewalt geschähe das dort oft. Das ist der Tribut, der an diese Welt
gezahlt werden muss. Wozu? Wohin wird das führen?

Freitag, 22. Oktober 1965
Gestern hat Erhard schon sein Kabinett dem Bundespräsidenten vorgeschlagen.[1196] Vater berichtet am Morgen, dass von einigen Beamten
des AA mitgeteilt worden sei, die Bundesregierung habe mit der englischen Regierung ein geheimes Konsultationsabkommen getroffen.[1197] Vater hat sofort rückgefragt bei Westrick. Dieser hat es auch
gehört. Ihm war aber nichts bekannt. Es sei an ihm vorbei geschehen.
Herr Barzel, sehr erregt, meinte, da müsse man aber endlich energisch
aufräumen. Herr Erhard behauptet, dass er nichts gewusst habe.

---

[1194] Vgl. Anm. 1195.

[1195] Am 20.10.1965 wählte der Deutsche Bundestag Ludwig Erhard erneut zum
Bundeskanzler. Vgl. Verhandlungen des Deutschen Bundestages, 5. Wahlperiode, Stenographische Berichte, Bd. 60, S. 7 f.

[1196] Zur Vereidigung des zweiten Kabinetts Erhard am 26.10.1965 vgl. ebd., S. 11–
13; zum Vorschlag Erhards an Lübke, Schröder wieder zum Bundesminister des
Auswärtigen zu ernennen, vgl. Morsey, Heinrich Lübke, S. 462–468.

[1197] Bereits am 23.7.1965 teilte Ministerialdirektor Meyer-Lindenberg in der Direk-
torenrunde des Auswärtigen Amts mit, Schröder habe »entschieden«, die
deutsch-britischen Konsultationen zu verstärken, es sei aber nicht »an eine
vertragliche Regelung oder an die Schaffung neuer Institutionen gedacht« (vgl.
dazu Aufzeichnung Carstens, 18.11.1965, in: AAPD 1965, S. 1755–1758, hier
S. 1755 Anm. 2). Am 22.10.1965 informierte Westrick Erhard über die Information von Carstens. Erhard bestritt, eine Information von Schröder erhalten
zu haben, während der Außenminister bei seiner Meinung blieb (vgl. Osterheld,
Außenpolitik unter Bundeskanzler Ludwig Erhard, S. 251–253).

Schröder will anhand eines Notizzettels beweisen, dass er es ihm mitgeteilt habe.

Die ganze Tendenz stimmt überein mit der Tendenz der Amerikaner, uns zusammen mit den Engländern an ihre Seite zu ziehen zwecks einer Zustimmung zu einem Abkommen mit den Russen über die Nichtausbreitung von Atomwaffen[1198] (siehe die jüngste Rede von Senator Kennedy[1199], in der zugleich die Bundesrepublik wegen ihrer großen Kraft usw. gepriesen wird, aber andererseits angedeutet wird, dass man Zugeständnisse machen müsse, um dieses Haupterfordernis eines Abkommens über Nichtausbreitung von Atomwaffen zu erreichen)[1200]. Gleichzeitig wird de Gaulle angegriffen, dass er mit seiner Force de frappe gegen diese Dinge radikal verstoße und [dass es] sogar dazu führen könne, dass die anderen Mächte von ihren Kernwaffen Gebrauch machen müssten. Es ist also eindeutig, wohin man will, und bei den Engländern kommt ja noch hinzu, dass sie eben Kontakte nach dem Osten suchen, auch zu den östlichen Ländern, zum Beispiel in Handelsfragen.[1201] Dies wiederum trifft sich mit der Außenpolitik der Herren Schröder und Mende, die ja auch eine Auflockerung nach Osten wünschen.[1202]

Alle Zusicherungen Erhards gehen über Strauß und Barzel, und [alle] andere[n haben] in diesen Fragen der Außenpolitik wenig Gewicht, weil er nicht in der Lage sein wird, sie durchzusetzen.

---

[1198] Vgl. Anm. 1163.

[1199] Robert Francis Kennedy (1925–1968), amerikanischer Politiker, Bruder und engster Berater von John F. Kennedy, 1961–1964 Justizminister, 1964 bis zu seiner Ermordung 1968 Senator von New York.

[1200] Bereits am 23.6.1965 hatte sich Robert Kennedy dafür ausgesprochen, dem Abkommen über die Nichtweiterverbreitung von Kernwaffen den Vorzug vor der MLF zu geben. Vgl. AdG, 35. Jg. (1965), S. 11953; Auszug in: Kennedy, RFK. Collected Speeches, S. 218–222.

[1201] Beim Besuch des britischen Außenministers Michael Stewart vom 18. bis 21.4.1965 in Jugoslawien und vom 22. bis 25.4.1965 in der Tschechoslowakei, der Visite des ungarischen Außenministers Janos Peter vom 30.6. bis 3.7.1965 in London sowie bei dem Besuch von Stewart vom 17. bis 21.9.1965 in Polen wurde jeweils die Ausweitung des bilateralen Handels vereinbart. Vgl. AdG, 35. Jg. (1965), S. 11820 f., 11943, 12070.

[1202] Zu den Diskussionen um die Normalisierung der Beziehungen der Bundesrepublik Deutschland zu den Staaten Osteuropas, zunächst durch Sondierungen mit Rumänien, Ungarn und Bulgarien, vgl. Schreiben Schröder an Erhard, 22.3.1965, in: AAPD 1965, S. 574–577; Aufzeichnung Lahr, 26.5.1965, ebd., S. 898 f.; zu Schröders Bemühungen der »Öffnung nach Osten« durch Handelsabkommen mit den osteuropäischen Staaten vgl. Eibl, Politik der Bewegung, S. 264–274, sowie zur Haltung Mendes vgl. sein Interview, Trotz Schikanen kleine Schritte, in: »Der Spiegel«, 19. Jg., Nr. 16, 14.4.1965, S. 34, 37.

Die Mitteilungen von Augenzeugen aus den Verhandlungen über die Regierungsbildung sind erschütternd, so zum Beispiel Lücke und auch Westrick und andere, stundenlanges Durcheinanderreden, der Kanzler schweigend. Er versucht dann hinterher, irgendwie klarzukommen. Vater hat es zweimal mitgemacht, ist dann nicht mehr hingegangen. Keinerlei Zielrichtung wird sichtbar. Aber hinterher wird Erhard tatsächlich von der Presse, auch zum Beispiel vom »Volkswirt«,[1203] als großer Staatsmann gepriesen, der dieses Werk fertiggebracht habe. Es ist unfasslich, in welchem Umfang zurzeit Nebel gestreut wird und gern angenommen wird. Die Situation in ihrer Gefährlichkeit wird sich aber schlagartig in kurzer Zeit enthüllen.

## Samstag, 23. Oktober 1965[1204]

Gestern war der amerikanische Botschafter[1205] bei Vater und versicherte ihm, seine Befürchtungen seien unbegründet. Amerika habe keine geheime Absprache mit Russland und auf dem Gebiete der Bundesrepublik sei die zweitstärkste Atommacht nach den USA konzentriert.[1206]

Abends fragt Schorsch Vater, was er nun machen solle. Vater rät ihm, weiter mitzuarbeiten. Man müsse auch den Mut zu einer Fronde haben, dürfe aber nicht ganz herausgehen, weil man sonst gar nichts ändern könne. Er selbst müsse es, so bitter es ihm sei, auch so halten. Die Jungen sollten in ihrer eigenen Sprache, in ihrer eigenen Art ver-

---

[1203] In dem Artikel (vgl. F. R., Erhards Prüfung, in: »Der Volkswirt«, 19. Jg., Nr. 42, S. 2322) hieß es im Hinblick auf den »Kampf um Machtpositionen«: »Anerkennung verdient in jedem Falle die Nervenruhe, mit der Ludwig Erhard mit staatsmännisch anmutendem Format die hinter ihm liegenden Wochen bestanden hat.« Taktische Fehler seien »demgegenüber« nicht »so wichtig«. Zudem wird gefordert, »Konrad Adenauer sollte spätestens bei der nächsten Vorstandswahl der CDU endgültig in die Reihe der Historiker zurücktreten«.

[1204] Datum vom Bearbeiter aufgund der nachfolgenden Zeitangabe eingefügt.

[1205] George C. McGhee (1912–2005), amerikanischer Diplomat, 1961–1963 Unterstaatssekretär für Politische Angelegenheiten im Außenministerium, 1963–1968 Botschafter in der Bundesrepublik Deutschland.

[1206] In dem Gespräch mit Adenauer am 22.10.1965 sagte McGhee (Aufzeichnung in: Adenauer: Die letzten Lebensjahre, Bd. II, S. 36–41): »Es sei auch völlig falsch und unbegründet, von einer Abmachung zwischen den Sowjets und den Amerikanern zu sprechen, sei sie realer, sei sie stillschweigender Art.« Außerdem betonte er: »Deutschland sei heute die drittstärkste nukleare Macht, wenn man von den nuklearen Waffen ausgehe, die deutschen Einheiten unter gemeinsamer amerikanisch-deutscher Kontrolle zugeteilt seien. Die Vereinigten Staaten selbst hätten in der Bundesrepublik die stärkste Konzentration amerikanischer Atomwaffen außerhalb Amerikas selbst.«

suchen, die Partei wieder auf die alte Grundlage ideologischer Art und außenpolitischer Art zurückzuführen.

Minister Heck meint mir gegenüber, er sei total erschüttert über Erhards Unfähigkeit, auch Herr Barth ist derselben Meinung. Viele glauben, dass Barzel und andere darauf spekulieren, dass Erhard sich in kurzer Zeit ruiniert, um dann in Erscheinung treten zu können. So hat Barzel auch Lübke gegenüber abgelehnt, Außenminister zu werden.[1207] In diesen Laden wolle er nicht mehr einsteigen. Wohin treiben wir? Gestern Abend telefonierte ich mit Vater. Es ist dort Schnee bis auf 800 Meter herunter. Aber er spielt Boccia, und es schien ihm ganz gut zu gehen. Nur scheint er sich zu sehr isoliert zu fühlen. Man erfährt nichts Richtiges, was er denkt, wenn er morgens früh wach wird.

Samstag, 13. November 1965[1208]
Heute steht in der Zeitung die Geschichte mit Graf Huyn.[1209] Dieser Mann war am 21. Oktober im AA mit einem Kreis von weiteren 15 Referenten vergattert worden, nichts davon zu sagen, dass man mit England ständige Konsultationen vereinbart habe. Er sollte darüber einen Revers unterschreiben, obwohl er doch an sich von Amts wegen zur Verschwiegenheit verpflichtet ist. Graf Huyn weigerte sich und hat über diese Angelegenheit sofort einem Bundestagsabgeordneten vertraulich berichtet mit der Bitte, es an meinen Vater gelangen zu lassen.[1210] Dieser hat Erhard zur Rede gestellt, der von nichts wusste und

---

[1207] Vgl. dazu Morsey, Heinrich Lübke, S. 465.
[1208] Datum vom Bearbeiter aufgrund der nachfolgenden Angaben eingefügt.
[1209] Hans Graf Huyn (1930–2011), Jurist und Diplomat, 1963 bis 29.10.1965 Legationsrat im Referat »Europäische politische Zusammenarbeit; Europarat und nichtstaatliche europäische Organisationen, WEU (nichtmilitärische Angelegenheiten)« in der Politischen Abteilung des Auswärtigen Amts, anschließend persönlicher Referent von Strauß und als Publizist tätig. – Vgl. Legationsrat wurde entlassen, in: »Die Welt«, Nr. 265, 13.11.1965, S. 1.
[1210] Graf Huyn teilte dem CSU-Bundestagsabgeordneten Karl Theodor Freiherr von und zu Guttenberg aufgrund einer Besprechung im Auswärtigen Amt am 21.10.1965 mit, Schröder hintergehe Erhard und verfolge eine die deutsch-französischen Beziehungen belastende Außenpolitik. Bei dem angeblich ohne Wissen Erhards geschlossenen geheimen Konsultationsabkommen handelte es sich nur um stärkere deutsch-britische Konsultationen, die wie die deutsch-französischen Konsultationen institutionalisiert werden sollten. Graf Huyn wurde auf eigenen Wunsch aus dem Dienst entlassen und entging somit einem Disziplinarverfahren wegen der Weitergabe von dienstlichen Informationen. Vgl. Huyn, Die Sackgasse, S. 400–405; Aufzeichnung Carstens, 18.11.1965, in: AAPD 1965, S. 1755–1758; Huber, Der Einfluss der CSU auf die Westpolitik der Bundesrepublik Deutschland, S. 122–135; Geiger, Atlantiker gegen Gaullisten, S. 388–393;

ebenso Westrick nicht.[1211] Dann ist es an Schröder weitergegangen, der behauptet hat, er habe mit Erhard wohl darüber gesprochen.

Jetzt ist Huyn dann seiner Entlassung zuvorgekommen und hat selber um seine Entlassung nachgesucht[1212] und wurde sofort von Strauß als persönlicher Referent übernommen[1213]. Alle Achtung! Eine vielleicht nicht unwesentliche Figur ist aber den Frankreich-Freunden damit im AA genommen. Er hatte mit der Ausführung des deutsch-französischen Vertrages zu tun.[1214] Er hatte auch Herrn Wenger mit Nachrichten versorgt, so dass man aus dem »Rheinischen Merkur« wenigstens ordentlich informiert wurde.

Heute ist Herr Schröder bei Couve de Murville.[1215] In den offenbar regulierten Verlautbarungen wird darauf hingewiesen, dass Herr Schröder keinesfalls hinter dem Rücken der übrigen Partner sich mit Frankreich absprechen wolle, auf der anderen Seite aber zu gewissen Entgegenkommen gegenüber Frankreich bereit sei, die aber nicht sonderlich weittragen, zum Beispiel in der Formel, dass durch das Mehrheitsstimmrecht bei den europäischen Verträgen oder beim EWG-Vertrag jedenfalls keine lebenswichtigen Interessen einer Nation überstimmt werden können.[1216] Diese Sache kann natürlich weittragend sein.

Ferner steht ein Bericht in der »Welt« über die völlige Steuerungslosigkeit in Washington.[1217] Johnson habe damals versucht, Europäer

Schaad, Eine »gaullistische« Inszenierung: Zur Affäre um den Grafen Huyn, in: HPM, Heft 8 (2001), S. 95–111.

[1211] Vgl. Schreiben Adenauer an Westrick, 14.11.1965, in: Adenauer, Die letzten Lebensjahre, Bd. II, S. 45.

[1212] Vgl. Schreiben Huyn an Raab, 28.10.1965, in: Huyn, Die Sackgasse, S. 406–408.

[1213] Vgl. Mitteilung CSU-Landesgruppe, 14.11.1965, ebd., S. 419 f.

[1214] Vgl. dazu Schriftwechsel zwischen Graf Huyn und Staatssekretär Carstens, 4., 8. und 10.11.1965, ebd., S. 410–417.

[1215] Zum Gespräch Schröders mit Couve de Murville am 12.11.1965 in Paris vgl. AAPD 1965, S. 1682–1705.

[1216] Auf der Grundlage des EWG-Vertrags hatte der (Minister-)Rat am 14.1.1962 den Beginn der dritten Stufe des jeweils vierjährigen Übergangs zum Gemeinsamen Markt, beginnend mit dem Inkrafttreten von 1958 an, auf den 1.1.1966 festgelegt. Damit sollten zugleich Entscheidungen des Rats über den Gemeinsamen Markt künftig nicht mehr mit Einstimmigkeit, sondern mit Mehrheitsbeschluss entschieden werden. Angesichts der EWG-Krise (vgl. Anm. 1110) wies Couve de Murville im Gespräch mit Schröder am 13.11.1965 in Paris Mehrheitsentscheidungen »unter den gegenwärtigen Umständen« als »nicht anwendbar« zurück. Vgl. AAPD 1965, S. 1721–1733, hier S. 1722; zu den Hintergründen auch [Georg] Sch[röder], Bonn sieht Anlaß zu Besorgnis. »Meinungsverschiedenheiten über die EWG noch beträchtlich«, in: »Die Welt«, Nr. 264, 12.11.1965, S. 1 f.

[1217] Die durch Johnsons Erkrankung (vgl. Anm. 1266) und Abwesenheit »bedingte Führungslosigkeit in Washington« habe »schon bedenkliche Fragen hervorge-

und Deutsche in der Atomflottengeschichte zusammenzukoppeln. Es sei aber gestern nichts daraus geworden, und nun hänge alles in der Luft. Es sei noch unklar, ob man beide Ziele, nämlich ein Kernwaffen-Nichtausbreitungsabkommen mit Russland und eine Einbeziehung Deutschlands in eine atomare Mitverantwortung, gleichzeitig ansteuern könne, wie es Rusk offiziell vertritt.[1218] Frau Bebber ruft an, Vater sei in guter Verfassung. Ihre Befunde seien sehr gut. Allerdings sei einer so gewesen – ich deute es auf den Blutdruck –, dass es nicht noch acht Tage so weiter hätte gehen dürfen. Er habe so Freude am Bocciaspiel, obwohl sie eine zeitliche Begrenzung von [einer] halben Stunde auferlegt habe. Aber in der Freude am Spiel habe er sogar im Regen mit Regenschirm gespielt, und es sei über eine halbe Stunde daraus geworden. Aber er sei doch auch älter geworden. Er höre etwas schlechter, und er sehe etwas schlechter, meint sie. Hauptsächlich will sie mir mitteilen, dass der letzte »Spiegel« einen Artikel gebracht habe über die Nachfolge im Parteivorsitz.[1219] Diesem Artikel zufolge sei eine Kommission aus Krone, Lücke und einem Dritten gebildet worden, um Vater zu bewegen, nicht mehr zu kandidieren. Sie müsse sagen, dass es vom Standpunkt des Arztes aus gefährlich sein könne, wenn irgendetwas Derartiges an ihn herangetragen würde und man ihn in ähnlicher Weise absägen wolle wie von der Kanzlerschaft. Er selbst trage sich ja gar nicht mit dem Gedanken, nochmals zu kandidieren, und man solle das eventuell die Leute wissen lassen, die es angehe.

Ich habe Lücke angerufen. Er hatte gerade 51. Geburtstag und fand die ganze Sache so lächerlich, dass man nichts darauf geben solle. Allerdings habe er soeben im Fernsehen etwas gehört, dass Herr Klepsch[1220], der im Hause Erhard starker Meinungsmacher ist und die Junge Union bei Erhard hält, auf einer großen Tagung der Jungen

---

rufen«. Meinungsverschiedenheiten, insbesondere über die »nuklearen Bündnisfragen«, blieben »unausgetragen«. Vgl. Präsident Johnson ergreift wieder die Zügel, in: »Die Welt«, Nr. 265, 13.11.1965, S. 4.

[1218] Rusk vermeide es, »eine nicht unangenehme Entscheidung« zwischen den Befürwortern der MLF unter Einbeziehung der Bundesrepublik Deutschland und Großbritanniens und den MLF-Gegnern zu treffen, die einem Atomwaffensperrvertrag mit der Sowjetunion als bedeutsamer für die Interessen der Vereinigten Staaten den Vorzug geben. Vgl. ebd.

[1219] Vgl. Hermann Schreiber, »Der eine ist vom Siege leicht entflammt ...«, in: »Der Spiegel«, Nr. 43, 20.10.1965, S. 32; dazu auch Bonn, Regierungsbildung, Als der Regen kam, ebd., S. 31, 33 f., 37 f., 40, 42–44.

[1220] Egon Klepsch (1930–2010), Dr. phil., 1963–1969 Bundesvorsitzender der Jungen Union, 1965–1980 MdB (CDU).

Union diese Frage auch irgendwie angerissen habe[1221] in dem Sinne des »Spiegel«-Artikels, das heißt also, dass da etwas geschehen müsse.

Das bringe ihn, Lücke, nun auf den Gedanken, dass der »Spiegel«-Artikel kein reines Phantasiegespinst, sondern irgendwie beeinflusst sei. Er wolle daraufhin sich mit Krone und Dufhues abstimmen, wolle Vater orientieren und eventuell eine Erklärung der Partei oder seiner Person jedenfalls geben. Er halte es für unmöglich und äußerst gefährlich, wenn die Frage jetzt hochgespielt würde. Er habe Vater, der auch ihm gesagt habe, dass er nicht kandidieren wolle, dringend angeraten, nichts davon öffentlich zu erklären, sondern die Sache erst zum gegebenen Zeitpunkt anzupacken. Jetzt sei die Gefahr noch zu groß, dass Erhard selber Parteivorsitzender werden wolle. Das sei offenbar auch der Sinn von Klepschs Vorgehen. Das sei aber absolut gefährlich, weil alles dann ganz durcheinander ginge. Sie hätten so schon in Bonn jetzt eine entsetzliche Arbeit und wüssten gar nicht, wie sie zurechtkommen sollten. So schlimm sei es mit Herrn Erhard. Die Kabinettsliste sei erst im allerletzten Moment und ohne sein Wissen so zustande gekommen. Er habe bis kurz vor Schluss gedacht, dass seine Pläne Erfolg haben könnten. Näheres wolle er mir ein anderes Mal berichten.

Ein Leitartikel von Herrn Zehrer[1222] in der »Welt« gegenüber Erhard ist auch sehr kritisch.[1223] Während die CDU-Blättchen Erhard als den Mann feiern, der die vielen Meinungen schön zusammenführt im Gegensatz zu Adenauer, der seine Meinung mitgebracht habe und die anderen dann überzeugt habe, stellt Zehrer in der »Welt« fest, dass das Volk Autorität benötige, sonst ginge alles im Interessendualismus durcheinander, den man bisher habe einfach ins Kraut schießen lassen. Es sei sehr fraglich, ob der Appell an Gemeinschaftssinn und ähnliche Dinge, die kaum vorhanden seien, ausreichen könne, um die nötigen Maßnahmen durchzuführen. Hier würde wirklich Führung und Au-

---

[1221] Auf dem Deutschlandtag der Jungen Union vom 12. bis 14.11.1965 in Bad Godesberg sagte Klepsch in seinem Rechenschaftsbericht am 13.9.1965: »Der nächste Bundesparteitag wird auch an der Spitze der Partei eine Verjüngung bringen. Wir halten dies für notwendig und richtig – bei aller Anerkennung der in der zurückliegenden Zeit vollbrachten Leistungen« (Redemanuskript und veröffentlichter Text des Bundessekretariats der Jungen Union Deutschlands, 13.11.1965, in: ACDP 04–007–013/1). Vgl. auch Bundeskanzler Ludwig Erhard soll Parteivorsitz der CDU übernehmen, in: »Die Welt«, Nr. 266, 15.11.1965, S. 2.

[1222] Hans Zehrer (1899–1966), Journalist, 1953–1966 Chefredakteur der Tageszeitung »Die Welt«.

[1223] Den Leitartikel schrieb nicht Zehrer, sondern Georg Schröder, Der Mut zur Unpopularität, in: »Die Welt«, Nr. 247, 23.10.1965, S. 1 f.

torität verlangt. Es wäre sonst doch besser gewesen, eine große Koalition zu schaffen, damit die nötigen Verfassungsänderungen[1224] durchgesetzt werden könnten.

Eine solche Kritik hat Erhard wohl lange nicht mehr bekommen, noch dazu nach seiner Regierungserklärung[1225]. Diese wird auch vom »Volkswirt« heftig angegriffen, Erhard habe damit wieder eine Schlacht verloren, er sei nicht konkret geworden und habe zu lange und akademisch gesprochen.[1226] Was soll nur aus alledem werden? Was wird aus der CDU, was wird aus unserem Land in diesem Tauziehen der Welt?

Und in der Konzilsvorlage, Schema Dreizehn über den Krieg, sei der Satz gestrichen worden: »Solange eine internationale Gewalt keine genügende Friedensgarantie biete, sei der Besitz von Atomwaffen zu Verteidigungszwecken gegenüber einem atombewaffneten Gegner zu entschuldigen oder gestattet.«[1227] Dieser Satz, der von einem amerikanischen Bischof[1228] in die Vorlage gebracht worden war, ist gestri-

---

[1224] Zu den sogenannten Notstandsmaßnahmen hatte das Bundesministerium des Innern 1958 erste Vorschläge unterbreitet. Seitdem dauerte die Diskussion darüber an, wie die staatliche Handlungsfähigkeit in Krisensituationen durch eine Notstandsverfassung sichergestellt werden sollte. Dazu bedurfte es verschiedener Änderungen des Grundgesetzes, die mit einer Zweidrittelmehrheit im Deutschen Bundestag beschlossen werden muss und nicht mit der Regierungsmehrheit verabschiedet werden können. Das siebzehnte Gesetz zur Änderung des Grundgesetzes vom 24.6.1968 wurde von der Koalition aus CDU/CSU und SPD verabschiedet. Vgl. BGBl. I 1968, Nr. 41, 27.6.1968, S. 709–714.

[1225] Vgl. Regierungserklärung Erhard, 10.10.1965, in: Verhandlungen des Deutschen Bundestages, 5. Wahlperiode, Stenographische Berichte, Bd. 60, S. 17–33.

[1226] Vgl. Erhards verpasste Chance, in: »Der Volkswirt«, 19. Jg., Nr. 45, 12.11.1965, S. 2461.

[1227] Zur Diskussion in der Gemischten Kommission für das Schema XIII vgl. Turbanti, Auf dem Weg in die Vierte Sitzungsperiode, in: Wassilowsky (Hrsg.), Geschichte des Zweiten Vatikanischen Konzils (1959–1965), Bd. V, S. 1–55, hier S. 46–51. Das Zweite Vatikanum beschloss zur »Pastoralkonstitution über die Kirche in der Welt von heute«, Hauptteil II., 5. Kapitel, Der Friede und die Völkergemeinschaft, Erster Abschnitt: Die Vermeidung des Krieges: »Solange die Gefahr eines Krieges besteht und eine mit ausreichenden Machtmitteln ausgestattete zuständige internationale Autorität fehlt, solange kann den Regierungen, wenn alle Mittel friedlicher Verhandlungen ausgeschöpft sind, das Recht legitimer Verteidigung nicht abgesprochen werden.« Vgl. Vatikanum II, S. 355.

[1228] Philip Matthew Hannan (1913–2011), Dr., amerikanischer katholischer Priester, war nach dem Ende des Zweiten Weltkriegs kurze Zeit als Militärpfarrer in Köln tätig, 1952 Monsignore, 1956 Ernennung zum Weihbischof von Washington (D. C.), 1965–1988 Erzbischof von New Orleans.

chen worden, die Pazifisten hätten sich durchgesetzt.[1229] Wenn es wahr wäre, wäre es ein erschreckendes Zeichen utopischen und irrealen Denkens über die Verhältnisse dieser Welt, in der wir leben. Was wäre aus Europa, besonders aus Italien längst geworden, gäbe es nicht das Gleichgewicht des Schreckens, sondern ein Übergewicht des Schreckens auf Seiten der Kommunisten?

## Mittwoch, 17. November 1965

Tatsächlich brachten die Zeitungen ganz groß die Forderung von Herrn Klepsch, dass beim nächsten Parteitag ein neuer Parteivorsitzender gewählt werden müsse.[1230] Die »Welt« brachte einen kurzen Kommentar mit der Überschrift »Adenauer«,[1231] in dem es hieß, es wäre ganz natürlich, dass die Frage nun gestellt werden müsse, und zwar nicht nur wegen des Alters des derzeitigen Parteivorsitzenden, sondern auch aus Gründen der Politik. Hier wird wenigstens offen zugegeben, dass man eine andere Politik machen will als die zu Zeiten des jetzigen Vorsitzenden. Bisher hat sich in der Öffentlichkeit kein einziges Vorstandsmitglied der Partei zu dieser Forderung geäußert.

Als ich Vater gestern in Cadenabbia anrief, fragte er mich, ob ich den Artikel gelesen hätte. Ich hatte es noch nicht getan. Er sagte:»Es ist bitter, das Ganze mitzuerleben. Man hätte Lust, alles aufzugeben.« Ich sagte ihm, ich glaubte, dass Lücke, der ihn angerufen hat, damit Recht habe, dass die Frage jetzt besser nicht erörtert würde. Es würde sonst vielleicht doch noch Erhard möglich sein, auch dieses Amt an sich zu reißen. In einigen Monaten aber würde er seine Unfähigkeit noch mehr unter Beweis gestellt haben, und dann wäre die Wahl sicher noch weniger für ihn möglich.

Es ist ein beschämendes Schauspiel, dass man in der Abwesenheit Vaters in dieser Art vorgeht und keine Stimme sich dagegen erhebt.

Ein Augenzeugenbericht von der Bundestagung der Jungen Union[1232] eines Freundes von Schorsch ist auch alarmierend. Die Leute leben in den besten Hotels herum. Die jungen Leute seien Funktionäre geworden, Manager, die zum Teil schon viele Posten auf sich vereinen und nur nach oben streben. Grundsatzfragen hätten kein Interesse. Man habe sich voll und ganz der neuen Welle verschrieben. Fragen

---

[1229] Zu den Diskussionen während des Konzils über die Atomwaffen und die Rolle Hannans vgl. Tanner, Kirche in der Welt: Ecclesia ad Extra, in: Geschichte des Zweiten Vatikanischen Konzils (1959–1965), Bd. IV, S. 374–376.
[1230] Vgl. Anm. 1221.
[1231] Vgl. [Georg] Schr[öder], Adenauer, in: »Die Welt«, Nr. 267, 16.11.1965, S. 3.
[1232] Vgl. Anm. 1221.

nach der Vereinbarkeit der jetzigen und der früheren Politik stören
keinen mehr. Erhard hielt es ja wohl für richtig, vor dieser Versammlung zu raten, die Jungen sollten sich von den Alten nicht zu viel Respekt einflößen lassen.[1233] Als ob es nicht schon genug Bruch mit der
Tradition, der allzu jungen und gebrechlichen Tradition in der CDU
gäbe!

In der »Welt« wird heute ein [Artikel] aus [dem ] »Christian Science Monitor« gebracht,[1234] worin es ausdrücklich heißt: Man könne
zwar verstehen, dass die Bundesrepublik jetzt ein voll gleichwertiger
Partner der westlichen Alliierten sein wolle, aber es sei zweifelhaft, ob
es gut sei, dies auch bis hin zu einer Teilhabe an der atomaren Bewaffnung ausdehnen zu wollen. Es gäbe alle Gründe dafür, dass Russland
eine sehr tiefgehende Furcht vor einer deutschen Teilhabe daran habe,
und es wäre wohl auch für innerdeutsche Verhältnisse besser, wenn
man darauf Rücksicht nähme, dass hier Grenzen sichtbar würden.

Das heißt also auf gut Deutsch, was Vater immer schon gesagt hat,
erklärt Herr Schröder jetzt mit lauter Stimme, nämlich dass wir gleich-
berechtigt auch in militärischer Hinsicht sein wollen, was Vater also
im Wahlkampf als Parole ausgegeben hat. Auf der anderen Seite aber
stellt sich ebenso klar heraus, dass wichtige Gruppen in Amerika, vor
die Wahl gestellt zwischen Nichtausbreitungsabkommen von Atomwaffen mit der Sowjetunion oder deutsche Teilhabe an Atombewaffnung, das Erstere vorziehen würden. Die Engländer würden sicher sehr

---

[1233] Erhard ermahnte in seiner Rede auf dem Deutschlandtag der Jungen Union am
14.11.1965 in Bad Godesberg die Mitglieder: »Sie sind jung und Sie gehen
unvoreingenommen ans Werk. Sie sind unbeschwert durch Interessen. Sie sind
auch nicht beschwert durch manch trübe Erfahrung, sondern Sie können sich
Ihrer Aufgabe gestärkt, gestählt und selbstbewußt widmen. Auch das gehört
dazu. Verhehlen Sie es nicht und haben Sie nicht zuviel Respekt vor den Alten.
Sie sollten dem nicht zuviel Gewicht beimessen, wenn sich die Alten auf Erfahrung, Kenntnis und Reife berufen« (Redemanuskript, 17 S., hier S. 16, in: ACDP
04-007-013/1).
[1234] Unter der Rubrik »Kommentare« veröffentlichte »Die Welt« (Nr. 268,
17.11.1965, S. 4) den Auszug aus einem Artikel des »Christian Science Monitor« mit dem Titel »Bonn sollte verzichten«. Darin hieß es, die »Bundesregierung
sei schlecht beraten, wenn sie zu ›große Hoffnungen oder zu großes Gewicht
auf die deutsche Beteiligung an einer westlichen Kernwaffenmacht‹ lege«. Dies
»könnte auch in Deutschland politische Fragen aufwerfen, von denen die Regierung unter Umständen wünschen könnte, sie seien nie aufgetreten«. Wahrscheinlich sei »die sowjetische Furcht vor Atomwaffen in deutschen Händen«
»tief und ernst«. Die USA sympathisierten zwar mit »deutschen Anstrengungen,
zu einer vollständigen, respektierten und unabhängigen Stellung unter den Nationen der Welt zu kommen«. Der Preis dafür könnte aber »der Verzicht auf
Partnerschaft sein, wo es sich um Atomwaffen handelt«.

gern zustimmen. Das Schreckliche ist nur, dass auch de Gaulle von Anfang an in diesem Punkt mit den Russen sich einig erklärt hat.[1235] Damit ist die Befürchtung Vaters da. Wir stehen isoliert und müssen abwarten, ob wir weitere Möglichkeiten zu Bündnissen bekommen.

## Donnerstag, 25. November 1965

Wir holen Vater in Bonn auf dem Bahnsteig ab.[1236] Da im vorigen Jahr bei seiner Rückkehr nicht [einer] da war,[1237] kommt man diesmal in ganz großer Besetzung anmarschiert, sogar [die] Herr[en] Dufhues, Krone[1238], Barzel, Globke, Schulze[1239] und [das] Presseamt. Die Herren haben allerhand untereinander zu besprechen. Barzel fordert uns auf, mit in den Bahnhof zu gehen, weil der Zug 20 Minuten Verspätung hat.

Ich frage Globke nach seiner Meinung über diese Vorgänge um die Präsidiumssitzung und die Nachfolgefrage.[1240] Globke hat es auch ebenso wie ich unmöglich gefunden, dass man sich nicht von Klepsch distanziert hat. Er ist aber der Meinung, dass Lücke nicht Parteivorsitzender glaubt werden zu sollen, weil er zu viel mit seinem neuen Amt als Innenminister zu tun hat. Er sieht das kleinste Übel noch bei Barzel; dass sonst alles drunter und drüber geht, scheint offensichtlich zu sein.

---

[1235] Am 29.9.1965 betonte Couve de Murville vor der UN-Vollversammlung: »Niemand wünsche mehr als Frankreich, daß es nicht zur Verbreitung der Kernwaffen komme.« Vgl. AdG, 35 Jg. (1965), S. 12111 f., hier S. 12112.

[1236] Adenauer kehrte von einem vierwöchigen Aufenthalt in Cadenabbia zurück. Vgl. Anm. 1192.

[1237] Als Adenauer von seinem Urlaubsaufenthalt vom 12.4. bis 12.5.1964 in Loveno zurückkehrte, stieg Barzel in Mainz in den Zug und fuhr mit nach Bonn (Adenauer, Kalendarium). Bei Adenauers Rückkehr nach fast zweimonatigem Aufenthalt vom 17.8. bis 13.10.1964 in Cadenabbia waren Krone, Globke, Dufhues und Kraske zur Begrüßung erschienen (Adenauer, Kalendarium).

[1238] Vgl. dazu Eintrag, 25.11.1965, in: Krone, Tagebücher, Zweiter Bd.: 1961–1966, S. 435.

[1239] Peter H. Schulze (geb. 1919), 1949–1984 im Presse- und Informationsamt der Bundesregierung, 1953–1963 Referatsleiter Chef vom Dienst.

[1240] In der Fraktionsvorstandssitzung am 22.11.1965 wurden die Vorgänge um Graf Huyn (vgl. Anm. 1210–Anm. 1214) erörtert. Am gleichen Tag sprachen Dufhues, Globke und Krone über die Frage, wer Nachfolger Adenauers als Parteivorsitzender der CDU werden solle. Globke berichtete, »daß der alte Herr im nächsten Jahr zurücktreten« wolle. Dufhues schien »wohl bereit« zu sein. Einigkeit bestand, »daß Erhard den Vorsitz nicht übernehmen kann und darf; aber auch nicht Barzel. Heck muss Generalsekretär werden.« Vgl. zum Verlauf der beiden Besprechungen Eintrag 22.11.1965, in: Krone, Tagebücher, Zweiter Bd.: 1961–1966, S. 433 f., hier S. 433.

Beim Herausgehen aus diesem Warteraum komme ich zu Herrn Dufhues zu stehen und sage ihm:»Herr Dufhues, um ehrlich zu sein, möchte ich Ihnen sagen, dass ich diese Meinungen über die Parteipräsidiumssitzung für absolut unzureichend gehalten habe. Hier hat es an einer Distanzierungserklärung von Herrn Klepsch gefehlt, und man hat die Solidarität mit dem Vorsitzenden nicht eindeutig genug bekundet.« Dufhues tut völlig naiv.»Ich weiß nicht, welche Meldungen Sie meinen. Es ist überhaupt nicht über die Frage gesprochen worden, und was die Zeitungen schreiben, darauf dürften Sie doch nichts geben!« Ich habe das zurechtgerückt und gesagt:»Bitte, die Dinge sind so gemeldet worden!« Er fragt noch, in welchen Zeitungen. Ich sage es ihm. Er sagt dann:»Die Sache Klepsch war für uns so lächerlich, dass wir sie gar nicht durch eine Besprechung und Stellungnahme aufwerten wollten.«

In Wirklichkeit scheint es mir so zu sein, wie Globke sagt, dass man nämlich wusste, Erhard steht hinter dieser Sache, er hatte ja auf dieser Versammlung der Jungen Union noch zu einem nicht großen Respekt vor den Alten ermutigt.[1241] Es war auch ein Vorstandsbeschluss der Jungen Union gefasst worden zwecks Verjüngung der Parteispitze.[1242] Das Präsidium wollte sich eben aus Vorsicht und Angst nicht gegen Erhard stellen in der Sache. Darum ist es zu keinem klaren Kommuniqué gekommen.

Dann geht Dufhues zu Krone hin auf dem Bahnsteig und sagt dem das. Der sagt zu mir, als wir uns unmittelbar vor Vaters Ankunft da treffen:»Was sind das für Hiobsbotschaften?« Und ich sage ihm:»Die Sache ist ja schon längst vorbei. Das haben Sie ja in den Zeitungen lesen können.« Er:»Nein! So, was sind das für Zeitungen und was meinen Sie?« Und er tut es so ab mit:»Na, na, na« und»Das wäre ja wohl übertrieben.« Worauf ich ihm sage:»So geht es nicht. Wenn Sie so wollen, ziehe ich daraus meine Schlüsse. Und im Übrigen stehe ich nicht allein mit meiner Meinung da, dass diese Art von Stellungnahme

---

[1241] Vgl. Anm. 1233.
[1242] »Als Konsequenz für die Zukunft« hob Klepsch auf der Sitzung des Bundesvorstands der Jungen Union Deutschlands am 26.9.1965 in Koblenz »die Notwendigkeit« hervor, »im kommenden Jahr das Image der Partei zu modernisieren, um bei der jungen Generation als glaubwürdig zu erscheinen, da andernfalls die Gefahr besteht, in Zukunft diese Gruppe zu verlieren«. Mit Blick »auf den kommenden Bundesparteitag« sah er »die Möglichkeit, durch die Arbeit der jungen Abgeordneten sowie durch die Arbeit des gesamten Bundesverbandes das Ansehen der Partei in der Öffentlichkeit zu heben« (Protokoll über die Sitzung des Bundesvorstands, 15.10.1965, 19 S., hier S. 2, in: ACDP 04–007–038/2).

_Durch Eilbote_

Dr. PAUL ADENAUER          534 BAD HONNEF/RHEIN-RHÖNDORF, den 19.11.65.

Herrn
Bundesminister Lücke
persönlich

Sehr verehrter Herr Minister,

          soeben las ich die Meldungen der "Rundschau"
und der "Welt"über die DCU-Vorstandssitzung von gestern.
Ich schame mich,Mitglied einer Partei zu
sein,die einen solchen Vorstand hat.
Warum wurde keine klare,eindeutige Erklarung an die Presse
gegeben:

1.Daß der Vorstand es nicht nur für sich,sondern auch
für die gesamte Partei als untragbar ansehen muß,wenn in
Abwesenheit des Vorsitzenden und ohne vorherige Beratung
mit ihm die Frage eines Wechsels im Vorsitz öffentlich
behandelt wird,

2.Daß alle Meldungen,denen zufolge Parteigremien beauftragt seien,dem Vorsitzenden einen Verzicht auf seine Kandidatur nahezulegen,frei erfunden und als Angriff auf die
Geschlossenheit der Partei und auf das Vertrauen zu ihrem
Vorsitzenden und seiner Politik zurückgewiesen würden,

3.Daß der Vorstand und die Partei voll und ganz hinter
ihrem Vorsitzenden stehen.

          Die allzu akademische,noch dazu mit inoffiziellen
Äußerungen bezüglich der Nachfolge wirksam umkränzte Meldung in der Presse ist erbärmlich.wird diese Partei sich
weiterhin alle solche Machenschaften,diese Erschütterung
ihres Stils und ihrer bisherigen Politik bieten lassen?

          Ich wäre Ihnen dankbar,wenn Sie mit mir zusammen
bald einmal auch meinen Bruder Dr.Georg Adenauer empfangen
würden.

                              Mit besten Grüßen

                              Ihr

                              Paul Adenauer

oder Ausweichen des Präsidiums und dann doch Zustandekommen-
Lassen unwidersprochen von Presseberichten jedenfalls ein unmögliches Bild ergibt.«Er sagt:»Das verbitte ich mir, Herr Prälat!«Ich sage
... Dann kommt Vater dazwischen. Krone sagt Vater dann:»Ja, wir
scheinen zum ersten Mal eine Meinungsverschiedenheit zu haben, aber
es wird sich sicher doch bereinigen lassen.«Beim Abschied meint er
dann noch, er sei so erregt darüber. Ich sage:»Es gibt Dinge, wenn's
überläuft, dann muss man auch mal sprechen.«Dufhues verzieht
keine Miene mehr, als ich mich von ihm verabschiede.

Heute Nachmittag sprach ich Lücke, dem ich den scharfen Brief
geschrieben hatte.[1243] Er stimmt mir voll und ganz zu. Es sei unmöglich, und er habe Minen gelegt, um weitere Entwicklungen dieser Art
zu verhindern.

Vater ist Gott sei Dank in guten Verhältnissen. Er sieht gut aus.[1244]
Ich habe den Mut zum Teil deshalb gehabt, weil ich starke Migräne
hatte, etwas eingenommen hatte und die Sache dann etwas nachließ,
aber ich noch unter der etwas aufputschenden Wirkung der Medikamente stand. Ich glaube, dass es gut war, so gesprochen zu haben.
Schorsch und Fräulein Poppinga und Vater scheinen mir Recht zu
geben darin. Die Leute sollen mal hören, wie man als alter Freund der
Partei darüber denken muss.

Vater ist lebendig und froh, wieder da zu sein in seinem gewärmten
Hause, obwohl er da so viel Sonne gehabt hat. Aber es war in den
letzten Tagen kalt geworden in Cadenabbia. Als wir bei Tisch sitzen,
wissen wir nicht recht, ob wir von diesen Dingen wieder anfangen
sollen. Aber er sagt:»Ich brenne darauf. Ich will etwas wissen.«Und
da berichte ich ihm kurz, und er sagt:»Ich habe die größte Sorge, wie
das alles werden wird. Ich habe einen Artikel in der NZZ [gelesen],
wonach Erhard eine schwere Depression hat und gesundheitlich stark
angeschlagen ist.«[1245] Er fürchtet jetzt, noch wieder vier Jahre lang

---

[1243] Schreiben Paul Adenauer an Lücke, 19.11.1965, in: ACDP, NL Lücke 01–077–
024, vgl. Faksimile S. 398.

[1244] In der Textvorlage an dieser Stelle auf neuer Seite oben vermerkt:»25.11.1965
(Fortsetzung)«.

[1245] Erhard ließ die Reise nach Washington verschieben und vertagte die Debatte
über seine Regierungserklärung wegen einer Grippe. In dem Artikel»Erhards
Krankheit. Mehr als eine Grippe?«(»Neue Zürcher Zeitung«, 186. Jg., Mor-
genausgabe Nr. 5022, 25.11.1965, S. 1) wurde spekuliert:»Was man vor der
Oeffentlichkeit verheimlichen möchte, ist eine gewisse *Depression*, die sich bei
Erhard als Folge der Wirren und des ermüdenden Seilziehens bei der Regierungsbildung bemerkbar gemacht hat.« Nach dem Artikel folgte eine kurze UPI-Meldung, wonach ein Sprecher des Bundeskanzleramtes tags zuvor mitgeteilt habe,

zwischen diese Mühlsteine der Interessenten und anderer politischer Gruppen zu geraten. Und ob er dem gewachsen sein werde? Er stieße wahrscheinlich zum ersten Mal an seine Grenzen. Dabei ist die NZZ Erhard eher wohlgesonnen.

Auf dem Bahnsteig hat jemand vom Presseamt gesagt, dass Erhard wahrscheinlich überhaupt nicht nach den USA reisen könne,[1246] weil er eine Art Thrombose in den Beinen hat. Frau Bebber deutet das aber als Raucherbeine, das heißt als Durchblutungsstörung in den Beinen, die durch vieles Rauchen verursacht werde. Das sei einer der Gründe, warum Kurt Schumacher[1247] und auch Theodor Heuss amputiert werden mussten. Jedenfalls ist mit der Möglichkeit zu rechnen, dass Erhard in spätestens zwei Jahren nicht mehr kann. Für den Fall will man wohl Barzel aufbewahren.

Barzel spricht in dem Warteraum des Bahnhofs, in dem wir unter uns sind, so großspurig von irgendwelchen Affen, die sich da herumtreiben im Bundeshaus oder sonst wo, in einer Manier, die einem Anlass zur Sorge gibt, wie ein Mann, der so viel Verantwortung hat, so großartig und erhaben über die Dinge reden kann. Bisher habe ich das bei ihm nicht beobachtet.

Vater gibt mir in diesen Dingen Recht. Er hält es auch für unmöglich, wie man so damit umspringt. Er sagt offen, es könnte sein, dass wenn Klepsch älter wäre und wenn er es zu einem späteren Zeitpunkt gesagt hätte, man es durchaus von ihm akzeptiert hätte. »Schließlich werde ich 90, und ich denke nicht daran, nochmal zu kandidieren. Aber so, wie es war, war es eben tatsächlich eine Rotznase und eine Lümmelei von so einem jungen Mann!« Und so ginge es nicht. »Ich werde ihm das bei Gelegenheit auch sagen, dass ich überhaupt den Eindruck habe, die Junge Union hat zu wenig Idealismus und ist nur noch auf Position bedacht.«

Das war auch die Meinung von Globke, der meint, dass die Sozialausschüsse und [die] JU eben durch ihr Netz und vielerlei Funktionäre allmählich die Partei in einer zu weitgehenden Weise beherrschen und es zu wenige unabhängige Leute gäbe. Wie weit Herr

---

Erhard sei seit diesem Tage »wieder *fieberfrei*« (vgl. Erhard fieberfrei, ebd.). Ähnliche Vermutungen (»Was ist mit Erhard los?«, in: »Bild«, 27.11.1965, S. 1) stellten Osterheld (»es wurde auch von Depressionen gemunkelt«, in: Außenpolitik unter Bundeskanzler Ludwig Erhard 1963–1966, S. 264) und Krone (Erhard sei »enttäuscht und deprimiert«, in: Tagebücher, Zweiter Bd.: 1961–1966, S. 435) an.

[1246] Vgl. Anm. 1259.

[1247] Kurt Schumacher (1895–1952), 1946–1952 Parteivorsitzender der SPD, 1949–1952 MdB und Vorsitzender der SPD-Bundestagsfraktion.

Globke allerdings der Auffassung gewisser Kreise der Wirtschaft Ausdruck verleiht und wie weit diese Auffassung der Wirtschaft auch nicht ohne Interessentendenken ist, das ist eine andere Frage. Aber er hat Recht damit, dass zu wenig unabhängige Leute im Parlament sind und dass in der Fraktion eben keine Persönlichkeit ist, die da eine andere Meinung entwickeln kann und die das Erbe Vaters so fortführen kann.

Vater sieht, dass etwas geschehen muss. Er ist verzweifelt darüber und stimmt Schorsch zu, wie es mit der Partei wird, dass sie völlig liberalisiert werde und materialistisch und von reinem Machtdenken beseelt. Er überlegt sich, was er tun kann: Soll er zuerst nur Dufhues empfangen, soll er Lübke und Barzel bitten, Krone und andere herauslassen, um es ihnen zu zeigen?

Ich rate, zuerst Dufhues [zu empfangen], weil er geschäftsführender Vorsitzender ist und weil es sich gehört, ihn zuerst zu hören. Dann aber [muss] ein Versuch [folgen], eine Gruppe von Leuten zu bilden, die [mit] ihm für eine Fortentwicklung der alten Tradition eintreten und das Erbe pflegen wollen und bereit sind, dafür zu kämpfen. Es müssen einige prominente Leute sein. Es muss auch der Versuch gemacht werden, Verbindung herzustellen zum niederen Parteivolk und [zu] den Abgeordneten der verschiedenen Körperschaften, die ohne Zweifel nicht wünschen, dass das Gesicht der Partei, das sich lange bewährt hat, von heute auf morgen unmerklich sich ändert und wir auf einmal eine mehr oder weniger liberalisierte Partei vor uns haben, die dann noch schnell an Anziehungskraft verlieren wird.

Als Vater heraufgeht und ich ihm sage: »Was ist das ein Glück, dass Deine Kampfkraft wieder so gut ist«, sagt er: »Nein, es ist nicht wahr, das darfst Du nicht sagen. Es ist die Sorge um die Partei, die mich so erfüllt, und das Übrige muss man dann sehen. Jetzt muss man erst einmal eine Nacht darüber schlafen und dann sorgfältig sehen, wie man am besten alles macht, ohne dass man in den Verdacht gerät, den Nachfolger zu schädigen oder ihn auszustechen.«

Samstag, 27. November 1965
Gestern fängt Vater, der noch von der Reise müde ist, wieder von seiner Sorge um die Partei an, und zwar beim Frühstück und auch abends. Zwar will er seine Hauptaufgabe in einer Darstellung der Vorgänge der letzten Jahre innerhalb der Partei und auch außenpolitisch sehen und darauf seine Kraft werfen.

Heute ergibt sich, dass sein Elektrokardiogramm besser ist als zur selben Zeit des Vorjahres, als er aus Cadenabbia nach sieben Wochen

Erholung zurückkam.[1248] Diesmal waren es nur viereinhalb. Sein Blutdruck ist auch von gestern auf heute wieder normalisiert worden. Gott
sei Dank!

Aber neben der Darstellung der Dinge aus seiner Feder,[1249] als Erbe
schwarz auf weiß sozusagen, sieht er in einem Beitrag zur Rettung der
Partei seine größte Aufgabe. Dabei geht es um zwei Dinge: 1. Wer kann
Erhard notfalls ablösen? 2. Wer soll sein Nachfolger als Parteivorsitzender werden?

Er sieht Dufhues für das Letztere ebenso wenig als geeignet an wie
ich, weil Dufhues zu glatt ist, zu wenig Kämpfer, weil er es auch damals
abgelehnt hat, seine Anwaltspraxis aufzugeben und in Vaters Kabinett
einzutreten. Man hat bei Dufhues den Eindruck, er käme immer un-
geschoren aus den Dingen heraus und er lebe letztlich nicht mit seinem
ganzen Wesen in der Sache. Anders sei das bei Lücke, der eine Kämpfernatur ist und dem man auch die Verwurzelung in den christlichen
Werten noch mehr glaubt, bis ins Familienleben hinein. Barzel gilt als
taktisch klüger, geschickter, allerdings manchmal als zu geschickt und
zu anpassungsfähig, aber doch [als] ein Mann mit außerordentlichen
Fähigkeiten des Zusammenhaltens.

Vater glaubt, dass hier noch eine große Aufgabe für ihn liegt. Er ist
auch der Erste, den er heute Nachmittag zu sich kommen lässt. Ich
hatte ihm geraten, er solle sich auch von Dufhues als geschäftsführen-
dem Vorsitzenden legalerweise auch gründlich Bericht erstatten lassen
und dann erst sehen, welchen Kreis er zusammenholt, um diese ganzen
Reformaufgaben zu beraten.

Vater ist auch darauf bedacht, die Vorgänge um seine Kandidatur
als Bundespräsident sowie um seinen Abschied als Kanzler genau
festzuhalten. Er legt sie gestern noch einmal genau dar. Glücklicherweise existieren exakte, schriftliche Aufzeichnungen darüber, und die
Vorgänge werden sich rekonstruieren lassen.

Sicher ist, dass die CDU nicht gerettet werden kann ohne eine feste
Parteispitze, die es bisher eben nie richtig gab. Vater glaubt, dass dazu
auch ein Bundesgeschäftsführer oder ein Mann als geschäftsführendes
Vorstandsmitglied mit entsprechendem Format gehört. Heck ist der
einzige, dem er das zutraut. Nur sei der als Schwabe etwas langsam.
Aber er sei bereit, sein Ministeramt und seinen Abgeordnetensitz dafür
aufzugeben und sich dieser Aufgabe zu widmen.

---

[1248] Vgl. Anm. 1237.
[1249] Adenauer arbeitete an dem zweiten Band seiner »Erinnerungen 1953–
1955«.

Es macht Freude zu sehen, wie Vater doch mit neuen Kräften sich allem widmet, und ich bin froh, dass er mich daran teilnehmen lässt.

Hoffentlich rät man richtig, und hoffentlich gelingt es mir in dem Kreis um die PSK, der in zehn Tagen zusammentreten wird und für den sich Barzel, Lücke, Krone[1250] und andere Koryphäen angemeldet haben, zu einer guten Darlegung der kritischen Lage zu kommen. Und ich werde dort diesen Vorstoß unternehmen müssen.

Lückes JU vom Bergischen Kreis wird heute auf dem Landespartei-tag der CDU in Nordrhein-Westfalen eine Erklärung abgeben, dass Herr Klepsch seine Erklärung auf dem Deutschlandtag der [Jungen] Union nicht legitimiert durch einen Beschluss abgegeben habe[1251] und dass sie dem Parteivorsitzenden da das Vertrauen aussprechen.

Dienstag, 14. Dezember 1965

Heute sieht die Lage wieder anders aus. Es zeigt sich, dass Vater doch der Meinung ist, zu wenig Macht zu haben, um eine Reform der Par-tei in die Hand nehmen zu können. Er fühlt allenthalben, dass die Leute ihn nicht mehr fürchten, ihn nicht mehr achten. Er sieht nicht, wie er ohne einen rein politisch machtmäßigen Einfluss die Sache machen könnte, bisher jedenfalls. Vielleicht spürt er auch, dass er seine Kräfte mehr und mehr für die Memoiren braucht und dass er doch sehr einsam und allein dasteht.

Inzwischen schlägt de Gaulle im Wahlkampf tolle Töne an, nach-dem er Vaters Glückwunsch und das herrliche Geschenk sehr freund-lich beantwortet hat.[1252] Er stachelt im französischen Volk die Angst vor Deutschland auf, um damit Frankreichs Recht auf eigene natio-

---

[1250] Im Nachlass Krone ist keine Niederschrift einer Sitzung im Dezember 1965 überliefert.

[1251] Vgl. Anm. 1221.

[1252] Adenauer gratulierte de Gaulle zu dessen 75. Geburtstag am 22.11.1965 in ei-nem Schreiben vom 8.11.1965 aus Cadenabbia (Adenauer, Die letzten Lebens-jahre, Bd. II, S. 43 f.) und unterstrich:»Besonders wir Deutsche schulden Ihnen Dank, wir werden nie vergessen, daß Sie unserem am Boden liegenden Lande die Freundeshand reichten. Es ist Ihr großes, geschichtliches Verdienst, daß die Aussöhnung zwischen dem französischen und dem deutschen Volke zustande-gebracht werden konnte, ein Werk, ohne das es kein einiges Europa geben kann.« De Gaulle hob in seiner Antwort vom 23.11.1965 (De Gaulle, Lettres, Notes et Carnets, 1964–1966, S. 216) zur aktuellen Situation hervor:»Que l'œuvre ainsi entreprise soit maintenant exposée aux vicissitudes que l'Histoire comporte toujours, soyez assuré que je n'en demeure pas moins, pour ma part, disposé à la poursuivre, fidèle à l'esprit qui inspirait nos efforts communs.« Adenauer schenkte de Gaulle aus seinem Privatbesitz »eine kostbare Silberar-beit«, die in einem »besonders kunstvoll gearbeiten Etui«, das »aus blauem

nale Militärmacht hervorzukehren.[1253] Ein erschütterndes Bild. Offenbar ficht de Gaulle jetzt mit allen Waffen, um bei der Stichwahl noch besser abzuschneiden, nachdem er zuerst eine solche Schlappe hinnehmen musste.[1254] Vater ist hier aber auch hartnäckig und zeigt Verständnis für den großen Praktiker auf der anderen Seite. Wenn man allerdings auch hört, wie es im AA vor sich geht und wie die Freunde der deutsch-französischen Zusammenarbeit auf Tropentauglichkeit untersucht oder schon weggeschickt werden nach Jamaika,[1255] dann versteht man diese Beurteilung. Vater ist von einer tiefen Sorge um die zunehmende Isolierung unseres Landes erfüllt. Er glaubt, dass wir auf eine Neutralisierung hintreiben, die uns mit der Zeit dem Osten gegenüber zu ohnmächtig machen wird und uns in die Sogkraft des Ostens geraten lässt.

## Montag, 20. Dezember 1965

De Gaulle ist im zweiten Wahlgang Gott sei Dank wiedergewählt [worden].[1256] Vater ist sehr erleichtert. Er gab am Sonntagabend,

Leder mit blauem Samt ausgeschlagen« war, von Selbach im Elysée-Palast überbracht wurde. Vgl. Poppinga, Meine Erinnerungen an Konrad Adenauer, S. 241.

[1253] Vgl. dazu Deuxième Entretien radiodiffusé et Télévisé avec Michel Droit, 14.12.1965, in: De Gaulle, Discours et Messages. Pour l'Effort, 1962–1965, S. 422–432, hier S. 425–429.

[1254] Im ersten Wahlgang zur Wahl des Präsidenten der Französischen Republik am 5.12.1965 verfehlte de Gaulle mit 44,635 v. H. der gültigen Stimmen wider Erwarten die erforderliche absolute Mehrheit (vgl. AdG, 34. Jg. [1964], S. 12213–12215). Adenauer forderte ihn am 6.12.1965 in einem Telegramm auf, für den zweiten Wahlgang erneut zu kandidieren: »Ihre Wiederwahl als Präsident der französischen Republik ist von entscheidender Bedeutung; nicht nur für Ihr Land, sondern auch für unser Land und für Europa« (vgl. Adenauer, Die letzten Lebensjahre, Bd. II, S. 455).

[1255] Das Bundeskabinett stimmte am 25.8.1965 der Besetzung des deutschen Botschafterpostens in Kingston (Jamaika) mit dem Legationsrat Erster Klasse Dr. Philipp Schmidt-Schlegel, bis dahin Leiter des Referats »Europäische politische Integration; Europarat und nichtstaatliche europäische Organisationen; WEU (nichtmilitärische Angelegenheiten)« zu, den er am 16.11.1965 antrat. Vgl. Protokoll der 177. Kabinettssitzung, 25.8.1965, in: Die Kabinettsprotokolle der Bundesregierung, Bd. 18 1965, S. 352 Anm. 3; AAPD 1965, S. 2024; zu den personellen Veränderungen im Auswärtigen Amt im Zusammenhang mit der Affäre um Graf Huyn: Diplomaten. In die Wüste, in: »Der Spiegel«, Nr. 5, 24.1.1966, S. 18.

[1256] Im zweiten Wahlgang, der Stichwahl, am 19.12.1965 errang de Gaulle mit 55,2 v. H. gegenüber dem Kandidaten der kleinen Linkspartei »Convention des institutions républicaines« (CIR), François Mitterrand, mit 44,8 v. H. die absolute Mehrheit der gültigen Stimmen und war damit für weitere sieben Jahre zum Präsidenten gewählt worden. Vgl. AdG, 34. Jg. (1964), S. 12238.

gestern, noch eine Reihe von kurzen Interviews und ein Telegramm an Freund Charles auf.[1257] Aber er sieht auch, dass die bisherige Linie de Gaulles mit unserem Lande nicht mehr da ist. Er glaubt, dass de Gaulle seine Atomwaffe auch zum Schutz gerade gegen uns hochzüchtet.

Heute, an einem Montag, kommt er voller Ärger um ½ 9 Uhr zurück, isst dann etwas und geht auf sein Zimmer. Er ist angefüllt mit Nervosität schon am frühen Morgen, und jetzt noch viel mehr, vor Ingrimm, Wut und Ärger über alles, was er heute gehört hat, vor allem über Herrn Etzel, der hereinkommt und sagt:»Ich bin gekommen, um Ihnen mitzuteilen, dass Ihre Partei pleite ist!«, dass noch einige Millionen [DM] Schulden da seien und die Industrie nichts geben wolle,[1258] weil Minister Katzer dazu neigt, eine erweiterte Mitbestimmung zu machen. Im Übrigen gehe es denkbar schlecht. Die Läger seien voll. Es gehe überall abwärts. Die Zeitungen sind durch Geld bestochen. Die Partei ist pleite. Er selbst habe zwar 100 Bücher zum Unterschreiben da. Dann müsse er 200 Weihnachtsglückwünsche für die Bundesgeschäftsstelle fertigmachen. Dann dieser Erhard, der in seiner Dummheit glaube, dass er tatsächlich Deutschland hochgebracht habe und jetzt ahnungslos nach Amerika fahre.[1259] Man könne keinem Menschen mehr trauen. Das kommt immer wieder. Ich glaube, hier liegt eines der schlimmsten Übel des Alters, dass man keinem mehr richtig vertrauen mag.

---

[1257] Telegramm Adenauers zur Wiederwahl de Gaulles, 19.12.1965, in: StBKAH 02.36.

[1258] Vgl. dazu Schreiben Adenauer an Lücke, 17.12.1965, in: Adenauer, Die letzten Lebensjahre, Bd. II, S. 63, sowie der Vermerk Kraske vom 16.12.1965 (ebd., S. 461 f.), demzufolge die »im Bundeshaushalt 1965 vorgesehenen Mittel zur Finanzierung der Parteien in Höhe von DM 38 Millionen« bis dahin »von der allgemeinen Haushaltssperre von 7 Prozent betroffen« waren. Daher war »für das Jahr 1965 vorläufig nur ein Betrag von DM 35 340 000 zur Auszahlung gekommen«. Der Differenzbetrag betrug für die CDU DM 953 739. Der Bundesinnenminister konnte die Haushaltssperre für diese Mittel aufheben, wenn Einsparungen in anderen Etatstellen erfolgten. Hintergrund war das noch ausstehende Urteil des Bundesverfassungsgerichts über die Rechtmäßigkeit der Finanzierung der politischen Parteien aus Haushaltsmitteln. In seinem Urteil vom 19.7.1966 erklärte das Bundesverfassungsgericht die bisherige Praxis für verfassungswidrig, gestattete jedoch, die »notwendigen Kosten eines angemessenen Wahlkampfes« den Parteien zu erstatten (BVerfGE 20, 56; auch unter: http://www.servat.unibe.ch/law/dfr/bv020056. html).

[1259] Bei seinem Besuch vom 19. bis 21.12.1965 in Washington führte Erhard verschiedene Gespräche mit amerikanischen Regierungsvertretern und zwei Gespräche mit Präsident Johnson. Vgl. zu den Regierungsbesprechungen AAPD 1965, S. 1913–1942.

Dann muss er nachsehen, wie er die Fragen der »Bild am Sonntag« beantwortet.[1260] Es sind fast 20 raffinierte Fragen aus seinem Leben, das erste Erlebnis des Zeppelins[1261] und ähnliche Dinge mehr. Ich muss die Lexikon-Bände dafür heraufholen. Ich wäre nach einem solchen Tag kaputt und bin es auch, nach einer fünfeinhalbstündigen Sitzung. Aber Vater wühlt wacker weiter mit seinen fast 90 Jahren. Er ist grimmig vor Übermaß an Arbeit, Ärger und Sorge. Krone ist von Etzel auch schlecht gemacht worden. Es wäre ein Jammer, wie der Ruf Krones immer weiter sinkt, weil er zu schwach sei und überall nachgebe. Wen man zum Parteivorsitzenden machen solle, wisse er nicht. Die meisten redeten von Dufhues. Aber der sei doch zu stark an sein Büro gebunden, an seine Anwaltspraxis, und es bliebe dann nur Lücke übrig. Ich habe aber gehört, dass der auch nicht sonderlich will. Es sei ein Jammer, wie es um diese Partei bestellt sei, die jetzt ins Wirtschaftliche abrutsche und in sich zerfalle. So sieht die ganze Welt für Vater traurig, verwirrt, irrsinnig und trostlos aus. Es ist schwer und schrecklich, alt zu werden und noch so viel Kraft zu haben.

Donnerstag, 23. Dezember 1965
Vater kommt jeden Abend ziemlich spät nach Hause und schuftet wie ein Kellner. Er sagt, zu ihm kommen täglich Leute und singen ihr Klagelied über die jetzigen Zustände. Leute, die es früher erlebt haben und die nun sehen, wie es so anders geworden ist und wie vieles auseinanderfällt.

---

[1260] Am 21.12.1965 führte Adenauer mit dem Journalisten Friedrich L. Müller ein Interview, das anlässlich des 90. Geburtstages von Adenauer erschien. Vgl. dazu Adenauer, Die letzten Lebensjahre, Bd. II, S. 64–70, 72–78, Faksimile der Stichworte und Notizen Adenauers, ebd., S. 71. Veröffentlichung: Adenauers 90 Jahre. Von Wilhelm I. bis Gemini 7, in: »Bild am Sonntag«, 2.1.1966; Friedrich Ludwig Müller, Zweite Folge: Adenauers 90 Jahre, ebd., 9.1.1966, und Kurt Dittrich/Friedrich Ludwig Müller, Dritte Folge: Adenauers 90 Jahre, ebd., 16.1.1966.

[1261] Dazu Adenauer in dem Interview (vgl. Adenauer, Die letzten Lebensjahre, ebd., S. 66): »Es war ein solch majestätisches Bild, wenn der Zeppelin – ich glaube, er war 170 Meter lang – daherschwebte. Aber, ich will weitergehen und sagen, das Fliegen überhaupt, das Flugzeug, haben mich sehr beeindruckt. Schon damals, als ich mit einem guten Freund – es ist der früh gestorbene Landeshauptmann Horion – darüber sprach, daß die Menschen nunmehr fliegen konnten, war ich mir darüber im klaren: das Flugzeug würde auf die Dauer die Weltpolitik entscheidend beeinflussen; Seemächte, die ihre Macht auf die Beherrschung der See stützten, wie Großbritannien, würden durch das Flugzeug an Macht einbüßen.«

Eine Frage ist, welche unheilvolle Rolle die Schwäche von Krone, der immer nur ein Mann des zweiten Gliedes war, gespielt hat, um Erhard in seine jetzige Position und in seine Meinung von sich selbst zu bringen. Wahrscheinlich war er auch nicht unschuldig an dem Entschluss von Brentanos, damals nicht mehr Außenminister zu werden,[1262] obwohl Vater ihn gebeten hatte, mit der Bekanntgabe dieses Entschlusses zu warten, bis sie sich besprochen hätten. Auch mir gegenüber ist Krone jetzt gleich höflich und freundlich. Nichts für ungut! und dergleichen. Aber ein Kämpfer ist er nicht und wird er nie werden. Viele meinen auch, dass der Einfluss evangelischer Kreise sehr stark zunehme in einer Weise, die das Gleichgewicht gefährdet. So seien im AA nur etwa 30 Prozent Katholiken, im Innenministerium, wo Schröder früher war, seien kaum Katholiken. Von Norddeutschland her werden jetzt mit Berufung auf die günstigeren Wahlergebnisse weitere Einflüsse angemeldet. Auf den Universitäten ist es vielleicht auch noch von früher her, als Preußen die Lehrstühle vergab, auch so, aber auch aus Gründen des katholischen Bildungsdefizits.

Eine andere Sorge ist die Entwicklung der Partei in der Nachfolgefrage für Vater. Es scheint, dass Lücke auch noch andere Ambitionen hat und vielleicht jetzt nicht als Parteivorsitzender hervortreten will.[1263] Er hat aber innerhalb von zwei Tagen [dafür] gesorgt, dass die Parteien wieder [Geld] von ihren Steuergeldern bekommen, und er hat auf Vater einen tatkräftigen Eindruck gemacht. Ob er auch Kanzler-Aspirationen hat? Dann gäbe es ja Kämpfe mit Barzel.

Die Reise Erhards nach Washington[1264] war ein Reinfall, aber glänzend verdeckt. Von der Presse wird er so milde behandelt, dass man es kaum begreifen kann, die noch vor knapp 14 Tagen verkündete: Die These von einem Waffensystem ist verschwunden. Man spricht

---

[1262] Vgl. Anm. 88 und Anm. 90.

[1263] Nachdem Adenauer am 22.12.1965 angekündigt hatte, er wolle den Vorsitz der CDU nicht länger behalten (vgl. Die CDU sucht den Nachfolger für Adenauer, in: »Franfurter Allgemeine«, Nr. 298, 23.12.1965, S. 1), führte er am nächsten Tag ein dreistündiges Gespräch mit Lücke, in dem er ihn nachdrücklich bat, »sein Nachfolger im Amt des Parteivorsitzenden zu werden« und sich »die Sache in Ruhe zu überlegen«. Lücke erklärte jedoch, dass er »aber voraussichtlich nicht bereit sei, diese Aufgabe zu übernehmen«. Sein Kandidat sei Dufhues. Adenauer äußerte »gegen die Wahl des Herrn Dufhues ebenso wie gegen die Wahl der Herren Barzel, Kiesinger, Meyers und Bundeskanzler Erhard Bedenken«. Lücke blieb dabei, dass er »das Amt nicht übernehmen werde« (Aktennotiz Lücke, 17.1.1966, in: ACDP, NL Lücke 01–077–140/2; auch Adenauer, Die letzten Lebensjahre, Bd. II, S. 481 f.).

[1264] Vgl. Anm. 1259.

nicht mehr von einer kombinierten Flotte und dergleichen, sondern
nur noch davon, dass Amerika prüft, ob und wie man den Deutschen
irgendeine Art von Mitspracherecht in der ganzen atomaren Strategie
ermöglichen will. Andere wieder sprechen von Mitbesitz atomarer
Waffen, aber oft ist überhaupt nichts Genaues herausgekommen.[1265]
Was der Besuch zu diesem Zeitpunkt, kurz vor Weihnachten, sollte,
nach der Erkrankung des amerikanischen Präsidenten,[1266] ist rätselhaft. Es wird auch gesagt, dass Johnson versucht habe, die Bundesrepublik in Vietnam stärker zu engagieren.[1267] Jedenfalls tritt Erhard
jetzt einen vierwöchentlichen Urlaub an, um wieder arbeitsfähig zu
werden. Aber aus der ganzen Umgebung hört man, dass die Disziplin
nachlasse mit der Art der Arbeit des Chefs und auch wahrscheinlich
damit, dass zu viele Außenseiter neu in die Beamtenbürokratie herein-
gebracht wurden, so zum Beispiel Herr Hange[1268], jahrelang Agent

---

[1265] Rusk äußerte in dem Gespräch mit Schröder am 20.12.1965 über die Atlantische
Nuklearstreitmacht, »daß die de facto-Situation der Bundesrepublik so stark
sei, daß ihr eine volle Teilnahme an der Entscheidung bereits garantiert sei,
zumindest soweit es sich um ein ›Nein‹ der Bundesrepublik zum Einsatz von
Atomwaffen handele. Umgekehrt: wenn die Bundesrepublik angegriffen werde,
habe kein Präsident die Möglichkeit, ›nein‹ zu sagen, weil er unmöglich hinnehmen könne, daß die in Deutschland stationierten amerikanischen Truppen über-
rannt würden und daß damit die zahlreichen nuklearen Waffen, die sich in
Deutschland befänden, vom Angreifer erbeutet würden. Die Bundesrepublik
habe also de facto im Hinblick auf den Einsatz von Atombomben bereits jetzt
ein sehr weitreichendes Mitspracherecht.« Schröder entgegnete: »Deutschland
verlasse sich völlig auf das Wort der Vereinigten Staaten ...« Vgl. AAPD 1965,
S. 1934–1938, hier insbes. S. 1936.

[1266] Johnson musste sich im September 1965 im Marinekrankenhaus in Bethesda
(Maryland) zur Entfernung der Gallenblase einer Operation unterziehen. Vgl.
Wenn Johnson krank wird. Die Aktivität des Präsidenten erlahmte nicht, http://
pdf.zeit.de/1965/42/wenn-johnson-krank-wird.pdf.

[1267] In dem Gespräch Erhards mit Rusk und McNamara am 20.12.1965 sagte Rusk
zur Politik in Vietnam, »besonders der deutsche Beitrag [sei] wichtig, und zwar
wichtig auch im Hinblick auf die Unterstützung, die Deutschland dadurch für
eigene vitale Interessen gewinnen könne«. Erhard erwiderte, es werde überlegt,
»wie man mehr tun könne« (vgl. AAPD 1965, S. 1913–1920, hier S. 1915,
1917 f.). In dem Gespräch mit Johnson am gleichen Tag unterstrich Erhard
nochmals »die grundsätzliche deutsche Bereitschaft, einen größeren deutschen
Beitrag zu den Aufgaben zu leisten, welche die Vereinigten Staaten für die Sache
der Freiheit und des Friedens in Südostasien auf sich genommen haben« (vgl.
ebd., S. 1938–1942, hier S. 1941).

[1268] Franz Hange (1921–2011), Journalist, 1949–1965 Redakteur und Sonderkor-
respondent der Deutschen Presseagentur in Bonn, 1965–1969 Referent im Bundeskanzleramt, zuständig für Petitionen an den Bundeskanzler, langfristige
politische Gesamtplanung und die Verbindung zum Presse- und Informationsamt der Bundesregierung, 1966–1967 dort Referatsleiter in der Abteilung III,

von dpa, der plötzlich Ministerialdirigent geworden sein soll, eine Sache, die man kaum fassen kann. Wahrscheinlich ist das der Einfluss von Herrn Hohmann, der seinen Stab der Werbung und der Pressebearbeitung noch nicht stark genug hat.

Vater bringt einen guten Vergleich zwischen Barzel und Lücke: Lücke sei wie ein Kolben in einem Zylinder, der von einer Kraft in derselben Richtung immer hinauf und hinunter bewegt werde und dadurch Arbeit verrichtet, während Barzel wie eine Kugel sei, die von jeder Energie in verschiedene Richtungen, und zwar in schnell wechselnde Richtungen, in Bewegung gesetzt werden könne, mal vor, mal zurück, mal rechts, mal links. Offensichtlich will Vater am liebsten jetzt Lücke als Nachfolger sehen, während allgemein für Dufhues Propaganda gemacht wird und er als der wahrscheinliche Nachfolger hingestellt wird. Mal sehen, wie Krone sich in diesem Dilemma verhält, wie sich die Leute orientieren! Es ist ein schauderhaftes Spiel, und es ist kein Wunder, dass Vater dieses ganze Spiel stark mitnimmt. Man muss staunen, wie er dabei noch alles bedenkt und alles sieht und immer noch eine gewisse Überlegenheit behält. Das kostet ihn sicher viel Nerven und manche Stunde Schlaf!

Montag, 27. Dezember 1965
Am Nachmittag vor dem Heiligen Abend ging Vater aus dem kleinen Frühstückszimmer, der sogenannten Kajüte, in das dunkle Wohnzimmer hinein, ohne sich im Wohnzimmer Licht zu machen, hinter ihm Ulla und Fräulein Poppinga. Er geht um den Weihnachtsbaum herum, bis dahin reicht der Lichtschein aus der Kajüte noch, und dann Richtung Tür und fühlt dabei mit dem rechten Fuß vorne die Steine der Krippe. Er verliert das Gleichgewicht, schlägt nach rechts mit voller Wucht auf die Krippe, kann keinen Halt finden, schreit auf vor Schmerz.

So finde ich ihn auf der Couch sitzend, als ich von Unkel zurückkomme. Das ganze Bein tut ihm weh. Er hat einen leichten Schock von dem Schmerz und der Erschütterung bekommen. Er zieht sich dann bald zurück. Es zeigt sich dann auch eine Prellung am rechten Bein, die anschwillt am Knie und unten am Fußgelenk. Vorübergehend wird es unangenehm, aber der Knochen scheint intakt. Er kann Gott sei Dank gehen, und es ist wie ein Wunder, dass ihm nichts passiert ist.

---

verantwortlich für die Verbindung zu den politischen Parteien, Kirchen und Verbänden.

Das Schrecklichste wäre ein Oberschenkelhalsbruch gewesen. Der hätte ihn für immer vom Gehen bringen können. Frau Bebber ist im Schwarzwald zur Erholung. Sie gibt genaue Anweisung. Heute ist Vater Gott sei Dank über den Berg. Gestern schon, als die Kinder und Enkel da waren,[1269] war er wieder ganz gut dabei und ließ sich nichts anmerken. Ein Glück! Unsagbar! Heute hat Vater mit der Revision der Gliederung für den zweiten Band der Memoiren begonnen. Er weiß noch nicht, mit welchem Schluss er schließen soll. Aber im Ganzen scheint sie ihm zu passen, und der Stoff liegt bereit. Er kann an die Ausarbeitung gehen.

Als die Amerikaner Anstalten machten, ihre Verteidigungskonzeption zu überprüfen, NATO und dergleichen, gab Vater ein Interview an eine amerikanische Zeitung, das sogar in deutschen Zeitungen veröffentlicht [worden] war,[1270] in dem er warnt, dass Amerika durch Vietnam in einen neuen Isolationismus treiben könne, und in dem er darauf aufmerksam macht, dass Europa doch wesentlich schwerer bedroht sei vom Kommunismus, als es Vietnam sei. Dass ein Europa in den Händen der Russen für Amerika eine viel schwerere Bedrohung sein müsste, als es Vietnam wäre.

Daraufhin ist eine große amerikanische Fernsehgesellschaft an ihn herangetreten und will mit ihm ein Interview machen. Er sieht tatsächlich die Neutralisierung unseres Landes immer wieder am Horizont erscheinen. Erhard hat stillschweigend vier Wochen Urlaub genom-

---

[1269] Traditionell kommt die Familie Adenauer jedes Jahr am zweiten Weihnachtstag (26.12.) im Hause Konrad Adenauers in Rhöndorf zusammen.

[1270] Vgl. Gespräch Adenauer mit dem Journalisten Cyrus L. Sulzberger, 5.2.1965, in: Adenauer, Die letzten Lebensjahre, Bd. I, S. 376–383, hier S. 383; zur Veröffentlichung vgl. Foreign Affairs: Gloomy Watch on Rhine, in: »The New York Times«, International Edition, Nr. 39099, 10.2.1965, und Bonn's Social Democrats Score de Gaulle on his Anti-U.S.-Stand, ebd., Nr. 39100, 11.2.1965; deutsche Übersetzung in: DzD, VI. Reihe/Bd. 11, S. 152–155; Adenauer: Amerika versagt in Europa. Amerika schielt nur nach Asien. Amerika blind vor der Gefahr. »Tiefes Mißtrauen in Deutschland«, in: »Bild«-Zeitung, 14. Jahr, Nr. 34, 10.2.1965, S. 1; dazu Faksimile in: Adenauer, Die letzten Lebensjahre, ebd., S. 384. – Die Äußerungen Adenauers waren anschließend Gegenstand einer Aktuellen Stunde am 10.2.1965 im Deutschen Bundestag (vgl. Verhandlungen des Deutschen Bundestages, 4. Wahlperiode, Stenographische Berichte, Bd. 57, S. 7919). Adenauer beschwerte sich anschließend bei Sulzberger, er habe einem Gespräch zugestimmt. »Demzufolge habe ich Sie auch am Schluß unserer sehr offenen Aussprache nachdrücklich gebeten, nur mit großer Zurückhaltung und unter Berücksichtigung meines Wunsches, keinesfalls das Vertrauen der deutschen Bevölkerung in die Vereinigten Staaten stören zu wollen, Teile unserer Unterhaltung publizistisch zu verwerten (vgl. Schreiben Adenauer an Sulzberger, 12.2.1965, in: Adenauer, Die letzten Lebensjahre, ebd., S. 385).

men, nachdem er aus Amerika zurück ist. Vater erfährt immer neue Beispiele von der Unfähigkeit seines Nachfolgers und vom Zerfall der CDU.

[Vater ...[1271]] erzählt, wie er zu Weihnachten immer nur einen Band von Wörishöffer[1272] und etwas Printen und Spekulatius bekommen habe und damit restlos glücklich gewesen sei. Er erzählt, wie seine Mutter nach Hause gekommen sei, als er sich mit seinem Bruder[1273] geschlagen habe. Sie habe nur ihren Mantel ausgezogen, ihn herumgedreht – es wären so harte Knöpfe daran gewesen – und hätte einfach auf die beiden eingedroschen. Dabei sei sie eine herzensgute Frau gewesen, die sich abrackerte für ihre Familie. Sie hätten sie sehr geliebt. Aber das wäre die einzige richtige Behandlung gewesen, die er bis heute behalten habe. [...][1274]

Schön ist auch die Geschichte mit der Haut des Puters! Wir bekamen einen Truthahn zu Weihnachten. Vater schmeckte das an sich zarte Fleisch nicht pikant genug. Er fragte, wie es mit der Haut des Puters sei. Ich gehe in die Küche. Da stellt sich heraus, dass die Haut vorher abgenommen worden ist, weil Frau Bebber verboten hatte, dass Vater die Haut solcher Tiere isst. Er weiß das auch, und es wird gesagt, dass Frau Plata[1275] diese auch abmache. Er ist entsetzt darüber, das Beste sei davon ab, das Fleisch schmecke so nicht gut. Der Gipfel ist, dass

---

[1271] Vom Bearbeiter gestrichen: Ausführungen über familiäre Angelegenheiten.

[1272] Sophie Wörishöffer, geb. Andresen (1838–1890), Schriftstellerin und Jugendbuchautorin, veröffentlichte in den 1880er Jahren unter dem Namen »S. Wörishöffer«. Aus Verlagssicht erschien es damals wenig verkaufsfördernd, wenn eine Autorin fast jährlich Erzählungen und Reiseabenteuerbücher mit historischen Bezügen über die damalige europäische Kolonial- und Handelspolitik, aber auch mit geographischen und naturwissenschaftlichen Belehrungen für vornehmlich Jungen aus bürgerlicher Schicht schrieb, das deren Wissen verbreiterte. Die 500 bis 600 Seiten starken Bände mit Illustrationen kosteten derzeit neun Mark und waren verhältnismäßig teuer. Vgl. Tuxhorn: Mit Sophie Wörishöffer ins Abenteuerland, Hamburg 2008.

[1273] Konrad Adenauer hatte zwei Brüder: August Adenauer (1872–1952), Professor Dr. jur., Rechtsanwalt und Justizrat in Köln, Honorarprofessor an der Juristischen Fakultät der Universität zu Köln, sowie Johannes Adenauer (1873–1937), katholischer Priester, Prälat, Domkapitular in Köln. Zu den Beziehungen Konrad Adenauers zu seinen Brüdern vgl. Weymar, Konrad Adenauer, S. 15, 178; Schwarz, Adenauer: Der Aufstieg, S. 66-69, 114, 375, 387; zum Briefwechsel mit August Adenauer vgl. Adenauer im Dritten Reich, S. 92, 305, und Adenauer, Briefe 1949–1951, S. 241, 304; zum Briefwechsel mit Johannes Adenauer, ebd., S. 139 f., 183, 268 f.

[1274] Vom Bearbeiter gestrichen: Ausführungen über familiäre Angelegenheiten.

[1275] Plata, Köchin im Palais Schaumburg. Vgl. dazu Hermann Schreiber, Die Situation ist da, in: »Der Spiegel«, Nr. 51, 16.12.1964, S. 32.

es sich nun herausstellt, Frau Schlief hat die Haut zum Teil gegessen und ist davon fast krank geworden. Sie hat sich schwer den Magen verdorben und hat bis ½ 7 Uhr im Bett gelegen. Das hat Vater nun in etwa getröstet, denn es sieht so aus, als ob sie sich die Haut, nur weil sie sie gern wollte, einverleibt hätte, und er sei um seinen schönen Geschmack des Truthahns gekommen. Heute kommt er nochmal darauf zurück, immer wieder mit der Haut. Es ist köstlich! Aber man kann verstehen, dass er darauf bedacht ist, seine Kräfte zu erhalten, und dass er sagt:»Ich muss appetitlich essen können, damit ich genug esse. Sonst esse ich eben nicht genug, um mein Gewicht zu halten.« Aus allem klingt natürlich irgendwie die Sorge um die Erhaltung des Lebens, in all den Kleinigkeiten, die zu seinem gewohnten Leben gehören.

Gestern ruft er mich, als er im Garten auf dem obersten Weg spazieren geht, und sagt mir, ich solle sofort um die Linde und um den Kirschbaum einen Draht entfernen, den man dort herum gelegt hatte, um den Zaun von außen zu befestigen, der dem Baum natürlich die Luft nimmt und in die Rinde einschneidet. Er hat das gesehen. Ich bin ein paarmal schon vorbeigelaufen, habe nichts davon bemerkt. So ist es mit vielen anderen Dingen auch. Blitzschnell sieht er das und reagiert wie in den besten Zeiten.

Silvesterabend, Freitag, 31. Dezember 1965
Vater konnte heute Abend sein Fleisch wieder nicht richtig beißen, und er war ärgerlich. Er ließ sich dafür ein Ei bringen, Rührei, und einen Rheinwein von 1937, einen Hättenberger[1276]. Er schmeckte ihm wunderbar. Hinterher kam ein Erdener Treppchen[1277] 1959. Aber Frau Schlief hat sich entsetzlich aufgeregt. Als ich in die Küche komme, ist sie am heulen und schimpft und flucht zwischendurch»verdammte Scheiße«. Moni und die kleine Margit stehen erstarrt und halb mit in Tränen aufgehend darum herum. Die schöne Flasche Wein und der Sekt, die ich ihnen herausgegeben habe, stehen noch nach einer Stunde unberührt in der Küche, während die drei oben sitzen und heulen oder trösten oder was so immer.

Frau Schlief stößt noch mit Vater an der Treppe zusammen, der sich nicht weiter ärgern wollte am heutigen Abend und ihr sagt:»Na, wollen Sie los nach Unkel?« Sie sagt:»Nein, ich gehe ins Bett, damit

[1276] Der Hättenberg-Wein wird am Rande von Ostermundigen, Hauptort des Verwaltungskreises Bern-Mittelland des Kantons Bern in der Schweiz, angebaut.
[1277] Erdener Treppchen ist eine Weinlage der Ortsgemeinde Erden im Weinanbaugebiet Mosel, Bereich Bernkastel.

ich um ½ 7 Uhr wieder heraus kann!« Vater gerät dann in Zorn und
sagt ihr, als sie frech wird:»Warum mussten Sie das so machen! Und
ich verlange ordentliches Fleisch!« Frau Schlief sagt dann:»Sagen Sie
mir doch, dass Sie mich loswerden wollen.«
Es ist ein Jammer, dass Frau Schlief Vater nicht mehr leid tut. Er
lässt doch nicht aus Mutwillen sein Fleisch zurückliegen, sondern weil
er seit seinem Autounfall[1278] künstliche Zähne hat und es ihm weh
tut. Aber, nein, da wird geschimpft, auch vor den anderen, und es tut
weh im Haus an einem solchen Abend!
Vater kommt nachher wieder in bessere Fahrt. Er erzählt von früher.
Er erinnert sich, dass er 1880, als das Domfest war, der neue Dom
eingeweiht wurde,[1279] an der Stelle des Zentralbahnhofes in Köln mit
seinem Vater ging, als dort der Kaiser[1280] in einer Kalesche, Zweispän-
ner offen, vorbeigefahren kam, vor ihm auf dem Bock ein Mann mit
weißem Federbusch, dahinter der Kaiser mit seinem schönen, weißen
Bart. Das habe ihm großen Eindruck gemacht.[1281] Später habe man
aber unter ihresgleichen von Kaiser Wilhelm II.[1282] nichts mehr gehalten. Die Bindung an die Monarchie sei nur sehr lose gewesen, mehr
durch die Person von Wilhelm I. Im Übrigen habe schon [ein] Lehrer
namens Petit[1283] ihnen gesagt, dass die Republik die bessere Staats-
form sei, und das sei auch bei ihnen auf offenen Ohren gestoßen, weil
am Rhein noch von Napoleons Zeiten her eine andere Art von Einstellung gegenüber den Preußen herrschte, insbesondere seit der Un-

---

[1278] Am 20.3.1917 erlitt Adenauer während der Autofahrt vom Rathaus in Köln
nach Hause einen Unfall, als das von seinem Chauffeur gefahrene Dienstfahr-
zeug mit einer Straßenbahn zusammenstieß. Aufgrund der schweren Kopf- und
Gesichtsverletzungen wurde er im Dreifaltigkeitshospital operiert und hielt sich
mehrere Monate zu einem Erholungsurlaub in Sankt Blasien im Schwarzwald
auf. Vgl. Poppinga, Meine Erinnerungen an Konrad Adenauer, S. 248 f.;
Schwarz, Adenauer: Der Aufstieg, S. 168 f.
[1279] Aus Anlass der Vollendung des Baus des Kölner Doms besuchte Kaiser Wilhelm
I. am 15.10.1880 die Stadt.
[1280] Wilhelm Friedrich Ludwig von Preußen (1797–1888), ab 1871 als Wilhelm I.
erster Deutscher Kaiser.
[1281] An den Besuch erinnerte sich Adenauer auch in seiner Tischrede an seinem 91.
Geburtstag am 5.1.1967. Vgl. Konrad Adenauer:»Die Demokratie ist für uns
eine Weltanschauung«, S. 218–230.
[1282] Friedrich Wilhelm Viktor Albert von Preußen (1859–1941), 1888–1918 als
Wilhelm II. letzter Deutscher Kaiser und König von Preußen.
[1283] Ernst Petit, Professor am Königlichen Katholischen Gymnasium an der Apos-
telkirche zu Köln, unterrichtete Konrad Adenauer in der Prima und gehörte bei
seiner Reifeprüfung 1894 der Königlichen Prüfungskommission an. Vgl. Staatliches Apostelgymnasium zu Köln: Jahresberichte über die beiden Kurzschuljahre 1966 und 1966/67, S. 12 f.

terdrückung des Katholizismus durch die Preußen.[1284] Es habe ihn immer verletzt.

Er habe da als Sekundaner gelesen, dass Wilhelm II. so eitel war, [dass er] zum Beispiel vom Zaren[1285] bestimmte Uniformknöpfe haben wollte, die aber dem Kammerherrn eines bestimmten militärischen Dienstgrades nur zustanden. Als der Zar das dann ablehnte, weil es zu unwürdig sei, hat Wilhelm festgestellt, dass sein Großvater Wilhelm I. diesen militärischen Dienstgrad bei den Russen hat, und hat sich dann selber zu dessen Kammerherrn ernannt, um sich diese Knöpfe zulegen zu können.[1286] Das habe in der Zeitung gestanden. Es sei nicht widerrufen worden, und damit sei für ihn dieser Mann erledigt gewesen. Man habe gedacht: Was soll aus einem Land werden, das einen solchen Jecken als Monarchen hat. Der Klassenunterschied sei auch so stark gewesen, dass zum Beispiel ein Seconde-Leutnant mit »Hochwohlgeborener Herr« angeredet werden musste, wenigstens auf dem Briefumschlag, was ein Amtsgerichtsrat erst beim Ausscheiden aus dem Dienst erreichen konnte.

Am Ende dieses Jahres gibt es viel Grund, dankbar zu sein: im Institut, privat, Auto, Vater und alles Mögliche. Ich habe eine ganze Menge über mich selbst gelernt. Es kommt darauf an, daraus die Konsequenzen zu ziehen im neuen Jahr, mit sich selber klüger umzugehen. Die Aufgaben, die vor uns liegen, sind riesig: Elternbriefe, Steuerung der »Aktion geschlechtlicher Unterweisung«,[1287] Materialherausgabe dafür, Klärung strittiger Fragen und schließlich Familie, Seelsorgekongress-Vorbereitung. Neben all den anderen laufenden Dingen nebenher! Ich werde sonst nichts anderes im Laufe des Jahres tun können und muss alle Publikationspläne aufschieben, leider!

---

[1284] Zu Adenauers Einschätzung des sogenannten »Kulturkampfes«, den Bismarck durch eine Reihe von Gesetzen auslöste, die das kulturelle und religiöse Leben der Katholiken beschränkte, vgl. Informationsgespräch Adenauer mit Charles Thayer, 18.10.1956, in: Adenauer, Teegespräche 1955–1958, S. 134–143, hier S. 142; Informationsgespräch Adenauer mit Daniel Roth, 19.7.1960, in: Adenauer, Teegespräche 1959–1961, S. 281–294, hier S. 282, 285; Informationsgespräch Adenauer mit Klaus Epstein, 13.8.1963, in: Adenauer, Teegespräche 1961–1963, S. 416–428, hier S. 426.

[1285] Kaiser Wilhelm II. und Zar Nikolaus II. waren Vettern.

[1286] Zur Eitelkeit von Wilhelm II., seiner schauspielerischen Neigung und Vorliebe schon als Knabe, russische Uniformen anzuziehen, vgl. von Müller, Im Wandel einer Welt, S. 309.

[1287] Vgl. dazu Paul Adenauer, Ehe- und Familienseelsorge im Lichte des Konzils, in: JCSW, 07/08 (1968/67), S. 175–183, hier S. 179 f.

Fräulein Poppinga ist großartig. Sie erzählte von Japan,[1288] der Neujahrsnacht dort. Das Bild, das sie aus Symbolgründen wählen würde: ein Teich mit Seerosen in einem Kiefernwald, darin der Widerschein eines honigfarbenen Mondes, der durch eine nebelverhangene Schicht herunterschaut. Da nimmt ihr Auge einen anderen Glanz an. Sie lebt dann in einer anderen Welt. Vater stimmt ihr zu, dass die japanische Kultur tiefer und stärker im Volke lebendig sei als unsere Kultur. Wir hätten ja gar keine mehr. Ein erschütterndes Urteil!

Samstag, 1. Januar 1966

Vater hat sich sehr geärgert. Er sagt, in seinem ganzen Leben sei er noch nicht so frech angefahren worden wie von der empörten Frau Schlief, der er das Fleisch zurückgeschickt hatte, weil er es nicht kauen konnte. Es ist wirklich ein Jammer, dass Frau Schlief, die an sich gut will, dann es nicht fertig bringt, ihren Fehler einzusehen, und ihn stattdessen dann noch angreift und ihm quasi die Schuld zuschiebt, wenn er das Zeug nicht kauen kann. Die Lieblosigkeit und Härte, die darin liegt, tut bitter weh im Alter.

Manchmal meine ich überhaupt, dass wir uns alle nicht klarmachen, welch ein Mann da unter uns alt wird und seinem Tod entgegengeht, wie dünn seine Haut ist. Viel dünner als wahrscheinlich unsere! Sicher als die meine! Wenn ich die Bücher sehe über ihn,[1289] die Fotobände,[1290] die er uns jetzt geschenkt hat, die ganze Geschichte der letzten Jahre und Jahrzehnte, man kann es nicht fassen, dass man das selber

---

[1288] Poppinga arbeitete von 1955 bis 1958 als Sekretärin von Botschafter Kroll an der Botschaft der Bundesrepublik Deutschland in Tokio. Vgl. Poppinga, Meine Erinnerungen an Konrad Adenauer, S. 14.

[1289] Bis Ende 1965 waren bereits mehrere Darstellungen über Adenauers Leben und Wirken, meist von Journalisten verfasst, erschienen: Peck, Dr. Konrad Adenauer 1917–1952, [Ost-]Berlin 1952; Skibowski, Konrad Adenauer, Aschaffenburg [1953]; ohne Verfasser, Der Bundeskanzler, Frankfurt/Main 1953; Weymar, Konrad Adenauer, München 1955; Alexander, Adenauer und das neue Deutschland, Recklinghausen 1956; Gelsner, Konrad Adenauer, München-Köln 1957; Koop (Hrsg.), Der Kanzler, 3. Aufl., Olten–Lausanne 1961; Skibowski, Konrad Adenauer, Bonn 1961; Rodens, Konrad Adenauer, München–Zürich 1963; Kopp, Adenauer, Stuttgart 1963; Loch, Adenauer – De Gaulle, Bonn 1963; Wighton, Adenauer – Democratic Dictator, London 1963; Lindemann, Konrad Adenauer, München–Bern–Wien 1965.

[1290] Erschienene Fotobände über Adenauer: Luhmann, Konrad Adenauer privat, Köln 1952; Brehm, Mit dem Bundeskanzler in USA, Höchstadt/Aisch 1953; Gruber (Hrsg.), Das Adenauer Bildbuch, Stuttgart 1956; Otto, Konrad Adenauer und seine Zeit, Bonn 1963; Reuther (Hrsg.), Adenauer, Bonn–Beuel 1963; McBride/Finck von Finckenstein, Adenauer, Starnberg 1965; Konrad Adenauer, Berlin–Darmstadt–Wien–Gütersloh 1966.

alles miterlebt haben soll. Man hat es doch so wenig tief eingegraben
in seinem Gedächtnis. So vieles ist schon vergessen! Und Tag für Tag
fragt man sich: Was übersiehst Du, was entgeht Dir? Auf der anderen
Seite muss man aber auch [dafür] sorgen, dass man seine eigene Arbeit
getan bekommt.

Heute Nachmittag war Vater, wie heute Mittag auch, müde wegen
der schlechten Nacht. Aber dann war der Himmel so schön aufgeris-
sen, ein eigentümliches Blau, etwas Gold darüber und dunkle Wolken
oben drüber hin gejagt. Ein prachtvolles Schauspiel! Er saß ganz still
oben am Bocciaplatz (sein Bein tat ihm noch weh),[1291] als ich mit zwei
Hasen vom Bahnhof zurückkam. Wie ein Denkmal saß er da und
schaute den Himmel an. Dann setzte er sich in der sogenannte Kajüte
in die Ecke ans Fenster, um den Himmel zu schauen und konnte sich
nicht satt daran sehen. Er wollte gar nicht mehr aufhören. Dann kam
der Mond heraus, und immer, wenn Fräulein Poppinga und ich irgendwie schon wieder weiterdrängten – ich hatte auch noch etwas zu
tun –, sagte er:»Erst will ich das noch hier zu Ende sehen!« Und
schließlich riss er sich förmlich von dem Schauspiel los. Er sagte, so
faul sei er lange nicht mehr gewesen, und er meine, er könne es sich
jetzt, wo er fast 90 sei, leisten. Manchmal könne er es gar nicht fassen,
dass er selbst es sei, der da 90 alt würde. Manchmal will er nichts
davon hören. Dann wieder singt er schöne alte Lieder mit, sagt das
Gedicht:»Urahne, Großmutter, Mutter und Kind in stiller Stube beisammen sind«[1292]. Dann wieder sagt er irgend so ein Scherzgedicht,
das sie früher sagten:»Gib mir 30 Jahre und nimm meinen Hofratsbauch, und dann bin ich wieder der junge Mensch, der ich war, der in
die Welt hinauszog«[1293] (so ungefähr sinngemäß). Dann hört er die
Lieder vom»Lindenbaum« von Friedrich Silcher[1294] abends, und dann

---

[1291] Vgl. Tagebuch, 27.12.1965.

[1292] Gustav Schwab (1792–1850), deutscher Pfarrer, Gymnasialprofessor und
Schriftsteller, zählt zur Schwäbischen Dichterschule und verfasste 1828 das
Gedicht»Das Gewitter«, das mit den Zeilen beginnt:»Urahne, Großmutter,
Mutter und Kind / In dumpfer Stube beisammen sind …« Text in: Gustav
Schwabs Gedichte, S. 298 f.

[1293] Wohl gemeint die Verse des Dichters und Schriftstellers Rudolf Baumbach
(1840–1905):»Nehmt ab mir dreißig Jahre, / Dazu die grauen Haare / Und
meinen Hofratsbauch, / So laß ich euch die Mittel / So laß ich euch die Titel /
Und meinen Lorbeer auch.«

[1294] Friedrich Silcher (1789–1860), Komponist und Musikpädagoge, bearbeitete den
von Franz Schubert vertonten und von Wilhelm Müller stammenden Text des
Liedes»Der Lindenbaum«, das zu dessen Gedichtzyklus»Die Winterreise«
gehört, und unter dem ersten Vers»Am Brunnen vor dem Tore« zum bekannten
deutschen Volkslied wurde.

rufen seine Kinder an. Zwischendurch kommt er immer wieder zu sprechen auf das, was es Neues gibt, auf die Einrichtung des Kalenders.

Nachmittags lässt er sich dann Frau Schlief kommen und spricht sich mit ihr aus, und die Sache scheint einigermaßen beigelegt zu sein. Aber er ist doch gewarnt. Er meint, es sei etwas Bösartiges darin. Wir versuchen ihm klarzumachen, dass sie auch zwei Seelen in ihrer Brust hat und auch selber darunter leidet. Sie kann es sich nicht vorstellen, dass sie lieber fort ginge, wenn sie Ersatz wüsste, und will es auch nicht wahrhaben, dass sie seinetwegen bleibt.

Er erzählt noch heute aus seiner Jugend, dass er seinen Vater um einen Wechsel gebeten habe, als er zum Studium ging, und zwar brieflich, worauf sein Vater in einem Brief wild geworden sei: Das käme nicht in Frage, und er habe so sparsam zu leben als eben möglich. Einen Wechsel gäbe es nicht. Er musste sich von Fall zu Fall, wenn er nichts mehr habe, Nachschub kommen lassen an Geld. Er meint, er habe damals 100 Mark beantragt, aber er habe dann schließlich ca. 90 Mark verbraucht.[1295] Das Ganze sei sehr gesund für ihn gewesen. So ähnlich müsse man doch auch heute mit den jungen Leuten umgehen, damit sie wirklich lernen, sich dem Leben anzupassen und sich anzustrengen.

Dann wieder hat er Freude an den Bildern im Abendschein, besonders an dem Bild der Heiligen über dem Sofa, oder an seinen Pflanzen, an den Azaleen. Für alles ist er offen und sieht, wo es fehlt, ob die Pflanzen zu trocken sind oder zu nass. All das wird weiter wahrgenommen, und doch schaut er manchmal drein, als ob er abwesend sei. Und man spürt, wie er doch sehr allein ist, wie ihm das zu schaffen macht, dass er sich so sicher auf den Beinen war, und sicher auch all die anderen Sorgen, mit denen er in das Jahr hineingegangen ist. Wenn ich es nur richtig erfasse, was vor sich geht! Wenn meine Kraft in etwa ausreicht, dem allen gerecht zu werden!

Dienstag, 4. Januar 1966
Am Vortag des 90. Geburtstages
Vater ist sehr nachdenklich, ist gerührt über Geschenke von Fräulein Poppinga (Barometer, Thermometer, Hygrometer), und dass sie ihm den Brunnen schenken, schaut weit in die Ferne und sagt zwischen-

---

[1295] Korrigiert aus: »1.900 Mark«. Angesichts der finanziell angespannten Situation der Familie, da die beiden Brüder von Konrad Adenauer bereits studierten, hatte der Vater seinen Sohn Konrad angehalten, im Studium bescheiden zu leben. So verbrauchte er »nie mehr als neunzig Mark im Monat und häufig« auch weniger. Vgl. Weymar, Konrad Adenauer, S. 33.

durch, er könne es gar nicht fassen, dass er schon so alt sein solle. Das Schlimmste sei, er merke gar nicht, dass er dumm würde. Dann zitiert er so zwischendurch:»Lasst die dummen Redereien, schreibt auf meinen Leichenstein: ›Seht, er ist ein Mensch gewesen, und das heißt, ein Kämpfer sein!‹[1296] Ungefähr ist es wohl so richtig!«

Herr Niemeyer[1297] hat ihm einen Brunnen geschenkt, der zwei Arme nach rechts heraus hat und wie ein Kreuz aussieht, Herr Rust[1298] zwei alte Leuchter. Er sagt:»Da hat man mir jetzt mein Grabdenkmal geschenkt. Und der Herr Rust hat mir noch die Leuchter dazu geschenkt. Da ist ja schon alles fertig!«

»Wo ist das Grabkreuz?« fragt er dann am Morgen, nachdem er es am Abend gesehen hat. Dann ist er ganz glücklich über einen neuen Anzug, den er zum ersten Mal anzieht, und fragt wiederholt, ob der auch gut sitzt und wie er ihm steht usw. Es ist herrlich, diese Lebenskraft!

Dann hat er von Bonn aus nochmal angerufen und Fräulein Poppinga gedankt, weil er den Eindruck gehabt hätte, er hätte sich nicht genügend bedankt. Diese Weichheit, die sich da zeigt, ist wunderbar.

Gleich geht's ab zum ersten großen Empfang der CDU,[1299] die ihm acht Kisten mit 1876er Portwein ins Haus geschickt hat!

## 90. Geburtstag
### 1. Teil: Empfang durch die CDU

Vater kommt in gerader Haltung gut herein und geht gleich vorn durch in den Saal. Wir sind falsch gewiesen worden, bekommen aber noch ganz gute Plätze. Es singt der Männergesangverein Köln, herrlich, ganz stark besetzt,»Lobe den Herren« und ein Lied über eine Rose. Ganz

---

[1296] Zitat aus Johann Wolfgang von Goethes »West-östlicher Diwan«, wo es im »Chuld Nameh – Buch des Paradieses« im Gedicht »Einlass« heißt, Huri, Wächter des Eingangs zum Paradies, fragt einen Einlass begehrenden Dichter, ob dieser im Leben ein mutiger Kämpfer und ein Held gewesen sei, und bittet ihn, seine Wunden zu zeigen. Der Dichter antwortet: »Nicht so vieles Federlesen! / Lass mich immer nur herein: / Denn ich bin ein Mensch gewesen, / Und das heißt ein Kämpfer sein.«

[1297] Niemeyer, Aushilfsgärtner in Rhöndorf. Vgl. dazu Schreiben Adenauer an Schlief, 1.5.1964, in: Adenauer, Die letzten Lebensjahre, Bd. I, S. 178.

[1298] Joseph Rust (1907–1997), Dr. jur., Rechtsanwalt, Wirtschaftsfachmann, 1949–1952 Ministerialrat, zuständig für Finanz- und Wirtschaftsfragen im Bundeskanzleramt, 1952–1955 Ministerialdirektor im Bundesministerium für Wirtschaft, 1955–1959 Staatssekretär im Bundesministerium der Verteidigung, 1959–1978 Vorstands- und Aufsichtsratsvorsitzender der Wintershall AG.

[1299] Zu Ehren des 90. Geburtstages von Konrad Adenauer gab die CDU am 4.1.1966 einen Empfang in der Beethovenhalle in Bonn.

prachtvoll! Ein Glück, dass diese Kunst so dargeboten werden kann, dass nicht nur das Menschengewirre da ist. Aber es ist keine Ruhe, in den Raum zu bekommen. Hinten wird immer weiter geredet. Die Menschen strömen herein, weil man versäumt hat, für [die] Schließung der Saaltüren zu sorgen während der Zeit des Konzerts. Nach dem Konzert stellt sich Vater auf. Krone hält eine gute, etwas zu lange Rede,[1300] in der aber von der deutsch-französischen Freundschaft keine Rede ist, aber im Übrigen nach Krones guter Manier. Erhard ist auch da. Später kommen auch noch Strauß und Gerstenmaier. Aber man bekommt davon kaum noch etwas mit und wird nachher abgedrängt. Ich kann mich auch nicht mit meiner Länge und geistlichen Tracht da in die Menge drängen. Jeder sieht, wie er an das Geburtstagskind herankommt. Der Strom der Verwandten von Adenauers Seite, Staatssekretär Ludwig [Adenauer][1301] mit Frau[1302] und Kindern[1303] sind da und Waldersee[1304] und wer alles, die man immer durcheinander wirft mit ihren Namen. Aber auch Zinssers,[1305] Tante Lotte[1306] und Onkel Ernst[1307] und sein Töchterchen[1308].

---

[1300] Vgl. Eintrag 5.1.1966, in: Krone, Tagebücher, Zweiter Bd.: 1961–1966, S. 445; Manuskript der Rede, 4.1.1966, in: ACDP, NL Krone 01–007–002/4.

[1301] Ludwig Adenauer (1902–1971), Dr. jur., Jurist, Sohn von August Adenauer, dem ältesten Bruder von Konrad Adenauer, 1959–1962 Staatssekretär im Kultusministerium von Nordrhein-Westfalen, 1962–1967 dort Staatssekretär im Innenministerium. – Zu Adenauers Bemühungen für seinen Neffen vgl. Adenauer, Briefe 1951–1953, S. 51; Briefe 1957–1959, S. 249 f.

[1302] Margarete Adenauer, geb. Humpert, Ehefrau von Ludwig Adenauer.

[1303] Das Ehepaar Margarete und Ludwig Adenauer hat zwei Söhne und drei Töchter.

[1304] Gisela Gräfin Waldersee, geb. Koenig (1924–1993), seit 1950 verheiratet mit Jürgen Graf von Waldersee (1920–2008), war eine Enkeltochter von August Adenauer, dessen Tochter Maria Theresa Adenauer mit Friedrich Wilhelm Koenig verheiratet war.

[1305] Familienbuch des evangelischen oberhessischen Zinsser-Geschlechts, bearb. und hrsg. von Ferdinand Dörr/Georg Löning/Richard Zinsser/Rudolf Zinsser, Stuttgart o. J., in: ACDP, NL Paul Adenauer 01–1000–006/3.

[1306] Charlotte, genannt »Lotte«, Oertel, geb. Zinsser (geb. 1897), Schwester von Gussie Adenauer und Schwägerin Konrad Adenauers, seit 1920 verheiratet mit Dr. med. Otto Oertel (1891–1936), 1924 Professor für Anatomie an der Universität Tübingen.

[1307] Ernst Adolf Zinsser (1904–1985), Diplomingenieur und Regierungsbaumeister, Bruder von Gussie Adenauer und Schwager von Konrad Adenauer, 1936/37 Architekt von deren Wohnhaus in Rhöndorf, 1947–1971 Professor für Entwerfen und Gebäudekunde im Fachbereich Architektur der Technischen Hochschule Hannover.

[1308] Aus der Ehe von Ernst Zinsser und Ursula Zinsser, geb. Erdmannsdörffer (1911–2000), gingen vier Töchter hervor.

Zwischendurch singt der Knabenchor von Tholey, und Vater spricht
ins Mikrofon ein Wort über das Saargebiet, in dem er sagt, er möchte
hervorheben, dass das Saarland ein Beispiel dafür ist, wie Frankreich
zu seinen Verpflichtungen steht, und dass er glaube, dass das Saarland
ein wichtiges Bindeglied zwischen Deutschland und Frankreich darstellen könne.

Glücklicherweise erwische ich auch Heck, der mir zusagt, dass die
Sache in Ordnung gebracht würde, und der mir wünscht, dass ich mit
der gleichen Impertinenz und Zähigkeit der Sache der Familie im
neuen Jahr dienen möge wie im alten, auch wenn es anderen unangenehm sei, womit er auch sich selbst meint. Heck formuliert auch
spontan im Beisein von Hutter[1309], dass er nicht sicher sei, ob man mit
der materiellen Familienpolitik[1310] richtig liege. Das gälte ganz sicher
aber, dass man nicht ganz richtig liege, wenn die materielle Familienpolitik nicht durch eine Politik zur Förderung der Familienbildungs-
arbeit ergänzt werde. Mit dem letzteren hat er Recht.

Dann drängen die Chorleute auf einen ein. Der Prinz von Hessen
und bei Rhein[1311] und Leute aus Los Angeles, Studenten und Studen-
tinnen, die kindlich aussehen, die ihre Sprüchlein dahersagen, Peyer[1312]
und andere. Es ist ein Kommen und Gehen. [...][1313]

Man wundert sich über die Kraft in Vaters Stimme, wenn er zwischendurch einmal ein Wort in der Nähe des Lautsprechers sagt. Die
ungeheure Zahl der Gratulanten und Geschenke, vor allem die Herz-
lichkeit, die über allem liegt!

Vater sagt später, als er todmüde auf der Couch sich ausstreckt in
Rhöndorf, es sei doch eigenartig, dass je älter man werde, die Leute
desto herzlicher seien. Manchmal käme es ihm so vor, als ob man
schon ihm für seinen Tod so zujuble und die Wünsche ausbringe.

---

[1309] Hans Hutter (1914–1997), Dr. jur., Verwaltungsjurist, 1951–1976 Oberbürgermeister von Eichstätt (CSU), Präsident des Familienbundes der Katholiken.

[1310] Dazu Aktennotiz Paul Adenauer, Unterredung mit Bundesminister Heck und
Staatssekretär Barth, 21.10.1965, sowie entsprechende Korrespondenz in:
ACDP, NL Barth 01–681–012/2; zu den Diskussionen um einen Familienplan
vgl. Kuller, Familienpolitik im föderativen Staat, S. 85–125.

[1311] Ludwig Hermann Alexander Chlodwig Prinz von Hessen und bei Rhein, Prinz
und Landgraf von Hessen (1908–1968).

[1312] Erich Peyer (1911–2004), Dr. jur., schweizerischer Unternehmer und Jurist,
1946 gemeinsam mit Philippe Mottu und Robert Hahnloser Mitbegründer
des Konferenzzentrums für Moralische Aufrüstung in Caux bei Montreux.
Zu den frühen Kontakten Adenauers vgl. Adenauer, Briefe 1947–1949,
S. 380, 633.

[1313] Vom Bearbeiter gestrichen: Ausführungen über familiäre Angelegenheiten.

Bevor wir zusammen abfahren, treffe ich noch einen früheren Flak-helfer aus meiner Flakbatterie in Lengsdorf, der jetzt 38 Jahre alt ist, Finanzmakler, ein netter Kerl, namens Fels,[1314] mit dem ich mich in Ruhe noch etwas draußen in der Garderobe unterhalte, während ich auf Vater warte. Die ganze vergangene Zeit taucht vor meinem Auge auf. Vater habe [sie] damals, erzählt er uns, auch in der Batterie besucht und habe den Batteriechef, einen versoffenen Lehrer, begrüßt durch Lüften des Hutes. Das habe er mit einer solchen urzivilen, alten Geste getan, dass es ihnen sehr wohl getan habe. Ich hätte ihnen damals viel Mut und Kraft mitgegeben durch die Abende in dem Sanitätsbunker. Dann kommt Vater. Er muss ihm unbedingt noch die Hand drücken. Wir fahren ab, vor uns 5 »weiße Mäuse«, hinter uns 2. Es ist Hoch-wasser. Man kann nicht bei der normalen Abfahrt Rhöndorf herunter, sondern wir müssen über die Brücke fahren, dann später auf der Strecke nach Honnef an einem Punkt wird gewendet, der ganze Kon-voi quer über die Bahn, und dann bei der anderen Abfahrt der Ausfahrt Rhöndorf geht's herab. Es ist ein Fackelspalier der JU da, vom Auto bis hinauf zum Gartenzaun. Gute, junge Gesichter. Mädchen und Jungen. Es ist ein seltsames Bild, wie der 90-jährige im Lichte der Fackeln da durchgeht. Die Hörner blasen. Wie er sich später umwen-det und zurückschaut, ein kleines Kind sieht, sagt er: »Was ein schönes Bild!«

Er ist klitschnass geschwitzt von den Jupiterlampen und erschöpft in seinen Augen.

Wir kommen um ¼ vor 10 Uhr nach Hause, nachdem er um ¼ nach 6 Uhr die Strapazen begonnen hat, also über drei Stunden hat er da gestanden und Hunderte von Händen geschüttelt. Er nimmt gleich ein lauwarmes Bad, kommt dann herunter, isst schnell etwas, treibt mich noch an und sagt: »So, jetzt bin ich fertig. Jetzt reicht es aber auch!« Er setzt sich dann still hin, lässt sich seinen Kriminalschmöker holen. Gegen 11 Uhr steht er auf, sieht sich seine Geschenke an, besonders die Uhr von Henle[1315] macht ihm Freude, und sieht dies und jenes noch an: seinen neuen Hut, den er bekommen hat, und seinen Schirm und ein paar Bilder. Dann geht er zu Bett.

Am Fernsehen sah ich noch, während er sich badete, das Fernsehin-terview,[1316] das glänzend war und in dem er gefragt wurde, wie es nach

---

[1314] Fels, Bekannter von Paul Adenauer.

[1315] Günter Henle (1899–1979), Dr. jur., Unternehmer, 1955 bis 1973 Präsident der Deutschen Gesellschaft für Auswärtige Politik e. V.

[1316] Das Fernsehinterview Konrad Adenauers mit Günter Gaus wurde am 29.12.1965 aufgenommen und am 4.1.1966 anlässlich des 90. Geburtstages im ZDF gesen-

seinem Abgang mit der Politik der deutsch-französischen Freundschaft und [der Beziehung] zu den Juden geworden wäre, und wo er offen sagte: »Es ist nicht gut geraten, aber wir bleiben nun einmal Nachbarn Frankreichs, und darum muss man sehen, dass man aus dem jetzt herauskommt und etwas Besseres schafft. Stetigkeit ist das Entscheidende für jede Politik, und das ist für das deutsche Volk nicht leicht, weil es durch so viele Erschütterungen und Stürme gegangen ist, dass es eine gewisse Ruhe und Stetigkeit findet. Ohne das aber gewinnt man kein Vertrauen.«

Während wir im Auto nach hier fuhren,[1317] erzählte er, dass Erhard im Kabinett über die Frage kurz gesprochen habe einer großen Koalition,[1318] die von Lübke und auch von Vater ins Spiel gebracht worden war, und wo er sich energisch dagegen ausgesprochen habe.

Bei dem Empfang traf ich Herrn Osterheld, einen guten Mann, sehr verlässlich, der mir offen sagte, es gehe nicht an, es würde gefährlich, wenn nur der norddeutsche Protestantismus die CDU beherrsche. Es wäre Zeit, dass die anderen Kräfte sich auch etwas mehr zusammenschlössen.

Aber fein berührt mich, dass Frau Cillien[1319], die Gattin des angesehenen CDU-Politikers Cillien[1320], Mitbegründer der CDU, mich begrüßt. Soviel ich weiß, war er auch Oberkirchenrat und führender Kopf der evangelischen Kirche im Norden. Ich habe ihn immer gern gemocht. Es ist schön, dass sie mich eigens begrüßte.

Wie mag es morgen werden? Vater ist doch sehr müde, und es wird ein schwerer Tag. Hoffentlich übersteht er alles gut.

---

det. Vgl. Gaus, Zur Person, S. 18–31. Ders.: Was bleibt, sind Fragen, S. 394–405; Wortlaut und Filmmitschnitt https://www.konrad-adenauer.de/dokumente/interviews/1965-12-29.interview-zdf.

[1317] Gemeint: Rhöndorf.

[1318] In der 180. Kabinettssitzung am 22.9.1965 betonte Erhard, »daß die deutsche Bevölkerung der bisherigen Regierungsarbeit und der bisherigen Regierungskoalition ihr Vertrauen bekundet« habe. »In den nächsten Wochen werde es darum gehen, sehr gründlich die Sachfragen für die künftige Regierungsarbeit abzuklären und darüber zwischen den politischen Parteien, die an der Regierungsbildung beteiligt sein werden, eine Abstimmung herbeizuführen.« Vgl. Die Kabinettsprotokolle der Bundesregierung, Bd. 18 1965, S. 173.

[1319] Alix Cillien (1901–1989), Ehefrau von Adolf Cillien, erinnerte in ihrem Kondolenzschreiben zum Tod von Konrad Adenauer an Paul Adenauer an diese Begegnung (Schreiben Cillien, 20.4.1967, in: ACDP, NL Paul Adenauer 01–1000–002/1).

[1320] Adolf Cillien (1893–1960), evangelischer Theologe, 1953–1960 MdB (CDU), gab mit Gerhard Schröder das Magazin »Evangelische Verantwortung« des Evangelischen Arbeitskreises der CDU/CSU heraus.

Donnerstag, 6. Januar 1966
2. Teil
Der 90. Geburtstag ist gut überstanden! Es war ein strahlender Sonnentag. Es war kalt geworden, plötzlich ein paar Grade unter null. Als ich kurz vor 7 Uhr zu Vater ins Arbeitszimmer komme, lichtet sich ein klarer Himmel langsam auf. Unter dem Arbeitszimmerfenster sind schon die Kameraleute am Werk, Herr Luppa[1321] und sein Gehilfe. Luppa, der jetzt zum zehnten Mal diesen Geburtstag mitfeiert und vor allem das Frühstück filmen darf und dann später wieder überall dabei ist.

Vater hat Gott sei Dank ganz gut geschlafen nach den Strapazen des CDU-Empfangs am Vortag, wo es spät geworden war. Nun war er still. Gesammelt ließ er den Tag gleichsam auf sich zukommen.[1322] Er hatte seinen angewärmten Zwieback da wie jeden Morgen und seinen Kaffee auf der rechten Seite, auf der linken Seite allerhand Medikamentendöschen. Er nahm die verschiedensten Dinge, vor allem Omca musste ich ihm holen, damit er ruhiger blieb. Er meinte, das sei fürs allgemeine Wohlbefinden. Ich musste ihn noch um eine vergoldete Uhr bitten, da meine eigene noch in Köln beim Uhrenmacher ist und ich nicht mit der Stahluhr abends beim Bundespräsidenten erscheinen kann. Er gibt sie mir gern. Ich vergesse allerdings, darauf zurückzukommen beim Gehen. Da schickt er sie später, als er schon im Badezimmer ist, durch Frau Schlief zu mir. Er denkt da noch daran.

Was ihn auch an diesem Morgen bewegt, ist die große Politik. Er hat gehört, dass Lübke und Erhard zusammengestoßen sind beim Neujahrsempfang.[1323] Er hat am Abend vorher von Herrn Strauß eine Art Treueversprechen bekommen, und er scheint zu meinen, dass sich die Situation für die gegenwärtige Regierung sehr schnell verschlechtern könne und dass man dann tatsächlich zu einer großen Koalition auf eine gewisse Zeit kommen könne.

Vater hat Thomapyrin eingenommen, um seine Kopfschmerzen loszuwerden. Es scheint Erfolg zu haben, aber er ist noch müde

---

[1321] Wilhelm Luppa, Kameramann der Deutschen Wochenschau GmbH, Hamburg, drehte u. a. die Filme »Deutschland grüßt Kennedy. Vier geschichtliche Tage« und »Der Staatsbesuch in Paris«.

[1322] Faksimile des Sonderprogramms am 5.1.1966 (Auszug) in: Adenauer, Die letzten Lebensjahre, Bd. II, S. 111 f., auch: Adenauer, Kalendarium.

[1323] Zu der Kontroverse zwischen Lübke und Erhard über die Frage einer großen Koalition am 4.1.1966 vgl. Morsey, Heinrich Lübke, S. 468–473.

danach. So verlasse ich ihn bald nach meinem Glückwunsch. Als ich ihm wünsche, dass er noch lange bei uns bleiben solle, sagt er: »Das steht nicht in meiner Hand, Paul!« Er versinkt dann in Nachdenken.

8 Uhr 15 soll Abfahrt sein. Kurz nach 8 Uhr kommt er im Cut herunter. Das ganze Haus ist voller Blumen. Der Weihnachtsbaum brennt. Frau Schlief, Moni, Margit, Frau Köster sind da und haben Kerzen aufgestellt. Eine schöne Torte ist da. So trinken wir Tee. Dabei wird wacker gefilmt. Vater freut sich, dass es gutes Wetter wird. Er scheint überhaupt der Sache mit Gelassenheit und großer Ruhe entgegenzusehen. Er nimmt aber nicht seinen alten, schönen Gebirgsstock mit, sondern seinen Schirm, weil er von oben her gefilmt wird. So geht er herunter und nimmt die Meldung der Wache entgegen, stramm und gerade wie immer. Dann fahren wir los nach Bonn.

Die Fahrt geht wieder mit »weißen Mäusen«, 5 vornweg, 2 hinter uns, Auto davor, Auto dahinter. Er denkt ruhig nach. Als ich etwas erzählen will, da bittet er mich, doch lieber zu warten. Er müsse noch so viel sprechen am heutigen Tag. Wo wir durchkommen – die Straßen sind nicht belebt –, da bleiben die Leute stehen, schwenken die Arme, rufen auch herein, besonders nachher in Bonn.

Am Krankenhaus ist es wie sonst auch, nur mehr Menschen. Pater Maurus ist da mit seinen Sängern.[1324] Ich darf nun das Geburtstags-Messopfer darbringen. Es ist sehr bewegend, vorn vom Altar aus das Gesicht dieses Mannes zu sehen, wie er vor Gott kniet. Welcher Ernst liegt darauf! Wie gesammelt es ist! Ich denke daran, wie er doch seine Einstellung zu manchen Neuerungen geändert hat, wie er auch das Konzil positiver sieht. Und ich wünsche mir so sehr, er könne doch auch die Einstellung zum Kommunionempfang noch miterleben oder das heißt noch mit vollziehen; denn es wäre ja ohne Weiteres möglich, dass er auch kommunizieren könnte. Als ich dann die Fürbitten spreche, die ich überlegt habe, da wird mir recht klar, an welcher Tragweite, in welchem historischen Rang dieser Tag ist. Man erlebt es aber auch auf Schritt und Tritt an der Atmosphäre überall. Die Menschen sind ganz außer sich vor Freude und Dankbarkeit, rufen überall »Danke, danke«, »Hoch, hoch«.

In Rhöndorf sind gestern und am heutigen Tag, den 6. Januar, ca. 4 000 Glückwünsche eingegangen, große Wäschekörbe voller Post standen da und wurden nach Bonn geschafft. An [die] 180 einzelne

---

[1324] Knabenchor der Benediktinerabtei Sankt Mauritius aus Tholey unter Leitung von Pater Maurus Sabel.

Geschenke sind nach Rhöndorf gekommen, so dass man nicht weiß, wo man alles aufbauen soll. Wohnzimmer, Esszimmer, Keller, Speicher – alles ist voll. Dazu ein Blumenmeer! Man merkt, wie vieles davon persönlich ausgesucht ist, mit viel Liebe. Ob es nun teuer oder bescheiden ist, es ist persönlich gemeint.

Vater meint im Laufe des Tages mal: »Es ist seltsam, dass die Menschen dann so besonders gut werden, vielleicht weil man ihnen nicht mehr schaden kann, weil sie einen fürchten, oder auch, weil es ihnen so unwahrscheinlich erscheint.«

Nach dem Gottesdienst ist eine wunderbare lange, lange Kaffeetafel für alle Kinder und Enkel gedeckt worden von den Schwestern und ein herrliches Geschenk gemacht von der Küchenschwester. Vater unterhält sich mit Pater Maurus über die Verhältnisse in Maria Laach und [darüber,] wie es komme, dass der letzte Abt dort praktisch abgesetzt worden sei und man ihn nach Amerika geschickt habe. Er ist höchst unangenehm überrascht, als er hört, dass es auch eine Generationenfrage gewesen sei, dass die Jüngeren bis zu 40 Jahren sich bei der Visitation alle gegen diesen steifen und nicht sehr menschenkenntnisreichen Abt Basilius[1325] ausgesprochen haben und dann Urbanus Bomm[1326] zum neuen Abt gewählt haben. Das kann er doch nicht verstehen, und das gefällt ihm nicht. Er meint, er hätte sich anders verhalten, er hätte das anders behandelt. Er hätte diese Revolutionäre, wie er sie so auffasst, doch merken lassen, wo die Autorität steht.

Dann geht es los, heraus. Da singen die Krankenpflege-Schülerinnen so frisch zur Klampfe ihr Lied, bevor er ins Auto steigt. Die Leute reißen ihm fast die Arme und die Hand aus dem Autofenster.

Am Bundestag wird er empfangen, und es beginnt um ½ 11 Uhr dann die Gratulationscour durch das diplomatische Corps. Vater steht da im Bundestagsgebäude, hochaufgerichtet. An seiner linken Seite Gerstenmaier, klein, an seiner rechten Seite wie ein Fels Carlo Schmid, dem man anmerkt, wie gern er das tut, wie er an der Freude des Tages

---

[1325] Basilius Heinrich Ebel (1897–1968), Dr. phil., katholischer Priester und Pater, 1922 Eintritt in den Benediktinerorden, 1924 Priesterweihe, 1946–1966 Abt von Maria Laach.

[1326] Urbanus Johannes Bomm (1901–1982), katholischer Priester und Pater, 1925 Eintritt in den Benediktinerorden, 1926 Priesterweihe, war von den Benediktinern von Maria Laach am 11.12.1964 zum Abt-Coadjutor mit dem Recht der Nachfolge ihres Abtes Basilius gewählt worden, 1966–1977 Abt von Maria Laach.

ehrlich teilnimmt. Er hat Vater auch einen guten Brief geschrieben.[1327] Daneben die Vizepräsidentin Maria Probst[1328]. So schreiten dann die Würdenträger mit ihren eigentümlichen Trachten Afrikas, Birmas, des Sudans und sehr würdige Erscheinungen aus aller Welt vorbei. Aus aller Welt bringen die Völker ihre Wünsche dar, voran Nuntius Bafile. Ich treffe Bischof Kunst und Bischof Hengsbach[1329], die beiden Militärbischöfe, und spreche mit ihnen. Bischof Hengsbach kommt sich fremd vor und verlassen. Er ist seit seinem Amtsantritt mehr in Rom als in Deutschland gewesen und kennt kaum noch jemanden. Er hat das Gefühl, dass die ganze Gesellschaft sich doch sehr gewandelt hat. Er fragt, was man noch tun könne miteinander, um die Gesellschaft vor den schädlichen Folgen des Wirtschaftswunders zu bewahren. Bischof Kunst geht darauf sehr stark ein. Er überreicht Vater ein sehr ökumenisches Geschenk, ein deutsches Evangeliar, das er in Rhöndorf benutzen solle, in einer schönen Goldschmiedearbeit und bringt feurige Wünsche dar als überzeugter CDU-Mann. Der Kardinal[1330] kommt auch und bringt einen Deckel zum Taufbrunnen in Rhöndorf. Ich stehe oben auf der Pressetribüne bei den Fotografen und kann alles genau beobachten. Da schreitet das SPD-Präsidium vorbei, wobei Wehner einen viel jüngeren, sympathischeren Eindruck macht, als man sonst auf den Bildern meint. Vater unterhält sich mit ihnen gut. Beobachter werden sicher gleich an die Möglichkeit einer großen Koalition denken.

Die Trachtengruppe aus Cadenabbia ist köstlich. Alles wird unterbrochen. Man geht ins Foyer des Bundestages. Und dort macht die Gruppe ihre Tänzchen in einer sehr feinen und vornehm beschwingten Art mit ihrem alten Kopfschmuck und wunderbaren Bewegungen in den seidenen Mantillen. Sie geraten allmählich in derartige Begeiste-

---

[1327] Schreiben Schmid an Adenauer, 4.1.1966, in: StBKAH II/68. Adenauer dankte Schmid mit Schreiben vom 12.1.1966 (Adenauer, Die letzten Lebensjahre, Bd. II, S. 115 f.) für »die köstlichen Pralinen«, den Empfang zu seinem Geburtstag im Deutschen Bundestag, an der Stelle, »an der ich so lange Jahre die von mir geleitete Politik der Bundesregierung vor den Vertretern unseres Volkes darzulegen und zu verantworten hatte. Die gegenseitige menschliche Achtung, die uns, ungeachtet mancher politischer Gegensätzlichkeit, immer verbunden hat, ist für mich eine schöne Erinnerung an diese Jahre.«

[1328] Maria Probst (1902–1967), 1949–1967 MdB (CSU), 1958–1965 MdEP, 1965–1967 Vizepräsidentin des Deutschen Bundestages.

[1329] Franz Hengsbach (1910–1991), katholischer Priester, seit 1958 Bischof des neu gegründeten Bistums Essen, 1961–1978 zugleich Militärbischof für die Bundeswehr, 1988 Kardinal.

[1330] Gemeint: Kardinal Frings.

rung, besonders als der Frisör dann an der alten Stelle des Empfangs
zwei Arien schmettert, dass dann die Mädchen Vater um den Hals
fallen und der Geburtstagskuss getauscht wird.

Vater ist in einer fabelhaften Verfassung. Er hat sich die ganze Zeit
nicht gesetzt. Er steht da, grade, und schüttelt pausenlos Hände von
Hunderten von Menschen, Abgeordneten und wer es alles ist. Zwischendurch laufen die kleinen Enkel herum, Charlottchen[1331] und
Anna[1332], Marcel[1333] und Stephan Werhahn[1334]. Die ganze Gesellschaft treibt ihr Spiel treppauf und treppab. Es ist köstlich!

Gegen 1 Uhr ist es genug. Vater bricht ab, geht an den Rhein an der
Wache vorbei und begrüßt sie kurz und ruht sich dann etwas aus in
seinem Zimmer. Dort liest er genau die Zeitung und wird sich über
die Situation klar.

Dann, als er herauskommt, um mit uns im [Hotel] Königshof zu
Mittag zu essen, eine jubelnde Menschenmenge, die sich den Hals
ausschreit.

Als wir dann dort zusammensitzen, die kleinen Enkel an einem
Extratisch und die größeren mit uns zusammen, im ganzen 25 – herrlich im Königshof mit dem Rheinstrom draußen im Sonnenlicht mit
dem mächtigen Hochwasser –, da ist es ein ganz wunderbares Bild.[1335]
Koko hält seine Glückwunschansprache. Tut sich aber fürchterlich
schwer und umständlich und kommt gar nicht richtig in Fahrt vor
lauter Würdigungen. Er bringt die persönlichen, die herzlichen Dinge,
das, was wir zu sagen haben, gar nicht recht an, so dass Max auf-
schießt und sagt: »Ich fühle mich ...(?). Da fehlt doch noch was!« Und
dann einmal darstellt, was Vater auch an seinen Söhnen getan hat und
wie er für sie gesorgt hat und was wir ihm zu danken haben. Er macht
das in einer so netten Art, so dass Vater wirklich davon angesprochen
ist. Ich bin glücklich, dass Max die Scharte ausgewetzt hat und den
unglückseligen Koko so gut ergänzt hat.

Vater antwortet dann. Er erzählt, wie er ursprünglich das stille
Landleben geliebt habe und habe Notar dort werden wollen, oder
früher sogar Forstmeister, und wie er dann herein verschlagen worden sei in die Politik. Wie er an die erste Notarstelle gekommen ist

[1331] Charlotte von Koerber, geb. Werhahn (geb. 1956), Dr. phil., Tochter von Libet und Hermann-Josef Werhahn.
[1332] Gemeint: Anna Multhaupt.
[1333] Gemeint: Marcel Multhaupt.
[1334] Stephan Werhahn (geb. 1953), Sohn von Libet und Hermann-Josef Werhahn.
[1335] Bild der Familie an Konrad Adenauers 90. Geburtstag am 5.1.1966 im Hotel Königshof in Bonn, in: Adenauer, Die letzten Lebensjahre, Bd. II, S. 112.

am Niederrhein, unten irgendwo.[1336] Sie sei ausgeschrieben gewesen. Da habe er den Bürovorsteher gebeten, zu ihm ins Hotel zu kommen. Dieser habe ihm aber geantwortet: Der Weg von ihm sei genauso weit wie umgekehrt, und zweitens könne er die Heuverkäufe, die nämlich das Hauptgeld einbrachten in diesem Notariat am Niederrhein, ohne ihn ausführen. Er brauche ihn nicht. Nach dieser Panne sei er dann wieder umgefahren und habe sich dann nachher in der Stadtverwaltung als Beigeordneter gemeldet, kurzerhand, als eine Stelle frei wurde.[1337] Es sei ihm geglückt. Er schilderte dann sein Leben in wenigen Strichen und sagte: »Was soll ich Euch mitgeben? Dass man nur durch harte, fleißige Arbeit es zu etwas bringen kann, dass man relativ anständig und ehrlich bleiben muss. (»Relativ« brachte er in einem köstlichen Unterton heraus.) Niemals darf man den Mut verlieren und auch die Geduld, sondern man muss in allem durchstehen.« Anders schaffe man den Weg nach oben nicht. Dann dankt er seinen Kindern und Enkeln für die Freude, die sie ihm gemacht haben. Es seien auch Sorgen gewesen, aber das sei ja ganz klar, im Ganzen sei es doch gut geraten. Zwischendurch sagt er mal zur Schwägerin Lola[1338]: »Nimm doch bitte die Brille ab. Ich möchte sehen, wie Du die Rede Deines Mannes hörst!« (Das war, als Koko sprach.)

Die Kleinen, hinten im Hintergrund am anderen Tisch, toben jedes Mal, wenn wir klatschen nach den einzelnen Tischreden, und brechen in ein Jubel-Bravo aus, laufen auch schon mal zwischendurch zu ihren Eltern, kurzum, es ist eine recht familiäre Atmosphäre.

Vater zieht sich dann müde zurück, gegen ½ 4 bis 4 Uhr, weil um 5 Uhr schon die Kabinettssitzung mit den früheren Ministern sein soll.

---

[1336] Adenauer erwog um Ostern 1902, sich um die Stelle eines Stadtassessors in Gelsenkirchen zu bewerben, jedoch nur unter der Voraussetzung, dort wenig später zum Beigeordneten gewählt zu werden (vgl. Stehkämper, Eine Bewerbung Konrad Adenauers in Gelsenkirchen?, in: Westfalen. 58. Bd., 1980, Heft 1–4, S. 218–226). Am 6.10.1905 bewarb er sich dann um eine Stelle als Notar in Kempen am Niederrhein (Lebenslauf Adenauer, 28.1.1906, in: StBKAH 00.01; Faksimile in: Konrad Adenauer, Dokumente aus vier Epochen deutscher Geschichte. Das Buch zur Ausstellung, S. 44).

[1337] Am 7.3.1906 wählte die Stadtverordnetenversammlung der Stadt Köln Adenauer zum besoldeten Beigeordneten. Vgl. Kleinertz, Konrad Adenauer als Beigeordneter der Stadt Köln, S. 33.

[1338] Karola, genannt »Lola«, Adenauer, geb. Hunold (1922–1983), seit 1942 verheiratet mit Konrad Adenauer, dem ersten Sohn von Konrad und Emma Adenauer.

Ich gehe zu einer gewissen Biedermeierwirtin nach Friesdorf und bin froh, dass ich mich dort etwas ausstrecken kann, weil eben die Dame Mi[1339] anfängt, mich zu belästigen. Abends dann in der Redoute bin ich zu früh da, einer der ersten fünf, kann mich aber dadurch mit einigen Leuten unterhalten. Dann kommt das Abendessen mit dem Herrn Bundespräsidenten. Es sind alle vertreten, die Rang und Namen haben, so etwa 100 Personen, im schönen Saal der Redoute in einem sehr angenehmen Lichte. Die schöne Form des Saales gibt dem Ganzen eine würdige und doch nicht so steife Atmosphäre. Vater sitzt neben dem Bundespräsidenten. Er hat neben sich Frau Lübke[1340], mit der er sich offenbar gut unterhält. Links neben dem Bundespräsidenten sitzt Frau Gerstenmaier[1341], dann kommt ein etwas steifer Nuntius, danach eine sehr heitere Dame, wohl die Frau des Bundesverfassungspräsidenten[1342], dann Erhard, Frau Schröder,[1343] die kein Wort gesprochen haben. Wenn ich ihn sehe, ist er sehr bärbeißig. Bei der Rede von Vater wird er vor Aufregung puterrot. Rechts von mir sitzt Frau Seebohm[1344], eine winzige Dame aus Ostpreußen, und links von mir Frau Globke[1345], groß und etwas mächtig, gegenüber Herrn Stücklen[1346], der ordentlich pokuliert und redet. In seiner Nachbarschaft Schmücker wie ein träges Gebirge. Man hatte gerade am Vormittag den neuen Haushalt verabschiedet,[1347] wobei man nicht alle Kürzungen durchführen konnte, die man wollte. Aber man war froh, es geschafft zu haben. Über dem Ganzen lag nun außer der fei-

---

[1339] Vgl. Anm. 602.

[1340] Wilhelmine Lübke (1885–1981), Studienrätin, seit 1929 verheiratet mit Heinrich Lübke, gründete 1962 mit ihrem Mann das Kuratorium Deutsche Altershilfe.

[1341] Brigitte Gerstenmaier, geb. von Schmidt (geb. 1912), seit 1941 verheiratet mit Eugen Gerstenmaier.

[1342] Marianne Müller, geb. Lutz (geb 1915), seit 1940 verheiratet mit Gebhard Müller.

[1343] Brigitte Schröder, geb. Landsberg (1917–2000), seit 1941 verheiratet mit Gerhard Schröder, 1949–1961 Stadträtin in Düsseldorf.

[1344] Elisabeth Seebohm (gest. 1967), verheiratet mit Hans-Christoph Seebohm.

[1345] Augusta Globke, geb. Vaillant (1906–2002), seit 1934 verheiratet mit Hans Globke.

[1346] Richard Stücklen (1916–2002), 1949–1990 MdB (CSU), 1957–1966 Bundesminister für das Post- und Fernmeldewesen.

[1347] Das Bundeskabinett beriet am 4. und 5.1.1966 den Entwurf eines Gesetzes über die Feststellung des Bundeshaushaltsplans für das Rechnungsjahr 1966 (Haushaltsgesetz 1966). Vgl. Die Kabinettsprotokolle der Bundesregierung, Bd. 19 1966, S. 54–57, 58–64.

erlichen Stimmung des Anlasses auch die Frage, was wird nun gesagt
werden, nachdem der Zusammenstoß gewesen war. Lotte saß neben
Willy Brandt, Libet neben Gerhard Schröder.

Als der Bundespräsident aufstand, eine ausgezeichnete Rede auf
Vater hielt[1348] über seine Illusionslosigkeit und die Art, wie er es verstanden habe, das Gesicht des neuen deutschen Staates zu prägen, da
stand Vater sofort hinterher auch auf, hielt eine etwa zehnminütige
Ansprache, in der er dankte und sagte, er könne ja jetzt ganz frei reden,
und er sei überrascht, dass er so viel Zustimmung bekomme, weil man
ihn doch nicht mehr zu fürchten brauche. Es sei ihm ganz ungewohnt,
dass er also so frei und mit so viel Freundlichkeit sprechen könne. Man
hätte sich ja sonst gar nichts zu sagen getraut usw. Er beginnt aber dann
mit einer sehr drastischen Schilderung der Lage. Die deutsche Presse
könne er nicht verstehen; was man sich denn eigentlich davon erhoffe,
wenn in Frankreich de Gaulle verloren hätte und die Kommunisten
drangekommen wären und wir dann zwischen einem kommunistischen
Paris und Moskau in der Mitte lägen. Er müsse es sagen, wenn man in
einer so ernsten Lage nicht erkenne und blind sei, dann müssten eben
die Männer, die es sehen, sprechen und ihre Meinung sagen. Und er sei
froh, dass der Bundespräsident dann auch seine Meinung sage, das sei
sein gutes Recht, [sage] der Professor, es sei ein Professor des Staats-
rechtes, damit man nichts Falsches annehme.

Über dem Saal der Redoute liegt eine eigentümliche Stimmung. Die
Feierlichkeit zu Ehren eines 90. Geburtstages mit Frack, Orden, Damen und dem Staatsoberhaupt, dem Kabinett, der Opposition, den
Parteiführern auf der einen Seite und dann Vater in seiner unbeküm-
merten, frischen, ernsten Art [auf der anderen Seite], wie er da so ganz
persönlich seine Sorgen hinlegt und frei weg eingreift in die wunden
Stellen und an den Rand des Möglichen geht, was diese Regierung
Erhard angeht. Es ist keine Rede davon, dass er sich auf weite Distanz
begibt oder dass er auf ein Urteil verzichtet. Einerseits sagt er ganz
klar und deutlich: »Ich glaube nicht, dass ich die Ehre habe, vor dieser
erlauchten Versammlung noch einmal zu sprechen«, andererseits aber
spricht er so praktisch zum Tage wie eh und je, getragen von der ganzen Autorität seines Alters und seiner Erfolge.

Der Beifall, besonders von Seiten der Damen, ist stark, als er schließt,
indem er zu einem Hoch auffordert auf das deutsche Volk und auf den
Bundespräsidenten. Er ist eine großartige Gestalt mit dem Kreuz des

---

[1348] Vgl. den Wortlaut der Tischrede Lübkes, 5.1.1966, in: Bulletin, Nr. 4, 11.1.1966,
S. 26.

Christus-Ordens[1349] an der Seite, hochaufgereckt, deutlich und klar und von einer Frische in der Stimme, die an diesem Abend ganz unwahrscheinlich wirkt. Es ist nichts Greisenhaftes an ihm.

Später erzählt mir Seebohm[1350], der von Anfang an in Vaters Regierung war, dass er vor jeder Sitzung 35 Minuten etwa einen Überblick über die politische Lage gegeben habe, der sehr klar und einfach gewesen sei, so dass man sich wirklich informiert fühlte. Wenn er dann später auf einen Punkt zurückgekommen sei bei einer späteren Sitzung, dann habe er oft fast wörtlich dieselben Formulierungen gebraucht, und das habe einem selbst die Fortführung des Gedankens oder der Entwicklung sehr erleichtert. Man ersehe daraus, dass er sich gleich von Anfang an dieselbe Sache in genau derselben Weise mit denselben Worten zurechtgelegt hat und dann immer wieder ebenso gebraucht hat, also eine große Stetigkeit. Dies sei jetzt alles völlig vorbei.

Wir brechen dann auf und fahren zum Hofgarten, zur Universität, wo Vater im vorigen Jahrhundert noch als Student war.[1351] Und nun dürfen wir vom Balkon aus den großen Zapfenstreich miterleben. Es ist bitterkalt. Ein fast voller Mond steht über dem Hofgarten, Sterne ziehen auf, die Fackeln sind im Anmarsch, viele junge Menschen säumen das große Karree des Platzes vor dem Balkon. Der Generalinspekteur des Heeres, General Trettner[1352], zu dessen Beförderung ich auch in früheren Jahren, als ich noch in Porz war, durch Peter Jansen[1353] einmal mit beigetragen habe, steht da und die drei zuständigen

[1349] Der »Christus-Orden« war Adenauer am 12.9.1963 vom Heiligen Vater verliehen und ihm am 17.9.1963 von Papst Paul VI. in Rom überreicht worden. Vgl. Tammann, Heiliger Stuhl: Christus-Orden (Ordine Supremo del Christo), in: Ders./Hommel, Die Orden und Ehrenzeichen Konrad Adenauers, S. 97–102.

[1350] Hans-Christoph Seebohm (1903–1967), Dipl.-Ing., 1947–1955 zweiter Vorsitzender der DP (ab 1960 CDU), 1949–1966 Bundesminister für Verkehr.

[1351] Adenauer studierte ab dem Wintersemester 1895/96 an der Universität Bonn und legte dort am 22.5.1897 das Erste juristische Staatsexamen ab. Vgl. Mensing, Konrad Adenauer und die Universität Bonn, Bonn 2006.

[1352] Heinz Trettner (1907–2006), Offizier, 1956 Generalmajor, 1959 Leiter der Abteilung Logistik beim europäischen NATO-Hauptquartier, 1960 Kommandierender General, 1964–1966 Generalinspekteur der Bundeswehr.

[1353] Peter P. Jansen (1912–1998), Dr. theol., katholischer Priester, Prälat, 1949–1954 Religionslehrer an der Berufsschule in Porz, 1954–1959 Dozent am Berufspädagogischen Institut in Köln, 1959–1964 Lehrstuhlvertreter für Katholische Soziallehre an der Philosophisch-Theologischen Hochschule in Bamberg, 1964–1968 Professor an der Pädagogischen Hochschule Ruhr, Abteilung Hamm, 1975–1981 Pfarrverweser an Sankt Mariä Heimsuchung in Bad Honnef-Rhöndorf.

Inspekteure,[1354] dann auch General Heusinger, ein alter Mitarbeiter, und Staatssekretär Gumpel[1355], der die Generalität behandelt wie ein Zirkusbändiger seine Löwen. Dann rückt die Truppe heran. Alles ist aufgestellt. Ein baumlanger Offizier meldet nicht dem Bundespräsidenten, der Vater begleitet, sondern meldet Bundeskanzler Konrad Adenauer den ihm zu Ehren angetretenen Zapfenstreich. Vaters Stimme klingt klar und hell in der Frostnacht:»Ich danke Ihnen!« Nun beginnt das Spiel des Zapfenstreiches, unbeschreiblich! Die Bläser so weich und fern hallend in der klaren Winternacht. Dazwischen wie gestochen die Flöten und die eigenartige lockende und schmetternde und rufende Melodie. Dann plötzlich »Helm ab zum Gebet!« Vater steht da entblößten Hauptes neben Lübke und wir alle. Die Melodie, die da durch die Stille der Nacht dahinschwebt über den stummen Menschenmassen!

Ich bete und bete für dieses Volk, das noch so wenig konsolidiert ist, und für die Menschen drüben, dass es Frieden bleibe und dass doch unser Volk zurückfindet zu Gott, dass doch in seinem militärischen, politischen und sozialen Leben die Verbindung zu Gott wiederhergestellt wird, wieder auflebt, so wie hier mitten in einer militärischen Musik. Da merkt man erst, wie tief das doch zusammenhängen kann, wenn es in der richtigen Weise verknüpft wird.

Der kalte Wind bläst Vater gerade ins Gesicht, aber er steht standhaft da und weicht nicht. Hinterher gibt der Rektor der Universität[1356] noch einen Umtrunk im Senatssaal, wo der Kurfürst[1357] prangt. Vater

---

[1354] Ulrich de Maizière (1912–2006), Generalleutnant, 1964–1966 Inspekteur des Heeres; Werner Panitzki (1911–2000), Generalleutnant, 1962–1966 Inspekteur der Luftwaffe; Karl-Adolf Zenker (1907–1998), Vizeadmiral, 1961–1967 Inspekteur der Marine.

[1355] Karl Gumpel (1909–1984), Verwaltungsjurist, 1959–1964 Stellvertreter des Staatssekretärs im Bundesministerium der Verteidigung, 1964–1966 dort Staatssekretär.

[1356] Wilhelm Groth (1904–1977), Professor Dr., Physikochemiker, 1950–1972 Ordinarius für physikalische Chemie an der Universität Bonn, 1965–1966 Rektor der Universität.

[1357] Neben dem Festsaal im Hauptgebäude der Rheinischen Friedrich-Wilhelms-Universität Bonn befindet sich das ehemalige »Kurfürstenzimmer«, der Senatssaal, in dem das Porträt von Clemens August Ferdinand Maria Hyazinth von Bayern (1700–1761), 1723–1761 Kurfürst des Heiligen Römischen Reiches und Erzbischof von Köln, hängt. Das Gemälde stammt vom schwedischen Maler George Desmarées (1697–1776) und entstand um 1754. Vgl. Klein, Historie des Festsaals, Senatssaals und des Dozentenzimmers, S. 24–27; Faksimile des Gemäldes in: Lützeler u. a. (Hrsg.), Die Bonner Universität, S. 32/33 (Rückseite).

unterhält sich frisch angeregt mit dem Rektor über die Zustände an der Universität und in der Studentenschaft.

Als er gegen Mitternacht abfährt, drücken ihm die Menschen fast das Auto ein. Die Polizei kann nur schrittweise ihm einen Weg durch die Menschenmauern bahnen. Ich sehe die Gesichter, die in den Wagen schauen, wie man ihm die Hand drücken will. Es herrscht eine wilde Begeisterung, namentlich viele, viele junge Leute, die sich herandrängen, gute Gesichter dabei. Sie müssen lange in der Kälte gewartet haben. Es ist eine dichte Mauer bis ungefähr zum Rathaus.

Dann geht es in schneller Fahrt zurück. Vater ist heilfroh, als er zu Hause sich strecken und ausruhen kann.

Sonntag, 9. Januar 1966[1358]

Am nächsten Tag schläft er gut, viele Stunden, Gott sei Dank. An sich wollte er zum Friedhof gehen, aber das wird aufgegeben. Nachmittags kommen seine Kinder nach hier. Auf diese Idee war er kurzfristig verfallen, und wir haben einen recht fidelen Nachmittag und Abend miteinander verlebt, vor allem als Koko neben seinem Vater sitzt und »O Tannenbaum« aus dem alten Kommersbuch singt. Es ist ein eigentümliches Bild, diesen Vater und diesen Sohn endlich einmal so nebeneinandersitzen zu sehen.

Hinterher kommt dann die Müdigkeit erst richtig heraus. Aber am Freitag [7. Januar 1966] fährt Vater tatsächlich schon wieder nach Bonn und hat einen ganzen Tag voller Arbeit inklusive einer zufriedenstellenden, langen Besprechung mit Herrn Barzel am Ende des Tages.

Heute, am Sonntag, den 9. Januar, erzählt er von seinen Sorgen um den Parteivorsitz. Das Problem ist, dass er jemanden nominieren soll, dass dieser Betreffende genügend Zeit haben soll, dass der Wahlkampf 1969, so sagt er, von diesem Manne geführt werden könne und müsse. Die Lage scheint zur Zeit so zu sein: Barzel will nicht die Lösung eines starken Generalsekretärs, sondern die eines starken Vorsitzenden, wofür er sich selbst wohl aussieht. Er müsste dann allerdings den Fraktionsvorsitz abgeben und denkt dabei an unseren hiesigen Abgeordneten Kliesing[1359], der heute bei der Rede in der

[1358] Datum vom Bearbeiter aufgrund der nachfolgenden Erwähnung im Text eingefügt.

[1359] Georg Kliesing (1911–1992), Dr. phil., Studienrat, 1953–1976 MdB (CDU), 1960–1966 Vorsitzender des CDU-Kreisverbandes Siegkreis, 1962–1966 Vorsitzender des Verteidigungsausschusses der Versammlung der WEU, 1963–1964 Präsident der NATO-Parlamentarier-Konferenz.

Honnefer Feier für Vater[1360] einen ausgezeichneten Eindruck machte.[1361] Er ist sehr menschlich, sympathisch und so, dass man das Gefühl hat, er könne schon die Leute zusammenhalten.

Die Frage ist natürlich bei diesem Plan, was geschieht, wenn die Regierung Erhard nicht so lange hält, wenn man einen Nachfolger als Bundeskanzler sucht. Wer außer Herrn Barzel[1362] kommt dafür in Frage? Er selber scheint zu meinen, dass er warten könne. Das Problem dabei ist natürlich auch die Frage, ob ein Katholik Parteivorsitzender und ein Katholik Bundeskanzler sein kann, und was überhaupt mit der Regierung Erhard wird, denn Vater scheint sich auch mit Barzel und anderen einig zu sein, dass es damit auf die Dauer nicht so weitergeht.

Die Krisengespräche kommen auch in der Presse immer wieder zum Vorschein. Namentlich haben die Freien Demokraten den Bundespräsidenten wegen seiner Stellungnahme zur großen Koalition hart angegriffen und ihm Verletzung seiner Amtspflicht vorgeworfen.[1363] Wehner nimmt den Bundespräsidenten dagegen in Schutz.[1364] Strauß aber

---

[1360] Die Stadt Bad Honnef veranstaltete aus Anlass des 90. Geburtstages Adenauers am 8. und 9.1.1966 in Rhöndorf eine Feier. Vgl. Badestadt ehrt ihren Ehrenbürger Dr. Adenauer. Heute Auftakt mit großem Fackelzug – Hochbetrieb beim Honnefer Postamt, in:»General-Anzeiger« (Bonn), Ausgabe GB für Bonn und Umgebung, Nr. 23144, 8./.9.1.1966, S. 3.

[1361] Zu den Ausführungen Kliesings vgl.»Dem großen Bürger unserer kleinen Stadt Bad Honnef. Festlichkeiten der Badestadt und der Rhöndorfer Vereine zum Geburtstag Dr. Adenauers, ebd.

[1362] Zur Rolle Barzels, dessen Aussichten auf das Amt des Parteivorsitzenden nunmehr gering waren, vgl. Kai Wambach, Streben nach Konsens – Rainer Barzels Vorsitz der CDU/CSU-Fraktion im Deutschen Bundestag, in: HPM, Heft 20 (2013), S. 199–228, hier S. 202.

[1363] Der ehemalige baden-württembergische Ministerpräsident Reinhold Maier kritisierte auf dem Dreikönigstreffen der FDP am 6.1.1966 in Stuttgart die Amtsführung des Bundespräsidenten Lübke wegen dessen Auseinandersetzung mit Bundeskanzler Erhard über die Notwendigkeit einer großen Koalition als»Verstoß gegen Amtspflichten«. Lübke müsse darüber»belehrt werden, daß seine Einmischung in die Funktionen der Bundesregierung Krisen schafft, deren Eintritt gerade der Bundespräsident nicht zu fördern, sondern zu verhindern verpflichtet« sei. Vgl. Reinhold Maier wirft Lübke Verstoß gegen Amtspflichten vor, in:»Frankfurter Allgemeine«, Nr. 5, 7.1.1966, S. 1, 4, hier S. 1; auch Mende und Maier attackieren Lübke, in:»Die Welt«, Nr. 5, 7.1.1966, S. 1.

[1364] Wehner verteidigte im Rundfunk das Recht des Staatsoberhauptes,»seine Auffassungen dazulegen« und sagte, er»ziehe die Große Koalition vor«, wenn »gewisse Kernprobleme der inneren, aber auch der auswärtigen Politik, der Deutschland-Politik, mit ihr lösbarer würden«. Zudem meinte er,»daß von der Sache und der Notwendigkeit her die Voraussetzungen für eine Große Koalition gegeben seien. Von den Personen her gesehen, sei das offensichtlich noch nicht der Fall. Die Diskussion werde nun aber wohl nicht mehr abreißen.« Vgl. Bar-

äußert wiederum interessanterweise, nachdem er sich mit Vater verbündet hat, man solle der jetzigen Regierung eine faire Chance geben.[1365] Wehner allerdings stellt auch fest, die Regierung müsse ihren
Weg bis zum bitteren Ende jetzt gehen, und die SPD stehe nicht auf
Abruf bereit, um die Regierung aus dem Dreck zu ziehen.[1366]
Ich frage mich bei dem ganzen Spiel: Was wird aus der CDU? Was
wird auch aus dem Verhältnis der Katholiken zur CDU, nachdem sich
zeigt, dass Krone nicht mehr der Mann ist, der genügt, um zu einer
gewissen Kristallisationsfigur für die Katholiken zu werden?
So hat Vater sehr konkrete Sorgen, und er spricht davon heute früh,
am Sonntag, mit einer Frische, als ob er noch höchstens 65 Jahre wäre.
Zwar sagte er uns Kindern dann am Tag nach seinem Geburtstag, es
sei ihm nachts der Gedanke gekommen, wenn er nun sterben würde,
dann wüsste man ja nicht, ob er noch an seinem Geburtstag oder schon
am nächsten Tag gestorben sei, und hätte darum eine Nachricht hinterlassen wollen, damit wir sicher seien, dass er nicht an seinem Geburtstag gestorben sei. So macht er andauernd derartige Pflaumereien.
Auch heute bei der Feier im »Rhöndorfer Hof« sagt er: »Ich bleibe
der Ihre, meine lieben Mitbürger und Mitbürgerinnen, Freunde und
*Freundinnen*«, sagte er sogar, »solange mich die Erde trägt«.[1367]
Gestern Abend beim Fackelzug pries er vom Balkon herab das
schöne Heimatland, den Strom, die Sterne, die heraufzogen, die Berge,
die eine weite Sicht bieten. Er pries die Menschen, die in ihrer ehrli-
chen, schlichten Art hier wohnen, und er erzählte heute, wie er in der
schlimmen Nazi-Zeit nach hier gegangen sei, weil er auch wusste, dass
die Menschen hier so wie er und seine Familie fühlten.
Kliesing hatte glänzend gesprochen und von dem Gemeinsamen,
was die Bürger mit ihm als Ehrenbürger verbindet, erzählt, von der
rheinischen Sprache, an der Vater festgehalten habe gegen alle Intel-
lektuellen, die ihre Eigenart zu verbergen suchen. Er meinte, die Hei-
matverbundenheit sei die Voraussetzung dafür, dass jemand vom Va-

---

zel stemmt sich gegen Lübkes Koalitions-Absichten, in: »Frankfurter Allgemeine«, Nr. 7, 10.1.1966, S. 1.
[1365] Vgl. ebd.
[1366] »Im übrigen wisse die Regierung selbst«, hatte Wehner außerdem verkündet,
»daß die Koalition zum Teil mit Verfassungsänderungen zusammenhängende
Probleme nicht allein lösen könne«. Die »Nervosität, mit welcher der Bundeskanzler auf Bemerkungen des Bundespräsidenten reagiert habe«, sei »ein Zeichen innerer Unsicherheit«. Vgl. ebd.
[1367] Zur teilweisen Wiedergabe der Ausführungen Adenauers vgl. Ich bleibe der Ihre,
solange mich die Erde trägt, in: »General-Anzeiger« (Bonn), Ausgabe GB für
Bonn und Umgebung, Nr. 23145, 10.1.1966, S. 3.

terland wieder sprechen dürfe, und das sei so nötig. Dann sprach er
von dem Strom, der wie ein Bild der Geschichte sei, die da kommt und
geht, und schließlich vom Glauben an Gott, der doch uns am tiefsten
miteinander verbinde und der dem Werk Vaters zugrunde liege.[1368]
Das ging Vater sehr nahe.

Die Stadt hat die Flur, das Gewann, umgeändert. Früher hieß es
»Fauler Berg«, jetzt heißt es »Konrad-Adenauer-Höhe«. Das Katas-
terblatt wurde ihm überreicht mit einem tollen Beifall.[1369] Es waren
alle Rhöndorfer Vereine da, alle Typen von Rhöndorf. Ich durfte den
Festgottesdienst halten.[1370] Lemmen hat mir assistiert, Pfarrer
Marx[1371] von Honnef auf der rechten und Hans Bökmann[1372] auf der
linken Seite. Es war ein herrlicher Sonnentag, und Herr Aenstoots[1373]
hat die Sache glänzend vorbereitet. Es war eine wirkliche Art von
Familienfeier. Man spürte, wie die Menschen Vater zugetan sind.

Abends spät, nachdem Libet und Hermann-Josef gehen wollten,
fing er wieder an: »Und wer soll Parteivorsitzender werden? Wie sollen wir das Ganze machen?«

»Soll ich das Präsidium allein beraten lassen?«, so fragte er heute
Morgen. »Soll ich eine Sonderkommission dafür einsetzen lassen,
damit die ganze Operation gut überlegt wird?«

Ein Glück, dass er mit Barzel zufrieden war und dass er so fabelhaft
frisch ist, die Dinge anpacken zu können.

Sonntag, 16. Januar 1966
Gestern, am 15. Januar 1966, legt Vater, in seinem Sessel sitzend, ermüdet noch von der Antischnupfen- und Grippespritze, seine Sorgen
wegen des Parteivorsitzes dar. Er hat die Sache inzwischen mit Krone,

[1368] Zu den Ausführungen Kliesings vgl. »Dem großen Bürger unserer kleinen Stadt
Bad Honnef. Festlichkeiten der Badestadt und der Rhöndorfer Vereine zum
Geburtstag Dr. Adenauers«, ebd.

[1369] Während des Festablaufs wurde Adenauer die Urkunde zur Umbenennung des
»Faulen Bergs« in »Dr.-Konrad-Adenauer-Höhe« überreicht (StBKAH II/66).

[1370] Der Festgottesdienst fand am 9.1.1966 in der Kirche Sankt Mariä Heimsuchung
in Rhöndorf statt. Vgl. zu den weiteren Feierlichkeiten Anm. 1360 und Anm. 1361.

[1371] Franz Marx (1902–1975), katholischer Priester, 1965–1969 Pfarrer der Pfarrei
Sankt Johann Baptist in Bad Honnef.

[1372] Johannes Bökmann (1926–1998), Professor, Dr. theol., Monsignore, 1964–
1968 geschäftsführender Verwalter und wissenschaftlicher Assistent am Seminar für Moraltheologie der Universität Bonn.

[1373] Josef Aenstoots (1914–2011), Mitbegründer der CDU in Bad Honnef und dort
Mitglied des Stadtrats, Vorsitzender des Katholischen Bürgervereins, der für die
Fusion mit dem Ortsverein Rhöndorf am Rhein e.V. sorgte, 1974–1982 Vorsit-
zender des Bürger- und Ortsverein Rhöndorf.

mit Globke, mit Rasner, mit Barzel besprochen.[1374] Am Samstag hatte er schon Herrn Kliesing da.[1375]

Er hat also sehr schnell nach seinem Geburtstag gehandelt, und zwar mit folgender Überlegung:»Barzel«, so meint er, und er kann es wohl auch annehmen,»will Bundeskanzler werden. Er ist für den Fall, dass Erhard nicht mehr kann oder sonst irgendwie abgelöst werden muss, auch der beste Kandidat. Der Parteivorsitzende muss aber mit einer gewissen Stetigkeit und großer Energie am Werk sein. Er soll der Partei zu einer regelrechten Wiedergeburt«, wie Vater sagt,»verhelfen. Er muss eben ein Mann sein, der«, wie er sagt,»aus dem Holz geschnitzt ist, aus dem die CDU besteht«. Das heißt, er darf kein Interessenvertreter sein, kein Mann, der es nebenher zu einem anderen Zweck macht, sondern er muss aus ideellen Gründen die Sache in Angriff nehmen. Er muss ein gläubiger Christ sein. Da gibt es eben kaum Kandidaten, die noch nicht zu alt sind.

Die einzigen, die übrigbleiben, sind Lücke und, man höre, Kliesing. Auf Letzteren ist er gekommen durch Barzel. Barzel hatte Kliesing in Aussicht genommen als Fraktionsvorsitzenden für den Fall, dass er selber den Parteivorsitz machen sollte. Aber das scheint er nicht recht zu wollen, Vater wohl auch nicht, weil eben Barzel für das Bundeskanzleramt bereit sein muss. Nebenher könnte Barzel aber beides nicht machen. Dann käme der Parteivorsitz zu kurz neben dem Fraktionsvorsitz. Es überstiege eines Mannes Kraft. Dufhues hat glücklicherweise zu erkennen gegeben, dass er nicht will.[1376]

So meint Vater nun, wenn schon Barzel Kliesing als geeignet für den Fraktionsvorsitz halte, warum soll er dann, Kliesing, nicht auch den Parteivorsitz machen können! Kliesing habe die meisten von allen Stimmen der Kandidaten für den Fraktionsvorstand bekommen. Er erfreue sich eines guten Ansehens dort. Er sei keine große Leuchte in der Rede und vielleicht auch nicht so elegant wie Kiesinger, aber dafür sei er aus dem richtigen Holz. Er wohne in der Nähe. Er habe gute Beziehungen zum Ausland durch Tätigkeit in den europäischen Gremien und im Zusammenhang mit seiner Tätigkeit für die NATO im

[1374] Zur Besprechung mit Adenauer am 13.1.1966 über dessen Nachfolger als CDU-Parteivorsitzender vgl. Gesprächsaufzeichnung Globke, 13.1.1966, in: ACDP, NL Globke 01–070–004/2; abgedruckt in: Adenauer, Die letzten Lebensjahre, Bd. II, S. 116–118, hier S. 116; zur Unterredung Adenauers mit Krone, dessen Eintrag, 14.1.1966, in: Tagebücher, Zweiter Bd.: 1961–1966, S. 448.
[1375] Vgl. Adenauer, Kalendarium.
[1376] Vgl. zum Gespräch Adenauers mit Krone Eintrag, 14.1.1966, in: Tagebücher, Zweiter Bd.: 1961–1966, S. 447 f. Krone hatte Dufhues am 13.1.1966 in Bochum besucht und gebeten,»noch nicht endgültig nein zu sagen«.

Verteidigungsausschuss. Er beherrsche diese Sprachen. Er habe sich durch seine verbindliche Art viele Freunde erworben. Er könne also auch etwas ausstrahlen. Er habe auch das richtige Alter. Kurz und gut, Globke fand die Idee gut, Krone ausgezeichnet, Rasner hat er es in etwa wohl beibringen können. Er ist mehr für seinen Halbgott Barzel. Aber Vater hat dann kurzerhand Kliesing gefragt und ihn gebeten, sich die Sache zu überlegen. Der habe nicht zugesagt. Er sei nicht sicher, ob er es machen werde, weil er sich vielleicht nicht dafür aussehe.

Fräulein Poppinga macht Einwände. Er sei zu unbekannt, und dass die anderen alle nicht wollten, könne auch eine günstige Gelegenheit für Erhard vorbereiten, dann schließlich doch noch, von sich aus, sich vorschlagen zu lassen. Aber da wird Vater energisch und sagt: »Wenn das geschieht, dann trete ich aus der Partei aus! Das mache ich nicht mit, und ich glaube, man gibt doch noch etwas auf mein Wort!« Ich sage dazu, dass man nach meiner Meinung – wenn Kliesing es mache, das sei vielleicht keine schlechte Idee – ihn eben erst mal bekanntmachen müsse und außerdem für eine Stärkung des Amtes des Parteivorsitzenden in der Konstruktion der Partei [sorgen] müsse.

Vater meint, da könne man nicht sehr viel tun, da das die Sache der Landesverbände sei. Er müsse das eben durch seine Persönlichkeit und seine Art schaffen. Man könne nur, und das werde auch geschehen, den später gegen ihn selbst hineingefügten Absatz über den geschäftsführenden Vorsitzenden wieder entfernen, so dass damit alles in den Händen des ersten Vorsitzenden liege. Außerdem plädiere ich dafür, dass der Parteivorsitzende zugleich den Auftrag erhält, Leitsätze der CDU durch eine jetzt zu bestimmende, das heißt beim Parteitag zu bestimmende Kommission ausarbeiten zu lassen, damit die Partei ein neues Grundsatzprogramm bekommt.[1377] Denn sonst käme es wohl kaum zu einer Wiedergeburt.

Vater hält das anscheinend auch für richtig. Jedenfalls bei sinkender Abendsonne hofft er, damit dieses quälende Problem lösen zu können. Er selbst sagt: »Es hat doch keinen Sinn, dass man an mich noch einmal denkt. Das wäre eine Schande für die CDU, wenn sie einen 90-jährigen, der jeden Tag einen Schlaganfall kriegen kann, einfach nochmal stehenlassen würden, nur weil kein anderer Kandidat zeitig

---

[1377] Der Bundesvorstand beschloss am 7.10.1966 die Vorbereitung eines Aktionsprogramms der CDU im Hinblick auf die Bundestagswahl 1969. Es sollte das Hamburger Programm von 1953 ersetzen (vgl. Kiesinger: »Wir leben in einer veränderten Welt«, S. 331 f.). Daraus entstand das Berliner Programm der CDU von 1968.

aufgebaut wird. Das darf nicht passieren. Das wäre auch für mich selbst untragbar.«

Dienstag, 18. Januar 1966
Heute werde ich tatsächlich schon 43 Jahre alt. Ich nähere mich damit dem Höhepunkt des Lebens, den berühmten Mittvierzigern. Heute Morgen war die Messe besonders schön bei 10 Grad unter null in der kleinen Kapelle. Es waren wieder ein Dutzend Frauen da. Von da ging ich zum Friedhof, zu Mutters Grab,[1378] wo ich im Schatten in einem Laternchen zwei Kerzen angesteckt habe und ihr gedankt habe.

Ich hörte, dass ich ein Siebenmonatskind gewesen sei, als ich voreilig, total unerwartet, auf die Welt kam, dass sich meine Tante Mia[1379] als eine Art Hebamme betätigen musste, weil noch nichts vorbereitet war natürlich, dass Tante Lotte, die Schwester von Mutter, entsetzt war, weil das erste Kindchen von Mutter gestorben war,[1380] und dass ich schwächlich war. Also kein Wunder, wenn bis heute man sich nur so einigermaßen durchlaviert und nicht einmal zum Geburtstag einen Tropfen Alkohol zu sich nimmt und nicht einmal der Lust auf eine Pfeife oder Zigarre nachgeben kann.

Leider geht es Vater heute etwas schlechter. Er hat heute Abend mehr Temperatur. Sein Husten sitzt etwas tief. Er musste den ganzen Tag im Bett bleiben, und er sieht auch sehr angegriffen und schlapp aus.

Wir essen zu Mittag und zu Abend in seinem Schlafzimmer, zum ersten Mal, soweit ich mich erinnere. Er erklärt Fräulein Puppinga und mir, dass er sich das so gedacht habe für den Fall, dass er, wie anzunehmen sei, ja viel früher als meine Mutter gestorben wäre,[1381] hätte sie die Wohnung da oben behalten können und unten vermieten können. Er zeigt stolz auf seinen Bücherschrank. Der sei aus dem besten Holz einer afrikanischen Platane angefertigt worden von .... (?)[1382] Die Stühle, auf denen wir saßen, habe er irgendwo am Main für 30 Mark das Stück erstanden. »Die Einbauschränke seien doch schön?«, so fragt er. Und er fühlt sich auf seine Art wohl in seinem Schlafzimmer.

---

[1378] Das Grab von Gussie Adenauer ist Teil des Familiengrabs auf dem Waldfriedhof in Rhöndorf.

[1379] Maria, genannt »Mia« Weyer, Schwester von Emma Adenauer.

[1380] Ferdinand Adenauer, erster Sohn von Konrad und Gussie Adenauer, wurde am 4.6.1920 geboren und lebte nur vier Tage. Vgl. Weymar, Konrad Adenauer, S. 89 f.

[1381] Adenauers zweite Ehefrau Gussie war am 3.3.1948 im Sankt-Elisabeth-Krankenhaus in Bonn verstorben.

[1382] Person nicht identifizierbar.

Dabei scheint er aber auch zu denken, wie das einmal werden kann, wenn er sich länger hier aufhalten muss. Mir kommt auch unwillkürlich dieser Gedanke, als ich ihn so mitgenommen und mit geschlossenen Augen zeitweise in seinem Sessel sitzen sehe nach dem Abendessen, nach seiner Suppe.

Dann erzählt er auch, dass er zu meiner Geburt im Inflationsjahr[1383] der Mutter habe nichts Richtiges besorgen können. Er habe dann noch als Letztes in einem Wiener-Werkstätte-Geschäft[1384] in Köln den runden Tisch mit der roten Marmorplatte, der im Wohnzimmer steht,[1385] erstanden und das letzte Mokkatässchen. Meine Mutter hätte sich riesig darüber gefreut.

Er ärgert sich sehr über die rigorosen Maßnahmen, die Schröder gegen Beamte ergreift, die mit seiner Politik nicht einverstanden sind. Er hat jetzt wieder jemanden nach Göteborg verschickt, früher jemanden nach Jamaika.[1386] Vater überlegt, wie man es machen kann, dass man diesen Schröder entfernt. Mit dem wäre doch kein Weiterkommen zu erzielen. Im Ganzen ist er aber doch recht mitgenommen und angeschlagen. Man meint kaum, denselben Mann zu sehen. Wenn es nur nicht wieder so ein Krankenlager wird wie in früheren Jahren!

Viele gute Glückwünsche zu diesem Tag, der doch eigentlich nicht als der Feiertag unter uns Katholiken gilt. Wenn man nur ein einigermaßen guter Sohn bleibt in den schweren und sicher dunklen Tagen, die noch kommen werden!

In der Tischrede bei seinem Geburtstag an seine Kinder und Enkel hat Vater zum ersten Mal auch davon gesprochen, dass er seine zwei

---

[1383] Aufgrund der Finanzierung des Ersten Weltkriegs und zu leistender Raparationszahlungen nahm der Geldwert der Mark durch die massive Ausweitung der Geldmenge seitens der Reichsregierung Anfang der 1920er Jahre rapide ab und führte 1923 zu einer Hyperinflation, in deren Folge die Papiermark abgelöst und durch die Rentenmark, später dann die Reichsmark ersetzt wurde. Vgl. Holtfrerich, Die deutsche Inflation, Berlin–New York 1980.

[1384] Die Wiener Werkstätte, eine Produktionsgemeinschaft bildender Künstler, existierte ab 1907 als Unternehmen und verkaufte in Wien und anderen Städten Kunsthandwerk. Nach anfänglichen Verkaufserfolgen stellten sich in den Wirtschaftskrisen der 1920er Jahre Absatzschwierigkeiten ein, sodass der Betrieb 1932 schloss. Vgl. Neuwirth, Wiener-Werkstätte-Katalog 1928, Wien 2004.

[1385] Später wurde der Tisch in den Memoiren-Pavillon gestellt. Foto mit Abbildung des Tisches in: Konrad Adenauer, Dokumente aus vier Epochen deutscher Geschichte, Führer durch Ausstellung und Wohnhaus in Rhöndorf, S. 207.

[1386] Zu vorangegangenen Personalentscheidungen des Auswärtigen Amts vgl. Anm. 1255. Legationsrat Theodor Sautter wurde darüber unterrichtet, dass vorgesehen sei, ihn an das deutsche Generalkonsulat in Göteborg zu versetzen. Vgl. Diplomaten. In die Wüste, in: »Der Spiegel«, Nr. 5, 24.1.1966, S. 18.

Frauen verloren habe, dass das doch eine Sache sei, die auch auf einen Menschen eine gewisse Wirkung ausübe. So ungefähr drückte er sich vorsichtig aus. Ich meine, er hat dabei auch das Wort »charakterlich« fallenlassen.

Dann heute hat er sofort, als er merkte, dass seine Erkrankung ernster ist, seine Reise für nächste Woche zu Charles[1387] aufschieben lassen. Er hat mir auch begründet, dass es ihm nicht unangenehm sei, weil ja doch zurzeit nicht viel zu machen sei mit Charles. Die EWG-Sitzung[1388] sei offenbar sehr schwierig, und mit diesem Schröder sei doch nichts zu machen, so dass er da in einer nicht angenehmen Situation sich hätte sehen müssen.

## Montag, 24. Januar 1966

Vorgestern war Barzel bei Vater,[1389] wo Vater die Folgen seiner Erkrankung noch kaum überwunden hat. Barzel hat Vater eine Idee vorgetragen, dabei so getan, als ob es nicht seine eigene sei: Erhard solle Parteivorsitzender werden, er, Barzel, sein Stellvertreter. Damit könne er Erhard auch in die Hand bekommen. Man hätte dann vorgesorgt, wenn man noch endlich den Generalsekretär dabei hätte. Er hat Vater dann noch einen ganz netten Brief geschrieben,[1390] in dem er Vaters Auffassungen hinsichtlich zu Frankreich und den USA übernimmt, in dem er nochmals betont, wie sehr der Parteitag das Erbe von Vater aufzunehmen hätte, das in Gefahr sei, dass der Parteivorsitzende alles einigen müsse, dass er die nächsten Wahlen gewinnen müsse, die Jugend ansprechen müsse. Kurzum, man gewinnt aus dem Brief den Eindruck, dass er sich selbst darin zugleich als den Mann, der das Erbe Vaters erkannt hat und der es auch verwalten kann und der bereit steht, auf einen eventuellen Ruf hin, der sich selber also anbietet, mindestens in dieser Funktion als Zweiter nach Erhard. Va-

---

[1387] Adenauer hielt sich vom 8. bis 11.3.1966 in Paris auf und traf am 10.3.1966 zu einer Besprechung mit de Gaulle zusammen. Vgl. Adenauer, Die letzten Lebensjahre, Bd. II, S. 151–156; De Gaulle, Lettres, Notes et Carnets, 1964–1966, S. 267–273.

[1388] Im Rahmen der EWG-Krise (vgl. Anm. 1110 und Anm. 1216) legte die französische Regierung auf der Tagung des EWG-(Minister-)Rats am 17./18.1.1966 in Brüssel einen Vorschlag vor, wonach die Rolle der EWG-Kommission auf ihre vertraglichen Aufgaben reduziert bleiben sollte. Vgl. DDF 1966, Tome I, S. 111–114; Aufzeichnung Lahr, 19.1.1966, in: AAPD 1966, S. 37–44.

[1389] Adenauers Gespräch mit Barzel fand am 22.1.1966 um 10.30 Uhr in Rhöndorf statt (Adenauer, Kalendarium).

[1390] Zum Gespräch am 22.1.1966 Schreiben Barzel an Adenauer, 23.1.1966, in: StBKAH III/52.

ter gegenüber ist Barzel aber nicht darauf zurückgekommen. Wohl
aber hat er in Berlin Lücke gegenüber diese Auffassung vertreten, und
das, obwohl Lücke ihm gesagt hat, dass er erst noch Dufhues' Antwort
auf eine energische Anfrage abwarten müsse, ob Dufhues sich nun
stellen wolle zur Wahl oder nicht.[1391] Es scheint, dass Barzel hier ein
vielfältiges Spiel treibt, wie es seine Art ist, ohne sich aber wörtlich
festzulegen, und dass er sich den Weg bauen will, um dann später
Erhard als Kanzler wie auch als Parteivorsitzenden abzulösen.

Heute ist Lücke bei Vater. Vater hat ihn kommen lassen, so gegen
7 Uhr. Ich komme ½ 9 Uhr nach Hause. Die beiden haben zu Abend
gegessen und trinken ein Glas Wein zusammen. Vater ist im Schlaf-
rock, und beide haben ganz gut gearbeitet, wie es scheint. Sie teilen
mir die Vorstellung mit, dass man das Parteipräsidium, das bisher lose
bestellt sei aus dem gesamten Parteivorstand, zu einem regelrechten
Organ der Partei umkonstruieren müsse mit entsprechenden Rechten,
das heißt also, einen geschäftsführenden Vorstand, ungefähr 10 Mann,
schaffen müsse mit einem guten Vorsitzenden (dabei ist an Kliesing
gedacht), einem guten Stellvertreter und zwei tüchtigen, starken Ge-
neralsekretären, der eine Heck, der andere ein evangelischer Mann,
und dann besetzt mit Leuten, die bereit sind, für die Erneuerung der
Partei auch Zeit zu opfern, darunter natürlich auch Barzel, Erhard
usw. Vater steht als Ehrenvorsitzender da.

Auf diese Weise hofft man, die Sache abfangen zu können. Denn
Dufhues hat in einem längeren Handschreiben Lücke erklärt, dass er
nicht kandidieren wolle.[1392] In der Partei herrscht darüber Erregung,
dass er alles so unklar lässt bis zur Rückkehr aus seiner Genesungskur.
Die Truppen von Klepsch, die Erhard auf den Schild erheben wollen,
liegen sprungbereit; sobald Dufhues zurückzieht oder sich nicht stellt,
werden sie vielleicht Erhard vorschlagen. Barzel wird sich dann nicht
widersetzen. Der Parteitag ist nicht mehr fern.[1393] Es dränge die Zeit.
Zu einer Sitzung des Parteipräsidiums, die jetzt für Freitag vorgesehen

---

[1391] Zu den Diskussionen über einen geeigneten Nachfolger Adenauers im Amt des
CDU-Parteivorsitzenden in der Absicht, Erhards Kandidatur zu vereiteln, vgl.
die Gesprächsaufzeichnungen Globkes, 13.1.–15.2.1966, in: Adenauer, Die
letzten Lebensjahre, Bd. II, S. 116–118.

[1392] Dufhues führte in dem hs. »vertraulich bestimmten« Schreiben an Lücke vom
21.1.1966 (ACDP, NL Lücke 01–077–140/2) für den Verzicht auf die Kandidatur um den Vorsitz der CDU hauptsächlich berufliche Gründe an, die »mit den
Pflichten eines Vorsitzenden der CDU nicht zu vereinbaren« seien, seine Gesundheit und die »zum Teil bitteren Erfahrungen«, die er »seit dem Jahre 1962
habe machen müssen«.

[1393] Vgl. Anm. 1431.

war, kann Gerstenmaier nicht kommen, weil er wegen eines schlechten EKG sechs Wochen ins Krankenhaus muss. Von Hassel ist auch nicht da,[1394] Blank auch nicht, er ist in Kur, so dass praktisch nur noch Vater und Barzel allein da wären, ein unmögliches Bild, um einen solchen Parteitag vorzubereiten. Die ganze Sache sieht also übel und schwierig aus.

Vater spürt man an, wie er von dem Gedanken gequält wird, der Tod könnte ihn überraschen, ohne dass diese Sache noch einigermaßen geregelt ist in den richtigen Händen.

Lücke sagt mir gestern am Telefon, dass er überall Nebel sieht, wie alles auseinandergeht und man keine Lösung sieht. Aber es scheint, dass er jetzt diese Idee, die er mit Vater zusammen entwickelt hat, vertreten will, und mit den Leuten, mit denen er bisher für eine Kandidatur von Dufhues eingetreten ist, jetzt diese Sache durchziehen will und auch, dass er sorgen will, dass Barzel mit seinem Vorschlag mit Erhard kein Terrain gewinnt. Mit der Regierung Erhard kann es sehr schnell zu Ende gehen aus allen möglichen schwierigen Gründen. Das ganze Gelände ist so am Wanken, dass man sehen muss, wie jetzt schnell, aber umsichtig für eine echte Wiedergeburt der Partei die richtige Konstruktion und die richtigen Leute zu finden sind.

Vater ist sehr erschöpft danach. Er geht zu Bett. Lücke selbst lehnt den Parteivorsitz ab. Die Gründe dafür erfahre ich nicht. Vielleicht ist es gut, wenn er dann in diesem neuen Präsidium maßgebend Kliesing mit stützt und die Sache aufbaut.

### Donnerstag, 27. Januar 1966

Gestern Morgen, als ich vom Gottesdienst heimkomme, werde ich sofort zu Vater gerufen. Frau Dr. Bebber ist noch bei ihm. Er fragt mich, ob ich Zeit habe oder ob ich nach Köln müsse. Ich sage, dass ich nach Köln müsse, aber gern gleich nochmal nach dem Frühstück zu ihm komme. Aber er beginnt sogleich etwas mühsam zu sprechen und sagt, er habe gehört, dass bei einer Umfrage in Nordrhein-Westfalen die CDU 10 Prozent hinter der SPD läge, 10 Punkte also, in der kurzen Zeit seit den Wahlen,[1395] seit etwas über drei Monaten, schon

---

[1394] Zur Absage der Teilnahme von Hassels an der für den 28.1.1966 vorgesehenen Sitzung des CDU-Präsidiums Schreiben Ernesti an Kraske, 20.1.1966, in: ACDP 07–001–1457. Die vorangegangene Sitzung des CDU-Präsidiums fand am 13.1.1966 statt (Kraske, Zusammenfassendes Protokoll über die Sitzungen des Präsidiums in der Zeit vom 9. August 1965 bis 13. Januar 1966, 3.6.1966, in: ACDP 07–001–1401).

[1395] Gemeint: die Bundestagswahl 1965. Vgl. Anm. 1147.

so erheblich verloren habe.[1396] Außerdem hätte ich ja wohl gestern in der Zeitung gelesen, dass Erhard erklärt habe, in Luxemburg müsse man festbleiben, und [dass es] keinerlei Zeichen des Entgegenkommens an Frankreich gegeben habe.[1397] Heute dagegen, also gestern, so sagt er, steht [es] in der Zeitung andersherum, dass die Bundesregierung durchaus zu einer Lösung des Streites beitragen wolle.[1398] Er habe sich gestern erkundigt, und es sei ihm gegenüber von Krone und Globke die Vermutung geäußert worden, dass die erste Meldung vom AA lanciert worden sei. Krone selbst bezeugt, dass Erhard nichts in diesem Sinne, sondern im zweiten, also positiven Sinne bei der Gelegenheit gesagt habe. Er war dabei. Aber Krone und Globke schienen von dieser Sache nicht weiter sonderlich erregt zu sein. Er habe auf sie

---

[1396] Bei einer Umfrage von EMNID im Januar 1966 bejahten zwar 83 v. H. der Befragten, Ministerpräsident Meyers zu kennen, und 52 v. H. bescheinigten ihm, seine Arbeit »sehr gut« und »gut« zu machen, während nur 34 v. H. den SPD-Kandidaten Kühn kannten und 17 v. H. dessen Arbeit mit den gleichen Prädikaten beurteilten. Dennoch hatte sich in den Monaten November 1965 bis Februar 1966 in Nordrhein-Westfalen aufgrund der wirtschaftlichen, weithin bundespolitischen Unzufriedenheit und der Strukturkrise des Bergbaus, von der besonders die Großstädte im Ruhrgebiet betroffen waren, ein deutlicher Stimmenzuwachs zugunsten der SPD von 6,2 v. H. bis zur Wahl im Juli 1966 (vgl. Anm. 1462) ergeben. Vgl. Kaltefleiter, Wirtschaft und Politik in Deutschland, S. 166; Scheuch, Zur Irrelevanz des Wählerwillens, in: Hermes (Hrsg.), Verfassung und Verfassungswirklichkeit, S. 63–83, hier S. 73 f.

[1397] In der Sitzung der CDU/CSU-Bundestagsfraktion am 25.1.1966 äußerte sich Erhard zur Krise der EWG mit der Hoffnung, »daß man über die Runde kommt mit den gegenseitigen Vorstellungen« und »mit einer klaren Linie und mit einer klaren Haltung; nämlich Europa darzustellen, Europa zusammenzuhalten und sich dann wieder an den Verhandlungstisch in Brüssel zu begeben«. Vgl. Die CDU/CSU-Fraktion im Deutschen Bundestag, 1961–1966, S. 1698.

[1398] Angesichts der unveränderten Weigerung der französischen Regierung, an Sitzungen des (Minister-)Rats der EWG teilzunehmen (vgl. Anm. 1110, Anm. 1216 und Anm. 1388), ließ die Bundesregierung verlautbaren, sie lasse sich von französischen Zeitplänen und der angestrebten Ratifizierung des Fusionsvertrages der drei Gemeinschaften EGKS, EWG und EURATOM nicht drängen (vgl. Bonn läßt sich von Paris nicht unter Druck setzen, in: »Frankfurter Allgemeine«, Nr. 16, 20.1.1966, S. 4). Ihr »Wille« und der »der anderen vier EWG-Mitgliedsländer«, sich »mit Frankreich zu einigen«, sei »unverändert« (vgl. Beharrliche Bonner Bemühungen um Frankreich, ebd., Nr. 20, 25.1.1966, S. 1 f.). Schröder kündigte an, in neuen Verhandlungen »eine maßvolle, aber feste Haltung« einzunehmen, glaubte aber, dass in der Frage der Mehrheitsentscheidungen im (Minister-)Rat und der Kompetenzen der EWG-Kommission Formeln gefunden werden könnten (vgl. Die Sozialdemokraten wollen Erhard auf harten Kurs drängen, ebd., Nr. 21, 26.1.1966, S. 1 f.).

eingeredet und ihnen klargemacht, was hier eigentlich vor sich gehe und wie lange man das noch mit ansehen solle. Aber sie seien ganz friedlich wieder abgezogen. Er müsse sich fragen, was er nun tun solle, was den Parteivorsitz angehe, ob es jetzt eine Möglichkeit gebe, wenigstens Erhard zu zwingen, Schröder fallenzulassen. Und das legt er mir dann so vor.

Ich ging dann zum Frühstück. Hinterher kam ich wieder zu ihm. Da fragte er mich nach meiner Meinung. Ich habe gesagt, ich glaubte nicht, dass der Öffentlichkeit diese Angelegenheit mit dieser Presseerklärung des Bundeskanzlers so klar geworden sei. Außerdem müsse er sich fragen, wer denn an seine Seite treten werde, wenn er jetzt diesen Stoß führen wolle. Die Reform der Partei in der Konstruktion und personell zum Zwecke einer Wiedergeburt schiene mir die vordringlichste Sorge zu sein, und er würde diese vielleicht sehr stören, wenn er jetzt allein gegen Erhard und Schröder losschieße. Ich würde ihm raten, dass er darüber mit Lücke und Kliesing sich berate.

Am Abend erscheint er etwas beruhigter. Er scheint von der Sache etwas abgekommen zu sein und berichtet mir nur, dass er die Sitzung des Parteivorstandes einberufen habe, auf Wunsch von Dufhues acht Tage später,[1399] dass die Landesverbände von der Presse befragt worden seien und überwiegend für Dufhues[1400] seien. Sie sollten dann sehen, was sie machten. Er werde ihnen jedenfalls die Lage unmissverständlich klarlegen[1401] und könne nur hoffen, dass es gelinge, eine Konstruktion zu finden, die das Erbe vor dem geistigen Zerfall bewahrt.

[1399] Zur Sitzung des CDU-Bundesvorstands am 16.2.1966 vgl. Kiesinger: »Wir leben in einer veränderten Welt«, S. 60–104.
[1400] Zur Haltung Dufhues' (vgl. Anm. 1392) sowie seinen Ausführungen in der Sitzung des CDU-Bundesvorstands vgl. ebd., S. 66, 72 f., 80, 92 f.
[1401] Vgl. zu den längeren Ausführungen Adenauers ebd., S. 67–72, 79 f., 82 f., 90–92.

Freitag, 28. Januar 1966[1402]

Heute sehe ich selbst in der »Stuttgarter Zeitung«[1403] und im »Rheinischen Merkur«[1404] Artikel, sehr gut, in denen die Zukunft der NATO auf der einen Seite beschrieben wird und die eine erhebliche Verschlechterung der europäischen Position im internationalen Kräftespiel für das nächste Jahrzehnt voraussagen, weil eben die NATO praktisch weitgehend ausgehöhlt sei und auch zerfalle, genau das, was Vater immer sagt. Auf der anderen Seite ein Artikel, in dem klargelegt wird, was es bedeutet, wenn Deutschland sich an die Spitze der Opposition der Kleinen gegen Frankreich stellt. Damit zerfalle die EWG. Es gäbe dann nur die Möglichkeit eines Zusammenspiels zwischen Deutschland, als getreuem Diener Amerikas, und Frankreich, das dann viel mächtiger sei im Grunde und allein eine Politik zwischen Russland und Amerika und den übrigen europäischen Ländern spielen werde, was die deutsche Position erheblich verschlechtern würde und im Ganzen für unsere Sache uns teuer zu stehen kommen könne. Es sei also so sinnlos wie nur etwas, die Politik des starken, konsequenten Mannes jetzt zu markieren, wo alles auf dem Spiel stehe.[1405]

So kann man Vaters Sorge nur zu gut begreifen, dass hier andauernd und unsichtbar unsere gesamte Sicherheit unterspült wird und wir in den Sog des kommunistischen Machtbereichs hineingeraten, während die Amerikaner gezwungen sind, sich in Ostasien festzubeißen.

Sonntag, 13. Februar 1966

Am 31. Januar, abends gegen 20 Uhr 30, komme ich aus Köln zurück und finde Vater mit Minister Lücke bei einem Glas Wein. Vater ist im

---

[1402] Datum vom Bearbeiter eingefügt.

[1403] Möglicherweise gemeint: der Artikel von Wolfram von Raven, Bonn braucht ein Zentrum für strategische Studien (»Stuttgarter Zeitung«, Nr. 17, 22.1.1966, S. 3), in dem er beklagt, die deutsche Sicherheitspolitik leide »an geistiger Unterernährung«, es mangele daran, »rechtzeitig zu versuchen, den deutschen Interessen im Gang des Geschehens Geltung zu verschaffen« und »sich langfristig für die Bewältigung der höchst komplizierten Aufgaben zu rüsten, die in der Strategie durch das Zusammentreffen komplexer militärischer, psychologischer, wirtschaftlicher und technologischer Sachverhalte gestellt sind«. Man könne sich »im Umgang mit unseren Bundesgenossen und mit unseren Gegnern nicht nur auf den Gebrauch des gesunden Menschenverstandes verlassen. Gerade »jetzt, da die NATO nicht mehr für uns mitdenkt«, sei die Errichtung eines Strategiezentrums erforderlich.

[1404] Vgl. Alfred Frisch, NATO: Die lästige deutsche Atompolitik, in: »Rheinischer Merkur«, Nr. 5, 28.1.1966, S. 3.

[1405] Möglichweise gemeint: der Artikel von Theo M. Loch, Rettungsaktion in Luxemburg. Wie weit kann man den Franzosen entgegenkommen?, ebd., S. 1 f.

Negligé. Die Herren hatten sich offenbar von 6 Uhr an unterhalten.[1406] Vater sagte, ich solle essen. Sie wollten mir dann etwas vorlegen. Ich habe also schnell gegessen. Dann zeigte auf Wunsch von Vater mir Kliesing einen Briefumschlag, auf dem ca. 8 Mann stehen, die die künftigen Mitglieder des Parteipräsidiums bezeichnen sollen, an der Spitze Kliesing, dann unter anderem Lücke, Krone, Erhard und Barzel, Gerstenmaier und bisherige Mitglieder des Präsidiums. Vater sagt, dass Lücke ihm gegenüber jetzt wieder abgelehnt habe, sein Nachfolger zu werden aus Gründen, die er, Vater, respektieren müsse. Es scheint darin eine gewisse Reserve von Vater hinsichtlich dieser Gründe, der Anerkennung dieser Gründe, durchzuklingen. Lücke sah während dieser Bemerkung vor sich zu Boden und berührte das Thema seiner eigenen Kandidatur überhaupt nicht. Man war sich einig darüber, dass alles darauf ankomme, das eigentliche Gründungserbe der CDU auch personell zu sichern, dass dies nur durch eine verstärkte Kompetenz des Präsidiums und die Berufung entsprechender Persönlichkeiten dort hinein geschehen könne.

Später kommt dann Dufhues' Verzicht und die damit gegebene neue Situation.[1407] Die Presse fragt bei den CDU-Landesverbänden um. Es ist erst eine Reihe von Kandidaten. Lücke erklärt, dass er nicht gegen Erhard kandidieren wolle. Krone zeigt sich desinteressiert. Kiesinger behauptet, dass sein Landesverband für Erhard sei,[1408] was gar nicht stimmt. Denn es hat keine Abstimmung stattgefunden darüber. Vor allem aber hält sich Herr Erhard noch weitgehend zurück. Man weiß gar nicht, ob er will.

Erst als dann Barzel, der auch lange allein bei Vater war und den Vater offensichtlich schließlich als den einzig noch realisierbaren Ge-

---

[1406] Zur vorherigen Besprechung Adenauers mit Barzel, Krone und Rasner am 31.1.1966 um 16 Uhr vgl. Gesprächsaufzeichnungen Globke 13.1.–15.2.1966, hier 31.1.1966, in: Adenauer, Die letzten Lebensjahre, Bd. II, S. 117 f.

[1407] Zum Verzicht von Dufhues auf die Kandidatur zum Parteivorsitzenden vgl. Schreiben Dufhues an Adenauer, 29.1.1966, in: Adenauer, Die letzten Lebensjahre, Bd. II, S. 480 f. Adenauer antwortete Dufhues mit Schreiben vom 1.2.1966 (ebd., S. 120): »Ich für meine Person hatte schon seit längerer Zeit befürchtet, daß Sie diesen Entschluß fassen würden. Ich habe aber diese Ansicht niemandem mitgeteilt. Nun ist die Verwirrung groß.«

[1408] Unter dem Titel »Stop Barzel now« berichtete »Der Spiegel« (Nr. 7, 7.2.1966, S. 22 f., hier S. 23), die »Chefs aller vier baden-württembergischen CDU-Landesverbände« unter Führung Kiesingers hätten »sich einhellig für Erhards Berufung an die Parteispitze« ausgesprochen. Dazu Gesprächsaufzeichnungen Globke 13.1.–15.2.1966, hier 4.2.1966 (Adenauer, Die letzten Lebensjahre, Bd. II, S. 118): »In Baden-W[ür]tt[em]b[erg] hätten die Landesvorsitzenden ausdrücklich Vertraulichkeit vereinbart, trotzdem habe Kiesinger ihre Stellungnahme der Presse bekannt gegeben.«

genkandidaten gegen Erhard betrachtet, offen seine Bereitwilligkeit zu erkennen gibt, dem Ruf der Partei zu folgen,[1409] während Erhard in Paris ist,[1410] da geht Erhard nach der Rückkehr hoch. Es findet eine Auseinandersetzung zwischen beiden statt, über die verschiedene Berichte kursieren, mehrere Stunden lang. Erhard soll Barzel angegriffen haben, weil er ein Versprechen nicht gehalten habe, mit ihm vorher zu reden. Barzel seinerseits führt aber an, dass Erhard bei ihm kurz vor der Abfahrt des Zuges nach Paris keinerlei Anstalten gemacht hat, auf diese Frage nochmals zurückzukommen. Kurzum, es lässt nun Erhard offen durch den Regierungssprecher sogar mitteilen, dass er es für das Beste halte wegen der Geschlossenheit der Partei, wenn der Regierungschef der Parteivorsitzende werde.[1411] Er erhebt also einen regelrechten Anspruch darauf. Daraufhin gibt es eine Reihe von Gegenstimmen, auch von den katholischen Verbänden, Kolping und KAB, die erklären, es sei zu viel für einen Mann. Es gibt in der Presse eine Reihe von Bemerkungen: Warum so spät? Blitzspätentschluss usw.![1412] Die Landes-

---

[1409] Barzel habe in der Unterredung mit ihm am 29.1.1966, wie Adenauer Globke am 31.1.1966 berichtete, erklärt (vgl. Gesprächsaufzeichnungen Globke, ebd., S. 117), er (Barzel) »halte die Politik Erhards für katastrophal; er erstrebe den Parteivorsitz, um dann eine Änderung herbeizuführen, wenn jemand anders Parteivorsitzender werde, könne er dabei gehemmt werden. Diese Ausführungen Barzels hätten ihn, Adenauer, überzeugt; er habe dies Barzel mit dem Bemerken gesagt, daß er Krone und Globke unterrichten werde.«

[1410] Krone hielt am 8.2.1966 (Tagebücher, Zweiter Bd.: 1961–1966, S. 453) fest: »Hochbeglückt ruft von Danwitz an. Nordrhein und Westfalen, ihre Vorsitzenden Grundmann und Niermann, hätten sich heute im Gespräch mit Barzel für diesen als Parteivorsitzenden ausgesprochen. Und andere Landesverbände, so sagte von Danwitz strahlend, dächten genau so. Nur wenige dächten anders. Nun aber müsse Erhard schnell, schon morgen, wenn er aus Paris zurückkomme, erklären, daß er nicht kandidiere, sondern für Barzel sei. Ob diese Rechnung aufgeht? Dieser Husarenstreich Barzels in Köln, wo Erhard in Paris ist! Ich rufe noch einmal zurück und frage [von] Danwitz, ob es nicht besser gewesen wäre, Erhards Rückkehr abzuwarten. Unmöglich, sagt [von] Danwitz. Nicht Barzel, sondern Grundmann habe gedrängt, und Barzel habe nur erklärt, wenn man ihm das Amt anbiete ... – Diese Heuchelei. Ich weiß, wie Barzel und [von] Danwitz gedrängt haben.« Zu den Gesprächen Erhards mit de Gaulle am 7. und 8.2.1966 in Paris vgl. AAPD 1966, S. 145–158, 171–178.

[1411] Am 9.2.1966 ließ Erhard durch Regierungssprecher von Hase auf einer Pressekonferenz mitteilen, er erachte es für richtig, für den Parteivorsitz zu kandidieren. Vgl. dazu Vermerk Werkmeister, 9.2.1966, in: Adenauer, Die letzten Lebensjahre, Bd. II, S. 483; Erhards Anspruch auf die Parteiführung in der CDU, in: »Frankfurter Allgemeine«, Nr. 34, 10.2.1966, S. 1, 4.

[1412] Vgl. J[ürgen] T[ern], Die Zeit drängt, in: »Frankfurter Allgemeine«, Nr. 36, 12.2.1966, S. 1; Ders., Von der Partei- zur Regierungskrise?, ebd., Nr. 35, 11.2.1966, S. 1.

verbände, die vorher sich gegen Erhard erklärt hatten, so zum Beispiel
Grundmann[1413] für Nordrhein-Westfalen,[1414] halten [sich] sehr zurück
und scheinen nach einem Bericht von Koko überwiegend für Barzel zu
sein, während die Hessen, Kiesinger, Lemke[1415] für Schleswig-Holstein
und sogar die Saarländer sich für Erhard aussprechen, und man überall das Gerede herumgehen hört, dass es für Erhard eine unzumutbare
Schlappe sein werde, würde die CDU sich über seinen Wunsch hin-
wegsetzen, dass man überhaupt mit dem Gegeneinander von Erhard
und Barzel jetzt Schluss machen müsse, um der Einheit der Partei nicht
zu sehr zu schaden. Barzel erklärt nur, dass er keinen Anspruch erhoben
habe, sondern sich nur bereit erklärt habe.

Für Vater ist die Situation äußerst unangenehm. Erhard war bei ihm.
Vater hat ihm nur gesagt, hätte er ihn vorher gefragt, dann hätte er
ihm dringend abgeraten. Denn es sei zu viel für ihn.[1416] Vater hält sich
zunächst sehr zurück. Erst als in der Zeitung, wie Vater meint, durch
eine Äußerung von Krone, steht, dass Vater der Kandidatur von Barzel skeptisch gegenüberstehe, da lässt er durchblicken, dass er für
Barzel ist.[1417]

---

[1413] Konrad Grundmann (1925–2009), 1954–1985 MdL in Nordrhein-Westfalen
(CDU), dort 1959–1966 Minister für Arbeit und Sozialordnung, 1963–1969
Vorsitzender des CDU-Landesverbandes Rheinland.

[1414] Am 4.2.1966 informierte Adenauer Globke telefonisch darüber, dass er mit dem
rheinland-pfälzischen Ministerpräsidenten Helmut Kohl gesprochen habe. Dort
»sei alles in Ordnung. Kohl habe auch mit Grundmann gesprochen; nach Kohls
Auffassung würden danach auch die Landesverbände Rheinland und Westfalen
nicht für Erhard stimmen.« Vgl. Gesprächsaufzeichnung Globke, 4.2.1966, in:
Adenauer, Die letzten Lebensjahre, Bd. II, S. 118. Dazu auch die Stellungnahme
Grundmanns in der Sitzung des CDU-Bundesvorstands, 16.2.1966, in: Kiesinger: »Wir leben in einer veränderten Welt«, S. 66 f., 87; Noch keine klare Mehrheit für Erhard oder Barzel. Grundmann von Erhard in der zweiten Unterredung
nicht gewonnen / Kampfabstimmung wahrscheinlich / Kritik am Wirtschaftsli-
beralismus, in: »Frankfurter Allgemeine«, Nr. 36, 12.2.1966, S. 1, 4.

[1415] Helmut Lemke (1907–1990), Dr. jur., Rechtsanwalt und Notar, 1955–1983
Mitglied des Landtags von Schleswig-Holstein (CDU), 1955–1963 Innenminister, 1963–1971 Ministerpräsident von Schleswig-Holstein.

[1416] Über sein Gespräch mit Erhard am 10.2.1966 berichtete Adenauer am 16.2.1966
vor dem CDU-Bundesvorstand (Kiesinger: »Wir leben in einer veränderten
Welt«, S. 69), als Erhard zu ihm gekommen sei und »sagte, daß er den Anspruch
erhebe, Bundesvorsitzender zu werden«, habe er erwidert, wenn er vorher zu
ihm gekommen wäre, hätte er ihm »geraten, lassen Sie die Finger davon. Sie
werden eine so schwierige Arbeit vor sich haben«, »so schwierige Jahre«, dass
er »sich nicht belasten sollte mit Dingen, die andere verstehen und machen«
könnten.

[1417] »Die Welt« berichtete (vgl. Adenauer stellt sich auf die Seite Barzels. Neue
Phase im Zweikampf um den CDU-Vorsitz. Erhard umwirbt Nordrhein-West-

Im Kreuzkolleg sagen mir die Studenten, dass sie zwar von Erhard als Parteivorsitzenden nicht viel halten, weil er im Grunde nicht aus dem Erbgut der Partei stamme und mit seiner Arbeit als Kanzler genug zu tun habe, dass sie andererseits aber auch zu Barzel kein rechtes Vertrauen hätten, weil er zu wendig sei und zu wenig Feinde habe, zu wenig Profil, zu jung, dass sie aber vor allen Dingen wegen der Geschlossenheit und der Einheit der Partei wahrscheinlich Erhard als das kleinere Übel ansehen würden. So werden viele urteilen. Denn Erhards Kult oder Wertschätzung ist noch nicht genügend verschlissen. Immer wieder taucht die Version auf, dass Heck und Lücke dann neben einem Vorsitzenden Erhard als Stellvertreter fungieren sollten, die den katholischen Teil zu repräsentieren hätten. Heck sagt mir gegenüber gestern kein Wort davon. Es sind allerdings auch andere Herren dabei.

Vater ist verzweifelt, Konrad ist heute bei ihm. Man überlegt, was man tun solle, wenn tatsächlich die Lawine für Erhard weiter so geht und er dann nominiert werden solle. Vater meint, dass würde er nicht mitmachen. Aber es ist die Frage, was Barzel tun wird, ob er dann nicht doch zurückziehen wird. Vater berichtet, dass Burgbacher[1418] ihm erzählt habe, wie schwierig es gewesen sei, Erhard vor etwa ein bis zwei Jahren als Mitglied der CDU[1419] in einem kleinen Ort bei Heidelberg unterzubringen, und es habe ihn eine

---

falen, in: »Die Welt«, Nr. 36, 12.2.1966, S. 1), Adenauer habe »sein bisher gegenüber der Öffentlichkeit strikt bewahrtes Schweigen« gebrochen und erklärt, »er stehe einem Aufstieg Rainer Barzels zum Parteivorsitzenden der CDU nicht skeptisch gegenüber«.

[1418] Fritz Burgbacher (1900–1978), Professor Dr. rer. pol., 1952–1967 Schatzmeister des CDU-Landesverbandes Rheinland, ab 1955 Honorarprofessor an der Universität zu Köln, 1957–1976 MdB, 1958–1977 Mitglied des Europäischen Parlaments, 1960–1967 Bundesschatzmeister der CDU.

[1419] Mit Schreiben vom 14.2.1966 teilte Adenauer Erhard mit, ihm sei im »Zusammenhang mit der Auseinandersetzung über die Wahl des Parteivorsitzenden« an ihn »von ernstzunehmender Seite« – dabei stützte sich Adenauer auf ein Schreiben des CDU-Mitglieds im Stadtrat von Heilbronn, Carl Renzel, vom 12.2.1966 – »die Frage gestellt worden, ob es richtig sei, daß Sie [Erhard] erst seit wenigen Jahren Mitglied der CDU seien«, und bat um eine Antwort »möglichst vor dem 16. Februar«. Erhard antwortete Adenauer mit Schreiben vom 15.2.1966, er habe »unentwegt die Sache unserer Partei« vertreten, und räumte ein, angesichts »dieser Sachlage« habe er »dem Besitz des Parteibuches wirklich keine Beachtung geschenkt«. Er nahm die Frage nicht ernst und verwies darauf, dass »kein einziger Kandidat« ihm »jemals die Legitimation der formalen Mitgliedschaft abverlangte«. Vgl. Adenauer, Die letzten Lebensjahre, Bd. II, S. 123, 486; Hentschel, Ludwig Erhard, S. 597; zu den zuvor teils widersprüchlichen Aussagen und Angaben über den Zeitpunkt einer Mitgliedschaft Erhards in der CDU vgl.

schöne Stange Geld gekostet. Könnte man das nur irgendwie bekannt werden lassen! Wenn man nur dieses Gewebe von Schein zerstören könnte!

Vater erzählt heute auch wieder von dem Besuch von Smirnow, der jetzt bei ihm war.[1420] Smirnow schenkte ihm einen schweren kaukasischen Stock, eingelegte Arbeit, und war sehr glücklich, als Vater die Bedeutung der Friedensvermittlung Sowjetrusslands zwischen Pakistan und Indien anerkannt hat.[1421] Auch Freund Mikojan spiele durchaus noch eine sehr angesehene Rolle. Vater erzählt, wie er beim Besuch Mikojans von diesem eine sehr unangenehme Tischrede bei von Brentano gelesen habe,[1422] und als dann Mikojan bei ihm war, habe er ihm gesagt, er möge doch bei ihm nicht eine solche Rede halten, denn dann müsse Vater ihm ebenso unangenehm antworten, und das täte er nicht gern bei einem solchen Gast. Daraufhin hat Vater gefragt: »Haben Sie den Text Ihrer Rede denn bei sich?« Er zog sie heraus, und dann haben beide die Texte ihrer Reden verglichen, und Vater hat ihm vorgeschlagen, welche Stellen er weglassen solle oder ändern solle, was Mikojan auch brav getan hat.

Konrad erzählt, was seine Kinder in der Schule an Mathematik lernen, zum Teil amerikanische Methoden. Vater ist ziemlich entsetzt und spricht wieder und wieder von seinem Kulturpessimismus. Er glaubt, dass die Menschen mit all diesen Dingen nicht fertigwerden. Vor allem Amerika sei zu unreif, die Verantwortung zu tragen. Die Bevölkerungsprobleme und die ungleiche Verteilung des Wohlstandes auf der Welt sei eine entsetzlich anwachsende Belastung. Immerhin ist er froh. Von seinem Buch[1423] sind schon 171 000 Exemplare verkauft, und im Januar, obwohl es der schlechteste Monat ist, 8 000

---

Buchstab, »Soll ich Anmeldeformulare ausfüllen?«, in: Die Politische Meinung, Nr. 462, Mai 2008, S. 71–75.

[1420] Das Gespräch Adenauers mit Smirnow fand am 10.2.1966 um 16.25 Uhr statt (Adenauer, Kalendarium).

[1421] Im indisch-pakistanischen Krieg, dem zweiten nach dem ersten Krieg von 1947 bis 1949, um die Region Kaschmir, der von August bis September 1965 dauerte, hatte der sowjetische Ministerpräsident Kossygin eine Vermittlerrolle übernommen, aufgrund dessen ein dauerhafter Waffenstillstand zustandekam. Vgl. Rothermund, Südasien, in: Die Internationale Politik 1964–1965, S. 430–445, hier S. 433–440.

[1422] Zu Verlauf und Ergebnis des Besuches von Mikojan vom 25. bis 29.4.1958 in Bonn vgl. Konrad Adenauer, Erinnerungen 1955–1959, S. 380–395; auch DzD, III. Reihe/Bd. 4, S. 1058–1068, zur Tischrede von Brentanos am 25.4.1958 S. 1058–1060 und zur Tischrede Mikojan S. 1060–1063 sowie die Erklärung von Brentanos zur Tischrede Mikojan S. 1063.

[1423] Gemeint: der erste Band der »Erinnerungen 1945–1953«.

Stück bereits. Der französische Verleger Orengo[1424] hat ihn ermuntert, doch noch einen dritten Band zu machen, den Stoff aufzuteilen, nachdem er ihm die Gesamtposition vorgelegt hat.[1425] Derselbe Franzose, der früher ihn gedrängt hatte, alles nur in einem Band unterzubringen!

Es regnet viel. Vater geht mit seinem Regenschirm auf und ab im Garten oder steht still oben im Tempel und schaut auf die Frühlingsblumen oder ins Weite hinaus und macht sich seine Gedanken. Es ist nicht leicht, 90 Jahre zu sein und in dieser Weise sein Erbe sichern zu müssen.

Dienstag, 15. Februar 1966

Barzel war heute bei Vater und hat ihm erklärt, er wolle seine Kandidatur gegenüber Erhard aufrechterhalten, wenn Vater ihn vorschlage.[1426] Danach war er bei Erhard[1427] und hat ihm gemeldet, Erhard habe ihm den Vorschlag gemacht in Gegenwart von Westrick und Rasner, dass Erhard erster Vorsitzender werden solle, Barzel zweiter [Vorsitzender] und Geschäftsführer, und dass man dann einig werden könne. Vater sagt:»Na, leben Sie noch? Da muss man mal drüber schlafen.« Er meint, dass Barzel nicht zu Unrecht die Auffassung hat, es gäbe eine ganze Menge Leute, die dann bei einem solchem Vorschlag Erhards es nicht verstehen würden, wenn Barzel noch dagegen wäre und sich durchsetzen würde, weil er noch jung ist und weil sie ihn für viel zu ehrgeizig halten und weil sie um die Einheit der Partei fürchten. Vater sagt auch, er will noch eine Nacht darüber schlafen. Morgen hat

---

[1424] Charles Orengo (1913–1974), französischer Verleger, ab 1942 Leiter der Editions du Rocher, 1949–1960 der Librairie Plon, seit 1960 Prokurist von Librairie Hachette.

[1425] Die französische Übersetzung des ersten Bandes der »Erinnerungen 1945–1953« war zeitgleich unter dem Titel »Mémoires 1945–1953«, Paris 1965, erschienen.

[1426] Das Gespräch Adenauers mit Barzel fand um 16.35 Uhr statt (Adenauer, Kalendarium).

[1427] Zu dem Gespräch von Barzel und Erhard am 15.2.1966 vgl. Eintrag Krone, 14. und 15.2.1966 (Tagebücher, Zweiter Bd.: 1961–1966, S. 457): Das Gespräch sei »zuerst hart und offen« verlaufen. »Man verständigte sich dann auf den Vorsitzenden und den ersten Stellvertreter. Westrick rief mich noch am späten Abend an. Barzel zog es vor, den Kompromiß zu wählen und den Zweikampf auf dem Parteitag zu vermeiden. Er wäre unterlegen.« Krone notierte zur Haltung Adenauers auf der CDU-Bundesvorstandssitzung am 16.2.1966, er »läßt erkennen, daß er ein Gegner dieses Kompromisses ist. Er kämpft aber nicht dagegen; er habe Erhard gesagt, besser sei es gewesen, er hätte sich nicht zur Wahl gestellt« (ebd., S. 457 f.). Zu den Überlegungen Erhards vgl. auch Henschel, Ludwig Erhard, S. 597 f.

er den Vorstand zusammen.[1428] Aber er sieht noch nicht, was gemacht werden kann. Er holt seinen Krimi, hört ein Haydn-Quartett, telefoniert mit Ria, will sich von Max verabschieden, der neun Tage verreist. Dann geht er still zur Ruhe und lässt den neuen Tag heraufziehen. Er weiß nicht, was mit seinem Erbe werden wird.

Gestern Empfang zu Ehren von Kardinal Döpfner, der sein Amt bei der Bundesregierung als Vorsitzender der Bischofskonferenz antritt.[1429] Vater kommt heraus, als ich eintreffe, fährt nach Hause. Als ich um 11 Uhr zurückkomme, da sagt er noch, indem er die Hände erhebt und schüttelt:»Was war das schön! Was war das [für] ein schöner Gottesdienst! Wie wurde da kräftig gesungen! All die Männerstimmen! Das kenne ich ja gar nicht mehr! Und alles alte Lieder, das war eine Wohltat! Die Akustik in der Kirche! Ein Schwung! Und dieser Kardinal, das ist ja ein mächtiger Bursche! Er hat mit beiden Händen meine Hand genommen, sich verabschiedet. Er ist mir ja sehr verpflichtet.«[1430]

Ich spreche mit Abgeordneten, die wütend sind, dass Erhard alles ruinieren will, aber nicht wissen, wie sie sich wehren sollen. Zum Teil hofft man auf Lücke, der aber die große Koalition will und sich dafür bereithält, wenn diese unausweichlich wird. Und Vater mitten unter diesen Leuten im Elisabeth-Krankenhaus, wo wir immer seinen Geburtstag feiern. Es ist eine eigentümliche Szene! Die Katholiken bringen es nicht fertig und auch andere nicht, gegen diese Katastrophe anzugehen und mit nötiger Geschlossenheit Barzel zu präsentieren. Wahrscheinlich ist er auch noch zu jung, und manche trauen ihm nicht recht, und die Landesverbände sind nicht einig genug. Man merkt, wie überall die Risse bis auf den Grund gehen und wie das ganze Haus der CDU wankt, bis an den Grund, wenn dieser Mann geht.[1431]

---

[1428] Zur Sitzung des CDU-Bundesvorstandes am 16.2.1966 vgl. Kiesinger:»Wir leben in einer veränderten Welt«, S. 60–104.

[1429] Döpfner war am 2.12.1965 in Rom zum Vorsitzenden der Deutschen Bischofskonferenz gewählt worden. Vgl. Trippen, Josef Kardinal Frings, Bd. II, S. 485 f.

[1430] Vgl. dazu Schreiben Adenauer an Döpfner, 28.9.1965, in: Adenauer, Die letzten Lebensjahre, Bd. II, S. 19 sowie die Äußerung Adenauers über das Verhältnis zu Döpfner vor dem CDU-Bundesvorstand, 11.7.1966, in: Kiesinger:»Wir leben in einer veränderten Welt«, S. 212 f.

[1431] Auf dem 14. Bundesparteitag der CDU in Bonn wurde Erhard am 23.3.1966 mit 413 von 548 bei 80 Gegenstimmen, 50 Enthaltungen und 5 Stimmen »einzelne zersplittert« zum Ersten Vorsitzenden der CDU gewählt. Vgl. Christlich Demokratische Union Deutschlands (Hrsg.), 14. CDU-Bundesparteitag, S. 206 f.

Heute Abend beim Nach-Hause-Kommen sagt er: »Weißt Du, ich
bin froh, wenn das Ganze vorbei ist und ich mich endlich an meine
Memoiren machen kann. Ich bin es so entsetzlich leid, dieses ganze
Theater!« Ich kann es wahrhaftig verstehen, wenn man dieses Hin und
Her sieht. Keiner der führenden Katholiken spricht. Krone schweigt,
Lücke schweigt, Heck schweigt. Keiner tut den Mund auf. Alle halten
sich zurück.

Samstag, 2. Juli 1966[1432]
Vorgestern war ich mit Vater in Trier. Er wurde dort Ehrenbürger.[1433]
Wir fuhren drei Stunden mit dem Wagen über die Hunsrück-Höhen-
straße und kamen dann immer mehr in Scharen von winkenden Menschen hinein. Man kennt ihn doch sehr gut. Die Polizei hatte überhaupt nicht mit so vielen Menschen in der Innenstadt Trier gerechnet.
Um ca. ½ 11 Uhr sollte eine Parade französischer und deutscher
Truppen stattfinden,[1434] auch zum Abschluss der Unterstellung der
französischen Truppen unter die NATO.[1435] Das Volk war so dicht
gedrängt, dass man für die Truppen nur mit großer Mühe einen Weg
freimachen konnte. Die Polizei hatte schlauerweise vorher nicht abge-
sperrt.

Vater stand da wie ein Denkmal auf einem langen Podest, und ich
sollte mich auch schräg hinter den französischen General aufstellen.
Die französische Musik war ausgezeichnet. Es gab ein Pionierregi-
ment, das vorbeizog in recht flottem Schritt, ohne zu uns hinzusehen,

---

[1432] Datum vom Bearbeiter korrigiert. In der Vorlage vermerkt: »ca. 26.11.66«. Aus
dem Kontext ist zu entnehmen, dass die Aufzeichnung an dem angegebenen Tag
angefertigt wurde.

[1433] Konrad Adenauer wurde am 30.6.1966 die Ehrenbürgerwürde der Stadt Trier
durch Oberbürgermeister Josef Harnisch in »Anerkennung seiner Verdienste
um die deutsch-französische Freundschaft und die Kanalisierung der Mosel«
verliehen. Vgl. Altkanzler in Trier gefeiert, in: »Saarbrücker Landeszeitung«,
1.7.1966.

[1434] Anlässlich des Trierer Patronatstages »Sankt Peter« nahm Adenauer »den traditionellen Patronatsmarsch der in Trier stationierten Bundeswehreinheiten an
der Porta Nigra« ab, »an dem sich erstmals auch in der Stadt stationierte französische Militäreinheiten beteiligten«. Vgl. ebd.

[1435] De Gaulle kündigte in seiner Pressekonferenz am 21.2.1966 an, die unter dem
Oberbefehl der NATO stehenden französischen Truppen diesem zu entziehen
und künftig der alleinigen nationalen Befehlsgewalt zu unterstellen. Vgl. Conférence de Presse tenue au Palais de l'Élysée, in: De Gaulle, Discours et Messages. Vers le terme, 1966–1969, S. 6–23, hier S. 17–19; dazu auch die Fernschreiben Limbourg und Sahm an das Auswärtige Amt, beide 25.2.1966, in: AAPD
1965, S. 218–224.

nur in grader, guter Haltung. Die Soldaten trugen kleine Standarten und in manchen Flinten steckten Wimpel. Dann kam wie ein Koloss die deutsche Marschmusik, die entsetzlichen Helme. Die Musik spielte ganz gut, aber schwerfällig, getragen feierlich. Und dann rückte eine Truppe an, wie ich sie noch nie gesehen habe. Das letzte Aufgebot! Total verkrampft, Glotzaugen, schräg verdrehte Gesichter, verängstigt. So schlichen sie einher. Unmögliche Figuren! Dicke Spieße an der Seite und hinten als letzte wie dicke Tanten, die die verängstigten Kinder vorbeitreiben. Man wusste nicht, ist es Blödheit, ist es Angst. Jedenfalls war es erschreckend. Außerdem meinte man, sie träten sich dauernd in die Hacken. Es war ein Luftwaffen-Versorgungsregiment allerdings. Die armen Kerle taten mir so leid, dass ich versuchte, sie etwas anzulächeln. Aber da war nichts zu machen.

Bei der Übergabe des Ehrenbürgerbriefes[1436] im historischen Simeonstift und beim Mittagessen war einem wieder so recht klar, was Vater geschaffen hat. Der frühere Ministerpräsident Bech[1437] war auch da und sprach zu Tisch. Man war im Herzland Europas, da, wo sich Deutschland und Frankreich so sehr nahe sind und so große gemeinsame Interessen haben: die Moselkanalisierung, ein großer Erfolg gegen den Willen der Moselbevölkerung.[1438]

---

[1436] In dem Ehrenbürgerbrief (StBKAH IV/III 9) werden die Verdienste Konrad Adenauers hervorgehoben. Mit seiner Politik habe er entscheidend dazu beigetragen, Deutschland »aus tiefster Not zur Blüte zu führen und dem deutschen Volk die Achtung in der Welt zurückzuvererben«, und sich um die Aussöhnung mit Frankreich bemüht.

[1437] Joseph Bech (1887–1975), luxemburgischer Politiker, 1926–1937 und 1953–1958 Ministerpräsident, 1926–1958 Außenminister, 1959–1964 Präsident der Abgeordnetenkammer. – Bech dankte Adenauer für die gemeinsame Arbeit. Vgl. Ehrenbürger Adenauer zur Neugründung der Universität: »Eiserne Hartnäckigkeit – etwas besseres gibt es nicht!«, in: »Trierische Landeszeitung«, 1.7.1966, S. 1.

[1438] Bei den Verhandlungen zwischen Adenauer und dem französischen Ministerpräsidenten Pierre Mendès France im Oktober 1954 wurde die Schiffbarmachung der Mosel vereinbart und durch Vertrag vom 27.10.1956 zwischen der Bundesrepublik Deutschland, der Französischen Republik und dem Großherzogtum Luxemburg beschlossen. Vorgesehen war der Ausbau der Stauregelung der Mosel, die in den Jahren 1958 bis 1964 von Metz bis zur Mündung in den Rhein bei Koblenz erfolgte. Dadurch wurde die Mosel über 270 km zu einer Großschifffahrtsstraße für Schiffe bis 1500 Bruttoregistertonnen. Gegen die Baumaßnahmen gab es Bedenken und Widerstände in der ansässigen Bevölkerung. Am 26.5.1964 erfolgte die Freigabe für den Schiffsverkehr. Vgl. Großschiffahrtsstraße Mosel, in: Bulletin, Nr. 83, 26.5.1964, S. 753–757; Meurer, Wasserbau und Wasserwirtschaft in Deutschland, S. 191–200.

So vieles! Gleichzeitig aber Charles de Gaulle in Moskau![1439] Vater [wurde] auf der Pressekonferenz darauf angesprochen. Heute war er in Metz mit einem Flugzeug.[1440] Dort wurde eine Gedenkstätte großer Europäer eingeweiht: zuerst Robert Schuman[1441]. Immer das Thema: Charles in Moskau! Was soll das werden? Auch in Trier wurde Vater danach gefragt und antwortete sinngemäß wie folgt: Was kann schon dabei für die deutsche Einheit herauskommen? Nichts! Das Verhältnis ist viel zu ungleich.[1442] Gewiss, es ist ganz gut, wenn die Russen auch von einem mächtigen europäischen Volk so anerkannt werden. Aber man muss sich doch klarmachen, wie die Machtverhältnisse liegen: dass zum Beispiel London vom chinesischen Raketenzentrum aus näher zu erreichen ist als Australien. Wenn das wahr ist, wie die Zeitungen schreiben, dass de Gaulle Aspirationen in Hinsicht auf eine französisch-russische Führerrolle in Europa hat,[1443] dann ist das das absolute Ende der NATO und auch das Ende

---

[1439] Vom 20.6. bis 1.7.1966 besuchte de Gaulle die Sowjetunion und unterzeichnete am 30.6.1966 die sogenannte »Deklaration von Moskau«, die gemeinsame Bemühungen um die »Schaffung einer Atmosphäre der Entspannung zwischen allen Ländern des Westens und des Ostens«, regelmäßige bilaterale Konsultation und eine direkte Kommunikationsleitung vorsah sowie verschiedene zweiseitige Abkommen (Wortlaut der Erklärung in: DzD, IV. Reihe/Bd.12, S. 1040–1043; dazu auch AdG, 36. Jg. [1966], S. 12575–12578).

[1440] Adenauer reiste am 2.7.1966 mit einem Flugzeug der Bundeswehr vom Flughafen Köln-Wahn nach Luxemburg und nahm an der Feierstunde in Berus bei Saarlouis anlässlich der Grundsteinlegung eines Robert-Schuman-Denkmals teil (Adenauer, Kalendarium). Zum weiteren Verlauf des Besuchs vgl. Anm. 1447.

[1441] Robert Schuman (1886–1963), bis 1919 deutscher, dann französischer Staatsbürger und Politiker, 1948 Ministerpräsident Frankreichs, 1948–1952 Außenminister, verkündete 1950 den nach ihm benannten Plan zur Gründung der Europäischen Gemeinschaft für Kohle und Stahl, 1955 Präsident der Europäischen Bewegung, 1958–1960 erster Präsident der Gemeinsamen Versammlung von EGKS, EWG und EURATOM, dem späteren Europäischen Parlament.

[1442] Bei einem »Presse-Tee« erklärte Adenauer, dass de Gaulle »sich in der deutschen Frage sehr korrekt verhalten habe. In der Frage der deutschen Wiedervereinigung dürfe unter gar keinen Umständen nachgegeben werden. Dies sei eine europäische Frage und damit eine Frage der Weltpolitik.« Vgl. Ehrenbürger Adenauer zur Neugründung der Universität, in: »Trierische Landeszeitung«, 1.7.1966, S. 1.

[1443] In einer Rede vor der Lomonossow-Universität in Moskau sprach de Gaulle von der »neuen Allianz« zwischen Paris und Moskau, die sich auf »Kultur, Wissenschaft und Fortschritt« gründe (»Voilà dans quel but peut être scellée l'alliance nouvelle de la Russie et de la France.«). Vgl. Allocution prononcée à l'Université de Moscou, 22.6.1966, in: De Gaulle, Discours et Messages. Vers le terme, 1966–1969, S. 45 f., hier S. 46. Zu den Presseberichten vgl. Führung in Europa: Paris–Kreml, in: »Bonner Rundschau«, Nr. 149, 1.7.1966, S. 1; Jürgen Tern, Die Annäherung Paris–Moskau, in: »Frankfurter Allgemeine«, Nr. 149,

Europas. Denn Frankreich kann kein Partner Russlands sein. Es ist viel zu schwach dazu.

Vater deutet die Lage aber so, und er meint, Charles sei tatsächlich größenwahnsinnig und habe bewusst und gewollt die NATO in dieser Weise kaputtgemacht. Das sei dann irreparabel, wenn er tatsächlich solchen Hirngespinsten anhänge. Hier wird also in diesen Tagen wahrscheinlich mehr oder weniger das zerstört, jedenfalls auf eine gewisse Zeit hin, was so mühsam aufgebaut worden ist. Ein angesehener Franzose sagte zu Vater, von dem er es zum ersten Mal so hart gehört hat, dass zwar noch eine gewisse Mehrheit in Frankreich für de Gaulle sei, von den gebildeten Schichten aber keiner. Das Regime werde also nicht von langer Lebensdauer sein.

Es ist verrückt. Während Schröder, Erhard, Barzel und andere, ebenso aber auch Monnet[1444] und Bech, das Verhalten von de Gaulle in Bezug auf die Wiederherstellung der Einheit Deutschlands und den Alleinvertretungsanspruch der Bundesrepublik loben[1445] und ganz zufrieden mit der Reise de Gaulles sind,[1446] ist Vater zutiefst voller Sorge. Denn erst jetzt wird ihm offenbar richtig klar, dass de Gaulle solche größenwahnsinnigen Ideen hat, was die anderen Herren früher schon immer behauptet hatten, wenn auch sie ihrerseits alles versäumten, vielleicht bewusst versäumten, um ihn mehr an uns zu binden.

---

1.7.1966, S. 1; Jan Reifenberg, Der Draht zwischen Kreml und Elysée, ebd., Nr. 150, 2.7.1966, S. 2.

[1444] Jean Monnet (1888–1979), französischer Verwaltungsfachmann und Wirtschaftsberater, 1950 maßgeblich an der Konzeption des Schuman-Plans beteiligt, 1952–1955 erster Präsident der Hohen Behörde der EGKS, 1956 Gründer und Vorsitzender des Aktionskomitees für die Vereinigten Staaten von Europa.

[1445] Regierungssprecher von Hase begrüßte den Besuch de Gaulles in der UdSSR »als einen wertvollen Beitrag«, die Ost-West-Spannungen »zu vermindern«. Es hätte sich aber bestätigt, dass die sowjetischen Führer »vorerst nicht bereit« seien, »ihre unkonstruktive Haltung, insbesondere in der Sicherheits- und Deutschlandfrage, zu überprüfen«. Dank gebühre de Gaulle, der die sowjetische Forderung, »die Teilung Deutschlands zu verewigen und das Unrechtsregime in der Zone anzuerkennen, klar zurückgewiesen« habe. Vgl. Erklärung in: Bulletin, Nr. 88, 1.7.1966, S. 697, auch DzD, IV. Reihe/Bd. 12, S. 1044; Interview Schröder mit dem NDR und dem WDR, 2.7.1966, ebd., S. 1046–1048, hier S. 1047.

[1446] In der Unterredung mit Breschnew am 22.6.1966 in Moskau erklärte de Gaulle sein Einverständnis, anzunehmen, dass die Grenzen Deutschlands kurz nach dem Krieg endgültig festgelegt worden sind. »En ce qui concerne la réunification, il est peu probable qu'elle ait lieu dans l'immédiat. Il faut comprendre cependant qu'il n'y aura pas d'évolution pacifique sans que les Allemands reçoivent une espérance de réunification.« Vgl. Telegramm Baudet an Couve de Murville, 22.6.1966, in: DDF 1966, Tome II, S. 133–136, hier S. 134.

In Metz hat Vater besonders gepackt der Unterschied zwischen einer Versammlung in einem neuen großen Lokal oder einer Halle und der Bescheidenheit oder der Verlassenheit des Gartens und des Hauses von Robert Schuman,[1447] das jetzt erst aufgekauft wird, weil ein Museum eingerichtet werden soll, nachdem alle seine Sammlungen von Verwandten, die er kaum gekannt hat, verkauft worden sind,[1448] angeblich für 30 Millionen Mark. Schuman war zuletzt ganz einsam, hatte nur eine 80-jährige taube Haushälterin um sich. Es geschah vor seinem Tode auch, dass er in einer Ackerfurche gefunden wurde, wo er bewusstlos hingesunken war. Keiner hatte sich um ihn gekümmert, bis eben der Bauer ihn fand und ihn nach Hause brachte. Das war der große Robert Schuman! Sein Grab war nicht gepflegt, mit einem kleineren, bescheidenen Stein versehen.[1449] Es war offenbar sehr deprimierend.

## Sonntag, 4. Dezember 1966[1450]

Vater erzählte die Geschichte der letzten Wochen. Als sich zeigte, dass Erhard seine Regierung wegen der Schwierigkeiten der Kündigung durch die Freien Demokraten nicht mehr halten konnte,[1451] da hat

---

[1447] Am Nachmittag des 2.7.1966 weihte Adenauer in Metz den neuen Europa-Saal ein und erhielt im Rahmen einer Feier von Jean Monnet die goldene Medaille der Gesellschaft der Freunde Robert Schumans überreicht. Anschließend besuchte Adenauer den Friedhof von Scy-Chazelles und legte dort am Grabe von Robert Schuman einen Kranz nieder (Adenauer, Kalendarium).

[1448] Schuman wohnte seit den 1920er-Jahren in einem Haus auf dem Berghang des Mont Saint-Quentin in Scy-Chazelles, einer kleinen Gemeinde im Département Moselle in der Region Lothringen. Sein Wohnhaus ging in den Besitz des französischen Staates über und wurde mit dem Europäischen Kulturerbe-Siegel ausgezeichnet. Es ist inzwischen Gedenkstätte im Eigentum des Département de la Moselle.

[1449] Das Grab Schumans befindet sich heute in der Kirche Saint-Quentin in Scy-Chazelles.

[1450] Vor der Datumsangabe ms. Korrektur: »4.10.1966«.

[1451] Die FDP stimmte am 26.10.1966 einem im Kabinett vereinbarten Kompromiss zu, erst im Falle des Scheiterns von anderen Maßnahmen zur Haushaltskonsolidierung auch Steuererhöhungen vorzusehen (vgl. 49. Kabinettssitzung, in: Die Kabinettsprotokolle der Bundesregierung, Bd. 19 1965, S. 435–445, hier S. 441–444). Das lehnte die FDP-Bundestagsfraktion am 27.10.1966 ab. Daraufhin erklärten die vier, der FDP angehörenden Bundesminister Bucher, Dahlgrün, Mende und Scheel am gleichen Tag ihren Rücktritt. Aufgrund des Bruchs der aus CDU, CSU und FDP gebildeten Regierungskoalition nominierte die CDU/CSU-Bundestagsfraktion am 10.11.1966 den damaligen baden-württembergischen Ministerpräsidenten Kurt Georg Kiesinger zum Kanzlerkandidaten als Nachfolger von Bundeskanzler Erhard. Anschließende Koalitionsverhandlungen von CDU, CSU und FDP schlugen am 25.11.1966 fehl. Zwei Tage

sich Kiesinger auch bei Vater gemeldet. Vater hat sich zu einem Gespräch bereit erklärt. Kiesinger kam erst später, in einem späteren Stadium der Entwicklung.[1452] Kiesinger erzählte Vater, dass er – das war also, nachdem er schon Kanzlerkandidat geworden war[1453] – zuerst Brandt den Außenministerposten angeboten habe. Der habe abgelehnt. Daraufhin sei er an Gerstenmaier herangetreten. Gerstenmaier wurde von Vater ermutigt, sofort zuzusagen.[1454] Er hat es dann auch getan,[1455] obwohl er an sich ein Zögerer ist. Aber Kiesinger hat dann nachher doch der SPD in der Person von Brandt das Außenministerium überlassen, nachdem die SPD ihre Meinung geändert hatte.[1456] Vater meint, er hätte dann sich weigern müssen, hätte nicht nachgeben dürfen. Der zweite Fehler sei gewesen, dass er dem Anspruch Schröders auf ein starkes Ministerium nachgegeben habe. Schröder sei sowohl als Außenminister wie als Innenminister schlecht gewesen. Das Argument Kiesingers, Schröder habe eine hohe Zahl von Stimmen für seine Kanzlerkandidatur in der Fraktion bekommen, sei nicht stark genug, um ihm daraufhin das Verteidigungsministerium zu überlassen. Denn ein Verteidigungsministerium, mit diesem Mann besetzt, sei eine Beleidigung Frankreichs.

Kurzum, Vater hat den Verdacht, dass Kiesinger ein Weichkäse ist, das heißt, er kommt zu seiner ursprünglichen Ansicht über den Herrn zurück, muss aber zugeben, dass er ihn immer noch für den relativ

---

später verständigte sich die Verhandlungskommission von CDU, CSU und SPD auf die Bildung einer Koalition unter Führung Kiesingers. Erhard trat am 30.11.1966 vom Amt des Bundeskanzlers zurück. Der Deutsche Bundestag wählte am 1.12.1966 Kiesinger mit den Stimmen von CDU, CSU und SPD zum neuen Bundeskanzler. Vgl. Morsey, Der lange Anlauf zur Großen Koalition 1961/62–1966, S. 11–26.

[1452] Vor dem Regierungswechsel führte Adenauer am 7., 12., 15., 22., 24. und 25.11.1966 Gespräche mit Kiesinger (Adenauer, Kalendarium).

[1453] Kiesinger war am 10.11.1966 von der CDU/CSU-Bundestagsfraktion mit 137 Stimmen von 244 abgegebenen Stimmen bei 81 Stimmen für Schröder und 26 Stimmen für Barzel zum Kandidaten für die Wahl des Bundeskanzlers nominiert worden. Vgl. Die CDU/CSU-Fraktion im Deutschen Bundestag, 1961–1966, S. 2204–2210, hier S. 2204–2209.

[1454] Zum Gespräch Adenauers mit Gerstenmaier am 25.11.1966 vgl. Aufzeichnung Gerstenmaier, in: ACDP, NL Gerstenmaier 01–210–038/1; abgedruckt in: Adenauer, Die letzten Lebensjahre, Bd. II, S. 310–312.

[1455] Gerstenmaier teilte Kiesinger mit Schreiben vom 25.11.1966 mit, er nehme sein Angebot an, Bundesaußenminister zu werden (ACDP, NL Gerstenmaier 01–210–038/1). Zur Darlegung der Vorgänge vgl. Gerstenmaier, Streit und Friede hat seine Zeit, S. 538–540; dazu auch Gassert, Kurt Georg Kiesinger, S. 513.

[1456] Vgl. dazu Fraktionssitzung 30.11./1.12.1966, in: Die SPD-Fraktion im Deutschen Bundestag 1961–1966, S. 1070–1091, hier S. 1073–1077.

Besten hält, namentlich auch im Vergleich zu Gerstenmaier, seinem ursprünglichen Kandidaten, der Vater abgestoßen hat durch seine Lobeshymne auf Erhard bei dessen Abtritt.[1457] Gerstenmaier sei zu arrogant und sehe die Gewichte nicht richtig. Barzel andererseits habe auch nicht das nötige Ansehen in der Fraktion, wie seine geringe Stimmenzahl von 26 für die Kanzlerkandidatur bewiesen habe.[1458] Nun sei es so weit, dass ein Mann wie Brandt deutscher Außenminister sei, der im Kriege norwegische Offiziersuniform getragen habe,[1459] und dass ein Mann wie Schröder das Verteidigungsministerium innehabe. Bei Strauß sei man auch noch nicht sicher, ob er wirklich fleißig und stetig genug geworden sei an diesem wichtigen Hebel des Finanzministeriums[1460]. Es sei also überall eine große Unsicherheit, und das einzige Gute an der ganzen Sache sei nur, dass Erhard endlich weg sei. Diese drei Jahre Erhard hätten ihm, Vater, sechs Jahre seines Lebens gekostet.

Vater hat sich für heute Abend eine gute Flasche Wein geben lassen, um darauf einen Schluck zu trinken, dass Erhard endlich weg ist. Er beklagt sich bitter, dass man so viel Rücksicht auf Erhard nehme, während man bei ihm keinerlei Mitleidsgefühle gezeigt habe, als man ihn aus dem Amt gejagt hat. Er erzählt am Schluss, die Ärztin[1461] habe

---

[1457] Kiesinger war am 1.12.1966 mit 340 Stimmen und 16 Stimmen der Berliner Abgeordneten von insgesamt 473 abgegebenen Stimmen und 22 Stimmen der Berliner Abgeordneten zum Bundeskanzler gewählt worden. Vgl. Verhandlungen des Deutschen Bundestages, 5. Wahlperiode, Stenographische Berichte, Bd. 62, S. 3540, zur Rede Gerstenmaiers S. 3542–3544, zu dessen Dank an Erhard S. 3543 f.

[1458] Adenauer teilte Barzel am 29.10.1966 schriftlich mit, seinerzeit »für Gerstenmaier« als Nachfolger Erhards eingetreten zu sein (dazu Aufzeichnung Hans Berger über das Gespräch mit Theodor Blank am 6.10.1966, in dem dieser darauf hinwies, Adenauer habe »Dr. Gerstenmaier als den geeigneten Kanzlernachfolger bezeichnet«, in: ACDP, NL Berger 01–400–015/1). Gerstenmaier habe »aber eine solche Passivität gezeigt, sich auch derartig mit Erhard verbunden gezeigt«, dass Adenauer »Bedenken bekommen habe«. »Ich würde es sehr begrüßen«, fuhr Adenauer fort, »wenn Sie Bundeskanzler würden und wenn die bisherige Koalition fortgesetzt würde«. Vgl. Adenauer, Die letzten Lebensjahre, Bd. II, S. 305; zu der Stimmenzahl für Barzel vgl. Anm. 1453; zu dem Schreiben Adenauers auch Barzel, Ein gewagtes Leben, S. 214 f.

[1459] Brandt war 1933 nach Norwegen ins Exil gegangen und leitete dort die SAP-Gruppe Oslo. Vgl. Merseburger, Willy Brandt 1913–1992, S. 54–125; zu der vor allem im Wahlkampf 1961 heftig umstrittenen Frage, ob Brandt in norwegischer Uniform an Kämpfen gegen die deutsche Besatzungsmacht teilgenommen habe, ebd., S. 126–145, zur Rückkehr nach Deutschland 1947 S. 254 f.

[1460] Strauß übernahm am 2.12.1966 das Amt des Bundesministers der Finanzen in der Regierung Kiesinger.

[1461] Dr. Ella Bebber-Buch.

ihm heute mitgeteilt, sein Herz sei müde. Er brauche etwas Schonung.
Nun sieht er, dass gleichzeitig, als eine neue Bundesregierung in dieser
ungewissen Struktur die Bühne betritt und während sich im volkreichs-
ten Land Nordrhein-Westfalen eine FDP/SPD-Koalition bildet,[1462]
gleichzeitig de Gaulle den Russen Kossygin[1463] mit größten Ehren
empfängt,[1464] der auch prompt eine scharfe antideutsche Rede in Paris vom Stapel lässt. Vater versteht allerdings auch nicht, was de Gaulle damit meint, wenn er vom größeren Europa spricht unter Einschluss
der Ostblockstaaten und des europäischen Russland.[1465] Die Sicher-

---

[1462] Aufgrund der Landtagswahl in Nordrhein-Westfalen am 10.7.1966 erhielten
CDU 42,76 v. H. (86 Sitze), SPD 49,48 v. H. (99 Sitze) und FDP 7,42 v. H. (15
Sitze) der abgegebenen gültigen Stimmen. Bei der Wahl des Ministerpräsidenten
am 25.7.1966 erhielt im ersten Wahlgang von den abgegebenen 200 Stimmen
Franz Meyers (CDU) 100 Stimmen und Heinz Kühn (SPD) 99 Stimmen bei einer
Stimme Enthaltung und damit kein Kandidat die erforderliche absolute Mehr-
heit. Der zweite Wahlgang, in dem es nur der relativen Mehrheit bedurfte,
führte zum gleichen Stimmenergebnis. Damit war Meyers zwar wieder zum
Ministerpräsidenten der CDU/FDP-Regierung gewählt worden (vgl. Landtag
Nordrhein-Westfalen, Sechste Wahlperiode, Plenarprotokoll 06/1, Bd. 1,
S. 5–7), er besaß aber keine solide Mehrheit. Die CDU suchte am 4.11.1966,
ohne Verständigung mit dem Koalitionspartner, die SPD für eine stabile Regierungsmehrheit zu gewinnen. Oppositionsführer Kühn brachte ein angekündig-
tes Misstrauensvotum gegen Ministerpräsident Meyers und die CDU/FDP-Re-
gierung wegen Widerständen in der SPD-Fraktion nicht ein und führte
daraufhin Koalitionsgespräche mit der FDP. Durch das am 8.12.1966 von der
SPD initiierte konstruktive Misstrauensvotum wurde Meyers von Kühn als
Ministerpräsident abgelöst. Vgl. AdG, 36. Jg. [1966], S. 12621, 12852); Kuhn,
Aufbau und Bewährung, S. 190–203; Marx, Franz Meyers, S. 404–432; Schönhoven, Wendejahre, S. 152.

[1463] Alexei Nikolajewitsch Kossygin (1904–1980), sowjetischer Politiker, 1948–
1952 und 1960–1980 Mitglied des Politbüros des Zentralkomitees der KPdSU,
1960–1964 Erster Stellvertreter des Ministerratsvorsitzenden, 1964–1980 Ministerpräsident.

[1464] Kossygin hielt sich vom 1. bis 9.12.1966 zu einem offiziellen Besuch in Frankreich auf. Vgl. AdG, 36. Jg. (1966), S. 12856–12859.

[1465] De Gaulle signalisierte in seiner Ansprache während des Empfangs von Kossygin im Élysée-Palast am 1.12.1966 seine Bereitschaft zur Entspannung und wies
darauf hin, dass Frankreich eine »eine Ausweitung« der Beziehungen mit der Sowjetunion und »den übrigen östlichen Völkern« anstrebe, »die ebenfalls zu unseren alten und natürlichen Freunden zählen«. Russland und Frankreich hätten
»heute, wie zu anderen Zeiten, ihre besonderen Gründe«, »einander nahezuste-
hen«, so »daß unser Europa trotz seiner Spaltungen eine Einheit bildet«. Erforderlich sei »eine Verständigung«, und zwar um »Themen von gemeinsamem
Interesse zu prüfen, vor allem das Schicksal Deutschlands und die Frage der
Sicherheit, die natürlich miteinander zusammenhängen«. Vgl. ebd., S. 12856;
De Gaulle, Discours et Messages. Vers le terme, 1966–1969, S. 125–127, hier
S. 126.

heitsvorstellungen de Gaulles sind ihm auch unklar. Ganz klar ist aber, dass an eine irgendwie geartete Beteiligung Deutschlands an der französischen Atomwaffe nicht mehr gedacht werden kann. Früher war davon einmal die Rede[1466] als eine Art Ausgleich für die Verlagerung des Gewichtes auf Europa selbst unter Führung Frankreichs.

Heute ist Vater wieder eher geneigt, de Gaulle Recht zu geben und die Schuld nach wie vor auf deutscher Seite zu suchen, und zwar allein dort, ohne aber genau sagen zu können, wie mit der Stützung auf Frankreich unsere Sicherheit gewährleistet werden kann.

Köstlich ist, wie er in der Angelegenheit Wohnungssuche für Frau Poppinga, die Mutter von Fräulein Poppinga, sich verhält, wie er Widerstand leistet. Er ist überhaupt dagegen, dass Fräulein Poppinga selber zusammen mit ihrer Mutter eine neue Wohnung sucht, dann [führt er] aber mehr sachliche Gründe ins Feld gegen die von Fräulein Poppinga gemietete Neubauwohnung bei Godesberg, sachliche Gründe, die auch akzeptiert werden müssen und schließlich zur Aufgabe dieses Projektes führen, was Fräulein Poppinga schwer Nerven kostet. Vater gibt ihr dann wieder – und zwar durch Vermittlung von Ria löst sich die ganze Sache – Mut und erkennt ihre Freiheit an, ärgert sich aber andererseits, wenn sie zu sehr davon Gebrauch macht. Er hat aber Spaß daran, wie sie Glühwein ordentlich trinkt und dadurch wieder über den toten Punkt hinwegkommt und Mut und etwas Lebensfreude bekommt, ebenso Frau Schlief. Als Ria geht, sagt er ehrlich, er habe noch zu viel Zorn im Bauch über diesen Erhard, der dieses schreckliche Unheil die ganze Zeit hindurch über uns gebracht habe, den man dabei noch so harmlos behandelt.

Vater will seinen Geburtstag diesmal nur in der Familie feiern, obwohl Fräulein Poppinga starke Gegenargumente auffährt, dass er noch Ehrenvorsitzender der CDU sei und so fort. Aber er sagt: »Nein, ich bin doch schon mehr aus dieser Welt heraus, und ich will den Auftrieb nicht.«

Gestern hat er Carlo Schmid zum 70. Geburtstag gratuliert.[1467] Als er gerade gehen wollte, hat Carlo eine Rede an seine Gäste gehalten, dabei auch sein Leben erzählt. Dehler, der neben Vater stand, sagte zu

---

[1466] Vgl. Anm. 1131.
[1467] Dazu Schreiben Adenauer an Schmid, 3.12.1966, in dem er seine Wertschätzung zum Ausdruck brachte: »Vor Ihrem Urteil und vor Ihrer demokratischen Gesinnung habe ich, auch wenn wir unterschiedliche politische Auffassungen vertreten haben, immer große Hochachtung gehabt.« Vgl. Adenauer, Die letzten Lebensjahre, Bd. II, S. 316; zum Dankschreiben Schmid an Adenauer, 19.12.1966, ebd., S. 556.

Vater:»So gut hätten Sie das nicht gekonnt.«Vater hat ihm geantwortet:»Ich bin auch nicht so gut, oder ich bin auch nicht ein so guter Mensch wie Carlo Schmid!«
Vater glaubt nicht, dass es zu einem Mehrheitswahlrecht kommen wird,[1468] und wünscht, dass die FDP überlebt, damit nicht alle diejenigen, die weder SPD noch CDU wählen wollen, zur NPD oder in andere radikale Gruppierungen abwandern. Für die CDU sieht er schwarz. Man würde im Bund wie in den Ländern seitens des Volkes die CDU als geschorenes Schaf betrachten.
Der französische Botschafter Seydoux habe sich mit ihm beim Empfang bei Schmid unterhalten und ihm zugeflüstert:»Wir müssen aufpassen. Sie und ich, wir sind beide verdächtig.«Soweit sei es inzwischen gekommen.
Vater gibt jetzt auch immer häufiger weise Ratschläge für das Leben, so zum Beispiel, man solle nicht zu viel reden, man solle andere reden lassen. Man solle erst gut überlegen, dann aber entschieden handeln. Man solle die Dinge nur tief genug betrachten, dann würden sie einfach, und Ähnliches mehr. Er erweist sich von einer wunderbaren Stabilität und Weisheit. Ich fühle immer wieder, wie sehr viel mehr ich der Sohn meiner Mutter als der meines Vaters bin.
Wie mag er zu seinem Tod stehen? Das Thema wird gelegentlich gestreift. Aber ich habe das Gefühl, als ob es eine seltsame Art von Glauben ist, den er mühsam hochhält.[1469] Er lacht mich so etwas

[1468] Adenauer hatte schon in einem Schreiben an Erich Ollenhauer am 5.12.1962 angekündigt (vgl. Adenauer, Briefe 1961–1963, S. 199), die»vorbereitenden Abreden gehen von meiner Kanzlerschaft aus mit dem Ziele, mit Hilfe eines Mehrheitswahlrechts stabile Verhältnisse in unserer Demokratie zu schaffen«. Im Interview mit dem»Hamburger Abendblatt«am 3.1.1967 (vgl. Adenauer, Die letzten Lebensjahre, Bd. II, S. 337 f., hier S. 337), äußerte Adenauer:»Das Entstehen von Splitterparteien sollte nach meiner Meinung durch Verschärfung der Maßnahmen, die zu diesem Zwecke schon im Grundgesetz enthalten sind, verhindert werden, ähnlich wie das die bayerische Verfassung tut. Ein Wahlrecht nach britischem Muster halte ich für nicht gut, ein Zwei-Parteien-System erscheint mir nicht ohne weiteres erstrebenswert.«Am nächsten Tag ergänzte er in dem Interview mit der»Rheinischen Post«(ebd., S. 338–340, hier S. 339):»Ich halte das nicht für nötig und würde überhaupt in der Wahlrechtsfrage sehr vorsichtig sein.«
[1469] In einem Fernsehinterview 1987 (vgl. Hagen/Moring, Adenauer, S. 159 f.) antwortete Paul Adenauer auf die Frage nach den Vorstellungen seines Vaters»von einem Leben nach dem Tode«:»Er hoffte darauf, daß der Gott, an den er glaubte, ein gerechter und gütiger Gott sei, dem er begegnen würde, und daß er da auch seine Eltern und Menschen, die ihm sonst verbunden waren, seine beiden Frauen, wiedersehen würde. Und daß sich die erheblichen Rätsel, denen er sich gegenübersah, mit der Verführbarkeit des Menschen, der Macht des

komisch aus, wenn ich zu verstehen gebe, dass ich glaube, gleich nach
dem Tode beginne das ewige Leben, als stehe man sozusagen schon
gleich auf, wenn auch nicht mit dem Leibe. Es ist sehr schwer, hier
etwas vom Glauben der Bibel zu landen. Er weiß letztlich doch wohl
mehr, als man denkt.[1470] Er betet sicher still in den frühen Morgenstunden, wenn er nicht schlafen kann, ab ½ 4 Uhr oder noch früher,
und er ist im Grunde sehr empfindlich, überempfindlich, und einsam.

---

Bösen auf der Welt und alles das, was er erfahren hat am eigenen Leib und in
seinem Leben, daß sich das irgendwie dann lichten würde.«

[1470] In dem Informationsgespräch am 22.7.1963 fragte der Journalist der »New
York Times«, Cyrus L. Sulzberger (vgl. Adenauer, Teegespräche 1961–1963,
S. 401–410, hier S. 406 f.), »ganz indiskret«, was nach Adenauers Meinung der
Tod sei, und erhielt zur Antwort: »Wenn ich Ihnen das sagen könnte! Das kann
kein Mensch sagen. Aber ich möchte Ihnen etwas anderes sagen. Es ist vielleicht
ein Geschenk Gottes, daß ich sehr wenig, wenn überhaupt, Furcht kenne. Daher
stehe ich dem Gedanken an den Tod auch ziemlich gleichgültig gegenüber. Ich
kann mir nicht vorstellen, daß nun das, was wir den Geist und die Seele eines
Menschen nennen, daß das Leben mit dem Tode einfach ein Nichts wird. Irgendwie wird es auch existent bleiben, wie, das wissen wir Menschen nicht, aber
ich denke, daß es sein wird. Sehen Sie mal, das Werden des Lebens ist ein ebenso großes Geheimnis wie der Tod. Wir können weder das eine erklären noch
das andere.«

13. Oktober 1961: Im Arbeitszimmer des Bundeskanzlers Franz Josef Strauß, Günter Klein, Willy Brandt, Konrad Adenauer, Karl Carstens, Heinrich von Brentano, Wilhelm Grewe, Hans Globke (v. l. n. r., oben)
22. November 1961: Gespräch mit John F. Kennedy im Oval Office in Washington (unten)

8. Juli 1962: Konrad Adenauer und Charles de Gaulle während der Militär-
parade auf dem Truppenübungsplatz Mourmelon-le-Grand bei Reims

Paul Adenauer feiert die Heilige Messe in Gegenwart des Vaters (ganz links, oben)
Beim Bocciaspiel in Rhöndorf – Konrad und Paul Adenauer (unten)

4. September 1962: Konrad Adenauer im Gespräch mit Charles de Gaulle auf Schloss Augustusburg in Brühl, Dolmetscher Meyer (rechts, oben)

5. September 1962: Privater Besuch von Charles de Gaulle bei Konrad Adenauer in Rhöndorf, empfangen von Paul Adenauer (unten)

19. Dezember 1962: Sitzung des Bundeskabinetts – Paul Lücke, Ludwig Erhard, Konrad Adenauer, Gerhard Schröder, Hermann Höcherl, Ewald Bucher, Walter Scheel (v. l. n. r., oben)

17. Oktober 1963: Amtsübergabe im Bundeskanzleramt in Bonn – Ludger Westrick, Ludwig Erhard, Konrad Adenauer, Hans Globke (v. l. n. r., unten)

August 1964: Mit Anneliese Poppinga bei der Arbeit an den »Erinnerungen«
in der Villa »La Collina« in Cadenabbia (oben)
Abendliche Runde vor dem Kamin in der Villa (unten)

Konrad und Georg Adenauer in der Diele des Wohnhauses in Rhöndorf (oben)
Im Wohnzimmer (unten)

Anneliese Poppinga, Georg, Paul und Konrad Adenauer (v. l. n. r., oben)
Begegnung mit Eugène Kardinal Tisserant, Konrad Adenauer, Josef Kardinal
Frings, Heinrich von Brentano und der Begleiter von Kardinal Tisserant, Tera-
zoli, im Garten des Palais Schaumburg (v. l. n. r., unten)

9. November 1964: Rede Konrad Adenauers anlässlich seiner Aufnahme in die Académie des sciences morales et politiques, vor ihm auf dem Stuhl sitzend Charles de Gaulle (oben)
10. November 1964: Führung durch den Louvre von Georges André Malraux (rechts, unten)

Auf dem CDU-Bundesparteitag vom 28. bis 31. März 1965 in Düsseldorf

5. Januar 1966: Gratulation der Enkelkinder während der Familienfeier am 90. Geburtstag von Konrad Adenauer im Hotel Königshof in Bonn – sitzend in der Mitte Lola Adenauer, stehend mit Zettel der Enkel Konrad Adenauer (oben) Walter Reiners, Konrad Adenauer, Paul Adenauer, Franz Meyers und Walter Drummen (v. l. n. r., unten)

Im Pavillon in Rhöndorf

21. bis 23. März 1966: Keine erneute Kandidatur für das Amt des Bundesvorsitzenden auf dem CDU-Bundesparteitag in Bonn – Rainer Barzel, Ludwig Erhard und Konrad Adenauer (v. l. n. r., oben)
Kai-Uwe von Hassel, Rainer Barzel. Ludwig Erhard, Konrad Adenauer, Gerhard Schröder (dahinter) und Josef Hermann Dufhues (v. l. n. r., oben)

30. Juni 1966: Besuch in Trier – traditioneller Marsch zum Patronatstag »Sankt Peter« der dort stationierten Einheiten der Bundeswehr und der französischen Militäreinheiten, im Hintergrund Paul Adenauer

1. Dezember 1966: Nach der Wahl des neuen Bundeskanzlers Kurt Georg
Kiesinger mit Ludwig Erhard (Mitte und rechts, oben)
In seinem Büro im Bundesratsflügel in Bonn (unten)

22. April 1967: Überführung des Sarges von Konrad Adenauer von seinem Wohnhaus in Rhöndorf nach Bonn und Köln, hinter dem Sarg die Söhne Konrad und Paul Adenauer (oben)
25. April 1967: Beisetzung Konrad Adenauers in dem Familiengrab auf dem Waldfriedhof in Rhöndorf, zelebriert von Paul Adenauer (unten)

# Abkürzungsverzeichnis

| | |
|---|---|
| AA | Auswärtiges Amt |
| A.A.F. | Allied Atlantic Force |
| AAPD | Akten zur Auswärtigen Politik der Bundesrepublik Deutschland |
| ABC-Waffen | Atomare, biologische und chemische Waffen |
| ACDP | Archiv für Christlich-Demokratische Politik |
| a. D. | außer Dienst |
| ADB | Archiv der Deutschen Bischofskonferenz |
| AdG | Archiv der Gegenwart |
| AdL | Archiv des Liberalismus |
| AEK | Historisches Archiv des Erzbistums Köln |
| AG | Aktiengesellschaft |
| ANR | Atlantischer Nuklear-Rat |
| ASZ | Die Allgemeine Sonntagszeitung |
| AZD | Aktueller Zitat- und Informationsdienst zu Fragen von Liebe – Ehe – Familie |
| Bd. | Band |
| BfV | Bundesamt für Verfassungsschutz |
| BGA | Bundesverband des Deutschen Groß- und Außenhandels e. V. |
| BGBl | Bundesgesetzblatt |
| BHE | Bund der Heimatvertriebenen und Entrechteten |
| Bl. | Blatt |
| BM | Bundesminister |
| BND | Bundesnachrichtendienst |
| BPA | Bundespresseamt (Presse- und Informationsamt der Bundesregierung) |
| BRD | Bundesrepublik Deutschland |
| Bulletin | Bulletin des Presse- und Informationsamtes der Bundesregierung |
| CBS | Columbia Boardcasting System |
| CD | Compact Disk |
| CDA | Christlich-Demokratische Arbeitnehmerschaft |
| CDU | Christlich Demokratische Union Deutschlands |
| CGD | Christliche Gewerkschaftsbewegung Deutschlands |
| CSU | Christlich-Soziale Union |
| DBK | Deutsche Bischofskonferenz |
| D. C. | District of Columbia |
| DC | Democrazia Cristiana |
| DDF | Documents Diplomatiques Française |
| DDR | Deutsche Demokratische Republik |
| DGB | Deutscher Gewerkschaftsbund |
| DM | Deutsche Mark |

| | |
|---|---|
| DP | Deutsche Partei |
| dpa | Deutsche Presse-Agentur |
| DVA | Deutsche Verlags-Anstalt |
| DVP | Deutsche Volkspartei |
| DzD | Dokumente zur Deutschlandpolitik |
| EFTA | European Free Trade Aera |
| EGKS | Europäische Gemeinschaft für Kohle und Stahl |
| EURATOM | Europäische Atomgemeinschaft |
| EWG | Europäische Wirtschaftsgemeinschaft |
| FAZ | Frankfurter Allgemeine, Zeitung für Deutschland |
| FDP | Freie Demokratische Partei |
| FILDIR | Fédération Internationale libre des Déportes et Internés de la Résistance |
| FLN | Front de Libération Nationale |
| FNSEA | Fédération nationale des syndicats d'exploitants agricoles |
| FRUS | Foreign Relations of the United States |
| GATT | General Agreement on Tarifs and Trade |
| GDBA | Gewerkschaft Deutscher Bundesbahnbeamter und Anwärter im Deutschen Beamtenbund |
| GdED | Gewerkschaft der Eisenbahner Deutschlands |
| HPM | Historisch-Politische Mitteilungen |
| IBFG | Internationaler Bund Freier Gewerkschaften |
| i.R. | im Ruhestand |
| JCSW | Jahrbuch für Christliche Sozialwissenschaften |
| JFK | John Fitzgerald Kennedy |
| KAB | Katholische Arbeitnehmer-Bewegung |
| KPdSU | Kommunistische Partei der Sowjetunion |
| KPF | Kommunistische Partei Frankreichs |
| KSI | Katholisch-Soziales Institut |
| KZI | Katholisches Zentralinstitut für Ehe-, Familien- und Lebensfragen e. V. |
| LBJ | Lyndon Baines Johnson |
| LR | Legationsrat |
| MAD | Militärischer Abschirmdienst |
| MD | Ministerialdirektor |
| MdB | Mitglied des (Deutschen) Bundestages |
| MdEP | Mitglied des Europäischen Parlaments |
| MLF | Multilateral Force |
| MPR | Movement Republicain Populaire |
| M.S.C. | Missionarii Sacratissimi Cordis; Missionaires du Sacré-Cœur (de Jésus); Ordensgemeinschaft der Herz-Jesu-Missionare |
| MWD | Ministerstwo Wnutrennich Del (Ministerium für innere Angelegenheiten) |
| NATO | North Atlantic Treaty Organization |
| NDR | Norddeutscher Rundfunk |

| | |
|---|---|
| NL | Nachlass |
| NPD | Nationaldemokratische Partei Deutschlands |
| NSDAP | Nationalsozialistische Deutsche Arbeiterpartei |
| NWDR | Nordwestdeutscher Rundfunk |
| NZZ | Neue Zürcher Zeitung |
| o. D. | ohne Datum |
| OECD | Organization for Economic Cooperation and Development |
| o. J. | ohne Jahr |
| o. O. | ohne Ort |
| OP | Ordo Fratrum Praedicatorum |
| PA | Pressearchiv |
| Pf. | Pfennig |
| PKA | Privatbesitz Notar Konrad Adenauer |
| PPPUS | Public Papers of the President of the United States |
| PSK | Politisch-Soziale Korrespondenz |
| PVAP | Polnische Vereinigte Arbeiterpartei |
| RGBl. | Reichgesetzblatt |
| RiSt | Richter und Staatsanwälte |
| S.A.C. | Strategic Air Command |
| SACEUR | Supreme Allied Commander Europe |
| SAP | Sozialistische Arbeiterpartei Deutschlands |
| SED | Sozialistische Einheitspartei Deutschlands |
| SFIO | Section française de l'Internationale ouvrière |
| SJ | Societas Jesu (Gesellschaft Jesu, Jesuiten) |
| SPD | Sozialdemokratische Partei Deutschlands |
| SS | Schutzstaffel |
| StBKAH | Stiftung Bundeskanzler-Adenauer-Haus |
| StS | Staatssekretär |
| SVP | Saarländische Volkspartei |
| SWF | Südwestfunk |
| TASS | Telegrafnoje Agentstwo Sowjetskowo Sojusa (sowjetische Nachrichtenagentur) |
| UDR | Union des Démocrates pour la V$^e$ République |
| UdSSR | Union der Sozialistischen Sowjetrepubliken |
| UNO | United Nations Organization |
| UNR | Union pour la Nouvelle République |
| UPI | United Press International |
| USA | United States of America |
| VfZ | Vierteljahrshefte für Zeitgeschichte |
| Vol. | Volume |
| WDR | Westdeutscher Rundfunk |
| WEU | Westeuropäische Union |
| ZdK | Zentralkomitee der deutschen Katholiken |

# Quellen- und Literaturverzeichnis

*Ungedruckte Quellen*

Archiv für Christlich-Demokratische Politik der Konrad-Adenauer-Stiftung,
Sankt Augustin
Bestand CDU-Bundespartei 07–001
Bestand CDU-Bundesgeschäftsstelle 07–004
Bestand CDU/CSU-Fraktion im Deutschen Bundestag 08–001
Bestand Evangelischer Arbeitskreis 04–001
Bestand Aloys Theile/Roswitha Theile-Schlüter 01–1024
Nachlass Paul Adenauer 01–1000
Nachlass Franz Amrehn 01–295
Nachlass Heinrich Barth 01–681
Nachlass Hans Berger 01–400
Nachlass Otto A. Friedrich 01–093
Nachlass Eugen Gerstenmaier 01–210
Nachlass Hans Globke 01–070
Nachlass Bruno Heck 01–022
Nachlass Karl Kanka 01–061
Nachlass Emil Kemmer 01–111
Nachlass Heinrich Krone 01–028
Nachlass Ernst Kuntscher 01–202
Nachlass Familie Luster-Haggeney 01–1025
Nachlass Paul Lücke 01–077
Nachlass Willy Massoth 01–165
Nachlass Horst Osterheld 01–724
Nachlass Josef Rommerskirchen 01–234
Nachlass Gerhard Schröder 01–483
Pressearchiv

Archiv des Liberalismus, Gummersbach
Nachlass Wolfgang Mischnick A47

Historisches Archiv des Erzbistums Köln, Köln
Archiv der Deutschen Bischofskonferenz
Bestand Collegium Leoninum Bonn
Bestand Katholisches Zentralinstitut für Ehe-, Familien- und Lebensfragen
e. V.
Bestand Personalverwaltung, Priesterkartei
Bestand Priesterseminar II
Nachlass Kardinal Joseph Höffner

Ludwig-Erhard-Stiftung, Bonn
Nachlass Ludwig Erhard NE I.

Stiftung Bundeskanzler-Adenauer-Haus, Bad Honnef-Rhöndorf
Nachlass Konrad Adenauer
I   Schriftlicher Nachlass bis Oktober 1963
    00. Unterlagen vor 1917
    01. Akten aus der Oberbürgermeisterzeit 1917–1933
    02. Reden, Informationsgespräche, Interviews 1917–1967
    16. Serie Bundespresseamt 1906–1967
II  Schriftlicher Nachlass 1963–1967
III Gesprächsprotokolle, Korrespondenz, Sachakten 1949–1963
IV  Urkunden, Orden, Dokumente, Ausweise
VI  Persönliche Familien- und Vermögensangelegenheiten
    a Familienunterlagen
    c Nachlass Paul Adenauer

Mündliche und schriftliche Auskünfte
Dr. Georg Adenauer, Schleiden
Notar Konrad Adenauer, Köln
Ulrike Safed Dreekmann, Herkenrath
Monsignore Günther von den Driesch, Sankt Augustin
Klaus Felder, Kürten
Franz-Josef Haag, Bad Honnef
Schwester Irene Luster-Haggeney, Lippstadt-Bad Waldliesborn
Andreas Hermes, Bonn
Dr. Doris Meissner, Neunkirchen
Elisabeth Meissner, Ottweiler
Dr. Hans-Peter Mensing, Bad Honnef
Professor Rudolf Rüberg, Korschenbroich
Hannelore Siegel, Köln
Dr. Dorothea Struck, Köln
Dr. Aloys Theile, Ahrensburg
Professor Dr. Norbert Trippen, Köln
Kai Wambach, Bonn
Christina de Witt, Aloisius-Kolleg, Bonn-Bad Godesberg

## Veröffentlichte Quellen und Literatur

Adenauer, Konrad: Erinnerungen 1945–1953, Stuttgart 1965; Erinnerungen 1953–1955, Stuttgart 1966; Erinnerungen 1955–1959, Stuttgart 1967; Erinnerungen 1959–1963. Fragmente, Stuttgart 1968.
Adenauer, Konrad: Mémoires 1945–1953, o. J. und o. O. [Paris 1965].
Adenauer, Briefe 1945–1947, Berlin 1983; Briefe 1947–1949, Berlin 1984; Briefe 1949–1951, Berlin 1985; Briefe 1951–1953, Berlin 1987; Briefe 1953–1955, Berlin 1995; Briefe 1955–1957, Berlin 1998; Briefe 1957–1959, Paderborn–München–Wien–Zürich 2000; Briefe 1959–1961, Paderborn 2004; Briefe 1961–1963, Paderborn 2006 (Adenauer Rhöndorfer Ausgabe,

hrsg. von Rudolf Morsey/Hans-Peter Schwarz, bearb. von Hans Peter Mensing).

Adenauer, Kalendarium, http://www.konrad-adenauer.de/kalendarium/
Adenauer, Die letzten Lebensjahre 1963–1967. Briefe und Aufzeichnungen, Gespräche, Interviews und Reden. Bd. I: Oktober 1963 – September 1965; Bd. II: September 1965 – April 1967, Paderborn–München–Wien–Zürich 2009 (Adenauer Rhöndorfer Ausgabe, hrsg. von Rudolf Morsey/Hans-Peter Schwarz, bearb. von Hans Peter Mensing).

Adenauer, Teegespräche 1950–1954, Berlin 1984; Teegespräche 1955–1958, Berlin 1986; Teegespräche 1959–1961, bearb. von Hanns Jürgen Küsters, Berlin 1988; Teegespräche 1961–1963, bearb. von Hans Peter Mensing, Berlin 1992 (Adenauer Rhöndorfer Ausgabe, hrsg. von Rudolf Morsey/ Hans-Peter Schwarz).

Adenauer im Dritten Reich, bearb. von Hans Peter Mensing, Berlin 1991 (Adenauer Rhöndorfer Ausgabe, hrsg. von Rudolf Morsey/Hans-Peter Schwarz).

Adenauer und die FDP, bearb. von Holger Löttel, Paderborn–München–Wien– Zürich 2013 (Adenauer Rhöndorfer Ausgabe, hrsg. von Rudolf Morsey/ Hans-Peter Schwarz).

Adenauer Heuss: Unter vier Augen. Gespräche aus den Gründerjahren 1949– 1959; Unserem Vaterlande zugute. Der Briefwechsel 1948–1963, bearb. von Hans Peter Mensing, Berlin 1997 (Adenauer Rhöndorfer Ausgabe, hrsg. von Rudolf Morsey/Hans-Peter Schwarz).

Adenauer: »Stetigkeit in der Politik«. Die Protokolle des CDU-Bundesvorstands 1961–1965, bearb. von Günter Buchstab (Forschungen und Quellen zur Zeitgeschichte, Bd. 32), Düsseldorf 1998.

Konrad Adenauer: »Die Demokratie ist für uns eine Weltanschauung«. Reden und Gespräche 1946–1967, hrsg. von Felix Becker, Köln–Weimar–Wien 1998.

Konrad Adenauer. Dokumente aus vier Epochen deutscher Geschichte, 3. Aufl., Bad Honnef 1981.

Konrad Adenauer. Dokumente aus vier Epochen deutscher Geschichte. Führer durch Ausstellung und Wohnhaus in Rhöndorf, hrsg. von der Stiftung Bundeskanzler-Adenauer-Haus, 4. Aufl., Bad Honnef 1983.

Konrad Adenauer. Dokumente aus vier Epochen deutscher Geschichte. Das Buch zur Ausstellung, hrsg. von der Stiftung Bundeskanzler-Adenauer-Haus, Bad Honnef–Meckenheim 1997.

Konrad Adenauer. Porträt eines Staatsmannes und seiner Epoche, Berlin– Darmstadt–Wien–Gütersloh 1966.

Konrad Adenauer: Nachdenken über die Werte. Weihnachtsansprachen, Buxheim/Allgäu o. J.

Konrad Adenauer und seine Zeit. Politik und Persönlichkeit des ersten Bundeskanzlers. Beiträge von Weg- und Zeitgenossen, hrsg. von Dieter Blumenwitz/Klaus Gotto/Hans Maier/Konrad Repgen/Hans-Peter Schwarz, Stuttgart 1976.

Adenauer, Paul: Neue Aspekte katholischer Soziallehre nach »Mater et Magistra«, in: Der katholische Gedanke, 18 (1962), S. 75–83.

Adenauer, Paul: Zur sozialethischen Bewertung eines gesetzlichen Investivlohnes, in: Freiheit und Verantwortung in der modernen Gesellschaft. Festschrift zum 70. Geburtstag des Professors der Sozialphilosophie an der Päpstlichen Gregorianischen Universität zu Rom, P. Dr. Gustav Gundelach S. J., 3. April 1962 (Jahrbuch des Instituts für Christliche Sozialwissenschaften der Westfälischen Wilhelms-Universität Münster, hrsg. von Joseph Höffner, 3. Band), Münster 1962, S. 311–330.

Adenauer, Paul: Briefe Konrad Adenauers an einen Sohn im Reichsarbeitsdienst 1941/42, in: Konrad Adenauer und seine Zeit, S. 156–166.

Adenauer, Paul (Hrsg.): Ehe und Familie. Ein pastorales Werkbuch, Mainz 1972.

Adenauer, Paul: Ehe- und Familienseelsorge im Lichte des Konzils, in: Jahrbuch für Christliche Sozialwissenschaften, 07/08 (1966/67), S. 175–183.

Adenauer, Paul: Einführung, in: Freundschaft in schwerer Zeit, S. 11–14.

Adenauer, Paul: Mittelständische Investitionsfinanzierung in der sozialen Marktwirtschaft. Probleme in der Bundesrepublik Deutschland dargestellt unter Berücksichtigung amerikanischer Erfahrungen (Schriften des Instituts für Christliche Sozialwissenschaft der Westfälischen Wilhelms-Universität Münster, hrsg. von Joseph Höffner, Bd. 11), Münster 1961.

Adenauer, Paul:»Mater et Magistra«, in: Sparkasse. Zeitschrift des Deutschen Sparkassen- und Giroverbandes e. V., Bonn, Heft 5, 1. März 1962.

Adenauer, Paul: Mater et Magistra und die sozialethische Programmatik katholischer und evangelischer Christen in der Bundesrepublik Deutschland, in: Ako Heft, Dezember 1962, S. 117–124.

Adenauer, Paul: Die Mischehe, in: Karl Rahner/Mario von Galli/Otto Baumhauer (Hrsg.): Reformation aus Rom. Die katholische Kirche nach dem Konzil, Tübingen 1967, S. 170–184.

Adenauer, Paul: Der Theologe im Team der Eheberatung, in: Lebendige Katechese 3 (1981), S. 169–173.

Adenauer, Paul/Böckle, Franz/Gerhartz, Johannes G. u. a.: Ehe und Familie. (Pastorale 2, Handreichung für den pastoralen Dienst, hrsg. von der Konferenz der deutschsprachigen Pastoraltheologen), Mainz 1973.

Adenauer, Paul/Böckle, Franz/Greimacher, Norbert u. a.: Christliche Einheit in der Ehe, Mainz–München 1969.

Adschubej, Alexej: Gestürzte Hoffnung. Meine Erinnerungen an Chruschtschow, Berlin 1990.

Adlbert, Georg: Der Kanzlerbungalow. Erhaltung, Instandsetzung, Neunutzung, Ludwigsburg–Stuttgart–Zürich 2009.

Ahrberg, Edda/Hertle, Hans-Hermann/Hollitzer, Tobias/Stiftung zur Aufarbeitung der SED-Diktatur (Hrsg.): Die Toten des Volksaufstandes vom 17. Juni 1953, Münster 2004.

Akten zur Auswärtigen Politik der Bundesrepublik Deutschland
Adenauer und die Hohen Kommissare 1949–1951, hrsg. von Hans-Peter Schwarz in Verbindung mit Reiner Pommerin, bearb. von Frank-Lothar Kroll/Manfred Nebelin, München 1989.

Adenauer und die Hohen Kommissare 1952, hrsg. von Hans-Peter Schwarz in Verbindung mit Reiner Pommerin, bearb. von Frank-Lothar Kroll/Manfred Nebelin, München 1990.

1962, Bd. I–III, Haupthrsg. Horst Möller/Mithrsg. Klaus Hildebrand/Gregor Schöllgen, Wissenschaftliche Leiterin Ilse Dorothee Pautsch, bearb. von Mechthild Lindemann/Michael Mayer, München 2010.

1963, Bd. I–III, Haupthrsg. Hans-Peter Schwarz/Mithrsg. Helga Haftendorn/ Klaus Hildebrand/Werner Link/Rudolf Morsey, Wissenschaftlicher Leiter Rainer A. Blasius, bearb. von Mechthild Lindemann/Ilse Dorothee Pautsch, München 1994.

1964 Bd. I–II, Haupthrsg. Hans-Peter Schwarz/Mithrsg. Helga Haftendorn/ Klaus Hildebrand/Werner Link/Rudolf Morsey, Wissenschaftlicher Leiter Rainer A. Blasius, bearb. von Wolfgang Hölscher/Daniel Kosthorst, München 1995.

1965 Bd. I–III, Haupthrsg. Hans-Peter Schwarz/Mithrsg. Helga Haftendorn/ Klaus Hildebrand/Werner Link/Horst Möller/Rudolf Morsey, Wissenschaftlicher Leiter Rainer A. Blasius, bearb. von Mechthild Lindemann/Ilse Dorothee Pautsch, München 1996.

1966 Bd. I–II, Haupthrsg. Hans-Peter Schwarz/Mithrsg. Helga Haftendorn/ Klaus Hildebrand/Werner Link/Horst Möller/Rudolf Morsey, Wissenschaftlicher Leiter Rainer A. Blasius, bearb. von Matthias Peter/Harald Rosenbach, München 1997.

Alberigo, Giuseppe: Vatikanische Konzilien B. Vaticanum II. I. Ankündigung und Vorbereitung, in: Walter Kasper (Hrsg.): Lexikon für Theologie und Kirche, 3. Aufl., Bd. 10, Freiburg/Breisgau 2001, Sp. 561–566.

Alexander, Edgar: Adenauer und das neue Deutschland. Einführung in das Wesen und Wirken des Staatsmannes, Recklinghausen 1956.

Altrichter, Helmut (Hrsg.): Adenauers Moskaubesuch 1955. Eine Reise im internationalen Kontext (Rhöndorfer Gespräche Bd. 22), Bonn 2007.

Amtsblatt des Erzbistums Köln/Kirchlicher Anzeiger für die Erzdiözese Köln, hrsg. vom Erzbischöflichen Generalvikariat, Köln, 79. Jg. (1939)–138. Jg. (1998).

L'Année politique, économique, sociale et diplomatique en France 1964, Paris 1965.

Staatliches Apostelgymnasium zu Köln: Jahresberichte über die beiden Kurzschuljahre 1966 und 1966/67, Köln 1967.

Archiv der Gegenwart, 29. Jg. 1959–36. Jg. 1966, Bonn–Wien–Zürich.

Arnold, Seraphin/Hunziker, P. Gratian: Kapuziner, Olten, in: Schweizerische Kirchenzeitung (1990) 5, 1. Februar 1990, S. 69.

Baring, Arnulf, unter Mitarbeit von Bolko von Oetinger/Klaus Mayer: Sehr verehrter Herr Bundeskanzler! Heinrich von Brentano im Briefwechsel mit Konrad Adenauer 1949–1964, Hamburg 1974.

Barzel, Rainer: Auf dem Drahtseil, München–Zürich 1978.

Barzel, Rainer: Ein gewagtes Leben. Erinnerungen, Stuttgart–Leipzig 2001.

Baumann, Reinhard: Georg von Frundsberg. Vater der Landsknechte. Feldhauptmann von Tirol. Eine gesellschaftsgeschichtliche Biographie, München 1991.

Beaugrand, Günter: Die Konrad-Adenauer-Stiftung. Eine Chronik in Berichten und Interviews mit Zeitzeugen, Sankt Augustin 2003.

Becker, Hans: Josef Hermann Dufhues, in: Walter Först (Hrsg.): Land und Bund (Beiträge zur neueren Landesgeschichte des Rheinlandes und Westfalens 9), Köln 1981, S. 194–209.

Berlin. Quellen und Dokumente 1945–1951, 1. Halbbd., hrsg. im Auftrage des Senats von Berlin, bearb. durch Hans J. Reichhardt/Hanns U. Treutler/Albrecht Lampe, Berlin 1964.

Berthold, Will: Die 42 Attentate auf Adolf Hitler, München 1981.

Beusch†, Paul: Währungszerfall und Währungsstabilisierung, hrsg. von G. Briefs/C. A. Fischer, Berlin 1928.

Bhatt, Christa/Herrwegen, Alice: Das Kölsche Wörterbuch. Kölsche Wörter von A–Z, 2. überarbeitete und erweiterte Aufl., Köln 2005.

Biographia Benedictina. Dictionary of Benedictine Biography online; http://www.benediktiner lexikon.de/wiki/Sabel,_Maurus.

Bischöfliches Generalvikariat Münster (Hrsg.): Schematismus des Bistums Münster 1961, Münster 1961.

Brandt, Willy: Begegnungen und Einsichten. Die Jahre 1960–1975, Hamburg 1976.

Brandt, Willy: Begegnungen mit Kennedy, München 1964.

Brehm, Max Martin: Mit dem Bundeskanzler in USA, Höchstadt/Aisch 1953.

Buchheim, Hans: Deutschlandpolitik 1949–1972. Der politisch-diplomatische Prozeß, Stuttgart 1984.

Buchstab, Günter: »Soll ich Anmeldeformulare ausfüllen?« Ludwig Erhard und die Parteibuch-Frage, in: Die Politische Meinung, Nr. 462, Mai 2008, S. 71–75.

Bulletin des Presse- und Informationsamtes der Bundesregierung, 1953, 1962–1966.

Bundesgesetzblatt Teil I und Teil II (1949–1968); http://www1.bgbl.de/infor mationen/bgbl-online.html.

Bundesstiftung Aufarbeitung (Hrsg.): Orte des Erinnerns. Gedenkzeichen, Gedenkstätten und Museen zur Diktatur in SBZ und DDR. Auszug: Erinnerungsorte an den Volksaufstand in der DDR vom 17. Juni 1953, Berlin 2013.

Burkhardt, Klaus/Niedhart, Gottfried: Frankreich, in: Frank Wende (Hrsg.): Lexikon zur Geschichte der Parteien in Europa, Stuttgart 1981, S. 173–200.

Camps, Miriam: Die Diskussion über die Politische Union, in: Die Internationale Politik 1962, S. 111–127.

Camus, Albert: Unter dem Zeichen der Freiheit. Camus Lesebuch, hrsg. von Horst Wernicke, Reinbek bei Hamburg 1985.

Christlich Demokratische Union Deutschlands (Hrsg.): 11. Bundesparteitag der CDU, Dortmund, 2.–5. Juni 1962, Hamburg o. J. [1962].

Christlich Demokratische Union Deutschlands (Hrsg.): 12. Bundesparteitag der CDU, 14.–17. März 1964, Hannover, Bundesgeschäftsstelle Bonn, Hamburg o. J. [1964].

Christlich-Demokratische Union Deutschlands (Hrsg.): 13. CDU-Bundesparteitag, Düsseldorf, 28.–31. März 1965, Niederschrift, Bonn o. J. [1965].

Christlich Demokratische Union Deutschlands (Hrsg.): 14. CDU-Bundesparteitag, Bonn, 21. bis 23. März 1966, Niederschrift, Bonn o. J. [1966].

Die CDU/CSU-Fraktion im Deutschen Bundestag. Sitzungsprotokolle 1961–1966 bearb. von Corinna Franz (Quellen zur Geschichte des Parlamentarismus und der politischen Parteien, Vierte Reihe Deutschland seit 1945, Bd. 11/IV), Düsseldorf 2004.

Clay, Lucius D.: Adenauers Verhältnis zu den Amerikanern und die deutsch-amerikanischen Beziehungen nach 1945, in: Konrad Adenauer und seine Zeit, S. 466–476.

Die CSU-Landesgruppe im Deutschen Bundestag. Sitzungsprotokolle 1949–1972 bearb. von Andreas Zellhuber/Tim B. Peters (Quellen zur Geschichte des Parlamentarismus und der politischen Parteien, Vierte Reihe Deutschland seit 1945, Bd. 15/I), Düsseldorf 2011.

Dazert, Astrid: Nachruf für Renate Ballat, in: St. Joseph und St. Antonius Bergisch-Gladbach, Blickpunkt, 14. Jg., 36. Ausgabe, Weihnachten 2014, S. 19.

Directorium Archidioecesis Coloniensis pro Anno Domini MCMLXI–MCMLXVI. Directorium und Personal-Schematismus für die Erzdiözese Köln 1961–1966, Düsseldorf–Köln o. J.

Documents Diplomatiques Français, Ministère des Affaires Étrangères
1959 Tome II (1er Juillet –31 Décembre), Paris 2003.
1962 Tome I (1er Janvier–30 Juin), Paris 1998; Tome II (1er Juillet–31 Décembre), Paris 1999.
1963 Tome I (1er Janvier–30 Juin), Paris 2000; Tome II (1er Juillet–31 Décembre), Paris 2001.
1964 Tome I (1er Janvier–30 Juin), Paris 2000; Tome II (1er Juillet–31 Décembre), Paris 2001.
1965 Tome I (1er Janvier–30 Juin), Paris 2003; Tome II (1er Juillet–31 Décembre), Paris 2004.
1966 Tome I (1er Janvier–30 Juin), Paris 2006; Tome II (1er Juillet–31 Décembre), Paris 2006.

Documents on Disarmament 1965, hrsg. von der United States Arms Control and Disarmament Agency, Washington (D. C.) 1966.

Dokumentation zur Abrüstung und Sicherheit, zusammengestellt von Heinrich von Siegler, Bd. II 1960–1963, Bonn–Wien–Zürich 1965; Bd. III 1964–1965, Bonn–Wien–Zürich 1965.

Dokumentation zur Deutschlandfrage, zusammengestellt von Heinrich von Siegler, Von der Atlantik-Charta bis zur Berlin-Sperre 1961, Hauptbd. II Chronik der Ereignisse von der Aufkündigung des Viermächtestatuts Berlins durch die UdSSR im November 1958 bis zur Berlin-Sperre im August 1961, Bonn–Wien–Zürich 1961; Hauptband III: Chronik der Ereignisse von der Berlin-Sperre im August 1961 bis zur Regierungserklärung Erhards im November 1965, Bonn–Wien–Zürich 1966.

Dokumentation der Europäischen Integration 1961–1963 unter Berücksichtigung der Bestrebungen für eine »Atlantische Partnerschaft«, zusammengestellt von Heinrich von Siegler, Bonn–Wien–Zürich 1964.

Dokumente zur Außenpolitik der DDR 1964, hrsg. vom Institut für Internationale Beziehungen an der Deutschen Akademie für Staats- und Rechtswissenschaft, Bd. XII, Berlin 1966.

Dokumente zur Deutschlandpolitik

I. Reihe/Bd. 5 Europäische Beratende Kommission. 15. Dezember 1943 bis 31. August 1945, hrsg. vom Bundesministerium des Innern und vom Bundesarchiv, bearb. von Herbert Elzer, München 2003.

II. Reihe/Bd. 2 Die Konstituierung der Bundesrepublik Deutschland und der Deutschen Demokratischen Republik. 7. September bis 31. Dezember 1949. Veröffentlichte Dokumente. Unveröffentlichte Dokumente, hrsg. vom Bundesministerium des Innern unter Mitwirkung des Bundesarchivs, bearb. von Hanns Jürgen Küsters, München 1996.

II. Reihe/Bd. 4 Die Außenminister-Konferenzen von Brüssel, London und Paris. 8. August bis 25. Oktober 1954, hrsg. vom Bundesministerium des Innern und vom Bundesarchiv, bearb. von Hanns Jürgen Küsters, München 2003.

III. Reihe/Bd. 3 1. Januar bis 31. Dezember 1957, hrsg. vom Bundesministerium für gesamtdeutsche Fragen, bearb. von Ernst Deuerlein/Gisela Biewer/Hansjürgen Schierbaum, Frankfurt/Main 1967.

III. Reihe/Bd. 4 1. Januar bis 9. November 1958, hrsg. vom Bundesministerium für gesamtdeutsche Fragen, bearb. von Ernst Deuerlein/Gisela Biewer, Frankfurt/Main 1969.

IV. Reihe/Bd. 2 9. Mai bis 10. August 1959, hrsg. vom Bundesministerium für innerdeutsche Beziehungen, bearb. von Ernst Deuerlein/Werner John, Frankfurt/Main 1971.

IV. Reihe/Bd. 7, 12. August 1961 bis 31. Dezember 1961, hrsg. vom Bundesministerium für innerdeutsche Beziehungen, bearb. von Gisela Biewer, Frankfurt/Main 1976.

IV. Reihe/Bd. 8 1. Januar bis 31. Dezember 1962, hrsg. vom Bundesministerium für innerdeutsche Beziehungen, bearb. von Hannelore Nathan, Frankfurt/Main 1977.

IV. Reihe/Bd. 9 1. Januar bis 31. Dezember 1963, hrsg. vom Bundesministerium für innerdeutsche Beziehungen, bearb. von Gisela Biewer/Werner John, Frankfurt/Main 1978.

IV. Reihe/Bd. 10 1. Januar bis 31. Dezember 1964, hrsg. vom Bundesministerium für innerdeutsche Beziehungen, bearb. von Marie-Luise Goldbach/Karl-Günter Schirrmeister, Frankfurt/Main 1980.

IV. Reihe/Bd. 11 1. Januar bis 31. Dezember 1965, hrsg. vom Bundesministerium für innerdeutsche Beziehungen, bearb. von Marie-Luise Goldbach, Frankfurt/Main 1978.

IV. Reihe/Band 12 1. Januar bis 30. November 1966, hrsg. vom Bundesministerium für innerdeutsche Beziehungen, bearb. von Gisela Oberländer, Frankfurt/Main 1981.

Dülffer, Jost: Der Bundesnachrichtendienst in der SPIEGEL-Affäre 1962, in: Martin Doerry/Hauke Janssen (Hrsg.): Die SPIEGEL-Affäre. Ein Skandal und seine Folgen, München 2013, S. 112–129.

Düwell, Kurt: Universität, Schulen, Museen. Adenauers wissenschafts- und bildungspolitische Bestrebungen für Köln und das Rheinland (1917–1932), in: Stehkämper (Hrsg.), Konrad Adenauer, S. 167–206, 697–701.

Eckardt, Felix von: Ein unordentliches Leben, Düsseldorf–Wien 1967.

Eibl, Franz: Politik der Bewegung. Gerhard Schröder als Außenminister 1961–1966, München 2001.

Eichhorn, Joachim Samuel: Durch alle Klippen hindurch zum Erfolg. Die Regierungspraxis der ersten Großen Koalition (1966–1969), München 2009.

Erdmann, Karl Dietrich: Adenauer in der Rheinlandpolitik nach dem Ersten Weltkrieg, Stuttgart 1966.

Europa-Archiv. 2. Jg. (Juli–Dezember 1947), Oberursel 1947; 16 Jg.–21. Jg. (1961–1966), hrsg. von Wilhelm Cornides, Bonn 1961–1965.

Europäische politische Einigung 1949–1968. Dokumentation von Vorschlägen und Stellungnahmen, zusammengestellt von Heinrich von Siegler, Bonn–Wien–Zürich 1968.

FDP-Bundesvorstand. Die Liberalen unter dem Vorsitz von Erich Mende. Sitzungsprotokolle 1960–1967, bearb. von Reinhard Schiffers (Quellen zur Geschichte des Parlamentarismus und der politischen Parteien. Vierte Reihe: Deutschland seit 1945, Bd. 7/III), Düsseldorf 1993.

FDP, Das ganze Deutschland soll es sein! Der Berliner Bundesparteitag 1959, Bonn o. J.

Frieling, Reinhard: Ökumene in Deutschland. Ein Handbuch der interkonfessionellen Zusammenarbeit in der Bundesrepublik, Göttingen 1970.

Eheverständnis und Ehescheidung. Empfehlungen des Interkonfessionellen Arbeitskreises für Ehe- und Familienfragen, Mainz–München 1971.

Karl Erb Lieder Album in: http://www.gramophone.co.uk/review/karl-erb-lieder-album.

Falisse, Marie-Françoise/Falisse, Gaston: Unser behindertes Kind, Luzern 1964.

Familienbuch des evangelischen oberhessischen Zinsser-Geschlechts, bearb. und hrsg. von Ferdinand Dörr/Georg Löning/Richard Zinsser/Rudolf Zinser, Stuttgart o. J.

Foreign Relations of the United States, hrsg. vom Department of State, 1955–1957, Vol. XXVI Central and Southeastern Europe, Washington 1992.

1958–1960, Vol. IX Berlin Crisis 1959–1960; Germany; Austria, Washington 1993.

1961–1963, Vol. VI Kennedy–Khrushchev Exchanges, Washington 1996.

1961–1963, Vol. XI Cuban Missile Crisis and Aftermath, Washington 1996.

1961–1963, Vol. XIII West Europe and Canada, Washington 1994.

1961–1963, Vol. XIV Berlin Crisis 1961–1962, Washington 1993.

1964–1968, Vol. XIII Western Europe Region, Washington 1995.

1964–1968, Vol. XV Germany and Berlin, Washington 1999.

Frick, Paul: Professor Dr. Wilhelm Löffler, in: Universität Zürich, Symmetrie und Polarität. Jahresbericht 1972/73, Zürich o. J.

Freundschaft in schwerer Zeit. Die Briefe Konrad Adenauers an Dora Pferd-menges 1933–1949, im Auftrag der Stiftung Bundeskanzler-Adenauer-Haus, Bad Honnef–Rhöndorf, anlässlich des 40. Todestages von Konrad Adenau-er am 19. April 2007, bearb. von Hans Peter Mensing/Ursula Raths, Bonn 2007.

Galbraith, John Kenneth: Der große Crash 1929. Ursachen, Verlauf, Folgen, München 2005.

Gassert, Philipp: Kurt Georg Kiesinger 1904–1988. Kanzler zwischen den Zeiten, München 2006.

Gaulle, Charles de: Discours et Messages. Avec le Renouveau. Mai 1958–Juil-let 1962, [Paris] 1970; Pour l'Effort. Août 1962–Décembre 1965, [Paris] 1970; Vers le terme. Janvier 1966–Avril 1969, [Paris] 1970.

Gaulle, Charles de: Memoiren. Bd. 1 Der Ruf 1940–1942, Berlin–Frankfurt/ Main 1955; Bd. 2 Die Einheit 1942–1944 und Bd. 3 Das Heil 1944–1946 als Gesamtband, Gütersloh o. J.

Gaulle, Charles de: Memoiren der Hoffnung. Die Wiedergeburt 1958–1962, Wien–Gütersloh o. J.

Gaulle, Charles de: Mémoires de guerre. L'Appel 1940–1942, [Paris] 1954; L'Unité 1942–1944, [Paris] 1956; Le Salut 1944–1946, [Paris] 1959.

Gaulle, Charles de: Lettres, Notes et Carnets. Janvier 1964–Juin 1966, [Paris] 1987.

Gaulle, Charles de: Lettres, Notes et Carnets. Juin 1958–Novembre 1970, Paris 2010.

Gaus, Günter: Was bleibt, sind Fragen. Die klassischen Interviews, hrsg. von Hans-Dieter Schütt, Berlin 2000.

Gaus, Günter: Zur Person. Von Adenauer bis Wehner. Portraits in Frage und Antwort, Köln 1987.

Geiger, Tim: Atlantiker gegen Gaullisten. Außenpolitischer Konflikt und inner-parteilicher Machtkampf in der CDU/CSU 1958–1969, München 2008.

Gelsner, Kurt: Konrad Adenauer, München–Köln 1957.

Gerstenmaier, Eugen: Streit und Friede hat seine Zeit. Ein Lebensbericht, Frankfurt/Main–Berlin–Wien 1981.

Greiner, Bernd: Die Kuba-Krise. Die Welt an der Schwelle zum Atomkrieg, München 2010.

Grewe, Wilhelm G.: Rückblenden 1976–1951. Aufzeichnungen eines Augen-zeugen deutscher Außenpolitik von Adenauer bis Schmidt, Frankfurt/Main–Berlin–Wien 1979.

Groeben, Hans von der: Aufbaujahre der Europäischen Gemeinschaft. Das Ringen um den Gemeinsamen Markt und die Politische Union (1958–1966), Baden-Baden 1982.

Gross, Raphael/Renz, Werner (Hrsg.): Der Frankfurter Auschwitz-Prozess (1963–1965). Kommentierte Quellenedition, 2 Bde., Frankfurt/Main–New York 2013.

Großmann, Johannes: Die Internationale der Konservativen. Transnationale Elitenzirkel und private Außenpolitik in Westeuropa seit 1945, München 2014.

Gruber, L. Fritz (Hrsg.): Das Adenauer Bildbuch, Stuttgart 1956.

Gruber, Ludger: Die CDU-Landtagsfraktion in Nordrhein-Westfalen 1946–1980. Eine parlamentarische Untersuchung (Forschungen und Quellen zur Zeitgeschichte Bd. 31), Düsseldorf 1998.

Gundlach, Gustav: Katholizismus und Sozialismus, in: Karl Forster (Hrsg.): Christentum und demokratischer Sozialismus (Studien und Berichte der Katholischen Akademie in Bayern Heft 3), München 1958, S. 9–27.

Gundlach, Gustav: SPD – Kirche, katholisch gesehen, in: Politisch-Soziale Korrespondenz. Sonderdruck Dezember 1959, S. 11 f.

Hagen, Rainer/ Moring, Karl-Ernst: Adenauer. Das Buchmanuskript zur Fernseh-Biographie des Norddeutschen Rundfunks in sieben Teilen, München 1987.

Handbuch des Erzbistums Köln. 25. Ausgabe 1958, hrsg. vom Erzbischöflichen Generalvikariat Köln, Köln o. J.

Handbuch des Erzbistums Köln. 26. Ausgabe 1966. Bd. II Realer und personaler Teil nach dem Stand vom 1. September 1965, hrsg. vom Erzbischöflichen Generalvikariat Köln, Köln 1966.

Hansen, Niels: Aus dem Schatten der Katastrophe. Die deutsch-israelischen Beziehungen in der Ära Konrad Adenauer und David Ben Gurion (Forschungen und Quellen zur Zeitgeschichte Bd. 38), Düsseldorf 2002.

Hansmann, Wilfried: »Das ist ein kühnes Unternehmen!« Konrad Adenauer in der Bildgestaltung Ernst Günter Hansings, in: Ders./Paul B. Wink: Konrad Adenauer in Bildnissen von Ernst Günter Hansing, Worms 2009, S. 9–55.

Hehl, Christoph von: Adolf Süsterhenn (1905–1974). Verfassungsvater, Weltanschauungspolitiker, Föderalist (Forschungen und Quellen zur Zeitgeschichte Bd. 62), Düsseldorf 2012.

Hentschel, Volker: Ludwig Erhard. Ein Politikerleben, München–Landsberg/ Lech 1996.

Hentschel, Volker: Charles de Gaulle. Eine kurze Geschichte seines Lebens (1890–1970), Hildesheim–Zürich–New York 2016.

Andreas Hermes. »Mit unerschütterlichem Gottvertrauen und zähem Kämpfergeist«. Erinnerungen und Dokumente aus der Haft und zur Gründung der CDU 1944/45, bearb. von Yvonne Blatt, Sankt Augustin 2012.

Hildebrand, Klaus: Das vergangene Reich. Deutsche Außenpolitik von Bismarck bis Hitler 1871–1945, München 2008.

Hitze, Guido: »Kein Ehrengrab für den SS-Mann und Nazi-Helfer«. Anmerkungen zur Kontroverse um die angebliche NS-Vergangenheit des CDU-Politikers Josef Hermann Dufhues, in: HPM, Heft 22 (2015), S. 231–251.

Hockerts, Hans Günter: Konrad Adenauer und die Rentenreform von 1957, in: Konrad Repgen (Hrsg.): Die Dynamische Rente in der Ära Adenauer und heute (Rhöndorfer Gespräche Bd. 1), Stuttgart–Zürich 1978, S. 11–29.

Hötzer, Ulrich: Mörikes heimliche Modernität, hrsg. von Eva Bannmüller, Tübingen 1998.

Holtfrerich, Carl-Ludwig: Die deutsche Inflation 1914–1923. Ursachen und Folgen in internationaler Sicht, Berlin–New York 1980.

Huber, Martin: Der Einfluss der CSU auf die Westpolitik der Bundesrepublik Deutschland von 1954–1969 im Hinblick auf die Beziehungen zu Frankreich und den USA, München 2007.

Huyn, Hans Graf: Die Sackgasse. Deutschlands Weg in die Isolierung, Stuttgart 1966.

Ingrim, Franz Robert: Hitlers glücklichster Tag: London, am 18. Juni 1935, Stuttgart 1962.

Die Internationale Politik 1961 (Jahrbücher des Forschungsinstituts der Deutschen Gesellschaft für Auswärtige Politik), hrsg. von Wilhelm Cornides/ Dietrich Mende, München 1964; 1962, hrsg. von Wilhelm Cornides/Dietrich Mende, München 1968; 1963, hrsg. von Wilhelm Cornides †/Dietrich Mende/Wolfgang Wagner, München 1969; 1964–1965, hrsg. von Karl Carstens/Dietrich Mende/Christiane Rajewsky/Wolfgang Wanger, München 1972; 1966–1967, hrsg. von Karl Carstens/Dietrich Mende/Christiane Rajewsky/Wolfgang Wanger, München 1973.

Jahrbuch der öffentlichen Meinung 1958–1964, hrsg. von Elisabeth Noelle/ Erich Peter Neumann, Allensbach–Bonn 1965.

Jahrtausendausstellung der Rheinlade – Köln 1925, Köln 1925.

Die Kabinette Stresemann I u. II. 13. August bis 6. Oktober 1923, 6. Oktober 1923 bis 30. November 1923; Bd. 2 6. Oktober bis 30. November 1923, Dokumente Nr. 115 bis 282, bearb. von Karl Dietrich Erdmann/Martin Vogt (Akten der Reichskanzlei. Weimarer Republik), Boppard/Rhein 1978.

Die Kabinettsprotokolle der Bundesregierung, hrsg. für das Bundesarchiv von Hartmut Weber,

Bd. 15 1962, bearb. von Uta Rössel/Christoph Seemann unter Mitwirkung von Ralf Behrendt/Ulrich Enders/Josef Henke, München 2005.

Bd. 16 1963, bearb. von Ulrich Enders/Christoph Seemann unter Mitwirkung von Ralf Behrendt, Josef Henke/Uta Rössel, München 2006.

Bd. 17 1964, bearb. von Josef Henke/Uta Rössel, München 2007.

Bd. 18 1965, bearb. von Josef Henke/Christoph Seemann unter Mitwirkung von Ralf Behrendt/Edgar Büttner/Christine Fabian/Uta Rössel, München 2008.

Bd. 19 1966, bearb. von Christine Fabian/Uta Rössel unter Mitwirkung von Ralf Behrendt/Christoph Seemann, München 2009.

Kaltefleiter, Werner: Wirtschaft und Politik in Deutschland. Konjunktur als Bestimmungsfaktor des Parteiensystems, Zweite, erweiterte Aufl., Wiesbaden 1966.

Karl der Große. Werk und Wirkung, Zehnte Ausstellung unter den Auspizien des Europarates, Düsseldorf o. J.

Robert F. Kennedy, RFK. Collected Speeches, hrsg. von Edwin O. Guthman/C. Richard Allen, New York 1993.

Kersten, Albert, met medewerking van Frits Bergman: Luns. Een politieke biografie, Amsterdam 2010.

Kiesinger: »Wir leben in einer veränderten Welt«. Die Protokolle des CDU-Bundesvorstands 1965–1969, bearb. von Günter Buchstab unter Mitarbeit von

Denise Lindsay (Forschungen und Quellen zur Zeitgeschichte Bd. 50), Düsseldorf 2005.

Kilian, Dieter E.: Adenauers vergessener Retter – Major Fritz Schliebusch, Norderstedt 2011.

Kilian, Werner: Adenauers Reise nach Moskau, Freiburg/Breisgau 2005.

Kisters, Heinz: Adenauer als Kunstsammler, München 1970.

Klein, Kristoffer: Historie des Festsaals, Senatsaals und des Dozentenzimmers, S. 24–27; https://www.uni-bonn.de/forschung/euroconsult/veranstaltungs kalender/festsaal-senatssaal/view.

Kleinertz, Everhard: Konrad Adenauer als Beigeordneter der Stadt Köln (1906–1917), in: Stehkämper (Hrsg.), Konrad Adenauer, S. 33–78, 647–663.

Klüber, Franz: Freiheitlicher Sozialismus und katholische Gesellschaftslehre in der Begegnung, in: Die Neue Gesellschaft, 11. Jg. (1964), S. 48–64.

Kluth, Hans: Die KPD in der Bundesrepublik. Ihre politische Tätigkeit und Organisation 1945–1956, Köln–Opladen 1959.

Knoll, Thomas: Das Bonner Bundeskanzleramt von 1949–1999, Wiesbaden 2004.

Koerfer, Daniel: Kampf ums Kanzleramt. Erhard und Adenauer, Stuttgart 1987.

Koop, Otto: Adenauer. Eine biographische und politische Dokumentation, Stuttgart 1963.

Koop, Otto (Hrsg.): Der Kanzler. Konrad Adenauers Leben und Werk, 3. Aufl., Olten–Lausanne 1961.

Korte, Bernhard: Ehe und Familie heute, hrsg. vom Zentralinstitut für Ehe- und Familienfragen e. V., Köln 1958.

Krekel, Michael: Stiftung Bundeskanzler-Adenauer-Haus (Ämter und Organisationen der Bundesrepublik Deutschland Bd. 65), Düsseldorf 1993.

Krein, Daniela: Konrad Adenauer und seine Familie, 3. Aufl., Friedberg bei Augsburg 1957.

Kreuz, Leo: Das Kuratorium Unteilbares Deutschland. Aufbau Programmatik Wirkung, Opladen 1980.

Kroll, Frank-Lothar: Heinrich von Brentano. Ein biographisches Porträt, in: Roland Koch (Hrsg.): Heinrich von Brentano. Ein Wegbereiter der europäischen Integration, München 2004, S. 25–65.

Kroll, Hans: Lebenserinnerungen eines Botschafters, Köln 1967.

Heinrich Krone. Tagebücher. Erster Bd.: 1945–1961; Zweiter Bd.: 1961–1966, bearb. von Hans-Otto Kleinmann (Forschungen und Quellen zur Zeitgeschichte Bde. 28 und 44), Düsseldorf 1995 und 2003.

Kühn, Heinz: Aufbau und Bewährung. Die Jahre 1945–1978, Hamburg 1981.

Küsters, Hanns Jürgen (Hrsg.): Adenauer, Israel und das Judentum (Rhöndorfer Gespräche Bd. 20), Bonn 2004.

Küsters, Hanns Jürgen: Die »Erinnerungen« Konrad Adenauers, in: Frank Bosbach/Magnus Brechtken (Hrsg.): Politische Memoiren in deutscher und britischer Perspektive. Political Memoirs in Anglo-German Context, München 2005, S. 133–157.

Küsters, Hanns Jürgen: Souveränität und ABC-Waffen-Verzicht. Deutsche Diplomatie auf der Londoner Neunmächte-Konferenz 1954, in: VfZ, 42. Jg. (1994), S. 499–536.

Kuller, Christiane: Familienpolitik im föderativen Staat, München 2004.

Kusterer, Hermann: Der Kanzler und der General, Stuttgart 1995.

Die Lage der Vertriebenen und das Verhältnis des deutschen Volkes zu seinen östlichen Nachbarn – Eine evangelische Denkschrift, in: Karl-Alfred Odin (Hrsg.): Die Denkschriften der EKD. Texte und Kommentar, Neukirchen-Vluyn 1966, S. 65–128.

Landtag Nordrhein-Westfalen, Sechste Wahlperiode 1965, Bd. 1, Düsseldorf 1965.

Lindemann, Helmut: Konrad Adenauer, München–Bern–Wien 1965.

Loch, Theo M.: Adenauer – De Gaulle. Bilanz der Staatsbesuche, Bonn 1963.

Lommatzsch, Erik: Hans Globke und der Nationalsozialismus, in: HPM, Heft 17 (2010), S. 95–128.

Albert Lortzing, Zar und Zimmermann, hrsg. von Kurt Pahlen unter Mitarbeit von Rosemarie König, München 1981.

Loth, Wilfried: Charles de Gaulle, Stuttgart 2015.

Lützeler, Heinrich, unter Mitarbeit von Eva Brües/Walter Holzhausen/Hans-Joachim Kunst/Dorothee Rondorf (Hrsg.): Die Bonner Universität. Bauten und Bildwerke, Bonn 1968.

Luhmann, Heribert: Konrad Adenauer privat, Köln 1952.

Lukomski, Jess M.: Ludwig Erhard, der Mensch und der Politiker, Düsseldorf 1965.

Luther, Hans: Politiker ohne Partei. Erinnerungen, Stuttgart 1960.

Macmillan, Harold: At the End of the Day 1961–1963, London 1973; Pointing the Way 1959–1961, London 1972.

Majonica, Ernst: Das politische Tagebuch 1958–1972, bearb. von Hans-Otto Kleinmann/Christopher Beckmann (Forschungen und Quellen zur Zeitgeschichte Bd. 55), Düsseldorf 2011.

Marschall, Bernhard (Hrsg.): Führer durch die Katholische Sonderschau der Pressa, Köln 1928.

Marx, Stefan: Franz Meyers. Eine politische Biographie, Essen 2003.

Matthes, Philip: David und Goliath. Der Anerkennungslobbyismus der DDR in den USA von 1964 bis 1974, in: Uta A. Balbier/Christiane Rösch (Hrsg.): Umworbener Klassenfeind. Das Verhältnis der DDR zu den USA, Berlin 2006.

McBride, Will/Finckenstein, Hans-Werner Graf Finck von: Adenauer. Ein Porträt, Starnberg 1965.

Mende, Dietrich: Italien auf dem Weg zur »Apertura a Sinistra«, in: Cornides/Ders. (Hrsg.), Die Internationale Politik 1961, S. 211–222.

Mende, Erich: Die neue Freiheit 1945–1961, München–Berlin 1984.

Mende, Erich: Von Wende zu Wende 1962–1982, München–Berlin 1986.

Mensing, Hans-Peter: Die Adenauer-Memoiren: Entstehung, Zielsetzung, Quellenwert, in: Historisches Jahrbuch 114/II (1994), S. 396–411.

Mensing, Hans Peter: Emma, Gussie und Konrad Adenauer. Mit den Töchtern Ria Reiners, Lotte Multhaupt und Libet Werhahn, in: Dieter Zimmer

(Hrsg.): Deutschlands First Ladies. Die Frauen der Bundespräsidenten und Bundeskanzler von 1949 bis heute, Stuttgart 1998, S. 33–62.

Mensing, Hans-Peter: Konrad Adenauer und die Universität Bonn (Uniclub Heft Nr. 2, hrsg. vom Universitätsclub), Bonn 2006.

Mensing, Hans Peter: Resi Schlief. Adenauers Stütze aus Unkel, Bonn 2014.

Merseburger, Peter: Willy Brandt 1913–1992. Visionär und Realist, Stuttgart–München 2002.

Meurer, Rolf: Wasserbau und Wasserwirtschaft in Deutschland. Vergangenheit und Gegenwart, Berlin 2000.

Ministerialblatt des Landes Nordrhein-Westfalen, Ausgabe A, 15. Jg. (1962).

Monatsberichte der Bundesbank, Frankfurt/Main, Juli 1962.

Morsey, Rudolf: Der lange Anlauf zur Großen Koalition 1961/62–1966. Von Adenauers Regierung zum Kiesinger/Brandt-Kabinett in: Petersberger Perspektiven (Rhöndorfer Hefte, hrsg. von der Stiftung Bundeskanzler-Adenauer-Haus, 10), Bad Honnef-Rhöndorf 2004, S. 11–26.

Morsey, Rudolf: Zur Geschichte des »Preußenschlags« vom 20.7.1932, in: VfZ, 9. Jg. (1961), S. 430–439.

Morsey, Rudolf: Heinrich Lübke. Eine politische Biographie, Paderborn–München–Wien–Zürich 1996.

Morsey, Rudolf: Rheinische Volksvereinigung, 1920–1923/24, in: Historisches Lexikon Bayerns (https://www.historisches-lexikon-bayerns.de/Lexikon/Rheinische_Volksvereinigung,_1920-1923/24).

Müller, Karl Alexander von: Im Wandel einer Welt. Erinnerungen, Bd. 3 1919–1932, hrsg. von Otto Alexander von Müller, München 1958.

Müller, Klaus-Dieter/Scherrieble, Joachim/Schmeitzer, Mike (Hrsg.): Der 17. Juni 1953 im Spiegel sowjetischer Geheimdienstdokumente. 33 geheime Berichte des Bevollmächtigten des Innenministeriums der Sowjetunion vom 31. Mai bis zum 18. Juli 1953 über die Ereignisse in der DDR. Dokumente aus dem Zentralarchiv des Föderalen Sicherheitsdienstes der Russischen Föderation, unter Mitarbeit von Thomas Widera, Leipzig 2008.

Munzinger Archiv, Internationales Biographisches Archiv, Regensburg; https://www.munzinger.de/.

Nelleßen-Strauch, Dagmar: Der Kampf um das Kindergeld. Grundanschauungen, Konzeptionen und Gesetzgebung 1949–1964 (Forschungen und Quellen zur Zeitgeschichte Bd. 43), Düsseldorf 2003.

Neuwirth, Waltraud: Wiener-Werkstätte-Katalog 1928, Wien 2004.

Nicklas, Thomas: Charles de Gaulle. Held im demokratischen Zeitalter, Göttingen–Zürich 2000.

Nitsche, Hans (Hrsg.): Prälat Dr. Franz Müller. Honnefer Akzente, hrsg. aus Anlaß des 10. Todestages, Katholisch-Soziales Institut der Erzdiözese Köln, Bad Honnef 1999.

Noelle, Elisabeth/Neumann, Erich Peter (Hrsg.): Jahrbuch der öffentlichen Meinung 1965–1967, Allensbach–Bonn 1967.

Nothelle-Wildfeuer, Ursula/Althammer, Jörg (Hrsg.): Joseph Höffner. Ausgewählte Schriften, in 7 Bänden (erschienen 5 Bde.), Paderborn 2014–2016.

Oppelland, Torsten: Gerhard Schröder. Politik zwischen Staat, Partei und Konfession (Forschungen und Quellen zur Zeitgeschichte Bd. 39), Düsseldorf 2002.

Osterheld, Horst: Außenpolitik unter Bundeskanzler Ludwig Erhard 1963–1966. Ein dokumentarischer Bericht aus dem Kanzleramt (Forschungen und Quellen zur Zeitgeschichte Bd. 23), Düsseldorf 1992.

Osterheld, Horst: »Ich gehe nicht leichten Herzens ...« Adenauers letzte Kanzlerjahre – ein dokumentarischer Bericht, Mainz 1986.

Otto, Bertram: Konrad Adenauer und seine Zeit, Bonn 1963.

Pachter, Henry M.: Das Ost-West-Verhältnis und die amerikanischen Interventionen in der Dominikanischen Republik und Vietnam, in: Die Internationale Politik 1964/1965, S. 21–58.

Pabst, Klaus: Konrad Adenauers Personalpolitik und Führungsstil, in: Stehkämper (Hrsg.), Konrad Adenauer, S. 249–294, 709–731.

Peck, Joachim: Dr. Konrad Adenauer 1917–1952, [Ost-]Berlin 1952.

Personal-Schematismus des Bistums Münster 1970, Münster 1970.

Die evangelischen Pfarrerinnen und Pfarrer im Rheinland von der Reformation bis zur Gegenwart, zusammengestellt und bearb. von Jochen Gruch im Auftrag der Evangelischen Kirche im Rheinland und des Vereins für Rheinische Kirchengeschichte, Bonn 2013.

Poppinga, Anneliese: Konrad Adenauer. Geschichtsverständnis, Weltanschauung und politische Praxis, Stuttgart 1975.

Poppinga, Anneliese: Adenauers letzte Tage. Die Erinnerungen seiner engsten Mitarbeiterin, Hohenheim–Stuttgart 2009.

Poppinga, Anneliese: Konrad Adenauer und seine Memoiren, in: Peter R. Weilemann/Hans Jürgen Küsters/ Günter Buchstab (Hrsg.): Macht und Zeitkritik. Festschrift für Hans-Peter Schwarz zum 65. Geburtstag, Paderborn–München–Wien–Zürich 1999, S. 103–118.

Poppinga, Anneliese: Meine Erinnerungen an Konrad Adenauer, Stuttgart 1970.

Poppinga, Anneliese (Hrsg.): »Seid wach für die kommenden Jahre«. Grundsätze, Erfahrungen, Einsichten, Bergisch Gladbach 1997.

Poppinga, Anneliese: »Das Wichtigste ist der Mut«. Konrad Adenauer – die letzten fünf Kanzlerjahre, Bergisch Gladbach 1994.

Der Präsident des Landtages des Saarlandes (Hrsg.): 40 Jahre Landtag des Saarlandes, Saarbrücken 1987.

Pressa. Kulturschau am Rhein, hrsg. von der Internationalen Presse-Ausstellung, Köln 1928, Berlin o. J.

Internationale Presse-Ausstellung Köln, Mai bis Oktober 1928, o. O. und o. J.

Probleme der Empfängnisregelung aus verantworteter Elternschaft in theologischer Sicht. AZD, hrsg. vom Katholischen Zentralinstitut für Ehe- und Familienfragen, Köln, 2/3, April–September 1965.

Prowe, Diethelm: Der Brief Kennedys an Brandt vom 18. August 1961. Eine zentrale Quelle zur Berliner Mauer und der Entstehung der Brandtschen Ostpolitik, in: VfZ, 33. Jg. (1985), S. 373–383.

Public Papers of the President of the United States, Lyndon B. Johnson: 1963–64 (in two books). Containing the Public Messages, Speeches, and Statements of the President, Book I – November 22, 1963 to June 30, 1964, hrsg. vom United States Government Printing Office, Washington 1965.

Public Papers of the President of the United States, John F. Kennedy: 1962. Containing the Public Messages, Speeches, and Statements of the President, January 20 to December 31, 1962, hrsg. vom United States Government Printing Office, Washington 1963.

Pyta, Wolfram: Hindenburg. Herrschaft zwischen Hohenzollern und Hitler, München 2007.

[Radford Arthur W.:] From Pearl Harbor to Vietnam. The memoirs of Admiral Arthur W. Radford, hrsg. von Stephan Jurika, Stanford (Kalifornien) 1980.

Rajewsky, Christiane: Die arabischen Staaten, in: Die Internationale Politik 1962, S. 369–396.

Rauscher, Anton (Hrsg.): Gustav Gundlach: 1892–1963, München 1988.

Recker, Marie-Luise: Adenauer und die englische Besatzungsmacht (1918–1926), in: Stehkämper (Hrsg.), Konrad Adenauer, S. 99–121, 669–682.

Reichsgesetzblatt, hrsg. vom Reichsministerium des Innern. Berlin 1923.

Regierung Adenauer 1949–1963. Mit einem Geleitwort von Bundeskanzler Dr. Konrad Adenauer, hrsg. vom Presse- und Informationsamt der Bundesregierung, Wiesbaden o. J.

Reuther, Helmut (Hrsg.): Adenauer. Bildnis und Deutung, Bonn-Beuel 1963.

Rheinisches Wörterbuch, im Auftrag der Preußischen Akademie der Wissenschaften, der Gesellschaft für rheinische Geschichtskunde und des Provinzialverbandes der Rheinprovinz hrsg. und bearb. von Josef Müller/Heinrich Dittmaier/Karl Meisen/Matthias Zender, 9 Bde., Bonn–Berlin 1928–1971.

Riggert, Wolfram-Georg: Die innere Entwicklung in Großbritannien und die Veränderungen im Commonwealth, in: Die Internationale Politik 1962, S. 201–209.

Rodens, Franz: Konrad Adenauer. Der Mensch und Politiker, München–Zürich 1963.

Rothermund, Dietmar: Südasien, in: Die Internationale Politik 1964–1965, S. 430–445.

Schaad, Martin: Eine »gaullistische« Inszenierung: Zur Affäre um den Grafen Huyn, in: HPM, Heft 8 (2001), S. 95–111.

Scheuch, Erwin K.: Zur Irrelevanz des Wählerwillens. Eine Untersuchung der Landtagswahl 1966 in Nordrhein-Westfalen und ihrer politischen Konsequenzen, in: Ferdinand A. Hermes (Hrsg.): Verfassung und Verfassungswirklichkeit, Jahrbuch 1966, Bd. 1, Köln–Opladen o. J., S. 63–83.

Schlesinger, Jr. Arthur M.: The Turn of the Cycle, in: »The New Yorker«, 16. November 1992, S. 46–54.

Schmitz, Wolfgang: 500 Jahre Buchtradition in Köln. Von der Koelhoffschen Chronik bis zu den Neuen Medien, Köln 1999.

Schönhoven, Klaus: Wendejahre. Die Sozialdemokratie in der Zeit der Großen Koalition 1966–1969, Bonn 2004.

Schroeder, Wolfgang: Katholizismus und Einheitsgewerkschaft. Der Streit um den DGB und der Niedergang des Sozialkatholizismus in der Bundesrepublik bis 1960, Bonn 1992.

Schümann, Carl-Wolfgang: Adenauers Ansichten zur Architektur im Spiegel der Akten, in: Stehkämper (Hrsg.), Konrad Adenauer, S. 155–166, 695.

Schulz, Günther: Sozialpolitische Denk- und Handlungsfelder, in: Ders. (Band-Hrsg.): Geschichte der Sozialpolitik in Deutschland seit 1945, Bd. 3 1949–1957 Bundesrepublik Deutschland. Bewältigung der Kriegsfolgen, Rückkehr zur sozialpolitischen Normalität, Baden-Baden 2005, S. 73–176.

Schulz, Günther (Hrsg.): Konrad Adenauer 1917–1933. Dokumente aus den Kölner Jahren, Köln 2007.

Gustav Schwabs Gedichte, hrsg. von Gotthold Klee, Gütersloh 1882.

Schwahn, Barbara: Der Ökumenische Arbeitskreis evangelischer und katholischer Theologen von 1946 bis 1975, Göttingen 1996.

Schwarz, Hans-Peter: Adenauer. Der Aufstieg: 1876–1952, Stuttgart 1986.

Schwarz, Hans-Peter: Adenauer. Der Staatsmann: 1952–1967, Stuttgart 1991.

Schwarz, Hans-Peter: Adenauer und die Kernwaffen, in: VfZ, 37. Jg. (1989), S. 567–593.

Schwarz, Hans-Peter: Die Ära Adenauer. Epochenwechsel 1957–1963, Stuttgart–Wiesbaden 1983.

Schwarz, Hans-Peter (Hrsg.): Konrad Adenauer. Reden 1917–1967. Eine Auswahl, Stuttgart 1975.

Schwarz, Hans-Peter (Hrsg.): Konrad Adenauers Regierungsstil (Rhöndorfer Gespräche Bd. 11), Bonn 1991.

Schwarz, Hans-Peter: Eine Reise ins Unbekannte, in: HMP, Heft 12 (2005), S. 173–192.

Schwarz, Hans-Peter: Axel Springer. Die Biografie, Berlin 2008.

Seibert, Peter: Adenauer anekdotisch. Aufgezeichnet von Sigmund Gottlieb, München 1987.

Skibowski, Klaus Otto: Konrad Adenauer, Bonn 1961.

Skibowski, Klaus Otto: Konrad Adenauer. Skizzen aus dem Leben des Bundeskanzlers, Aschaffenburg o. J.

Die Sozialenzyklika Papst Johannes' XXIII. Mater et Magistra, 3. Aufl. mit einem ausführlichen Kommentar und einer Einführung in die Soziallehre der Päpste von Leo XIII. bis zu Johannes XXIII. von Eberhard Welty, Freiburg/Breisgau 1962.

SPD, Vorstand (Hrsg.): Katholik und Godesberger Programm. Zur Situation nach Mater et Magistra, Bonn 1962.

SPD, Vorstand (Hrsg.): Der Katholik und die SPD, Bonn 1959.

SPD, Vorstand (Hrsg.): Der Katholik und die SPD. Zur Situation nach den Enzykliken von Johannes XXIII. und Paul VI., Bonn 1965.

Die SPD-Fraktion im Deutschen Bundestag. Sitzungsprotokolle 1961–1963 (Quellen zur Geschichte des Parlamentarismus und der politischen Parteien, Vierte Reihe Deutschland seit 1945, Bd. 8/III), bearb. von Heinrich Potthoff, Düsseldorf 1993.

Stallmann, Hans: Am Anfang war Bochum. Die Gründung der Ruhr-Universität im Kontext der sechziger Jahre, in: Die Hochschule 1/2004, S. 171–184.

Stallmann, Hans: Euphorische Jahre. Gründung und Aufbau der Ruhr-Universität Bochum, Essen 2004.

The Statesman's Year-Book. Statistical and Historical Annual of the States of the World for the Year 1965–1966, hrsg. von S. H. Steinberg. One-Hundred-And-Second Annual Publication, Revised after Official Returns, London–New York 1965.

Stehkämper, Hugo (Hrsg.): Konrad Adenauer. Oberbürgermeister von Köln. Festgabe der Stadt Köln zum 100. Geburtstag ihres Ehrenbürgers am 5. Januar 1976, Köln 1976.

Stehkämper, Hugo: Eine Bewerbung Konrad Adenauers in Gelsenkirchen?, in: Westfalen, 58. Bd. (1980), S. 218–226.

Strauß, Franz Josef: Die Erinnerungen. Berlin 1989.

Struck, Günter, in Zusammenarbeit mit Paul Adenauer und Werner Harth: Ehenot – Ehehilfe. Geschichte und Gestalt katholischer Eheberatung in Deutschland, Limburg 1966.

Struck, G[ünter]: Das Katholische Zentralinstitut für Ehe- und Familienfragen (KZI), Köln 1974.

Tammann, Gustav Andreas: Heiliger Stuhl: Christus-Orden (Ordine Supremo del Christo), in: Ders./Engelbert Hommel: Die Orden und Ehrenzeichen Konrad Adenauers, Bad Honnef 1999, S. 97–102.

Tanner, Norman: Kirche in der Welt: Ecclesia ad Extra, in: Geschichte des Zweiten Vatikanischen Konzils (1959–1965), Bd. IV Die Kirche als Gemeinschaft September 1964–September 1965, hrsg. von Giuseppe Alberigo, deutsche Ausgabe hrsg. von Günther Wassilowsky, Mainz–Leuven 2006, S. 374–376.

Taylor, Maxwell D.: Und so die Posaune undeutlichen Ton gibt, wer wird sich zum Streit rüsten?, Gütersloh 1962.

Theile-Schlüter, Roswitha: Wie die Kanzler-Biographie entstand, in: Deutsches Monatsblatt, Januar 1956, S. 43–45.

Trippen, Norbert: Josef Kardinal Frings (1887–1978), I Sein Wirken für das Erzbistum Köln und für die Kirche in Deutschland, Paderborn–München–Wien–Zürich 2003; II Sein Wirken für die Weltkirche und seine letzten Bischofsjahre, Paderborn–München–Wien–Zürich 2005.

Trippen, Norbert: Joseph Teusch, in: Rheinische Lebensbilder Bd. 15, hrsg. von Franz Josef Heyen, Köln 1995, S. 223–246.

Turbanti, Giovanni: Auf dem Weg in die Vierte Sitzungsperiode, in: Günther Wassilowsky (Hrsg.): Geschichte des Zweiten Vatikanischen Konzils (1959–1965), Bd. V Ein Konzil des Übergangs September–Dezember 1965, hrsg. von Giuseppe Albergio, deutsche Ausgabe hrsg. von Günther Wassilowsky, Mainz–Leuven 2008, S. 1–55.

Tuxhorn, Karin: Mit Sophie Wörishöffer ins Abenteuerland. Vertraute Heimat, eigenartige Landschaften, unbekannte Ethnien und Kulturen, Hamburg 2008.

Ülhof, W.: Weihegrade, in: Lexikon für Theologie und Kirche, hrsg. von Josef Höfer/Karl Rahner, Zehnter Bd., Freiburg/Breigau 1965, S. 982.

Gedichte von Ludwig Uhland, 1. Aufl., Stuttgart–Tübingen 1815.

Vatikanum II. Vollständige Ausgabe der Konzilsbeschlüsse, Osnabrück 1966. Zweites Vatikanisches Konzil. 1. Sitzungsperiode. Dokumente, Texte, Kommentare, Osnabrück 1963; 2. Sitzungsperiode. Dokumente, Texte, Kommentare, Osnabrück 1964; 3. Sitzungsperiode. Dokumente, Texte, Kommentare, Osnabrück 1965.

Verhandlungen des Deutschen Bundestages. 4. Wahlperiode [1961]. Stenographische Berichte, Bde. 50–59, Bonn 1962–1965; 5. Wahlperiode [1965]. Stenographische Berichte, Bde. 60–63, Bonn 1965–1967.

Wagner, Wolfgang: Die Bundespräsidentenwahl 1959 (Adenauer-Studien II), Mainz 1972.

Walkembach, Jakob: Adenauer und die kleinen Leute, Bad Honnef 1988.

Wambach, Kai: Streben nach Konsens – Rainer Barzels Vorsitz der CDU/CSU-Fraktion im Deutschen Bundestag, in: HPM, Heft 20 (2013), S. 199–228.

Wassilowsky, Günther: Als die Kirche Weltkirche wurde. Karl Rahners Beitrag zum II. Vatikanischen Konzil und seiner Deutung. Rahner Lecture 2012, hrsg. von Andreas R. Batlogg SJ/Albert Raffelt, München–Freiburg/Breisgau 2012.

Wolz, Alexander: Die Rheinlandkrise 1936. Das Auswärtige Amt und der Locarnopakt 1933–1936, München 2014.

Weber, Hartmut: Die »Empfehlungen zur Eigentumspolitik« einer Arbeitsgemeinschaft evangelischer und katholischer Sozialwissenschaftler, in: Zeitschrift für Evangelische Ethik, Bd. 8 (Februar 1964) Heft 1, S. 174–179.

Wettig: Gerhard: Adenauers Moskau-Besuch aus sowjetischer Sicht. Wende der sowjetischen Deutschland-Politik nach Stalins Tod, in: HPM, Heft 12 (2005), S. 193–202.

Weymar, Paul: Adenauer. Die autorisierte Biographie, München 1955.

Wighton, Charles: Adenauer – Democratic Dictator. A Critical Biography, London 1963.

Zenz, Helmut: Joseph Kardinal Höffner (1906–1987) – Katholischer Moraltheologe und Sozialethiker, in: http://www.helmut-zenz.de/hzhoeffn.html.

Zick, Rolf: Ein starkes Land im Herzen Europas. Die CDU in Niedersachsen 1945 bis 2015, Sankt Augustin–Berlin 2016.

o. V.: Der Bundeskanzler. Der Weg Konrad Adenauers, Frankfurt/Main 1953.

## *Zeitungen/Zeitschriften*

Allgemeine Zeitung. Rhein Main Presse, Mainz
Bild (Zeitung), Hamburg
Bild am Sonntag, Hamburg
Bonner Rundschau, Bonn
Das Parlament, Bonn

Der Spiegel, Hamburg
Der Volkswirt. Wirtschafts- und Finanz-Zeitung, Frankfurt/Main
Deutsche Zeitung mit Wirtschaftszeitung, Köln–Stuttgart
Die Allgemeine Sonntagszeitung. Katholische Zeitung für Gesellschaft, Politik
    und Kultur, Würzburg
Die Sowjetunion heute, Bonn
Die Welt, Hamburg
Die Zeit, Hamburg
General-Anzeiger, Bonn
Frankfurter Allgemeine. Zeitung für Deutschland, Frankfurt/Main
Haller Tagblatt, Schwäbisch Hall
Ketteler Wacht. Katholische Wochenschrift für das schaffende Volk und Land,
    Köln
Kölnische Rundschau, Köln
L'Est Républicain, Nancy–Verdun
Le Monde, Paris
Mannheimer Morgen, Mannheim
National-Zeitung, Basel
Neue Illustrierte, Köln
Neue Zürcher Zeitung, Zürich
Reader's Digest, Pleasantville/New York–Stuttgart
Rheinische Post. Zeitung für Christliche Kultur und Politik, Düsseldorf
Rheinischer Merkur. Wochenzeitung für Politik, Kultur und Wirtschaft, Köln
Saarbrücker Landeszeitung, Saarbrücken
Stuttgarter Zeitung, Stuttgart
Süddeutsche Zeitung, München
The New Yorker, New York
The New York Times, International Edition, Paris
Trierische Landeszeitung, Trier
Vorwärts, Bonn
Welt am Sonntag, Hamburg
Wiesbadener Kurier, Wiesbaden

# Nachweis der Abbildungen

Bei einigen Abbildungen waren die Fotografen bzw. die Inhaber der Urheberrechte nicht zu ermitteln. Sollten diesbezüglich Ansprüche geltend gemacht werden, wird gebeten, sich an die Stiftung Bundeskanzler-Adenauer-Haus oder die Konrad-Adenauer-Stiftung e. V. zu wenden.

| | |
|---|---|
| 465 oben | Picture-alliance, Nr. 27166781; Foto: Kurt Rohwedder |
| 465 unten | Gettyimages, Nr. 3359272; Foto: Keystone, Freier Fotograf |
| 466 | Gettyimages, Nr. 111072687; Foto: Reporters Associes/ Kontributor |
| 467 oben | BPA, B 145 Bild-00367616; Foto: Jens Gathmann |
| 467 unten | BPA, B 145 Bild-00046112; Foto: Rolf Unterberg |
| 468 oben | Gettyimages, Nr. 162746949; Foto: Gerry Gerard / Kontributor |
| 468 unten | BPA, Foto: Ludewig Wegemann |
| 469 oben | BPA, B 145 Bild-00078405; Foto: Rolf Unterberg |
| 469 unten | BPA, B 145 Bild-00083200; Foto: Gerhard Heisler |
| 470 oben | Ullstein Bild, 00645729; Foto: Ullstein Bild |
| 470 unten | Ullstein Bild, 01154969; Foto: Hilmar Pabel |
| 471 oben | Gettyimages, Nr. 50346911; Foto: Ralph Crane / Kontributor |
| 471 unten | Gettyimages, Nr. 50385880; Foto: Ralph Crane / Kontributor |
| 472 oben | StBKAH, Bestand VI c-4; Foto: privat |
| 472 unten | Ullstein Bild, 00013412; Foto: Ullstein Bild |
| 473 oben | BPA, B 145 Bild-00169408; Foto: Gerhard Heisler |
| 473 unten | Gettyimages, Nr. 106500626; Foto: Keystone-France / Kontributor |
| 474 | ACDP, 20-001-0874; Foto: Paul Bouserath |
| 475 oben | ACDP; Foto: Slomifoto |
| 475 unten | ACDP, NL Paul Adenauer 01–1000–010/U2-15; Foto: Günter Groote, Bad Honnef |
| 476 | Ullstein Bild, 00015534; Foto: Wieczorek |
| 477 oben | ACDP, 20-001-0912; Foto: Slomifoto |
| 477 unten | ACDP, 20-001-0905; Foto: Paul Bouserath |
| 478 | StBKAH, Bestand V-1966 I-4; Foto: www.volksfreund.de; Fotograf unbekannt |
| 479 oben | Ullstein Bild, 00457808; Foto: Hilmar Pabel |
| 479 unten | ACDP, 20-001-0508; Foto: Slomifoto |
| 480 oben | Gettyimages, Nr. 3418237; Foto: Keystone / Freier Fotograf |
| 480 unten | BPA, B 145 Bild-00013477; Foto: Georg Bauer |

# Personenregister

Einträge zu Konrad Adenauer und Paul Adenauer sind nicht aufgenommen worden. Ergänzungen der Verwandtschaftsbeziehungen der Familie Adenauer beziehen sich auf Konrad Adenauer. Fett markierte Seitenzahlen verweisen auf biographische Angaben zu den genannten Personen.

# Sachregister